한국경학의 연구 시각

한국경학의 연구 시각

최석기

책머리에

나는 군복무를 마친 뒤 늦깎이로 대학에 들어갔다. 그전에 공무원 생활을 하였는데, 나의 적성에 가장 잘 맞는 직업이 교사일 것 같아 교직으로 나아갈 생각에 사범대학을 지원하였다. 그리고 학과를 선택하면서 국어과와 역사과를 두고 고민을 하다가, 성균관대학교 역사교육과 한문교육을 함께 뽑는 계열로 지원하게 되었다.

대학에 들어가 훌륭하신 은사님을 만나게 되어 역사가 아닌 한문을 전공하게 되었고, 교직에 나가려던 꿈도 접고 학문의 길로 들어서게 되었다. 처음에는 한국한문학을 전공하여 석사학위를 취득한 뒤, 박사과정은 동양고전학을 택하여 한국경학을 전공하기로 마음먹었다.

그러나 당시 경학을 전공하는 학자는 거의 없었다. 있다고 해도 한국철학이나 동양철학을 전공한 분이 유교경전에 대해 연구하거나, 실학을 집대성한 정약용(丁若鏞)의 경전해석에 대해 연구를 시작하는 단계였다. 나는 한문학과에서 수학을 하다 보니, 문학을 기본으로 하였다. 그래서 경학연구도 문학과 가까운 『시경』을 선택하게 되었다. 그리고 성호(星湖) 이익(李瀷)이 분기점처럼 느껴져 성호 이익의 시경학을 연구하여 박사학위를 받았다.

박사학위를 받고 나서 조선 초기 권근(權近)의 시경학부터 연구를 하여 윤휴(尹鑴)의 시경학에까지 이르렀다. 그러는 과정 속에서 한국경학에 관한 기초적인 서적이 전무함을 뼈저리게 느꼈다. 특히 자료가 정리되지 않고, 경학가에 대한 기초적인 정보도 없음을 알게 되었다. 그래서 1년 동안 한국학중앙연구원에 교환교수로 가서 한국경학가사전을 만들었다.

당시에는 데이터베이스가 거의 없어서 주요 도서관 한적목록을 보고서 자료를 수집하여 직접 해당 도서관에 찾아가 한적을 빌려보거나 마이크로필름으로 제작된 것을 보면서 자료를 수집했다. 그러는 과정에서 사서(四書), 특히 『대학』과 『중용』에 관한 설이 엄청나게 많다는 것을 느꼈다. 그리고 『대학』과 『중용』에 관한 도설(圖說)도 매우 많은 것을 발견하고 자료를 모으기 시작했다.

그리고 나의 근무지로 돌아와 조선시대 경학의 정수를 이해하기 위해서는 사서를 연구하지 않아서는 안 되고, 특히 『대학』과 『중용』 해석에 조선경학의 핵심이 있다고 확신하여 시경학 연구를 뒤로 미루고 『대학』과 『중용』 해석에 대해 연구하기 시작했다. 그리고 20여 년이 지난 지금. 나의 주전공은 어느덧 조선시대 『대학』과 『중용』 해석으로 바뀌었다.

지방대학에 근무한 분들은 잘 아실 터이지만, 지방에 근무하면 지방학을 도외시 할 수가 없다. 나 역시 자의반 타의반으로 지방학을 연구하여 남명학과 지리산학에 상당한 성과물을 생산했다. 그러다 보니 매년 연말이면 주전공에 진력하지 못하는 자신을 늘 질책하곤 하였다. 내가 한국경학에만 전념하여 연구를 지속했다면 지금보다는 훨씬 깊고 넓은 논저를 생산하였을 것이라고 자탄을 해 본다.

이 책은 내가 한국경학에 대해 거시적인 관점에서 문제제기한 것들을 모아 편찬한 것이다. 굳이 이 책을 만든 이유는 아직 한국경학에 대해 제대로 방향을 잡지 못하고, 연구의 시각도 개인적 편차에 따라 다양하기 때문에 하나의 이정표를 세워보기 위해서이다.

우리나라 경학연구는 정약용과 같은 특정 경학가에 너무 편중되어 경학사적 흐름에 대한 시각을 확보하지 못하고 있고, 경학사적 맥락에서 개별 경학가의 설이 갖는 의미를 읽어내지 못하고 있다. 그리고 경학연구가 실학연구의 연장선상에서 진행되어 경학연구의 독자적인 시각을 마련하지 못한 것도 큰 문제이다. 나는 이런 점을 극복하지 않으면 한국 경학 연구의 올바른 방향을 잡을 수 없다고 생각한다. 이런 문제의식을 담은 글을 주로 이 책에 수록하였다.

나는 『대학도설(大學圖說)』과 『중용도설(中庸圖說)』을 만들면서 조선시대 경학사의 흐름을 대체적으로 파악하였다. 그러면서 이황·정약용과 같은 경학가의 설만 의미 있는 것이 아니라는 사실을 깨달았다. 그리고 윤휴·이익·정약용은 기본적으로 주자를 존숭하고 주자의 설을 상당 부분 수용하고 있다는 사실도 알았다.

그런데 기왕의 연구에서는 주자의 설과 다른 점을 적출하여 탈주자학, 탈성리학, 반주자학 등으로 섣불리 결론을 내리고 말았다. 즉 전체적인 특징과 성향을 모두 연구하지 않고서 몇몇 부분의 서로 다른 설만을 가지고 그렇게 평을 한 것이다. 나는 경학을 공부하면서 이에 대한 시각을 교정할 필요성을 절감하였다. 이런 나의 연구시각이 이 책에 실린 글에 상당 부분 투영되어 있다.

나의 시각이 꼭 타당한 것만은 아닐 것이다. 그러나 역대의 경학연구는 의리발명을 그 무엇보다 중시하는 학자들에 의해 계승 발전되어 왔다. 그렇지 않고 선현의 설을 그대로 묵수(墨守)하는 사고는 결국 경전의 본지에 깜깜하면서 그저 입으로 되풀이하는 구송지학(口誦之學)으로 전락하였다. 이런 점에서 조선시대 경학사의 흐름 속에서 의리발명을 중시하여 경전의 본지를 탐구한 경학가들의 학문정신을 되살리는 것이 한국경학 연구의 시각으로 정립되기를 바라는 마음 간절하다. 이 책을 편찬하게 된 가장 이유가 바로 여기에 있다.

아무쪼록 이 책을 통해 한국경학을 공부하는 사람들이 의리발명을 중시한 선현들의 학문정신을 통해 계발되어 보다 심도 있고 광박한 시각으로 한국경학 연구를 앞장서서 인도하길 바란다.

어려운 출판환경 속에서도 흔쾌히 이 책을 발간해 주신 보고사 김흥국 사장님 및 관계 직원 여러분들에게 심심한 감사의 말씀을 드린다.

2020년 3월 1일

경상대학교 남명학관 산해실에 최석기가 쓰다.

차례

책머리에 / 5

◆ 제1장 ◆

조선시대 경학의 관점과 연변

Ⅰ. 머리말 ······ 13
Ⅱ. 송학(宋學)의 의리주의(義理主義)와 경학의 관점 ······ 14
Ⅲ. 조선시대 경학의 관점과 연변 ······ 22
Ⅳ. 맺음말 ······ 55

◆ 제2장 ◆

한국경학 연구의 회고와 전망

Ⅰ. 머리말 ······ 59
Ⅱ. 경학의 연구 분야 및 개념·범주의 문제 ······ 61
Ⅲ. 한국경학의 연구에 대한 회고 ······ 68
Ⅳ. 한국경학 연구의 문제점과 향방(向方) ······ 90
Ⅴ. 맺음말 ······ 99
※ 부록: 한국 경학연구 논저 목록(연도별·인명별 가나다순) ······ 101

◆ 제3장 ◆

한국경학의 전개와 특징

Ⅰ. 머리말 123
Ⅱ. 동아시아 경학의 흐름 125
Ⅲ. 한국경학의 전개와 특징 127
Ⅳ. 맺음말 156

◆ 제4장 ◆

『대학』 해석의 연구 현황과 향방

Ⅰ. 문제제기 159
Ⅱ. 『대학』 해석의 성과와 특징 160
Ⅲ. 『대학』 해석에 대한 연구현황 175
Ⅳ. 『대학』 해석에 대한 연구향방 187

◆ 제5장 ◆

조선시대 『중용』 해석의 양상과 특징
-도설을 중심으로

Ⅰ. 머리말 193
Ⅱ. 사서도설(四書圖說)의 양상과 의의 194
Ⅲ. 『중용』 해석과 중용도설 199
Ⅳ. 도설을 통해 본 조선시대 『중용』 해석의 특징과 의의 231

◆ 제6장 ◆

조선전기 경서해석과 이황·조식의 경학

Ⅰ. 문제의 소재 235
Ⅱ. 조선전기 경서해석과 경학연구 238
Ⅲ. 이황과 조식의 경학적 지향과 특징 247
Ⅳ. 맺음말 276

◆ 제7장 ◆

조선후기 영남의 경학연구와 소통의 모색

Ⅰ. 문제의 제기 281
Ⅱ. 조선후기 영남의 경학연구 동향 283
Ⅲ. 경학연구의 소통적 시각과 담론 292
Ⅳ. 맺음말 317

◆ 제8장 ◆

백호 윤휴의 경학관

Ⅰ. 머리말 321
Ⅱ. 조선중기 경학의 전개양상 324
Ⅲ. 경학관(經學觀)의 특징 337
Ⅳ. 주자학(朱子學)과의 상관관계 347
Ⅴ. 맺음말 353

◆ 제9장 ◆

18세기의 학술동향과 이익의 경학

Ⅰ. 머리말 357
Ⅱ. 18세기의 학술동향과 이익의 인식 360
Ⅲ. 경전해석의 기저 378
Ⅳ. 질서류(疾書類) 경전해석의 의미 398
Ⅴ. 맺음말 419

◆ 제10장 ◆

성호 이익의 『대학』·『중용』 해석

Ⅰ. 머리말 421
Ⅱ. 경서 해석의 이유와 관점 429
Ⅲ. 학용(學庸) 해석의 양상과 특징 441
Ⅳ. 경서 해석의 배경과 영향 466
Ⅴ. 맺음말 – 학용(學庸) 해석의 의미를 겸하여 491

참고문헌 / 503
찾아보기 / 515

제1장

조선시대 경학의 관점과 연변

Ⅰ. 머리말

조선시대 사상사의 추이(推移)를 고찰할 수 있는 주요한 키워드 중에 하나가 경서해석의 관점(觀點)이다. 조선시대는 주자학을 이념으로 하였지만 주자학을 받아들여 자기화하는 과정에서 부분적으로 이견이 제기되었고, 주자학이 정착된 조선중기 이후에는 주자의 여러 설에 동이(同異)가 있음을 발견하고 이를 분변(分辨)하여 정설(定說)을 확정하려고 하였다. 따라서 조선시대 경학사를 올바로 이해하기 위해서는 경서해석의 관점과 그 연변(演變)에 대해 고찰할 필요성이 제기된다.

조선시대 사상사의 흐름이 16세기 이황(李滉)과 이이(李珥) 이후 주자학 일변도로 경도되기 시작하지만, 그런 가운데서도 주자의 주석만을 따르지 않고 독자적으로 의리를 발명하려 한 학자들이 간혹 나타났다. 특히 17세기 전반 국내외적으로 불안정한 분위기 속에서 다양한 변화의 움직임이 일어났다. 또 18세기 이후 주자학을 절대 존신하는 분위기가 팽배해지자, 소수의 학자들은 학문이 경직되는 것을 우려하여 경전의 본지(本旨)를 탐구해야 한다고 주장하며 학문 본연의 탐구정신을 환기시키기도 하였다. 따라서 그들의 경서해석의 관점과 변화를 추적하면 조선시대 사상사의 흐름을 이해하는 데 중요한 단서를 제공할 것이다.

이 글은 이런 문제의식을 전제로 하여, 조선시대 경서해석의 흐름을 조망하면서 변화를 추구한 주요 인물의 설을 중심으로 경서해석의 관점과 그 연변에 대해 논의하고자 한다. 이 글은 조선시대 경서해석을 관통하고 있는 관점이 주자의 주석에 따라 해석하는 관점이라는 점을 전제하기 때문에 그런 고착화된 관점에서 벗어나 새로운 해석을 추구하는 관점이 무엇을 지향하고 어떻게 변화하며 전개되고 있는지에 주목하여 전개할 것이다. 그리고 해석의 관점을 명확히 드러내기 위해, 주자가 일생의 정력을 바쳐 해석한 『대학장구(大學章句)』를 어떻게 수용하고 해석하였는가에 초점을 맞추어 논의하고자 한다.

조선시대는 주자학을 근거로 하였기 때문에 이 글에서는 우선 주자학의 정신, 나아가 송학의 의리주의정신이 경전해석에 어떻게 나타나고 있는지를 먼저 살펴볼 것이다. 그리고 조선시대 경전해석의 관점이 어떻게 변화되는지를 추적해 보기로 하겠다.

Ⅱ. 송학(宋學)의 의리주의(義理主義)와 경학의 관점

1. 주자의 해석태도와 의리발명(義理發明) 중시

주자의 경서해석 태도에 대해 단편적으로 언급한 것은 많지만, 그 특징을 간추려 종합적으로 언급한 것은 그리 흔치 않다. 조선후기 이익(李

瀷, 1681-1763)은 주자의 해석태도에 대해, "구설(舊說)에 대해 따를 수 있는 것은 그대로 따르며 구차하게 새 주를 달지 않았으며, 전후의 설에 이견이 있을 경우 그것을 바꾸고 구차하게 남겨 두지 않았으며, 문인이나 나이 어린 사람들이 마음 내키는 대로 문난(問難)할 때 하나의 조그만 장점이라도 모두 채록하여 구차하게 버리지 않았다."[1]라는 점을 특징으로 거론하였다.

근래 대만의 임엽연(林葉連)은 주자의 경서해석 태도에 대해, 주석의 문장을 명백하고 이해하기 쉽게 하였으며, 주석을 완성된 문장으로 하지 않았으며, 고적(古籍)의 훈석(訓釋)을 따르고 자기의 견해를 함부로 내지 않았으며, 대의(大義)를 회통(會通)하여 확실한 뜻을 정하였으며, 글자를 첨부하여 해석하지 않았으며, 모르는 것은 억지로 해석하지 않고 놔두었다고 정리하였다.[2]

이 두 설을 종합하면, 주자의 경서해석 태도는 고훈(古訓)을 따르며 자기 견해를 함부로 개진하지 않았다는 불구신(不苟新)의 태도, 구설 가운데 일부는 수용하지 않고 새로운 주석을 하였다는 불구유(不苟留)의 태도, 여러 사람들의 의견을 들으며 사소한 장점도 버리지 않고 모두 수용하였다는 불구기(不苟棄)의 태도, 그리고 모르는 것을 억지로 주석하지 않고 남겨두었다는 불구석(不苟釋)의 태도, 이렇게 네 가지로 정리할 수 있다.

그러면 이러한 주자의 해석태도를 관통하고 있는 학문정신은 무엇일

1 李瀷, 『星湖集』 권32, 序, 「論語疾書序」. "朱子之爲此註 其於舊說 苟可以因則因之 不苟新也 或前後異見 則易之 不苟留也 雖門人小子 隨意發難 一曲之長 咸在採收 不苟棄也 用此 知朱子之心 與天地同恢 與古今同公 無一毫蟿吝 而惟義之從也"

2 林葉連(1990), 참조.

까? 이는 주자의 다음과 같은 말에서 찾을 수 있다.

> 의리(義理)는 지극히 무궁하니, 전인(前人)이 그와 같이 말했더라도 반드시 극진한 것은 아니다. 모름지기 스스로 그 사안을 가지고 횡간(橫看)하기도 하고, 수간(竪看)하기도 하여 깊은 경지(經旨)에 최대한 들어가 실재(實在)하는 의리가 온전히 있어야 한다.[3]

이처럼 주자의 학문정신은 한 마디로 의리발명(義理發明)에 있다. 의리는 무궁하기 때문에 전인의 설을 답습해서는 안 되고, 여러 방법을 동원해 의리를 발명해서 깊은 경지에 들어가 터득한 실재의 의리가 있어야 한다는 것이다. 요컨대 경서해석의 관점은 의리발명에 있어야 한다는 것이다.

그런데 이는 주자만이 견지했던 학문정신이 아니다. 한학(漢學)의 훈고주의(訓詁主義)를 극복하면서 나타난 송학(宋學)의 의리주의(義理主義)가 이런 정신을 기저로 하고 있다. 주자보다 앞 시대의 구양수(歐陽脩)는 다음과 같이 말하고 있다.

> 경(經)은 일세(一世)의 글이 아니다. 그 전함이 잘못된 것은 하루아침의 실수가 아니니, 간정(刊正)하고 보집(補緝)하는 것도 한 사람이 능히 할 수 있는 바가 아니다. 그러니 학자들로 하여금 각자 소견을 극진히 하게 해서 밝은 자가 그중에서 선택해야 한다. 열에 하나를 취하고 백에 열을 취하는 것으로는 육경을 잘못이 없는 완전한 상태로 회복하여 일월의 밝음처럼 우뚝하게 할 수는 없겠지만, 여러 사람의 장점을

3 朱熹, 『朱子全書』 권3, 「學三」. "義理儘無窮 前人恁地說 亦未必盡 須是自把來 橫看竪看 儘入深 儘有在"

> 모아 보충하면 거의 큰 잘못은 없게 될 것이다. 그래서 성인이 다시 태어나길 기다려야 한다. 그렇다면 학자들이 경서에 대해 해석을 그만둘 수 있겠는가."[4]

경서는 한 세대에 만들어진 글이 아니기 때문에 그 해석도 한 사람이 다 할 수 있는 것이 아니니, 후인들이 각자 의리를 발명해 나가야 한다는 것이다. 학자들의 경서해석 태도는 전인의 설만을 따르지 말고 계속해서 의리를 발명하는 것이 중요함을 역설한 것이다.

이런 구양수와 주자의 경서해석의 관점은 바로 송학의 의리주의 정신을 단적으로 말해준다. 이에 대해, 근대 장백잠(蔣伯潛)은 "그들의 장점은 선인들이 감히 의심하지 못한 것을 의심해서 회의정신(懷疑精神)을 가진 데 있다."[5]라고 논평하였다. 장백잠의 지적처럼 송학의 장점은 의리발명을 최대의 화두로 삼아 회의정신을 견지한 데에 있다.

2. 주자 이후 학자들의 의리발명 정신

송학의 의리주의는 주자의 사서주석서(四書註釋書)가 나온 뒤에도 그대로 이어졌다. 그 단적인 사례가 주자학파 내부에서 주자의『대학장구』를 개정하는 논의가 제기되어 명대까지 줄곧 이어진 것이다. 주자가 일생의 정력을 바쳐 해석하고, 만년까지 개정을 거듭한 책이『대학장구』

---

4 歐陽脩,『歐陽文粹』권8,「答宋咸」. "經非一世之書 其傳之繆 非一日之失也 其所以刊正補緝 亦非一人之能也 使學者 各極其所見 而明者擇焉 十取其一 百取其十 雖未能復六經於無失 而卓如日月之明 然聚衆人之善 以補緝之 庶幾不至於大繆 可以俟聖人之復生也 然則學者之於經 其可已乎"

5 최석기·강정화 역(2002b), 382면 참조.

이다.[6] 그런데 이런 역작을 그의 재전 문인 대부터 개정하여 보완하는 설이 개진되기 시작하였다. 이는 의리발명의 정신이 아니면 감히 할 수 없는 일이다.

주자의 『대학장구』를 최초로 개정한 사람은 남송 말기의 동괴(董槐, ?-1262)이다. 그는 주자의 문인 보광(輔廣)의 제자로, 주자의 격물치지장(格物致知章: 전 제5장)을 수용하지 않고 경문(經文) 제2절·제3절과 청송장(聽訟章: 전 제4장)을 합해 격물치지를 해석한 전문(傳文)으로 보았다.

또 남송 말의 왕백(王柏, 1197-1274)은 황간(黃榦)의 문인 하기(何基)를 사사하였으니, 주자의 삼전 문인에 해당한다. 그는 문인 차약수(車若水, 1210-1275)가 『대학장구』를 개정한 것을 보고서 「대학연혁론(大學沿革論)」·「대학연혁후론(大學沿革後論)」을 지어 적극 지지하면서 자신도 또 다른 개정설을 제기하였다. 그는 「대학연혁론」에서 경서해석의 관점을 다음과 같이 말하고 있다.

> 이 세상에 바꿀 수 없는 것이 리(理)이다. 이정자(二程子)는 한유(漢儒)들이 의심하지 않았다는 이유로 감히 고치지 않을 수 없다고 여기지 않았고, 주자(朱子)는 이정(二程)이 개정했다는 이유로 다시 고치지 않을 수 없다고 여기지 않았다. 세 선생은 각기 그 의리가 지선(至善)한 것을 구하고, 그 마음이 편안한 바를 온전히 하여 억지로 다르게 하거나 구차하게 뇌동한 것이 아니다.[7]

6 최석기(2011a), 104면 참조.

7 王柏, 『魯齋集』 권9, 「大學沿革論」. "夫天下所以不可易者 理也 二程子不以漢儒之不疑而不敢不更 朱子不以二程已定而不敢不復改 亦各求其義之至善 而全其心之所安 非强爲異而苟于同也"

왕백은 정명도(程明道)·정이천(程伊川)·주자(朱子) 세 사람이 각각 의리를 탐구하여 자신의 설을 개진한 것에 대해, 의리발명이라는 관점으로 그 정당성을 부여하고 있다. 그러면서 억지로 전인의 설과 다르게 하거나, 구차하게 전인의 설에 뇌동하지 않고, 각자 공정한 마음으로 의리를 발명한 것 자체에 의미가 있다는 점을 강조하고 있다. 이것이 바로 의리발명을 그 무엇보다 중시하는 학문정신이다.

이런 정신은 원대를 거쳐 명대에도 면면이 전승되었다. 명대 전반기의 대표적 학자 방효유(方孝孺, 1357-1402)는 다음과 같이 말하고 있다.

> 대체로 성현의 경전은 일가(一家)의 글이 아니니, 그 설도 일인(一人)이 능히 극진히 할 수 있는 바가 아니다. 1천 5백 년 동안 강론하며 도를 말한 사람들이 끊이질 않고 번갈아 일어났건만, 근대에 이르러서야 비로소 그 편차가 개정되었다. 주자도 어찌 단연코 지당하다고 말씀하시지 않겠는가? 그러므로 이 설을 가지고 후세의 군자를 기다리는 것이다. 세상의 시끄럽게 들은 바에 따라 편당을 지으며 이치의 옳고 그름을 돌아보지 않는 자들은 모두 주자의 뜻을 그르다고 할 것이다. …… 이런 말은 비록 주자의 설과 다르지만, 주자의 설과 다르더라도 도에 어긋나지는 않으면 참으로 주자가 취할 것이다.[8]

경전에는 무궁한 의리가 담겨 있기 때문에 한 사람의 지혜로 그것을 다 밝혀낼 수 없다는 관점을 전제로, 계속해서 의리를 발명해 나가는 것이 학자의 바른 태도라는 것이다. 또 주자의 설과 다르더라도 도에

8 方孝孺, 『遜志齋集』 권18, 「題大學篆書正文後」. “盖聖賢之經傳 非一家之書 則其說亦非一人之所能盡也 千五百年之間 講訓言道者 迭起不絶 至於近代而始定 而朱子亦曷嘗斷然以爲至當哉 故亦以待後之君子爾 世之嘵嘵然黨所聞而不顧理之是非者 皆非朱子之意也 …… 是語雖異於朱子 然異於朱子 而不乖乎道 固朱子之所取也歟”

어긋나지 않으면 주자가 취할 것이라는 점을 강조하며, 선현을 존신하는 것과 도를 밝히는 것은 다른 차원임을 분명히 하고 있다.

이런 인식은 그 뒤 채청(蔡清, 1453-1508)에게서도 나타난다. 그는 "방공(方公: 方孝孺)이 말씀하기를 '주자의 설과 다르더라도 도에 어긋나지 않으면 또한 주자가 취할 것이다.'라고 하였으니, 안목이 매우 높다."[9]라고 하여, 방효유의 견해에 동조하면서 주자의 설을 따르는 것보다 도를 발명하는 것이 더 중요하다는 점을 강조하고 있다.

이런 인식은 청초의 장백행(張伯行, 1651-1700)에게서도 나타난다.

> 이정 부자(二程夫子)는 주자(朱子)가 가장 존신한 인물이다. 그런데 이정 부자가 사서(四書)를 주해한 것을 주자가 개정한 것이 반도 넘는다. 대체로 전인의 설에 온당치 못한 점이 있을 경우, 그것을 개정하는 것은 해롭지 않으며, 전인의 설에 분명히 못한 점이 있을 경우, 그것을 드러내 명쾌하게 말하는 것은 해롭지 않다. 이는 전인이 발명하지 못한 것을 발명하는 것이기 때문에 전인도 반드시 나의 설을 듣게 되면 마음이 유쾌할 것이다.[10]

장백행은 선현을 존신하는 것과 의리발명은 다른 차원임을 분명히 말하고 있다. 전인이 발명하지 못한 의리를 발명하는 것이 후학의 도리라는 점을 역설하여 의리발명이 무엇보다 중요한 것임을 재천명한 발언이다.

이상에서 살펴보았듯이, 주자 이후 주자학파 내부에서는 송학의 의리

9 蔡清, 『四書蒙引』 권1. "且其言曰 '異於朱子 而不乖乎道 亦朱子之所取也' 最見得到"

10 張履祥, 『初學備忘錄』. "二程夫子 最爲朱子所尊信 而二程夫子所解四書 朱子所改正者不啻太半 大凡前人之說 有未安者 不妨從而改正之 前人之說有未明者 不妨暢快言之 此爲發前人之所未發 前人當必得我而快意焉"

주의 정신을 잃지 않고 의리를 발명하는 것이 학자의 일임을 계속해서 환기시키며 주자설의 미비점을 보완하고, 주자가 발명하지 못한 것을 발명하려는 관점을 견지하고 있다. 이런 분위기가 청대 초까지 이어지고 있는 것을 보면, 송대 이후 의리발명이라는 명제가 경서해석의 기본관점으로 부단히 인식되고 있었음을 확인할 수 있다.

다만 이런 인식을 가졌던 학자들은 어느 시대나 많지 않았고, 대부분의 학자들은 도도한 물결에 휩쓸려 정주(程朱)의 주석만을 따라 해석하였다. 따라서 위에서 거론한 몇몇 각성된 지식인을 제외하면 대다수 학자들은 주자의 설을 존신하였다.[11] 한편 주자학을 종주로 하지 않는 일부 학자들은 아예 독자적인 관점으로 새로운 해석을 시도하기도 하였다. 예컨대 명나라 가정연간(嘉靖年間: 1522-1566) 이후 『위석경대학(僞石經大學)』이 나타나면서부터 풍방(豊坊)·관지도(管志道)·계본(季本) 등이 고본 「대학」(십삼경주소본 『예기』에 수록된 「대학」)을 저본으로 하여 새로운 해석을 시도한 것이 그런 경우이다.

11 朱彝尊의 『經義考』 권158에 실린 명나라 전반기에 활동한 楊守陳(1425-1489)의 『楊氏-大學私抄』에 의하면 양수진의 『대학장구』 개정설을 본 어떤 사람이 노해 꾸짖으며 "나는 그대가 先儒를 등지고 聖經을 문란하게 하는 것이 이런 지경에 이를 줄은 생각지도 못했소. 『대학』은 공자의 經과 증자의 傳이니, 주자의 『대학장구』와 『대학혹문』을 후학들은 오직 암송하고 익히며 감히 어겨서는 안 되오. 그대는 어찌하여 참람하게도 편차를 바꾸어 망령되이 해석하였단 말이오. 얼른 태워 없애시오."라고 하는 말이 있다. 이를 보면, 당시 개정설을 받아들이지 못하던 일반적인 학풍을 추정해 볼 수 있다.

Ⅲ. 조선시대 경학의 관점과 연변

1. 조선 중기 경학의 두 관점

1) 대현(大賢)의 설은 고칠 수 없다

조선시대 경학은 권근(權近)으로부터 비롯되었다. 그의 대표저술인 『입학도설(入學圖說)』에 실린 「대학지장지도(大學指掌之圖)」·「중용수장분석지도(中庸首章分釋之圖)」 등을 보면, 그의 학문성향과 학문수준을 가늠할 수 있다. 권근은 중국의 학술동향에 대해 잘 알고 있었으며, 주자의 설에 대해서도 익히 알고 있었지만, 주자의 설을 그대로 따르지 않고 독자적인 견해를 더해 대학도(大學圖)를 그리고, 『중용』 제1장의 요지를 자신의 관점으로 도표화하여 『대학』과 『중용』 해석에 큰 영향을 끼쳤다.

그런데 권근 이후 약 1세기 동안은 우리나라에서 독자적인 의리발명의 설이 나오지 못하였다. 그것은 주자학을 받아들여 자기화하는 데 그만큼의 시간이 필요했기 때문일 것이다. 그러다 16세기로 들어와 성리학이 뿌리를 내리면서 자기의 설이 개진되기 시작하였다. 그 첫 번째 인물이 이언적(李彦迪, 1491-1553)이다.

이언적은 남송 시대 동괴(董槐)·왕백(王柏) 등의 『대학장구』 개정설을 보지 못한 상태에서 독자적인 시각으로 『대학장구』 개정설을 제기하였다. 그런데 당시 학계는 이러한 개정설을 수용할 만큼 충분히 성숙되어 있지 못하여 큰 반향을 불러일으켰다. 이언적의 개정설을 가장 먼저 비판한 사람은 그를 선배 학자로 존경한 이황(李滉, 1501-1570)이다. 그는 개정설의 불가함 세 가지를 지적한 뒤 다음과 같이 말하였다.

> 지금 이곳에 큰 집이 있다고 하자. 정침(正寢)은 규모가 크게 화려하여 흠이 없고, 낭무(廊廡: 부속건물) 가운데 한 곳에 결처(缺處)가 있어 대장(大匠)이 그것을 발견하고 보수를 하여 재목도 좋고 제도도 아름다워 조금도 의논할 점이 없게 되었다. 그런데 후세 세상 사람들이 양공(良工)이라고 하는 어떤 자가 그곳을 지나다 살펴보고서 자신이 그 집에 한 번도 손을 쓰지 못함을 부끄럽게 여겨, 이에 억지로 생각과 지혜를 짜내 팔을 걷어붙이고 일을 해서 대장이 보충한 곳을 헐어내고 정침의 몇 칸 재목을 빼다가 그가 헐어낸 곳을 보완하려 하였다. 그런데 그는 정침의 재목은 애초 낭무의 재목이 아니라는 점을 생각지도 못하고 완전함을 도모하려 하였다. 그러나 그 완전한 점은 볼 수 없고, 정침은 허물어진 집이 되고 말았다. 이것이 이른바 무익할 뿐만 아니라 또 해치기도 한다는 것이다. 그러나 인정은 대체로 기이한 주장을 하고 새로운 것을 추항하는 것을 좋아한다. 그래서 후세 목수들은 모두 대장(大匠)의 신묘한 계책을 궁구하지 않고 한결같이 신이한 것을 칭찬하여 이른바 양공이 한 일에 부화뇌동하니, 슬픈 일이다.[12]

이황은 개정설이 무익할 뿐만 아니라 도리어 해가 된다고 비판했다. 그리고 기이한 것을 주장하고 새로운 것을 추항하는 경박한 풍조로 치부해 버렸다. 결론적으로 그는 주자의 신묘한 계책을 궁구하는 것이 바람직하다는 관점을 제시하고 있다. 이황은 대현의 설을 함부로 고칠 수 없다는 데 초점을 두기 때문에 새로운 의리발명을 부정적으로 인식했다.

12 李滉, 『退溪集』 권11, 「答李仲久」. "今有巨室於此 正寢輪奐無闕 而廊廡有一缺處 大匠見之 作而補修 材良制美 少無可議 其後有世所謂良工者 過而相之 恥己之一無措手於此室也 於是 强生意智 攘臂其間 折壞其所補處 撤取正寢數架材來 圖欲補完其所壞處 更不計正寢之材初非廊廡之材也 圖完處 不見其完 而寢屋則已成敗屋矣 此所謂非徒無益 而又害之者也 然人情大率好立異趨新 後至之工 皆不究大匠之神筭 而一向贊歎 和附於世所謂良工之所爲 悲夫"

이것이 바로 의리발명보다는 존신주자(尊信朱子)에 치중하는 관점이다.

이황이 주자의 설을 함부로 고칠 수 없다는 관점을 제시하자, 대다수 학자들은 그 견해에 동조하였다. 그의 문인 유성룡(柳成龍)은 "선유들이 정해 놓은 설이 있으니, 만에 하나도 엿볼 수 없는 후학으로서 어찌 감히 그 사이에서 가볍게 의논을 하겠는가?"라고 하여, 주자만 못한 후학이 함부로 대현의 설을 개정하는 것을 극도로 경계하였다.[13] 이이(李珥)도 「회재대학보유후의(晦齋大學補遺後議)」를 지어 다섯 가지 문제점을 거론하면서 개정설이 불가하다고 비판하였다.[14]

이처럼 이언적의 『대학장구』 개정설에 대해, 16세기 후반의 학자들은 대다수가 반대를 하였는데, 가장 큰 이유는 대현의 설을 함부로 고칠 수 없다는 관점에 의한 것이었다.

2) 의리발명(義理發明)이 무엇보다 중요하다

대현(大賢)의 설을 함부로 고칠 수 없다는 관점은, 주자를 존신하는 사고를 근간으로 하고 있다. 그런데 이와는 달리 천하의 의리는 무궁하기 때문에 성현이 의리를 밝히지 못한 것이 있으면 계속해서 의리를 발명해 나가야 한다는 사고를 중시하는 학자들이 있었다. 이들은 학자 본연의 임무가 의리를 밝히는 일임을 전제하고, 주자가 정자(程子)의 설을 개정하여 독자적으로 의리를 발명한 것을 예로 들었다. 이는 주자가 정자를 존신하지 않았기 때문이 아니라, 정자를 존신하는 문제와는 별개로

13 柳成龍, 『西厓集』 권15, 雜著, 「大學章句補遺」. "然此乃先儒已定之說 後學未能窺闖其萬一 豈敢輕議於其間哉 義理無窮 天地之大 人猶有憾 而心有所疑 不敢强焉 恨生也晚 未得求正於先哲 聊記之而自省 以冀後日之或有進焉"

14 최석기(2011b), 417~425면 참조.

의리를 발명하는 문제가 더 중요하다는 관점을 드러낸 것이다.

『대학장구』를 개정한 이언적도 이와 같은 사유에 바탕을 두고 있다.

> 천하의 의리는 무궁하니, 성인일지라도 다 알 수 없는 점이 있습니다. 그러므로 앞 시대 성인이 발명하지 못한 것이 있으면, 후대의 성인이 발명하고, 앞 시대 현인이 말씀하지 않은 것이 있으면 후대 현인이 말하는 것입니다. 정자·주자의 학문은 참으로 심천(深淺)·고하(高下)를 따질 수 없지만, 소견에는 상략(詳略)·이동(異同)이 없을 수 없습니다. 정자가 『대학』에 대해 표장(表章)하고 발휘(發揮)하였지만 다 밝히지 못한 점이 있기 때문에 주자가 다시 참고하고 별도로 편차를 개정하여 그 의리를 극진히 하였습니다. 이 모두 도를 밝혀 가르침을 확립하려 한 것입니다. 이 두 선생의 소견에 간혹 같지 않은 점이 있지만 한 가지 목표를 위한 점에서는 해롭지 않습니다.[15]

이언적은, 천하의 의리는 무궁하기 때문에 한 사람이 의리를 모두 밝힐 수 있는 것은 아니며, 전인이 발명하지 못한 의리를 후인은 계속해서 밝혀 나가야 하며, 도를 밝히는 것이 무엇보다 우선이라는 관점을 가지고 있다. 이런 관점은 왕백(王柏)·방효유(方孝孺)·채청(蔡淸)의 관점과 유사하다. 이는 송학의 의리주의 정신에 충실한 것이다. 이런 이언적의 관점은 주자학이 정착되는 시점에서 주자의 설을 무조건 수용하지 않고, 비판적으로 수용하려는 인식이 싹튼 것을 대변하기 때문에 그 의미가 크다.

---

15 李彦迪, 『晦齋先生全集』 제4책, 「續大學或問」. "天下之理 無窮 雖聖人有不能盡者 故有前聖之所未發 而後聖發之者 有前賢之所未言 而後賢言之者 程朱之學 固無淺深高下之可言 而所見不能無詳略異同 程子於大學 表章發揮 而有未竟 朱子更加參考 而別爲序次 以盡其義 皆所以明道而立敎也 二子之見 雖間有不同 而不害其爲一揆也"

이런 관점은 그의 문인 노수신(盧守愼, 1515-1590)에게서도 나타난다.

> 아! 경전의 의리를 발명하는 것은 한 사람의 일이 아니다. 뜻을 달리해 조금 차이가 나더라도 도에 무엇이 해롭겠는가? 다만 대중들이 오랫동안 주자의 설만 존신하였기 때문에 한 가지 의리를 터득한 것을 지목하여 망령되다 하니, 이는 편벽된 생각이지 어찌 그것이 공론이겠는가?[16]

노수신도 경전의 의리발명은 한 사람이 다 할 수 있는 것이 아니기 때문에 후인이 계속해서 의리를 발명해 나가야 한다는 점과 해석에 조금 차이가 나더라도 도를 해치는 것이 아니라면 무방하다는 점을 강조하고 있다. 노수신은 주자를 존신하는 것과 도를 중시하는 것에 대해 도를 중시하는 것이 더 중요하다는 점을 지적하고 있다.

조금 뒷시대 손기양(孫起陽, 1559-1617)도 『대학장구』 개정설의 당위성을 다음과 같이 언급하고 있다.

> 신 등이 삼가 보건대, 『대학』은 이미 정자·주자의 표장을 거쳤으니, 책의 편차와 귀추(歸趣)의 드러남이 극진하지 않음이 없을 듯합니다. 그러나 성현의 소견에 상략(詳略)·이동(異同)이 없을 수 없기 때문에 그 사이 차서와 의의에도 전현이 아직 정하지 않아 후현이 정하는 것도 있고, 전현이 발명하지 않아 후현이 발명하는 바도 있습니다. 예컨대 동괴(董槐)·왕백(王柏)·채청(蔡淸)·방효유(方孝孺) 등의 설에서 그런 점을 알 수 있습니다. 지금 이언적은 백 대 뒤에 태어나 백 대 전의 성현의 마음을 묵묵히 깨달았습니다. 그는 중국학자들의 설을 보지 않고

16 盧守愼, 『蘇齋集』 권7, 跋, 「晦齋先生大學補遺後跋」. "嗚呼 發明經籍 非一家事 遷就少差 何損於道 顧衆信旣久 指一得爲妄 亦只是辟 豈公論哉"

> 서 능히 구절을 따라 사색하다 환하게 터득함이 있어 글을 지어 책을 만들고 『대학장구보유(大學章句補遺)』라고 이름을 붙여 후세 학자들에게 보여주었습니다. 살펴보건대 그는 남음이 있는 것을 잘라내고 부족한 것을 보충해서 경전의 본의(本義)를 온전하게 하였습니다.[17]

손기양의 관점은, 성현의 소견에 상략(詳略)·이동(異同)이 없을 수 없기 때문에 전현(前賢)이 정하지 않아 후현(後賢)이 정하는 것도 있고, 전현이 발명하지 않아 후현이 발명하는 바도 있다는 것이다. 그런 관점에서 동괴·왕백·방효유·채청 등의 설은 전현이 해석하지 못한 것을 발명하고 확정한 것이라 주장하고 있다.

이상에서 살펴본 것처럼, 16세기 주자학이 정착하여 피어나던 시기의 경서해석의 관점은 크게 두 가지로 나누어져 있었다. 이언적처럼 의리를 발명하는 것이 무엇보다 중요하다고 여기는 학자들은 소수였고, 주자의 설을 함부로 고칠 수 없다는 주장을 한 학자들이 대다수였다. 조선중기 주자학이 정착되는 시대의 사유는 자주적 안목이 부족했기 때문에 비판적 수용은 애초 기대하기 어려운 상황이었다. 그런데도 이언적·노수신 등에게서 보이는 것처럼 의리발명을 존신주자보다 더 우선시하는 사유가 나타났다.

17 孫起陽, 『聱漢集』 권3, 「伸辨晦齋先生請從祀疏」. "臣等竊觀 大學一書 旣經程朱之表章 則編簡之次 歸趣之發 宜無所不盡者 而聖賢所見 不能無詳略異同 故其間次序意義 亦有前賢之所未定而後賢定之者 前賢之所未發而後賢發之者 如董槐王柏蔡淸方孝孺諸人之說 可見也 今彦迪生於百代之下 而默契於百代之上 不見中朝諸人之說 而能逐節思索 渙然有得 著爲成書 名曰補遺 以詔後之學者 觀其截有餘補不足 以全經傳本義"

2. 조선후기 경학의 여러 관점

16세기 경서해석의 관점은 이언적의『대학장구』개정에 대한 찬반논쟁으로 점철되면서 주자를 존신하여 주자의 설을 함부로 고쳐서는 안 된다는 신중론과 존신주자보다는 의리발명이 학자의 본질이라는 개정론이 대두되었다.

그러나 영남학파와 기호학파를 대표하는 이황과 이이가 반대를 하고 나서자, 대다수 학자들은 개정설에 대해 부정적인 견해를 가졌고, 주자학으로 더 경도되었다. 17세기 전반의 장유(張維)가 "중국의 학술은 갈래가 많아 정학(正學)도 있고, 선학(禪學)도 있고, 단학(丹學)도 있으며, 정주(程朱)를 배우는 자도 있고, 육구연(陸九淵)을 배우는 자도 있어서 학문의 길이 하나가 아니다. 그런데 우리나라는 유식·무식 할 것 없이 책을 끼고 글을 읽는 자들은 정주를 칭송할 뿐, 다른 학문이 있다는 것을 들어보지 못했다."[18]라고 한 말을 보면, 이러한 점을 여실히 알 수 있다.

그러나 17세기는 명나라가 망하고 청나라가 들어서는 전환국면이었고, 임진왜란과 병자호란을 겪으면서 사회분위기가 격변하고 있었다. 이런 분위기 속에서 사상계도 비교적 다양한 시각을 갖게 되었다. 조선시대 주자의『대학장구』를 저본(底本)으로 하지 않고 독자적으로 새롭게 해석한 최초의 학자가 기호학파의 최유해(崔有海, 1588-1641)다. 그는 김장생(金長生)·이정귀(李廷龜) 등에게 배웠는데,『예기』에 수록된 고본(古本)의『대학』을 취해 독자적으로 새로운 해석을 하였다.[19] 이는 조선

---

18 張維,『谿谷漫筆』권1,「中國學術多岐……」. "中國學術多岐 有正學焉 有禪學焉 有丹學焉 有學程朱者 學陸氏者 門徑不一 而我國 則無論有識無識 挾策讀書者 皆稱誦程朱 未聞有他學焉"

19 최석기(2004b), 351~386면 참조.

사상사에서 주목해 볼 만한 사안이다.

이처럼 17세기 전반기는 사상계의 흐름이 비교적 자유롭게 전개되고 있었다. 그리하여 이언적처럼 개정설을 제기하는 학자들이 꽤 등장하는데, 퇴계학파와 율곡학파에서 동일하게 나타난다. 퇴계학파에서는 이황의 문인 고응척(高應陟, 1531-1601)과 장현광(張顯光, 1554-1637)이 독자적인 시각으로 『대학장구』를 개정했으며[20], 기호학파에서는 정철(鄭澈)·조헌(趙憲)의 문인 안방준(安邦俊, 1573-1654)이 개정설을 제기하였다.[21] 또 남원에 살던 기호학파 최유지(崔攸之, 1603-1673)도 독자적인 개정설을 제기하였다.[22]

이를 보면, 의리발명을 존신주자보다 더 중시하는 사고를 했던 학자들은 17세기의 비교적 자유로운 분위기 속에서 자신의 독자적인 설을 제기했던 것을 알 수 있다. 그런데 이런 분위기는 인조반정 이후 서인계가 집권하여 교조적 이념을 강화하면서 크게 위축되었다. 그들은 주자로부터 이어진 도통(道統)을 자신들이 계승하고 있다는 관점에서 주자를 절대적으로 존신하였다. 그리하여 주자의 설과 다른 설을 이단시하여 배척하면서 주자학만을 정학(正學)으로 숭상하였다.

17세기 전반까지는 이언적의 설을 지지하는 학자들이 노수신(盧守愼)·손기양(孫起陽)·고응척(高應陟)·장현광(張顯光)·최유해(崔有海) 외에도 최현(崔晛)·이정귀(李廷龜)·조익(趙翼)·조경(趙絅)·오숙(吳䎘) 등 여러 명이 있었지만, 17세기 후반 이후로는 한여유(韓汝愈)·이헌경(李獻慶)·이만부(李萬敷)·최상룡(崔象龍) 등 몇 사람에 불과할 정도로 극히 적게 나타

20 최석기(2011a), 327~340면 참조.

21 上同, 340~344면 참조.

22 上同, 344~355면 참조.

난다. 반면 이언적의 개정설을 비판하는 사람들은 서인·남인을 막론하고 다수가 나타난다.[23]

여기서는 이에 준거하여 주자를 절대존신하며 그 설을 준수해야 한다는 생각을 가졌던 사람들의 관점과 주자를 대현의 한 사람으로 존신하면서도 그의 설만을 절대적으로 추종하지 않고 회의정신(懷疑精神)으로 의리발명(義理發明)을 중시한 사람들의 관점으로 크게 나누어 살펴보고자 한다.

1) 절대존신주자주의의 벽이단(闢異端)·숭정학(崇正學)의 관점

절대존신주자주의는 주자를 절대적으로 존신하는 데 주안점을 두어 묵수주의(墨守主義)로 흘렀고, 상대존신주자주의는 의리의 발명에 주안점을 두어 진취주의(進取主義)로 나아갔다. 묵수주의는 고대 묵자(墨子)처럼 성(城)을 지키는 데 중점을 두어 나아가 싸우려 하지 않는 것을 말하고, 진취주의는 이와는 반대로 적극적으로 나아가 승리를 쟁취하는 것을 말한다. 상대존신주자주의는 주자를 절대적으로 존신하지 않고 상대적으로 존신하여 주자를 존숭한다고 해서 그의 설을 개정할 수 없는 것은 아니라고 생각하는 사유이다. 또한 상대존신주자주의가 곧 진취적 사고를 한 것은 아니다.

그러나 상대존신주자주의를 견지한 학자들 가운데는 주자의 설만을 따르자는 기조에 반대하여 주자의 설은 어디까지나 선현의 설 중 가장 좋은 하나에 불과할 뿐 의리를 모두 발명한 것은 아니기 때문에 후학은 의리를 계속 밝혀 나가야 한다는 생각을 하였다. 그리하여 주자가 발명

---

23 최석기(2011a), 567~577면 참조.

하지 못한 의리를 발명하고 오류를 수정하거나, 독자적으로 새로운 설을 제기하거나, 여러 설을 겸하여 취해 보다 객관적인 해석을 하거나 하는 등 묵수주의와는 다른 관점을 견지했다. 그러므로 여기서는 묵수주의와 상대적인 측면에서 이러한 사조를 진취주의로 명명하기로 한다.

최유해(崔有海)·안방준(安邦俊)·최유지(崔攸之) 등에게서 보이듯, 17세기 전반까지는 서인계 학자들의 사고도 비교적 유연했다. 장유(張維)·최명길(崔鳴吉) 등이 일정하게 양명학(陽明學)을 수용한 것이나, 서경덕(徐敬德)의 문인들 중에 개방적·박학적 학풍을 가진 이들이 다수 있었던 것이 이를 대변한다. 그런데 인조반정 이후 집권층이 주자학을 자신들의 정치적 이념으로 강화함으로써 비교적 자유롭던 분위기는 크게 위축되었다.

서인계의 이식(李植)은 이단(異端)을 배척하는 데 누구보다 앞장섰다. 그는 "오늘날은 거짓 책이 점점 많아지고, 이설(異說)이 횡행하고 있다."[24] 라고 하여, 이단배척을 자신의 사명으로 생각했다.[25] 그는 이황(李滉)이 이단을 배척한 점을 높이 칭송하면서 양명학을 수용한 장유(張維)에 대해 맹렬히 비판하였다.[26] 그리고 "학자는 경전에 잠심하여 오로지 정주학의 표적(標的)에 뜻을 두어야지, 널리 이단에까지 미쳐 아울러 채택해 함께 쓰려는 생각을 가져서는 안 된다. 정주학에만 뜻을 두지 않으면 평생 학문을 하더라도 학문의 죄인이 될 것이니, 배우지 않는 것만 못하다."[27] 라고 하여, 정주학으로 일원화된 이념을 추구하였다.

24 李植, 『澤堂集』 別集 권15, 雜著, 「散錄」. "今天下 贋書滋繁 異說肆行"

25 李植, 『澤堂集』 別集 권15, 雜著, 「追錄」. "若傍通文章 有所著述 則須專求異端不是處 務加辨釋攻闢"

26 최석기(1987), 69면 참조.

27 李植, 『澤堂集』 別集, 권15, 「追錄」. "學者 潛心經傳 專意程朱學的 不可旁及異端 有兼採并用意也 不然則雖平生從學 乃爲學問中之罪人 不如不學"

이러한 벽이단론(闢異端論)은 송시열(宋時烈)에 이르러 더욱 강화되었다. 그는 주자의 저술에 전념하여 주자학에 대한 이해를 철저히 하였다. 그리고 주자가 이치를 다 밝혀 놓았기 때문에 저작이 불필요하며, 주자서(朱子書)를 통해 의리를 구하기만 하면 된다고 생각했다.[28] 또 주자를 성인(聖人)으로 격상시키면서 그 설을 전적으로 따르는 것이 마땅하다고 하였다.[29] 결국 그는 주자서에 대한 훈고(訓詁)와 해석을 통해 주자와의 일치를 꾀함으로써 비판적 사고와 의리의 발명을 용납하지 않았다.

송시열의 재전 문인 한원진(韓元震)도 "주자가 태어나신 뒤에야 도의 정미함이 낱낱이 분석되어 의리에 대한 분변에 다시는 남은 유감이 없게 되었다."[30]라고 하여, 주자가 경서를 해석한 뒤로는 의리의 분변에 더할 것이 없게 되었으니 그것을 믿고 따르는 것이 마땅하다는 점을 강조하였다. 한원진은 이런 관점으로 주자의 설과 다른 설을 분변하여 배척하는데 진력하였다. 그는 대전본(大全本) 소주(小註)의 여러 설 가운데 주자의 본지에 어긋난 것을 분변하고, 후유(後儒)의 설 가운데서도 주자의 설에 위배되는 것을 비판하여 주자의 정설만을 유통하고자 했다. 학문과 사상의 획일화를 꾀한 것이다.

이런 인식은 19~20세기 노론계 학자들에게서 공통적으로 나타난다. 19세기 노론계의 대표적인 학자 김매순(金邁淳)은 "나는 처음 그 개정설이 옳을 것이라 의심하였지만, 끝내 그 설이 옳지 않다고 확신하게 되었

28 金駿錫(1987), 99~119면 참조.

29 宋時烈, 『宋子大全』 부록 권18. "朱子 非後聖乎 吾以爲古禮之不載於家禮者 今不必行 而一從家禮 爲宜也"

30 韓元震, 『南塘集』 권35, 「雜誌 內篇上」(한국문집총간 제202책 265면). "至朱夫子出 然後道之精微 毫分縷析 而義理之辨 無復餘憾矣 朱子旣歿 學者又傷於分析之太過 不復有渾淪言之者 …… 栗谷李先生繼朱子而興 任傳道之責 則又合而言之 以捄其弊"

으니, 결단코 주자의 설을 바꿀 수 없다고 하는 것이 이 때문이다."[31]라고 하였으며, 20세기 영남의 노론계 학자 정재규(鄭載圭)는 "주자와 같은 자질로 일생의 정력을 다하여 『대학』의 정본을 만들었는데, 주자보다 자질이 낮은 학자로서 다른 생각을 품고 그보다 뛰어나려고 하는 것은, 주자를 믿으면서 그에 미치지 못하다고 하는 자의 폐단이 없는 것만 못하다."[32]라고 하였다. 이는 모두 주자를 절대적으로 존신하여 주자의 설을 개정해서는 안 된다는 묵수주의라 할 수 있다.

2) 상대존신주자주의의 회의정신과 의리발명의 관점

조선중기 이후 경서해석의 관점은 존신주자주의로 경도되었고, 18세기 이후로는 더욱 경직되었다. 그러나 그런 분위기 속에서도 학문 본연의 정신이 의리발명에 있다고 생각한 일부 학자들은 주자의 설만을 고수하는 것은 주자가 바라는 바가 아니라고 하면서, 의리를 발명하지 않으면 학문이 황폐화된다고 우려를 표명하였다.

이런 생각을 하는 사람들은 주자라는 인물에 초점을 맞추지 않고, 의리발명이 학자의 사명이라는 점에 주목한다. 따라서 이들은 주자를 배척하지 않지만, 그렇다고 절대존신하지도 않는다. 다시 말해, 주자는 선현 가운데 훌륭한 인물이고, 그 설은 경서주석 가운데 가장 참고할 만한 설이라고 인정한다. 이들은 주자의 설을 믿고 따르는 것보다는 본지를 탐구하여 의리를 발명하는 것이 중요하다는 관점을 전제하고 있다. 이런

31 金邁淳, 『臺山集』 권7, 「格致童子問」. "愚之始疑其然 終信其不然 而斷然以朱子說爲不可易者 以此也"

32 鄭載圭, 「附書大學補遺辨後」(『幽窩遺稿』 권3, 雜著, 「大學補遺辨」). "以朱子而盡一生精力 而著爲定本 後朱子而學者 貳而超詣 不若信而不逮之爲無弊也"

관점을 가졌던 사람들을 주자를 상대적으로 존신한 경우에 모두 포함시켜 논하기로 한다.

조선후기 상대존신주자주의는 크게 세 가지 성향으로 나타난다. 첫째는 주자의 주석을 저본으로 하되 거기에 머물지 않고 후대의 설까지 두루 취하여 보다 폭넓은 시각으로 해석을 하는 관점이다. 여기에는 주자의 설을 심화 발전시킨 것도 있고, 주자의 설과 다른 주장을 편 경우도 있다. 둘째는 고경(古經)을 저본으로 하여 새롭게 의리를 발명하고자 하는 관점이다. 이 경우 독자적으로 의리를 발명한 것이 많으며, 주자의 주석에 회의하거나 비판한 것이 다수 있다. 그러나 주자의 주석을 비판하는 데 주안점을 두지 않고, 경전의 본지를 탐구하는 데 중점을 둔다. 또한 이들도 주자의 주석을 상당 부분 수용하고 있어, 주자의 주석에 대해 전적으로 반대하는 입장을 가졌던 것은 아니다. 셋째는 송학(宋學)의 의리주의(義理主義)와 한학(漢學)의 훈고주의(訓詁主義)를 겸취해서 해석하는 관점으로, 청대 고증학이 유입되면서부터 주로 정조(正祖) 연간 이후 중앙학계의 몇몇 학자들에게서 나타난다.

가) 주주(朱註: 四書集註)를 저본으로 한 의리발명

17세기 전반기에 활동한 조익(趙翼)은 경서해석에서 의리발명이 무엇보다 중요하다는 점을 다음과 같이 말하였다.

> 의리는 천하의 공론이다. 학자의 궁리공부가 침잠하며 연구하는 것은 의리의 실상을 구하기 위한 것일 뿐이다. 만약 의리에 대해 마음속에 의심하는 바가 있는데도 선현의 설과 다를까를 염려해 변석하지 않는다면, 이 의리는 끝내 어두워져 밝혀지지 않을 것이니, 궁리공부가

> 어찌 이와 같겠는가? 그러므로 선현의 말씀일지라도 의리에 차이가 있으면 오직 그 의리를 밝혀야지, 선현의 설과 어긋날까 염려하여 감히 말하지 않아서는 안 된다.[33]

조익은 의리가 천하의 공론이라는 점을 강조하며, 의리를 변석하는 데 주안점을 두어야 한다고 역설하고 있다. 이는 앞 시대 이언적·노수신 등의 학문정신을 계승하는 관점이다. 그는 주자가 정자를 존신했지만 다르게 해석한 점, 주자학파의 요로(饒魯: 쌍봉요씨)·진력(陳櫟: 신안진씨) 등이 주자를 사숙했지만 다른 설을 제기한 점을 들면서, 선현의 설이라도 혐의쩍게 생각하지 말고 그 시비를 논해야 한다고 주장했다.[34]

의리발명을 우선으로 하는 관점은 17세기 후반 근기 남인계 학자들 및 후대 소론계로 분화된 가문의 학자들에게서 주로 나타나고 있다. 남인계의 조경(趙絅)은 "주자는 주석을 내면서 의심할 만한 곳에는 반드시 '후세의 아는 사람을 기다린다.'고 하였다. 이는 후학들이 자신의 설과 다른 설을 제기하는 것에 대해 꺼리지 않은 것이다."[35]라고 하면서, 명유 방효유(方孝孺)의 말을 인용해 대중지정(大中至公)의 의론이라고 지지하며 그것을 자신의 견해로 삼았다.[36] 이는 대현의 설을 준수하기보다는

33 趙翼, 『浦渚集』 권6, 「卞柳櫻欺罔疏」. "夫義理 天下之公也 學者 窮理之功 所以沈潛硏索 只是求義理之實 若於義理 心有所疑 而恐違先賢 不爲卞析 則此理終晦而不明 窮理之功 豈當如是乎 故雖先賢之言 苟於理有差 則惟當明其理而已 不可以違於先賢而不敢言也"

34 上同. "我國先正臣李彦迪 撰大學補遺 異於朱子者 甚多 蓋義理無窮 雖先賢之說 其或有未盡處 亦不能免也 朱子平生師法程子 其尊信極矣 饒魯陳櫟 皆私淑於朱門 其尊信朱子亦極矣 然聖賢窮理之法 義理是非 雖毫釐之微 必須卞析之 使此理明於世 不可含糊放過也 故雖先賢之言 亦必論其是非 不以爲嫌也"

35 趙絅, 『龍洲遺稿』 권12, 「策問」. "朱子於註釋可疑處 必曰 以俟後之知者 後學之不憚立異"

36 趙絅, 『龍洲遺稿』 권12, 「書晦齋先生大學補遺後」. "善乎 方正學之言 曰 經傳非一家之書 則其說非一人之所能盡也 語雖異於朱子 然異於朱子 而不乖乎道 固朱子之所取也 此大中

의리를 발명해 천하의 공론을 밝히는 것이 중요함을 천명한 것으로, 대현의 설을 함부로 고쳐서는 안 된다는 이황 등의 견해와는 상반된 것이다.

조금 뒷시대 남인계의 윤휴(尹鑴)는 다음과 같이 언급하고 있다.

> 나의 저술은 주자의 해석과 다른 설을 펴려고 하는 것이 아니고, 의문을 기록하는 것일 뿐이다. 설령 내가 주자의 시대에 태어나 제자의 예를 갖추었다 하더라도, 구차하게 뇌동하며 의문을 풀려 하지 않고 주자의 설을 찬양만 하고 있지는 않았을 것이다. …… 전혀 의문을 갖지 않고 입을 다물고 뇌동한다면 존신하는 것이 허위로 돌아갈 것이니, 주자가 어찌 이와 같이 했겠는가? 또한 나는 벗들과 토론하여 훗날의 견해가 점점 진전되기를 바랐을 뿐이다. 그런데 근래 송영보(宋英甫:宋時烈)가 나를 이단(異端)으로 배척하였다. 송영보의 학문은 의문을 가진 적이 없고, 오직 주자의 훈해(訓解)만을 따르면서 의의(異議)를 용납해선 안 된다고 혼동을 일으키고 있다. 주자를 존신한다고 하지만, 어찌 이것이 실제로 터득하는 길이겠는가.[37]

윤휴는 주자의 시대에 태어났더라고 주자의 설에 부화뇌동하며 찬양만 하지 않을 것이라는 점을 분명히 하고 있다. 또 그는 의문이 있는데도 묵묵히 부화뇌동하며 존신하기만 하면 결국 허위로 돌아갈 것임을 경고하고 있다. 마지막으로 송시열이 자신을 이단으로 모는 근저에는 그가

至公之論也"

37 李丙燾, 『韓國儒學史』 332면 재인용(『道學淵源續』). "吾之所著 非欲與朱訓立異 乃記疑耳 設使我生於朱子之時 執弟子之禮 亦不敢苟且雷同 都不及求 而只加贊歎而已 …… 若都不起疑含糊雷同 則其所尊信者 歸於虛僞 朱子豈如是也 且吾只欲與朋友講論 以俟他日見得之漸進 而近有宋英甫斥以異端 英甫之學 曾不設疑 而惟朱訓 則混稱不可容議 雖曰尊信 而豈是實見得也"

학문을 하면서 존신하기만 하고 의문을 가져 본 적이 없기 때문에 주자의 주석만 따르고 존신할 뿐이라고 하고 있다. 윤휴는 주주(朱註)를 바탕으로 해서 부단히 의리를 발명해 나가는 것이 학자 본연의 임무임을 천명하였다.

이런 인식은 근기 남인계의 정시한(丁時翰)에게서도 나타나고[38], 남하정(南夏正)에게서도 나타난다. 남하정은 다음과 같이 말하고 있다.

> 경전의 의리는 무궁하니, 학자들이 그것을 궁구하려 하면 의심이 없을 수 없다. 의심하면 사유를 하고, 사유하면 명변(明辨)해야 한다. 사유와 명변의 득실과 심천은 그 사람의 식견이 어떠한가에 관계된 것이니, 경전에 대해 무슨 해가 있겠는가? 또한 주자에 대해 무슨 상관이 있겠는가? 그런데도 굳이 이를 불사르고 금지하거나 끊어버리려 하는 것은 무슨 마음인가?[39]

남하정은 심문(審問)-신사(愼思)-명변(明辨)의 과정을 통해 진리를 탐구하는 것이 학문 본연의 태도임을 언급하면서, 주자의 주석만을 절대적으로 존신하길 종용하는 서인계의 경직된 이념에 대해 반박하고 있다. 이와 같이 근기 남인계 학자들은 서인계 학자들이 주자학을 절대 존신하는 풍토를 조성하여 상대방을 사문난적(斯文亂賊)으로 탄핵하는 것에 대해 깊은 우려를 표하며, 송학 본래의 의리발명의 학문정신을 거론하였다.

---

38 丁時翰, 『愚潭集』 권11, 부록, 「年譜」. "噫 天下之義理無窮 先儒之見解各異 前賢所論或有所未安 則後學卞論訂正 不害爲明理之一事"

39 南夏正, 『桐巢漫錄』(『朝鮮黨爭關係資料集』 제15책 1981, 旿晟社), 198면. "蓋經傳之義理無窮 學者苟欲窮之 則不能無疑 疑則思 思則辨 思辨之得失淺深 惟繫其人之識解如何爾 於經傳何害 於朱子何與 而必欲焚而禁絶之者 亦何心哉"

서인계 내부에서도 후대 소론계로 갈리는 가문의 몇몇 학자들은 절대 존신주자주의에 반발하면서 근기 남인계 학자들과 유사한 성향을 보이는데, 대표적 인물이 최유해(崔有海)·최유지(崔攸之)·박세당(朴世堂)·정제두(鄭齊斗)이다. 이 가운데 고본의 『대학』을 취해 독자적인 해석을 한 최유해·정제두에 대해서는 뒤에서 다루기로 한다.

최유지는 최항(崔恒)의 8세손으로 이경석(李景奭)·윤순거(尹舜擧)·송시열(宋時烈) 등과 교유한 인물이다. 그는 독자적인 시각으로 『대학장구』 개정설을 제기하였다.[40] 그는 자신의 관점을 다음과 같이 말하였다.

> 세상의 이치는 어리석은 일반인도 참여하여 알 수 있는 것이 있고, 성인도 알지 못하는 바가 있으니, 지금 나의 망령된 설이 무지한 농부가 하나를 터득한 것과 같지 않은 줄 어찌 알겠으며, 그것을 성인이 채택하지 않으리라 어찌 장담하겠는가? 그렇지 않고 후학들이 견해를 펴는 것을 통렬히 금지해 궁리하여 자득하는 단서를 끊어 버리고, 단지 그대로 본떠 그리라고 책망한다면 공자께서 '나를 일으켜주는 자는 복상(卜商)이로구나', '안회(顔回)는 나를 도와주는 자가 아니다.'라고 하신 말씀에 어긋나는 것이 아니겠는가? 옛날 쌍봉(雙峯) 요로(饒魯)는 『중용장구』를 변개하여 육절(六節)로 만들었는데도 선유들은 주자의 충신이라 칭했다. 그렇다면 나는 동공(董公:董槐)의 충신이 되기를 원하니, 훗날 군자들이 판단하기를 기다린다.[41]

40 최석기(2011a), 344~355면 참조.

41 崔攸之, 『艮湖集』 권3, 「論大學致知章」. "或有夫婦之所與知者 或有聖人之所不知者 則今愚之妄說 安知非蒭蕘之一得 而不爲聖人之所擇乎 不然 痛禁後學 以絶其窮理自得之端 而只責以依樣模畵而已 則無乃有違於吾夫子起予助我之訓乎 昔者 雙峰饒魯 變改中庸 爲六節 而先儒稱爲朱子之忠臣 則愚亦願爲董公之忠臣 而以俟後之君子之致罪與否也"

여기서 주목할 만한 언급이 세상의 이치는 무궁하기 때문에 성인도 모르는 것이 있다는 점, 후학이 견해를 내는 것을 통렬히 금하는 것은 공자의 취지에 어긋난다는 점, 요로(饒魯)가 주자의 충신이 되었듯이 자신은 『대학장구』를 최초로 개정한 동괴(董槐)의 충신이 되고자 한다는 점이다. 이러한 생각은 주자를 상대적으로 존신함으로써 가능했던 사유이다.

박세당은 『대학장구』를 저본으로 하여 부분적으로 개정설을 제시하였을 뿐, 주자의 주석을 전적으로 무시하지는 않았다.[42] 그는 경서해석의 관점에 대해 다음과 같이 언급하였다.

> 지금 이 경서를 해석하는 문제는 도리어 그렇지 않습니다. 경문이 구비되어 있으니, 그에 대해 실로 조금도 의심이 없을 수 없는 점이 있습니다. 노형께서는 과연 경문에 대해 그 뜻을 통달하지 못할지라도 학문을 하는 데는 해롭지 않으니 애써 노력하며 깊이 궁구할 것 없이 전주(傳註)만 보아도 충분히 세상에 자립할 수 있다고 생각하십니까?[43]

박세당은 주자의 주석만을 따라 해석해서는 세상에 자립할 수 없으니, 경문의 본지를 궁구해 통달해야 함을 역설하고 있다. 그래서 그는 주자의 주에 의문을 제기하였고, 결국 부분적으로 개정설을 제기한 것이다.

이상에서 주로 17세기 후반 근기 남인계와 후대 소론계로 갈린 몇몇 학자들에게서 나타나는 성향을 살펴보았다. 이들은 주자의 주석만을 맹목적으로 따르는 것에 반대하고, 의리를 발명해 나가는 것이 학자들이 해야 할 일이라고 확신하고 있다.

---

42 최석기(2011a), 355~369면 참조.

43 朴世堂, 『西溪集』 권7, 「答尹子仁書」. "今顧未然 經文具在 實有不能無疑於一毫者 老兄果謂經雖未達其指 而不妨於爲學 不須刻意深求 只看傳註 爲足以自立於世耶"

그러나 이런 인식을 하는 학자는 소수에 불과했고, 대다수 학자들은 주주(朱註)를 읽지 않으면 경서의 의리를 알 수 없는 것처럼 생각했다. 예컨대 안동 지방의 학자 권구(權渠)가 "경서를 읽는 자는 집주(輯註) 외에 곁으로 다른 구멍을 파서는 안 된다."[44]라고 말한 것이 이를 단적 대변해 준다.

이처럼 주자의 주석만을 추종해야 한다는 견해에 대해, 이익(李瀷)은 다음과 같이 말하였다.

> 세상 사람들은 모두 정주(程朱) 이후로 경서의 문의(文義)가 크게 밝혀져서 더 밝힐 의미가 없으니 그 설만을 준수해야 한다고 생각하네. 이 말이 대개는 맞지만 오히려 미안한 점이 있네. 성현이 후인에게 요구한 것은 경서의 의리를 강명하길 원하는 것이네. 그 의도가 어찌 더 밝힐 의미가 없다고 여겨 후인들로 하여금 의리를 말하지 못하게 하는 것이겠는가. 이는 정주의 본래 의도가 아닐세.[45]

이익은 정주(程朱) 이후 의리가 다 밝혀졌기 때문에 이를 준수할 뿐 의리를 발명하지 못하게 하는 것은 정주의 본래 의도가 아니라는 점을 강조하면서, 후학들은 계속해서 의리를 밝혀 나가야 한다는 관점을 분명히 하고 있다.

이익은 주자의 주석에 대해 "채허재(蔡虛齋: 蔡淸)가 말하기를 '육경(六經)은 정종(正宗)이 되고, 사서(四書)는 적전(嫡傳)이 되고, 송나라 사유(四

---

44 權渠, 『屛谷集』 권9, 附錄, 權紸 撰, 「詳記謹書」. "又曰 讀經者 於輯註外 不可傍穿孔穴"

45 安鼎福, 『順菴集』 권16, 雜著, 「函丈錄」. "世人皆謂程朱以後 經書文義大明 無復餘蘊 只當遵之而已 此說大槩然矣 猶有未安 聖賢之所求於後人者 欲以講明此義理 其意豈謂之無復餘蘊而不使後人言之耶 此非程朱之本意也"

儒: 周敦頤·張載·程頤·朱熹)는 진파(眞派)가 된다.'고 하였으니, 이 말이 참으로 맞다. 학자들이 진파를 따라 거슬러 올라서 적전·정종에 이르면 그 길이 숫돌처럼 평탄할 것이다. 그런데 지금 사람들은 오로지 정주의 허다한 학설에만 힘을 쓰므로 결국에는 반도 못 가서 그만두게 되니, 또한 경계할 일이다."[46]라고 하여, 정주의 주석을 진파로 보았다. 그리고 진파→적전→종정으로 단계를 밟아 올라가는 것이 학문의 올바른 길이라고 하였다. 이런 인식은 궁극적으로 육경의 정신을 터득하는 데 학문의 목표를 두는 것으로, 후대의 주석에 얽매이지 않고 본지를 탐구하는 것이 중요함을 역설한 것이다.

18~19세기로 내려오면, 주자의 설을 절대존신하는 분위기가 당색과 학파에 상관없이 도도한 형세를 이루어 주자의 설만을 따라 해석하였다. 이런 분위기 속에서 주자의 『대학장구』를 개정하는 설도 거의 나타나지 않는다. 이 시기 『대학장구』를 개정한 유일한 인물이' 전라도 전주 근처에 살던 안태국(安泰國, 1843-1913)이다. 그는 전 제4장(聽訟章)을 경문 뒤로 옮겨 전문을 총 9장으로 개정하였다.[47]

또한 이 시기에는 이언적의 『대학장구』 개정설에 대해 지지하는 사람이 현저히 줄어든 반면, 반대하는 사람은 상대적으로 매우 많아졌다. 이언적의 개정설을 지지한 사람은 의리발명을 중시하는 입장이고, 반대하는 사람은 대현의 설을 감히 고칠 수 없다는 관점을 견지하는 사람들이다. 전자로는 이헌경(李獻慶)·정조(正祖)·최상룡(崔象龍) 등 세 사람에

46 李瀷, 『星湖僿說』 권10, 「眞派嫡傳」. "蔡虛齋云 六經爲正宗 四書爲嫡傳 宋四儒爲眞派 此固然矣 學者泝眞派而上 至嫡傳正宗 周道如砥 今人專用力於程朱許多論話 終未及半道而輒廢則 亦可戒也"

47 최석기(2011a), 383~396면 참조.

불과하지만, 후자로는 양응수(楊應秀)·송명흠(宋明欽)·위백규(魏伯珪)·황덕길(黃德吉)·허전(許傳)·김매순(金邁淳)·권병천(權秉天)·최유윤(崔惟允) 등 여러 사람이 나타난다.

이 가운데 경상도 단성에 살던 권병천은 이언적의 개정설이 불가하다는 점을 조목조목 비판하였다. 또한 근기 남인계 이익(李瀷)의 후학들도 개정설을 반대하는 쪽으로 사유가 바뀌었으며, 위백규 같은 전라도의 몇 안 되는 실학자도 개정설을 반대하고 있음을 알 수 있다. 이는 당시 극도로 경직된 절대존신주자주의의 단면을 여실히 보여주는 것이다.

그런데 이 시기에 의리발명을 중시한 학자들이 아예 없었던 것은 아니다. 주자의 『대학장구』를 저본으로 해석하는 데에서 아예 벗어나 고본의 『대학』을 저본으로 독자적인 해석을 하는 학자들이 전보다 훨씬 많이 나타난다. 그 대표적인 인물이 이익 문하의 신후담(愼後聃)·이병휴(李秉休) 및 다음 시대 정약용(丁若鏞)·심대윤(沈大允)·김택영(金澤榮) 등이다. 이들에 대해서는 뒤에서 다루기로 한다.

나) 고경(古經)을 저본으로 한 의리발명

조선시대 가장 먼저 고본의 『대학』을 취해 독자적으로 해석한 학자가 최유해(崔有海)이다. 그는 최만리(崔萬里)의 6대손이며, 이이(李珥)의 문인 최전(崔澱)의 아들로, 정구(鄭逑)·김장생(金長生)·이정귀(李廷龜) 등에게 배웠다. 그는 장유(張維)·최명길(崔鳴吉) 등과 교유하였으며, 사상적으로 비교적 유연했던 이정귀를 종유하며 절친하게 지냈다. 따라서 그들의 영향을 일정하게 받은 것으로 보인다.

그가 『대학』을 해석하면서 경문·전문으로 나누고, 삼강령·팔조목으로 나누어 해석한 것을 보면, 주자의 『대학장구』 체계를 대부분 수용한 것을 알 수 있다. 그런데 그는 주자가 '전십장(傳十章)은 삼강령 · 팔조목을 차례로 해석한 것'이라고 한 설을 따르지 않고, 고본의 『대학』을 취하여 전문은 모두 삼강령을 해석한 것으로 보아 체제를 개편을 한 뒤, 또 팔조목은 모두 삼강령의 명명덕을 해석한 것으로 보았다.[48]

최유해가 고본의 『대학』을 취해 새로운 관점으로 해석한 것은, 17세기 전반의 학풍이 비교적 자유로웠음을 보여준다. 그는 대전본 소주에 자주 등장하는 운봉 호씨(雲峯胡氏) · 쌍봉 요씨(雙峯饒氏) 등의 설에 대해 자구(字句)에만 잠심하여 한 마디도 발명한 것이 없다고 혹평하면서,[49] 자신은 신이함을 좋아하여 가슴속에 평소 회의하고 있던 것을 극론한 것이 자신의 설이라고 하였다.[50] 또 "근세에 명나라 대유(大儒)인 방효유(方孝孺) · 채청(蔡淸) 및 우리나라 이언적(李彦迪) 등이 『대학』의 경문을 떼어내 격물치지전으로 삼은 것도 주자를 존숭하는 도에 해롭지 않으니, 그대가 『대학』을 읽을 적에는 의리를 위주로 하는 것이 옳을 것입니다."라고 하였다.[51] 이를 보면, 최유해의 관점은 주자를 존신하되 도를 밝히는 점을 무엇보다 중시하고 있음을 알 수 있다.

윤휴(尹鑴)는 17세기 후반 서인계 학자들과 사상적으로 맞서 사문난적으로 몰린 사람이다. 그는 주자의 주석을 읽을 필요가 없다고 할 정도로

48 최석기(2004b), 351~386면 참조.

49 崔有海, 『嘿守堂集』 권17, 「送月沙朝天序」. "夫雲峰雙峯之輩 潛心於字句魚魯之間 先儒曰左 則從而左之 先儒曰右 則從而右之 無一言發明之資 而只取先儒已言之意 粉飾衣被自以爲久大之業"

50 崔有海, 『嘿守堂集』 권16, 「與任茂叔 第二書」. "大抵弟之病多在於好異 故凡有可論之事而不敢下言 昨日兄言 適及於此 弟以胸中平日之所疑者 爲一極論焉 幸乞駁正之 可也"

51 崔有海, 『嘿守堂集』 中編 下, 「賓主問答」. "近世皇明大儒 如方孝儒 · 蔡淸及本朝李彦迪諸儒 拈出經文 以爲格致之傳者 亦不害於尊朱子之道 子讀大學 全以義理爲主 可也"

경전의 본지탐구를 중시한 인물이다. 그는 『대학』을 해석하면서 고본의 『대학』을 취해 독자적인 해석을 하였는데, 편차를 개정하지 않고 크게 4대절로 나눈 뒤, 세부적으로는 경일장(經一章)과 전육장(傳六章) 체제로 분장하였다.[52] 그가 이렇게 해석한 기본관점은 다음과 같은 말에서 찾을 수 있다.

> 대체로 천하의 의리는 무궁하고, 성현의 말씀은 지의(旨意)가 매우 깊다. 앞사람이 대의를 밝혀 놓으면 뒷사람이 또 그것을 연역하여, 이미 말한 것을 통해 말하지 않은 것을 더욱 드러내었다. 이 점이 문왕·무왕의 도가 땅에 떨어지지 않고 사람에게 있게 된 이유이고, 도가 더욱 밝아지게 된 까닭이다. 따라서 이런 점을 말하는 것은 참으로 앞 사람보다 훌륭함을 구해서가 아니다. 그러니 말하지 않는 것 또한 앞사람이 뒷사람을 기다리는 뜻이 아니다.[53]

윤휴의 관점은 앞 사람이 대의를 밝혀 놓으면 뒷사람은 다시 그것을 연역해 더욱 그 의미를 드러내 밝혀야 한다는 것이다. 그렇게 해야 도가 없어지지 않고 지속될 수 있다는 것이다. 그것은 의리를 발명하지 않으면 도가 밝혀지지 않고, 그러면 도가 행해질 수 없다는 생각에서이다. 이런 경학관이 그로 하여금 선현의 주석에 얽매이지 않고 경서의 의리를 탐구하게 한 것이다.

정제두(鄭齊斗)는 우리나라 최초의 양명학자로 알려진 인물이다. 그는

---

52 최석기(2011a), 247~257면 참조.

53 尹鑴, 『白湖全書』(경북대 출판부, 1974), 1461~1462면, 「中庸章句補錄」. "蓋天下之義理無窮 而聖賢之言 旨意淵深 前人旣創通大義 後之人又演繹之 因其所已言 而益發其所未言 此文武之道 不墜在人 而道之所以益明也 言之 固非以求多于前人 不言 又非前人俟後人之意也"

양명학을 근본으로 하였기 때문에 해석의 관점이 주자와 다를 수밖에 없다. 그는 고본의 『대학』을 취하여 상절(上節)·하절(下節)로 나눈 뒤, 상절은 공부(工夫)의 소재(所在)를 말한 것으로, 하절은 본원(本源)을 미루어 밝힌 것으로 파악하였다. 그리고 세부적으로는 7장으로 분장해 제1장은 경문(經文)으로, 나머지는 모두 전문(傳文)으로 보았다. 그의 기본관점은 다음과 같은 그의 말에 잘 나타나 있다.

> 육경의 글은 일월처럼 밝아 지혜로운 사람이 보면 절로 환히 알 수 있으니, 주해를 할 필요가 없다. 그러므로 훈고(訓詁)만 있고 주설(註說)이 없었던 것이 오래였다. 주자는 물리(物理)로써 해석했으니, 주를 만들지 않을 수 없었다. 이것이 바로 고경(古經)이 변한 까닭이다. 주자의 해석이 잘못되었으니, 개정하는 설을 만들지 않을 수 없다. 이것이 바로 나의 주해가 만들어진 까닭이다.[54]

정제두는 주자가 물리(物理)로 해석함으로써 고경(古經)의 뜻이 변했다고 인식하고 있다. 그런 주자의 해석이 잘못되었기 때문에 자신이 다시 개정설을 제시한다는 것이다. 이는 고경의 본지를 되찾자는 것으로, 주해에 얽매이지 않고 경전 자체를 통해 의리를 강명하겠다는 인식이다.

신후담(愼後聃, 1702-1761)은 이익(李瀷)의 문인으로 근기 지방에 살았다. 그는 고본의 『대학』을 취하여 편차를 개정하지 않고 분장(分章)만 다르게 하면서 독자적인 해석을 하였다. 그는 『대학』을 경문과 전문으로 나누지 않고 전체를 7장으로 분장하였다. 그의 해석의 특징은, 격물치지

54 鄭齊斗, 『霞谷集』 권13, 「大學序引」. "天命至善 二解之作 何爲也 夫六經之文 昭如日星 知者見之 自無不洞如 無事於注爲 故有訓詁而無注說 尙矣 朱子以物理爲解 則不得不作注 此古經所以變也 朱解旣以離之 則又不得不改爲之說 此今注所以更也"

장이 궐실(闕失)되지 않았다는 관점에서 주자가 경문 제6절·제7절로 삼은 대목과 격물치지전의 결어로 본 '차위지본(此謂知本)' 이하 10자를 합해 격물치지를 해석한 말로 본 것, 주자가 전문 제1장~제4장으로 삼은 부분을 성의장(誠意章)에 모두 포함시켜 해석한 것에 있다. 그는 고본의 『대학』을 저본으로 하였지만, 주자의 주석을 상당 부분 수용하면서 명나라 채청(蔡淸)의 설, 이패림(李霈霖)의 『사서주자이동조변(四書朱子異同條辨)』의 설 등을 광범위하게 취하여 해석하였다.[55]

또한 이익의 조카 이병휴(李秉休, 1710-1776)도 고본의 『대학』을 저본으로 독자적인 해석을 하였다. 그는 이익으로부터 회의정신에 대해 가르침을 받아 독서하면서 의문을 품고 탐구하기를 좋아했다. 그의 경서해석의 관점은 다음과 같은 말에서 실마리를 찾을 수 있다.

> 다른 사람들은 그만두고, 정자·주자 두 선생이 경지(經旨)를 해석한 것만 보더라도 간혹 서로 합치되지 않는 대목이 있습니다. 그 사람을 두고 보면 모두 믿을 만하지만, 그 설을 놓고 보면 둘 다 옳을 리는 없으니, 필경 하나는 옳고 하나는 그를 것입니다. 따라서 의심을 간직한 채 범범하게 옳다고 하는 것이, 어찌 정밀히 택해 그 둘 중에 하나를 따르는 것과 같겠습니까?[56]

이병휴는 선현을 대할 적에, 학덕을 존경하는 인간적인 측면과 학설을 정밀히 논의하는 학구적인 측면을 구별해 볼 것을 말하고 있다. 인간

55 愼後聃, 『河濱集』 제3책, 내편, 「大學後說」 등 참조.

56 李秉休, 『貞山雜著』 제5책, 「再答安百順書」. "他人勿論 程朱兩先生之解釋經旨 間有抵捂不合處 以其人則皆可信 而以其說則無兩是之理 畢竟一得而一失 與其蓄疑而泛可 孰若精擇而從一"

정자·주자를 존신하다고 해서, 그들의 서로 다른 설을 분변하지 않아서는 도가 밝혀질 수 없다는 것이다. 그는 이런 관점으로 고본의 『대학』을 취하여 독자적인 해석을 하였는데, 편차를 개정하지 않고 분장만 다르게 하여 경일장과 전5장으로 체제를 나누었다. 이러한 그의 설은 윤휴의 설과 상당히 유사하다.[57]

정약용(丁若鏞)도 고본 『대학』을 취하여 독자적인 해석을 하였는데, 그 역시 편차를 개정하지 않고 전체를 7장으로 나누어 해석했다. 그가 고본 『대학』의 편차를 개정하지 않았다는 측면에서는 윤휴·이병휴와 동일한 관점이다. 다만 윤휴·이병휴는 주자의 설을 수용하여 경문·전문으로 나누었는데, 정약용은 나누지 않고 전체를 경문(經文)으로 보았다. 또한 자신의 설을 3권으로 나누어 서술하고, 7장으로 분장을 하였으며, 전체를 27절로 나누었다.[58]

그는 또 노론계 김매순(金邁淳)에게 보낸 편지에서 "사람의 총명은 한계가 있고 의리는 무궁하니, 천고의 사업은 마땅히 천고와 함께 해야 합니다. 같은 것을 기뻐하고 다른 것을 미워하여, 자기가 말을 하면 남들이 감히 어기지 않는 것을 오직 즐거워하는 태도가 어찌 주자의 본의이겠습니까?"[59]라고 하였다.

이처럼 정약용은 경전을 해석하는 것은 천고의 사업이므로 한 사람이 다 할 수 없다는 관점, 그리고 하나의 설만을 전적으로 따르게 하는 것이 주자의 본의는 아니라는 점을 천명하였다.

---

57 최석기(2011a), 264~274면 참조.

58 上同, 274~284면 참조.

59 丁若鏞, 위의 책 권20, 「答金德叟」. "聰明有限 義理無窮 千古之業 當與千古共之 喜同惡異 惟其言而莫予違 豈朱子之本意哉"

심대윤(沈大允, 1806-1872)은 소론계의 몰락한 사족이다. 그는 고본『대학』을 취하여 독자적으로 해석했는데, 윤휴·이병휴·정약용 등의 설과는 달리 편차를 개정한 뒤 분장하지 않고 총 29절로 분절하여 해석하였다. 또 경문과 전문으로 나누지도 않았다. 그는 주자가 보망한 격물치지전에 '일단활연관통(一旦豁然貫通)'이라고 한 것을 비판하면서 분변할 것도 없는 망언이라고 하였다.[60]

김택영(金澤榮, 1850-1927)은 문장가로 알려진 인물인데, 고본『대학』을 취하여 경문과 전문으로 나누지 않고 전체를 6장으로 분장하여 해석하였다. 그는 성현의 글은 지취(志趣)가 심원하기 때문에 후세의 정제된 글과는 다르고, 고본의 편차를 개정하는 것은 고인의 정신과 심술을 훼손하여 의리를 상하게 하는 것이라는 관점을 견지하였다.[61]

이상에서 살펴보았듯이, 주자의『대학장구』를 저본으로 하지 않고 아예 고본『대학』을 취하여 독자적인 해석을 한 사람들은 대체로 고경으로 돌아가 본지를 새롭게 탐구하여 의리를 발명하겠다는 관점을 드러내고 있다.

다) 한학과 송학을 겸취하는 관점

18세기 후반 이후의 학풍은 크게 둘로 나누어 볼 수 있다. 하나는 중앙학계의 학자들이 청대 고증학을 받아들여 새롭게 변하기 시작한 학풍이었고, 하나는 여전히 주자의 주석을 절대 존신하는 향촌의 학풍이었다. 그런데 이 시대의 학풍은 앞 시대의 학풍보다 더 경직되었다. 그 단적인

---

60 沈大允,『大學考正』제13절 해석. "夫天下之事 必以漸致之 未有一擧而了之者也 其有暴成者 乃變異也 寧有一旦豁然貫通 而衆物畢明耶 …… 朱 氏之妄 固無足辨者也"

61 최석기(2011a), 293~306면 참조.

예를 보인 인물이 성호학통의 황덕길(黃德吉, 1750-1827)이다. 그는 『대학장구』를 개정하는 문제에 대해 다음과 같이 말하고 있다.

> 왕노재(王魯齋:王柏)·동문정(董文靖:董槐)은 주자학파의 고제들이다. 일찍이 치지장(致知章)이 없어진 것이 아니라고 생각해 드디어 '지지이후유정(知止而后有定)' 1절과 '물유본말(物有本末)' 1절과 청송절 3절을 격물치지장으로 옮겼으니, 궐문(闕文)이 없을 수 있겠는가? 명나라 때 방손지(方遜志:方孝孺)·채허재(蔡虛齋:蔡淸)도 그들의 학설을 조술하였고, 우리나라 권양촌(權陽村:權近)·이회재(李晦齋:李彦迪)도 그들의 의논을 따랐다. 그런데 퇴계에 이르러 그 설이 잘못되었음을 힘껏 논변하면서 큰집에 비유하여 말씀하기를 "정침의 재목을 헐어다가 무너진 행랑을 보수했는데, 정침의 재목이 애초 행랑의 재목이 아니라는 점을 헤아리지 못한 것이니, 집 전체가 완전하게 됨은 볼 수 없고 정침만 무너진 격이다."라고 하였다. 후학이 존신할 인물로는 주자보다 더 숭상할 인물이 없고, 주자 이후로는 퇴계만한 분이 없다. 그러니 이 두 분을 우리 유학의 지남으로 삼으면 거의 어긋나지 않을 것이다.[62]

인용문 마지막 부분의 '후학이 존신할 인물로는 주자보다 더 숭상할 인물이 없다'는 말 속에는 인간 주자를 절대 존신하는 사상이 잘 드러나 있다. 이는 이익이 주자를 상대적으로 존신하던 것과는 상당히 거리가 있는 발언이다. 황덕길은 이익의 문인 안정복에 수학한 인물인데, 이와 같이 변화된 사유를 보이고 있다. 이를 보면 19세기 성호학통 우파에

---

62 黃德吉, 『下廬集』 권7, 「講義-大學」, 〈間嘗竊取程子之意 以補之〉. "王魯齋董文靖 朱門之高弟也 嘗謂致知章 未嘗亡也 遂以知止物有聽訟三章 移編於格致章 則可無闕文 在明則方遜志蔡虛齋 述其說 我東則權陽村李晦齋守其論 暨乎退溪 力辨其非 以鉅室爲喻曰 正寢之材 掇補所壞 更不計正寢之材 初非廊廡之材 不見其完 而寢屋則敗矣 後學之尊信者 莫尚於朱子 朱子以後 莫如退溪 則以是爲吾儒之指南 庶或不差矣"

속하는 학자들은 주자를 절대 존신한 영남 퇴계학파 학자들과 학문성향이 비슷해져 있음을 알 수 있다.

그런데 중앙 학계의 소수 학자들은 청대 고증학을 수용하면서 송대 의리학과 청대 고증학의 장점을 모두 취하려는 성향을 보인다. 기왕의 연구에 의하면, 북학론이 유행한 중앙 학계에서 정조의 학술정책을 배경으로 성장한 19세기 전반의 경기학인들은 기본적으로는 한학과 송학의 장점을 함께 수용하려는 한송절충론(漢宋折衷論)의 입장을 취했다고 하면서, 이러한 관점을 견지한 학자로 정조(正祖)와 성해응(成海應)·홍석주(洪奭周)·정약용(丁若鏞) 등을 들었다.[63] 여기서는 이들의 관점을 중심으로 살펴보고자 한다.

정조는 "이단을 없애고 민지(民志)를 안정시키는 방법은 오직 '이 도를 보위하고 정학(正學)을 부지하는 것이다.'라고 생각한다. 그런데 그 근본을 궁구하면 우리 주자를 존숭하는 것이 그것이다."[64]라고 하여, 주자학을 정학으로 인정해 숭상하는 시각을 드러냈다. 그러나 주자의 주석을 위주로 한 대전본만을 텍스트로 한 조선 학계의 풍토에 대해서는 "영락대전(永樂大全)이 유행한 뒤로는 조정에서 선비를 뽑을 적에나 향교에서 유생들을 가르칠 적에 모두 대전본을 위주로 한다. 그러므로 학자들은 『사서집석(四書輯釋)』이 있는 줄도 모른다."[65]고 하여, 대전본만을 따라 경서를 해석하는 고루한 학풍을 비판하였다. 또 그런 풍조 때문에 대전

63 金文植(1996), 25면 참조.

64 正祖, 『弘齋全書』 권29, 綸音, 「命使行購朱夫子書眞本」. "異端熄而民志定者 卽惟曰 衛斯道扶正學 而究其本 則尊我朱夫子 是耳"

65 正祖, 『弘齋全書』 권161, 「日得錄」. "自夫永樂大全行 而朝廷之取士 鄕塾之敎徒 率以大全爲主 故學者不知有輯釋"

본 자체의 문제점을 전혀 인식하지 못하고 그대로 준용함으로써 구두가 어긋나고, 훈의(訓義)가 잘못되었는데 아직까지 고찰하여 교정하질 못하고 있으며, 언해와 음석(音釋)에서 본의를 잃어버린 것이 많이 발견된다고 하였다.[66] 이와 같은 관점에서 정조는 송학의 의리주의는 지키면서 한학의 훈고주의를 수용하는 관점을 취하였다.

정조는 주자학에 학문적 기반을 두고 주자의 모든 저술을 집대성하려 하였다. 그러나 주자의 학설에 대해서는 비판적으로 수용하려 하였다. 그것은 주자의 설에 모순이 있다는 사실이 이미 밝혀졌기 때문이다. 그리하여 주자학의 오류를 지적하면서 비판적으로 계승하는 것이 주자학의 진면목을 드러내는 것이라 생각하였다. 그는 주자학을 비판할 때 한학의 성과를 논거로 제시하였고, 경전의 전수관계나 주소(注疏)의 득실을 파악함에 있어 한학이 가진 강점을 인정하였다. 이처럼 정조는 송학을 중심으로 한학과 송학의 장점을 절충하려는 송학 중심의 한송절충론을 경학의 관점으로 제시했다.[67]

정조처럼 송학 중심의 한송절충론을 편 학자가 노론 청류의 홍석주(洪奭周)이다. 홍석주는 대전본의 문제점을 인식하고 "당시 오경과 사서의 대전본을 편수한 사업은, 일은 크고 공력은 성대했다. 그러나 그 사업에 참여한 제유들의 견문이 단편적이고 얕았기 때문에 정밀하게 생각하고

66 正祖, 『弘齋全書』 권161, 「日得錄」. "僅就前人已成之蹟 抄謄一過 易則董楷董眞卿胡一桂胡炳文四家之外 全未寓目 詩則用劉瑾通釋 而但改愚按二字 爲安成劉氏曰 禮則用陳澔集說 春秋則用汪克寬纂疏 而更添一二家說 去取無當 四書則因倪士毅輯釋 雜有增刪 而反失本書眞面目 明儒所謂經學之廢 實自此始 淸儒所謂豈不顧博物洽聞之士見而齒冷者皆非過語也 我朝科目之取士 講師之敎徒 率以大全爲主 故凡其句讀乖舛 訓義顚錯 至于今 莫可考定 而至於諺解音釋 尤見其多失本義"

67 김문식(1996), 27~58면 참조.

자세히 선택하여 성조(聖朝)의 존경(尊經)의 의도를 드러내 밝히지 못했다. 그래서 왕왕 앞 시대 사람이 만들어놓은 책에서 베껴 책임을 면하였으니, 오류와 잘못이 한두 가지로 헤아릴 수 없을 정도이다."[68]라고 비판하였다.

홍석주는 우리나라 주자학이 이황으로부터 비롯되었다는 점을 중시하면서 성현의 학문을 배우려면 이황으로부터 비롯해야 한다고 하였다.[69] 그는 경학연구에 있어서 명물훈고(名物訓詁)보다는 의리(義理)에 주안점을 두면서 "근래 중국의 유학자들은 대부분 한학을 숭상하고 송학을 억제한다. 그들은 '한유(漢儒)는 성인이 살던 시대와 가깝기 때문에 송유(宋儒)에 비해 믿을 만한 점이 많을 것이다.'라고 한다. 그러나 내 소견으로는, 세대가 가깝기 때문에 신뢰할 수 있는 것은 명물훈고뿐이다. 사람의 마음속에 있는 의리는 천고의 세월이라도 한결같으니 참으로 고금으로 한계를 둘 수 없다."[70]라고 하여, 훈고보다 의리를 중시하는 관점을 견지하면서 한학의 장점만을 취하였다.

따라서 그의 관점은 엄밀히 말해 한송절충론이라고 하기가 어렵다. 다만 주자 이후 주자학만을 존신하는 자들의 학풍을 송학지말학(宋學之末學)으로 비판하면서 주자학의 정신을 회복하려 하였고, 이론에 치우친 학풍을 지적하며 실천을 강조하였으며, 청대 고증학적 성과까지 폭넓게

68 洪奭周, 『洪氏讀易錄』「易」. "時修五經四書大全 事鉅工殷 而諸儒聞見單淺 不能精思審擇 以章明聖朝尊經之意 往往勦竊前人成書以塞責 譌誤紕繆 殆不可一二數"

69 洪奭周, 『洪氏讀書錄』「儒家」. "東方之知朱子書 自先生始 …… 先生之學 一宗朱子 而以踐履爲主" 『鶴岡散筆』 권5. "竊嘗謂 吾東儒先之中 退溪近顔子氣像 栗谷近孟子氣像 後儒之欲學聖賢者 自學退溪始 其庶有所從入乎"

70 洪奭周, 『鶴岡散筆』 권1. "近世中國之儒 率多崇漢而抑宋 以爲漢儒去聖人近 比宋儒 宜多可信 余謂 世近而可信者 唯名物訓詁耳 義理之在人心者 千世一揆 固不可以古今限也"

독서하였다는 점에서 절대존신주자주의자들과는 일정하게 변별성을 갖는다.

성해응(成海應)은 특히 사서대전본의 문제점을 비판하였으며,[71] 조선시대 이를 저본으로 언해와 구결을 달아 사류를 시험함으로써 사인들이 이 책만을 추향하게 되었음을 지적하였다.[72] 그는 경학연구의 목적을 본지파악에 두었기 때문에, 한유들이 경전을 복원하면서 훈고·교정·석각·간행 등의 일을 할 적에 매우 신중을 기하며 노력한 것을 높게 평가하였다.[73] 그러나 그는 또 송학의 대표적 저술인 『이정전서』·『주자대전』·『근사록』·『성리대전』 등을 경전 다음 가는 중요한 저술로 인식하여 일생생활에서 마땅히 행해야 할 없어서는 안 될 서적으로 평가했다.[74] 이를 보면 성해응은 한학과 송학을 아울러 취한 것을 알 수 있다.

한편 근기 남인계 학자로서 성호학통을 이어 실학을 집대성한 정약용(丁若鏞)은 경전의 본지파악을 위해서는 우선 훈고(訓詁)를 알아야 한다는 관점[75]에서 한학을 중시하였다. 그는 경학연구는 궁극적으로 의리를 밝히는 데 있지만, 자의(字義)의 훈고가 불분명하여 의리가 밝혀지지 않는다는

---

71 成海應, 『研經齋集』 제3책, 「栗谷庸學輯注例」. "皇朝學士胡廣等 取元儒倪士毅四書輯釋 而稍加點竄 是爲永樂大全 然其繁簡不一 或當刪而不刪 或當補而不補"

72 成海應, 『研經齋集』 제1책, 「東儒四書輯注例說」. "我朝 以皇明頒賜之 故亦用是取士 當明宣兩朝 復命諸儒賢 以諺解口訣 以試明經之士 士競趨之"

73 成海應, 『研經齋集』 제1책, 「石經說」. "自漢儒掇拾於焚坑之後 力追古聖人述作之旨 爲之章句焉 訓詁焉 又恐其訛誤也 爲之考校刊正 又恐其字體之不能一也 爲之石刻而印行 又恐其傳布之不廣也 爲之板刻 使各以其力之多寡 自相移摹而梓之 其所以用力者 可謂謹矣"

74 成海應, 『研經齋集』 제2책, 「諸書式」. "洛閩之訓 亞於經者 如二程全書朱子大全近思錄性理大全等書 皆日用常行之不可闕者也"

75 丁若鏞, 『與猶堂全書』 제2책, 「尙書知遠錄序說」. "余惟 讀書之法 必先明古訓 訓詁者 字義也 字義通而后句可解 句義通而后章可析 章義通而后篇之大義斯見 諸經盡然 而書爲甚 余所以先致力於詁訓者 此也"

관점에서 훈고를 중시하였다.[76] 즉 의리를 발명하기 위한 수단으로 훈고를 중시한 것이다. 그러나 한유들은 훈고에만 치중하여 경전의 본지를 밝히지 못했다고 보았으며, 주자가 바른 의리를 밝혀 유학을 중흥했는데 그 풍성한 공렬이 한유들의 공적에 비할 바가 아니라고 높게 평하였다.[77]

이를 보면, 그가 주자학을 배척하지 않고 적극 수용하였음을 알 수 있다. 그는 이처럼 한학과 송학의 장점을 다 취하는 관점에서 자신의 경서해석의 관점을 다음과 같이 천명하였다.

> 오늘날의 학자들이 한유의 주를 참고하여 그 훈고를 구하고, 주자의 주석을 가지고 그 의리를 구하되 그 시비득실에 대해서는 반드시 경전에서 결단하면, 육경과 사서의 원의(原義)와 본지(本旨)를 서로 연관해 밝힐 수 있는 점이 있을 것이다. 그리하여 처음에는 그럴 듯하다고 의심하다가 참된 준적(準的)에 이르고, 방황하는 데서 시작해 곧장 통달하는 데에 이를 것이다. 그런 뒤에 몸소 실천을 하고 행하면서 경험하여 아래로는 수신·제가하여 천하와 국가를 다스릴 수 있을 것이고, 위로는 천덕(天德)에 통달하여 천명에 돌아갈 수 있을 것이다. 이것을 학문이라 한다.[78]

76 丁若鏞, 『與猶堂全書』 제1책, 「詩經講義序」. "讀書者 唯義理是求 若義理無所得 雖日破千卷 猶之爲面墻也 雖然 其字義之訓詁有不明 則義理因而晦 或訓東而爲西 則義理爲之乖反 玆所以古儒釋經 多以訓詁爲急者也"

77 丁若鏞, 『與猶堂全書』 제1책, 「五學論二」. "然其訓詁之所傳受者 未必皆本旨 雖其得本旨者 不過字義明而句絶正而已 于先王先聖道敎之源 未嘗窺其奧而溯之也 朱子爲是之憂之 於是 就漢魏古訓之外 別求正義 以爲集傳本義集注章句之等 以中興斯道 其豐功盛烈 又非漢儒之比"

78 丁若鏞, 『與猶堂全書』 제1책, 「五學論二」. "今之學者 考漢注以求其詁訓 執朱傳以求其義理 而其是非得失 又必決之於經傳 則六經四書 其原義本旨 有可以相因相發者 始於疑似 而終於眞的 始於彷徨 而終於直達 夫然後體而行之 行而驗之 下之可以修身齊家爲天下國家 上之可以達天德而反命 斯之謂學也"

이처럼 정약용은 한학의 훈고주의와 송학의 의리주의의 장점을 모두 취하는 관점으로 경서를 해석하려 하였다.

이상에서 18세기 후반 이후 중앙 학계의 대표적인 학자들인 정조(正祖)·홍석주(洪奭周)·성해응(成海應)·정약용(丁若鏞) 등의 경서해석의 관점을 개괄적으로 살펴보았는데, 경전의 본지파악에 중점을 두고 한학의 훈고와 송학의 의리를 겸취하려는 관점이 동일하게 나타나고 있다. 이들의 학문 방법이 구체적으로는 각기 다르지만, 적어도 주자학만을 묵수적으로 수용하지 않았다는 점에서, 주자학이 상대적으로 인식되고 있음을 알 수 있다.

Ⅳ. 맺음말

이 글은 조선시대 경서해석의 관점과 그 연변에 주목하여 살핀 것이다.

조선중기 이언적의 『대학장구』 개정설이 등장함으로써, 대현(大賢)의 설을 함부로 고칠 수 없다는 관점을 가진 학자와 경서는 일가(一家)의 글이 아니므로 후학이 계속해서 의리를 발명해 나가야 한다는 관점을 가진 학자로 양분된 것을 확인할 수 있었다.

조선후기로 넘어와 17세기에는 국내외 정세의 변화로 인해 사상계가 비교적 자유로웠다. 이런 영향으로 경서해석에 있어서도 당색과 학파를 불문하고 주자의 설을 개정하는 설이 다수 나타난다. 그러나 인조반정으로 서인이 집권한 뒤 주자학만을 정학(正學)으로 보고 나머지는 이단시하는 풍조가 대두되면서 주자학으로 더욱 경도되었다. 이런 조선후기 경서해석의 관점을 이 글에서는 절대존신주자주의의 숭정학(崇正學)·벽이단

(闢異端)의 관점과 상대존신주자주의의 회의정신(懷疑精神)과 의리발명(義理發明)의 관점으로 대별해 보았다.

절대존신주자주의는 17세기 후반 기호 서인계 학자들에게서 이념화되었지만, 점차 전국적으로 확대되어 18세기 이후로는 지방의 학자들이 거의 이 관점을 고수하였다. 상대존신주자주의는 17세기 후반 근기 남인계 학자들에게서 대두되었는데, 18세기 이후로는 소론계 학자들에게서도 나타난다. 또한 18세기 후반 이후에는 청대 고증학을 수용한 중앙학계의 일부 학자들에게서도 나타난다.

상대존신주자주의는 다시 주자의 주석서를 저본으로 하되 그것만을 묵수적으로 따르지 않고 회의정신으로 의리를 발명하려는 관점을 가진 부류, 아예 주자의 주석서를 저본으로 하지 않고 고경을 저본으로 하여 독자적으로 새롭게 의리를 발명하려 한 부류, 그리고 한학(漢學)과 송학(宋學)의 장점을 겸취하여 해석하려 한 부류로 나누어진다.

필자는 이 글에서 조선시대 경서해석의 관점에 대해, 기본적으로 주자를 존신하여 그의 설을 그대로 따르려는 시각을 가진 묵수주의(墨守主義)와 주자를 존신하더라도 경서해석은 한 사람이 다 할 수 없기 때문에 계속해서 의리를 밝혀 나가야 한다는 의리발명을 중시했던 진취주의(進取主義)로 나누어 보았다. 예컨대 정자·주자가 의리를 밝혀 놓았으니 그것을 준수해야 한다는 생각은 묵수주의이다. 반면 성현이 의리를 밝혀놓았지만 그것을 계승해 의리를 더 밝히는 것이 후학의 사명이라는 인식은 진취주의이다.

묵수주의는 학술의 발전보다는 정통성을 고수하는 쪽으로 나아가 정체되었다. 그래서 상대존신주자주의의 관점을 가졌던 이익(李瀷)은 이런 학풍을 "서인의 학문은 오로지 '근수규수(謹守規矩)' 4자를 세상을 경영하는 데 병폐가 없는 단안(斷案)이라 생각한다. 그러므로 지식이 끝내 매우 노망하니 한탄할 만한 일이 된다."[79]라고 꼬집었다.

이런 경직된 분위기 속에서도 송학 본연의 의리주의 정신을 회복하기 위해 회의정신과 의리발명을 주장하고 나서거나, 한학과 송학의 장점을 겸하여 취하려고 한 일부 학자들에 의해 조선후기 경학은 안목을 확장하고 인식을 새롭게 하며 발전해 왔다. 주자를 절대적으로 존신한 묵수주의는 주자학만을 정통으로 고수하여 경직된 이념을 창출했지만, 의리발명이 학자 본연의 임무임을 강조한 진취주의는 주자학을 상대적으로 인식하여 사상의 변화를 이끌었다.

이 글은 『한문학보』 제27집(우리한문학회, 2012)에 실린 「조선시대 경서해석의 관점과 연변」을 수정 보완한 것이다.

79 安鼎福, 『順菴集』 권16, 雜著, 「函丈錄」. "西人學問 專以謹守規矩四字 爲涉世無病敗之斷案 故知識終甚鹵莽 爲可恨也"

제2장

한국경학 연구의 회고와 전망

Ⅰ. 머리말

경학(經學)이란 무엇인가? 현대 학문에서 '경학'이란 용어는 아직까지 낯설기만 하다. 인문학을 공부하는 대학생들에게 '경학이 무엇인가?'라고 물어보면, 대부분 고개를 갸우뚱한다. 이처럼 경학은 우리 시대에 이미 잊힌 학문이 되어 버렸다.

이런 현실을 있는 그대로 인정한다면, 먼저 '경학이란 무엇인가?'라는 물음을 던지는 것이 유효할 것이다. 그리고 그 화두를 따라 실마리를 찾아 나서는 것이 순리일 것이다. 이 글에서는 이런 관점으로 본 주제에 대한 논의에 앞서, 경학의 개념과 범주를 먼저 살펴보기로 하겠다.

기실 우리나라 현대학문 체계에서 경학의 개념이나 범주 등의 문제에 대한 본격적인 검토나 담론이 별로 없었다.[1] 그러므로 이 기회에 이 문제

1 金慶天의 「韓國에 있어서 經學研究의 現況과 課題」(315)란 논문에서 이 문제를 언급한 것 외에는, 필자가 아직 확인한 바가 없다. 이 논문은 제목에서 드러나듯이, 한국에

를 한 번 논의해 보는 것도 의미 있는 일이 될 것이다. 그 다음 본 발표의 본론에 해당하는 기왕의 한국경학 연구를 회고해 보고, 그에 따른 문제점을 몇 가지 지적해 본 뒤, 나아가야 할 방향을 제시해 보도록 하겠다.

이 글은 한문학연구의 성과를 회고해 보고 앞으로 나아갈 향방을 설정해 보는 '한국한문학의 회고와 전망'이라는 대주제 속에서 한국경학에 국한해 논의한 것이므로, 중국경학에 대한 연구와 상호 비교하거나 그 영향관계를 고찰하는 일은 하지 않을 것이다. 그리고 논의의 편의를 위해, 기왕의 한국경학에 관한 연구 성과물을 부록에 싣고 일련번호를 부여한 뒤, 본문에서는 그에 해당하는 일련번호만을 괄호 속에 표기하여 논하기로 한다.

본고의 부록에 실린 '한국경학 연구 논저목록'은 일차적으로 '한국사상논문선집'·'한국유학사상논문선집'·'한국한문학논문선집'(도서출판 불함문화사 간행) 등의 총 목차에서 관련된 논저를 추출하고, 그 다음 '국가전자도서관'에 들어가 '경학'·'경학연구' 등의 키워드로 검색하여 관련된 논저를 가려 뽑고, 기타 단행본으로 출판된 논저들을 수집 정리한 것이다.

따라서 이 외에도 한국경학에 관한 연구논저가 상당수 더 있으리라 예상한다. 그렇지만 기왕의 한국경학 연구를 회고하고 문제점을 추출하는 데에는 이 정도의 자료만으로도 별 문제가 없을 것이다. 이 논저목록에 수록되지 못한 연구 성과물은 본인이 미처 확인을 하지 못해 누락된 것일 뿐이다.

있어서의 한국 및 중국의 경학 연구를 모두 포함하는 글이므로, 본고의 시각과 상당히 다르다는 점을 미리 언급해 둔다.

Ⅱ. 경학의 연구 분야 및 개념·범주의 문제

경학이란 개념을 논의하기 전에 우선 경학이란 학문분야가 오늘날 어디에 속하는지를 살펴보기로 한다. 국민의 정부가 들어선 뒤에 한국학술진흥재단이 새로운 모습으로 바뀌어 갈 때였다. 처음으로 '선도자연구지원'이라는 항목이 생겨, 필자는 의욕적으로 신청을 위한 준비를 했다. 그런데 막상 온라인접수를 하려고 하니, 한국경학은 접수할 분야가 마땅치 않았다. 당시는 한문학도 국문학의 '고전문학' 속에 들어 있을 때였으니, 경학이라는 분야가 있을 리 만무했다. 국문학의 고전문학에 응모를 해봤자, 떨어질 것은 불을 보듯이 뻔했다. 궁여지책으로 '한국철학'의 분야에 들어가 신청을 했는데, 결과는 보기 좋게 낙방이었다. 이처럼 불과 몇 년 전까지만 해도 한국경학은 연구신청을 할 분야조차 없었다.

이처럼 현대학문 체계에서는 경학이 그 존재가치를 인정받지 못하고 있었다. 그런데 최근 몇 년 사이에 분위기가 많이 달라졌다. 한국학술진흥재단의 '연구 분야 분류표'에 의하면, 중국경학은 '인문학〉중국어와문학〉중문학〉경학(중문학)'으로 분류되어 있고, 한국경학은 '인문학〉한국어와문학〉한문학〉한국경학'으로 분류되어 있다.

몇 년 전까지만 해도 한문학이 국문학의 고전문학에 들어 있었고, 한문학의 분야가 생긴 뒤에도 한문학에는 '한시'와 '산문'으로 분류되는 것이 고작이었다. 그런데 지금은 '한국어와문학'이라는 분야에 '국어학'·'국문학'·'국어교육'·'한문학' 네 분야로 나누어져 있고, '한문학'의 분야에는 다시 '한시'·'한문산문'·'한문소설'·'한문비평'·'한국경학'·'한문교육'·'한자학어학' 등 일곱 개의 세부분야로 나뉘어 있다.

이 분류에서 우리가 주목할 점은 '한국경학'이나 '중국경학'이 모두 철학분야에 들어 있지 않고, 문학분야에 들어 있다는 것이다. 경학이라고 하면 언뜻 철학과 근접하게 느껴진다. 실제로 초기에 경학을 연구한 사람들을 조사해 보면, 대부분 철학을 전공한 학자들이다.[2] 그런데 지금은 왜 한문학의 분야에 들어 있는 것일까? 철학을 전공하는 학자들의 입장에서 보면 의아하게 여길 일이다. 이 문제에 대해 학문영역을 떠나 진지하게 한 번 생각해 볼 필요가 있다.

경학은 사상의 기저(基底)이고, 철학은 사상의 정화(精華)이다. 사상의 기저를 탐구하는 일은 우선 텍스트 전체를 잘 이해해야 하고, 그에 따른 이설(異說)들을 축조심의(逐條審議) 하듯이 정밀하게 살피는 작업이 필요하다.

오늘날 한국철학 분야에서는 사상의 정화에 해당하는 형이상학적 명제들을 탐구의 대상으로 삼고 있다. 예컨대, 최근에 나온 『조선유학의 개념들』[3]이란 책의 목차를 보면, 태극(太極)·이기(理氣)·음양오행(陰陽五行)·귀신(鬼神)·천지(天地)·천인지제(天人之際)·본연지성(本然之性)·기질지성(氣質之性)·심통성정(心統性情)·인물지성(人物之性)·사단칠정(四端七情)·인심도심(人心道心)·미발이발(未發已發)·지각(知覺)·함양성찰(涵養省察)·격물치지(格物致知)·지행(知行) 등으로 구성되어 있다. 이 책의 소제목이 말해주듯이, 한국철학의 영역에서는 이러한 철학적 주요 명제를 해명하는 데 관심이 집중되고 있다.

이런 연구는 사상의 정화를 해명하는 일이므로 사상사 연구에서 가장

2 경학에 대한 본격적인 연구는 1960년대 李乙浩·李丙燾에 의해 시작되었다. 그 뒤 1970년대에도 그 연장선상에서 이을호·柳正東·李篪衡·尹絲淳 등에 의해 연구가 진행되었다. 이 가운데 이병도를 제외하고는 모두 철학을 전공한 학자들이다.

3 한국사상사연구회 편(2002), 『조선유학의 개념들』, 예문서원.

중요한 일임이 틀림없다. 그러나 경학을 연구하는 데 있어 이와 같은 방법이나 시각을 위주로 한다면, 텍스트 전체를 검토하지 않고 특정 명제만을 가려 뽑아 논의하는 폐단이 발생할 것이다.

예전의 경학가들도 이런 주요 명제에 대해 논설을 편 경우가 많지만, 경학 자료는 대체로 경전의 문구를 따라 해석하면서 차의(箚疑)하거나 변의(辨疑)한 것들이 대부분이다. 따라서 경학연구가 이런 주요 명제들에만 매달린다면, 전체를 보지 않고 일부분에만 천착하는 우를 범할 가능성이 높다. 이런 점에서 한국경학은 한국철학의 분야보다는 한문학의 분야[4]에 분류되는 것이 바람직하다고 생각한다.

그러나 경학이 한문학의 분야에 들어 있다고 해서, 경학연구를 한문학 분야의 전유물로 여겨서는 곤란하다. 경학연구는 어느 특정 학문분야의 독점물이 되어서는 안 된다. 다행히도 지금 우리나라 경학연구는 크게 세 분야에서 진행되고 있다.

하나는 한국철학의 분야이고, 하나는 한문학의 분야이고, 하나는 국사학의 분야이다. 심지어 사회학의 분야에서 연구하는 연구자도 있다.[5] 어찌 보면 문·사·철의 각 분야에서 균형 있게 연구되고 있다는, 그래서

4 한문학이란 한국한문학을 말하는 것으로, 우리나라 선인들이 생산한 한문으로 표기된 문학을 말한다. 따라서 협의의 한문학은 오늘날의 관념으로 보면 문학의 영역임을 부정할 수 없다. 그러나 과거에는 문학의 영역이 독립적이지 않았고, 문학을 하는 사람들도 문학의 영역에 국한하여 글을 쓰지 않았다. 그러므로 사상·역사·문화·예술 등의 분야와 공통분모를 형성하는 부분이 많은 바, 이를 오늘날의 시각으로 엄격히 구분하면 오히려 더 큰 모순에 빠질 수 있다. 필자는 광의의 한문학에서는 공통분모에 해당하는 부분을 적극적으로 포괄해 연구하는 것이 바람직하다고 생각하며, 이런 관점에서 경학도 한문학의 분야에 포함시키는 것이 타당하다고 본다.

5 예컨대, 사회학을 전공하는 鄭一均은 다산 경학을 연구하여 『茶山 四書經學 硏究』(일지사, 2000)를 펴내기도 하였다.

어느 한쪽으로 편향되어 있지 않고 상호 견제와 조화를 통해 균형을 유지할 수 있다는 장점이 있다. 앞으로도 한국경학 연구는 이런 방향으로 여러 분야에서 다양한 방법으로 연구가 병행되어야 할 것이다.

다음은 '경학의 개념을 어떻게 정의할 것인가?'라고 하는 문제를 논의해 보기로 한다. 경학이란 한 마디로 '유교경전에 대한 학문', 즉 '유가경전에 대해 해석한 학문'이라고 할 수 있다. 이에 이의를 제기하는 사람은 아마 없을 것이다.

문제는 이런 개념정의에서 '유가경전'의 범주를 어떻게 볼 것인가, '해석'이란 의미를 어떻게 볼 것인가 하는 점이 관건이다. 이를 논의하기 위해 도식적으로 '경학'이란 용어가 언제부터 어떤 뜻으로 쓰였는가를 중국 전적에서 모두 찾아 미시적인 관점으로 논의를 장황하게 이끌고 나갈 필요는 없다. 왜냐하면 중국경학의 역사를 거시적으로 살펴보면, 경학의 개념이 저절로 정리될 수 있기 때문이다.

한(漢)나라가 들어선 뒤 유가사상이 정치적 이념으로 정착되면서 유가경전은 학문의 주요 교과목이 되었고, 각 경전마다 박사가 세워져 전문적으로 특정 경전을 연구하는 풍토가 조성되었다. 당시는 진시황 때의 분서(焚書)·갱유(坑儒)를 거친 시기로, 세상에서 사라졌던 경전을 복원하는 과정이었기 때문에 자구(字句)에 대한 훈고(訓詁)가 주를 이루었다.

훈고란 '언어로써 언어를 해석하는 것'을 말한다.[6] 즉 이 지역의 언어로 저 지역의 언어를 해석하거나, 지금의 언어로 예전의 언어를 해석하는 것을 말한다. 한나라 때 경전을 복원하면서 훈고가 성행하였던 것은, 한나라 때의 언어·문자와 주(周)나라 때의 언어·문자가 달랐기 때문이다.

6 楊端志, 『訓詁學』 上卷, 山東文藝出版社, 8면 참조.

이런 학풍은 위진남북조 시대를 거쳐 당나라에 이르러서는 의소학(義疏學)으로 발달하여, 자구의 뜻을 풀이하는 정도에서 그치지 않고 자구나 구절의 의미를 상세히 해설하는 단계로 나아갔다. 이는 비단 유가경전의 해석에서 나타난 풍조일 뿐만 아니라, 불교경전의 해석에서도 나타나는 현상으로 그 시대의 일반적인 사조였던 것이다.

그러다 송대에 이르면, 이처럼 지리하고 장황하게 해설하는 학풍에 대해 반성이 싹트게 되어, 경문(經文)에 담긴 본지가 무엇인지를 찾자는 의리 위주의 해석이 유행하기 시작하였다. 이런 송대의 새로운 학풍은 유학의 사유체계를 새롭게 구성하여 신유학(新儒學)을 만들어냈고, 위축되었던 유학을 새롭게 부흥시켰다.

이처럼 참신한 역할을 하던 송학(宋學)의 의리주의 해석도 후대로 내려오면서 병폐가 생겨, 자구의 훈고를 통하지 않고 제멋대로 경문의 의리를 논하게 됨으로써 억측과 추단(推斷)의 폐단이 발생하게 되었다. 그리하여 이에 대한 반성으로 명말청초에 이르러서는 한학(漢學)으로 돌아가자는 구호 아래 고증학(考證學)이 나타나게 되었다.

이처럼 중국경학은 전시대의 학풍에 대한 반성을 통해 그 폐단을 극복하기 위한 새로운 방법이 부단히 제기되면서 계속 발전해 왔다. 즉 전대의 설에 대한 비판적 수용과 새로운 방법론의 모색이 끝없이 강구되면서 경학은 발전해 온 것이다. 이런 중국경학의 역사를 돌이켜 보면, '경학은 훈고·의리·고증 등의 방법으로 유가경전에 대해 해석한 학문'이라 정의할 수 있을 것이다.[7]

7 金慶天은 「한국에 있어서의 경학연구의 현황과 과제」〈315〉에서 '경학'의 개념을 "경학이란 기본적으로 '전통시대의 유교국가에 있어서 성인의 도를 탐구하기 위한, 十三經에 대한 그리고 十三經을 바탕으로 전개된 논의와 연구'라고 정의될 수 있을 것이

일단 경학의 개념을 위와 같이 정의하고 나면, 그 다음에는 '유가경전의 범주를 어떻게 규정할 것인가', '해석의 범주를 어디까지로 한정할 것인가' 하는 문제들이 대두된다. 우선 '경학의 범주를 어떻게 설정할 것인가?'를 생각해 보기로 한다.

경학의 범주는 시대마다 다르게 일컬어졌기 때문에 단정하기는 어렵지만, 오늘날의 입장에서 보면 일단 북송 때 확정되어 그 후 줄곧 기본경전으로 일컬어진 '십삼경(十三經)'을 기본 텍스트로 보지 않을 수 없다.[8]

공자 이후로 유가경전은 기본적으로 시(詩)·서(書)·예(禮)·악(樂)·역(易)·춘추(春秋) 등 육경체제였다. 그러다 한나라 때에 이르러서는 육경 중 악경(樂經)이 빠지면서 오경 체제가 되었다. 그 후 당나라 때에 이르면 구경 체제가 되고, 북송 때에 이르러서는 십삼경 체제로 확정되었다. 그리고 비로소 한나라 때부터 북송 때까지의 설이 이 십삼경의 주소(注疏)로 정리되었다.

한편 남송 때 주희(朱熹)는 『예기(禮記)』의 한 편으로 들어 있던 「대학(大學)」과 「중용(中庸)」을 별책으로 독립시키고, 『논어』·『맹자』와 합쳐 사서(四書) 체제를 만들었다. 그리고 이 사서의 해석에 심혈을 기울여 종래의 설과는 다른 새로운 주석을 많이 더하여, 이른바 신유학의 새로운 지평을 열었다.

주희 이후로 『대학』과 『중용』은 신유학의 이념을 담은 주요 경서로 부각되었고, 종래의 오경 체제는 이른바 사서오경 체제로 바뀌었다. 따

다."라고 정의하였다.

8 십삼경에 대해 근세 중국의 학자 蔣伯潛(1892-1956)은 『주역』·『상서』·『시경』·『주례』·『의례』·『춘추』만 經으로 보고, 『예기』·『논어』·『효경』·『이아』는 記로, 『춘추좌씨전』·『춘추공양전』·『춘추곡량전』은 傳으로, 『맹자』는 제자류로 보았다.(최석기·강정화 역(2002), 『유교경전과 경학』, 경인문화사)

라서 이때부터는 십삼경에 『대학』·『중용』이 덧붙여져 실제로는 십오경 체제가 되었다.

주자학이 원·명대에 성행함으로써 명나라 초에는 주자의 주석을 위주로 하면서 송·원대의 주석을 소주(小註)로 덧붙인 이른바 사서오경대전본(四書五經大全本)이 간행되어 명대 이후의 교과서로 자리를 잡았다. 이로부터 『대학』·『중용』도 공식적으로 경서의 권위를 부여받았다.

이렇게 볼 때, 오늘날 경학연구에 있어서 경학의 범주로 넣을 수 있는 경서는 모두 아래와 같은 15종이 기본이 된다. 그리고 조선시대에는 주자가 만든 『소학(小學)』이 경서와 같은 반열에 올라 그 위상이 경서와 다를 바 없었다. 실제로 근현대까지 생존한 김황(金榥, 1896-1978)은 사서오경에 『소학』을 더하여 경학십도(經學十圖)를 그렸다. 따라서 『소학』을 더하면 연구대상으로 할 경서는 모두 16종이 된다.

여기에 하나 덧붙일 것은, 오늘날의 경학연구는 이런 16종의 경전만을 텍스트로 하는 데에서 그칠 것이 아니라, 경학사까지를 포함하는 것이 되어야 한다는 점이다. 경학사에 관한 연구는 일차적으로 이 16종의 각 경전별로 이루어져야 할 것이며, 궁극적으로는 동아시아 전체의 경학사적 흐름 속에서 우리나라 경학사가 연구되어야 할 것이다.

- 四書: 『大學』·『中庸』·『論語』·『孟子』
- 五經類: 『詩經』·『書經』·『周易』·『禮記』·『儀禮』·『周禮』
『春秋左氏傳』·『春秋公羊傳』·『春秋穀梁傳』
- 기타: 『孝經』·『爾雅』·『小學』

다음은 오늘날 경학연구에 있어서 '해석의 범주를 어디까지로 한정할 것인가?'라고 하는 문제를 생각해 보기로 하겠다. 오늘날의 관점에서 볼 때, 위 16종의 경전에 대해 해석하거나 연구한 경학적 성과물을 어디까지 경학연구의 범주에 넣을 것인가 하는 문제가 제기된다. 예컨대 『예기』의 한 구절을 해석한 경우라면, 그 설이 아무리 장황하더라도 경학연구의 범주에 넣어야 할 것이다. 그러나 『예기』의 구절을 인용하여 자신의 예설(禮說)이나 예학(禮學)을 전개한 경우는 일단 경학연구의 범주에서 배제하는 것이 바람직 할 것이다. 성리설도 이와 마찬가지이다.

위 16종의 경전에 들어 있는 문구를 해석한 것이라면 경학연구의 범주에 넣어야 하겠지만, 그렇지 않은 경우라면 제외하는 것이 바람직 할 것이다. 따라서 '해석의 범주'도 위 '16종의 유가경전을 텍스트로 한 것인가', '그렇지 않은 것인가'로 구분하는 것이 좋을 것이다.

이 글에서는, 경학을 일차적으로 '유가경전에 대해 해석한 학문'으로 정의하였다. 그리고 오늘날의 경학은 이를 대상으로 연구하는 학문, 즉 '경학연구'로 정의하였다. 또한 '유가경전의 범주'를 16종의 경전으로 하고, 그에 관한 '해석의 범주'를 16종의 유가경전의 문구에 대한 해석으로 한정하였으며, 이를 벗어난 예설·성리설 등은 경학연구의 범주에 넣지 않는 것으로 규정하였다.

Ⅲ. 한국경학의 연구에 대한 회고

1. 경학연구의 시기별 성향

경학이 현대학문 체계에서 연구되기 시작한 것은 불과 30년 정도밖에 되지 않는다. 그렇지만 편의상 이를 10년 단위로 나누어, 각 시기별로 연구 성향을 살펴보도록 하겠다.

광복 이후부터 1950년대까지는, 유학(儒學)이 우리 민족사에 부정적으로 기능하였다는 일반적 통념 때문에 유학연구는 거의 시도되지 못하였다. 그러다 50년대 후반 몇몇 역사학자들에 의해 조선후기의 실학사상이 주목받기 시작하였고, 1960년대에 들어와 이런 분위기는 더욱 고조되었다.

이 시기 역사학계에서는 식민지사관을 극복하고 민족사관을 정립하자는 자각적 반성이 제기되었으며, 그에 따라 내재적 발전론에 입각한 사회경제사 연구가 시작되었다. 그리하여 조선후기 사회에서 근대적 맹아를 검출하는 방향으로 연구가 활발해짐에 따라, 조선후기의 사회경제적 변동에 따른 사상적 변화로서 실학사상이 활발히 연구되었다.[9]

1960년대의 대표적인 실학사상 연구자로는 천관우를 꼽을 수 있다. 천관우는 「반계 유형원 연구」(『역사학보』 제2집·제3집)와 「한국실학사상사」(『한국문화사대계』 제6책)에서 실학을 중심으로 하는 조선후기 유학사의 재구성을 시도하였으며, 실학을 실정(實正)·실증(實證)·실용(實用)으로 파악하고 근대지향적 성격과 민족주의적 성격을 가진 사상으로 파악하였다.

이처럼 천관우 등에 의해 실학사상이 본격적으로 연구되기 시작하면서, 경학에 대한 연구도 싹트기 시작하였는데, 그 선하를 연 연구자가 이을호(李乙浩)이다. 이을호는 정약용(丁若鏞)의 역학(易學)으로부터 경학연구를 시작하였는데, 정약용의 경학을 송대 정주학을 극복하고 원시유학인 수사학(洙泗學)으로 돌아가려는 사상으로 파악하였다.〈002, 004, 005〉 이 외에 역사학자 이병도는 박세당(朴世堂)의 경학을 반주자학적

9 金恒洙(1987), 참조.

사상으로 보았다.〈003〉

이와 같이 60년대는 실학연구가 활발하게 일어나는 분위기 속에서, 철학자나 역사학자가 조선시대의 지배 이념이었던 주자학에서 이탈하거나 이를 극복하려 한 정약용·박세당 같은 경학가에 주목하여 그들의 경학사상을 연구하였다. 이들에 의해 한국경학에 대한 연구는 그 초석을 놓았지만, 이 시기의 경학연구는 그야말로 걸음마 단계였다. 이 시기에 생산된 연구논문이 총 4편에 불과한 것이 그것을 대변해 준다.

1970년대에 들어오면, 실학연구의 붐이 일어 역사학계를 중심으로 정치·경제·사회 등 각 방면에서 정치제도·신분제도·과거제도·토지제도·조세제도·병역제도·화폐제도 등에 관한 실학사상이 폭넓게 연구되었다. 이런 실학연구의 활성화에 힘입어 경학연구도 상당히 진전되었다. 이을호는 60년대의 연장선상에서 정약용의 경학에 주력하여 『대학공의(大學公義)』를 분석해 반주자학적인 것으로 보았고〈011〉, 정약용의 유학을 '개신유학(改新儒學)'으로 명명하였다.〈014〉 또한 이 시기에는 한국철학계의 소장학자들이 다수 경학연구에 참여하여 경학연구자가 여러 명으로 늘어난 것이 특징이다. 이 시기 경학연구에 참여한 연구자로는 유정동·이지형·윤사순·서경요·김흥규·유칠로·김길환·송석준 등이 있다.

이 가운데 이지형은 이익(李瀷)과 홍대용(洪大容)의 경학관을 실학적 관점에서 파악하여 경학과 실학의 연관성을 추적하였음은 물론, 정약용 이외의 경학가를 다룸으로써 경학연구의 저변을 확대하였다.〈012, 017〉 윤사순도 실학적 경학관의 특색을 밝혀 조선후기 실학자들의 경학관을 조명하였다.〈016〉 또한 김흥규는 경학관이나 경학사상을 총체적으로 다루는 풍조에서 벗어나 『시경』 해석에만 국한하여 정약용의 시경론을 연구함으로써 경학연구가 총체적인 사상을 구명하던 풍조에서 구체화되어 각론으로 접근하는 길을 열어 놓았고, 문학 분야에서 경학을 연구하는 첫걸음을 떼어놓았다.〈025〉 한편 김길환·송석준 등은 양명학자들의 경학관을 밝히는 쪽으로 연구를 시도하였다.〈022, 024〉

이 시기에는 모두 23편의 경학연구 논문이 생산되었는데, 그 가운데 정약용에 관한 것이 10편으로 가장 많고〈006, 009, 011, 014, 018, 021, 023, 024, 025, 027〉, 이황·이언적·권득기·박세당·이익·홍대용·김정희·이제마 등에 관한 것이 각각 1편, 양명학에 관한 것이 1편, 실학에 관한 것이 1편, 기타가 3편이다.

이를 통해 우리는 1970년대 경학연구의 특징을 다음과 같이 정리할 수 있다. 첫째, 정약용의 경학사상이 주목을 받아 그의 경학을 다방면에서 연구하기 시작했다. 둘째, 박세당·이익·홍대용 등 탈주자학적 성향을 보인 경학가들로 경학연구의 범주가 넓혀졌다. 셋째, 실학연구의 활성화에 힘입어 실학적 관점에서 경학관을 논의하기 시작하였다.

1970년대 후반부터 국학에 대한 인식이 제고되어 대학원에 국학 관련 학과가 설치됨으로써 1980년대에 들어오면 신진연구자가 대거 배출되기 시작한다. 이런 시대 분위기에 힘입어, 이 1980년대의 경학연구는 전시대에 비해 연구범주가 넓어지고 연구 성향도 다양화되었다. 이 시기에 생산된 연구 성과는 모두 66편인데, 이 가운데 논문이 64편이고 저서가 2편이다. 또한 경학연구자는 70년대 총 18명에서 80년대에는 총 43명으로 늘어났다.

연구 범주도 전시대에 비해 새로운 경학가들이 다수 발굴되어 권근·이언적·김장생·조익·윤휴·박세당·윤선도·한원진·이익·안정복·권철신·정약용·서명응·성해응·유장원 등으로 확대되었고, 삼국시대·고려시대·정조시대·조선후기 등 시대별 혹은 특정 시기별로 그 특성을 밝히려는 연구가 시도되었다.

그러나 전시대와 마찬가지로 특정 경학가에 집중된 연구경향은 여전하였다. 이 시기 생산된 66편의 논저 가운데 정약용에 관한 논저가 27편으로 가장 많고, 그 다음이 이익에 관한 것으로 10편, 권근에 관한 것이 4편, 윤휴·박세당에 관한 것이 5편, 성호학파에 관한 것이 3편, 사계학파에 관한 것이 2편이다. 이를 보면, 여전히 조선후기 실학적 사고를 가졌거나 탈주자학적 성향을 보이는 경학가들의 경학사상에 관심이 집중되고 있음을 알 수 있다.

이 시기에 특기할 만한 점은 권근의 경학이 새롭게 주목을 받았다는 점과 조익·유장원·한원진·서명응·성해응 등 새로운 경학가들이 발굴되었다는 점이다. 그러나 새로 발굴된 경학가들의 경학사상에 대한 연구가 지속되지 못하고 단편적으로 끝남으로써 심도 있게 조명되지 못한 아쉬움이 있다.

이 시기에 경학연구를 활발히 한 연구자로서는 조선후기 시경론에 대해 집중탐구를 한 김흥규〈030, 035, 036, 039〉와, 이익의 경학사상을 연구한 송갑준〈046, 048, 072, 086〉, 윤휴·유장원 등의 경학사상을 연구한 안병걸〈054, 066, 067, 088〉, 정약용의 경학을 중점적으로 연구한 안진오〈032, 049, 076〉와 정병련〈044, 050, 060, 061, 079, 080〉 등을 꼽을 수 있다.

1990년대는 80년대에 비해, 양적·질적으로 비약적인 발전을 이룩한 시기이다. 이 시기에 생산된 논저는 총 176편이며, 연구자는 모두 94명이다. 우선 연구자가 전 시기에 비해 2배로 증가하였고, 논저의 숫자도 3배정도 증가하였다. 그러나 이 시기의 연구 성향은 1980년대의 연장선상에 있다고 해도 과언이 아니다. 다만 연구의 범주가 주변으로 조금 더 확대되고, 질적으로 보다 깊이를 더한 것이 특징이라 할 수 있다.

이 시기에 생산된 총 176편의 논저 가운데 정약용에 관한 것이 무려 61편으로 3분의 1이 넘고, 이익에 관한 것이 13편, 윤휴에 관한 것이 10편으로, 이 세 경학가에 관한 연구가 절반이 넘는다. 이런 점에서 볼 때, 전 시대 연구경향의 연장선상에 있음을 부인할 수 없다.

다만 조선후기의 유신환·박문호·이만부·곽종석·성해응·홍석주·오재순·이서구·위백규·윤증·심대윤·윤정기 등과 조선중기의 이언적·허목·김장생·조익 등 새로운 경학가들이 다수 발굴되었다는 점이 새로운 현상이라 하겠다. 또한 조선후기 특히 정조대의 경학사상이 집중적으로 탐구되었다는 것도 특징적인 현상으로 보아야 할 것이다.

이 시기에 빼놓을 수 없는 주요 업적이 성균관대학교 대동문화연구원에서 우리나라 경학자료 중 사서오경에 관한 자료를 집성하여 '한국경학자료집성' 147책을 영인 출간하였다는 점이다.[10] 이 책이 간행됨으로써 경학연구는 새로운 전환점을 마련하였다고 해도 과언이 아니다. 또한 대동문화연구원에서는 1995년 '한·중·일 삼국의 경학(17-19C)발전의 의미와 성격'이란 주제로 국제학술대회를 개최함으로써 경학을 현대학문의 영역에 자리 매김 하는 데 적지 않은 기여를 하였다.

이 시기 논저 3편 이상의 업적을 생산한 연구자들로는 권문봉〈4편〉, 금장태〈4편〉, 김문식〈8편〉, 김영호〈10편〉, 심경호〈4편〉, 안병걸〈9편〉, 이지형〈7〉, 이해영〈4편〉, 장병한〈3편〉, 정병련〈5편〉, 정일균〈4편〉, 최대우〈3편〉, 최석기〈17편〉 등이 있다. 이를 통해 알 수 있는 것은, 이지

10 성균관대학교 대동문화연구원에서는 1988년부터 이 사업을 진행하여 1998년 영인한 자료에 해제를 붙여 자료 146책, 총목록 1책, 총 147책의 巨帙을 간행하였다.

형·정병련·안병걸 등 기존의 연구자들보다 이 시기에 새로 경학연구에 뛰어든 신진연구자가 상당수 늘어났으며, 이들에 의해 활발한 경학연구가 이루어졌다는 사실이다.

2000년대 경학연구는 1990년대 연구경향과 거의 유사하다. 다만 눈에 띄는 것은 이황 탄생 500주년을 맞이하여 각종 학술대회가 개최되면서 이황의 경학에 대해 상당한 연구가 이루어졌다는 것〈275, 276, 293, 294〉과 17세기의 경학에 대한 연구가 눈에 띄게 늘어난 것〈280-282, 288, 291, 295, 302, 304, 307, 309, 311〉 등을 들 수 있다.

2. 경학연구의 대상시기 및 경학가별 연구경향

위에서 우리는 우리나라 현대 학문 체계에서의 경학연구를 10년 단위로 나누어, 각 연대별로 개략적인 성향을 살펴보았다. 이제 관점을 달리해 연구자들이 연구대상으로 한 인물이나 학파나 시대를 일단 시기별로 나누어 살펴보고, 그 다음 연구대상이 된 경학가별로 분류하여 연구의 집중도 내지 편향성을 살펴보기로 하겠다.

우선 부록에 실린 일련번호 001에서 314까지의 연구 성과를 가지고, 경학연구의 대상이 된 시대를 편의상 왕조별로 크게 분류하고 그에 따른 연구 성과를 살펴보면, 다음과 같다.

① 삼국 시대 경학연구: 3편〈078, 173, 267〉
② 고려 시대 경학연구: 5편〈090, 153, 200, 235, 290〉
③ 조선 시대 경학연구: 306편(번호 생략)

①과 ②의 경우는 대체로 그 시대의 경학에 대해 전반적으로 개괄한 연구가 대부분이고, 개별 경학가에 대한 연구는 안향(安珦)의 경학사상에 대한 연구가 유일하다.〈200〉 이는 자료 부족으로 기인한 것인 만큼, 연구 편수가 적다고 탓할 일은 아니다. 오히려 이 정도의 연구 성과가 나온 것만으로도 각별한 의미를 부여할 수 있을 것이다.

③의 조선시대 경학연구는 편의상 이를 다시 전기와 후기로 나누어 살펴보기로 하겠다.

㉮ 조선 전기(14-16C) 경학연구 : 38편
㉯ 조선 후기(17-19C) 경학연구 : 276편

이 수치가 말해 주듯이, 한국경학에 대한 연구는 조선후기 경학가들에 집중되어 있다. 그것은 우리나라 경학연구가 실학연구의 연장선상에서 시작되다 보니, 조선시대 지배이념이었던 주자학을 극복하려 한 경학사상에 각별한 의의를 갖고 주목한 것, 또한 경학연구 자료가 전기에 비해 후기에 집중되어 있다는 것 등이 그런 결과를 낳은 가장 큰 이유일 것이다. 이를 탓할 수는 없다. 그러나 우리나라 경학연구의 현황을 살피기 위해, 이를 다시 경학가별로 분류해 보기로 하겠다.

조선 전기 경학연구 논문 38편을 연구자들이 연구대상으로 한 경학가별로 분류해 보면, 다음과 같다.

- 權近에 관한 논문 …… 12편〈034, 045, 047, 071, 160, 161, 167, 203, 201, 202, 236, 244〉
- 柳崇祖에 관한 논문 … 1편〈134〉
- 李彦迪에 관한 논문 … 4편〈028, 029, 115, 254〉

- 李滉에 관한 논문 …… 12편〈007, 067, 097, 191, 230, 237, 243, 256, 275, 276, 293, 294〉
- 曺植에 관한 논문 …… 1편〈231〉
- 李珥에 관한 논문 …… 3편〈008, 140, 162〉
- 金宇顒에 관한 논문 … 1편〈265〉
- 高應陟에 관한 논문 … 1편〈304〉
- 기타 ……………………… 3편〈063, 270, 228〉

여기서 알 수 있듯이, 조선전기의 경학연구는 권근과 이황에 집중되어 있다. 그것은 우선 이들의 자료가 연구대상으로서 주목받기에 충분하기 때문일 것이다. 그러나 이 두 학자의 경학 외에는 과연 우리가 연구할 만한 인물이나 자료가 없는 것일까? 더 심하게 말해 위의 인물들 외에는 조선전기에 활동한 경학가가 없는 것일까? 또 조선전기의 경학연구가 권근·이황에 집중되어 있는데, 이 두 경학가의 경학을 우리는 과연 얼마만큼 연구한 것일까? 이런 질문을 끝없이 불러일으킨다.

우선 권근의 경학에 대한 연구를 살펴보자. 기왕에 발표된 논문은 모두 12편이니, 편수로 보면 결코 적은 분량이 아니다. 그러나 이 가운데는 오경천견록(五經淺見錄) 전체를 텍스트로 그의 경학사상을 개괄적으로 논한 것이 2편, 『예기천견록』을 텍스트로 한 것이 3편, 『주역천견록』을 텍스트로 한 것이 4편, 『시경천견록』을 텍스트로 한 것이 3편이다. 오경천견록 가운데 양적인 면에서 10분의 8이 『예기천견록』이고, 10분의 1이 『주역천견록』이고, 그 나머지 『시경천견록』·『서경천견록』·『춘추천견록』은 모두 합해야 10분의 1이 채 되지 않는다.

기왕의 연구에서 밝혀진 바에 의하면, 권근의 경학은 맹목적으로 송대의 주석을 따르지는 않고 있음이 확인된다. 예컨대 『시경천견록』에 대한 연구에 의하면, 권근의 시경학은 송대의 주석을 비판적으로 수용하고 있다.〈167, 201, 229〉 그렇다면 그 나머지 천견록도 이와 다를 바 없을 것이다. 그런데 『서경천견록』은 아무도 손을 대지 않았다. 또한 『예기천견록』은 분량이 매우 방대한데, 이를 진호(陳澔)의 『예기집설(禮記集說)』과 면밀히 대조하여 분석한다면 여러 편의 논문이 나올 것이다. 그러나 겨우 3편의 연구 성과만 있을 뿐이니, 아직까지 깊이 있는 분석은 이루어지지 않은 듯하다.

이런 점을 생각해 보면, 권근의 경학에 대한 논문이 12편이나 되지만, 그의 경학에 대한 연구는 아직 성숙한 단계에 이르렀다고 볼 수 없다.

권근의 경학에 대한 연구가 어느 위치에 와 있는지를 가늠할 만한 것이 또 있다. 다 알다시피 조선왕조는 고려 말에 성장한 신흥사대부들이 주자학으로 정신적 무장을 하고 건국한 나라이다. 따라서 이 시기의 경학은 주자의 사서집주를 당시 학자들이 얼마만큼 소화하고 있었는가가 관건이다.

권근은 여말선초의 전환기에 학문의 중심에 서 있던 학자이다. 그리고 그는 그런 위상에 걸맞게 많은 경학 업적을 남겼고, 사서 가운데 『대학』·『중용』에 대해 자기의 설을 남겼다. 그 설이 비록 얼마 되지 않지만, 『입학도설(入學圖說)』에 실린 『대학』·『중용』에 관한 권근의 설은 우리 경학사에서 그 의미가 지대하다고 하겠다. 그런데 기왕의 경학연구는 이에 대해 본격적으로 논구한 것이 없다. 이 점이 바로 우리 경학연구의 현주소가 아닐까 싶다.

이황의 경학에 대한 연구도 마찬가지이다. 필자가 그의 『시석의(詩釋義)』를 분석해 본 바에 의하면〈237〉, 그의 삼경석의는 각 경전별로 주자(朱子)·채침(蔡沈) 등의 주석과 정밀히 비교해 분석해 보아야 한다. 그런데도 현 단계의 연구는 사서석의를 개괄하여 경학적 특징을 논하는 정도에 머물고 있다. 석의(釋義)는 현토(懸吐)와 언해(諺解)의 중간에 위치하는 해석으로, 송대의 설을 얼마만큼 이해하고 있는지를 가장 잘 보여주는 자료이다. 따라서 각 경전별로 주자의 집주와 정밀히 대조하여 주자의 주석을 어떻게 수용하고 있는지를 확인해야 할 것이며, 후대 언해본의 해석과도 비교 고찰해야 한다.

그런데 이를 사서 전체로 포괄하여 논의하면, 논의가 일반적이고 개략적인 수준에서 그칠 수밖에 없다. 조선전기 경학연구에서 양적으로 가장 많은 권근과 이황의 경학에 대한 연구도 이러할진대, 그 나머지는 미루어 짐작할 수 있다.

또 하나 언급할 것이, 이 시기에 생산된 경학적 성과가 아주 없는 것이 아니라는 점이다. 사서 중 『대학』에만 국한시켜 보더라도 이석형의 『대학연의집략(大學衍義輯略)』, 유숭조의 「대학잠(大學箴)」, 박영의 「독대학법(讀大學法)」, 이황의 「대학석의(大學釋義)」 등, 정개청의 『우득록(愚得錄)』에 있는 『대학』 관련 해석, 김부륜의 「대학(大學)」, 이이의 「대학석의(大學釋義)」 등, 이덕홍의 「대학팔조목변(大學八條目辨)」 등, 조호익의 「대학동자문답(大學童子問答)」 등이 모두 16세기 이전에 생산된 업적들이다.

그런데 이런 경학 자료에 대한 연구는 미미하기 짝이 없다. 조선전기에 가장 중시된 경전이 『대학』인 바, 조선전기의 사상을 제대로 조명하려면 이 『대학』에 대한 인식의 정도를 살피는 것이 무엇보다 중요하리라고 생각한다.

다음은 조선후기 연구경향에 대해 살펴보기로 하겠다. 앞에서 살펴보았듯이, 조선후기(17-19C) 경학연구 논저는 총 276편이다. 이를 3편 이상의 연구결과가 나온 경학가를 대상으로 정리해 보면 다음과 같다.

- 김장생(金長生)에 관한 논저 ········· 5편
- 조익(趙翼)에 관한 논저 ········· 3편
- 허목(許穆)에 관한 논저 ········· 4편
- 윤휴(尹鑴)에 관한 논저 ········· 15편
- 박세당(朴世堂)에 관한 논저 ········· 8편
- 정제두(鄭齊斗)에 관한 논저 ········· 3편
- 한원진(韓元震)에 관한 논저 ········· 3편
- 이익(李瀷)에 관한 논저 ········· 27편
- 정약용(丁若鏞)에 관한 논저 ········· 116편
- 정조(正祖)에 관한 논저 ········· 7편
- 심대윤(沈大允)에 관한 논저 ········· 6편

이 외 1~2편의 연구가 된 경학가로는 권득기·윤선도·윤증·유형원·박세채·최유지·이만부·권철신·안정복·이병휴·홍대용·이서구·오재순·성해응·홍석주·신작·서명응·유장원·위백규·이형상·김창흡·한석지·남공철·김정희·이제마·유신환·박문호·윤정기·곽종석·전우·허전 등이 있다.

이런 자료를 통해 알 수 있듯이, 조선후기 경학연구는 절반이 정약용에 쏠려 있다. 그리고 김장생·한원진을 제외하고는 모두 주자학을 묵수(墨守)하지 않고 비판적으로 수용하거나 그 사유의 틀에서 벗어나고자 하는 성향을 보인 경학가라는 점이다. 이를 통해 기왕의 경학연구가 실학연구의 연장선상에서 이루어지면서 주자학을 극복하려는 사상을 가진 경학가만을 주목하여 연구가 지나치게 편중되어 있음을 알 수 있다.

이런 연구의 집중화 내지 편향성은 특정 경학가의 경학사상을 밝히는 데에만 골몰함으로써 경학적 전통이나 그 맥락을 파악하는 데 소홀하였

다. 그리하여 학파나 학맥상의 경학적 전통을 추적하며 그 변화양상을 살피는 방법론적 접근은 아직 미비하고, 오직 개별 경학가의 경학적 성향을 밝히는 데 치중하고 있다.

뒤에서 다시 언급하겠지만, 필자는 일차적으로는 개별 경학가의 경학을 각 경전별로 연구하고, 그 다음에는 각 경전별로 사적(史的)인 연구가 이루어져야 하고, 그 다음에는 전체적으로 한국경학사가 서술되어야 마땅하다고 생각한다. 이런 연구를 토대로 할 때 개별 경학가의 경학적 성향이나 특징도 보다 객관적으로 드러낼 수 있으며, 경학사적인 의미도 찾아낼 수 있을 것이다.

3. 연구대상의 텍스트별 분포 및 연구자별 연구 성향

다음은 경학연구의 텍스트별 분석을 통해 기왕의 연구가 어떻게 진행되었는지를 살펴보고, 마지막으로 논저 3편 이상의 업적을 남긴 연구자를 대상으로 어떤 연구 성향을 보이고 있는지를 살펴보도록 하겠다.

여기서는 앞에서 언급한 경학의 범주에 넣은 16종 가운데 『소학』을 제외한 15종의 경전으로 한정하여 논의하기로 하겠다. 또한 개별 경학가든 특정 시대의 성향이든 경학 전반에 대해서 논의한 것은 제외하기로 한다. 다만 사서를 전체적으로 논한 것은 예외로 한다. 이를 기준으로 정리해 보면 다음과 같다.

- 사서(四書) 전체에 관한 논저 ········· 13편
- 『대학』에 관한 논저 ········· 46편
- 『중용』에 관한 논저 ········· 25편
- 『논어』에 관한 논저 ········· 15편

- 『맹자』에 관한 논저 ········· 8편
- 『시경』에 관한 논저 ········· 30편
- 『서경』에 관한 논저 ········· 9편
- 『주역』에 관한 논저 ········· 29편
- 삼례(三禮)에 관한 논저 ········· 6편
- 『춘추』에 관한 논저 ········· 0편
- 『효경』에 관한 논저 ········· 1편
- 『이아』에 관한 논저 ········· 0편

여기서 알 수 있듯이, 특정 경전을 텍스트로 한 연구는 전체 314편 논저 가운데 182편에 불과하다. 즉 절반밖에 되지 않는다. 그러면 나머지는 무엇을 대상으로 한 것일까? 나머지는 대체로 개별 경학가의 경학사상을 전체적으로 논한 것들이다. 이는 부록에 붙인 논문의 제목을 훑어보면 금방 알 수 있다.

텍스트별로 연구하지 않고 경학가별로 연구하는 풍토가 전체 논저의 절반을 차지한다는 것은 무엇을 의미하는 것일까? 한 마디로 경학연구가 범범하게 경학관이나 경학사상을 개괄하는 수준에서 이루어졌다는 것을 의미한다.

위의 수치가 말해 주듯이, 어떤 경전에 대해서는 거의 연구가 이루어지지 않은 것도 있다. 예컨대 『춘추』·『이아』 등에 관한 연구가 거의 없는 것이 이를 증명해 준다. 『춘추』는 조선시대 사대부들에게 커다란 정신적 영향을 주었던 책이다. 예컨대 16세기 사림파의 출처관(出處觀), 선조 연간 당쟁이 일어날 때의 군자소인론(君子小人論), 명나라가 망한 뒤의 대의명분론(大義名分論) 등에는 그 근저에 춘추대의(春秋大義)의 정신이 흐르고 있다. 이처럼 『춘추』는 조선시대 사대부들의 정신세계에 커다란 영향을 준 것이 분명한데, 이에 관한 연구가 거의 없다는 것은 특이한 현상이다.

특정 경학가별로 이루어진 연구는 텍스트에 대한 집중탐구보다는 경학사상을 개괄할 수밖에 없다. 그래서 대체로 논저의 제목이 '○○○의 경학사상 연구', 혹은 '○○○의 경학관 연구'로 되어 있다. 한(漢)나라 때 오경박사를 두어 각 경전별로 깊이 있는 연구를 하고, 사법(師法)이나 가법(家法)을 세워 학문을 전수하던 학풍과는 상당히 거리가 멀다.

예컨대 『시경』의 경우, 총론에 해당하는 육의(六義)·정변(正變)·산시(删詩)·시교(詩教) 등 여러 설이 있다. 이런 설들이 한대·송대·청대를 거치면서 어떻게 논의되어 왔는지에 대한 요지를 알아야 어떤 경학가의 설에 무슨 의미가 있는지를 논할 수 있다. 이를 모르면 경전별로 텍스트를 깊이 있게 연구할 수가 없다.

또 『대학』의 경우, 『예기』에 수록된 고본의 『대학』과 주자가 개편한 『대학장구(大學章句)』가 어떻게 다른지, 『대학장구』가 통용된 뒤의 이에 대한 개정은 어떻게 진행되었는지 등에 관한 개괄적인 안목이 있어야 한다. 이를 제대로 파악하지 않으면, 연구대상으로 한 경학가의 설만을 내세우거나 주자의 설과 다른 점만을 강조할 수밖에 없다.

따라서 한 경학가의 여러 경전에 대한 설을 오늘날 한 연구자가 다 다루는 것은 무리가 뒤따를 수밖에 없다. 그러므로 깊이 있는 논의를 하지 못하고 '경학사상'이나 '경학관'을 범범하게 살피는 수준에서 그치고 마는 것이다.

또한 조선시대 학문의 중심은 주자가 주를 단 사서집주이다. 그리고 그 가운데서 주자학의 이념이 가장 집약되어 있는 책이 『대학장구』와 『중용장구』이다. 조선전기 학자들이 『대학』을 모든 경전의 근본으로 생각했던 것도 주자학에 대한 이해를 바탕으로 한 것이었다. 특히 15세기 말부터 16세기에 걸쳐 성리학이 이 땅에 뿌리를 내리고 꽃을 피우기 시작하던 시기의 학자들은 『대학장구』를 학문의 근간으로 생각하였다. 그리고 그들은 『중용장구』를 『대학장구』와 표리관계로 파악하였다.

따라서 『대학』·『중용』은 조선시대 학문의 중심에 있었다고 해도 과언이 아니다. 그런데 이에 대한 연구는 매우 부진한 편이다. 이러한 현상 역시 경전별로 텍스트를 중시하여 연구하기보다는 탈주자학적 성향을 가진 경학가들 위주로 연구하는 풍토 때문일 것이다.

다음은 논저 3편 이상의 연구 성과물을 낸 연구자들을 대상으로 그들의 연구 성향을 고찰해 보도록 하겠다. 지금까지 경학을 연구한 사람은 대략 150명 정도이다. 이 가운데 3편 이상의 논저를 남긴 연구자는 26명에 불과하다. 이를 단적으로 말하면, 전문 연구자보다 일회성 뜨내기 연구자가 훨씬 더 많았다는 것이다. 이 26명의 경학연구자들의 연구 성과를 토대로 연구 성향을 분석해 보는 것도 흥미로운 일이다. 여기서는 대략 성과물을 생산한 시기에 맞추어 연구자별 연구 성향을 살펴보도록 하겠다.

우선 한국경학 연구의 초석을 놓은 이을호는 이제마에 관한 논문 1편 〈019〉을 제외하고는 모두 정약용에 관한 논저를 남겼다. 이을호는 정약용의 경학을 역학〈001〉으로부터 시작하여 경학사상 전반을 다루면서 공맹의 원시유학인 수사학(洙泗學), 주자학과 반대되는 반주자학, 혹은 개신유학 등으로 그 성격을 규정하였다.〈002, 004, 005, 011, 014, 038〉 이을호의 다산경학에 대한 집중탐구는 후학들에게 상당한 영향을 주어 전라도 지역에서 다산경학에 대한 연구가 활발하게 진행되었다. 그 대표적인 연구자들이 안진오·정병련·최대우 등이다.

다음으로는 1970년대부터 경학연구에 전념한 이지형을 들 수 있다. 이지형은 처음에는 경학을 실학적 관점으로 접근하여 이익·홍대용 등의 경학사상을 연구하였는데〈012, 017〉, 뒤에는 주로 정약용의 경학에 심취하여 사서 및 『서경』 등의 해석을 통해 그 특징을 고찰하였다.〈056, 104, 175, 195, 217, 218, 246〉 한편 안진오는 주로 정약용의 경학을 주자학과 비교하여 논하였는데, 정약용의 경학을 이지형과 마찬가지로 '실학적 경학'으로 파악하였다.〈032, 049, 076, 114〉

1970년대 후반부터 1980년대에 초반 사이 경학연구에 뛰어든 연구자로는 김흥규·서경요·송석준·권정안·정병련·송갑준 등을 들 수 있다. 김흥규는 정약용의 시의식과 시경론에 관한 논문〈025〉을 발표한 이래, 박세당·이익 및 정조 시대 시경론에 관해 일련의 연구〈030, 035, 036〉를 계속하여, 『조선후기 시경론과 시의식』이란 역작을 생산하였다.〈039〉 김흥규의 이런 연구 성과는 경학연구를 문학방면으로 확산시키는 데 큰 공헌을 하였으며, 특히 『시경』 연구에 단초를 열어놓았다. 이후 김흥규의 연구 성과에 힘입어 『시경』에 관한 연구가 한문학 분야에서 활발하게 이루어졌다.

이 외의 연구자들은 모두 한국철학을 전공한 학자들로, 다양한 연구 성향을 보여주고 있다. 서경요는 김정희·성해응의 경학관에 대해 연구〈020, 040〉하고, 도설(圖說)을 통해 경학사상을 파악하고자 하는 시도를 하였다.〈193〉 송석준은 한국 양명학파의 경학사상에 관한 연구〈022〉를 시작하여 조익과 윤휴의 『대학』 해석을 양명학적 성향으로 파악하였고〈053, 073, 100, 212〉, 권정안은 권근의 『예기천견록』에 대한 연구〈034〉를 한 뒤로 박문호·전우의 경학사상을 연구하였다.〈142, 238〉 정병련은 주로 정약용의 사서해석에 집중하여 세밀한 연구를 진행하였으며〈044,

050, 060, 061, 079, 080, 107, 108, 139〉, 1994년 『다산 사서학 연구』라는 거작을 생산하였다.〈177〉 송갑준은 이익의 사서해석을 중심으로 그의 경학관 내지 경학사상을 연구하였다.〈046, 048, 073, 086〉

1980년대 후반에는 위의 연구자들 이외에 김언종·최대우·이유진·안병걸·조성을·심경호·최석기·권문봉 등이 경학연구에 새로 참여하였는데, 한 가지 특기할 만한 것은 김언종·심경호·최석기·권문봉 등 한문학 분야의 연구자들이 다수 경학연구에 참가하기 시작했다는 점이다. 김언종은 정약용의 『논어』 해석〈051, 208〉과 허목의 고학(古學)에 대해 연구하였고〈207〉, 최대우는 주로 정약용의 사서해석에 대해 연구하였다.〈057, 093, 109, 121, 249〉 이유진은 정약용의 『상소고훈(尙書古訓)』에 나타난 역사관과 그의 저술 속에 보이는 『주례』적 요소를 연구하고〈059, 135〉, 『고려사』 예지(禮志)에 보이는 『주례』 수용 양상을 연구하였다.〈153〉 우리나라 예의제도에 『주례』의 수용양상을 검토하는 일은 매우 의미 있는 일로 여겨진다. 그러나 이에 대한 연구가 더 진전되지 못하고 단편적인 연구에서 그친 점이 아쉽다.

안병걸은 한국철학을 전공하는 학자로 사서 가운데서도 특히 『중용』 해석에 집중하여 17세기 윤휴·박세당·윤증 등 주자와 달리 『중용』을 해석한 경학가들의 사상을 집중 연구하였고〈054, 066, 112, 113, 132, 148-150, 194, 234〉, 나아가 퇴계학파의 사서해석 및 유장원·배상열 등 영남 학자들의 사서해석을 탐구하였다.〈067, 088, 102〉 조성을은 역사를 전공하는 학자로 정약용의 『서경』 해석에 관해 주로 연구하였다.〈069, 092, 179〉 심경호는 한문학과 시경론의 관계를 해명하는 데 주력하면서도〈074, 087, 261〉 범위를 넓혀 정약용의 상서론(尙書論)〈101〉, 정조의 경학사상〈242〉 및 조선후기 경학연구 방법〈213, 260〉에 대해 연구하였다.

한편 권문봉은 이익의 경학사상을 사서해석에 국한해 연구하였고〈082, 083, 126, 166, 204, 205〉, 최석기는 처음에는 이익의 경학에 관심을 갖고 주로 『시경』 해석과 경학관에 대해 연구를 한 뒤〈081, 122, 123, 159, 182, 227, 253〉, 나중에는 권근·이황·윤휴·한여유·이병휴 등 조선초기부터 조선중기까지의 『시경』 해석에 대해 연구하였으며〈201, 228, 229, 237, 251, 252, 269, 305〉, 『대학』 해석에도 관심을 갖고 이언적·고응척·최유지·이익·이병휴 및 근기남인계 학자들의 경학적 전통을 추적하였고〈254, 291, 304, 311-3〉, 『한국경학가사전』(250)을 출간하였다.

1990년대로 들어오면 앞에서 거론한 연구자들 외에 새롭게 경학연구에 관심을 보이며 연구에 참여한 학자들이 늘어났다. 그 가운데서 특히 한문학 분야에서 경학연구에 깊은 관심을 보이기 시작했다. 1990년대 새로 경학연구에 뛰어든 학자로는 이동환·금장태·이해영·김영호·진재교·김문식·장병한·정일균·이영호 등을 들 수 있다.

이동환은 정약용의 경학사상에서 '상제(上帝)' 문제에 특별히 주목하여 연구를 하였고〈103, 215〉, 금장태는 철학적인 관점에서 이황·윤휴·정제두·정약용의 경학을 연구하였다.〈239, 255-7〉 이해영은 『중용』 해석에 관심을 갖고 이익·홍대용·정약용의 『중용』 해석을 연구하였고〈117, 118, 136, 219〉, 김문식은 18세기 후반부터 19세기 전반까지의 정조·성해응·홍석주·정약용의 경학사상과 경세론에 초점을 맞추어 연구하여〈111, 143, 144, 187-190, 272〉 『조선후기 경학사상연구』〈206〉·『정조의 경학과 주자학』〈271〉 등의 성과물을 냈다.

김영호는 오재순의 경학에 관한 연구〈145, 209〉로부터 시작하여 주로

『논어』 해석에 관심을 갖고 정약용의 『논어』 해석을 집중적으로 연구하여 여러 편의 논문을 발표한〈168, 169, 185, 186, 210, 211, 241〉 뒤 최근에 『다산의 논어해석 연구』를 출간하였으며〈314〉, 이황·이익 등으로 범위를 넓히고 있다.〈258, 293, 294〉 진재교는 윤정기의 『시경』 해석 및 심대윤의 학문자세를 연구하였고〈180, 181, 303〉, 장병한은 심대윤의 경학관을 실학적·탈성리학적인 관점에서 철학적인 면과 연관시켜 파악한 뒤〈199, 222, 223, 286〉, 범위를 넓혀 심대윤과 정약용의 경학을 비교하는〈299〉 한편 정약용의 상서학으로 연구를 확대해 가고 있다.〈284, 285, 300, 301〉

정일균은 정약용의 사서해석을 사회학적 시각으로 접근하여 몇 편의 논문을 발표한 뒤〈224, 225, 248, 266〉 『다산 사서경학 연구』를 저술하였으며〈289〉, 이영호는 1999년 「17세기 조선학자들의 『대학』 해석에 관한 연구」〈262〉로 박사학위를 받은 뒤 주로 17세기 경학을 집중 탐구하며 활발한 연구를 하고 있다.〈280-282, 298〉

이상에서 논저 3편 이상을 낸 경학연구를 전문으로 한 연구자들을 중심으로 각각의 성향을 살펴보았다. 이 26명의 연구자들이 연구대상으로 한 경학가와 텍스트를 간략하게 정리해 보면, 다음과 같다.

연구자명	연구대상 주요 경학가	연구대상 주요 경전
李乙浩(哲學)	丁若鏞	論語, 大學, 周易, 경학일반
李篪衡(文學)	洪大容, 李瀷, 丁若鏞	論語, 大學, 中庸, 書經
安晉吾(哲學)	丁若鏞	大學, 中庸
金興圭(文學)	尹鑴, 朴世堂, 李瀷, 丁若鏞	詩經
徐坰遙(哲學)	成海應, 金正喜	경학일반

宋錫準(哲學)	趙翼, 李瀷	大學
權正顔(哲學)	權近, 朴文鎬, 田愚	中庸, 禮記
鄭炳連(哲學)	丁若鏞	論語, 孟子, 大學, 中庸
宋甲準(哲學)	李瀷	論語, 孟子, 大學, 中庸
金彦鍾(文學)	丁若鏞	論語
崔大羽(哲學)	丁若鏞	孟子, 大學, 中庸
李裕鎭(哲學)	丁若鏞	書經, 周禮
安秉杰(哲學)	尹鑴, 朴世堂	大學, 中庸, 四書전반
趙誠乙(史學)	丁若鏞	書經
沈慶昊(文學)	丁若鏞	詩經, 書經
崔錫起(文學)	權近, 李滉, 尹鑴, 韓汝愈, 高應陟, 崔攸之, 李瀷, 李秉休	大學, 詩經
權文奉(文學)	李瀷	大學, 中庸, 四書전반
李東歡(文學)	丁若鏞	경학일반
金文植(史學)	成海應, 洪奭周, 丁若鏞, 正祖	書經, 경학일반
李海英(哲學)	洪大容, 李瀷, 丁若鏞	中庸
金暎鎬(哲學)	李滉, 吳載純, 李瀷, 丁若鏞	論語
陳在教(文學)	尹珽琦	詩經
張炳漢(文學)	沈大允, 丁若鏞	書經, 경학일반
鄭一均(社會學)	丁若鏞	大學, 中庸, 四書전반
琴章泰(哲學)	李滉, 尹鑴, 丁若鏞	大學, 경학일반
李昤昊(文學)	金長生, 朴世采, 尹鑴	大學

이를 통해, 우리는 다음과 같은 사실을 발견할 수 있다.

첫째, 경학연구자를 분류해 볼 때, 초기 철학분야의 주도에서 한문학분야의 주도로 옮겨져 있다. 전체적으로 보면, 26명의 연구자 중 철학분야가 13명, 문학분야가 10명, 사학분야가 2명, 사회학분야가 1명으로 나타난다. 그러나 이를 다시 1980년대 후반을 기준으로 나누어 볼 때, 그 이전에는 철학분야 연구자가 월등히 많은 반면, 그 이후에는 문학분야 연구자가 현저히 많다.

둘째, 연구자들이 연구대상으로 한 주요 경학가를 보면, 권근·이황을 제외하고는 모두가 조선후기 경학가이다. 이는 기왕의 경학연구가 조선후기의 경학가에 편중되어 있다는 것을 증명한다.

셋째, 조선후기 경학가 가운데서도 정약용의 경학을 연구한 사람이 17명, 이익의 경학을 연구한 사람이 8명, 윤휴의 경학을 연구한 사람이 5명이나 된다. 이는 조선후기 경학가 가운데서도 주자학에서 이탈하는 성향을 보이거나 실학을 주도한 경학가에 집중되어 있다는 것을 말해준다. 또한 26명의 전문연구자 중에서 17명이 정약용의 경학을 연구했다는 것은 기왕의 연구가 정약용의 경학에 편중되어 있음을 여실히 보여주는 것이다.

넷째, 근래 조선후기의 새로운 경학가가 발굴되어 조명되고 있다. 특히 최석기·이영호 등에 의해 17세기 경학가가 다수 발굴되고 있어 경학연구의 지평을 넓히는 데 중요한 역할을 할 것으로 보인다.

다섯째, 연구자들이 연구대상으로 한 주요 경전을 분류해 보면, 일회성 연구자들이 연구한 경우와는 달리 '경학일반'에 관한 것보다는 구체적으로 개별 경전에 관한 것이 많다. 위의 표에 나타난 것을 보면, 『대학』이 13건, 『중용』이 10건, 『논어』가 6건, 『맹자』가 3건, 사서 전반의 내용에 관한 것이 3건으로 사서에 관한 것이 절반 이상을 차지한다. 그 다음 『시경』이 4건, 『서경』이 6건, 『주역』이 1건, 『주례』가 1건, 『예기』가 1건이고 경학일반에 관한 것이 6건이다. 이를 보면 오경 중 『시경』·『서경』에 관한 연구 외에는 거의 영세함을 면치 못하고 있다.

여섯째, 한 연구자가 주 연구대상으로 한 경전이 너무 많다는 점을 들 수 있다. 사서는 초보적인 단계의 교과서로서 누구나 다 아는 쉬운 책으로 경시하는 경향이 있다. 그러다 보니 사서를 전반적으로 연구한 경우가 많다. 그러나 과연 그 연구자가 어떤 경학가의 사서에 관한 설을 전체적으로 조명하였는가는 따져보아야 할 일이다.

Ⅳ. 한국경학 연구의 문제점과 향방(向方)

학술사적인 시각에서 보면, 자기시대 학문에 대한 진지한 반성은 곧 새로운 방향모색으로 이어진다. 우리가 기왕의 연구 성과를 통해 한국경학연구를 회고한 것은 결국 새로운 향방을 모색하기 위한 자가 진단인 것이다. 이런 관점에서 기왕의 경학연구에 나타난 문제점을 적시해 보고, 그런 문제점을 극복 또는 보완하며 바람직하게 나아가야 할 향방을 논의해 보도록 하겠다.

위에서 살펴본 바와 같이, 한국경학에 대한 기왕의 연구에는 다음과 같은 문제점이 드러난다.

첫째, 연구대상이 조선후기에 치우쳐 있는 데다 정약용과 같은 특정 경학가에 편중되어 있다는 것이다. 앞에서 살펴보았듯이, 1990년대 생산된 논저 176편 가운데 정약용의 경학에 대한 연구가 61편으로 3분의 1이 넘고, 또 경학을 전문으로 연구한 26명의 연구자 중 17명이 정약용의 경학을 연구하였다는 데에서 그런 사실이 입증된다. 정약용은 분명 위대한 경학가지만, 경학연구가 이 한 경학가에 집중되어 있는 것은 바람직한 현상이 아니다.

연구가 이처럼 특정 인물에만 치중하다 보니, 한국경학사상 정약용의 이외의 경학가에 대해서는 별 관심조차 갖지 않는 경향까지 나타나는 현상을 우려하지 않을 수 없다. 정약용의 설이 국제적인 수준에 도달했다는 점에 대해서는 이론의 여지가 없다. 그러나 이것만을 자꾸 강조하게 되면, 결국에는 또 다른 교조적 이념으로 변하고 말 것이다.[11]

아무리 훌륭한 사상이나 학문도 그것은 시대적 산물일 수밖에 없다. 이런 관점에서 보면, 정약용의 경학도 어디까지나 시대적 배경 속에서 나온 것이라 아니할 수 없다. 그렇다면 정약용의 경학이 나오기까지의 경학적 배경과 그 흐름을 파악하는 작업이 반드시 필요하다. 즉 정약용의 경학은 개인의 천재적 머릿속에서 나온 것이 아니라, 그 앞 시대부터 변화 발전해 오던 것이 정약용에 이르러 집대성 된 것임을 밝혀야 한다.

그렇지 않고 특정 개인에게만 무게 중심을 둔다면, 예전에 모든 공을 성인에게 돌리던 사유와 다를 바 없다. 필자는 이런 관점에서 이제는 경학연구가 개인의 업적에만 치중하지 말고, 그 계승발전의 과정을 추적하는 작업에 관심을 가질 때가 되었다고 본다.

둘째, 경학가의 설을 구체적으로 심도 있게 논의하지 않은 상태에서 그들의 경학사상을 '반주자학'·'탈주자학'·'탈성리학' 등으로 성급히 결론지으려 하였다는 것이다. 앞에서 살펴보았듯이, 우리나라 경학연구는 실학연구의 연장선상에서 시작되었다. 그러다 보니, 경학을 연구하면서 독자적인 시각을 마련하지 못하고 실학연구의 시각을 그대로 답습하고

11 이 논문을 발표할 때 지정토론자는 다산의 천재성을 강조하였다. 다산은 분명 천재적 자질을 가진 학자임에 틀림없다. 그러나 그의 천재성을 강조하여 다산학 이외의 학문을 경시하는 풍조는 바람직하지 않다. 필자는 이 시점에서 우리가 다산학에 너무 경도되어 또 다른 교조성을 만들어내고 있는 것은 아닌지, 진지하게 반성해 보아야 한다고 생각한다.

말았다. 그리하여 조선시대 지배이념이었던 주자학적 사유의 틀에 안주하지 않고 새로운 모색을 한 경우에는, 그것의 실체를 구명하기에 앞서 몇 가지 다른 점만 가지고 '반주자학'·'탈주자학'·'탈성리학' 등으로 그 성격을 규정하는 데 주저하지 않았다.

우리가 분명히 짚고 넘어가야 할 점이, 실학자들은 당대 학문의 폐단을 비판한 것이지, 성리학 자체를 비판한 것이 아니라는 점이다. 성리학이 조선에서 전개되면서 지나치게 형이상학적 명제의 탐구에 골몰하여 현실과 동떨어진 쪽으로 나아가니까, 이를 바로잡자는 문제의식에서 제기된 것이 실학이다. 따라서 실학자들을 탈성리학자로 보는 것은 적지 않은 문제가 있다.

예컨대 이용후생학파의 학자들이 이용(利用)·후생(厚生)을 중시했다고 해서, 아예 정덕(正德)의 문제를 가치 없는 것으로 폐기한 것은 아니다. 정덕·이용·후생에서 학문의 중심이 너무 정덕에만 치우쳐 있으니까 이를 균형 있게 하자는 것이거나, 이용·후생이 먼저 이루어지지 않으면 궁극적으로 정덕도 이룰 수 없다는 논리이다. 이를 두고 '탈성리학'이라고 하는 것이 과연 적당한 말일까? '탈성리학'이라는 말은 불가나 도가의 방외인들에게나 어울리는 말일 것이다.

다음 '탈주자학'·'반주자학'이라는 용어에 대해 생각해 보자. 탈주자학은 그래도 말이 된다. 주자학적 사유체계에서 이탈한 점이 있기 때문이다. 실제로 정약용이 『대학』의 명덕(明德)을 주자처럼 허령불매(虛靈不昧)한 것으로 보지 않고 일상 속의 효(孝)·제(悌)·자(慈)로 파악한 것이 그런 변화된 사유를 대변해 준다.

그러나 '반주자학'이라는 말은 엄밀히 말해, 우리나라 경학가 그 누구에게도 해당되지 않는다. 필자의 소견으로는, 주자의 설이라면 사사건건 변박(辨駁)한 모기령(毛奇齡) 같은 사람이 바로 '반주자학자'라고 생각한다. 즉 주자의 사유체계를 전적으로 반대하는 사상이 있어야 '반주자학'이 될 것이다. 그렇지 않고 주자의 설 중 일부분에 대해 견해를 달리한 것을 두고, '반주자학'이라고 보는 설은 교정될 필요가 있다.

주자와 다른 설을 주장한 학자라고 하여, 주자학에 반대했다고 보는 시각은 분명 문제가 있다. 오히려 그들은 누구보다도 주자를 존중하고 주자학을 위대한 발명으로 보는 경우가 허다하다. 다만 그들은 후학의 입장에서 주자학을 묵수(墨守)하는 것은 진정한 학자가 아니라고 생각하며, 주자학을 계승 발전시키는 것을 자신들의 임무로 생각한다. 이들은 주자라는 선현보다는 도를 더 중시한다. 그러기 때문에 주자의 설에 대해서도 이설을 펼 수 있다고 생각하며, 주자가 미처 밝히지 못한 것을 밝히는 것이 후학으로서 당연히 해야 할 임무라고 여긴다.

이런 사유를 하고 있던 학자들을 '주자학에 반대한 사람'이라고 논평하는 것은 엄밀히 말해 선인에 대한 모독이다. 그래서 필자는 이런 일군의 학자들을 묵수적 관점이 아닌 진보적 관점을 가진 학자로, 주자학을 맹신하는 것이 아니라 비판적으로 수용하며 계승 발전적 인식을 한 학자로 파악하였다.[12]

따라서 필자의 소견으로는, 경학을 연구하는 데 있어 예전처럼 '반주자학'·'탈주자학'·'탈성리학' 등으로 성격 지우는 데에서 결론을 맺을 것이 아니라, 주자의 설과 무엇이 다른지, 전대의 설과 어떻게 달라졌는지, 그 다른 주장은 무엇을 의미하는지 하는 문제들을 밝히는 일에 더 중점을 두어야 한다고 생각한다. 이런 논의가 충분히 이루어지고 난 뒤에

12 최석기(2000a), 참조.

총체적인 시각에서 주자학에서 벗어났다거나, 주자학에 반대했다거나 하는 결론에 도달할 수 있을 것이다.

셋째, 각 경전별로 전문연구자가 있어 각각의 경전해석에 대한 변화·발전의 양상을 추적하지 않고, 경학가별로 연구가 이루어졌다는 것이다. 정약용과 같은 경학가의 경우, 한 연구자가 그의 경전해석을 모두 연구하고 있다. 이것이 과연 바람직한 것일까?

앞에서 언급했듯이, 『시경』의 경우만 보더라도 총론에 해당하는 여러 설이 있다. 이런 설이 어떻게 변천해 왔는가에 대한 기초 지식이 없으면, 그 설이 무슨 의미가 있는지 논하기 어렵다. 사서로 좁혀 보더라도 『대학』·『중용』의 주요 사안에 대해 역대로 학자들이 어떤 점에 문제의식을 가지고 있었는지를 알아야 한다. 하나의 경전에 대해 그 해석사의 흐름을 파악하려 해도 수년이 걸릴 텐데, 이를 무시하고 과연 올바른 논의를 전개할 수 있을까?

사서에 대한 연구는 묶어서 할 수 있다고 본다. 그러나 한 연구자가 어떤 경학가의 『주역』에 관한 해석도 연구하고, 『서경』에 관한 해석도 연구하고, 『시경』에 관한 해석도 연구하는 것이 가능할까? 못할 것은 없겠지만, 이는 결코 바람직한 방법이 아니다. 따라서 필자는 경학가별로 이루어지는 경학연구는 불가피한 경우를 제외하고는 가급적 자제하고, 경전별로 연구하는 풍토가 조성되어야 한다고 본다.

넷째, 특정 경학가별로 연구가 이루어지다 보니, 한 경학가의 경학세계를 총체적으로 파악하려 했다는 것이다. 그리하여 연구논저의 제목이 '○○○의 경학사상'과 같이 나타나는 경우가 많다.

어떤 경학가의 경학을 연구하면서 그 성격을 밝히면 되지, '경학' 뒤에 다시 '사상'을 붙이는 것이 바람직한 것일까? 경학가라고 해서 15종의 경전을 다 연구한 이는 드물 것이며, 경전별로 해석을 했을 것이다. 그렇다면 '○○○의 시경학 연구' 또는 '○○○의 『대학』 해석 연구' 정도로 논저의 제목을 붙이는 것이 타당하지, 그 위에다 다시 '경학'이라는 포장을 씌우고, 그 뒤에 다시 '사상'이라는 말을 붙여야 할까?

'경학사상'이라는 용어는 습관적으로 사용하는 말이라고 하더라도, 그 하위 단위에 '사상'을 붙여 '시경학사상'이라고 하면 다들 의아하게 여길 것이다. '경학'이 '문학'·'철학' 등과 마찬가지로 '사상'의 한 분야라면, 굳이 '○○○의 경학에 관한 사상'이라는 의미의 제목을 붙일 필요는 없을 것이다.

또한 예컨대 정약용과 같은 경학가는 경학 관련 저술이 그야말로 한우충동(汗牛充棟)으로 많은데, 그의 경학사상을 언급하려면 적어도 사서에 관한 설은 충분히 파악하고 있어야 가능한 일이다. 그런데도 정약용의 경학을 처음 연구하는 사람들조차 그의 경학사상에 대해 이런저런 논의를 한 것이 있다.

거듭 말하지만, 경학연구는 전대의 설과 비교하며 축조심의하듯이 분석해야 한다. 그렇게 하지 않고 한두 군데 문제가 됨직한 부분만 적출하여 논의하면, 전체적인 성향을 파악할 수 없다. 이런 관점에서 기왕의 연구는 상당 부분 자기 입맛에 맞는 것만 골라 논했다는 비판을 면키 어려울 것이다.

다섯째, 각 경전별로 전문연구자가 있어 경학연구가 이루어져야 할 텐데 그렇지 않다 보니, 어떤 경전에 대한 연구는 매우 미미하다는 것이다. 춘추삼전(春秋三傳)에 관한 연구와 『주례』·『의례』·『예기』의 삼례(三禮)에 관한 연구가 특히 그렇다.

이 외에도 여러 가지 문제점을 더 지적할 수 있을 것이다. 그러나 필자의 역량 부족으로 이 정도에서 마무리하고, 다음은 앞으로의 과제와 나아가야 할 방향에 대해 논의해 보도록 하겠다.

앞에서 지적했듯이, 우리나라 경학연구는 반주자학이나 탈주자학에 너무 민감한 반응을 보였고, 그것만이 의미 있는 것 인양 강조하였다. 여기에는 조선시대 성리학 자체를 부정적으로 보는 인식이 개입되어 있다. 이는 성리학을 올바로 계승하지 못한 무지의 상태에다, 조선시대 성리학자들의 부정적인 점만을 주목한 소치이다.

성리학에는 현대 학문에서 찾을 수 없는 소중한 가치들이 들어 있다. 이런 가치가 있기 때문에 수백 년 동안 동아시아 전역에 널리 유행했던 것이다. 그런데 이에 반대한 것이 과연 그렇게 의미 있는 것인가? 문제는 주자학 자체에 있는 것이 아니고, 당시 학자들이 주자의 설만을 맹종하며 획일주의로 나아가 사상의 자유를 억압하니까, 그런 교조적인 사유체계에서 벗어나 자유로운 사고로 진정한 학문을 하자는 것이다. 이를 두고 반주자학이니, 탈주자학이니 하는 것은 너무 극단적인 주장이라 아니할 수 없다.

21세기 경학연구는 이런 고정된 관념에서 벗어나야 한다. 오늘날과 같은 학문체계에서는 오히려 성리학적 요소가 절실히 요구된다. 즉 인간의 도덕성을 확립하고 인간다운 길을 가르치기 위해서는 성리학의 장점을 적극 수용해야 한다. 그런데 아직도 반주자학을 주장하고 있는 것은 자기시대에 대한 현실인식이 아니다.

우리는 앞으로 다음과 같은 두 줄기에서 조선시대 경학을 연구해야 할 것이다. 하나는 주자의 설을 비판적으로 수용하여 계승 발전시키려는 경학관을 가졌던 경학가의 경학적 특징과 그런 경학가의 경학적 전통을 추적하는 일이며, 다른 하나는 주자의 여러 설을 정리하여 정설(定說)을 확정하고 후대의 여러 설 중 주자의 본의와 다른 설을 분변하여 주자설의 정통성을 확립하려 한 경학가의 경학적 특징과 그런 경학가의 경학적 성과와 의의를 새롭게 조명하는 일이다.

전자의 경우는, 주자를 존숭하더라도 맹목적으로 따르는 것을 거부하고, 선인이 밝히지 못한 것을 부단히 밝혀 나가는 것을 후학의 임무로 생각한다. 이들은 천하의 의리는 무궁하다는 생각을 공통적으로 가지고 있으며, 주자와 같은 선현에 대해 극진히 존숭하되 그를 절대시하지 않는다. 이들은 성현을 존숭하고 따르는 데 목표를 두는 것이 아니라, 도를 추구하는 데 의미를 둔다. 예컨대, 16세기 이언적에게서 이런 경향이 보이며, 17세기 중엽 이후 조경·윤휴·이익 등 근기남인계의 학자들에게서 이런 경학관을 확인할 수 있다.

또한 17세기 서인계의 일부 학자들, 예컨대 조익·최유해·최유지 등에게서도 이런 인식이 나타난다. 이들은 대체로 후대 소론계의 집안으로, 학문의 계승 발전적 인식을 한 측면에서 근기남인계와 유사한 점이 발견된다.

이런 경학가들을 포함해 아직 발굴되지 않은 경학가들의 경학적 특징을 조명하고 그들의 경학적 전통을 추적한다면, 우리나라에서도 주자의 설을 맹목적으로 수용하지 않고 비판적으로 수용하며 자기화 하려 한 학적 노력과 그 성과들이 나타날 것이다. 그렇게 되면 실학의 내재적 발전론도 힘을 얻게 될 것이다.

후자의 경우는 주자의 설을 절대시하고 주자를 성인처럼 존숭한다. 그러나 그들이 남긴 설에 전혀 의미가 없는 것이 아니다. 오히려 그들의 설에는 주자의 설에 대한 정밀한 해석과 명확한 분변이 들어 있다. 따라서 주자설의 정통성 확립이란 차원에서 보면, 주자학을 완성하려 한 학적 노력과 그 성과들이 들어 있다.

그러므로 이들의 설이 주자의 설에서 진일보하여 보다 명확하고 정밀하게 주자학을 한 단계 끌어 올렸다는 점을 밝힐 수 있다면, 이는 우리가 주자학을 수입해 더욱 높은 수준으로 발전시킨 것이 된다. 16세기 이후의 주자학들과 정조가 주자학을 집대성하려 한 학적 노력이 충분히 그런 의도를 보여준다. 이를 우리가 밝혀 주자학이 조선에서 더 높은 수준으로 발전하였다는 것을 증명해 보인다면, 이보다 더 좋은 연구주제는 없을 것이다.

후자의 경우는 아직 주목을 받지 못하였다. 그러나 조선에서의 주자학설에 대한 발전양상을 추적하는 일은 주목을 받기에 충분할 것이다. 다만 이 방면에 대한 연구는 주자의 설에 대한 풍부한 식견과 해당 경학가의 설을 정밀히 분석할 수 있는 안목이 필요하다.

전자의 경우는 대체로 근기남인계의 학자들만이 주목을 받았다. 그러나 앞에서 잠시 언급했듯이, 서인계 학자들 중에서도 주자의 설과 다른 설을 조심스럽게 제기한 경우가 있다. 특히 후대 소론계로 분리되는 학적 계통상에서 이런 경향이 나타나는 바, 이에 대한 정밀한 연구가 요구된다. 또한 재야 학자들 가운데서 주목해 볼 만한 인물들도 간혹 있을 것이다.

이와 같이 크게 두 줄기로 경학연구가 이루어지면서, 다음과 같은 작업이 병행되어야 할 것이다.

첫째, 기왕에 연구되지 않은 다수의 경학가에 대한 연구가 시급히 이루어져야 한다. 필자가 정리한 『한국경학사사전』에는 약 600명의 경학가가 수록되어 있는데, 지금까지 연구된 경학가는 이 가운데 약 10분의 1도 되지 않는다. 따라서 연구되지 않은 경학가에 대한 조명이 우선 진행되어야 할 것이다. 경학 전문연구자가 경전별로 연구를 진행한다면 새로운 경학가들이 다수 발굴될 것이다.

둘째, 한 연구자가 특정 경학가의 경학을 전체적으로 연구할 것이 아니라, 각 경전별로 전문적인 연구가 이루어져야 한다. 그리하여 각 경전별로 경학사를 쓰는 작업이 절실히 요청된다. 예컨대, 한국시경학사, 한국서경학사, 한국주역학사, 한국논어학사 등의 책이 나와야 한다. 이는 우리나라 경학사의 흐름을 체계화시키는 작업으로, 한국경학사가 저술되는 기초공사가 될 것이다. 각 경전별로 이에 대한 전문 연구자가 서너 명 이상씩 나온다면 바람직할 것이다.

셋째, 중국경학과의 비교 연구가 함께 이루어져야 한다. 중국경학의 흐름이나 내용을 제대로 모르면서 어떤 경학가의 설이 독자적인 것 인양 말하는 것은 매우 위험하다. 이 점은 각 경전별로 전문적인 연구가 이루어지면, 어느 정도 해결될 수 있을 것이다.

넷째, 문자학·성운학 등 소학 방면의 연구도 필요하다. 특히 청대 중엽 이후 발달한 문자학·성운학 등이 우리나라 정조 연간 이후의 경전해석에 어떤 영향을 끼치고 있는지는 면밀히 비교 고찰해야 할 것이다.

다섯째, 위와 같은 연구가 어느 정도 축적되고 나면, 각 경전별로 경학사가 서술되고 궁극적으로 이를 종합하여 한국경학사 서술되어야 할 것이다.

Ⅴ. 맺음말

이상에서 한국경학 연구를 회고해 본 뒤, 문제점을 적시하고 나아갈 향방에 대해 논의해 보았다. 경학은 현대학문에서 주목받지 못한 분야이다. 그러나 우리 학술사를 온전히 조명하기 위해서는 사상의 기저에 해당하는 경학을 정밀히 연구하지 않으면 안 될 것이다. 우리는 중국으로부터 유교를 수입하여 그것을 그대로 답습하기만 한 것이 아니라, 그것을 우리 것으로 만들어 정착시켰고, 나아가 그것을 계승 발전시켜 보다 발전된 학문과 사상으로 만들었다. 이런 점을 우리는 경학연구를 통해 밝혀야 할 것이다. 이것이 21세기 경학연구자들의 책무라고 생각한다.

또한 경학은 현대학문에서 인식의 부족으로 그 존재가치를 정당하게 평가받지 못함으로써 여러 분야에서 편의적으로 접근하는 연구가 이루어졌다. 철학분야에서, 사학분야에서, 한문학분야에서 학제간의 최소한의 합의도 없이 독자적으로 연구가 진행되었다. 이를 극복하기 위해서는 우선 한국경학학회(가칭)가 생겨 연구 성과를 공유하고 연구방향에 대해서도 함께 고민하여야 할 것이다.

※ 부록 : 한국 경학연구 논저 목록[13](연도별·인명별 가나다순)

■ 1950년대

001 李乙浩, 1958, 「丁茶山의 易理에 관하여」, 『전남대논문집』 제2집, 전남대.

■ 1960년대

002 李乙浩, 1963, 「丁茶山의 經學思想 硏究」, 『동방학지』 제6집, 연세대.
003 李丙燾, 1966, 「朴西溪와 反朱子學的 思想」, 『대동문화연구』 제3집, 성균관대 대동문화연구원.
004 李乙浩, 1967, 「茶山經學의 陸王學的 斷面」, 『동방학지』 제8집, 연세대.
005 李乙浩, 1969, 「論語古今注의 洙泗學的 考察」 『철학』 제3집, 한국철학회.

■ 1970년대

006 李相玉, 1970, 「淸代 考證學의 移入과 茶山 丁若鏞」, 『중국학보』 제11집.
007 柳正東, 1971, 「退溪先生의 格物物格考」, 『조용욱송수기념논집』.
008 李崇寧, 1972, 「大學諺解의 栗谷本과 官本과의 比較硏究」, 『東喬閔泰植古稀紀念 – 儒敎學論叢』.
009 洪以燮, 1972, 「讀後 孟子要義」, 『東喬閔泰植古稀紀念 – 儒敎學論叢』.
010 李相玉, 1973, 「親民과 新民의 解釋과 訓詁學의 輸入에 대하여」, 『인

13 필자가 이 논문을 발표할 때, 지종토론자가 일본·중국·대만 등지에서 연구된 한국경학 연구논문을 더 수집해 싣도록 지적하였으나, 필자의 역량부족으로 더 이상의 자료를 수집하지 못하였다.

문논집』 제48집, 고려대.
011 李乙浩, 1973, 「大學公義의 反朱子學的 考察」, 『한국철학연구』 제3집.
012 李篪衡, 1973, 「星湖 經學의 實學的 展開」, 『성균관대논문집』 제17집, 성균관대.
013 曺佐鎬, 1973, 「李朝 經學振興策의 일면-특히 과거의 講經을 중심으로」, 『인문과학』 제3,4호, 성균관대.
014 李乙浩, 1974, 「李朝後期 改新儒學의 經學思想史的 硏究」, 『철학』 제8집, 한국철학회.
015 裵宗鎬, 1975, 「朴世堂의 格物致知說」, 『李乙浩停年紀念論叢-실학논총』, 전남대.
016 尹絲淳, 1975, 「實學的 經學觀의 特色」, 『李乙浩停年紀念論叢-실학논총』, 전남대.
017 李篪衡, 1976, 「洪湛軒의 經學觀과 그의 詩學」, 『한국한문학연구』 제1집, 한국한문학연구회.
018 김은숙, 1977, 「茶山 經學思想에 나타난 敎育的 人間像」, 이화여대.
019 李乙浩, 1977, 「東武四象說의 經學的 基調」, 『한국학보』 제6집.
020 徐坰遙, 1978, 「阮堂의 經學觀」, 『한국학』 제18집, 중앙대.
021 성태용, 1978, 「茶山 經學에 있어서 人間 道德性의 問題」, 서울대.
022 宋錫準, 1978, 「韓國 陽明學派의 經學思想에 關한 硏究」, 성균관대.
023 李熙鳳, 1978, 「茶山의 經學과 政法三篇」, 『다산학보』 제1집.
024 金吉煥, 1979, 「茶山의 中庸觀과 心學」, 『다산학보』 제2집.
025 金興圭, 1979, 「茶山의 詩意識과 詩經論」, 『민족문화연구』 제14집, 고려대.
026 柳正東, 1979, 「晩悔 權得己의 生涯와 哲學思想-潛冶와의 格致論爭을 중심으로」, 『백제연구』 10집.
027 柳七魯, 1979, 「茶山 丁若鏞의 大學에 관한 理解」, 『다산학보』 제2집.
028 李雲九, 1979, 「李彦迪의 生涯와 思想-經學에 나타난 政治意識」, 『耘耕千玉煥華甲紀念論文集』.

■ 1980년대

029 金丁鎭, 1980, 「道德政治의 哲學的意義와 中庸九經衍義考察 – 晦齋의 道學思想을 중심으로」, 『한국의철학』 제9집, 경북대.
030 金興圭, 1980, 「西溪 朴世堂의 詩經論」, 『한국학보』 제20집, 일지사.
031 羅 聖, 1980, 「茶山의 哲學思想 – 經學을 中心으로」, 『철학논구』 제8집, 서울대.
032 安晉吾, 1980, 「茶山學과 朱子學의 相異考(1) – 大學經說을 중심으로」, 『다산학보』 제3집.
033 劉明鍾, 1980, 「丁茶山의 孝悌慈贅說」, 『다산학보』 제3집.
034 權正顔, 1981, 「權陽村의 『禮記淺見錄』 硏究」, 『동양철학연구』 제2집, 동양철학연구회.
035 金興圭, 1981, 「正祖時代의 詩經講義」, 『한국학보』 제23집.
036 ______, 1981, 「星湖 李瀷의 詩經論」, 『현상과 인식』 5-1, 한국인문사회과학원.
037 安在淳, 1981, 「李星湖의 ‘大學疾書’에 대한 考察」, 『동양철학연구』 제2집, 동양철학연구회.
038 李乙浩, 1981, 「改新儒學과 茶山經學」, 『한국학』 제24집, 중앙대.
039 金興圭, 1982, 『朝鮮後期의 詩經論과 詩意識』, 고려대 민족문화연구소.
040 徐坰遙, 1982, 「成海應의 經學思想에 대한 考察」, 『대동문화연구』 제15집, 성균관대 대동문화연구원.
041 沈隅俊, 1982, 「順庵의 四書三經에 대한 釋疑」, 『인문학연구』 제10집, 중앙대.
042 李佑成, 1982, 「鹿菴 權哲身의 思想과 그 經典批判 – 近畿學派에 있어서의 退溪學派의 繼承과 展開」, 『퇴계학보』 제29집, 퇴계학연구원.
043 李愛熙, 1982, 「南塘 韓元震 철학에서 明德의 문제」, 『철학연구』 제7집, 고려대.
044 鄭炳連, 1982, 「茶山의 中庸理解와 愼獨君子論」, 『동양철학연구』 제

3집.

045 金承炫, 1983, 「五經淺見錄을 통해 본 陽村의 經學思想」, 『동양철학연구』 제4집, 동양철학연구회.

046 宋甲準, 1983, 「성호 이익의 경학관에 관한 연구」, 고려대.

047 郭信煥, 1984, 「周易淺見錄과 陽村 權近의 易學」, 『정신문화연구』 제21호.

048 宋甲準, 1984, 「다산 경학의 탈성리학적 구조」, 『철학논집』, 경남대.

049 安晉吾, 1984, 「茶山學과 朱子學의 相異考(2) – 中庸經義를 중심으로」, 『다산학보』 제6집.

050 鄭炳連, 1984, 「孟子要義의 實學的 解釋方法論」, 『다산학보』 제6집.

051 金彦鍾, 1985, 「丁茶山 《論語古今注》研究」, 『중국문학연구』 제3집, 성균관대 중국문학연구회.

052 金泰泳, 1985, 「茶山의 經學과 誠思想」, 『호서문화연구』 제5집, 충북대.

053 宋錫準, 1985, 「浦渚 趙翼 經學思想의 哲學的 基礎」, 『동양철학연구』 제6집, 동양철학연구회.

054 安秉杰, 1985, 「大學古本을 통해 본 白湖의 經學思想 硏究」, 『민족문화』 제11집, 민족문화추진회.

055 吳鍾逸, 1985. 「茶山의 大學·中庸觀」, 『다산학보』 제7집.

056 李篪衡, 1985, 「『中庸』 주석을 통해 본 茶山의 經學思想」, 『대동문화연구』, 성균관대 대동문화연구원.

057 崔大羽, 1985, 「丁茶山의 大學經說考」, 『다산학보』 제7집.

058 李光虎, 1986, 「星湖 李瀷의 思想–孟子疾書를 중심으로」, 『태동고전연구』 제2집.

059 李裕鎭, 1986, 「尙書古訓에 나타난 丁若鏞이 歷史觀」, 『철학사상』 제8집, 동국대.

060 鄭炳連, 1986, 「茶山의 格物致知論」, 『다산학보』 제8집.

061 ______, 1986, 「『大學公義』의 考訂的 正義」, 『유교사상연구』 제1집,

유교학회.
062 金鎭晚, 1987, 「茶山의 公職者 倫理觀-經學의 側面을 中心으로」, 한국외대.
063 金恒洙, 1987, 「16世紀 經書諺解의 思想史的 考察」, 『규장각』 제10집, 서울대학교.
064 朴茂瑛, 1987, 「白湖 尹鑴의 詩經論 硏究」, 『한국한문학연구』 제9·10합집, 한국한문학연구회.
065 朴天圭, 1987, 「朴西溪의 「大學」新釋」, 『東洋學』 제17집, 단국대 동양학연구소.
066 安秉杰, 1987, 「白湖 尹鑴의 實踐的 中庸觀(1)」, 『안동대논문집』 제9집, 안동대.
067 ______, 1987, 「退溪學派의 四書註說考」, 『안동문화』 제8집, 안동대.
068 任侑炅, 1987, 「徐命膺의 文學觀 및 詩經論」, 『한국한문학연구』 제9·10합집, 한국한문학연구회.
069 趙誠乙, 1987, 「丁若鏞 尙書硏究 文獻의 檢討」, 『동방학지』 제54·55·56합집, 연세대.
070 崔鳳永, 1987, 「星湖學派의 朱子 大學章句 批判論」, 『동양학』 제17집, 단국대.
071 孫貞姬, 1988, 「陽村 權近 硏究 - 禮記集說과 禮記淺見錄의 比較」, 『부산한문학연구』 제3집, 부산한문학회.
072 宋甲準, 1988, 「성호 이익의 경학사상(1)-그의 학용관」, 『철학논집』 제4집, 경남대.
073 宋錫準, 1988, 「浦渚 趙翼의 經學思想 - 『大學困得』의 格物誠意章을 중심으로」, 『공주사대논문집』 제26집, 공주대.
074 沈慶昊, 1988, 「茶山의 國風論」, 『한국학보』 제53집, 일지사.
075 安秉杰, 1988, 「경학사를 통해 본 『中庸』 해석의 검토」, 『동양철학연구』 제8집.
076 安晉吾, 1988, 「茶山 經學의 註釋上의 特徵」, 『범한철학』 제3집.

077 원용문, 1988, 「윤선도의 문학과 경학」, 『청람어문학』, 교원대.
078 鄭璟喜, 1988, 「삼국시대 사회와 유교경전의 연구」, 『동방학지』 제60호.
079 鄭炳連, 1988, 「茶山 '中庸'註의 經學的 硏究」, 성균관대.
080 ______, 1988, 「茶山의 『孟子要義』 平議(1)」, 『유교사상연구』 제3집, 유교학회.
081 崔錫起, 1988, 「星湖의 『詩經』 註釋에 관한 一考察」, 『수선논집』 제13집, 성균관대.
082 權文奉, 1989. 「星湖의 經學思想 硏究(1)」, 『원광대논문집』 제23-1호, 원광대.
083 ______, 1989, 「星湖의 經學思想 硏究(2) - 事物認識論과 格致論을 중심으로」, 『원광대논문집』 제23집, 원광대.
084 金王淵, 1989, 「茶山 易學硏究(1)」, 『철학논집』 제1집, 한양대.
085 ______, 1989, 「茶山 易學硏究(2)」, 『철학논집』 제2집, 한양대.
086 宋甲準, 1989, 「성호 이익의 경학사상(2) - 그의 語孟觀」, 『철학논집』 제5집, 경남대.
087 沈慶昊, 1989, 「李朝の漢文學と詩經學」, 日本 京都大學.
088 安秉杰, 1989, 「東巖 柳長源의 경학사상」, 『퇴계학』, 안동대.
089 吳錫源, 1989, 「沙溪 金長生의 經學思想 - 經書辨疑를 중심으로」, 『동양철학연구』 제10집.
090 李範鎭, 1989, 「고려시기의 經學」, 『국사관논총』 제5집, 국사편찬위원회.
091 鄭亨愚, 1989, 「五經·四書大全의 輸入 및 그 刊板廣布」, 『동방학지』 제63집, 연세대.
092 趙誠乙, 1989, 「丁若鏞의 尙書古今文硏究」, 『동방학지』 제61집, 연세대.
093 李乙浩 외, 1989, 『丁茶山의 經學』, 민음사, 1989.
094 韓亨祚, 1989, 「丁若鏞의 華夷觀-經學硏究의 例示的 模型」, 『정신문

화연구』 통권36호.

■ 1990년대

095 權泰乙, 1990, 「息山 李萬敷의 易大象便覽考 – 王道政治具現을 위한 忠諫을 중심으로」, 『淡水』 19호.

096 金勝東, 1990, 「毛奇齡과 丁若鏞의 易卦解釋에 관한 比較硏究」, 『인문논총』 제36집, 부산대.

097 金益洙, 1990, 「退溪의 易學觀(1)」, 『퇴계학연구』 제3집, 단국대.

098 김진자, 1990, 「丁茶山의 經學에 나타난 道德敎育思想 硏究」, 한국교원대.

099 김호덕, 1990, 「조선후기 사상사에 있어서 茶山經學의 의미」, 『한국종교연구회 회보』 제10호.

100 宋錫準, 1990, 「浦渚 趙翼의 經學思想 – 「大學困得」 格致誠意章을 중심으로」, 『인문논총』 제8집, 호서대.

101 沈慶昊, 1990, 「茶山 尙書論 硏究의 方向」, 『정신문화연구』 제40호, 정신문화연구원.

102 安秉杰, 1990, 「18세기 嶺南士人의 四書理解 – 裵相說의 四書纂要를 중심으로」, 『대동문화연구』 제25집, 성균관대.

103 李東歡, 1990, 「茶山思想에서의 '上帝'도입경로에 대한 序說的 고찰」, 『碧史李佑成定年紀念論文集』.

104 李篪衡, 1990, 「茶山 經學의 考證學的태도–「梅氏書評」을 중심으로」, 『碧史李佑成定年紀念論文集』.

105 張勝求, 1990, 「茶山 丁若鏞의 易學思想과 그 實學的 意味」, 『다산의 사상과 그 현대적 의미』, 정신문화연구원.

106 張閏洙, 1990, 「朴西溪의 思辨錄 考察 – 大學과 中庸」, 『철학논총』 제6집, 영남철학회.

107 鄭炳連, 1990, 「茶山의 『論語』解釋 性向」, 『동양철학』 제1집, 한국동양철학회.

108 _____, 1990, 「茶山의 『孟子要義』 平議(2)」, 『次山安晋吾博士回甲紀念論叢-동양학논총』.

109 崔大羽, 1990, 「『中庸』·『大學』 註釋에 나타난 茶山經學思想의 特徵」, 『次山安晋吾博士回甲紀念論叢-동양학논총』.

110 皮正姬, 1990, 「尹鑴와 丁若鏞의 『大學章句』 해석에 대한 비교 연구」, 『성신한문학』 2집, 성신여대.

111 金文植, 1991, 「尙書講義를 중심으로 본 正祖의 經學思想」, 『한국사연구』 제75집.

112 安秉杰, 1991, 「白湖 尹鑴의 實踐的 中庸觀(2)」, 『퇴계학』 제3집, 안동대.

113 _____, 1991, 「17세기 조선조유학의 경전해석에 관한 연구-中庸 解釋을 둘러싼...」, 성균관대 박사학위 논문.

114 安晉吾, 1991, 「實學的 經學으로서의 茶山 經學의 性格」, 金知見博士華甲紀念師友錄 -『東과西의 思惟世界』, 민족사.

115 李篪衡, 1991, 「晦齋 李彦迪의 經學思想」, 『李晦齋의 思想과 그 世界』, 성균관대 대동문화연구원.

116 李泰鎭, 1991, 「正祖의 大學探究와 晦齋 『續大學或問』에 대한 평가」, 『제20회동양학학술회의논문집』, 성균관대 대동문화연구원.

117 李海英, 1991, 「丁若鏞의 中庸解釋에 관한 硏究(1)」, 『퇴계학』 제3집, 안동대.

118 _____, 1991, 「星湖 李瀷의 中庸理解에 관한 연구」, 『안동대논문집』 제13집, 안동대.

119 李曦載, 1991, 「尹白湖의 格物致知說」, 『釋山韓鍾萬華甲紀念-韓國思想史』, 원광대.

120 張世浩, 1991, 「金長生의 格物致知論」, 『철학논총』 제7집, 영남철학회.

121 崔大羽, 1991, 「丁茶山이 中庸思想과 天命」, 『釋山韓鍾萬華甲紀念-韓國思想史』, 원광대.

122 崔錫起, 1991, 「星湖의 豳詩說」, 『韓國漢文學硏究』 제14집, 한국한문

학연구회.
123 ______, 1991, 「李瀷の詩經學概述」, 『詩經研究』 제15호, 日本 詩經學會.
124 韓亨祚, 1991, 「丁若鏞의 經學」, 『莊峯金知見博士華甲紀念 - 東과 西의 思惟世界』, 민족사.
125 小川晴久, 1991, 「茶山의 經學解釋의 態度」, 『다산학보』 제12집.
126 權文奉, 1992, 「星湖의 經學思想 研究(三)-中庸疾書를 중심으로」, 『원광대논문집』 제26-1호.
127 권순철, 1992, 「丁若鏞の經學思想研究」, 日本 東京大學.
128 金洛眞, 1992, 「霞谷 中庸說에 대한 理解」, 『中天金忠烈華甲紀念論文集-自然과 人間 그리고 社會』.
129 김병민, 1992, 「북학파와 경학파의 실학사상 비교연구」, 『다산학보』.
130 金相來, 1992, 「茶山의 四書觀과 大學解釋의 特徵」, 『한국학대학원논문집』 제7집, 정신문화연구원.
131 김형연, 1992, 「存齋 魏伯珪의 經學思想 研究」, 전남대.
132 安秉杰, 1992, 「『中庸章句』의 체계와 조선조 유학」, 『中天金忠烈先生華甲紀念論文集-自然과 人間 그리고 社會』.
133 李泰鎭, 1992, 「正祖의 『大學』 탐구와 새로운 君主論」, 『李晦齋의 思想과 그 世界』, 성균관대 대동문화연구원.
134 李鏞宰, 1992, 「眞一齋(柳崇祖)의 思想과 學問」, 『사회과학연구』 제4집, 순천대.
135 李裕鎭, 1992, 「丁若鏞 全著作에서 발견되는 周禮적 요소와 관련된 몇 가지 문제제기」, 『철학사상』 제13집, 동국대.
136 李海英, 1992, 「丁若鏞의 中庸解釋에 관한 研究(2)」, 『퇴계학』 제4집, 안동대.
137 장복동, 1992, 「다산 『논어고금주』의 경학적 분석」, 전남대.
138 張世浩, 1992, 「金長生의 四端說」, 『中天金忠烈先生華甲紀念論文集-自然과 人間 그리고 社會』.

139 鄭炳連, 1992, 「茶山의 『孟子要義』 平議(3)」, 『유교사상연구』 제4·5합집, 유교학회.
140 黃義東, 1992, 「栗谷의 格物致知論」, 『정신문화연구』 제46호, 정신문화연구원.
141 權五榮, 1993, 「兪莘煥의 經學觀과 性理學思想」, 『청계사학』 제10집, 정신문화연구원.
142 權正顔, 1993, 「壺山 朴文鎬의 經學思想」, 『韓國思想家의 새로운 發見』, 정신문화연구원.
143 金文植, 1993, 「洪奭周의 經學思想 硏究」, 『규장각』 제16집, 서울대.
144 _____, 1993, 「成海應의 經學觀과 對中國 認識」, 『한국학보』 제70집, 일지사.
145 金暎鎬, 1993, 「醇庵 吳載純 經學硏究(1)」, 『동양철학연구』 제14집, 동양철학연구회.
146 南明鎭, 1993, 「瓶窩 李衡祥의 經學思想」, 『韓國思想家의 새로운 發見』, 정신문화연구원.
147 裵柄三, 1993, 「다산 정약용의 정치사상에 관한연구-그의 경학해석을 중심으로」, 경희대.
148 安秉杰, 1993, 「朴世堂의 獨自的 經典解釋과 그의 現實認識」, 『대동문화연구』 제28집, 성균관대 대동문화연구원.
149 _____, 1993, 「西溪 朴世堂의 中庸解釋과 朱子學批判」, 『태동고전연구』 제10집, 한림대 태동고전연구소.
150 _____, 1993, 「『中庸』 解釋과 17세기 朝鮮朝 儒學에 관한 硏究」, 『유교사상연구』 제6집, 유교학회.
151 李勝洙, 1993, 「西溪 『思辨錄』 저술태도와 是非論議」, 『한국한문학연구』 제16집, 한국한문학회.
152 李源明, 1993, 「茶山의 周易觀」, 『태동고전연구』 제10집, 태동고전연구소.
153 李裕鎭, 1993, 「高麗史 禮志에 보이는 周禮受容 樣態」, 『철학사상』

제14집, 동국대.
154 李忠九, 1993, 「周易諺解의 過程과 特徵」, 『동양철학연구』 제14집, 동양철학연구회.
155 李曦載, 1993, 「朴西溪의 格物致知說」, 『범한철학』 제8집, 범한철학회.
156 林熒澤, 1993, 「晩悔 經學의 硏究」, 『道山學報』 제2집, 도산학회.
157 丁允卿, 1993, 「정약용의 天觀과 物觀에 관한 연구 – 그의 경학에 보이는 서학 수용...」, 서울대 석사학위 논문.
158 鄭豪薰, 1993, 「尹鑴의 經學思想과 政治社會 改革論」, 연세대.
159 崔錫起, 1993, 「星湖 李瀷의 詩經學」, 성균관대 박사학위 논문.
160 崔英成, 1993, 「『周易淺見錄』을 통해 본 權近의 經學思想」, 『한국철학논집』 3집, 한국철학사연구회.
161 許宗恩, 1993, 「陽村 權近의 禮論에 관한 硏究」, 『한국철학논집』 제3집, 한국철학사연구회.
162 黃義東, 1993, 「栗谷 格物致知論의 體系」, 『유교사상연구』 제6집, 유교학회.
163 彭 林, 1993, 「丁茶山과 『周禮』」, 『大東文化硏究』 제28집, 성균관대 대동문화연구원.
164 Mark C. K. Setton, 1993, 「丁若鏞의 經學思想 – 託古改制의 구현」, 『정신문화연구』 50호, 정신문화연구원.
165 강정훈, 1994, 「茶山 經學의 倫理的 性格」, 동국대.
166 權文奉, 1994, 「星湖 李瀷의 經學과 四書疾書」, 성균관대 박사학위 논문.
167 金相丸, 1994, 「陽村 權近의 詩經論」, 『한문학연구』 제9집, 계명한문학회.
168 金暎鎬, 1994, 「韓國經學史에 있어서 茶山論語說의 意義」, 『동양철학』 제5집, 한국동양철학회.
169 ______, 1994, 「丁茶山의 論語說 小考」, 『다산학보』 제15집.

170 金允朝, 1994, 「薑山 李書九의 學問傾向과 經學觀」, 『한국한문학연구』 제17집, 한국한문학회.

171 金麟哲, 1994, 「茶山 易學 硏究 序說」, 『泰東古典硏究』, 제13집.

172 김종렬, 1994, 「다산의 경학사상에 나타난 이상적 인간상 – 중용주석을 중심으로」, 인하대.

173 盧鏞弼, 1994, 「新羅時代 孝經의 受容과 그 社會的 意義」, 『李基白古稀紀念 – 韓國史學論叢』 상권, 일조각.

174 劉明鍾, 1994, 「石泉 申綽의 陽明學과 古文經學」, 『현대와 종교』 제17집.

175 李篪衡, 1994, 「茶山의 『論語古今注』에 대한 硏究」, 『대동문화연구』 제29집, 성균관대 대동문화연구원.

176 張東宇, 1994, 「茶山과 淸代考證學者와의 관련에 관한 考察 – 論語古今注를 중심으로」, 『연세철학』 제6집.

177 鄭炳連, 1994, 『茶山 四書學 硏究』, 경인문화사.

178 ______, 1994, 「畿湖學의 經學的 特性」, 『유학연구』 제2집, 충남대.

179 趙誠乙, 1994, 「丁若鏞의 經學과 學問體系」, 『인문논총』 제5집, 아주대 인문과학연구소.

180 陳在教, 1994, 「舫山 尹珽琦의 詩經論에 대한 豫備的 檢討」, 『서지학보』 제14집, 서지학회.

181 ______, 1994, 「舫山 尹珽琦의 國風論」, 『한국한문학연구』 제17집, 한국한문학회.

182 崔錫起, 1994, 『星湖 李瀷의 學問精神과 詩經學』, 중문출판사.

183 金京一, 1995, 「俛宇 郭鍾錫의 易學思想」, 『韓國思想家의 새로운 發見(3)』, 정신문화연구원.

184 金教斌, 1995, 「大學說을 통해 본 霞谷 鄭齊斗의 經學思想」, 『제5회 동양학 국제학술회의논문집』, 성균관대 대동문화연구원.

185 金暎鎬, 1995, 「朝鮮時代의 『論語』 연구」, 『한중철학』 제1집, 한중철학회.

186 _____, 1995, 「茶山『論語古今注』의 解釋體系考」, 『동양고전연구』 제4집, 동양고전학회.
187 金文植, 1995, 「朝鮮後期 京畿學人의 漢宋折衷論」, 『제5회 동양학국제학술회의논문집』, 성균관대 대동문화연구원.
188 _____, 1995, 「丁若鏞의 經學思想과 經世論」(下), 『한국학보』 제79집.
199 _____, 1995, 「19세기 전반 京畿學人의 經學思想과 經世論 – 成海應·洪奭周·丁若鏞을 중심으로」, 서울대.
190 _____, 1995, 「丁若鏞의 經學思想과 經世論」(上), 『한국학보』 제78집.
191 朴小東, 1995, 「退溪 「四書釋義」의 經學的 特性에 관한 研究」, 성균관대.
192 閔晃基, 1995, 「茶山 經學에 있어서의 性命觀」, 『유학연구』 제3집, 충남대 유학연구소.
193 徐垌遙, 1995, 「韓國經學의 圖說的 辨說」, 『제5회 동양학국제학술회의논문집』, 성균관대 대동문화연구원.
194 安秉杰, 1995, 「白湖 尹鑴의 經學과 社會政治觀」, 『제5회 동양학국제학술회의 논문집』, 성균관대 대동문화연구원.
195 李篪衡, 1995, 「『大學』 註釋을 통해 본 丁茶山의 經學」, 『제5회 동양학국제학술회의논문집』, 성균관대 대동문화연구원.
196 鄭豪薰, 1995, 「尹鑴의 經學思想과 國家權力强化論」, 『한국사연구』 제89집, 한국사연구회.
197 曺玟煥, 1995, 「許穆의 經學思想」, 『韓中哲學』 창간호, 한중철학회.
198 池教憲, 1995, 「俛宇 郭鍾錫의 經學研究方法과 『茶田經義問答』」, 『韓國思想家의 새로운發見(3)』, 정신문화연구원.
199 張炳漢, 1995, 「沈大允 經學에 대한 研究 – 19世紀 現實指向的 經學觀의 一斷面」, 성균관대.
200 전재강, 1995, 「안향의 경학사상과 시문학」, 『어문논총』, 경북대.
201 崔錫起, 1995, 「陽村 權近의 詩經解說-國風에 관한 諸說」, 『한문학연구』 10집, 계명한문학회.

202 ______, 1995,「星湖 李瀷의 窮經姿勢」,『제5회 동양학국제학술회의 논문집』, 성균관대 대동문화연구원.

203 최원진, 1995,「權近의 義理學的 易哲學 硏究」,『동서철학연구』 제12호, 한국동서철학연구회.

204 權文奉, 1996,「星湖의 考證的 經書解釋方法 一考察」,『韓國의 經學과 漢文學』, 태학사.

205 ______, 1996,「星湖의 考證的 經學觀」,『漢文教育硏究』 제10호, 한문교육연구회.

206 金文植, 1996,『朝鮮後期 經學思想硏究』, 일조각.

207 金彦鍾, 1996,「『經說』을 통해 본 眉叟 古學의 性格」,『道山學報』 제5집, 도산학술연구원.

208 ______, 1996,「丁茶山의『論語集註』비판(2)」,『大東文化硏究』 제31집, 성균관대 대동문화연구원.

209 金暎鎬, 1996,「醇庵 吳載純 經學硏究(2)」,『유교사상연구』 제8집, 유교학회.

210 ______, 1996,「丁茶山 性說의 經學的 考察」,『大東文化硏究』 제31집, 성균관대 대동문화연구원.

211 ______, 1996,「丁茶山의 仁說 小考」,『道和柳茂相華甲紀念論文集－儒教思想과 東西交涉』.

212 宋錫準, 1996,「白湖 尹鑴의 경학사상에 나타난 양명학적 견해 – 대학해석을 중심」,『인문사회과학 연구』, 공주대.

213 沈慶昊, 1996,「조선후기 經學과 文獻學的 연구방법」,『한국한문학연구』 학회창립 20주년 기념호, 한국한문학회.

214 李光虎, 1996,「李退溪 哲學思想이 丁茶山의 經學思想 形成에 미친 影響에 관한 考察」,『퇴계학보』 제90집.

215 李東歡, 1996,「茶山思想에 있어서의 '上帝' 문제」,『민족문화』 제19집, 민족문화추진회.

216 李鍾虎, 1996,「三淵 金昌翕이 詩經解釋에 나타난 文藝志向」,『대동

문화연구』 제31집, 성균관대.

217 李篪衡, 1996, 「茶山의 경전주석에 대하여 – 주자집주와의 비교를 중심으로」, 『민족문화』 제19집, 민족문화추진회.

218 ______, 1996, 『茶山經學硏究』, 태학사.

219 李海英, 1996, 「洪大容의 『中庸章句』 批判」, 『大東文化硏究』 제31집, 성균관대.

220 林在完, 1996, 「杜林本 漆書古文尙書에 대하여 – 茶山의 解釋을 중심으로」, 『韓國의 經學과 漢文學』, 태학사.

221 林熒澤, 1996, 「19세기 西學에 대한 經學의 대응 – 정약용과 심대윤의 경우」, 『창작과비평』.

222 張炳漢, 1996, 「19세기 主氣的 경학관의 일단면 – 심대윤 기철학의 경학적 성격」, 『淵民學志』.

223 ______, 1996, 「19世紀 實學的經學觀에 관한 一考察 – 沈大允의 '人間·實踐' 指向의 관점에서」, 『韓國의 經學과 漢文學』.

224 鄭一均, 1996, 「茶山 丁若鏞의 人間論 – 『論語古今註』를 중심으로」, 『韓國의 經學과漢文學』, 태학사.

225 ______, 1996, 「茶山 丁若鏞의 『大學』論」, 『한국학보』 제85집.

226 정해왕, 1996, 「朱子卦演繹의 두 體系와 茶山의 見解」, 『哲學世界』 창간호, 부산대.

227 崔錫起, 1996, 「星湖 經學의 基底 – 懷疑精神과 本旨探究」, 『한국한문학연구』, 한국한문학회창립20주년 기념호.

228 ______, 1996, 「朝鮮 前期의 經書 解釋과 退溪의 『詩釋義』」, 『퇴계학보』 92집, 퇴계학연구원.

229 ______, 1996, 「陽村 權近의 國風次序論」, 『韓國의 經學과 漢文學』, 태학사.

230 賈順先, 1996, 「李退溪의 儒家 經學에 대한 繼承과 發展」, 『퇴계학보』 제90집, 퇴계학연구원.

231 徐遠和, 1996, 「南冥과 大學」, 『남명학연구논총』 제4집, 남명학연구원.

232 金永友, 1997, 「丁若鏞의 『易』 해석론 – 物象이론을 중심으로」, 『철학연구』 제47집.

233 白英彬, 1997, 「丁若鏞의 周易解釋方法의 特徵」, 『민족문화』 제20집, 민족문화추진회.

234 安秉杰, 1997, 「明齋 尹拯의 경학사상」, 『유학연구』, 충남대.

235 이중효, 1997, 「충렬왕대 경학교육의 강화와 七齋」, 『전남사학』, 전남대.

236 趙壯衍, 1997, 「權近의 易學思想 硏究」, 『유교사상연구』 제9집, 한국유교학회.

237 崔錫起, 1997, 「退溪의 『詩釋義』에 대하여 – 釋義內容을 중심으로」, 『退溪學報』 95집, 퇴계학연구원.

238 權正顔, 1998, 「艮齋의 經學思想 – 『中庸記疑』를 중심으로」, 『艮齋思想硏究論叢』 제2집, 간재사상연구회.

239 琴章泰, 1998, 「霞谷 鄭齊斗의 心學과 經學」, 『종교학연구』 제17집, 서울대.

240 金永友, 1998, 「茶山 丁若鏞의 易學思想과 易理四法」, 『동서문화』, 서울대.

241 金暎鎬, 1998, 「『論語古今註』에 나타난 丁茶山 經說의 特性」, 『동양고전연구』 11집, 동양고전학회.

242 沈慶昊, 1998, 「정조의 경학류 서적 御定·御命撰과 경학사상」, 『서지학보』.

243 呂紹綱, 1998, 「退溪易學初論」, 『韓國의 哲學』 제26호, 경북대.

244 유경숙, 1998, 「權近의 經學思想에 대한 硏究」, 조선대.

245 윤종빈, 1998, 「芸菴 韓錫地 經學의 反朱子學的 性格(2) – 『中庸』 首章三句를 중심으로」, 『대동철학』 제2집, 대동철학회.

246 李篪衡 외, 1998, 『朝鮮後期 經學의 展開와 그 性格』, 성균관대 대동문화연구원.

247 張東宇, 1998, 「茶山의 人性論–『孟子』 四端章 해석과 李載毅와의 논

쟁을 중심으로」, 『태동고전연구』 제15집, 태동고전연구소.
248 鄭一均, 1998, 「茶山 丁若鏞의 『中庸』論」, 『泰東古典硏究』 제15집.
249 崔大羽, 1998, 「孟子要義에 나타난 茶山 人性論의 特徵」, 『다산학보』 제16집, 다산학회.
250 崔錫起, 1998, 『韓國經學家事典』, 성균관대 대동문화연구원.
251 _____, 1998, 「朝鮮 中期 詩經學」, 『韓國漢詩硏究』 제6집, 한국한시학회, 태학사.
252 _____, 1998, 「白湖 尹鑴의 詩經學」, 『漢文學硏究』 제13집, 계명한문학회.
253 _____, 1998, 「星湖 李瀷의 窮經觀」, 『朝鮮後期 經學의 展開와 그 性格』, 성균관대 대동문화연구원.
254 _____, 1998, 「晦齋의 『大學章句』 改訂과 後代의 論辨」, 『정신문화연구』 통권 71호, 정신문화연구원.
255 琴章泰, 1999, 『다산 경학의 탈주학적 세계관』, 다산학술문화재단.
256 _____, 1999, 「'大學圖'와 退溪의 『大學』 體系認識」, 『東亞硏究』 제37집, 서울대.
257 _____, 1999, 「백호 윤휴의 성리설과 경학」, 『인문논총』, 서울대.
258 金暎鎬, 1999, 「星湖 李瀷의 經學思想 – 論語를 중심으로」, 『한국철학논집』 제7·8집, 한국철학사연구회.
259 金麟哲, 1999, 「茶山 易理論 綱要(1) – '易理四法'에 대한 詳說」, 『태동고전연구』, 제15집.
260 沈慶昊, 1999, 「조선후기 경학연구법 분화와 모기령 비판」, 『동양학』, 단국대.
261 _____, 1999, 『조선시대 漢文學과 詩經論』, 일지사.
262 李昤昊, 1999, 「17세 조선 학자들의 『大學』解釋에 관한 연구」, 박사학위 논문, 성균관대.
263 李天承, 1999, 「南塘 韓元震의 『中庸』 註釋에 관한 연구」, 『한국사상사학』 제13집, 한국사상사학회.

264 鄭景柱, 1999, 「宗堯錄에 나타난 性齋 許傳의 경학 관점」, 『경성대 문화전통논집』, 경성대.
265 鄭羽洛, 1999, 「金宇顒의 經典理解方法과 「聖學六箴」의 意味構造」, 『동방한문학』 제16집.
266 鄭一均, 1999, 「茶山 丁若鏞의 學問論」, 『교육사학연구』 제9집, 서울대 교육사학회.
267 千仁錫, 1999, 「三國時代의 易學思想」, 『유교사상연구』 제11집, 한국유교학회.
268 崔錫起, 1999, 「白湖 尹鑴의 經學觀」, 『南冥學硏究』 제8집, 경상대학교 남명학연구소.
269 ______, 1999, 「遁翁 韓汝愈의 學問性向과 詩經學」, 『한문학보』 제1집, 우리한문학회.
270 崔英辰, 1999, 「16世紀 性理學者들의 經典解釋」, 『대동문화연구』 제35집, 성균관대.

■ 2000년대

271 金文植, 2000, 『정조의 경학과 주자학』, 문헌과해석사.
272 ______, 2000, 「正祖代 經學文獻의 특징」, 『한국학보』.
273 김영일, 2000, 「茶山의 上帝思想 硏究」, 건국대.
274 서병종, 2000, 「다산 경학이 한국행정철학 형성에 미친 영향」, 『학술논문집』 50호, 건국대.
275 梁承武, 2000, 「退溪의 經學思想과 21世紀」, 『퇴계학보』 제107·8집, 퇴계학연구원.
276 呂紹綱, 2000, 「退溪 易學을 또 論함」, 『퇴계학보』 제107·8집, 퇴계학연구원.
277 李東歡, 2000, 「經學 연구와 百家衣 제작」, 『창작과비평』, 창작과비평사.
278 이봉규, 2000, 「順菴 安鼎福의 儒敎觀과 經學思想」, 『한국실학연구』

제2호.

279 이상두, 2000, 「다산 경학의 근대적지향성에 대한 고찰」, 『동북아연구』, 경남대.

280 李昤昊, 2000, 「南溪 朴世采의 『大學』 解釋을 통해 본 17세기 朱子學的 經學의 一面」, 『大東漢文學』 제12집. 대동한문학회.

281 ＿＿＿, 2000, 「讀書記-大學」을 통해 본 白湖 尹鑴의 경학사상」, 『한국한문학연구』, 한국한문학연구회.

282 ＿＿＿, 2000, 「經書辨疑-大學을 통해 본 沙溪 金長生의 경학사상」, 『인문과학』, 성균관대.

283 李天承, 2000, 「星湖 李瀷의 『中庸疾書』에 관한 연구-'道中庸'을 중심으로」, 『儒敎思想硏究』 13집, 한국유교학회.

284 張炳漢, 2000, 「정약용의 경학관에 나타난 한송학의 연변의식」, 『한문교육연구』 제15집, 한문교육연구회.

285 ＿＿＿, 2000, 「정약용의 경학관과 경세학의 기저」, 『한국한문학연구』 제25집, 한국한문학연구회.

286 ＿＿＿, 2000, 「19世紀 脫性理學的 經學觀의 一斷面-沈大允의 心性理氣論을 중심으로」, 『韓國思想과 文化』 제9집.

287 장정욱, 2000, 「易象의 적용방식과 설정원리에 대한 분석-다산 『주역사전』을 중심으로」, 『철학연구』 제75집.

288 鄭景柱, 2000, 『眉叟 經說 批解』, 세종출판사.

289 鄭一均, 2000, 『茶山 四書經學 硏究』, 일지사.

290 趙昌烈, 2000, 「고구려의 한문전래와 경학사상」, 『성신학문학』, 성신여대.

291 崔錫起, 2000, 「近畿 實學者들의 經世的 經學과 그 意味(1)」, 『대동문화연구』 제37집, 성균관대 대동문화연구원.

292 강경원, 2001, 「星湖 李瀷의 經學思想 硏究」, 성균관대 박사학위 논문.

293 金暎鎬, 2001, 「李退溪 『四書釋義』에 나타난 경학적 특징」, 『퇴계학보』, 퇴계학연구원.

294 _____, 2001, 「李退溪 경학사상 연구」, 『동양철학연구』.
295 우경섭, 2001, 「김장생의 경학사상」, 『한국학보』.
296 유권종, 2001, 「19세기 조선유학의 경학논쟁과 다산학의 새로운 인식」, 『오늘의 동양사상』.
297 李炳燦, 2001, 『韓中詩經學 硏究』, 보경문화사.
298 李昤昊, 2001, 「조선후기 주자학적 경학의 변모양상에 대한 일고찰」, 『한문교육연구』, 한문교육연구회.
299 張炳漢, 2001, 「정약용과 심대윤의 경학 비교」, 『한문학보』 제4집, 우리한문학회.
300 _____, 2001, 「정약용의 辨『古文尙書寃詞』에 대해서」, 『한국한문학연구』 제28집, 한국한문학회.
301 _____, 2001, 「丁若鏞의 『尙書正義』辨證에 대한 연구」, 『한국실학연구』 제3호.
302 전은석, 2001, 「白湖 尹鑴 經學의 性格」, 경북대.
303 陳在敎, 2001, 「심대윤의 사회적 처지와 학문자세」, 『한문교육연구』 제16집, 한국한문교육학회.
304 崔錫起, 2001, 「杜谷 高應陟의 『大學章句』 改訂과 그 意味」, 『한문학보』 제4집, 우리한문학회.
305 _____, 2001, 「貞山 李秉休의 學問性向과 詩經學」, 『南冥學硏究』 10집, 경상대학교 남명학연구소.
306 朴尙濟, 2002, 「다산 경학의 훈고학적 성격 연구」, 경상대 석사학위논문.
307 박창규, 2002, 「미수 허목의 경학사상에 관한 연구」, 공주대.
308 손정선, 2002, 「일득록을 중심으로 본 정조의 경학사상 일고찰」, 경성대.
309 全丙哲, 2002, 「南塘 韓元震의 『大學』 解釋 硏究」, 경상대 석사학위논문.
310 조융희, 2002, 「南公轍의 경학적 기반과 시경론」, 『태동고전연구』,

태동고전연구소.

311 崔錫起, 2002, 「艮湖 崔攸之의 『대학장구』 개정과 그 의미」, 『남명학연구』 제12집, 경상대 남명학연구소.

312 _____, 2002, 「星湖 李瀷의 『大學』 解釋과 그 意味」, 『한국실학연구』 제4호, 한국실학연구회.

313 _____, 2002, 「貞山 李秉休의 『大學』 解釋과 그 意味」, 『남명학연구』 14집, 경상대 남명학연구소.

314 金暎鎬, 2003, 『다산의 논어해석연구』, 심산.

315 金慶天, 1998, 「韓國에 있어서 經學硏究의 現況과 課題」, 『중국학보』, 제38집.

이 글은 『대동한문학』 제19집(대동한문학회, 2003)에 실린 「한국경학 연구의 회고와 전망」을 수정 보완한 것이다.

제3장

한국경학의 전개와 특징

Ⅰ. 머리말

경학은 유교경전을 해석하여 자기 시대의 정신문화를 창달하는 학문을 말한다. 유교경전은 약 2,500년 전 공자가 처음 육경을 만든 이후 동아시아 여러 나라에 널리 보급되어 끊임없이 재해석되면서 전승되었다.

한국의 경우 삼국시대부터 유교경전에 밝은 박사를 두어 학생들을 가르쳤으며, 사대부 문화가 융성했던 조선시대에는 경학이 학문의 중심으로 자리 잡아 중국에 못지않은 학술풍토를 조성하였다. 오늘날에는 경학이 서양학문에 밀려 학문의 정점에 있지 못하지만, 조선시대까지는 학문의 뿌리였고 줄기였다. 그것은 인간이 마땅히 걸어가야 할 길을 제시한 유교경전이 인륜의 강상(綱常)으로 자리하고 있었기 때문이다.

현대사회는 자본과 기술에 의한 경제력과 군사력이 지배하여 윤리와 도덕이 빛을 잃음으로써 경학도 책 속의 문자로 박제되어 버렸다. 그러나 사람이 사는 세상에는 언제든지 사람이 사람답게 사는 길을 제시해줄 수 있는 인문학을 필요로 한다. 그리고 인문학을 공부하는 학자는 고전 속에서 그 정신을 찾아 다시 세상에 인간의 도리를 천명할 책임이 있다. 그래서 성현의 말씀을 경전 속의 문자로 사장시켜두지 말고 현실세계로 끌어내 생명력을 불어넣어 생동하는 생물체로 재창조하는 작업을 부단히 해야 한다. 그것이 바로 우리 경학연구자들이 해야 할 일이다.

우리는 광복 이후 다난한 경험을 하면서 빈곤으로부터 해방되기 위해 경제발전에 주력하여 이제는 먹고 살만한 세상을 만들었다. 그러나 아직까지도 선거철이 되면 경제를 살리자는 구호가 제일성으로 등장한다. 언제까지 우리는 경제를 살리자는 구호나 외치면서 살 것인가.

백범 김구 선생이 「내가 원하는 우리나라」에서 경제대국, 군사강국이 아닌 문화강국이 되길 염원하면서 "오직 한없이 가지고 싶은 것은 높은 문화의 힘이다."라고 한 말씀을 우리는 다시 환기시켜야 한다. 그리하여 이제부터라도 경제에만 매달리지 말고 자본의 속박에서 벗어나 사람이 사람답게 사는 사회를 만드는 데로 시선을 돌려야 한다. 이것이 시대적 요구이며, 이런 시대적 요구에 부응할 수 있는 학문이 바로 인문학이고, 그 인문학의 꽃이 바로 경학이다.

조선시대 경학이 꽃을 피워 성리학·역학·심학·예학 등 찬란한 정신문화를 창조했듯이, 이제 다시 경전을 우리 시대의 정신으로 재해석하여 우리의 정신문화를 건설해야 한다. 오늘 우리가 경학을 연구하는 것은 이런 사명감을 갖고 선현들이 해석한 경전해석을 되돌아보면서 우리의 정신문화가 나아갈 방향을 다시 찾고자 해서이다.

이 글은 한국경학이 걸어온 길을 개괄적으로 정리하면서 그 특징을 중심으로 살펴보는 것을 목적으로 한다. 아울러 필자의 몇 가지 문제의식을 제시해 한국경학의 연구시각에 향방을 제시해 보기로 하겠다.

Ⅱ. 동아시아 경학의 흐름

동아시아 경학은 공자가 육경을 찬정(撰定)한 뒤로부터 성립되었다. 『장자』「천운(天運)」에 "공자가 노담에게 '나는 시·서·예·악·역·춘추를 다스린다.'라고 말하였다."[1]라고 한 것을 보면, 공자는 34세 때 이미 육경을 학문의 중심과제로 삼은 것을 알 수 있다.

또 『예기』「경해(經解)」에 다음과 같은 공자의 말이 있다.

> 그 나라에 들어가면 그 교화를 알 수 있다. 그 나라 사람의 사람됨이 온유돈후한 것은 시교(詩敎)이고, 사리에 통달하여 먼 앞날의 일을 아는 것은 서교(書敎)이고, 광박하고 평이하고 선량한 것은 악교(樂敎)이고, 개결하고 고요하고 정미한 것은 역교(易敎)이고, 공손하고 검소하고 장엄하고 공경한 것은 예교(禮敎)이고, 글을 지어 정사를 비유하는 것은 춘추교(春秋敎)이다.[2]

이를 보면 공자는 이미 육경의 교화를 교육의 중심과제로 삼고 있었음을 알 수 있다. 공자는 자신의 도를 현실세계에 펴지 못하자, 만년에 자신의 이상을 저술하여 육경을 만들었다. 즉 육경은 공자가 실현하지 못한 자신의 학문과 교육의 이상을 담아 미래의 세상을 열어놓은 책이라 할 수 있다.

이러한 공자의 가르침은 그의 문인들을 통해 전수되었다. 『한비자』「현학(顯學)」에 의하면, 공자 이후 유학은 자장씨(子張氏)·자사씨(子思

---

1 莊周, 『莊子』, 「天運」. "孔子謂老聃曰 丘治詩書禮樂易春秋"

2 『禮記』「經解」"孔子曰 入其國 其教可知也 其爲人也 溫柔敦厚 詩教也 疏通知遠 書教也 廣博易良 樂教也 潔靜精微 易教也 恭儉莊敬 禮教也 屬辭比事 春秋教也"

氏)·안씨(顔氏)·맹씨(孟氏)·칠조씨(漆雕氏)·중량씨(仲良氏)·공손씨(公孫氏)·악정씨(樂正氏) 등 8개 학파에 의해 전해졌다고 한다. 그러다 진시황의 분서갱유로 인해 유학이 침체 국면에 접어듦으로써 경학도 일시적으로 세상에서 자취를 감추게 되었다. 그러나 한나라가 들어선 뒤 유가사상이 정치적 이념으로 정착되면서 유교경전은 학문의 주요 교과목이 되었고, 경전마다 박사가 세워져 전문적으로 경전을 연구하는 풍토가 조성되었다.

당시는 진시황 때의 분서갱유로 인해 세상에서 사라졌던 경전을 복원하는 것이 급선무였기 때문에 자구(字句)에 대한 훈고(訓詁)가 학술의 주류를 형성하였다. 이런 학풍은 위진남북조시대를 거쳐 당나라에 이르러 의소학(義疏學)으로 발달하여, 자구의 뜻을 풀이하는 정도에서 그치지 않고 자구나 구절의 의미를 상세히 해설하는 단계로 나아갔다.

그러다 송대에 이르면, 자구에 대한 훈고와 장황하게 해설하는 의소학에 대한 반성이 싹트게 되어 경문(經文)에 담긴 본지(本旨)가 무엇인지를 찾는 의리(義理) 위주의 해석이 일어나기 시작하였다. 이런 송대의 새로운 학풍은 유학의 사유체계를 새롭게 구성하여 신유학을 만들어냈고, 위축되었던 유학을 새로이 부흥시켰다.

이처럼 참신한 역할을 하던 송학의 의리주의도 후대로 내려오면서 제멋대로 경문의 의리를 논하게 됨으로써 억측과 추단(推斷)의 폐단이 발생하게 되었다. 그리하여 이에 대한 반성으로 명말청초에 이르러서는 한학(漢學)으로 돌아가자는 구호 아래 고증학(考證學)이 나타나게 되었다.

이런 관점에서 보면, 동아시아 경학은 전시대의 학풍에 대한 반성을 통해 그 폐단을 극복하기 위한 새로운 방법이 부단히 제기되면서 발전해 온 것을 알 수 있다. 즉 전대의 설에 대한 비판적 수용과 새로운 방법론의 모색이 끝없이 강구되면서 동아시아 경학은 발전해 온 것이다. 한국경학을 연구하는 시각도 이 점은 간과해서는 안 될 것이다.

Ⅲ. 한국경학의 전개와 특징

1. 한국경학의 정의와 범주

앞에서 살펴보았듯이, 동아시아 경학은 한·당대의 훈고학, 송·명대의 의리학, 청대의 고증학으로 크게 그 흐름을 정리할 수 있다. 그렇다면 경학은 훈고·의리·고증 등의 방법으로 유가경전을 해석한 학문이라고 정의할 수 있다.[3]

한국경학의 개념도 이와 다르지 않다. 다만 한국경학은 중국 한당대에 발달한 훈고학적 해석이 희미한 반면, 한국어의 구조에 맞게 토를 달아 해석한 독특한 점이 있다. 이런 점을 감안하여, 한국경학은 훈고·의리·고증 등의 방법으로 한국어의 구조에 맞게 유가경전을 해석한 학문이라 정의할 수 있다.

한국경학의 개념을 이와 같이 정의하고 나면, 그 다음에는 '유가경전의 범주를 어떻게 규정할 것인가', '해석의 범주를 어디까지로 한정할 것인가' 하는 문제가 대두된다.

우선 '경학의 범주를 어떻게 설정할 것인가?'를 생각해 보기로 한다. 경학의 범주는 시대마다 다르게 일컬어졌기 때문에 단정하기는 어렵지만, 오늘날의 입장에서 보면 북송 때 확정되어 그 후 기본경전으로 일컬

3 崔錫起(2003d), 158~160면 참조.

어진 '십삼경(十三經)'을 기본 텍스트로 보지 않을 수 없다.[4]

공자 이후로 유가경전은 시·서·예·악·역·춘추 등 육경 체제였다. 그러다 한대에 이르러 육경(六經) 중 악경이 빠지면서 오경(五經) 체제가 되었다. 그 후 당대에 이르면 구경(九經) 체제[5]가 되고, 남송대에 이르면 당대 만들어진 구경주소(九經注疏)에 송대 만들어진 『논어』·『맹자』·『효경』·『이아』의 주소가 합쳐져 십삼경주소(十三經注疏)가 합간되어 경부 총서로 만들어졌다. 이는 한대의 오경 체제와 당대의 구경 체제를 거쳐 송대에 십삼경 체제로 경전이 재정비되었음을 의미한다.

한편 남송 때 주자는 『예기』의 한 편으로 들어 있던 「대학」·「중용」을 별책으로 독립시키고, 『논어』·『맹자』와 합쳐 사서(四書)라고 명명하였다. 그리고 이 사서의 해석에 심혈을 기울여 종래의 설과 다른 주석을 하여 신유학의 새로운 지평을 열었다.

주자 이후로 『대학』·『중용』은 신유학의 이념을 담은 주요 경서로 부각되었고, 종래의 오경 중심의 체제는 사서오경 체제로 바뀌었다. 따라서 이때부터는 십삼경에 『대학』·『중용』이 추가되어 실제로는 십오경(十五經) 체제가 되었다. 곧 『대학』·『중용』은 남송 말기부터 공식적으로 경서

4 十三經에 대해 근세 중국의 학자 蔣伯潛(1892-1956)은 『周易』·『尙書』·『詩經』·『周禮』·『儀禮』·『春秋』만 經으로 보고, 『禮記』·『論語』·『孝經』·『爾雅』는 記로, 『春秋左氏傳』·『春秋公羊傳』·『春秋穀梁傳』은 傳으로, 『孟子』는 諸子類로 보았다.(최석기·강정화 역, 『유교경전과 경학』, 경인문화사, 2002)

5 九經 체제: 당나라 초기에 만들어진 陸德明의 『經典釋文』에는 『周易』·『尙書』·『詩經』·『周禮』·『儀禮』·『禮記』·『春秋』·『論語』·『孝經』을 九經이라 하였는데, 皮錫瑞는 『시경』·『서경』·『주역』·『예기』·『의례』·『주례』·『춘추좌씨전』·『춘추공양전』·『춘추곡량전』을 九經이라고 하였다. 孔穎達이 황제의 칙명으로 만든 五經正義는 실제로 피석서가 일컬은 九經이므로, 당대의 九經은 한대로부터 내려온 五經 체제를 그대로 따른 것이라고 여겨진다.

의 권위를 부여받았다고 하겠다.

주자학이 원·명대에 성행함으로써 명나라 초에는 주자의 주석을 위주로 하면서 송·원대의 주석을 소주(小註)로 붙인 이른바 사서오경대전본(四書五經大全本)이 간행되어 교과서로 자리 잡았다.

이와 같은 경학의 범주에 대한 연변은 황화문명권에 인접한 국가에게도 큰 영향을 미쳤다. 특히 국경을 접하고 있는 한국은 일찍부터 중국의 유교문화를 받아들여 자신의 문화를 만들어 나갔는데, 대체로 고려 중기까지는 한대의 오경 체제와 당대의 구경 체제를 수용하였으며, 해석방법은 한대의 훈고학과 당대의 의소학의 영향을 그대로 받았다.

또 고려 말부터는 원나라 수도 연경을 통해 주자학이 유입되어 주자의 사서 체제가 수용되기 시작하였다. 그리고 조선을 건국한 고려 말의 신진사대부들은 송학을 집대성한 주자학을 학문적 근간으로 하였다. 조선시대로 넘어 오면 배불숭유의 정책으로 인해 유교문화가 사회 전반의 이념으로 대두되고, 세종연간에 명나라 영락 연간에 만든 사서오경대전본이 유입되어 유교경전의 텍스트가 됨으로써 이후로는 주자학을 중심으로 한 경전해석이 이루어졌다. 또한 주자는 『소학』을 『대학』과 연관해 기초학습과정의 필독서로 보았는데, 주자학이 성행한 조선시대에는 『소학』도 실제적으로 경전의 범주로 편입되었다.

이렇게 볼 때, 오늘날 한국 경학연구에 있어서 '경학의 범주'로 넣을 수 있는 경서는 모두 아래와 같은 16종이 된다. 한국에서의 경학연구는 일차적으로 이 16종의 경전을 각 경전별로 연구하는 작업이 이루어져야 할 것이며, 나아가 궁극적으로는 동아시아 경학사의 흐름 속에서 그 특징과 의미가 구명되어야 할 것이다. 그리고 나서 시대별로 경학사의 연변을 추적해야 할 것이다.

- ■ 四書: 大學·中庸·論語·孟子
- ■ 五經: 詩經·書經·周易·禮經(禮記·儀禮·周禮)·春秋(春秋左氏傳·春秋公羊傳·春秋穀梁傳)
- ■ 기타: 孝經·爾雅·小學

다음 오늘날 경학연구에 있어서 '해석의 범주를 어디까지로 한정할 것인가?' 하는 문제를 생각해 보기로 한다. 오늘날의 관점에서 볼 때, 위 16종의 경전에 대해 해석하거나 연구한 경학적 성과물을 어디까지 경학연구의 범주에 넣을 것인가 하는 문제가 제기된다. 예컨대『예기』의 한 구절을 해석한 경우라면, 그 설이 아무리 장황하더라도 경학연구의 범주에 넣어야 할 것이지만,『예기』의 구절을 인용하여 예설(禮說)·예학(禮學)을 전개한 경우는, 일단 경학연구의 범주에서 배제하는 것이 바람직할 것이다. 특히 조선시대『주자가례』에 대한 설이나 사례(四禮: 冠婚喪祭)에 대한 설은 경서의 구절을 해석한 것과 관계가 없다면 제외해야 할 것이다.

성리설도 마찬가지이다. 위 16종 경전의 구절을 해석한 것이라면 경학연구의 범주에 넣어야 하겠지만, 그렇지 않고 경서의 한두 구절을 인용해 성리설을 논한 경우라면 제외하는 것이 바람직할 것이다. 따라서 '해석의 범주'도 위 '16종 유가경전을 텍스트로 한 것인가', '그렇지 않은 것인가'로 구분하는 것이 좋을 것이다.

또 한 가지 소학류(小學類: 文字學, 聲韻學)를 경학의 범주로 넣어야 할 것인가 하는 문제가 남아 있다. 대체로 전통분류방식인 경·사·자·집으로 분류할 적에 소학류는 경부(經部)에 포함되어 있다. 따라서 경학연구에 포함시킬 수 있다. 그러나 경학의 개념을 정의하고 범주를 설정할 적에는 포함시킬 수 없을 듯하다. 소학류는 어디까지나 경학의 도구로서 그 의미가 있을 뿐이지, 그 자체를 경학이라고 할 수는 없기 때문이다.

2. 한국경학의 형성과 전개

한국경학사의 시대구분에 대해서는 본격적으로 논의된 바가 없다. 편의상 왕조를 중심으로 하여 삼국시대, 고려시대, 조선시대로 나누어 볼 수 있다. 조선시대경학사는 조선전기, 조선중기, 조선후기로 편의상 나누기보다는 경학사의 주요한 변화가 나타나는 구결(口訣)·언해(諺解)의 완성, 16세기 이후 주자학으로의 경도와 그에 대한 반성, 주자설의 개정과 고경(古經)을 통한 새로운 해석, 고증학의 유입으로 인한 한학과 송학을 아울러 취하는 등의 변곡점으로 찾아 논의할 필요가 있다. 이러한 광범위한 사안에 대해 이 자리에서 모두 논의할 수 없기 때문에 필자가 그 동안 공부한 사서 해석을 중심으로 논의를 전개하고자 한다.

1) 삼국시대의 경학

한국의 경학은 삼국시대부터 나타나기 시작한다. 『삼국사기』「고구려본기」에 의하면, 소수림왕 2년(372)에 전진왕(前秦王) 부견(苻堅)이 사신을 파견해 불상·경문(經文)을 보내왔으며 태학을 세워 자제를 교육했다고 한다. 또「고구려본기」영양왕(嬰陽王) 11년(600)조에 "태학박사 이문진(李文眞)에게 명하여 고사(古史)를 요약해『신집(新集)』5권을 만들었다."는 기록이 있는 것으로 보아 태학에 박사를 두었음을 알 수 있으며,『북사(北史)』「고구려전」과『삼국지』「고려전」등에 오경을 일컫고 있는 점으로 보아 고구려는 태학을 설립한 뒤 오경을 교육하였음을 알 수 있다.

또 『삼국사기』「백제본기」 근초고왕 30년(375)조에 "이때 이르러 박사 고흥(高興)을 얻어 비로소 『서기(書記)』가 있게 되었다."라고 하였으니 백제는 근초고왕 때 박사를 둔 것으로 추정되며, 『양서(梁書)』「백제전」에 "양 무제 중대통(中大通) 6년(534)과 대동(大同) 7년(541) 백제에서 여러 차례 사신을 보내 방물(方物)을 바치고 『열반경의(涅槃經義)』와 모시박사(毛詩博士) 및 공장(工匠)·화사(畵師) 등을 청하였는데, 모두 보내주었다." 라고 한 것을 보면 백제는 이 시기 유가경전을 수입한 것을 알 수 있다.

신라의 경우, 중국의 제도를 수용하여 명호(名號)와 제도를 고친 것은 6세기 초 지증왕과 법흥왕 때이며, 국학이 설치된 것은 신문왕 2년(682)이다. 신라는 진흥왕 때 거칠부(居柒夫) 등에게 명하여 국사를 편찬하게 하였으며, 국토를 크게 확장하여 4곳에 순수비를 세웠는데 그 비문에 '제왕이 연호를 세우고 수신하여 백성을 편안히 하지 않음이 없었다.[帝王建號 莫不修己以安百姓]'는 문구가 있는 것으로 보아 유교경전을 이미 받아들여 교육하였음을 알 수 있다.

신라는 무열왕 7년(660) 백제를 정벌하였고, 문무왕 8년(668) 고구려를 정벌하여 삼한을 통일하였다. 통일신라 시기 유학자로는 강수(强首)와 설총(薛聰)을 들 수 있다. 강수는 어려서부터 유자의 도를 배우기로 결심하고서 『효경』·「곡례(曲禮)」·『이아(爾雅)』·『문선(文選)』 등을 배웠다고 하며, 무열왕 때에는 당나라에 보내는 표문(表文)을 지어 문장으로 이름이 났다. 설총은 원효(元曉)의 아들이다. 『삼국사기』「설총열전」에 "방언으로 구경을 읽어 후생을 훈도했는데, 지금까지 학자들은 그를 종주로 삼는다. 또 글을 짓는 데 능했다.[以方言讀九經 訓導後生 至今學者宗之 又能屬文]"라고 하였으니, 설총 때에 구경을 교재로 삼았음을 알 수 있다.

설총이 방언으로 구경을 읽었다는 것은 우리말의 구조에 맞게 읽은 것으로, 현토(懸吐)를 하여 읽은 것이다. 당시 이두(吏讀)·향찰(鄕札) 같은 표기법이 있었기 때문에 구결(口訣)도 있었을 것으로 추정된다.

신라는 원성왕 4년(788)에 독서삼품과를 설치하고서 인재를 등용하였는데, 『춘추좌씨전』·『예기』·『문선』·『논어』·『효경』에 밝은 자를 상품(上品)으로, 「곡례」·『논어』·『효경』을 읽은 자를 중품(中品)으로, 「곡례」·『효경』을 읽은 자를 하품(下品)으로 하였다고 한다. 즉 8세기에는 유학이 흥성하여 국왕이 수시로 국학에 행차하여 박사에게 강의하도록 하였으며, 당나라에 유학생을 파견하여 유학이 널리 보급되었다. 당나라에 가서 과거에 급제한 인물이 58인이나 되는데, 그 가운데 김운경(金雲卿)·김가기(金可紀)·최치원(崔致遠) 등이 가장 걸출하였다.

2) 고려시대의 경학

고려시대 유교문화는 광종 때 쌍기(雙冀)를 한림학사로 임명하여 과거제도를 시행하면서 비약적으로 발전하였다. 제술과(製述科)는 시(詩)·부(賦)·송(頌)·책(策) 등을 시험하고, 명경과(明經科)는 『주역』·『상서』·『모시』·『춘추』 등을 시험하여 인재를 선발하였다. 성종은 유학을 숭상하고 장려했는데, 최승로(崔承老)는 시무책 20조를 진언하여 유교를 국가의 이념으로 삼을 것을 건의하였다.

성종은 986년 태학을 중수하고 군현의 자제를 모집하여 수도에서 유숙하며 공부하게 하였고, 12목에 박사를 배치하여 지방 학생들을 가르치게 하였다. 또 990년 서경(西京: 평양)에 도서관에 해당하는 수서원(修書院)을 건립하였고, 992년 개경(開京)에 국자감을 창설하였다.

현종도 유교문화를 보급하는 데 힘을 기울여 선대의 실록을 수찬하게 하였고, 선유를 포장하여 1020년 최치원을 문묘에 종사(從祀)하였으며, 1022년 설총을 홍유후(弘儒侯)로 추봉(追封)하고 문묘에 종사하였다. 1023년에는 최치원을 문창후(文昌侯)로 추봉하였다. 문종은 불교와 유교를 다 같이 숭상하였는데, 당시에는 국학이 쇠퇴하고 사학(私學)이 융성하였다. 당시 사학으로 십이도(十二徒)가 관학을 압도하였는데, 그 가운데서도 시중 최충(崔沖, 984-1068)이 설립한 문헌공도(文憲公徒)가 가장 흥성하였다.

예종은 국학에 칠재(七齋)를 개설하고 학생들을 교육하였는데, 칠재는 『주역』을 공부하는 이택재(麗澤齋), 『상서』를 공부하는 대빙재(待聘齋), 『모시』를 공부하는 경덕재(經德齋), 『주례』를 공부하는 구인재(求仁齋), 『대례(戴禮)』(『禮記』)를 공부하는 복응재(服膺齋), 『춘추』를 공부하는 양정재(養正齋), 무학(武學)을 공부하는 강예재(講藝齋)이다. 이를 보면, 국학에서 이들 과목이 중요하게 읽혀졌음을 알 수 있다.

인종도 유학을 장려하여 개경에 육학(六學)의 제도를 완비하고, 지방에는 향학(鄕學)을 세워 가르쳤다. 육학은 국자감에 소속된 학부의 명칭으로 국자학(國子學)·대학(大學)·사문학(四門學)·율학(律學)·서학(書學)·산학(算學) 등이었다. 국자학·대학·사문학은 모두 경학을 위주로 하였는데, 입학 자격이 문무관 3품, 5품, 7품 이상의 자손으로 한정하였다. 또한 교과과목은 『주역』·『상서』·『주례』·『예기』·『모시』·『춘추좌씨전』·『춘추공양전』·『춘추곡량전』 및 『효경』·『논어』였다.

예종·인종 때의 숭문호학(崇文好學)의 풍조는 의종 때로 넘어와서도 이어졌는데, 1170년 정중부(鄭仲夫)의 난이 일어난 뒤로 약 80여 년 동안 무신집권시대가 지속되어 유풍이 쇠미해졌다. 그 뒤 원종은 1270년 개경으로 환도한 후, 동서학당을 설치하고 국학을 중수하여 문교부흥을 꾀하였다.

다음 대 충렬왕은 일경(一經)·일사(一史)에 통달한 사람을 국자감에서 학생들을 가르치게 하라고 하였다. 이로 인해 사장(詞章)만을 중시하던 풍조가 새로운 전환기를 맞게 되었다. 충렬왕 30년(1304)에는 대성전(大成殿)을 중수하였다. 또한 안향(安珦)의 주청에 의해 섬학전(贍學錢)을 국학에 설치하여 학사를 양성하는 데 충당하게 하였다.

안향은 연경에서 새로 간행한 주자서(朱子書)를 가지고 와 국내에 전파하였다. 그 뒤 백이정(白頤正)은 충선왕을 따라 원나라에 가서 정주(程朱)의 성리서를 구입해 돌아왔다. 우탁(禹倬)은 성균좨주를 지낸 인물로 경사(經史)에 능통하였는데 특히 『주역』에 조예가 깊었다. 『주역정전(周易程傳)』이 국내로 유입되어 그 내용을 아는 사람이 없었는데, 우탁은 이를 혼자 공부하고 연구하여 깨쳤다고 한다. 권부(權溥)는 주자의 사서집주를 간행하자고 건의하여 주자학 보급에 앞장섰다.

또 충숙왕 원년(1314) 성균관에서 박사 등을 강남으로 보내 경적(經籍) 1만 8백 권을 구입해 왔으며, 상왕(上王)인 충선왕이 연경에 만권당(萬卷堂)을 짓고 경사와 제가의 서적을 구입하여 비치하였으며, 당대의 석학을 초청하여 이제현(李齊賢)과 함께 교유하게 하였다. 이제현은 당대 유학의 종장으로 원나라 수도 연경에 오랫동안 머물며 그곳의 석학들과 교유하면서 정주학을 섭렵하고 돌아왔다. 그는 문교정책으로 문장이나 아름답게 수식하고 조탁하는 사람인 조충전각지도(彫蟲篆刻之徒)를 배제하고 경전에 밝고 행실이 다듬어진 경명행수지사(經明行修之士)를 양성할 것을 건의하였으며, 부화한 문풍을 배제하고 전아한 고문을 창도하여 새로운 문풍을 일으켰다.

이제현에 의해 유입된 원대의 정주학은 이곡(李穀)과 그의 아들 이색

(李穡) 및 정몽주(鄭夢周) 등을 통해 크게 확산되었다. 이색은 논숭학(論崇學)과 억이단(抑異端)을 문교정책으로 건의하였다. 공민왕 때에는 이색을 성균관 대사성으로 삼았는데, 학제를 정비하고 인재양성에 진력하였다. 당시 이색은 김구용(金九容)·정몽주·박상충(朴尙衷)·박의중(朴宜中)·이숭인(李崇仁) 등을 선발하여 교수로 임명하였다. 이색의 문하에서 박상충·정도전·권근·하륜·길재 등 여말선초의 명유들이 배출되었다.

3) 조선시대의 경학의 두 관점

경학이 유교경전해석학이라는 관점에서 보면, 해석의 태도·성향·방법 등에 어떤 변화가 일어나기 시작하였는지를 살피는 것이 중요하다. 또한 고려 말 원나라의 수도 연경(燕京)을 통해 유입된 성리학이 정착하는 과정, 명초 만들어진 대전본이 세종 때 유입되어 정착하는 과정, 훈민정음이 창제되고 난 뒤 구결(口訣)·석의(釋義)·언해(諺解)가 이루어지는 과정, 이황(李滉) 이후 주자학으로 획일화되어가는 과정, 율곡학파에서 주자설의 정론화(定論化)를 추구하여 확정하는 과정, 주자학으로 획일화된 이후 이에 대해 문제의식을 갖게 되는 인식의 변화 등을 주요한 경학의 전환점으로 포착하여 고찰할 필요가 있다.

그러나 이런 연구는 개별 연구가 아직 매우 미비하고 또 사상사 전체를 통시적으로 꿰뚫어볼 수 있는 연구가 미비하기 때문에 섣불리 논의하기가 어렵다. 그래서 필자가 생각하는 조선시대 경서해석의 관점을 거시적으로 개괄해 보기로 하겠다.

조선경학의 근저는 주자의 해석을 기초로 하였다는 점에서, 주자의 설을 어떻게 수용하고 있는지를 살피는 것은 조선경학을 이해하는 관건이 된다. 따라서 주자설의 수용 관점, 또는 주자설의 개정 등에 초점을 맞추어 조선경학사의 주요한 사안을 살펴볼 필요가 있다.

조선시대 사상은 16세기 이황·이이 이후 주자학 일변도로 경도되기 시작하지만, 그런 가운데서도 사상의 자유를 추구하여 주자의 주석만을 따르지 않고 독자적으로 의리를 발명하려 한 학자들이 간혹 나타났다. 특히 17세기 전반 국내외적으로 불안한 정세 속에서 다양한 변화의 움직임이 일어났다. 또 18세기 이후 주자학을 절대 존신하는 분위기가 팽배하자, 본지를 탐구해야 한다고 주장하며 학문 본연의 정신을 환기시키는 목소리도 나타났다.

이런 점에 주목하면, 조선시대 경서해석의 관점은 주자의 주석에 따라 해석하는 풍토가 전반적으로 만연하였지만, 그런 속에서도 본지탐구나 의리발명의 정신을 환기시키며 자신의 설을 개진하는 학자가 어느 시대나 없지 않았음을 알 수 있다. 따라서 그들의 경서해석의 관점과 변화를 추적하면 조선시대 사상사의 흐름을 이해하는 데 중요한 단서를 제공할 것이다.

조선시대 사상은 주자학에 뿌리를 두고 있기 때문에 우선 송학(宋學)의 의리주의 정신과 주자의 경서해석의 기본관점을 살펴보고, 그런 송학의 의리발명 중시 사상이 조선 경학가에게 어떻게 연변 되어 나타나는지를 살펴보는 것이 중요하다.

이런 관점을 전제로 할 때, 조선전기 경서해석의 관점은 이언적의 『대학장구』 개정으로부터 촉발되어 뚜렷하게 분화되어 전개되는 양상을 보이고 있다. 이를 통해 보면, 대현(大賢)의 설을 함부로 고칠 수 없다는 관점과 경서(經書)는 일가(一家)의 글이 아니므로 선현이 밝혀 놓은 것을 바탕으로 후학이 계속해서 의리를 발명해 나가야 한다는 의리발명(義理發明)을 중시하는 관점으로 양분되어 나타난다.

조선후기로 넘어와 17세기에는 국내외 정세의 변화로 인해 사상계가 비교적 자유로웠다. 이런 영향으로 경서해석에 있어서도 주자의 설을 개정하는 설이 다수 나타나는데, 당색이나 학파를 불문하고 나타난다. 그러나 인조반정으로 서인이 집권한 뒤 자신들이 주자학의 정통성을 확보하기 위해 주자학만을 정학(正學)으로 보고 나머지는 이단시하는 풍조가 대두되면서 주자학으로 더욱 경도되었다.

이런 조선후기 경서해석의 관점을 필자는 절대존신주자주의의 숭정학(崇正學)·벽이단(闢異端)의 관점과 상대존신주자주의의 회의정신(懷疑精神)과 의리발명(義理發明)의 관점으로 대별해 본다.

전자는 특히 17세기 후반 기호 서인계 학자들에게서 이념화되었지만, 점차 전국적으로 확대되어 18세기 이후로는 지방의 학자들이 거의 모두 이런 관점을 고수하였다. 후자는 17세기 후반 주로 근기 남인계 학자들에게서 대두되었는데, 18세기 이후로는 소론계 학자들에게서도 나타난다. 또한 18세기 후반 이후에는 청대 고증학을 수용한 중앙 학계의 일부 학자들에게서도 나타난다. 후자는 다시 주자가 주석한 해석서를 저본으로 하되 그것만을 묵수적으로 따르지 않고 회의정신으로 의리를 발명하려는 관점을 가진 부류, 주자의 해석서를 저본으로 하지 않고 고경(古經)을 저본으로 하여 새롭게 의리를 발명하려 한 부류, 한학(漢學)과 송학(宋學)의 장점을 아울러 취해 해석하려 한 부류로 나타난다.

조선시대 경서해석의 관점은, 기본적으로 주자를 존신하여 그의 설을 그대로 따르려는 시각을 가진 묵수주의(墨守主義)와 인간 주자를 존신하더라도 경서해석은 한 사람이 다 할 수 없기 때문에 계속해서 의리를 밝혀 나가야 한다는 의리발명을 중시했던 진취주의(進取主義)로 나눌 수 있다. 예컨대 정자·주자가 의리를 밝혀 놓았으니 그것을 준수해야 한다는 생각은 묵수적 사고이다. 이와는 달리 성현이 의리를 밝혀놓았지만 그것을 계승해 의리를 더 밝히는 것이 후학의 사명이라는 인식은 진취적 사고이다.

묵수적 사고는 학술이 더 이상 발전하지 못하고 정체하여 결국 침체될 수밖에 없다. 그래서 실학자 이익(李瀷)은 "서인(西人)의 학문은 오로지 '근수규구(謹守規矩)' 4자를 세상을 경영하는 데 병폐가 없는 단안(斷案)이라 생각한다. 그러므로 지식이 끝내 매우 노망하니 한탄할 만한 일이 된다."[6]라고 꼬집었다.

이런 경직된 분위기 속에서도 송학 본연의 의리주의 정신을 회복하기 위해 회의정신과 의리발명을 주장하고 나서거나, 한학과 송학의 장점을 겸하여 취하려고 한 일부 학자들에 의해 조선후기 경학은 안목을 확장하고 인식을 새롭게 하며 발전해 왔다.

4) 조선시대 경학의 주요 논제

가) 14세기 권근(權近)의 경학

권근(權近, 1352-1409)은 우리나라 경학사에서 대단히 중요한 위치에 있다. 조선 중기 이식(李植, 1584-1647)은 그의 경학적 업적을 "우리나라 선유들은 모두 저술이 없었는데, 권양촌(權陽村)이 설경논학(說經論學)하여 비로소 저술이 있게 되었다."[7]라고 평하였다. 이식의 이 말을 통해 볼 때, 권근은 우리나라에서 경학연구의 성과물을 낸 최초의 인물이 되

6 安鼎福, 『順菴集』 권16, 「函丈錄」. "西人學問 專以謹守規矩四字 爲涉世無病敗之斷案 故知識終甚鹵莽 爲可恨也"

7 李植, 『澤堂集』 別集 권15, 雜著 「追錄」. "我國先儒 皆無著述 權陽村說經論學 始有著述"

며, 이런 점에서 경학사적 위상이 매우 크다.

권근의 경학적 성과물은 『입학도설(入學圖說)』과 오경천견록(五經淺見錄)으로 대표된다. 오경천견록 가운데는 『예기천견록(禮記淺見錄)』이 절대 다수의 양을 차지하고, 그 다음이 『주역천견록(周易淺見錄)』이다. 나머지 『시경』·『서경』·『춘추』에 관한 천견록은 19항·30항·3항에 불과한 단편적인 설들이다.

권근의 오경천견록에 대한 연구는 역학과 예학 방면에서 진행되었고, 근래 『시경천견록』에 대한 연구도 이루어졌다. 그리고 『입학도설』에 들어 있는 『대학』·『중용』에 관한 연구도 최근에 이루어졌다.[8] 이에 의하면, 그의 『대학』·『중용』 해석의 특징은 다음과 같은 의미가 있다.

권근은 주자의 『대학장구』의 요지를 간추려 논리구조를 일목요연하게 파악할 수 있도록 한 「대학지장지도(大學指掌之圖)」를 그렸는데, 약 100여 년 뒤 이황이 「대학도(大學圖)」를 그리면서 권근의 이 대학도를 거의 대부분 수용했다는 점에서 그 의미가 크다. 권근은 주자의 『대학장구』를 텍스트로 하였는데, 남송 말의 동괴(董槐) 등이 『대학장구』를 일부 개정한 것에 대해 익히 알고 있었음에도 불구하고 그들의 설을 선뜻 받아들이지 않고 주자의 설을 지지하며 개정안에 반론을 제기하였다. 그런데 그의 반론이 동괴 등의 개정설을 비판만 하지 않고 독자적인 자신의 설을 주장하여 일설로 갖추어 놓아도 손색이 없는 주장을 하고 있어서 학술적 의미가 크다.

이러한 권근의 설은 주자의 『대학장구』가 유입된 이래 최초로 개진된 독자적인 견해라는 점에서 그 의의가 있다. 요컨대, 『대학』에 대한 해석

8 崔錫起(2003c), (2004a) 참조.

이 주자의 주석을 따라 읽는 차원에서 진일보하여 전체의 논리구조를 분석하고 후대 개정설의 문제점을 적시하는 데까지 나아간 것이다. 또한 그는 주자의 설을 맹목적으로 수용하지 않고 비판적으로 받아들여 간결한 설은 보완하고 미비한 점은 보충하였으며, 간혹 주자의 설과 다른 자신의 독자적인 견해를 피력하기도 하였다.[9]

이런 점에서 볼 때, 권근의 『대학』에 관한 설은 우리나라에 비로소 경학다운 연구 성과물이라고 할 수 있다. 그것은 동아시아 중심부의 문화를 수용하여 소비하는 단계에서 벗어나 비판적으로 수용하면서 독자적인 자신의 견해를 피력하는 자주적인 단계로 나아갔음을 의미한다.

권근은 또 『중용』 해석에 있어서도 독자적인 설을 개진하였다. 그는 주자의 『중용장구』의 체제를 그대로 수용하면서도 전체적인 구조분석을 대지삼절(大旨三節)·세분오절(細分五節)로 나누어 파악하였는데, 이를 도표화하면 다음과 같다.

大旨三節	단락	大旨	細分五節	단락	要旨
제1대절	제01-20장	君子之道	제1절	제01-11장	言命性道教, 言中庸, 以孔子之事終之
			제2절	제12-20장	言君子之道, 以孔子之政終之
제2대절	제21-32장	聖人之德	제3절	제21-26장	言誠明性教, 言天道人道
			제4절	제27-32장	言大哉聖人之道
제3대절	제33장	結	제5절	제33장	自下學立心之初 推之以至於極

9 『대학』의 경우는 작자의 문제에 대한 설이 독자적인 견해에 해당되며, 『중용』의 경우는 주자의 4대절설을 따르지 않고, 雙峰 饒氏의 6대절설을 참작하여 독자적으로 5대절로 나누는 설을 주장하였다.

이러한 권근의 구조분석은 주자의 『중용장구』를 몇 단락으로 나누어 구조를 분석할 것인가에 관한 역대의 여러 설[6대절설(大節說), 4대지설(大支說), 3단락설, 5대절설]과 구별되는 독자적인 설이라는 점에 의미가 있다.

또 권근은 「중용수장분석지도(中庸首章分釋之圖)」를 그려 『중용장구』 제1장의 요지를 도표화하였는데, 첫째 성(性)·도(道)·교(敎) 가운데 도에 중심을 두어 해석하였고, 둘째 심성수양의 존양·성찰을 정시(靜時)·동시(動時)의 공부로 나눈 뒤 이를 아우르는 것을 경(敬)으로 보았으며, 셋째 교(敎) 속에 학자가 공부해야 할 내용이 다 들어있다고 보아 교(敎)를 특별히 중시한 것이 특징이다. 권근의 이 도표는 『중용장구』 제1장의 요지를 한 장의 도표로 표현한 동아시아 최초의 그림이라는 점에 그 의의가 크다. 원나라 때 정복심(程復心)이 그린 『사서장도(四書章圖)』에도 제1장을 한 장의 도표로 그리지는 않았다.

이러한 권근의 『중용』 해석은 체제파악이나 요지파악에 있어서 주자의 『중용장구』를 묵수하지 않고 비판적으로 수용하였으며, 후대 학자들의 설 가운데서도 장점을 적극 취하였으며, 그것을 바탕으로 독자적인 해석을 가한 것으로 평가된다.

이와 같은 그의 『대학』·『중용』에 대한 해석은 우리나라 경학사에서 매우 값진 성과물이다. 주자의 설을 근간으로 하되 이를 계승 발전시켜 독자적인 설을 폈다는 점에서, 또한 14~15세기 동아시아의 학술동향 속에서 우리가 생산한 최초의 경학적 성과물이라는 점에서 그 의의가 크다.

나) 15세기의 구결(口訣)

고려 말 경서에 구결을 붙이는 작업이 시도되었는데, 그 일을 최초로 한 학자가 정몽주이다. 박세채(朴世采, 1631-1695)는 "우리나라에서 경서에 구결을 붙여 뜻을 새기는 것은, 중국에서 없는 일이다. 이런 작업은 처음 설총(薛聰)에게서 시작되어, 정포은(鄭圃隱: 鄭夢周)·권양촌(權陽村: 權近)에게서 완성되었다."[10]라고 하였다. 그러나 정몽주가 붙인 구결은 전하는 것이 없어 그 실체를 알 수 없다.

조선 태종은 권근에게 명하여 오경에 구결을 달게 하였는데, 권근이 사양하다 어쩔 수 없어 『시경』·『서경』·『주역』에 대해서만 토를 달았다. 그러나 『예기』와 사서에 대해서는 구결이 없었다.[11] 세종은 『예기』와 사서의 구결이 없는 점을 안타깝게 생각하여 변계량(卞季良)에게 구결을 권유하였는데, 변계량이 자신이 없다고 사양하여 이루어지지 않았다.[12] 세종은 훈민정음이 창제되고 나서 다시 구결 사업을 추진하였으나, 완성을 보지 못하였다.

구결 사업은 세조 때에 와서 다시 진행된다. 세조는 자신이 직접 『소학』·『주역』의 구결을 완성할 정도로 열성적이었다. 세조는 경서해석에 있어 어음(語音)이 바르지 못하고 구두가 분명치 못한 점을 인식하고, 사서오경의 구결을 확정하는 일이 무엇보다도 중요하다는 것을 절실히 느껴 별세하기 직전에 구결을 완성하였다.

세조 때 『소학』 및 사서오경에 구결이 이루어진 것은 경학사적으로

---

10 朴世采, 『南溪集』 권54, 「隨筆錄」. "我國經書口訣釋義 中朝所未有 始發於薛聰 成於鄭圃隱權陽村"

11 『世宗實錄』 10년 윤4월 18일(기해)조. "上語卞季良曰 昔太宗命權近 著五經吐 近讓之不得 遂著詩書易吐 唯禮記四書無之"

12 『世宗實錄』 10년 윤4월 18일(기해)조. "上語卞季良曰 昔太宗命權近 著五經吐 近讓之不得 遂著詩書易吐 唯禮記四書 無之 予慮後學或失本意 以訓諸生 若因此而教 豈不有益 季良對曰 近尙讓之 況小臣乎 四書 臣於幼時學之 禮記則本不學 且禮記文多瑣屑 而意亦旁通 不可執一以定 先儒亦言 禮記漢儒掇拾煨燼之餘 語多未詳 似難考定"

큰 의미가 있다. 신라 시대부터 우리말 구조에 맞게 토를 달아 해석하던 것이 이 시기에 이르러 우리말 구조에 맞는 문장으로 전환을 이룩한 것이다. 구결이 비록 경문 전체를 우리말 구조에 맞게 번역하는 단계로 나아가지는 못하였지만, 언해가 이루어지는 전단계의 번안(飜案)이라는 점에서 한국식 해석의 초석을 놓은 것으로 평가된다.

다) 16세기의 석의(釋義)와 언해(諺解)

조선전기 경학은 구결·석의·언해가 핵심이다. 그것은 훈민정음이라는 자국어를 창제하여 자국어의 언어구조에 맞게 해석하고 번역하는 것이 무엇보다 시급했기 때문에 나타난 현상이다. 한문 문장을 우리말의 어순에 맞게 해석하기 위해 가장 먼저 제기된 것이 구결, 즉 토이다. 그 다음 이 구결을 바탕으로 문장을 해석하다가 난해한 부분에 대해 우리말로 풀이한 것이 언석(諺釋)이며, 한문 문장으로 평설(評說)을 붙여 그 의미를 보다 정밀하게 풀이한 것이 석의(釋義)이다. 이런 단계를 거쳐 선조 연간에 경서 전체 문장을 우리말로 번역한 것이 언해(諺解)이다.

석의는 전문(全文)에 대한 번역은 아니지만, 문제가 되는 부분에 대해 집중적으로 정밀한 해석을 가한 것이기 때문에 학자들에게는 오히려 더 긴요한 것일 수 있다. 이런 점을 감안한다면 16세기 성리학이 자기화하는 과정 속에서 경서에 대한 정밀한 이해가 요구되었고, 그런 분위기 속에서 학자들이 경서를 정밀히 연구한 결과가 석의로 나타난 것이다. 그리고 그것들은 이황에 의해 집대성된 것이다.

언해는 선조·광해군 때 국가적 사업으로 교정청에서 주관하였다. 선조는 경서의 구결과 언해가 확정되지 못한 것을 인식하고 유희춘(柳希春)에게 명하여 상정(詳定)하도록 하였다. 그리고 뒤에 이이(李珥)가 경서언해의 적임자로 추천되었다. 유희춘·이이 두 사람이 경서언해를 전담하였는데, 유희춘은 『대학석소(大學釋疏)』를 진상한 뒤 『논어석소(論語釋疏)』는 초고만 만든 채 세상을 떠났다. 그리하여 이이가 이 사업을 전담하였다. 이이는 사서언해를 만들었으나 삼경언해에는 미치지 못하였다.

이이가 별세하던 1584년 교정청 설립의 명이 내렸고, 1585년 교정청이 설립되어 관원 31명이 분담하여 언해하게 되었다. 교정청에서 가장 먼저 이루어진 언해가 『소학언해』이다. 1584년경 교정청이 설치되어 1587년 『소학언해』가 인출(印出)되었다. 그 다음 1589년 『효경언해』가 완성되었다. 교정청본 사서언해는 1590년 출간되었다. 이에 참여한 인물이 누구인지는 불확실하지만 대체로 『소학언해』에 참여했던 사람들이 다수 포함되었을 것으로 추정한다.

선조 대에 만들어진 교정청본 사서언해는 뒤에 10여 차례 중간되었다. 삼경언해도 사서언해와 같은 무렵에 언해되기 시작하여 임진왜란 전에 언해되었을 것으로 추정하는데, 여러 가지 사정으로 출간되지 못하고 산실(散失)되었다. 그리하여 『시경언해』의 일부를 제외하고는 전쟁이 끝난 뒤 다시 언해사업이 이루어졌다.

이황은 사적으로 만든 몇 종의 석의가 경서해석에 혼란을 야기할 위험성이 있음을 심각하게 인식하여 벼슬에서 물러난 뒤 중설(衆說)을 모아 정리하고 바로잡아 정설(定說)을 확정하겠다는 의도로 사서석의·삼경석의를 만들었다. 이황의 석의는 기본적으로 구결·언해에 대한 여러 사람들의 설을 모아 단점을 버리고 장점을 취하여 하나로 귀결되게 하는 데 그 목적이 있었다.

이이도 사서석의를 저술하였다. 이황의 사서삼경 석의가 나온 뒤, 이이가 다시 사서석의를 찬술한 것에 대해, 후대 송병선(宋秉璿, 1836-1905)

은 그 이유를 두 가지로 정리하였다. 하나는 이황의 사서석의에 미비한 점이 있기 때문이고, 하나는 이황의 사서석의에는 소주에 대한 언급이 없기 때문이라는 것이다. 전자를 보완한 것이 사서석의이고, 후자의 관점에서 해석한 것이 사서소주권평(四書小註圈評)이다.[13]

사서소주권평은 사서대전본 소주에 대해 이이가 최초로 문제의식을 갖고 논평했다는 점에서 그 의미가 있으며, 조선시대 경학이 소주분변(小註分辨)이라는 독자적인 영역을 확보하는 기틀을 마련했다는 점에서 그 의의가 매우 크다.

이이가 소주를 분변한 뒤, 그에 대한 문제의식은 문인 김장생(金長生)에게 전해졌다. 김장생은 본격적으로 소주를 비판하였는데, 『대학장구』·『대학혹문』의 소주에 대해 비판한 것이 모두 73개 조항이나 된다. 이러한 소주에 대한 문제의식은 율곡학파에 면면이 이어져 송시열(宋時烈)·이유태(李惟泰) 및 권상하(權尙夏)를 거쳐 18세기 한원진(韓元震)에 이르러 성과물이 나오게 된다.

라) 16세기 이후의 주자설 부분 개정 및 심층해석

조선 초 권근에 의해 독자적인 경학연구 성과물이 나온 뒤, 한 동안 저술이 나오지 않았다. 그것은 국가적 차원에서 보면 건국 초기 국가의 제도를 만드는 데 분주했기 때문이며, 사회적인 측면에서 보면 사화(士禍)로 인해 학자들이 자유롭게 연구할 수 있는 분위기가 조성되지 않았기 때문이고, 경학사적 측면에서 보면 구결-석의-언해로 이어지는 우리말 해석이 절실히 요구되어 그 일에 치중했기 때문이다.

---

13 李珥, 『四書釋義』, 「四書釋義凡例」. "一 四書小註圈評 論孟則失於兵火 今無可得之路 今獨有庸學"

조선전기 경서해석은 구결-석의-언해로 이어지는 자국어 해석이 이루어졌다는 점에 큰 의의를 부여할 수 있다. 이를 통해 정신문화가 크게 발전하여 목릉성세(穆陵盛世)라 일컬어지는 선조대의 문화융성시대를 만들었다. 그리하여 16세기 후반부터는 학문이 크게 발전하여 자신의 설을 개진할 정도로 높은 수준에 이르렀다. 특히 주자의 설에 대해 심층해석하거나 부분적으로 개정하는 일이 이루어졌는데, 주자의 『대학장구』를 개정한 것을 통해 이를 살펴볼 수 있다.

조선시대 주자의 『대학장구』를 가장 먼저 개정한 인물은 이언적(李彦迪, 1491-1553)이다. 이언적은 남송 말 주자학파의 동괴(董槐)·왕백(王柏) 등의 『대학장구』 개정설을 보지 못한 상태에서 독자적으로 『대학장구』를 개정하였다. 그가 『대학장구』의 편차를 일부 개정하고 독자적인 해석을 제기한 글이 「대학장구보유(大學章句補遺)」이며, 『대학혹문』의 형식을 빌려 이를 보충 설명하는 방식을 취한 글이 「속대학혹문(續大學或問)」이다.

그가 주자의 『대학장구』에 문제가 있다고 생각한 것은 두 가지로 요약된다. 하나는 본말(本末)을 해석한 전 제4장(聽訟章)을 굳이 별도로 둘 필요가 없다는 것이고, 하나는 격물치지전(格物致知傳)이 주자의 설처럼 일실된 것이 아니라 착간(錯簡)되어 다른 곳에 편입되어 있다는 것이다. 그리하여 그는 『대학장구』의 미비점을 보완한다는 점에서 보유(補遺)라고 글의 제목을 붙였다.

이언적 이후 17세기 주자의 『대학장구』를 부분 개정한 학자로는 영남의 고응척(高應陟, 1531-1605)과 장현광(張顯光, 1554-1637), 호남의 안방준(安邦俊, 1573-1654)과 최유지(崔攸之, 1603-1673), 근기 지방의 박세당(朴世堂, 1629-1703) 등이 있다. 대체로 이들의 설은 주자가 본말(本末)을 해석한 것으로 본 전 제4장(聽訟章)을 없애고, 주자가 보망(補亡)한 전 제5장을 수용하지 않고 격물치지를 해석한 문장이 착간(錯簡)되었다고 보아 그 문구를 찾아 편차를 재개정하는 것으로 요약된다.

그러나 18세기 이후로는 이와 같은 『대학장구』를 개정하여 주자의 설을 보완하는 개정설은 거의 나타나지 않는다. 18세기 남인계 학자 이만부(李萬敷, 1664-1732)는 전 제4장을 전 제3장에 합하는 부분적인 개정만 하였고, 19세기 전라도에 살던 안태국(安泰國, 1843-1913)은 전 제4장을 경일장(經一章)에 합하는 부분 개정만 하였을 뿐이다.

이처럼 주자의 『대학장구』 가운데 전 제4장과 제5장에 대해 부분적으로 개정하여 보완하려는 다양한 해석이 16세기 중반부터 17세기에 걸쳐 다양하게 나타나다가 그 이후로는 그런 개정설조차도 세상에서 자취를 감추고, 겨우 전 제4장만을 다른 곳으로 옮기는 극히 부분적인 개정만이 한두 차례 제기되었을 뿐이다. 그것은 주자의 설을 개정하는 것에 대해 사회적으로 용납하지 못하는 분위기가 팽배되었기 때문이다.

주자의 설에 대한 심층해석의 경우, 예를 하나 들어 보기로 한다. 격물치지(格物致知)의 지(知), 성의(誠意)·정심(正心)·수신(修身)의 행(行), 제가(齊家)·치국(治國)·평천하(平天下)의 추행(推行) 가운데 어디에 더 중점을 두어 해석할 것인가에 따라 『대학』을 해석하는 시각이 달라진다.

추행(推行)에 중점을 두는 시각은 18세기 후반 이후 정약용(丁若鏞)과 같은 학자에게서 나타나고, 행(行)에 중점을 두는 시각은 16세기 사화기를 거치면서 심성수양의 실천을 중시한 조식(曺植) 같은 학자로부터 나타나며, 지(知)에 중점을 두는 시각은 주로 17세기 이후 기호학파 학자들에서 나타난다. 특히 주자학의 선지후행(先知後行)의 논리에 충실한 주자학을 존신하는 학자들은 지(知)에 중점을 두고 우선시하였다. 이러한 점을 통해 우리는 조선시대 경학이 주자학에서 진일보하여 더 심화시킨 면을 발견할 수 있다.

마) 17세기 이후의 고본(古本)을 저본으로 한 독자적 해석

한편 17세기에 이르면 주자를 존모하면서도 주자가 주석한 『대학장구』를 저본으로 하지 않고, 아예 고본대학(古本大學)[十三經注疏本 『禮記』에 수록된 「大學」]을 저본으로 하여 새롭게 체제를 개편하는 해석도 나타나 주목된다. 그 대표적인 학자가 기호지방 서인계 학자 최유해(崔有海, 1588-1641)와 근기 남인계 학자 윤휴(尹鑴, 1617-1680)이다.

최유해는 주자의 『대학장구』 체제를 따르지 않고, 고본대학을 저본으로 새로운 해석의 틀을 제시했지만, 그의 『대학』 해석의 기본 정신은 주자가 경문(經文)·전문(傳文)으로 나누어 해석한 것과 삼강령·팔조목으로 나누어 해석한 것을 그대로 수용하고 있다. 따라서 주자학의 범주를 이탈한 해석이라고 보기 어렵다. 주자학을 그대로 수용하되, 삼강령·팔조목의 배치를 주자와 다르게 생각한 것이다.

윤휴는 기본적으로 고본대학의 편차를 그대로 따라 분절(分節)했다. 그러나 주자의 『대학장구』의 설을 상당 부분 수용하여 경문·전문으로 나누어 해석을 하고 있는 것을 보면, 주자의 설을 상당 부분 수용하고 있음을 알 수 있다.

18세기에는 양명학자로 알려진 정제두(鄭齊斗, 1649-1736)가 고본대학을 저본으로 새로운 해석을 하였고, 성호학파의 이병휴(李秉休, 1710-1776)가 고본대학을 저본으로 독자적인 해석을 하였다. 19세기에도 이런 분위기는 이어져 근기 남인계의 정약용(丁若鏞, 1762-1836)과 근기 소론계의 심대윤(沈大允, 1806-1872)이 고본대학을 저본으로 독자적인 해석을 하였다.

이런 분위기는 조선이 망하고 일제강점기로 이어지는 시기까지 간헐적으로 이어졌는데, 20세기 초에는 개성 출신 김택영(金澤榮, 1850-1927)과 함경도 출신 설태희(薛泰熙, 1875-1940)가 고본대학을 저본으로 개성 있는 설을 제기하였다. 특히 설태희는 양명학설에 의거하면서 새로운 시대적 변화에 대응할 수 있는 적극적인 해석을 하여 조선경학의 대미를 장식하였다.

한편 18세기 근기 남인계 학자 이익(李瀷, 1618-1763)은 사서삼경 및 『소학』·『가례』·『근사록』·『심경』 등에 대해 모두 전면적으로 재해석하여 질서(疾書)라는 거질의 저술을 남겼는데, 『대학』 해석은 주자의 『대학장구』와 크게 다른 해석을 한 것이 없으나, 『중용』 해석은 공자중용(孔子中庸)과 자사전(子思傳)으로 크게 나누어 종래에 찾아볼 수 없는 독특한 해석을 함으로써 주자의 『중용장구』와 전혀 다른 해석을 하였다. 이러한 해석은 『대학』 해석에 비유하자면, 주자의 『대학장구』를 따르지 않고 고본대학을 취하여 독자적으로 해석한 것에 해당한다.

바) 18세기 이후의 한송겸취적(漢宋兼取的) 해석

18세기 조선 학계는 주자학을 절대 존신하는 분위기가 더욱 고착되었다. 정치적으로 실세한 남인계 학자들은 고경(古經)을 통해 육경(六經)의 정신을 회복하고자 했고, 소론계 학자들 가운데 정제두(鄭齊斗)처럼 양명학을 학문적 바탕으로 삼는 사람도 있었다. 이들은 주자학 일색으로 획일화되는 학풍을 우려하여 학문본연의 정신을 일깨우기도 하였다.

한편 18세기 후반 노론계의 중앙학계에서는 북학(北學)의 바람이 불고 있었다. 연행(燕行)을 통해 청조의 신문물을 많이 접했던 노론 낙론계(洛

論系) 학자들은 홍대용(洪大容)·박지원(朴趾源) 등에게서 제기된 북학론에 관심을 가졌고, 일부 학자들은 명물(名物)·훈고(訓詁)에 장점을 가진 고증학을 받아들였다.

그리하여 당시 사상계는 주자학을 정학(正學)으로 규정하여 절대 존신하던 대대수의 학자들, 주자학을 상대적으로 존신하면서 의리발명을 중시하여 육경의 정신을 회복하려고 하던 일부 근기남인계 학자들, 그리고 청대 고증학을 받아들여 송대의 의리주의에만 안주하지 않고 청대의 고증학을 겸취하려 한 근기 지방의 학자들로 대별할 수 있다.

이런 분위기 속에서 정조대에 근기 지방의 학자들 중심으로 성리학과 고증학의 우열을 둘러싼 한송논쟁(漢宋論爭)이 발생하였다.[14] 이 시기 학계의 주도권을 장악한 정조는 의리지학(義理之學)으로서의 성리학 이념을 지키되 고거지학(考據之學)으로서의 새로운 연구방법론으로 고증학을 수용한다는 절충론을 제시하였고, 이는 규장각을 중심으로 한 그의 학술정책에 기본지침이 되었다. 19세기 전반 경기학인들은 구체적으로는 차이가 있지만 기본적으로는 한학(漢學)과 송학(宋學)의 장점을 함께 수용하려는 입장을 취했다. 이러한 한송겸취론은 김정희(金正喜, 1786- 1856)에 이르러 한학과 송학을 구별할 수 없다는 한송불분론(漢宋不分論)으로 나타났다.[15]

19세기 전반 한송겸취론적 해석을 한 대표적인 인물이 근기 남인계의 정약용(丁若鏞)과 노론계의 홍석주(洪奭周)·성해응(成海應)이다. 성해응의 겸취론은 송학의 저술을 정본(定本)으로 하면서도 주로 한학의 성과에

14 金文植(1994), 10~38면 참조.

15 金文植(1996), 25면 참조.

관심을 가진 한학 중심적인 것이었고, 홍석주의 겸취론은 송학의 실천성을 중심으로 한학의 장점을 수용한 송학 중심적인 것이었으며, 정약용은 한학과 송학의 성과를 참고로 활용하면서도 경전의 원문에 근거하여 독자적인 해석을 하는 겸취론이었다.[16]

3. 한국경학의 특징

한국경학의 특징은 조선시대 경학에서 찾을 수 있고, 그것은 앞에서 언급한 경서해석의 관점과 몇 가지 논제 속에 대부분 들어 있다. 이를 바탕으로 한국경학의 특징을 몇 가지로 정리하면 아래와 같다.

첫째, 구결(口訣)·석의(釋義)·언해(諺解) 등을 통해 우리말 해석이 이루어졌다는 점이다. 이는 주로 조선전기에 이루어진 성과로 15세기 중반의 구결, 16세기 중반의 석의, 16세기 말의 언해에 이르기까지 개인적 차원의 정리를 거쳐 국가적 차원에서 결실을 보게 되었다. 이러한 우리말식 해석은 16세기 성리학이 활짝 꽃 피는 분위기 속에서 이루어져 경서해석을 보다 정밀히 하는 데 크게 기여하였다.

또한 이 시기에 이루어진 구결과 언해를 보면, 사서오경과 아울러 『소학』도 포함되어 있으니, 『소학』이 조선경학에서는 경서의 반열에 든 것을 알 수 있다. 한편 이황이 정리한 석의는 사서삼경을 위주로 한 것으로, 이 시기에 이르면 사서오경 체제에서 『춘추』와 『예기』가 뒷전으로 밀려 사서삼경 체제로 변화된 모습을 보이고 있다.

둘째, 성리학적 해석이 이루어진 점이다. 16세기 성리학이 활짝 꽃피면서 격물치지(格物致知)·인심도심(人心道心)·사단칠정(四端七情)·심통성

16 上同, 248면 참조.

정(心統性情) 등에 관한 학설이 제기되어 학술토론이 일어났는데, 이러한 성리설 논쟁이 활발히 전개되면서 경전해석에도 영향을 미쳐 성리학적 해석이 심화되었다.

예컨대 『대학』의 '명덕(明德)'에 대한 해석을 보면, 주자가 "사람이 하늘에서 얻은 것으로 허령불매하여 중리를 갖추고 만사에 응하는 것이다.[人之所得乎天 而虛靈不昧 以具衆理而應萬事者也]"라고 한 해석을 두고서, 심통성정(心統性情)으로 해석하거나 심합이기(心合理氣)로 해석하는 등 다양한 해석이 나타난다. 이러한 해석은 분명 중국경학에서 찾아보기 드문 조선경학의 특징적인 면모이다.

셋째, 주자설의 정론화(定論化) 및 대전본 소주에 대한 비판이 이루어진 점이다. 16세기에는 이황·이이에 의해 석의가 정리되고 그 뒤에 언해가 이루어졌다. 이 과정에서 주자의 주에 대한 이해와 대전본에 대한 이해가 깊어졌는데, 이이는 대전본 소주의 설이 주자의 설과 다른 점을 발견하고 이에 대해 권평(圈評)을 붙여 변별화를 시도하였다. 이런 전통은 그의 문인 김장생(金長生)에게 하나의 방법론으로 전해져 본격적으로 소주비판이 나타나기 시작한다.

또 16세기 후반 『주자전서(朱子全書)』가 보급되기 시작하여 주자학에 대한 이해가 심화되었을 뿐만 아니라, 주자의 경서주석을 문집의 설과 상호 비교하여 참조하게 되었다. 이런 과정을 거치면서 주자의 설에 이동(異同)이 있음을 발견하고 초년설과 만년설을 구분하여 만년정론(晩年定論)을 확정하려는 해석이 나타났다. 이런 해석은 주로 율곡학파에서 본격적으로 제기되어 김장생을 거쳐 송시열·이유태 등을 거쳐 한원진에 이르러 정리되었다.

넷째, 주자의 『대학장구』를 일부 개정하여 주자의 설을 보완하는 작업이 이루어진 점이다. 이는 앞에서 살펴보았듯이 이언적으로부터 비롯되어 고응척·장현광·최유지·박세당·이만부·안태국 등으로 이어지며 나타났다. 이런 해석은 대체로 주자가 전 제4장(聽訟章)으로 구분한 것을 없애고, 격물치지장이 궐실된 것이 아니라 착간되었다는 관점에서 이를 찾아 편차를 일부 개정한 것으로, 주자의 설을 보완하는 차원에서 이루어진 것이다.

중국에서는 남송 말기부터 명대에 주로 이런 설이 등장하였는데, 우리나라에서는 16세기부터 개정설이 제기되어 19세기까지 이어졌다. 그런데 그 개정설이 각기 다르고 중국의 개정설과도 다르다는 점에서 그 의의가 있다. 요컨대 다양한 개정보완설이 제기된 것이다.

다섯째, 조선 후기 일부 학자들이 주자의 해석서에서 벗어나 고경(古經)[十三經注疏本 수록 경서]을 저본으로 새로운 해석을 시도한 점이다. 이러한 해석은 17세기부터 나타나기 시작하는데, 맨 처음 고본대학을 취하여 독자적으로 분장을 하고 새로운 해석을 한 인물이 기호학파의 최유해(崔有海)이다.

최유해는 율곡학파에 속한 학자였는데, 후대 사문난적으로 몰린 윤휴(尹鑴)보다 먼저 주자의 『대학장구』를 저본으로 하지 않고 고본대학을 저본으로 독특한 해석을 하였다. 그러나 그의 학문성향은 반주자학 또는 탈주자학적인 것이 아니었다. 오히려 주자학을 누구보다 신봉한 인물인데도 불구하고 독자적인 해석을 한 것이다.

이후 주자의 『대학장구』에서 벗어나 고본대학을 저본으로 새로운 해석을 한 인물은 윤휴·정제두·이병휴·정약용·심대윤·김택영·설태희 등이 있다. 이 가운데 윤휴·이병휴·정약용은 근기 남인계이고, 정제두·심대윤은 소론계이며, 김택영은 구한말 개성 출신의 학자이고, 설태희는 일제강점기 함경도 지방의 학자로 양명학을 수용한 인물이다.

한편 이익의 『중용』 해석을 보면 종래에 찾아볼 수 없는 매우 독특한 해석을 하고 있다. 그는 고본을 취하여 독자적으로 새롭게 해석하였는데, 『중용』을 『대학』처럼 경문(經文)과 전문(傳文)으로 나누어 공자중용(孔子中庸)과 자사전(子思傳)으로 구분해 해석한 것이 독특하다. 이익의 『대학』 해석은 주자의 『대학장구』를 거의 그대로 수용하면서 세부적으로 이견을 제시하였는데, 『중용』 해석은 주자의 『중용장구』 체재를 따르지 않고 독자적인 시각으로 전혀 다르게 해석한 것이다.

여섯째, 조선 후기 일부 학자들이 양명학적 해석을 한 점이다. 조선시대 양명학은 16세기부터 영향관계가 나타나지만, 본격적으로 양명학적 사유로 경전을 해석한 인물은 정제두(鄭齊斗)이다. 그의 후학들은 주로 소론계 학자들로 강화학파를 형성하였다.

일곱째, 조선 후기 실학자들이 실학적 사유로 경서를 해석한 점이다. 우리 역사상 실학은 영·정조 시대에 나타난 실정에 입각한 실제적인 사고를 세우기 위해 제기된 학풍을 말한다. 실학의 유파는 이익을 중심으로 하는 경세치용학파, 박지원을 중심으로 하는 이용후생학파, 김정희를 중심으로 하는 실사구시학파로 나눈다. 이 가운데 실학적 사유로 경서를 해석한 것은 경세치용을 주장한 성호학파에서 주로 나타난다. 이익은 11종의 질서류(疾書類)를 저술하여 사서삼경 및 『심경』·『근사록』·『주자가례』·『소학』 등에 대해 전면적으로 재해석을 시도하였다. 그 가운데는 주자의 설을 상당 부분 수용하고 있지만, 실제적인 일을 중시하는 사유로 해석한 것이 다수 있다. 이런 실학적 해석은 정약용에 이르러 집대성되었다.

여덟째, 18세기 후반 이후 청대 고증학을 수용한 근기 지방의 일부 학자들이 고증학적으로 경서를 해석한 점이다. 청대 고증학이 유입되어 본격적으로 논의되기 시작한 것은 정조 연간이다. 청대 고증학은 주로 연행을 한 사신들을 통해 유입되었는데, 조선에 유입된 것은 고염무(顧炎武)·염약거(閻若璩)·모기령(毛奇齡) 등의 설이었다. 이들의 저술은 주로 중앙학계의 일부 학자들에게 전해져 유통되었는데, 고증학을 수용한 대표적인 학자가 성해응·홍석주·정약용·신작·김정희 등이다. 그러나 이들은 전적으로 주자학을 부정하지 않고, 한학의 훈고와 송학의 의리를 겸취하여 해석하려 하였다.

아홉째, 정조 이후 국왕이나 성균관에서 반포한 조문(條問)에 조대(條對)하는 형식의 해석이 이루어진 점이다. 정조는 초계문신을 선발하여 경사(經史)를 강의하게 하였는데, 어제조문을 작성하여 조대하게 하였다. 정조가 서거한 뒤에는 1897년 성균관에서 반포한 조문에 조대한 여러 학자들의 설이 다수 문집에 산견된다.

이를 통해 볼 때, 정조 때에는 초계문신들이 조문에 조대하는 해석이 이루어졌으며, 1897년 이후에는 성균관의 조문에 각지의 학자들이 조대하는 해석이 유행한 것을 알 수 있다.

Ⅳ. 맺음말

조선시대 경학은 모든 학문의 근간이었다. 그러므로 조선시대 경학을 연구하지 않고서는 조선시대 학술사를 온전히 이해할 수 없다. 이런 점에서 때늦은 감이 없지 않지만, 한국경학에 대한 연구도 재 점화하여 활발한 연구풍토가 조성되길 기대해 본다.

앞에서 언급했듯이, 한국경학은 외형적으로는 중국경학을 닮아 있지만, 내재적으로는 그것을 수용하여 자기화하려는 끝없는 몸부림으로 점철되어 있다. 그래서 한국적 경전해석의 특징이 드러난다. 그 가운데 한국어 구조에 맞게 해석하기 위해 구결·석의·언해가 오랜 기간에 걸쳐 이루진 점, 주자학을 수용하여 더욱 명징하고 정치하게 심화시킨 점, 주자학을 수용하면서도 의리발명을 중시하여 주자의 설을 일부 개정하는 설을 부단히 제기한 점, 주자학으로 경도 되자 경서는 일가의 글이 아니므로 후학들이 부단히 의리를 발명해 나가야 한다는 의리주의 정신을 고취시킨 점, 청대 고증학을 수입하여 한학과 송학을 절충하면서 다양한 성향을 보인 점, 다양한 도설을 작성하여 경서의 요지를 파악하려고 한 점, 실학적 사고로 경전을 해석한 점 등은 한국경학의 독자적인 성향을 보여주는 것들이다.

이러한 한국경학의 특징적인 성향을 보다 심도 있게 고찰하여 동아시아 경학사 속에서 그 의의와 가치를 구명하는 일이 앞으로 우리 경학연구자들이 해야 할 일이다. 그리고 경전해석을 통해 한 시대를 지배하는 이념을 창출하지는 못할지라도, 과학기술과 물질적 풍요만을 지향하는 오늘날의 문화를 인간이 인간답게 살기 위한 도덕적 양심과 사회적 정의를 구현하는 정신문화로 전환하는 데 초석을 놓을 수 있기를 기대해 본다.

이 글은『한국경학과 규장각 소장 경부자료의 가치』
(서울대 규장각한국학연구원, 한국경학학회 공동학술대회, 2015)에 실린
「한국경학과 규장각 소장 경부자료의 가치」를 수정 보완한 것이다.

제4장

『대학』 해석의 연구 현황과 향방

Ⅰ. 문제제기

현대학문 체제로 들어선 뒤 유학(儒學)이 우리 민족사에 부정적으로 기능하였다는 일반적 통념 때문에 공리공담으로 인식된 조선시대 성리학은 역사의 뒤안길로 밀릴 수밖에 없었고, 전통시대의 이념이었던 경서(經書)는 그 빛을 잃을 수밖에 없었다.

다행히 조선후기에 성리학의 형이상학적 이치탐구나 도덕적 이상주의를 추구하는 이념에서 벗어나 현실 문제를 중시한 실학(實學)이 나타났고, 주자학적 경전해석의 틀에서 이탈하는 해석이 대두되었기에, 식민지사관을 극복하고 민족사관을 정립하려는 학자들이 이 부분을 주목함으로써 조선시대 경학은 역사의 장에서 완전히 퇴출되는 비극은 면하게 되었다.

그러나 그런 분위기 속에서 일어난 경학연구는 스스로의 주체적 시각을 마련하지 못한 채 실학연구의 연장선상에서 이루어지게 되었고, 자연스럽게 '실학'이라는 프리즘을 통해 '경학'을 바라보게 되었다. 1980년대 유행어처럼 쓰인 '실학적 경학'이라는 용어가 그런 실상을 대변해 준다.

그러한 풍토 속에서, 연구자들은 조선후기 실학자이면서 경학가이거나 주자학에서 이탈하는 성향을 보이는 몇몇 학자들에게만 관심을 집중하게 되었다. 그것이 한 시대의 흐름이었다. 그러다 보니 실학의 범주 속에서 경학을 파악하게 되었고, 결과적으로 한국경학을 경전해석의 관점에서 바라보는 시각을 갖지 못하고 말았다. 이는 지금까지도 지속되고 있다.

한국경학을 온전히 파악하기 위해서는 실학의 범주에서 벗어나 경학 연구 나름의 독자적인 시각을 마련해야 한다. 그러기 위해 시급히 해야 할 일이 각 경전별로 각론과 총론에 대한 연구가 병행되면서 경전별 경학사를 조망하는 작업이 이루어져야 한다. 그래야 우리나라 경학 전반의 흐름을 파악할 수 있고, 한국경학사를 서술하는 자체적인 안목을 가질 수 있다.

이 글은 이런 문제의식을 기반으로, 조선시대 『대학』 해석의 성과와 특징을 개괄해 보고, 기왕의 연구현황과 그것을 바탕으로 앞으로의 연구 방향을 설정해 보는 것을 목적으로 한다.

Ⅱ. 『대학』 해석의 성과와 특징

1. 학문 체제와 『대학』의 위상

조선시대 학문체제는 주자가 정한 사서(四書)가 근간이었다. 따라서 사서 체제를 극복하고 육경의 정신을 회복하고자 한 다산 정약용 같은 학자들은 굳이 '육경사서(六經四書)'라고 일컬었지만, 대다수의 학자들은 주자가 정한 체제에 순응하여 '사서오경'이라 일컬었다. 이 사서오경은 명나라 영락제 때 만들어진 사서오경 대전본이 세종 때 유입되어 조선시대 학문의 텍스트가 되었는데, 사서는 주자의 주석을 위주로 한 것이었다.

조선시대의 학문은 처음 사서오경 체제를 유지했지만, 그 가운데 『춘추호씨전(春秋胡氏傳)』과 『예기대전(禮記大全)』은 점차 그 위상을 찾지 못하여 서서히 뒤로 밀리게 되었다. 그리하여 퇴계 이황이 활동하던 16세기에 이르면 사서삼경 체제로 정착된다.

조선전기 신진사림들은 훈구파와 충돌하면서 자신들의 도덕적 정체성을 확립하기 위해 특히 『소학』을 강조하였다. 그것은 『소학』이 주자가 소학교육의 교재로 만든 책일 뿐만이 아니고, 그 내용이 인간의 기본적인 윤리와 도덕을 중시한 것이므로 시대정신과 부합하였기 때문이다. 또한 조정에서는 주자학의 이념을 현실정치에 적용한 『대학연의(大學衍義)』를 강의해 군주의 치도를 정립하려고 하였다.

이런 일련의 사상적 흐름 속에서 『소학』과 『대학』은 학문의 두 축으로 자리 잡았다. 이 두 책은 주자의 교육철학이 담긴 책이기 때문에 그 어느 경서보다 중시되었다. 『소학』이 비록 경서의 반열에 오르지는 못했지만, 거의 경서로 대접을 받았다. 이런 인식은 퇴계 이황이 선조에게 올린 「성학십도(聖學十圖)」의 제3도(小學圖)와 제4도(大學圖)에 잘 나타나 있다. 이황은 대학도 뒤에 다음과 같은 말을 덧붙였는데, 이는 당시 사림의 학문정신을 단적으로 말해준다고 해도 과언이 아니다.

> 위의 대학경은 공자가 남긴 『대학』의 경일장(經一章)입니다. 국초에 신 권근(權近)이 이 대학도(大學圖)를 그렸습니다. 경일장 밑에 인용한 『대학혹문』의 글은 『대학』·『소학』의 뜻을 통합해 거론한 것인데, 그

> 설이 「대학도」 밑에 보입니다. 그러나 이 「소학도」·「대학도」의 두 설만을 통합해 볼 것이 아니라, 이 두 그림 위·아래에 있는 나머지 여덟 개의 그림도 모두 이 두 그림과 통합해 보아야 합니다. 대개 맨 위의 두 개의 그림[1]은 단서를 찾아 확충하고 천(天)을 본체로 하여 도를 극진히 하는 것으로 극치의 경지이니, 『소학』과 『대학』의 표준과 본원이 됩니다. 이 「대학도」 아래에 있는 여섯 개의 그림[2]은 선을 밝히고[明善] 자신을 진실 되게 하며[誠身] 덕을 높이고 학업을 넓히는 것으로 힘을 쓰는 지점이니, 『소학』과 『대학』의 터전[田地]과 일[事功]이 됩니다. 그리고 경(敬)은 또 위로도 통하고 아래로도 통하니[徹上徹下], 공부를 하고 공효를 거두는 것이 모두 여기에 종사하여 잃지 말아야 할 것입니다. 그러므로 주자의 설이 그와 같습니다. 지금 이 십도(十圖)도 모두 경(敬)을 주로 삼았습니다.[3]

이처럼 16세기 조선의 학문은 『소학』을 통해 인간자세를 확립하고, 『대학』을 통해 학문의 규모를 세우는 것이 근간으로 인식되었다. 이는 주자학에 대한 이해가 깊어지면서 주자의 학문체계를 그대로 따르고자 하는 분위기가 무르익음으로써 대두된 시각이다.

주지하다시피 주자는 종래의 오경 위주의 학문 체제를 사서 위주의 학문 체제로 개편한 인물이다. 그런데 그는 사서를 읽는 순서에 대해

---

1 두 개의 그림: 「聖學十圖」 가운데 맨 처음에 보이는 두 개의 그림, 즉 「太極圖」와 「西銘圖」를 가리킨다.

2 여섯 개의 그림: 「제4대학도」 밑에 있는 「白鹿洞規圖」·「心統性情圖」·「仁說圖」·「心學圖」·「敬齋箴圖」·「夙興夜寐箴圖」를 가리킨다.

3 李滉, 『퇴계집』 권7, 「聖學十圖」. "右 孔氏遺書之首章 國初臣權近作此圖 章下所引或問通論大小學之義 說見小學圖下 然非但二說當通看 幷與上下八圖 皆當通此二圖而看 蓋上二圖 是求端擴充體天盡道 極致之處 爲小學大學之標準本原 下六圖 是明善誠身崇德廣業用力之處 爲小學大學之田地事功 而敬者 又徹上徹下 著工收效 皆當從事而勿失者也 故朱子之說如彼 而今玆十圖 皆以敬爲主焉"

『대학』을 먼저 읽고, 그 다음에 『논어』와 『맹자』를 읽고, 그 다음에 『중용』을 읽어야 한다고 순서를 정하였다. 그것은 『대학』을 학문의 규모로 보아, 학자가 해야 할 일이 다 갖추어져 있다고 보았기 때문이다. 『대학』은 초기에 정치서(政治書)로 인식되었다가, 송나라 때 사대부정치가 이루어지면서 학자사(學者事)로 인식되었다. 그래서 주자는 특별히 『중용』과 함께 『대학』을 중시하여 자기 학문의 근간으로 삼았다. 주자는 이 두 책에 자신의 정력을 다 쏟았고, 벗과 제자들에게 보여 질정을 구하면서 수십 년 동안 개정에 개정을 거듭해 임종하기 3일 전까지 개정을 하였다고 한다.

주자는 왜 이처럼 『대학』에 정력을 다 바친 것일까? 주자가 만든 『대학장구』의 체계를 보면, 삼강령(三綱領)과 팔조목(八條目)으로 되어 있다. 이를 도표로 나타내면 다음과 같다.

<table>
<tr><th>三綱領</th><th>八條目</th><th>工夫</th><th>功效</th><th>準的</th></tr>
<tr><td rowspan="5">明明德</td><td>格物</td><td rowspan="2">知(진리 탐구)</td><td rowspan="5">成己</td><td rowspan="8">止於至善</td></tr>
<tr><td>致知</td></tr>
<tr><td>誠意</td><td rowspan="3">行(자기 실천)</td></tr>
<tr><td>正心</td></tr>
<tr><td>修身</td></tr>
<tr><td rowspan="3">新民</td><td>齊家</td><td rowspan="3">推行(사회적 실천)</td><td rowspan="3">成物</td></tr>
<tr><td>治國</td></tr>
<tr><td>平天下</td></tr>
<tr><td>止於至善</td><td colspan="3"></td><td></td></tr>
</table>

이를 통해 볼 때, 주자가 파악한 『대학』의 논리체계는 격물·치지의 지적 탐구인 지(知), 성의·정심·수신의 탐구한 진리를 자신에게 돌이켜 실천하는 행(行), 그리고 그것을 남과의 관계에서 확대해 나가는 사회적 실천의 추행(推行)으로 구분된다. 이는 사대부정치시대 사대부의 이념에 부합되는 것이다. 말하자면 주자는 새로운 시대의 이념을 『대학』 해석을 통해 구현해 보고자 한 것이라 할 수 있다.

위의 지(知)·행(行)·추행(推行) 세 가지 가운데 조선시대 대부분의 학자들은 보다 근본적인 지와 행에 치중하였다. 그리하여 격물치지와 명덕(明德)에 대해 심도 있는 해석을 하였다. 그리고 사화(士禍)와 당쟁(黨爭)을 경험하면서 심성수양을 통한 도덕적 실천을 중시하는 학풍이 수립되었다. 이것이 도학의 이념을 지도(知道)와 행도(行道)의 두 측면에서 파악하는 근거를 제공한 것이다. 그러나 조선후기 일부 실학자들은 오히려 추행에 더 관심을 가지고 연구하여, 효제자(孝悌慈)·혈구(絜矩)·용인(用人)·재용(財用) 등에 관심을 기울이며 현실의 행사(行事)에 주안점을 두기도 하였다.

이런 논리구조 파악을 통해 보면, 『대학』에는 학문의 모든 규모가 다 들어 있다고 해도 과언이 아니다. 그래서 15세기 말부터 신진사림들은 자신의 몸가짐을 규율하는 실천적 지침서로서 『소학』의 중요성을 강조하였고, 16세기 초에 이르러서는 『대학』이 여러 경전의 강령으로 중시되기 시작하였다.

이 시기 성균관 대사성을 지낸 유숭조(柳崇祖, 1452-1512)는 「대학잠(大學箴)」 10조를 지어 중종에게 올림으로써 『대학』의 중요성을 더욱 부각시켰고, 박영(朴英, 1471-1540)은 『대학』을 특별히 중시하여 「대학도(大學圖)」·「대학경일장연의(大學經一章演義)」를 저술하였고, 이언적(李彦

迪, 1491-1553)은 『대학』을 깊이 연구하여 「대학장구보유(大學章句補遺)」·「속대학혹문(續大學或問)」 등의 성과물을 생산하였다. 그리하여 16세기 학자들은 『대학』을 모든 경서의 강령으로 인식하게 되었다.

예컨대 조식(曺植, 1501-1572)이 "다만 『대학』은 모든 경전의 강령(綱領)과 통서(統緖)이니 모름지기 『대학』을 읽어 융회관통하면 다른 경서를 보기가 쉬울 것이다."[4]라고 하고, 이항(李恒, 1499-1576)이 "『대학』은 모든 경전의 강령이니, 모름지기 『대학』을 통서를 세워 읽어 융회관통하면 다른 경서를 보기가 쉬울 것이다."[5]라고 한 말을 보면, 이런 분위기를 충분히 짐작할 수 있다.

또 이황은 집을 짓는 데 비유하여, 『소학』은 터를 반듯하게 고르고 재목을 준비하는 것으로, 『대학』은 그 터에 천만 칸의 집을 짓는 것으로 보았다. 이황의 눈에 『대학』은 천만 칸의 큰 빌딩[大廈]이었다. 또한 이황은 나무에 비유하여, 『소학』은 나무의 뿌리를 배양하는 것으로 보고, 『대학』은 그 뿌리로부터 가지에 도달하는 전 과정으로 보았다. 그래서 그는 『대학』의 규모는 매우 크다고 하고, 그 규모 속에는 모든 경서의 내용이 다 포함될 수 있다고 하였다. 곧 여타 경서의 내용을 모두 이 큰집을 장식하는 각종 부속으로 본 것이다.

이러한 이황의 『대학』에 대한 인식은 주자가 "지금 또한 『대학』을 숙독하여 시렁을 만들고, 다른 책의 내용을 거기에다 채워나가야 한다."[6]라고 한 말에서 연유한 것으로, 주자의 언설보다 더 큰 의미를 부여한 것을 알 수 있다.

4 曺植, 『南冥集』, 「示松坡子」. ""但大學 群經之綱統 須讀大學 融會貫通 則看他書便易"
5 李恒, 『一齋集』, 「示金君永貞」. "但大學 群經之領 須統讀大學 融會貫通 則看他書便易"
6 胡廣 等 撰, 『大學章句大全』, 「讀大學法」. "今且熟讀大學 作間架 却以他書填補去"

『대학』은 현실세계에서 학자가 추구해야 할 인도(人道)를 말한 것이므로, 이와 함께 인간과 하늘의 관계를 언급하면서 인도와 천도(天道)를 함께 말한 『중용』이 성인의 가르침으로 인식되어 『대학』과 표리관계로 받아들여졌다.

이런 관점에서 보면, 조선시대 학문은 사서 체제 가운데서도 『대학』과 『중용』이 보다 근본으로 인식되었음을 알 수 있다. 실제로 조선시대 학자들의 문집을 보면 『대학』의 격물치지(格物致知)·성의(誠意)·명덕(明德)·효제자(孝悌慈)·혈구(絜矩) 등에 관한 설과 『중용』의 중용(中庸)·중화(中和)·지인용(智仁勇)·성(誠)·천도(天道)·인도(人道)·존덕성(尊德性)·도문학(道問學) 등에 관한 설을 쉽게 찾아볼 수 있다.

이를 통해서도 조선시대 학문의 근간은 이 두 책이었음을 한 눈에 확인할 수 있다. 이는 사대부정치 시대의 새로운 이념을 제공하는 정신이 이 두 책에 무르녹아 있기 때문이다.

2. 『대학』 해석의 성과

조선시대 학자들이 『대학』을 해석한 설은 무수히 많다. 개인 문집의 편지글이나 잡저 등에 실린 것은 이루 다 열거할 수가 없다. 별책으로 간행된 것만 해도 수십 종에 이른다. 필자가 조사한 바에 의하면, 조선시대 『대학』 해석에 관한 설을 남긴 학자는 350여 명이나 된다. 경학가의 숫자로만 보면, '한국경학자료집성'에 수록된 112명의 경학가보다 2배나 더 많다. 물론 이런 자료에는 특별한 의미가 없이 주자의 설에 따라 반복해서 설명한 구태의연한 설이 다수 있다. 그러나 자신의 설을 기록으로 남겼다는 것은 작자 나름의 견해가 있었음을 의미한다.

이런 관점에서 보면, 주자의 설을 부연하거나 심화한 경우라도 작자는 평생의 연구와 깊은 통찰을 통해 발명한 설이므로, 그 가치를 인정할 필요가 있다. 그러므로 조선시대『대학』해석사를 기술하기 위해서는 관련 자료를 모두 모아 정리하는 일이 무엇보다 먼저 이루어져야 할 것이다.

'한국경학가자료집성-대학'에 수록된 경학가와 그들의 작품만을 소개하면 다음과 같다.

001 權 近(1352-1409) 大學指掌之圖 入學圖說
002 李石亨(1425-1477) 大學衍義輯略 大學衍義輯略
003 柳崇祖(1452-1512) 大學三綱八目箴 眞一齋集
004 朴 英(1471-1540) 讀大學法 松堂集
005 李彦迪(1491-1553) 大學章句補遺 晦齋集
006 李彦迪(1491-1553) 續大學或問 晦齋集
007 李 滉(1501-1570) 大學圖 退溪集 聖學十圖
008 李德弘(1541-1596) 大學質疑 艮齋集 續集
009 曺好益(1545-1609) 大學童子問答 大學童子問答
010 李愼儀(1551-1627) 大學箚錄 石灘集
011 李廷龜(1564-1635) 大學講語 大學講語
012 趙 翼(1579-1655) 大學困得後說 浦渚集
013 崔攸之(1603-1673) 論大學格致章 帶方世稿 雜著
014 權 諰(1604-1672) 講大學衍義 炭翁集
015 李惟泰(1607-1684) 大學答問 草廬集
016 尹 鑴(1617-1680) 讀書記大學 白湖全書
017 高汝興(1617-1678) 大學輯要 鬧隱集
018 朴世堂(1629-1703) 思辨錄大學 思辨錄
019 朴世采(1631-1695) 大學答問 南溪集
020 吳道一(1645-1703) 大學正心章問答 西坡集

021	金 榦(1646-1732)	大學答問	厚齋集
022	金 榦(1646-1732)	大學箚記	厚齋集
023	林 泳(1649-1696)	讀書箚錄大學	滄溪集
024	李泰壽(1658- ?)	大學五圖	止谷集
025	李萬敷(1664-1732)	大學論	息山集
026	權 榘(1672-1749)	大學就正錄 并圖	屛谷集
027	李煥模(1675- ?)	大學箚疑	斗室寤言
028	李顯益(1678-1717)	論大學明德正心二章辨說	正菴集
029	周宰成(1681-1743)	大學講義	菊潭集 庸學講義
030	李 瀷(1681-1763)	大學疾書	星湖疾書
031	韓元震(1682-1751)	經義記聞錄-大學	南塘集
032	林象德(1683-1719)	大學箚錄	老村集
033	金尙埏(1689-1774)	大學小註辨解	棄棄齋集
034	楊應秀(1700-1767)	大學講說	白水集
035	任聖周(1711-1788)	大學經義	鹿門集
036	金謹行(1712- ?)	大學箚疑	庸齋集
037	白鳳來(1717-1799)	大學通理	九龍齋集
038	權明佑(1722-1795)	讀大學箚記	可齋集
039	金奎五(1729-1789)	大學講錄	最窩集
040	金 憙(1729-1800)	寒井大學講義	芹窩集
041	李時逸(1731-1792)	大學義	閒窩集
042	洪大容(1731-1783)	大學問疑	湛軒書
043	趙有善(1731-1809)	大學經義	蘿山集
044	柳匡天(1732-1799)	御製經義問對-大學	歸樂窩集
045	朴胤源(1734-1799)	大學箚略	近齋集
046	金相進(1736-1811)	大學經義	濯溪集
047	金正默(1739-1799)	大學辨答補遺	過齋遺稿
048	金龜柱(1740-1786)	大學經義	可菴遺稿 續集

049	金龜柱(1740-1786)	大學箚錄	經書箚錄
050	金龜柱(1740-1786)	大學或問箚錄	經書箚錄
051	李元培(1745-1802)	大學條對	龜巖集
052	吳允常(1746-1783)	大學箚記	寧齋遺稿
053	金履九(1746-1812)	大學箚錄	自然窩集
054	金履九(1746-1812)	大學	自然窩集
055	徐瀅修(1749-1824)	大學講義	明皐全集
056	徐瀅修(1749-1824)	大學類義敍例	明皐全集
057	黃德吉(? -1827)	大學講義	下廬集
058	李禹世(1751-1830)	大學講說	石淵集
059	金羲淳(1757-1821)	大學講說	山木軒集
060	裵相說(1759-1789)	大學纂要	槐潭四書纂要
061	金鍾厚(? -1780)	大學	本菴集
062	申顥仁(1762-1832)	大學箚疑	三洲集
063	尹行恁(1762-1801)	曾傳秋錄	碩齋集
064	丁若鏞(1762-1836)	大學公義	與猶堂全書
065	丁若鏞(1762-1836)	大學講義	與猶堂全書
066	柳健休(1768-1834)	大學集評	東儒四書解集評
067	金虎運(1768-1811)	大學講錄	雨澗集
068	金邁淳(1776-1840)	大學傳八章說	臺山集
069	金邁淳(1776-1840)	格致童子問	臺山集
070	李漢膺(1778-1864)	答兒憲相大學問目	敬菴集
071	朴慶家(1779-1841)	大學章句圖	鶴陽集
072	朴慶家(1779-1841)	大學雜錄	鶴陽集
073	鄭裕昆(1782-1865)	大學	晩悟集
074	宋洪直(1783-1835)	大學箚疑	書巢集
075	李晦慶(1784-1866)	大學大旨	鶴南集
076	柳懿睦(1785-1833)	大學辨疑	守軒集

077	崔象龍(1786-1849)	大學辨疑	鳳村集
078	崔孝述(1786-1870)	大學疑義	止軒集
079	崔孝述(1786-1870)	大學講錄	止軒集
080	李章贊(1794-1860)	大學經義	薌隱集
081	沈奎澤(1812-1871)	大學經傳記疑	西湖集
082	朴時默(1814-1875)	大學講義	雲岡集
083	李泰宇(1820-1882)	大學箚疑	五愛堂遺集
084	朴文一(1822-1894)	大學	雲菴集
085	金鍾善(1823-1902)	答兒子大學疑義	勤齋集
086	吳衡弼(1826-1904)	大學答目	訥菴集
087	申鍾浩(1827-1906)	大學	泗隱集
088	徐基德(1832- ？)	對大學問目	石南居士私稿
089	柳重教(1821-1893)	大學說	省齋集
090	金永三(1834-1906)	大學問答	丹邱遺稿
091	洪智修(1835-1897)	大學問對	栗山集
092	李翊九(1838-1912)	大學講義	恒齋集
093	田　愚(1841-1922)	大學記疑	艮齋私稿
094	洪在英(1842-1905)	大學條對	芝坡集
095	李　嶔(1842-1928)	大學經義	桂陽遺稿
096	安泰國(1843-1913)	大學箚記	暘谷集
097	安泰國(1843-1913)	大學問答	暘谷集
098	郭鍾錫(1846-1919)	大學答問	茶田經義答問
099	朴宗永(？ -1875)	經旨蒙解-大學	松塢遺稿
100	朴文鎬(1846-1918)	大學或問	壺山集
101	朴文鎬(1846-1918)	大學章句詳說	壺山集
102	朴海量(1850-1886)	大學講說	聿修齋遺稿
103	崔濟泰(1851-1909)	大學序問答	松窩集
104	申箕善(1851-1909)	大學問目	陽園遺稿

105	許　烱(1853-1886)	大學釋義	錦湖集
106	張世瀞(1859-1931)	大學問答	卓立齋集
107	姜　銓(1859-1928)	大學記疑	象湖遺稿
108	李炳憙(1859-1936)	大學講義	省軒集
109	申泰龍(1862-1898)	大學問答	道陽集
110	宋鎬完(1863-1918)	大學發問條對	毅齋集
111	金秉宗(1871-1931)	大學衍義箚錄	秀山集
112	金鳳煥(1873-1915)	大學答問示朴化實	晦峯集
113	李鍾弘(1879-1936)	讀沙溪先生大學箚記	毅齋集
114	許容九(1882-1908)	大學箚疑	玉山雜稿
115	梁會甲(1884-1961)	大學箚錄	正齋集
116	李承福(1886-1961)	大學講解	良谷遺稿
117	金文鈺(1901-1960)	大學摭義	曉堂集
118	沈大允(1806-1872)	大學考正	庸學
119	著者未詳	大學集解	大學集解
120	著者未詳	大學章圖	大學章圖

앞에서 언급했듯이, 여기서 소개한 자료의 작자보다 2배나 더 많은 경학가가 있으며, 그 외에도 문집 잡저나 편지 등에『대학』해석과 관련한 자신의 견해를 드러낸 설이 무수히 많다.『대학』은 분량이 그리 많지 않고, 또 역대로 선현들의 설이 많기 때문에 독자적인 견해를 제기한다는 것 자체가 쉽지 않다. 그런데 조선시대 학자들이 이와 같이 많은 견해를 글로써 발표하였다는 것은 그만큼 이 책이 중요한 이념을 담고 있었음을 암시한다. 그래서 그들은 이 책을 정밀하게 탐구하여 사소한 점이라도 간과하지 않고 심층적으로 해석을 하였고, 그 결과 수백 건의 설이 남겨진 것이다.

3. 『대학』 해석의 주요 특징

필자는 몇 년 전 성균관대학교 대동문화연구원에서 수집 정리해 간행한 '한국경학가자료집성-대학'을 전체적으로 검토한 적이 있다. 그 당시 논의한 것을 토대로, 한국경학사의 흐름 속에서 『대학』 해석이 전개된 양상을 간추려 살펴보면 다음과 같은 성향을 발견할 수 있다.

1) 『대학』의 요지를 한 눈에 알아볼 수 있도록 도표화하여 해석하였다.
2) 구결(口訣)·석의(釋義)·언해(諺解) 등 우리말로 『대학』을 해석하였다.
3) 주자의 『대학장구』를 일부 개정하여 보완하려 하였다.
4) 주자의 『대학장구』를 텍스트로 하지 않고, 『예기』에 들어 있는 「대학」('고본대학'이라 함)을 취해 새롭게 해석하려 하였다.
5) 성리학에 대한 이해가 깊어지면서 주요 용어에 천착해 개념을 보다 명료하게 정의하려 하였다.
6) 주자학에 대한 이해가 깊어지면서 주자의 여러 저술에 실린 해석의 상이점을 분변하여 정설(定說)을 확정하려는 노력이 나타나며, 대전본 소주에 실린 설 가운데 주자의 설과 다른 설을 분변하여 주자설의 정통성을 확립하려 하였다.
7) 주자학에서 탈피하여 양명학적 관점으로 해석하려 하였다.
8) 조선후기 실학이 발생한 뒤, 그 영향으로 실학적 사유로 해석하려는 성향이 나타난다.
9) 청대 고증학이 유입된 뒤, 그 영향으로 고증학적 해석성향이 나타난다.
10) 정조의 어제조문(御製條問) 또는 성균관에서 반포한 조문(條問)에 조대(條對)하는 형식의 해석성향이 나타난다.
11) 『대학장구』 전 제10장(平天下章)의 분절문제(分節問題)가 대두되어 여러 설이 제시된다.

이상에서 열거한 11가지는 조선시대 『대학』 해석의 주요 성향으로 정리될 수 있다. 이에 대해 더 구체적으로 살펴보기로 한다.

1)은 조선초기부터 나타나기 시작하여 20세기 초까지 100여 종 이상의 대학도(大學圖)를 생산하였다.

2)는 15세기부터 17세기까지 집중적으로 나타난다.

3)은 이언적(李彦迪)이 『대학장구』를 개정한 뒤로 끊임없이 새로운 견해가 제기되었고, 아울러 이에 대한 찬반론도 끊이질 않았다.

4)는 17세기 전반 기호학파 최유해(崔有海)로부터 비롯되어 조선후기 윤휴(尹鑴)·정제두(鄭齊斗)·이병휴(李秉休)·신후담(愼後聃)·정약용(丁若鏞)·심대윤(沈大允)·김택영(金澤榮) 등이 독자적인 설을 개진하였다.

5)는 16세기 이황(李滉)·이이(李珥) 이후로 활발히 전개되면서 주자학을 존숭하는 학자들이 성리학적 사유와 연관해 보다 깊이 있는 해석을 시도하였다.

6)은 이이(李珥)로부터 문제의식이 싹터 그의 문인 김장생(金長生)에 이르러 본격적으로 나타나 기호학파 경서해석의 주요 연구주제로 떠올랐다. 주자의 여러 설을 분변(分辨)해 정설(定說)을 확정하려는 노력은 한원진(韓元震)에게 이르러 『주자언론동이고(朱子言論同異攷)』라는 성과물을 내었으며, 대전본 소주에 대한 분변은 이이-김장생-이유태(李惟泰)-한원진 등으로 이어지면서 지속적으로 발전하였는데, 소주 가운데 주자의 설에 맞지 않는 설을 퇴출하여 주자학설의 정론화(定論化)를 꾀하는 것이 이들의 의도였다. 그 성과물 역시 한원진이 정리하여 『경의기문록(經義記聞錄)』으로 만들어졌다.

7)은 17세기 후반 정제두(鄭齊斗)로부터 본격적으로 나타났으며, 주로 소론계 강화학파에서 그 전통을 계승하였다.

8)은 18세기 전반 이익(李瀷)으로부터 비롯되어 정약용(丁若鏞) 등 주로 근기 남인계의 경전해석에 나타난다.

9)는 18세기 후반 청대 고증학을 수용한 중앙학계의 학자들인 정약용·성해응(成海應)·신작(申綽) 등에게서 본격적으로 나타난다.

10)은 정조(正祖) 이후로 나타나는 특징적인 성향이다.

11)은 18세기 이후『대학장구』에 대한 해석이 정밀해진 뒤에 나타나는 성향이다.

이 가운데 1)·2)·8)·10)은 우리나라에서만 나타나는 독특한 성향으로, 동아시아『대학』해석사에 있어서 우리의 독자성을 보여줄 수 있는 중요한 내용이다. 또한 5)·6)은 우리만의 고유성은 아니지만, 주자의 여러 설을 분변하여 정설(定說)을 확정하려 한 점, 대전본 소주의 비판을 통해 주자설의 정통성을 확립하려 한 점은, 주자학의 심화 발전이라는 측면에서 그 의의가 있다.

3)은 주자의 재전 문인대부터 나타나 명나라 전반까지 지속적으로 나타난『대학』해석의 주요한 명제였는데, 우리나라에서도 자생적으로 이런 연구가 일어났다는 것은 지식을 재생산할 만큼 지적수준이 높아졌음을 의미한다.

4)는 중국에서도 있었던 현상이지만, 우리나라에서도 이런 연구와 논의가 있었다는 것은 조선시대 학문이 주자학 위주로 전개되긴 했지만, 자유로운 사상적 탐구가 그 안에서 자생하고 있었음을 보여준다.

7)·8)·9)는 주자의 해석을 묵수(墨守)하지 않고 새로운 사유나 방법으로 접근한 경우로, 주자의 설만을 전적으로 존신하지 않고 독자적인 해석을 하거나 탈주자학적 성향을 보이는 해석들이다. 11)은 대체로 대전본 소주를 비판하거나 그 설을 바탕으로 더 정밀한 논의를 하면서 나

타난 성향이다.

이와 같은 『대학』 해석의 주요 성향이 언제 어떻게 발생해서 어떻게 전개되고 어떻게 변모했는지를 밝히는 것이 한국 『대학』 해석사를 구성하는 주된 내용이 될 것이다. 그리고 그 가운데 동아시아 『대학』 해석사의 흐름 속에서 변별성을 갖는 것이 한국 『대학』 해석의 특징이 될 것이다.

Ⅲ. 『대학』 해석에 대한 연구현황

우리나라 『대학』 해석의 연구방향을 설정해 보기 위해서는 기왕의 『대학』 해석에 관한 연구 성과를 분석하는 일이 우선되어야 할 것이다. 그리고 이보다 거시적인 안목에서 기왕의 우리나라 경학연구를 냉철히 돌아보고, 이에 대한 반성이 있어야 할 것이다. 필자는 전에 기왕의 경학연구에 대해 몇 가지 문제점을 지적한 바 있는데, 이를 간추려보면 다음과 같다.

첫째, 경학연구가 실학연구의 연장선상에서 이루어지다 보니, 연구대상이 지나치게 조선후기의 정약용과 같은 특정 학자에게 치우쳐 있다. 그러다 보니, 조선시대 주류였던 주자학을 존신한 학자들의 설에 대해서는 아예 시선을 주지 않고 있다. 그리하여 조선시대 『대학』 해석의 전체적 흐름 속에서 그 경학가의 설이 어떤 의미가 있는지를 도출해 내지 못하고, 독자성이나 특수성만을 부각시키고 있다.

둘째, 경학가들의 설을 심도 있게 논의하지 않고 반주자학·탈주자학·탈성리학 등으로 성급히 그 의미를 논평하려 하였다. 이 역시 실학연구의 연장선상에서 경학연구가 이루어진 결과로 생긴 병폐이다. '조선시대 학자 중에 과연 주자학에 반하는 학문체계를 갖춘 학자가 있는가?', '주자와 다른 설을 제기했다고 해서 그것이 과연 반주자학인가?' 하는 등의 질문을 던지면, 필자는 거의 '아니다'라는 답을 얻게 된다.

탈주자학 또는 탈성리학은 나름 의미가 있다. 주자학을 존신하는 풍조가 지나치게 경직되어 군림하자 그에 대한 반성이 제기되었고, 주자학만을 그대로 믿고 따르는 절대존신주자주의 학자들의 사고와는 달리 상대적으로 주자를 존신하면서 의리발명을 중시한 학자들은 주자학에서 일정하게 이탈하는 성향을 보이기도 한다. 그러나 탈주자학 또는 탈성리학의 성향이 있더라도 상당수 학자들은 주자학에서 완전히 벗어난 것은 아니다.

셋째, 각 경전별 전문연구자에 의해 연구가 이루어지지 않고 경학가별로 연구가 진행되었다. 이 점도 실학연구의 연장선상에서 경학연구가 이루어졌기 때문이다. 사서만 하더라도 한 연구자가 이를 통째로 다 연구한다는 것은 무리이다. 그런데 사서에 해박하지도 않은 젊은 연구자가 한꺼번에 몇 년 동안 연구하여 '○○○의 사서학'으로 연구결과를 발표하는 것이 현실이다. 16세기 조식의 문인 오건(吳健)은 『중용』을 3천 번 읽고 득력(得力)을 했다고 한다. 그래서 그의 글을 보면, 거의 모두 『중용』의 깊은 뜻을 바탕에 깔고 있다. 이를 현대의 초급 한문 실력을 가진 연구자가 다 읽어낼 수 있을까?

넷째, 경학가별로 연구가 이루어지다 보니 경전별로 해석의 특징을 심도 있게 구명하기보다는 그 경학가의 경학사상을 개괄해 밝히는 쪽으로 연구가 진행되었다.[7] 경학사상을 정치사상 또는 실학사상과 연관해 밝힘

7 최석기(2003d), 참조.

으로써 경전해석 자체에 대한 심도 있는 분석이 이루어지지 않고 있다.

이런 문제점은 『대학』 해석에 대한 연구에서도 동일하게 나타난다. 이런 문제의식을 가지고 『대학』 해석에 국한해 기왕의 연구 성과를 분석해 보기로 한다. 필자가 조사한 기왕의 『대학』 해석에 관한 연구는 다음과 같다.

■ 1970년대

01 柳正東, 「退溪先生의 格物物格考」, 『조용욱송수기념논집』, 1971.
02 李崇寧, 「大學諺解의 栗谷本과 官本과의 比較硏究」, 『東喬閔泰植古稀紀念-儒敎學論叢』, 1972.
03 李相玉, 「親民과 新民의 解釋과 訓詁學의 輸入에 대하여」, 『인문논집』 제48집, 고려대, 1973.
04 李乙浩, 「大學公義의 反朱子學的 考察」, 『한국철학연구』 제3집, 한국철학연구회, 1973.
05 裵宗鎬, 「朴世堂의 格物致知說」, 『李乙浩停年紀念論叢-실학논총』, 전남대, 1975.
06 柳正東, 「晩悔 權得己의 生涯와 哲學思想-潛冶와의 格致論爭을 중심으로」, 『백제연구』 제10집, 1979.
07 柳七魯, 「茶山 丁若鏞이 大學에 관한 理解」, 『다산학보』 제2집, 1979.

■ 1980년대

08 安晉吾, 「茶山學과 朱子學의 相異考(1) - 大學經說을 중심으로」, 『다산학보』 제3집, 1980.
09 劉明鍾, 「丁茶山의 孝悌慈贅說」, 『다산학보』 제3집, 1980.
10 安在淳, 「李星湖의 '大學疾書'에 대한 考察」, 『동양철학연구』 제2집, 동양철학연구회, 1981.
11 李愛熙, 「南塘 韓元震 철학에서 明德의 문제」, 『철학연구』 제7집, 고

려대, 1982.
12 安秉杰, 「大學古本을 통해 본 白湖의 經學思想 硏究」, 『민족문화』 제11집, 민족문화추진회, 1985.
13 吳鍾逸, 「茶山의 大學·中庸觀」, 『다산학보』 제7집, 1985.
14 崔大羽, 「丁茶山의 大學經說考」, 『다산학보』 제7집, 1985.
15 鄭炳連, 「茶山의 格物致知論」, 『다산학보』 제8집, 1986.
16 ______, 「『大學公義』의 考訂的 正義」, 『유교사상연구』 제1집, 유교학회, 1986.
17 朴天圭, 「朴西溪의 「大學」新釋」, 『東洋學』 제17집, 단국대 동양학연구소, 1987.
18 崔鳳永, 「星湖學派의 朱子 大學章句 批判論」, 『동양학』 제17집, 단국대, 1987.
19 宋甲準, 「성호 이익의 경학사상(1) – 그의 학용관」, 『철학논집』 제4집, 경남대, 1988.
20 宋錫準, 「浦渚 趙翼의 經學思想 – 『大學困得』의 格物誠意章을 중심으로」, 『공주사대논문집』 제26집, 공주대, 1988.
21 權文奉, 「星湖의 經學思想 硏究(2) – 事物認識論과 格致論을 중심으로」, 『원광대논문집」 제 23집, 원광대, 1989.

■ 1990년대

22 宋錫準, 「浦渚 趙翼의 經學思想 – 「大學困得」 格致誠意章을 중심으로」, 『인문논총』 제8집, 호서대, 1990.
23 張閏洙, 「朴西溪의 思辨錄 考察 – 大學과 中庸」, 『철학논총』 제6집, 영남철학회, 1990.
24 崔大羽, 「『中庸』·『大學』 註釋에 나타난 茶山經學思想의 特徵」, 『次山安晋吾博士回甲紀念論叢–동양학논총』, 1990.
25 皮正姬, 「尹鑴와 丁若鏞의 『大學章句』 해석에 대한 비교 연구」, 『성신한문학』 제2집, 성신여대, 1990.

26 李泰鎭, 「正祖의 大學探究와 晦齋『續大學或問』에 대한 평가」, 『제20회동양학학술회의논문집』, 성균관대 대동문화연구원, 1991.
27 李曦載, 「尹白湖의 格物致知說」, 『釋山韓鍾萬華甲紀念 – 韓國思想史』, 원광대, 1991.
28 張世浩, 「金長生의 格物致知論」, 『철학논총』 제7집, 영남철학회, 1991.
29 金相來, 「茶山의 四書觀과 大學解釋의 特徵」, 『한국학대학원논문집』 제7집, 정신문화연구원, 1992.
30 李泰鎭, 「正祖의 『大學』 탐구와 새로운 君主論」, 『李晦齋의 思想과 그 世界』, 성균관대 대동문화연구원, 1992.
31 黃義東, 「栗谷의 格物致知論」, 『정신문화연구』 제46호, 정신문화연구원, 1992.
32 李曦載, 「朴西溪의 格物致知說」, 『범한철학』 제8집, 범한철학회, 1993.
33 黃義東, 「栗谷 格物致知論의 體系」, 『유교사상연구』 제6집, 유교학회, 1993.
34 鄭炳連, 「제2편 『대학』의 해석체계와 考訂의 要旨」, 『茶山 四書學 硏究』, 경인문화사, 1994.
35 金教斌, 「大學說을 통해 본 霞谷 鄭齊斗의 經學思想」, 『제5회 동양학국제학술회의논문집』, 성균관대 대동문화연구원, 1995.
36 李篪衡, 「『大學』 註釋을 통해 본 丁茶山의 經學」, 『제5회 동양학국제학술회의논문집』, 성균관대 대동문화연구원, 1995.
37 宋錫準, 「白湖 尹鑴의 경학사상에 나타난 양명학적 견해 – 대학해석을 중심」, 『인문사회과학연구』, 공주대, 1996.
38 ______, 「한국 양명학의 초기전개양상 – 윤휴와 박세당의 『대학』 해석을 중심으로」, 『동서철학연구』 제13집, 한국동서철학회, 1996.
39 鄭一均, 「茶山 丁若鏞의 『大學』論」, 『한국학보』 제85집, 1996.
40 徐遠和, 「南冥과 大學」, 『남명학연구논총』 제4집, 남명학연구원, 1996.
41 崔錫起, 「晦齋의 『大學章句』 改訂과 後代의 論辨」, 『정신문화연구』 통권 71호, 정신문화연구원, 1998.

42 琴章泰, 「'大學圖'와 退溪의 『大學』 體系認識」, 『東亞硏究』 제37집, 서울대, 1999.

43 李昤昊, 「17세 조선 학자들의 『大學』 해석에 관한 연구」, 성균관대, 1999.

■ 2000년대

44 李昤昊, 「南溪 朴世采의 『大學』解釋을 통해 본 17세기 朱子學的 經學의 一面」, 『大東漢文學』 제12집, 대동한문학회, 2000.

45 ______, 「讀書記-大學」을 통해 본 白湖 尹鑴의 경학사상」, 『한국한문학연구』, 한국한문학연구회, 2000.

46 ______, 「經書辨疑-大學을 통해 본 沙溪 金長生의 경학사상」, 『인문과학』, 성균관대, 2000.

47 ______, 「주자학파의 『대학』 해석과 조선전기 주자학적 『대학』 해석의 특징」, 『동방한문학』 제19집, 동방한문학회, 2000.

48 송석준, 「주자학 비판론자들의 경전해석 - 『대학』의 해석을 중심으로」, 『동양철학연구』 제22집, 동양철학연구회, 2000.

49 鄭一均, 「제3장 제3절 「丁若鏞의 『大學』 관계 著述」, 『茶山 四書經學研究』, 일지사, 2000.

50 崔錫起, 「杜谷 高應陟의 『大學章句』 改訂과 그 意味」, 『한문학보』 제4집, 우리한문학회, 2001.

51 이영호, 「조선후기 주자학적 경학의 변모양상에 대한 고찰 - 창계 임영과 식산 이만부의 『대학』 해석과 이단관을 중심으로」, 『한문교육연구』 제17집, 한국한문교육학회, 2001.

52 유철호, 「하곡 정제두의 『대학설』에 관한 고찰」,『양명학』 제5집, 한국양명학회, 2001.

53 全丙哲, 「南塘 韓元震의 『大學』 해석 연구」, 경상대, 2002.

54 崔錫起, 「艮湖 崔攸之의 『대학장구』 개정과 그 의미」, 『남명학연구』 제12집, 경상대 남명학연구소, 2002.

55 _____, 「星湖 李瀷의 『大學』 解釋과 그 意味」, 『한국실학연구』 제4호, 한국실학연구회, 2002.

56 _____, 「貞山 李秉休의 『大學』 解釋과 그 意味」, 『남명학연구』 14집, 경상대 남명학연구소, 2002.

57 소진형, 「조선후기 성리학적 군주론 연구: 정조의 『대학』 해석을 중심으로」, 『역사화사회』 제3집, 국제문화학회, 2002.

58 나카스미오, 「丁若鏞의 『大學』 解釋에 관한 연구」, 『다산학』 제3집, 다산학술문화재단, 2002.

59 이지경, 「주자의 『대학장구』 편차 해석에 관한 이언적의 비판」, 『동양정치사상사』 제1-2집, 한국동양정치사상사학회, 2002.

60 최석기, 「陽村 權近의 『大學』 해석과 그 意味」, 『한문학보』 제8집, 우리한문학회, 2003.

61 금장태, 「다산의 『대학』의 해석과 덕의 실현방법 – 적생조래와 비교이해」, 『퇴계학보』 제114집, 퇴계학연구원, 2003.

62 _____, 「大學之道와 德의 개념-다산과 오규소라이의 『대학』 해석」, 『다산학』 제4집, 다산학술문화재단, 2003.

63 최석기, 「默守堂 崔有海의 『대학』 해석과 그 의미」, 『남명학연구』 제18집, 경상대 남명학연구소, 2004.

64 _____, 「退溪의 『大學』 해석과 그 意味」, 『퇴계학과 한국문화』 제36집, 경북대 퇴계연구소, 2005.

65 _____, 「『한국경학자료집성』 소재 『대학』 해석의 특징과 그 연구방향」, 『대동문화연구』 제49집, 성균관대 대동문화연구원, 2005.

66 _____, 「南塘 韓元震의 『대학』 해석에 나타난 특징」, 『한문학보』 제14집, 우리한문학회, 2006.

67 _____, 「南塘 韓元震의 『대학』 해석의 要旨와 그 意味」, 『남명학연구』 제21집, 경상대 남명학연구소, 2006.

68 _____, 「淵泉 洪奭周의 학문성향과 『대학』 해석의 특징」, 『한문학보』 제15집, 우리한문학회, 2006.

69 안재순, 「17세기 韓日 儒者의 반주자학적 『대학』觀 – 白湖, 西溪, 仁齋, 徂徠의 『대학』 해석을 중심으로」, 『동양철학연구』 제48집, 동양철학연구회, 2006.

70 조성덕, 「浦渚 趙翼의 『大學困得』 연구 – 誠意章을 중심으로」, 『한국고전연구』 제15집, 한국한문고전학회, 2007.

71 신지연, 「茶山의 『大學』에 대한 觀點과 解釋」, 『한국고전연구』 제15집, 한국한문고전학회, 2007.

72 권문봉, 「大學 註釋을 통해 본 星湖의 經學」, 『한문학보』 제17집, 우리한문학회, 2007.

73 장병한, 「霞谷 鄭齊斗와 白雲 沈大允의 經學 비교 – 『大學』 '格致章'의 해석체계 比考를 중심으로」, 『양명학』 제18집, 한국양명학회, 2007.

74 최석기, 「鳳村 崔象龍의 『大學』 해석의 特徵과 그 意味」, 『한문학보』 제18집, 우리한문학회, 2008.

75 임문리, 「鄭齊斗對『大學』經典文本的疏解」, 『양명학』 제22집, 한국양명학회, 2009.

76 박정희, 「瓶窩 李衡祥의 한시 연구 – 『대학』을 주제로 한 시를 중심으로」, 『한국사상과문화』 제48집, 한국사상문화학회, 2009.

77 이영호, 「『사미헌문집』 소재 『대학』과 『논어』 주석의 회집을 중심으로」, 『영남학』 제16집, 경북대 영남문화연구원, 2009.

78 최석기, 「星湖學派의 『대학』 해석 – 星湖, 貞山, 茶山을 중심으로」, 『한국실학연구』 제19집, 한국실학연구회, 2010.

79 ______, 「滄江 金澤榮의 『대학』 해석」, 『한문학보』 제22집, 우리한문학회, 2010.

80 ______, 「老柏軒 鄭載圭의 學問精神과 『대학』 해석」, 『남명학연구』 제29집, 경상대 남명학연구소, 2010.

81 김태년, 「박세당의 『사변록』 저술동기와 『대학』 본문 재배열 문제에 대한 검토」, 『한국사상과문화』 제51집, 한국사상문화학회, 2010.

이 외에도 『대학』 해석에 관한 연구결과가 더 있을 것이다. 그러나 이상의 81편 논문을 가지고 분석하더라도 기왕의 연구 성과에 대한 문제점을 도출하는 데는 큰 어려움이 없을 것이다. 위의 논문을 대상으로, 첫째 경학가별로 분류해 어떤 분포가 나타나는지 살펴보고, 둘째 연구자별로 연구대상과 연구 성향을 고찰해 보기로 하겠다.

첫째, 연구자들이 연구대상으로 한 경학가별로 분류해 본 결과, 다음과 같이 나타났다.

대상 인물	논문	대상 인물	논문	대상 인물	논문
權　近(1352-1409)	1	尹　鑴(1617-1680)	6	洪奭周(1774-1842)	1
李彦迪(1491-1553)	2	朴世堂(1629-1703)	6	崔象龍(1786-1849)	1
李　滉(1501-1570)	3	朴世采(1631-1695)	1	張福樞(1815-1900)	1
曺　植(1501-1572)	1	鄭齊斗(1649-1736)	4	鄭載圭(1843-1911)	1
高應陟(1531-1605)	1	李衡祥(1653-1733)	1	金澤榮(1850-1927)	1
李　珥(1536-1584)	3	李萬敷(1664-1732)	1	내용중심 연구	1
金長生(1548-1631)	2	李　瀷(1681-1763)	6	시대별 연구	1
權得己(1570-1622)	1	韓元震(1682-1751)	4	학파별 연구	3
趙　翼(1579-1655)	3	李秉休(1710-1776)	1	외국학자와 비교연구	2
崔有海(1588-1641)	1	正　祖(1752-1800)	2		
崔攸之(1603-1673)	1	丁若鏞(1762-1836)	17		

이 도표를 통해 알 수 있듯이, 가장 두드러진 특징이 총 81편의 연구논문 가운데 정약용의 『대학』 해석에 관한 논문이 17편이나 된다는 것이다. 물론 정약용의 『대학』 해석은 한국 『대학』 해석사에서 매우 중요하고 의미 있는 것이다. 그러나 81편의 논문 가운데 17편이나 차지하는

것은 연구가 너무 편향되어 있음을 단적으로 보여준다. 이를 달리 해석하면, 정약용 이외의 다른 경학가들의 『대학』 해석에 대해서는 별로 눈여겨보지 않고 있다는 것을 의미한다.

정약용 다음으로 연구 성과가 많은 경학가가 윤휴·박세당·이익이다. 윤휴와 박세당은 사문난적으로 몰려 화를 당한 경학가들이니, 주자의 설과 다른 해석을 한 것에 대해 충분히 주목할 만하다. 또 이익의 경우는 우리나라에 실학시대를 본격적으로 연 경세치용학파의 종장으로서 사서삼경 등에 대해 전면적으로 재해석을 한 경학가이니, 그의 『대학』 해석도 당연히 주목할 만하다. 이들 외에 정제두는 최초로 양명학적 해석을 한 인물이니, 역시 주목을 받을 만하다.

이런 경학가들을 제외하고 논문이 1-2편밖에 없는 경우는 대부분 그들의 『대학』 해석을 새롭게 연구하여 조명한 경우인데, 그 가운데는 격물치지설 등 『대학』의 특정 명제에 천착한 연구도 있고, 『대학』 해석의 특징을 전체적으로 검토한 연구도 있다.

이를 통해 살펴볼 때, 『대학』 해석을 연구하는 전문연구자가 거의 없어 새로운 경학가의 설을 발굴해 조명하지 못하고 있다는 점이다. 우리들에게 익히 알려지지 않은 생소한 경학가에 대한 연구는 한두 연구자가 발굴한 것이다.

둘째, 연구자별 연구대상 경학가와 연구 성향을 살펴보기로 한다. 위 81편의 논문을 생산한 연구자를 빈도수 위주로 정리해 보면 다음과 같다. 崔錫起(16), 李昤昊(7), 宋錫準(5), 琴章泰(3), 鄭炳連(3), 柳正東(2), 崔大羽(2), 李泰鎭(2), 李曦載(2), 黃義東(2), 鄭一均(2), 安在淳(2), 權文奉(2)이며, 나머지는 모두 1편씩이다.

이를 보면 기왕의 『대학』 해석 연구는 소수 연구자에 의해 진행되어 왔음을 알 수 있다. 2편 이상의 논문을 쓴 연구자는 13명이지만, 3편 이상으로 한정하면 5명밖에 되지 않는다. 이는 『대학』 해석을 전문적으로 연구하는 연구자가 극히 소수임을 입증한다. 그렇다 보니, 조선시대 350명 이상의 경학가들이 생산한 수백 건의 자료가 산적해 있는데도, 기왕에 연구된 인물은 고작 27명밖에 되지 않는다. 수치상으로 보면 7.8%밖에 연구되지 않고 나머지는 방치되어 있다고 보아야 한다.

다음은 2편 이상의 논문을 쓴 연구자별로 연구 성향을 간략히 알아보기로 한다. 위에 제시한 논문의 제목에서 알 수 있듯이, 유정동은 이황과 권득기의 격물치지에 대한 연구를 주로 하였고, 최대우는 정약용의 『대학』 해석을 포괄적으로 논하였고, 정병련은 정약용의 『대학』 해석에 대해 격물치지와 고증적 해석 등으로 구체적인 논의를 하였고, 송석준은 조익과 윤휴의 『대학』 해석 중 격물치지설을 양명학적 측면에서 논하였고, 이태진은 정조의 『대학』 탐구에 대해 논하였고, 이희재는 윤휴와 박세당의 격물치지설에 대해 논하였고, 황의동은 이이의 격물치지설에 대해 논하였고, 금장태는 이황의 대학도와 정약용의 『대학』 해석을 일본학자들과 비교하여 논하였으며, 안대순은 이익의 『대학』 해석 및 윤휴·박세당의 설을 일본학자의 설과 비교해 논하였고, 권문봉은 이익의 『대학』 해석을 논하였으며, 정일균은 정약용의 『대학』 해석을 논하였다. 최석기는 조선전기 권근부터 시작해서 이언적·이황·고응척·최유지·최유해·이익·한원진·이병휴·최상룡·홍석주·장복추·정재규·김택영 등의 『대학』 해석을 다양하게 거론하였고, 이영호는 17세기 경학가들에 초점을 맞추어 김장생·윤휴·박세채 등의 『대학』 해석 및 주자학파의 『대학』 해석에 초점을 맞추어 논하였다.

이 가운데 유정동·정병련·송석준·이희재·황의동 등은 격물치지설에 초점을 맞추어 논의함으로써 『대학』 해석의 전반적인 특징을 구명하기보다는 인식론적 관점에서 논한 것이라 할 수 있다. 이태진의 연구도 정조의 『대학』 해석의 전반적인 특징을 고찰한 것이 아니고, 정조의 『대학』에 대한 탐구를 정치사상과 연관시켜 논한 것이다. 또한 최대우의 연구도 정약용의 『대학』 해석을 『중용』 해석 등과 연관해 경학사상을 포괄적으로 논한 것이기 때문에 『대학』 해석의 전반적인 특징을 구체적으로 적시한 것은 아니다. 그에 비해 이영호와 최석기의 연구는 경학가들의 『대학』 해석을 전체적으로 다루면서 구체적으로 그 특징을 논하고 있다.

이를 통해 보면, 철학방면에서는 주로 격물치지·명덕 등 성리학의 주요 명제로 등장하는 설에 초점을 맞추어 논의하였고, 역사방면에서는 정치사상에 초점을 맞추었고, 실학자나 양명학자들을 연구한 경우는 실학사상이나 탈주자학적 성향에 초점을 맞추어 논하였다. 이 모두 동아시아경학사의 흐름, 한국경학사의 흐름, 『대학』 해석사의 흐름 속에서 그 설의 의미를 찾으려는 노력보다는 그 경학가의 시대상이나 시대정신과 연관하여 경학사상을 파악하려는 접근방법을 쓰고 있음을 알 수 있다.

이상에서 살펴보았듯이, 한국의 『대학』 해석에 관한 연구에는 다음과 같은 문제점이 발견된다.

첫째, 조선후기의 정약용·윤휴·박세당·이익 등 특정 경학가에 연구가 편중되어 있다.

둘째, 경학가들의 『대학』 해석을 전체적으로 간추려 논의하지 않고 격물치지 등 특정 주제에 한정해 논의한 것이 많기 때문에 연구대상 경학가의 『대학』 해석에 관한 특징이 개괄적으로 드러나지 않는다.

셋째, 『대학』을 전문적으로 연구하는 연구자에 의해 연구가 이루어지지 않고 특정 경학가에 주목한 연구가 진행되었다.

넷째, 『대학』 해석의 특징을 심도 있게 구명하기보다는 경학사상을 포괄적으로 논의하는 수준에서 그치고 있다.

Ⅳ. 『대학』 해석에 대한 연구향방

조선시대 『대학』 해석에 관한 연구를 앞으로 어떻게 하는 것이 바람직할 것인가? 필자가 위에서 지적한 몇 가지 문제점을 가지고 먼저 그 연구 방향을 크게 설정해 보도록 하겠다. 그리고 앞에서 살펴본 우리나라 『대학』 해석의 주요 성향과 특징을 통해 구체적인 연구 방향을 살펴보기로 한다.

첫째, 『대학』 해석을 제대로 연구하기 위해서는 무엇보다도 『대학』 해석을 전문으로 연구하는 전문연구자가 여러 명 있어야 한다는 것이다. 기왕의 연구 성과에 대한 문제점을 분석해 볼 때, 이 점이 가장 중요하다. 『대학』 해석을 전문적으로 연구하는 연구자가 몇 명이라도 나와야 『대학』 해석에 대한 연구가 체계적으로 이루어지고, 궁극적으로 한국 『대학』 해석사가 서술될 수 있을 것이다. 기왕의 연구는 정약용 같은 특정 경학가에 집중되어 한 연구자가 모든 경전해석을 두루 연구하는 횡적 연구가 진행되어 왔다. 이 방법은 장점보다 단점이 훨씬 더 많다. 장점은 정약용에 관한 많은 정보를 가지고 있다는 것이지만, 단점은 한 연구자가 여러 경전의 내용을 다 이해하기도 어렵거니와 각 경전별로 역대의 설에 어떤 문제점이 제기되었는지 알 길이 없다는 것이다.

예컨대 『대학』의 '명덕(明德)'에 대한 역대의 주요 설을 모르면 이 '명덕'을 심(心)으로 해석하거나 성(性)으로 해석하는 것이 어떤 의미를 갖는지 알 길이 없고, 『중용』의 분절(分節)에 대한 이해가 없이는 『중용』의 요지를 파악하기 힘들다. 『대학』과 『중용』이 이러할진대 삼경(三經)의 해석으로 들어가면 더욱 난해한 문제에 부닥칠 것이다.

또한 각 경전에 대한 역대 해석의 흐름을 이해하지 못하면, 그 경학가의 설이 어떤 의미를 갖고 있는지 분별할 수 없을 것이다. 그러니까 단순히 주자의 설과 비교 검토하여 다른 점만 가지고 독자성이라고 주장하기가 일쑤였다. 이런 연구 방법은 매우 위험할 수밖에 없다. 이를 해결하기 위해 각 경전별로 전문연구자가 있어야 한다.

둘째, 『대학』 해석에 관한 연구도 조선후기의 정약용·윤휴·박세당·이익과 같은 특정 경학가에 편중된 연구에서 벗어나야 한다. 탈주자학적 성향을 갖거나 실학적 사고를 가진 몇몇 경학가들의 『대학』 해석만을 자꾸 논하게 되면, 경학 연구는 그 자체의 시각을 마련하지 못하고 결국 '실학적 경학'을 주장하는 방향으로 나아가 실학연구의 아류가 되고 말 것이다.

셋째, 전혀 연구되지 않은 350여 명 학자들의 『대학』 해석에 관한 연구가 시급히 이루어져야 한다. 위에서 살펴보았듯이, 『대학』 해석에 관한 자료를 남긴 경학가는 350여 명이 넘는다. 그런데 이 가운데 연구된 것은 고작 27명에 불과하다. 이 330여 명 학자들의 설 가운데 적어도 한국 『대학』 해석사를 서술하는 데 빼놓을 수 없는 자료를 남긴 학자들의 설은 반드시 연구되어야 할 것이다.

넷째, 텍스트를 전체적으로 검토 분석한 뒤 그 요지를 간추려 논의하는 연구 방법이 필요하다. 기왕의 연구 가운데 엄격히 말해 경학 연구라고 보기 어려운 논문이 상당수 있다. 어떤 특정 주제에 한정해 논의하면, 그 경학가의 『대학』 해석을 전체적으로 개괄할 수 없고, 그 해석의 특징도 제대로 드러나지 않을 것이다. 그래서 경학연구에는 텍스트를 전체적으로 분석하는 작업이 반드시 필요하다.

이제『대학』해석을 어떻게 연구할 것인가에 관한 구체적인 연구 방향을 모색해 보기로 한다. 앞에서 필자는 11가지의 주요 성향을 열거하였는데, 이를 몇 가지로 합해 논의해 보도록 하겠다.

첫째, 대학도(大學圖)를 면밀히 분석하여 해석 성향을 살필 필요가 있다. 필자가 조사한 것만 해도 50여 명이 작성한 100여 개 이상의 도표가 있다. 이를 분류하고 분석하면 우리나라『대학』해석의 흐름이 시기별·학파별로 나타날 것이며, 같은 학파 내의 새로운 해석 성향도 확인할 수 있을 것이다. 다만 이 도표를 분석하기 위해서는『대학』해석에 관한 주요 경학가들의 설을 익히 알고 있어야 가능할 것이다.

둘째, 구결(口訣)·석의(釋義)·언해(諺解)로 이어지는 조선전기의『대학』해석을 집중적으로 검토할 필요가 있다. 관련 자료가 매우 적기는 하지만, 이를 면밀히 분석해야 15-6세기『대학』해석사를 서술할 수 있을 것이다. 이황의『대학석의(大學釋義)』와 이이의『대학석의(大學釋義)』및 교정청본『대학언해(大學諺解)』를 면밀히 대조하고 분석하여 각각의 구체적인 특징들이 밝혀져야 할 것이다.

셋째,『대학장구』에 대한 개정설이 모두 밝혀지고, 각각의 설들이 어떤 특징을 갖고 있는지를 고찰해야 한다. 이 경우 중국학자들의 설과 면밀한 대조가 필요하다.

넷째,『대학장구』를 텍스트로 하지 않고『고본대학』을 취해 새롭게 분장(分章) 또는 분절(分節)을 한 설들을 모두 모아 비교 분석하여 그 특징을 밝혀야 한다. 이 경우, 그들의 경학관까지도 정밀히 살펴볼 필요가 있다.

다섯째, 『대학』의 본문 또는 주자의 주석을 대상으로 한 성리학적 해석을 주요 용어별로 집중 탐구할 필요가 있다. 이를 통해 성리학 또는 주자학에 대한 이해가 깊어지면서 『대학』에 대한 해석이 어떻게 더 진전되었는지를 구명할 수 있을 것이다. 특히 명덕설·격물치지설·성의설·정심장체용설·효제자설·혈구설 등은 매우 중요한 명제이다. 19세기 후반 학계의 뜨거운 이슈로 떠올랐던 명제 중 하나가 명덕설 논쟁이었다. 여기에는 각양의 설이 나오며, 결국 이기론 및 심성론과 맞물려 있다. 이러한 설을 모아 정밀하게 비교 분석하면 주자의 설에서 더 심화 발전한 모습을 찾을 수 있을 것이다.

여섯째, 주자설의 미비점 보완, 주자의 중설(衆說)에 대한 분변과 정설(定說) 확정, 대전본 소주에 대한 비판 등을 통해 주자학적 『대학』 해석이 얼마나 더 심화 발전되었는지를 구명할 필요가 있다. 주자의 경학이 조선에 들어와 원·명대의 설보다 더 발전된 측면을 구체적으로 밝힌다면, 조선시대 경전해석은 주자학적 경학의 최고봉에 달한 것이 될 것이다. 이는 우리나라의 주자학적 『대학』 해석이 세계 최고의 수준에 도달했음을 드러낼 수 있는 좋은 주제이다. 특히 17세기 후반 이패림(李霈霖)의 『사서주자이동조변(四書朱子異同條辨)』이 유입된 뒤, 이를 통해 주자학에 대한 정설을 확정하려는 연구가 부단히 제기되었는데, 이에 대한 연구가 제대로 이루어지지 않고 있다.

일곱째, 양명학적 해석, 실학적 해석, 고증학적 해석 등을 각각 정밀하게 추적하여 그 성향을 보다 구체적으로 드러내는 연구가 있어야 한다. 정제두의 『대학』 해석에 대해서도 아직 치밀한 분석이 결여되어 있다. 또한 실학적 사유와 고증학적 사유가 『대학』 해석에 어떻게 영향을 미치고 있는지도 세밀하게 살펴보아야 할 것이다.

여덟째, 정조의 어제조문(御製條問)과 그에 대한 조대(條對)를 통해『대학』해석이 어떻게 발전되고 있는지를 면밀히 확인하는 작업도 필요하다. 특히 정조의 300여 조문은『대학』해석의 문제점을 낱낱이 거론한 것으로 보이는 바, 이에 대한 정밀한 연구가 요구된다. 이 경우, 중국 역대 학자들의 설과 비교하는 일도 중요할 것이다. 그리고 1897년 성균관에서 반포한 조문과 그에 대한 조대도 구한말 경학시대가 저물고 있는 시점의『대학』해석의 성향을 살피는 데 매우 귀중한 자료가 될 것이다.

아홉째, 전 제10장의 분절문제에 대한 다양한 설을 정리하여 비교하는 작업도 필요하다. 아울러「대학장구서」에 대한 분절문제도 눈여겨볼 필요가 있다.

기왕의 연구는 주로 주자의 설에서 이탈한 경학가들의 해석에 초점을 맞추어 연구하였다. 이 점은 우리나라『대학』해석이 주자학에 매몰되지 않고 주체적인 시각을 가지고 있었음을 드러낼 수 있는 중요한 사안이다. 그러나 주자의 해석을 보완하거나 심화 발전시킨 해석 또한 이에 못지않게 중요하다. 따라서 필자는 이 두 가지 측면을 아울러 연구하는 시각이 필요하다고 본다.

제5장

조선시대 『중용』 해석의 양상과 특징

-도설을 중심으로-

Ⅰ. 머리말

조선시대 경학은 송대 주자학을 근간으로 하였다. 세종 연간 명나라 성조(成祖) 때 호광(胡廣) 등이 편찬한 사서오경 대전본(大全本)이 유입되어 간행 보급됨으로써 이 대전본을 텍스트로 한 주자학적 해석이 정착하였다.

한편 세조 연간에는 사서오경에 조선어의 어법구조에 맞게 토를 다는 현토(懸吐)가 이루어졌고, 선조·광해 연간에는 사서삼경을 우리말로 번역한 언해(諺解)가 이루어졌다. 그리고 16세기 이후로는 학술이 크게 발전하여 다양한 시각의 해석이 제기되었다.

이 글은 이런 조선경학사의 흐름 속에서 조선시대 『중용』 해석의 양상과 특징을 도설(圖說)을 중심으로 살펴보는 데 목적을 둔다. 이를 위해 먼저 조선시대 사서도설의 제작 양상과 의의를 살펴봄으로써 조선시대 사서해석에 있어서의 도설의 의미를 되새겨 볼 것이다. 그리고『중용』해석에 한정하여 해석 성향을 두 갈래로 나누어 살펴본 뒤, 중용도설을 분석하여 조선시대『중용』해석의 흐름과 특징을 논의하고자 한다.

Ⅱ. 사서도설(四書圖說)의 양상과 의의

사서(四書)는 남송대 주자가『예기』49편 속에 수록되어 있던「대학(大學)」과「중용(中庸)」을 독립시켜『논어』·『맹자』와 함께 명명한 것으로, 공자(孔子)-증자(曾子:曾參)-자사(子思:孔伋)-맹자(孟子:孟軻)로 이어지는 도통(道統)을 확립하기 위해 만든 4종의 경서이다. 주자는 사서를 새롭게 해석하여 학문적 근간으로 삼았는데, 특히『대학』·『중용』의 해석에 정력을 기울여 임종하기 직전까지 수정에 수정을 거듭하였다.

주자는『대학』을 해석하면서 삼강령(三綱領)·팔조목(八條目)의 논리 구조를 가지고 있다고 파악하였고, 그것을 1장의 도표로 그렸는데,『주자어류』권15에 수록되어 있다. 또 그는『대학』의 '혈구(絜矩)'를 측도(側圖)와 지도(地圖)로 나누어 이해하기 쉽도록 도표로 그렸는데,『주자대전』권44에 수록되어 있다.

경서의 도표화는 원대(元代) 학자 정복심(程復心)에 의해 본격적으로 이루어졌다. 그는 사서의 내용을 핵심적으로 이해하기 위해 도표를 적극 활용하였는데, 사서의 각 장의 요지를 장별(章別)로 도표화하였다. 그것이 이른바 임은장도(林隱章圖)라고 하는『사서장도(四書章圖)』이다. 그러나 그는 거시적인 시각으로 경서 한 책의 전체내용을 간추려 도표로 만드는 데까지는 나아가지 못하였다.

조선시대 학자들은 주자학을 존신하여 사서를 학문적 근간으로 삼았다. 그러므로 그 어느 경서보다도 사서해석에 심혈을 기울였다.

일찍이 조선 초기 권근(權近, 1352-1409)은 「대학지장지도(大學指掌之圖)」·「중용수장분석지도(中庸首章分釋之圖)」 등을 그렸다. 「대학지장지도」는 『대학』의 삼강령·팔조목을 공부(工夫)와 공효(功效)로 나누어 그린 최초의 대학도(大學圖)이며[1], 「중용수장분석지도」는 주자의 『중용장구』 제1장의 요지를 한 장의 도표로 그린 최초의 중용도(中庸圖)이다.[2] 한편 16세기 이황(李滉, 1501-1570)은 선조에게 올린 성학십도(聖學十圖)의 제4도에 대학도를 넣었는데, 권근의 대학도를 거의 그대로 수용하면서 약간 수정한 것이다.

이후 영남 퇴계학파에 속한 장현광(張顯光, 1554-1637)은 논어도·맹자도·대학도·중용도를 그렸다. 그는 『논어』와 『맹자』의 전체요지를 1개의 도표로 그린 최초의 학자이다. 그의 논어도는 상도(上圖)와 하도(下圖)로 되어 있는데, 상도는 『논어』를 해체하여 논학(論學)·논인(論仁)·논정(論政)·논군자(論君子) 등 18개의 주제로 나누어 그린 것이고, 하도(下圖)는 문인별로 분류해서 그린 도표이다.

장현광의 맹자도는 논성현지도(論聖賢之道)·논학(論學)·답만장(答萬章)·고양혜왕(告梁惠王) 등 22개 주제로 나누어 그린 것이다.[3] 이러한 시도는 장별로 구분되어 있는 단편적인 내용을 전체적으로 통합하여 주제별로 다시 분류를 시도한 것이라는 점에서 그 의의가 있다.

---

1 최석기(2003c), 81~115면 참조.

2 최석기(2004a), 163~214면 참조.

3 張顯光, 『旅軒先生全書』 下冊, 『易學圖說』 권6, 「論語上圖」, 「論語下圖」, 「鄒書之圖」 참조.

장현광의 대학도는 그가 『대학』 해석에 심혈을 기울인 것을 단적으로 보여주는데, 제1차 해석을 도표화한 것이 「대학도(大學圖)」이고, 제2차 해석을 도표화한 것이 「대학개정지도(大學改正之圖)」이며, 제3차 해석을 글로 기록한 것이 「녹의사질(錄疑竢質)」이다.[4] 장현광의 중용도에 대해서는 뒤에서 상세히 언급하기로 한다.

그 뒤 영남 퇴계학파에 속한 최상룡(崔象龍, 1786-1849)은 『춘추』를 제외한 사서사경(四書四經)에 대해 모두 전체의 요지를 뽑아 각각 도표를 그렸다. 논어도는 인(仁)을 대주제로 중앙에 두고 사방에 20편의 요지를 적출해 만들었는데, 한결같이 학(學)·효(孝)·인(仁)을 주제어로 삼고 있다. 맹자도는 『맹자』의 대지를 천덕(天德)·왕도(王道)로 보아 2행의 도표를 그린 것인데, 모두 존천리(存天理)·알인욕(遏人欲)을 공부 방법으로 제시하고 있다. 또 대학도는 대지를 경(敬)으로 보아 중앙에 배치하고 종시(終始)를 겸하고 본말(本末)을 포함하는 것으로 본 것과 지어지선(止於至善)을 경지(敬止)로 보아 명명덕·신민 밑의 중앙에 배치하고 본말을 겸하고 종시를 포함한 도표이다.[5] 중용도는 뒤에서 상세히 언급하기로 한다.

20세기 초 영남 퇴계학파에 속한 김황(金榥, 1896-1978)도 『소학』을 포함한 경학십도(經學十圖)를 그렸는데, 논어도는 20편을 논리적 구도로 파악하여 「학이(學而)」로부터 「요왈(堯曰)」로 이어지는 맥락을 드러내었고, 맹자도는 『맹자』 7편의 요지를 성선(性善)의 도에 초점을 맞추어 파악한 뒤 자임(自任)과 유세(遊說)의 2행으로 나누어 그린 것이다. 그리고 대학도는 대학의 경일장(經一章)과 전십장(傳十章)을 분리하여 상하로 그

---

4 최석기(2018), 159~188면 참조.

5 최석기(2007c), 617~646면 참조.

렸는데, 육사(六事: 知止~能得)를 지(知)와 행(行)으로 분리한 것이 특징이다.[6] 중용도는 뒤에서 상세히 언급하기로 한다.

이상에서 살펴본 것처럼 조선시대 『논어』·『맹자』를 도표화한 것은 불과 3개의 도표밖에 없다. 그러나 이 역시 매우 의미 있는 것으로 주목할 만하다. 그 이유는 『논어』·『맹자』를 거시적 시각으로 요지를 파악하려 하였으며, 상호 연관성을 찾기 어려운데 주제별로 상호 연관성을 찾아 논리구조를 파악하려 했기 때문이다. 동아시아에서 『논어』·『맹자』의 요지를 전체적으로 도표화한 것을 찾아볼 수 없기 때문에 이러한 도표는 더욱 그 의미가 크다.

조선시대 만들어진 대학도와 중용도는 필자가 도설을 수집 정리하여 『조선시대 대학도설』과 『조선시대 중용도설』로 출간한 바 있다.

조선시대 대학도를 그린 학자는 총 58명이고, 도표는 총 151개이다.[7] 대학도는 기본적으로 주자의 『대학장구』를 저본으로 하여 그린 것이 대부분이다. 그 중에는 『대학』의 전체요지를 그린 도표도 있고, 각 장의 요지를 그린 도표도 있으며, 명덕(明德)·혈구(絜矩) 등과 같은 특정한 용어를 주제로 그린 도표도 있고, 소학대학도(小學大學圖)처럼 다른 경서의 요지와 합해 상호 연관성을 나타낸 도표도 있다. 이러한 도표는 모두 동일하지 않으며, 각각 미세한 특징을 갖고 있다.

다음 중용도를 살펴보기로 한다. 조선시대 중용도를 그린 학자는 총 69명이고, 도표는 총 147개이다.[8] 이는 대부분 주자의 『중용장구』를 저

6 金榥, 『重齋先生文集』 제5책 권43, 「經學十圖 附贊」 참조.

7 최석기·강현진(2012c), 10~17면 참조.

8 최석기(2013a), 11~17면 참조. 이하 전거 없이 인용한 중용도는 모두 이 책에서 인용한 것임을 밝혀둔다.

본으로 하여 그린 도표인데, 전체의 요지를 뽑아 그린 도표도 있고, 제1장만을 그린 도표도 있고, 대절(大節)·대지(大支)로 나누어 전체의 구조를 드러낸 도표도 있고, 제20장의 구경(九經)만을 뽑아 그린 도표도 있고, 「중용장구서(中庸章句序)」에서 언급한 인심도심(人心道心)을 주제로 그린 도표도 있다. 중용도에 대해서는 다음 장에서 몇 가지 유형으로 나누어 분석할 것이다.

사서해석에 있어 이처럼 많은 도표가 만들어지게 된 것은 어째서일까? 이에 대해 외부적인 영향관계를 고려하면 다음과 같이 세 가지로 정리할 수 있다. 첫째, 원대 정복심(程復心)의 『사서장도(四書章圖)』의 영향을 받은 것으로 보인다. 둘째, 상수학(象數學)을 중시하여 수많은 도표를 그린 원대 장리(張理)의 『역상도설(易象圖說)』의 영향으로 보인다. 셋째, 주돈이(周敦頤)의 「태극도설(太極圖說)」과 주희(朱熹)의 「인설도(仁說圖)」 등의 영향으로 보인다.

이러한 외부적인 요인과 함께 고려해 볼 것이 조선 학계 내부에서 성리학과 사서학(四書學)을 정밀하게 탐구하는 과정에서 나타난 산물이라는 점이다. 그것은 『사서장도』처럼 장별로 도표를 만드는 데에서 더 나아가 경서 한 책의 전체요지를 도표화하거나, 대절별(大節別)로 도표화하거나, 핵심이 되는 주제어에 대해 도표화하는 등 다양한 도표가 만들어졌기 때문이다.

이런 점에서 보면, 이러한 도표는 다른 나라에서 찾아볼 수 없는 조선시대 사서해석의 한 특징으로 주목할 만하다. 특히 『논어』·『맹자』의 요지를 1장의 도표로 그린 논어도·맹자도는 비록 3개밖에 되지 않지만 동아시아 『논어』·『맹자』 해석사에서 매우 의미 있는 도표라 할 것이며, 『대학』·『중용』의 전체요지를 뽑아 그린 대학도·중용도도 동아시아 『대학』·『중용』 해석사에서 주목할 만한 성과라 하겠다.

이런 도설을 통한 사서해석에는 종래의 설에서 진일보하여 정밀하고 다양한 해석을 추구한 점이 허다하며, 시대정신과 인문정신을 반영하면서 합리적이고 객관적인 사유를 진전시킨 면이 다수 발견된다.

Ⅲ. 『중용』 해석과 중용도설

1. 『중용』 해석의 두 갈래

조선시대 『중용』 해석의 특징은 어떻게 단락을 나누어 요지를 파악할 것인가에 관한 구조분석과 천명(天命)·성(性)·도(道)·교(敎) 등 핵심주제어에 대한 심층해석으로 양분할 수 있다.

전자는 주자가 「중용장구서(中庸章句序)」에서 '사지(四肢)로 나누어지고 대절(大節)로 해석되며, 맥락이 관통한다.[支分節解 脈絡貫通]'라고 한 것, 대전본에 실린 「독중용법(讀中庸法)」의 6대절설(大節說), 『중용장구』 장하주(章下註)의 4대지설(大支說), 편제(篇題)에 실린 정자(程子)의 '처음에는 일리(一理)를 말하고, 중간에는 흩어져 만사(萬事)가 되고, 마지막에 다시 합하여 일리(一理)가 된다.[始言一理 中散爲萬事 末復合爲一理]'라고 한 것에 기초한 3분설(分說) 등 다양한 해석이 제기되었다.

후자는 「중용장구서」에서 언급한 인심도심(人心道心)에 관한 설, 천명(天命)·성(性)·도(道)·교(敎)에 관한 설, 중용(中庸)·중화(中和)·비은(費隱)·명선성신(明善誠身) 등 주제어에 관한 설, 구경(九經)에 관한 설, 천도인도(天道人道)에 관한 설, 존덕성(尊德性)·도문학(道問學)에 관한 설 등이 주된 논제로 등장하는데, 이는 성리학에 대한 이해가 심화되면서 주제와 논리를 정밀하게 논구한 성과물이다.

전자의 구조분석과 논리접속에 대한 해석은 『중용장구대전』에 실린 「독중용법」의 6대절설과 『중용장구』 장하주의 4대지설이 다른 데서 기인하여 다양한 논의를 불러일으켰다. 「독중용법」의 6대절설과 장하주의 4대지설을 정리해 도표로 제시하면 아래와 같다.

〈표 1〉 「讀中庸法」의 六大節說

大節	範圍	章數	要旨
제1대절	제01장	1	說中和
제2대절	제02장 – 제11장	10	說中庸
제3대절	제12장 – 제19장	8	說費隱
제4대절	제20장 – 제26장	7	說誠
제5대절	제27장 – 제32장	6	說大德小德
제6대절	제33장	1	復申首章之義

〈표 2〉 『大學章句』 章下註의 四大支說

大支	範圍	章數	要旨
제1대지	제01장 – 제11장	11	中庸
제2대지	제12장 – 제20장	9	包費隱兼小大
제3대지	제21장 – 제32장	12	天道人道
제4대지	제33장	1	擧一篇之要

명나라 초의 호광(胡廣) 등이 편찬한 『중용장구대전』에는 ‘주자왈(朱子曰)’로 시작하는 「독중용법(讀中庸法)」이 실려 있는데, 그 말미에 『중용장구』를 6대절로 나누어 보는 설이 있다.[9] 한편 『중용장구』에는 제2장 장하주에 “이상은 제2장이다. 이 아래 10장은 모두 중용(中庸)을 논하여 제1장

의 의미를 해석하였다."[10]라고 한 것처럼 「중용장구서」에서 말한 지분절해(支分節解)에 관한 내용이 종종 보이는데, 이를 모두 정리하면 4대지설이 된다. 「독중용법」의 6대절설은 대전본을 만든 사람들이 주자의 설이라 여겨 수록한 것인데, 주자의 저술에서는 확인할 수 없으니 그 진위여부에 의문이 없을 수 없다.

이 「독중용법」의 6대절설과 장하주의 4대지설을 비교해 보면, 판이하게 다른 구조분석이 제20장이다. 요컨대 6대절설에서는 제20장을 제4대절의 수장(首章)으로 삼고 있는데, 4대지설에서는 제2대지의 말장(末章)으로 삼고 있다.

제20장은 『중용』의 중앙에 위치할뿐더러, 그 내용이 전반은 정치(政治)를 언급하고, 후반은 천도(天道)인 성(誠)을 언급하고 있어 논지가 일관되지 않는다. 또한 십삼경주소본의 『예기』에 수록된 「중용」에는 제20장의 성(誠)을 언급한 후반부를 하편(下篇)의 첫머리로 삼아 분리해 놓았다. 즉 구설에는 나누어져 있던 것을 주자가 합해 1장으로 만들어 놓은 것이다.

이처럼 『중용장구』를 몇 단락으로 나누어 요지를 파악할 것인가에 대한 탐구는 다양한 해석을 하게 하였고, 독자적으로 의리를 발명하는 과정에서 다수의 도표가 생산되었다. 그 중에 핵심적인 문제의식은 「독중용법」의 6대절설과 장하주의 4대지설이 다른 점, 그리고 정자가 언급한 3분설과 주자의 설을 어떻게 융합할 것인가 하는 점이다. 이러한 문제의

9 胡廣 等 撰, 『中庸章句大全』 「讀中庸法」. "中庸當作六大節看 首章 是一節 說中和 自君子中庸以下十章 是一節 說中庸 君子之道費而隱以下八章 是一節 說費隱 哀公問政以下七章 是一節 說誠 大哉聖人之道以下六章 是一節 說大德小德 末章 是一節 復申首章之義"

10 朱熹, 『中庸章句』 제1장 章下註. "右 第二章 此下十章 皆論中庸 以釋首章之義"

식에 따라 『중용』 해석은 다양한 설이 제기되었다.

필자는 이런 점을 조선시대 『중용』 해석의 가장 큰 특징으로 본다. 그리고 이러한 설은 동아시아 『중용』 해석사에서 독창적이며 매우 의미 있는 해석이라고 생각한다. 『중용』 해석에 있어서 단락을 나누어 요지를 파악하는 설이 이처럼 다양하게 나타난 것은 요지를 파악하기가 그만큼 어렵다는 것을 의미하지만, 한편으로는 구조분석과 논리접속의 관계를 정밀하게 분석하여 유기적으로 파악하려는 탐구정신의 소산이기도 하다.

후자 중 인심도심설(人心道心說), 중용설(中庸說), 중화설(中和說), 비은설(費隱說), 귀신설(鬼神說), 천도인도설(天道人道說), 존덕성도문학설(尊德性道問學說) 등은 대체로 심(心)·성(性)·정(情)에 관한 문제로, 성리학이 발달하는 과정에서 심도 있는 다양한 설이 전개되었다. 이러한 현상은 16세기부터 20세기 초까지 지속되었다.

2. 중용도설의 양상과 특징

조선시대 중용도 147개 가운데 『중용』 전체의 요지를 뽑아 그린 것은 30여 개이고, 나머지는 장별로 요지를 뽑아 그린 장도(章圖)이거나 구경(九經)·인심도심(人心道心)·존덕성도문학(尊德性道問學) 등의 핵심적인 주제어에 대해 그린 것이다. 이 가운데 장도는 제1장의 요지를 뽑아 논리구도를 갖추어 그린 수장도(首章圖)가 가장 많으며, 주제어를 도표화한 것 가운데는 인심도심도(人心道心圖)가 제일 많다.

여기서는 위에 제시한 조선시대 중용도를 전도(全圖), 장도(章圖), 기타도(其他圖)로 분류하고, 그 가운데서 대표적인 도표를 뽑아 시대별로 어떤 양상이 나타나는지를 특징적으로 살펴보고자 한다. 전도에는 『중용』의 요지를 대절별로 나누어 그린 것도 포함시켜 논의하기로 한다. 다만 장도와 기타도는 『중용』 해석의 전체적인 양상이나 성향을 드러내고 있지 못하기 때문에 본고에서는 전도에 초점을 두어 논의를 전개할 것이다.

1) 전도(全圖: 附大節圖)

조선 최초의 중용전도(中庸全圖)는 16세기 후반에 그린 것으로 추정되는 장현광(張顯光)의 「중용지도(中庸之圖)」이다.

이 도표는 장현광의 『역학도설(易學圖說)』 권6에 수록되어 있는데, 『중용』의 요지를 1장의 도표로 그린 것이다. 상단을 보면 정자(程子)의 '처음에는 일리(一理)를 말하고, 중간에는 흩어져 만사가 되고, 마지막에 다시 합하여 일리가 되었다.[始言一理 中散爲萬事 末復合爲一理]'라고 한 설을

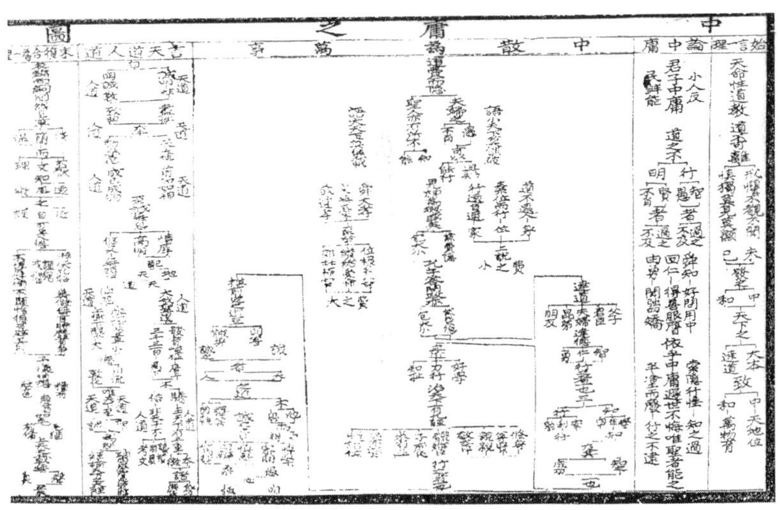

〈張顯光의 中庸之圖〉

수용하되, 그대로 따르지 않고 자신의 견해로 논중용(論中庸), 언천도인도(言天道人道)를 그 사이에 단락의 요지로 삽입해 전체를 5단락으로 나누어 논리구조를 파악하고 있다. 이는 주자의 『중용장구』 33장 체제를 그대로 수용하되, 6대절설과 4대지설을 모두 따르지 않고 독자적인 시각에 의해 5대절로 나누어 요지를 파악한 것이다.

이 장현광의 중용도는 조선에서 가장 먼저 나타난 중용전도가 「독중용법」의 6대절설이나 장하주의 4대지설을 모두 따르지 않고, 정자와 주자의 설을 융합해 독자적인 시각으로 5대절설을 주장하였다는 점에 큰 의미가 있다. 또한 중용(中庸)과 천도인도(天道人道)를 핵심주제어로 파악하고 있는 것도 해석의 초점이 어디에 있는지를 말해준다. 이러한 특징은 조선경학사에서 갖는 의미가 결코 작지 않다.[11]

16세기에는 성리학과 경학이 크게 발달했는데도 중용전도가 나타나지 않는다. 그것은 대전본에 실린 「독중용법」을 주자설로 보아 수용하면서 의심이 없었고, 또 『중용』을 이해하기가 어려워 독자적인 설을 개진하기가 쉽지 않았기 때문이다. 그러다 주자학에 대한 이해가 심화된 17세기 후반에 이르러 기호학파 박세채(朴世采, 1631-1695)의 「중용총도(中庸總圖)」가 나온다.

11 최석기(2016), 169~207면 참조.

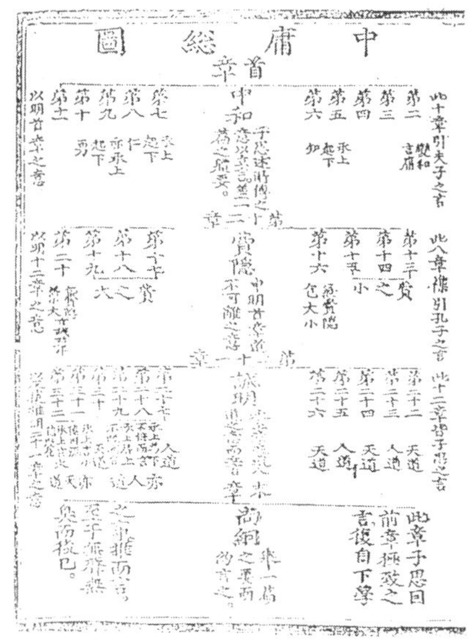

〈朴世采의 中庸總圖〉

이 「중용총도」는 4대지(大支)로 나누어 구조를 파악한 것으로, 주자의 『중용장구』 장하주의 설에 따른 것이다. 박세채는 '대절(大節)'이라 하지 않고 '대지(大支)'라고 하여 「중용장구서」에 보이는 '지분절해(支分節解)'의 지분(支分)으로 단락을 나누는 근거를 삼았다. 그가 단락을 나눈 요지를 정리하면 다음과 같다.

〈표 3〉 朴世采의 4대지설 요지

大支	範圍	要旨	朱子 4大支說
제1대지	제01장 - 제11장	中和	中庸
제2대지	제12장 - 제20장	費隱	包費隱兼小大
제3대지	제21장 - 제32장	誠明	天道人道
제4대지	제33장	尙絅	擧一篇之要

이러한 요지파악은 주자가 장하주에서 언급한 4대지설의 요지와 다르다. 위의 도표를 통해 확인할 수 있듯이, 중용(中庸)보다는 중화(中和)를, 천도인도(天道人道)보다는 성명(誠明)을, 총론일편지요(總論一篇之要)보다는 의금상경(衣錦尙絅)을 요지로 파악하고 있다.

이는 천인합일을 추구하는 인도(人道)의 입장을 중시한 것으로 보인다. 박세채의 「중용총도」는 조선시대 4대지설로서는 최초의 중용도로서 비록 『중용장구』 장하주의 설에 근거한 것이기는 하지만 요지파악이 장하주의 설과 다르다는 점에서 독자적인 해석이 발견된다. 후대 한원진(韓元震)이 장하주의 설에 따라 4대절설을 주자의 만년정설(晩年定說)로 주장하기 전까지는 대체로 「독중용법」의 6대절설을 추종하는 견해가 우세하였는데, 박세채는 장하주의 설에 따라 4대지로 나누어 도표화했다. 이는 주자의 여러 설에 대해 분변하여 만년의 설을 정설로 보는 인식이 대두되었다는 점에서 큰 의미가 있다.

박세채보다 조금 뒤의 한여유(韓汝愈, 1642-1709)는 복잡한 「중용맥락도(中庸脈絡圖)」를 그려 단락을 나누고 요지를 파악하였다. 그는 6대절설이나 4대지설을 모두 따르지 않고 남송 말의 요로(饒魯: 쌍봉요씨)의 6대절설에 의거하여 독자적인 6대절설을 제시하였으며, 『중용장구』 33장 체제를 수용하되 제24장~제26장을 제32장의 뒤로 돌려 편차를 개정하였다.[12]

12 최석기(2009), 323~360면 참조.

〈표 4〉 韓汝愈의 6대절설 요지

大節	範圍	章數	要旨
제1대절	제01장	1	言道之本源及實體·存養省察之要·聖神功化之極
제2대절	제02장 - 제11장	10	言智仁勇 以釋首章存養省察之要
제3대절	제12장 - 제19장	8	言道之費隱 以明首章中和位育
제4대절	제20장	1	中庸之淵源
제5대절	제21장 - 제23장 제27장 - 제32장 제24장 - 제26장	12	言費隱大小 以應首章之中和 言智仁勇 以應首章之存養省察至誠之道
제6대절	제33장	1	與首章相表裏 而自外面說入內面

한여유는 제1대절(제1장)과 제6대절(제33장)을 수미관계로 파악하고, 제1장이 전체의 강령이 되는 것으로 보며, 제4대절(제20장)을 독립된 대절로 파악하여 '중용의 연원'으로 보고, 그 앞쪽 제1, 2, 3대절(제1장-제19장)은 순설(順說)로, 그 뒤쪽 제5, 6대절은 역설(逆說)로 된 논리구조로 되어 있다고 주장하였다.

그리고 역설의 논리구조에 근거해 제24장-제26장을 지(智)·인(仁)·용(勇)을 말한 것으로, 제26장-제32장을 비은(費隱)을 말한 것으로 보아 순서를 바꾸어 놓았다. 이 두 가지는 그가 독자적으로 제기한 매우 독창적인 설이다. 이를 도표로 정리하면 다음과 같다.

〈표 5〉 韓汝愈의 편차개정 요지

주자의 중용장구			韓汝愈의 改定			
편차	본 문	요지	개정편차	장구편차	요지	비고
제21장	自誠明 爲之性…	天道, 人道	제21장	제21장	天道, 人道	
제22장	惟天下至誠…	天道	제22장	제22장	天道	
제23장	其次 致曲…	人道	제23장	제23장	人道	

제24장	至誠之道 可以前知…	天道	제24장	제27장	人道	費隱
제25장	誠者 自成也…	人道	제25장	제28장	人道	
제26장	故 至誠 無息…	天道	제26장	제29장	人道	
제27장	大哉 聖人之道…	人道	제27장	제30장	天道	
제28장	子曰 愚而好自用…	人道	제28장	제31장	天道	
제29장	王天下 有三重焉…	人道	제29장	제32장	天道	
제30장	仲尼祖述堯舜…	天道	제30장	제24장	天道	智仁勇
제31장	惟天下至聖…	天道	제31장	제25장	人道	
제32장	惟天下至誠…	天道	제32장	제26장	天道	

이러한 한여유의 『중용』 해석은 우리나라 경학사에서 매우 중요한 의미를 갖는다. 첫째는 권근·김만영(金萬英) 이후 『중용』의 분절문제를 새롭게 다시 거론했다는 점이며, 둘째는 그의 분절이 종래의 설과 다른 매우 독창적인 성격을 갖는다는 점이며, 셋째는 형식적으로는 주희·요로의 설에 근거한다고 하였지만 실제로 그 내용은 거의 독자적인 깨달음에 의한 것이라는 점이며, 넷째는 한여유의 『중용』 해석을 통해 17세기 우리나라 경학이 주자학만을 묵수한 것이 아니라 독자적인 설을 생산할 수 있을 만큼 자유롭고 성숙한 학문적 기반을 가지고 있었다는 점이다.

한편 전도(全圖)를 그리지 않고 대절별(大節別)로 도표를 그린 대절도(大節圖)도 있다. 그 첫 번째 도표가 18세기 전반 이태수(李泰壽, 1658-1724)의 「중용칠도(中庸七圖)」이다. 이 도표는 제목이 칠도(七圖)로 되어 있지만 실제로는 육도(六圖)로 「독중용법」의 설에 의거하여 그린 것인데, 요지파악은 아래와 같다.

〈표 6〉 李泰壽의 6대절설 요지

大節	範圍	章數	要旨	「讀中庸法」의 要旨
제1대절	제01장	1	中和	說中和
제2대절	제02장 – 제11장	10	中庸	說中庸
제3대절	제12장 – 제19장	8	費隱	說費隱
제4대절	제20장 – 제26장	7	誠	說誠
제5대절	제27장 – 제32장	6	大德小德	說大德小德
제6대절	제33장	1	求本	復申首章之義

이를 통해 알 수 있듯이, 이태수의 요지파악은 제6대절의 요지를 '구본(求本)'으로 명시한 것이 「독중용법」의 6대절설과 다를 뿐, 그 나머지는 대동소이하다. 이를 보면, 이때까지도 「독중용법」의 6대절설을 따라 해석하는 사람들이 다수 있었음을 알 수 있다.

한편 박세채와 윤증(尹拯)에게 수학한 김재해(金載海)는 1713년 「중용도설(中庸圖說)」을 그려 당시 세자였던 경종에게 올렸다. 그는 『중용장구』 33장을 1강(綱)·2목(目)·4결(結)로 파악하여 독특한 중용도를 그렸는데, 그 논리구조를 정리하면 아래와 같다.

〈표 7〉 金載海의 1綱2目4結說의 요지

段落	範圍	要旨
1綱	제01장	中和
제1目	제02장–제11장	中庸
제2目	제12장–제20장 前半	費隱
제1結	제20장 後半	三知三行
제2結	제21장–제26장	自誠自明
제3結	제27장–제32장	大哉聖人
제4結	제33장	八詩

김재해의 「중용도설」의 특징은 제1장에 나오는 중화(中和)를 1강(綱)으로 삼고, 제2장부터 제11장까지의 요지를 중용(中庸)으로 파악하고 제12장부터 제20장 전반까지의 요지를 비은(費隱)으로 파악하여 이 둘을 2목(目)으로 삼고, 제20장 후반의 요지를 삼지삼행(三知三行)으로, 제21장부터 제26장까지의 요지를 자성자명(自誠自明)으로, 제27장부터 제32장까지의 요지를 대재성인(大哉聖人)으로, 제33장을 팔시(八詩)로 분류하여 이를 4결(結)로 보아 논리구조를 파악한 것이다. 이러한 해석 역시 전대에 찾아볼 수 없는 매우 독특한 설이다. 중용(中庸)보다 중화(中和)를 1강(綱)으로 삼아 전편의 대지(大旨)로 파악하였다는 것은 그의 『중용』을 해석하는 기본관점이 심성정(心性情)에 있음을 보여준다.

18세기 전반 기호학파의 이현익(李顯益, 1678-1717)은 아래와 같은 「중용도」를 그렸다.

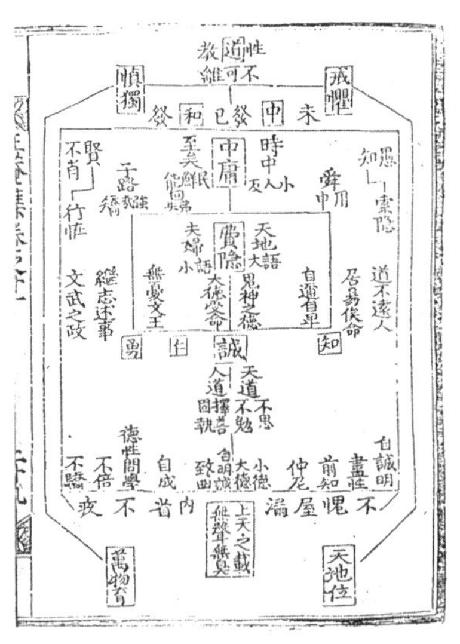

〈李顯益의 中庸圖〉

이 도표는 제1장을 외곽에 그리고, 제2장부터 제33장까지는 외곽 안의 사각형 속에 넣어 4단으로 배열하였다. 제2장부터 제11장까지는 중용(中庸)을, 제12장부터 제20장까지는 비은(費隱)을, 제21장부터 제32장까지는 성(誠)을, 제33장은 '상천지재 무성무취(上天之載 無聲無臭)'로 요지로 파악하였다. 이 도표는 4대지설을 따라 그린 것인데, 제1장을 외곽으로 독립시켜 놓았기 때문에 실제로는 5대절설과 거의 유사하다.

박세채로부터 이현익에 이르는 여러 설을 보면, 17세기 후반부터 18세기 전반까지의 『중용』 해석은 다양한 양상을 보이며 새로운 모색을 한 것을 알 수 있다. 그것이 한여유·이태수·김재해·이현익 등의 설로 나타난 것이다. 이들은 모두 기호학파에 속한 인물들인데, 기호학파 내부에서도 뚜렷한 정설(定說)이 없어 이와 같이 다양한 견해가 대두된 것이다.

이이(李珥)-김장생(金長生)-송시열(宋時烈)-권상하(權尙夏)-한원진(韓元震)으로 이어지는 학통에서는 대전본 소주의 설이 주자설과 다른 점을 분변하는 것, 주자의 여러 설 가운데 초년설과 만년설을 구분하여 만년정설(晩年定說)을 확정하여 주자의 설을 보다 명징(明澄)하게 확립하는 것이 학문의 주된 방향이었고 목표였다.

그러한 일을 완성한 인물이 한원진(韓元震, 1682-1751)이다. 그는 『중용』을 해석하면서 「독중용법」의 6대절설을 초년설로 보아 폐기하고 장하주의 4대지설을 만년설로 보았다. 그는 종래 대지(大支)로 구분한 설을 따르지 않고 대절(大節)로 구분하여 4대절설을 주장하였다.[13] 이후로 기호학파에서는 이 4대절설이 널리 유행하였다.

13 최석기(2007b), 271~303면 참조.

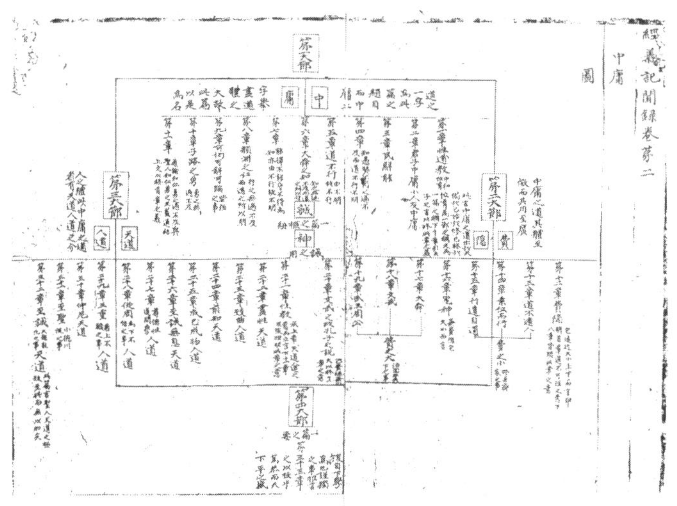

〈韓元震의 中庸圖〉

한원진의 중용도는 주자의 만년설에 의거한 것인데, 성(誠)과 함께 신(神)을 추뉴(樞紐)로 보아 중앙에 배치한 점, 4대절을 강(綱)으로 보아 사면에 배치하고 그 안에 각장의 요지를 목(目)으로 하여 밑에 연결시킨 점 등이 독자적인 견해에 해당한다. 후대 한원진의 설을 비판하는 사람들은 신(神)을 성(誠)과 함께 『중용』의 대지로 파악한 것에 대해 문제점을 지적하였다.

한원진과 동시대 기호학파 윤형로(尹衡老, 1702-178?)도 중용도를 그렸는데, 이 역시 「중용장구서」의 '지분절해 맥락관통(支分節解 脈絡貫通)'에 의거한 4대절설이다. 이 그림은 제20장을 중앙으로 파악하여 앞의 2대절을 상도(上圖)로 그리고, 제21장부터 제33장까지 2대절을 하도(下圖)로 그린 뒤, 상도는 도(道)를 말한 것으로 하도는 덕(德)을 말한 것으로 파악한 것이 특징이다.

한편 동시대 근기남인계 이익(李瀷, 1681-1763)은 정자(程子)의 3분설에 의거해 아래와 같은 중용도를 그렸는데, 독특한 논리구조를 가지고 있다.

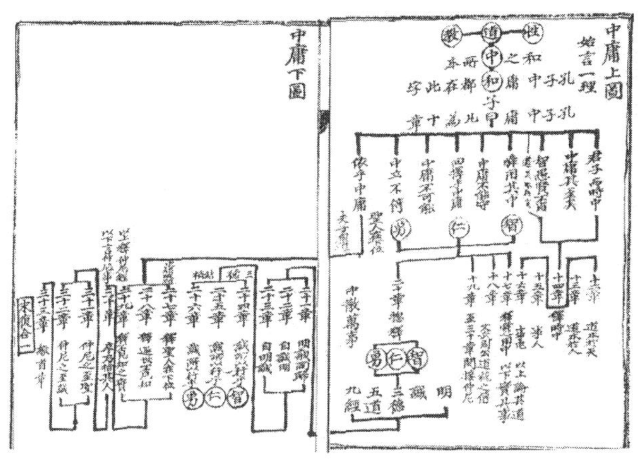

〈李瀷의 中庸圖〉

이익은 주자의『중용장구』33장 체제를 수용하되 제5장을 제4장에 붙여 실제로는 32장 체제로 파악하였다. 이익의『중용』해석의 가장 큰 특징은『대학』처럼 경(經)과 전(傳)으로 구분한 것이다. 그는 공자의 말을 기록한 제2장부터 제11장까지를 경문(經文)에 해당하는 공자중용(孔子中庸)으로 보고, 그 나머지는 자사(子思)가 부연한 전문(傳文)으로 보아 자사전(子思傳)이라 하였다.[14]

이익의 문인 신후담(愼後聃, 1702-1761)은 이러한 사설(師說)을 따르지 않고 독자적으로「중용총의도(中庸摠義圖)」를 그렸는데, 중화(中和)·중

14 최석기(2003b), 51~136면 참조.

용(中庸)을 상단에 배치한 뒤, 그 밑에 비(費)와 은(隱)으로 2행을 나누고 그 아래 도문학(道問學)과 존덕성(尊德性), 지(智)·인(仁)·용(勇)과 박후(博厚)·고명(高明)·유구(悠久), 소덕(小德)과 대덕(大德)을 차례로 배열하고서, 이 2행을 하단중앙의 성(誠)에 귀결시켰다. 이 중용도의 특징은 중용의 도를 비(費)와 은(隱)으로 파악하여 도문학(道問學)을 비(費)에 존덕성(尊德性)을 은(隱)에 배속한 것이다.

18세기 후반 조선학계에는 큰 변화가 나타난다. 중앙학계는 청대 고증학이 유입되어 일부학자들이 이를 비판적으로 수용하였다. 그러나 지방에 거주하던 학자들은 고증학을 접하지 못하고 종래의 설을 그대로 따랐다. 그런데 지방학계에서도 영남과 기호가 달랐다. 기호지방 학자들은 종래의 설을 그대로 추종하였는데, 영남에서는 새로운 풍조가 나타났다.

18세기 후반 이후 작성된 중용도는 주로 지방학자들에게서 나타나는데, 그것도 영남지방에서 다양한 도표가 생산되었다. 이 시기 중용도를 작성한 학자 20명 가운데 경상도 출신이 15명이고, 전라도 출신이 3명, 충청도 출신이 1명, 함경도 출신이 1명이다.[15] 이러한 변화양상을 영남학계와 기호학계로 나누어 살펴보기로 한다.

우선 영남학계의 동향을 살펴보기로 한다. 영남에서는 18세기 소퇴계(小退溪)로 불린 퇴계학파의 적전 이상정(李象靖, 1711-1781)이 그간의 혼륜간(渾淪看)과 분개간(分開看)에 치우친 성리설 논쟁에 대해 새로운 시각의 통간(通看)을 주장함으로써 자신이 속한 학통의 학설만을 고수하던 경직된 사고에서 벗어나게 하였다. 이상정이 통간을 제시한 뒤 영남학파에서는 다양한 변화가 나타났다. 그 중 하나가 다양한 중용도가 등장한

15 최석기(2017a), 176면 참조.

것이다.

경상도 출신으로 중용도를 작성한 학자 15명 가운데 안동권 인물은 4명, 흥해(興海)·대구(大邱)·포항(浦項)·기계(杞溪)·성주(星州) 등지의 인물이 5명, 진주권 인물이 6명이다. 특히 학문적 영향관계로 보면 이진상(李震相)의 설에 영향을 받은 경상우도 지역 인사들이 눈에 띄게 많다. 또한 이들이 그린 중용도는 기호학파 한원진이 4대절설을 주장한 것과는 달리 4대지설과 6대절설을 겸하여 이중적 논리구조를 가진 것으로 파악한 것이 많다. 이러한 설은 『중용』 해석사에서 새로운 경향으로 주목할 만하다.[16]

18세기 후반 이후 영남지방에서 작성된 중용도를 몇 가지 유형으로 나누어 특징을 살펴보기로 한다. 이 시기에 작성된 중용도는 ① 정자의 '처음에는 일리(一理)를 말하고, 중간에는 흩어져 만사가 되고, 마지막에는 다시 합하여 일리가 되었다.[始言一理 中散爲萬事 末復合爲一理]'라고 한 설에 의거한 3분설, ② 주자의 『중용장구』 장하주에 의거한 4대지설, ③ 「독중용법」에 의거한 6대절설, ④ 4대지설과 6대절설을 통합하는 사지육절설(四支六節說), ⑤ 3분설과 4대지설과 6대절설을 모두 수용하는 설, ⑥ 정자의 3분설을 수용하면서 독자적인 시각으로 5대절을 주장한 설 등 6개 유형으로 나누어 볼 수 있다.

①의 경우, 고성(固城)에 살던 정호용(鄭灝鎔, 1855-1935)의 「중용도(中庸圖)」에 보인다. 정호용은 사승관계가 뚜렷하지 않다. 그는 도심·인심을 강(綱)·목(目)으로 나누어 2장의 중용도를 그렸는데, 「도심강목도(道心綱目圖)」는 『중용』 전체를 1장으로 도표로 그린 것이다.

---

16 최석기(2017a), 161~193면 참조.

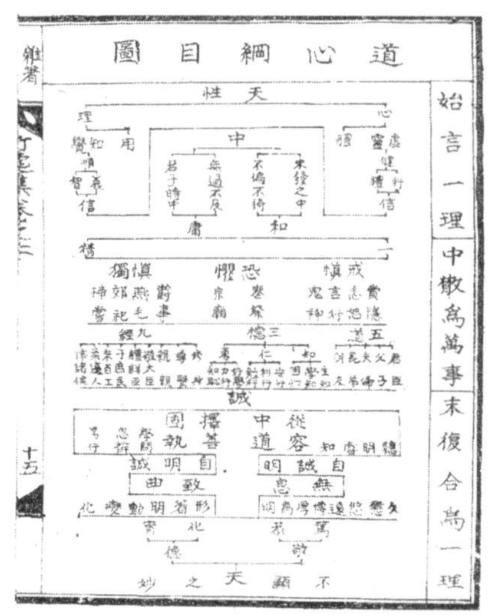

〈鄭灝鎔의 中庸圖〉

이 도표를 보면 우측에 정자의 3분설을 구분하고서 그에 맞게 좌측에 각 대절의 요지를 단계별로 그린 것을 알 수 있다. 이 중용도가 다른 중용도와 다른 점은 도심(道心)에 초점을 맞추어 통합적으로 파악한 것이다.

②의 경우, 한원진이 4대절설을 주장한 뒤로 나타는데, 한원진의 도표와는 다른 형태이다. 한원진의 중용도는 사각형으로 되어 있는데, 이 시기에는 최초로 원형(圓形)의 도표가 나타난다. 사각형의 중용도는 천원지방(天圓地方)의 '지방(地方)'을 강조한 것으로 『중용』을 해석하면서 천도(天道)보다는 인도(人道)에 초점을 맞춘 것이고, 원형의 중용도는 '천원(天圓)'을 강조한 것으로 천도(天道)에 초점을 맞춘 것이다. 이 시기 영남에서 제작된 4대지설에 따른 중용도는 모두 3개인데, 2개는 원형이고 1개는 사각형이다. 다음 도표를 통해 살펴보기로 한다.

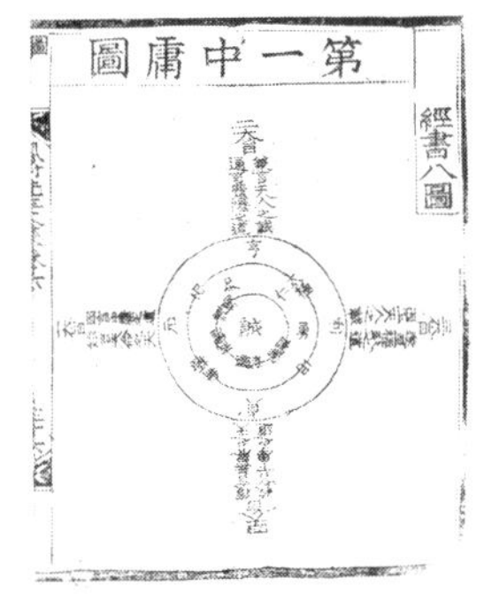

〈崔象龍의 中庸圖〉

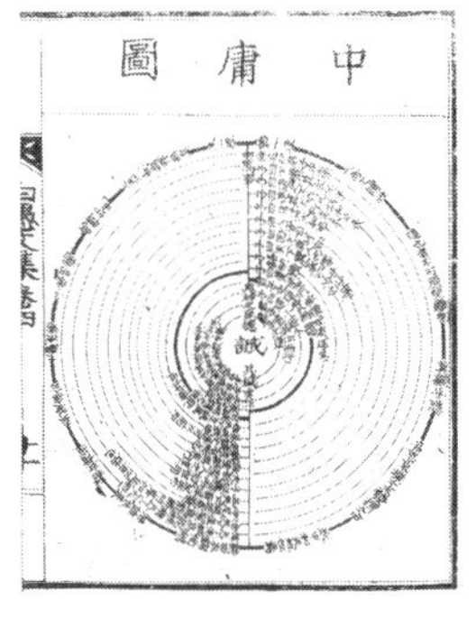

〈金載璐의 中庸圖〉

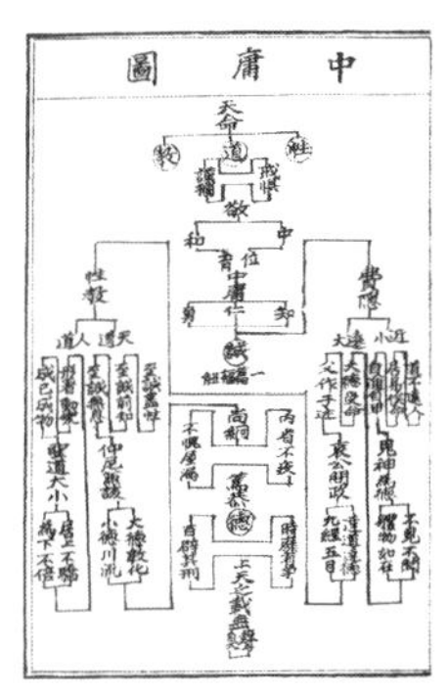

〈柳致儼의 中庸圖〉

좌측의 도표는 최상룡(崔象龍, 1786-1849)이 그린 중용도이고, 중앙의 도표는 김재로(金載璐, 1850-1928)의 중용도이고, 우측의 도표는 유치엄(柳致儼, 1810-1876)이 그린 중용도이다.

최상룡의 중용도는 4대지를 사방에 배치하고, 그 안에 3개의 원을 그려 『중용』의 요지를 그려 넣었다. 이 중용도는 인도(人道)를 닦아 천도(天道)에 합하는 천인합일을 원형과 방형을 통해 통합적으로 드러낸 것이다. 최상룡은 '대지(大支)'나 '대절(大節)'이라는 용어 대신에 '대지(大旨)'라는 용어를 사용한 것이 이채롭다.[17]

김재로는 봉화군에 살았으며, 김흥락(金興洛)에게 수학한 인물이다. 그의 중용도는 4대지설을 기본으로 한 원형으로, 중앙에 『중용』의 대지인 성(誠)을 써 넣고, 제1장과 제33장을 외곽의 진한 원 속에 넣고, 제12장과 제21장을 내곽의 진한 원 속에 넣어 단락을 구별해 놓았다.

전체를 4대지(大支)로 파악하면서 원형으로 그리지 않고 상하·좌우로 나누어 논리구조를 그린 중용도도 나타나는데, 유치엄의 중용도가 그것

17 최석기(2008), 1265~1291면 참조.

이다. 유치엄은 안동에 살았으며, 유범휴(柳範休)의 손자로 조부에게 수학하였다. 그는 장하주의 4대지설을 따르면서도 제1대지와 제4대지를 중앙에 종(縱)으로 그리고 제2대지와 제3대지를 그 좌우에 배열하여 상호 대립적으로 그렸으며, 제3대지의 요지를 천도·인도로 보지 않고 성(性)·교(敎)로 파악한 것이 특징이다.

③의 경우는 조선후기에 잘 나타나지 않는데, 영남지역에서도 1개밖에 나타나지 않는다. 19세기 진주 인근에 살던 강병주(姜柄周, 1839-1909)는 성호학파 허전(許傳)의 문인으로 「중용육대절도(中庸六大節圖)」 6개를 그렸는데, 전도(全圖)가 아니라 대절도(大節圖)이다. 강병주의 이 대절도는 「독중용법」의 6대절설에 의거한 것인데, 요지파악은 그와 조금 다르다.[18] 이를 도표로 제시하면 다음과 같다.

〈표 8〉 姜柄周의 6대절설 요지

大節	範圍	章數	要旨	「讀中庸法」의 要旨
제1대절	제01장	1	性道教	說中和
제2대절	제02장 - 제11장	10	中庸, 智仁勇	說中庸
제3대절	제12장 - 제19장	8	費隱, 鬼神, 誠	說費隱
제4대절	제20장 - 제26장	7	誠, 天道人道	說誠
제5대절	제27장 - 제32장	6	聖人之道, 仲尼, 至聖, 至誠	說大德小德
제6대절	제33장	1	君子爲己之學	復申首章之義

강병주가 이 도표에 보이는 것처럼 다면적으로 각 대절의 요지를 파악한 것은 「독중용법」의 요지파악이 각 대절의 요지를 충분히 드러내지

18 최석기(2011b), 47~50면 참조.

못한다고 보았기 때문이다.

④의 경우는 19세기에 등장한 독특한 현상인데, 영남지역에서 논의가 활발하게 일어났다. 조선시대 장하주의 4대지설과 「독중용법」의 6대절설을 하나로 합해 보는 관점은 이회경(李晦慶, 1784-1866)에게서 처음으로 나타난다. 그는 경상도 기계(杞溪) 출신으로 유범휴(柳範休)에게 수학하여 퇴계학통을 계승하였다. 그의 중용도는 제1장부터 제33장까지 장별로 요지를 뽑아 연결해 놓은 것인데, 말미 하단에 4대지와 6대절의 첫 장을 써넣어 4대지를 기본으로 하면서 6대절로도 나눌 수 있다는 관점을 제시했다. 그러나 이 중용도는 논리구조를 파악하지 못하여 제20장을 어느 대절에 소속시켰는지 명확하게 드러내지 못한 단점이 있다.

4대지설과 6대절설을 하나로 통합하여 논리적 구조에 맞추어 해석한 인물이 이진상(李震相, 1818-1886)이다. 이진상은 성주(星州) 출신으로 정주학적 사유 속에서 종래의 성즉리설(性卽理說)을 더욱 적극적으로 해석하여 심즉리설(心卽理說)을 주장하였다. 즉 그의 심즉리설은 양명학의 심즉리설과는 그 근원을 달리하는 설로, 구한말 도가 망하고 나라가 위태로운 국면에서 리(理)를 위주로 하는 성리설을 적극적으로 전개한 것이다.

그는 기호학파 한원진의 중용도를 비판하면서 이론적으로 대응하기 위해 중용도를 그렸다.

이진상은 「중용장구서」의 '지분절해 맥락관통(支分節解 脈絡貫通)'에 의거하여 4대지설과 6대절설을 인신(人身)의 사지(四支)·육절(六節)에 나아가 유기적으로 통합해 해석하였다. 그는 4대지설과 6대절설을 모두 논박하면서 '대지(大支)만 있고 대절(大節)이 없으면 운용할 수 없고, 대절만 있고 대지가 없으면 통섭할 수 없다.'는 관점에서 일신에 초점을 두어 통섭(統攝)과 운용(運用)의 묘합(妙合)을 추구하였다. 이런 점에서 이진상

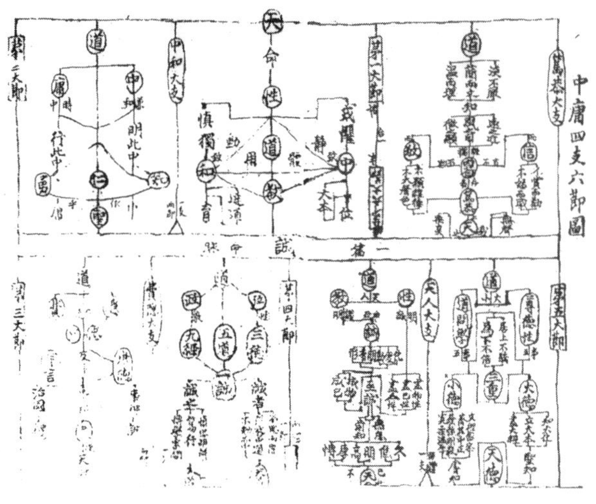

〈李震相의 中庸圖〉

의 중용도는 4대지설과 6대절설을 통합해 체계적으로 그린 도표라고 하겠다.[19]

이진상의 중용도가 발표되자, 그의 문하생들 및 경상우도 학자들은 이에 민감한 반응을 보였다. 그리하여 이진상의 설을 수용하면서 대지(大支)·대절(大節)의 명칭 및 요지를 달리 파악하는 설이 등장하였는데, 주로 진주권에 사는 학자들에게서 나타난다. 그 대표적인 것이 이진상의 문인 허유(許愈, 1833-1904)의 「중용지절도설(中庸支節圖說)」, 곽종석(郭鍾錫, 1846-1919)의 「중용지절도(中庸支節圖)」·「중용지절별도(中庸支節別圖)」, 그리고 곽종석과 교유한 강영지(姜永墀, 1844-1915)의 「중용사대지분속육대절설(中庸四大支分屬六大節說)」이다. 이러한 중용도를 그린 학자들 가운데 허유와 곽종석의 도표는 아래와 같다.

19 최석기(2012a), 305~340면 참조.

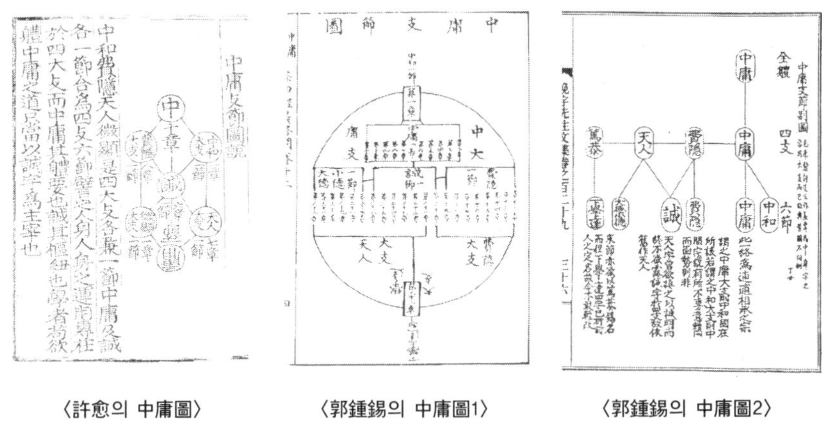

〈許愈의 中庸圖〉 〈郭鍾錫의 中庸圖1〉 〈郭鍾錫의 中庸圖2〉

곽종석의 「중용지절도(中庸支節圖)」는 천도(天道)를 상징하는 원형 속에 인도(人道)를 상징하는 사각형의 구조를 동시에 표현한 것이 특징이며, 허유와의 토론을 통해 그린 「중용지절별도(中庸支節別圖)」는 전체의 대지를 중용(中庸)으로 보고, 사지(四支)의 요지를 중용(中庸)·비은(費隱)·천인(天人)·독공(篤恭)으로, 육절(六節)의 요지를 중화(中和)·중용(中庸)·비은(費隱)·성(誠)·대덕소덕(大德小德)·하학상달(下學上達)로 파악한 구조분석이 매우 돋보인다.[20]

이진상·허유·곽종석의 중용도를 정리하여 도표로 제시하면 다음과 같다.

20 최석기(2013b), 265~302면 참조.

〈표 9〉 李震相, 許愈, 郭鍾錫의 分支節說 요지

範圍	李震相의 支節名稱		許愈의 支節名稱		郭鍾錫의 支節名稱	
	四大支	六大節	四大支	六大節	四大支	六大節
제01장	中和大支	頭項之節	中和大支	中和一節	中庸大支	中和一節
제02장-11장		手臂之節		中庸一節		中庸一節
제12장-19장	費隱大支	腰膂之節	費隱大支	費隱一節	費隱大支	費隱一節
제20장		臍腹之節		誠一節		誠一節
제21장-26장	天人大支		天人大支		天人大支	
제27장-32장		脚蹠之節		天人一節		小德大德一節
제33장	篤恭大支	腦背之節	微顯大支	微顯一節	篤恭大支	下學上達一節

⑤의 경우는 정자와 주자의 설을 모두 수용한 것인데, 18세기 후반 경상도 흥해(興海)에서 활동한 정경(鄭炅, 1741-1807)에게서 최초로 나타난다. 그는 가정에서 수학한 인물로 학문연원이 뚜렷하지 않다. 정경은 한적 11면 분량의 중용도를 그렸는데, 제1장 도표 상단 첫머리에 '시언일리(始言一理)'를, 제12장 도표 첫머리에 '중산위만사(中散爲萬事)'를, 제33장 도표 하단 말미에 '말부합위일리(末復合爲一理)'를 써넣어 정자의 3분설을 수용하고 있다. 또한 4대지의 시작점에는 ●을, 6대절의 시작점에는 ○을 그려 넣어 대지(大支)와 대절(大節)이 구분되는 지점을 표시하였다.

한편 20세기 전반 진주권에서 활동한 곽종석의 문인 김황(金榥, 1896-1978)도 3분설과 4대지설과 6대절설을 모두 수용하여 독자적으로 중용도를 그렸다.

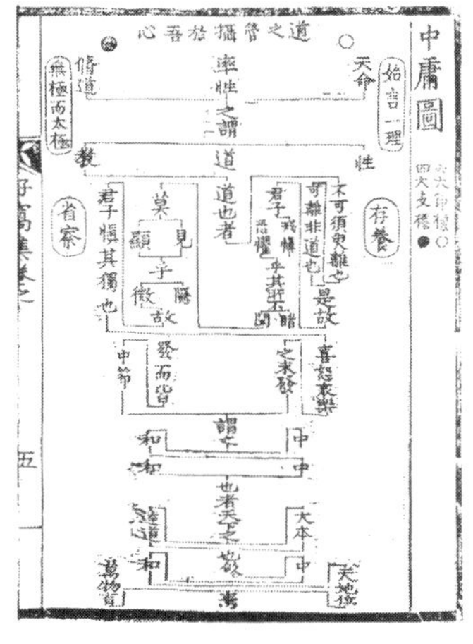

〈鄭炅의 中庸圖〉

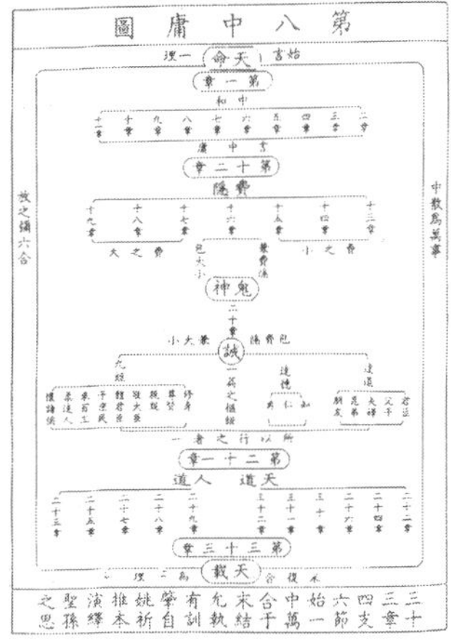

〈金榥의 中庸圖〉

정경의 중용도는 11면의 복잡한 도표에 ●·○만을 표기한 것으로, 4대지와 6대절의 구분이 뚜렷하지 않다는 단점이 있다. 김황의 중용도는 정자의 3분설을 상단 및 좌우의 외곽에 그려넣고, 그 안에 4대지와 6대절을 융합해 그린 것이다. 이 중용도는 제20장을 중앙에 별도로 정리하여 4대지설과 6대절설을 통합하려 한 점이 돋보인다. 그러나 제21장~32장까지를 천도와 인도로 구별해 그림으로써 6대절설의 제4대절과 제5대절을 변별하지 못한 단점이 있다.

⑥의 경우, 안동권에서 활동한 18세기 후반 이상정의 문인 배상열(裵相說, 1759-1789)의 중용도, 19세기 예천에 살던 박기녕(朴箕寧, 1779-1857)의 중용도, 김흥락의 문인 김병종(金秉宗, 1871-1931)이 그린 중용도 등이 있다.

박기녕의 설은 정자의 3분설을 기본으로 하면서 제1장과 제33장을 총뇌(總腦)와 총결(總結)로 보고, 제2장부터 제32장까지를 5대절로 나누어 요지를 파악한 것이다. 박기녕은 「중용삼십삼장전편지도(中庸三十三章全編之圖)」를 그렸는데, 그의 도설을 정리하여 요지를 파악하면 다음과 같다.[21]

〈표 10〉 朴箕寧의 分節과 요지파악

구분	범위	요지	비고
	제01장	總腦	始言一理
제1대절	제02장 – 제11장 (10장)	孔子言中庸	
제2대절	제12장 – 제15장 제17장 – 제19장(7장)	費隱大小	中散爲萬事
제3대절	제16장, 제20장(2장)	論誠	
제4대절	제20장 – 제21장(2장)	九經	
제5대절	제22장 – 제32장(11장)	孔子行中庸	
	제33장	總結	末復合爲一理

박기녕의 중용도는 정자의 3분설을 수용한 점이 잘 드러나지 않기 때문에 생략하고, 여기서는 배상열과 김병종의 중용도를 통해 정자의 3분설 수용양상을 살펴보기로 한다.

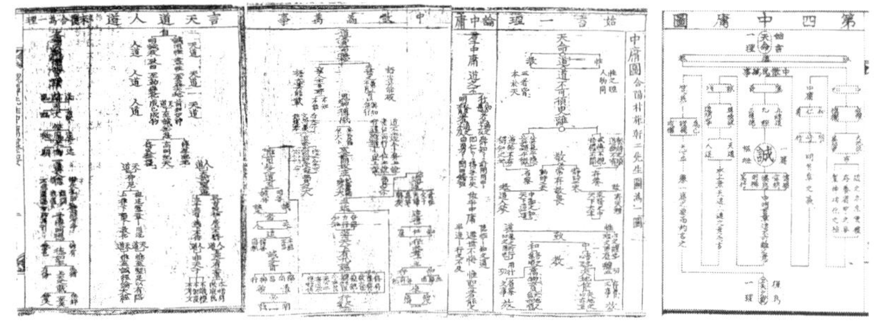

〈裵相說의 中庸圖〉 〈金秉宗의 中庸圖〉

21 최석기(2017b), 272~273면 참조.

배상열의 중용도는 장현광의 중용도를 근본으로 하면서 제1대절(始言一理)을 권근의 「중용수장분석지도(中庸首章分釋之圖)」로 바꾼 것으로, 대절의 요지를 파악한 것은 장현광의 설과 같다. 이는 장현광의 중용도가 제1장의 요지를 너무 소략하게 그렸기 때문에 권근의 「중용수장도(中庸首章圖)」로 대체한 것이다.

김병종(金秉宗)의 중용도는 정자의 3분설을 근간으로 하면서 4대지설을 수용하되 제1대지를 2개의 대절로 나눈 것으로, 대절을 나눈 것은 장현광의 5대절설과 같다. 다만 대절의 요지를 파악한 것은 종래의 설과 다르다.[22] 이 두 설을 비교하면 아래와 같다.

〈표 11〉 張顯光과 金秉宗의 요지파악

大節	範圍	張顯光의 要旨	金秉宗의 要旨
제1대절	제01장	始言一理	首言道之本原出於天而不可易 其實體備於己而不可離 次言存養省察之要 終言聖神功化之極
제2대절	제02장 - 제11장	論中庸	申明首章之義
제3대절	제12장 - 제20장	中散爲萬事	申明首章道不可離之意
제4대절	제21장 - 제32장	言天道人道	承上章天道人道之意而立言
제5대절	제33장	末復合爲一理	擧一篇之要而約言之

다음은 19세기 이후 기호지방 학자들의 중용도에 대해 살펴보기로 한다. 이 시기 기호지방 학자들은 다변화 양상을 보이는데, 우선 중앙학계와 지방학계의 성향이 다르고, 지방은 화서학파(華西學派), 노사학파(蘆沙學派), 간재학파(艮齋學派) 등이 성립되어 더 다양한 성향을 띠었다.

22 최석기(2012c), 301~333면 참조.

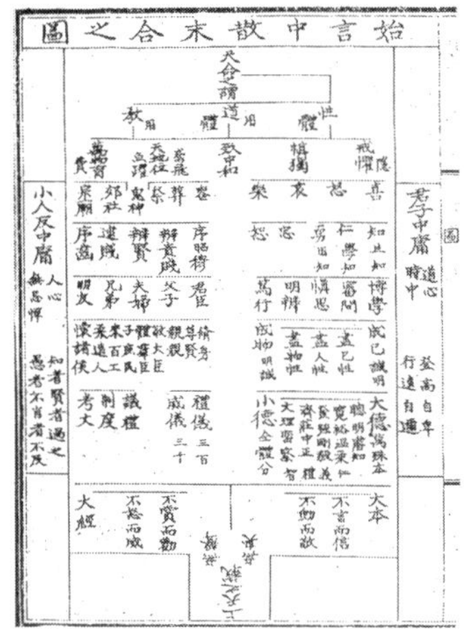

〈李嶔의 始言中散末合之圖〉

이런 구도 속에서 종래 박세채(朴世采)와 한원진(韓元震)에 의해 성립된 4대절설과 다른 중용도가 나타난다. 그 가운데는 정자의 3분설을 추종해 그린 것도 있고, 4대지설과 6대절설을 통합해 그린 것도 있다.

정자의 3분설에 따라 그린 도표는 전라도 강진(康津) 출신으로 1907년 성균관 박사가 된 이금(李嶔, 1842-1928)의 「시언중산말합지도(始言中散末合之圖)」가 있다.

한편 전라도 태인(泰仁) 출신인 김영삼(金永三, 1834-1906)과 충청도 해미(海美) 출신인 이명익(李明翊, 1848-1903)은 기호지방 학자로서는 특이하게 4대지설과 6대절설을 합해 중용도를 작성하였는데, 모두 독자적인 성향이 드러나 있다.

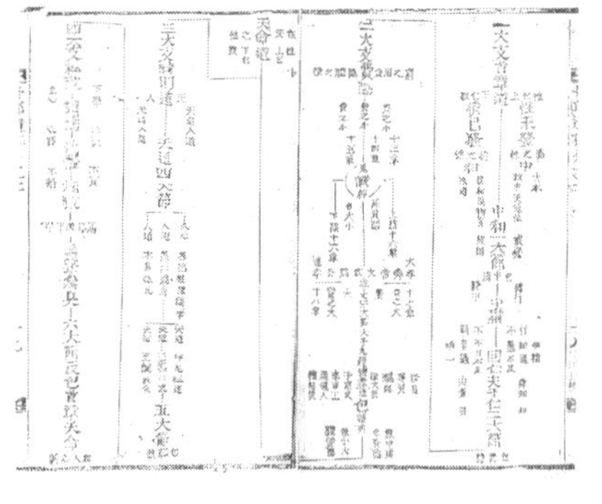

〈金永三의 中庸圖〉

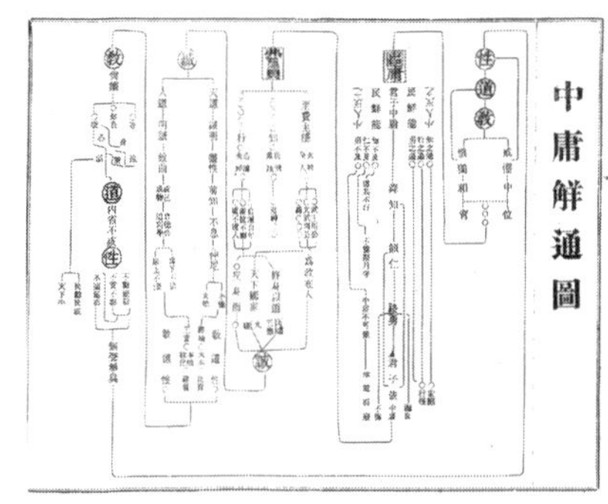

〈李明翊의 中庸解通圖〉

두 번째 도표인 김영삼의 「중용도(中庸圖)」는 천명(天命)과 도(道)를 중앙에 배치해 중심개념으로 잡고 그 좌우에 4대지를 배열하였으며, 대지(大支) 안에 대절(大節)을 포함시킨 것이 특징인데, 제20장의 요지를 분명히 드러내지 못한 단점이 있다.

이명익의 「중용해통도(中庸解通圖)」는 제20장을 제2대지 밑에 두면서도 그 요지를 성(誠)으로 파악하여 제5대절과 연결시켜 4대지를 근간으로 하면서도 6대절과 자연스럽게 연관시킨 것이 돋보인다.

이처럼 18세기 이후 기호지방의 학자들의 중용도에서도 정자의 3분설을 수용하거나, 4대지설과 6대절설을 모두 수용하는 설이 나타나지만, 그 숫자가 영남학파의 중용도에 비해 현저히 적고 또 그 성향도 다양하지 못하다. 그것은 한원진의 4대절설을 주자의 만년정설로 받아들이는 견해가 여전히 우세하였음을 말해주는 것이다.

2) 장도(章圖)

각 장의 요지를 뽑아 그린 장도(章圖)는 권근의 「중용수장분석지도(中庸首章分釋之圖)」로부터 시작해서 수십 장의 도표가 생산되었다. 그 가운데 전체의 요지를 맨 앞에 제시한 제1장의 도표가 가장 많고, 그 다음으로는 제33장도가 많이 작성되었다. 이러한 장도는 대체로 요지파악이 어려운 장을 주로 도표화하였다.

수장도(首章圖)와 말장도(末章圖)를 모두 그린 김휴(金烋, 1597-1638)의 장도를 살펴보기로 한다.

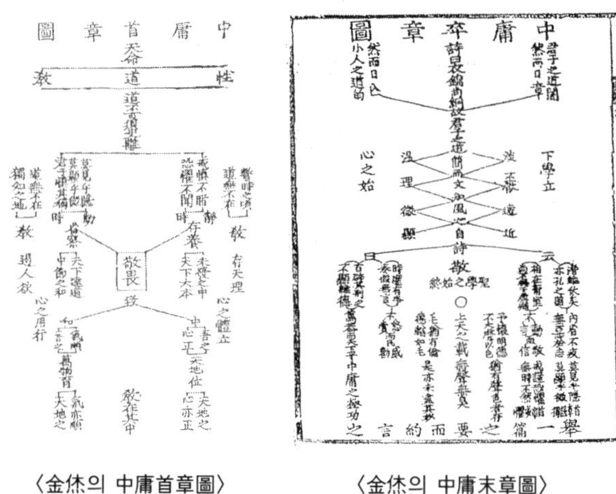

〈金烋의 中庸首章圖〉 〈金烋의 中庸末章圖〉

이 두 도표는 주자의 설에 따라 그린 것인데, 제33장을 그린 도표는 조선시대 최초로 나타난 것이다. 제33장도 요지를 파악하기가 쉽지 않은데, 나름의 관점으로 구조를 분석한 것이 돋보인다. 제1장도는 권근의 도표와 유사하여 같은 맥락으로 보인다.

그 외에 제12장, 제16장, 제20장 등을 그린 장도가 있다. 그러나 장도는 원나라 때 학자 정복심(程復心)의 『중용장도』가 있었기 때문에 이를 참고로 하여 그렇게 많이 그려지지 않았다.

3) 기타도(其他圖)

중용도 가운데 『중용』을 이해하는 핵심주제어인 인심(人心)·도심(道心), 천명(天命), 성도교(性道敎), 중화(中和), 중용(中庸), 비은(費隱), 귀신(鬼神), 성(誠), 구경(九經), 명선(明善)·성신(誠身), 천도(天道)·인도(人道), 존덕성(尊德性)·도문학(道問學) 등을 이해하기 위해 그린 도표도 다수 발견된다.

그리고 주자의 「중용장구서(中庸章句序)」를 구조적으로 이해하기 위해 단락을 나누어 요지를 파악하는 도표도 등장한다. 이 가운데 인심도심도, 천명도, 구경도, 존덕성도문학도, 서분절도(序分節圖) 등이 많이 보이는데, 이에 대해서는 각각 별도로 그 특징과 의미를 논의해야 하기 때문에 여기서는 그 내용을 거론하지 않고 대표적인 몇 개의 도표만 소개하는 선에서 그치기로 한다.

「중용장구서」에서 주자가 언급한 인심·도심에 관한 문제는 『중용』을 해석하면서 빼놓을 수 없는 명제이기 때문에 다수의 도표가 그려졌다. 인심도심도 가운데 호남의 학자 김만영(金萬英, 1624-1671)의 도표와 기호학파 한원진(韓元震, 1682-1751)의 도표를 살펴보기로 한다.

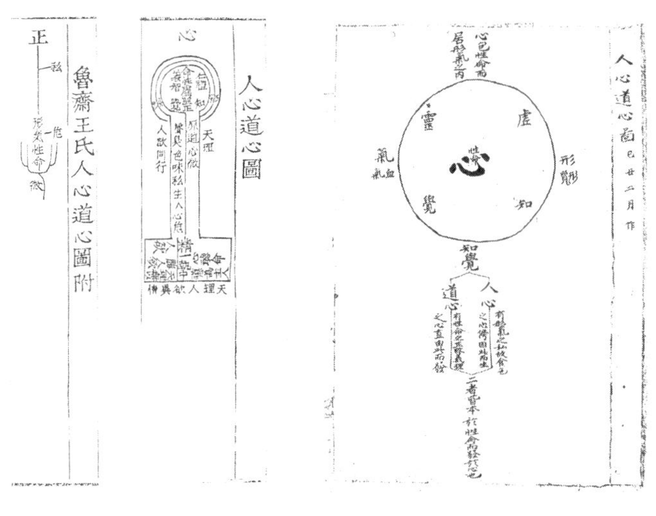

〈金萬英의 人心道心圖〉 〈韓元震의 人心道心圖〉

조선시대 인심·도심의 문제는 심(心)·성(性)·정(情)을 논하면서 빼놓을 수 없는 문제이기도 하거니와, 『서경』「대우모(大禹謨)」에 전하는 문구를 주자가 「중용장구서」에서 요·순으로부터 전해진 '성인의 심법(心法)'이라 함으로써 성학(聖學)에서는 빼놓을 수 없는 논제가 되었다. 특히 명나라 유학자 나흠순(羅欽順)의 『곤지기(困知記)』가 유입되어 논쟁이 점화됨으로써 인심·도심의 문제를 해명하기 위해 더 많은 도표가 작성되었다.

다음은 「중용장구서」 및 구경(九經), 존덕성(尊德性)·도문학(道問學)을 그린 도표에 대해 살펴보기로 한다.

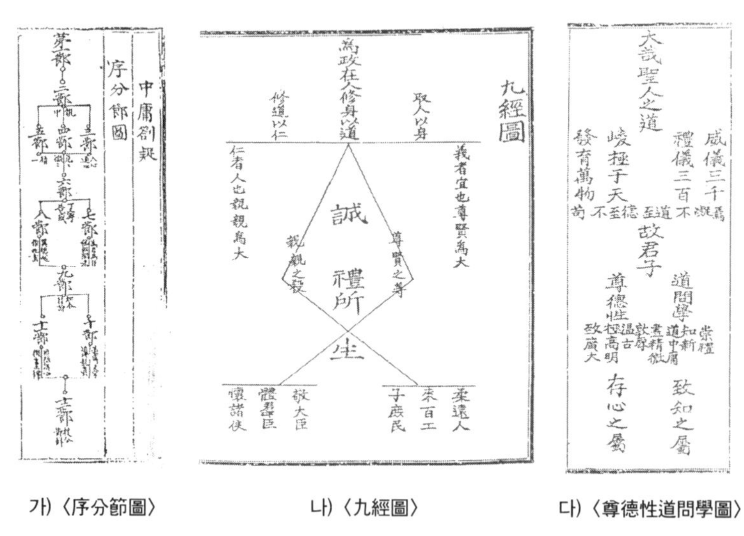

가) 〈序分節圖〉 나) 〈九經圖〉 다) 〈尊德性道問學圖〉

가)는 18세기 기호학파 한원진의 문인 김근행(金謹行, 1712-1782)이 「중용장구서」를 분절(分節)하여 그린 「서분절도(序分節圖)」이고, 나)와 다)는 17세기 퇴계학파의 김만휴(金萬烋, 1625-1694)가 제20장의 구경과 제27장의 존덕성·도문학을 주제로 하여 그린 「구경도(九經圖)」와 「존덕성도문학도(尊德性道問學圖)」이다.

김근행은 「중용장구서」를 총 12단락으로 나누어 요지를 파악하였는데, 이는 대전본 소주에 실린 신안 진씨(新安陳氏)의 6단락설과 다른 것으로, 구조를 보다 정밀하게 분석한 것이 돋보인다. 김만휴의 「구경도」와 「존덕성도문학도」 역시 핵심적인 주제를 일목요연하게 파악하기 위해 작성한 것이다.

Ⅳ. 도설을 통해 본 조선시대 『중용』 해석의 특징과 의의

『중용』 해석은 어떻게 단락을 나누어 요지를 파악할 것인가에 관한 구조분석과 핵심주제어에 대한 심층해석으로 양분할 수 있다. 전자는 주자가 「중용장구서」에서 '지분절해 맥락관통(支分節解 脈絡貫通)'이라고 한 것, 대전본에 실린 「독중용법」의 6대절설, 『중용장구』 장하주의 설에 의거한 4대지설, 편제(篇題)에 실린 정자의 3분설 등에 기초하여 다양한 해석이 제기되었다. 후자는 인심도심설, 천명설, 중화설 등이 주된 논제로 등장하는데, 이는 성리학에 대한 이해가 심화되면서 정밀하게 논구한 성과물이다.

조선시대 작성된 147개의 중용도를 분석한 결과 전체의 요지를 뽑아 그린 전도(全圖)는 30여 개이고, 나머지는 장별로 요지를 뽑아 그린 장도(章圖)이거나 성(誠)·구경(九經)·인심도심(人心道心) 등 핵심주제어를 도표화한 것이다. 이 가운데 전도는 구조분석과 논리접속에 관한 해석을 엿볼 수 있어 『중용』 해석사에서 매우 주목할 만하다.

조선시대 최초로 전도를 그린 인물은 영남학파의 장현광(張顯光)인데,

그의 「중용지도(中庸之圖)」는 주자의 4대지설이나 6대절설을 따르지 않고 정자의 설에 자신의 견해 더해 5대절설을 주장한 것이다. 그 다음 17세기 후반 기호학파 박세채(朴世采)의 「중용총도(中庸總圖)」가 작성되었는데, 장하주의 설에 의거해 4대지로 구분한 최초의 도표이다. 역시 17세기 후반 경주에 살던 한여유(韓汝愈)는 6대절설과 4대지설을 모두 따르지 않고 요로(饒魯)의 6대절설에 의거하여 독자적인 6대절설을 제시하였으며, 주자의 『중용장구』 33장 체제를 수용하되 제5대절의 편차를 일부 개편해 재구성하였다.

한편 18세기 전반 기호학파 이태수(李泰壽)는 대절별로 6장의 도표를 그려 전체의 구조와 요지를 도표화하였으며, 김재해(金載海)는 『중용장구』 33장을 1강(綱)·2목(目)·4결(結)로 분석하여 독특한 중용도를 그렸으며, 이현익(李顯益)은 제1장을 외곽에 그리고 그 안에 나머지 장을 그렸는데 4대지설에 의거해 단락을 나누어 중용도를 작성하였다.

이처럼 17세기 후반부터 18세기 전반에 이르는 시기에 기호학파에서는 다양한 중용도가 그려졌는데, 송시열의 학통을 이은 한원진의 중용도가 나온 뒤로 기호학파의 『중용』 해석은 한원진의 4대절설이 널리 수용되면서 한동안 다른 성향의 도표가 거의 나타나지 않고 대절도(大節圖)나 장도(章圖)만 나타난다.

한편 18세기 전반 근기 남인계의 이익(李瀷)은 『중용』도 『대학』처럼 경문(經文)과 전문(傳文)으로 구성되어 있다고 생각해 제2장부터 제11장까지 공자의 말씀을 기록해 놓은 부분을 공자중용(孔子中庸)으로 보고, 그 나머지 장은 자사전(子思傳)으로 보아 매우 독특한 해석을 하였다. 그러나 그의 문인 신후담(愼後聃)은 스승의 설을 따르지 않고 독자적인 중용도를 그렸다.

18세기 중앙학계의 소수학자들은 고증학을 수용하여 학풍이 변하였는데, 지방학계는 여전히 주자학을 근거로 하고 있었다. 그런데 지방학계에서도 영남학계와 기호학계가 다른 성향을 보인다.『중용』해석의 경우 18세기 후반 이후 작성된 독창적인 중용도를 그린 학자 20명 가운데 15명이 영남출신으로, 영남학계에서는 주자학을 바탕으로 하면서도 다양한 모색을 하며 새로운 해석을 시도하였다.

18세기 후반 이후 영남지방에서 작성된 중용도를 몇 가지 유형으로 나누어 보면, 정자의 '처음에는 일리(一理)를 말하고, 중간에는 흩어져 만사가 되고, 마지막에는 다시 합해 일리가 되었다.[始言一理 中散爲萬事末復合爲一理]'라고 한 설에 의거한 3분설, 주자의 장하주에 의거한 4대지설, 「독중용법」에 의거한 6대절설, 4대지설과 6대절설을 통합하는 설, 3분설과 4대지설과 6대절설을 모두 수용하는 설, 독자적인 5대절설 등이 있다. 이 가운데서 특히 이진상과 그의 문인 허유·곽종석 등에게서 나타나는 4대지설과 6대절설을 하나로 합해 유기적으로 파악하려 한 것은『중용』해석사에 주목할 만하다.

조선시대 중용도 가운데 장별로 요지를 파악해 그린 장도(章圖)는 제1장도가 가장 많고, 그 다음으로 제20장과 제33장을 그린 도표가 많이 보인다. 한편 중용도 가운데『중용』을 이해하는 핵심주제어인 천명(天命), 중용(中庸), 중화(中和), 구경(九經), 천도인도(天道人道) 등을 이해하기 위해 그린 도표도 다수 발견되며, 「중용장구서」를 어떻게 구조적으로 이해할 것인가에 관한 서분절도(序分節圖)와 「중용장구서」에서 언급한 인심도심을 해명한 인심도심도(人心道心圖)도 많이 발견된다.

이처럼 조선시대 학자들은『중용』의 본지를 터득하기 위해 수많은 도표를 그려 논리구조와 논리접속을 파악하였다. 그런데 이러한 다양한 특징을 가진 해석은 동아시아 그 어느 나라에서도 찾아볼 수 없는 것으로, 조선에서만 나타나는 해석의 특징이라는 점에 그 의의가 자못 크다.

이 글은『남명학연구』제60집(경상대 남명학연구소, 2018)에 실린 「조선시대『중용』해석의 양상과 특징-도설을 중심으로」를 수정 보완한 것이다.

제6장

조선전기 경서해석과 이황·조식의 경학

Ⅰ. 문제의 소재

19세기 영남에서 활동한 곽종석(郭鍾錫)은 이황(李滉, 1501-1570)과 조식(曺植, 1501-1572)에 대해 다음과 같이 논평했다.

> 옛날 우리 유학의 도가 없어지지 않았을 적엔,
> 퇴계 선생 같은 분을 하늘이 강좌에 내리시고,
> 남명 선생을 강우 지역에 우뚝 서게 하셨지요.
> 나이도 동갑에 정신적으로 교유하셨는데,
> 성대한 도와 후중한 덕이 모두 같았지요.
> 그 연원이 바다 밖으로 수수(洙水)·사수(泗水)에 닿았고,
> 산남으로는 멀리 낙양(洛陽)·민중(閩中)까지 뻗혔었지요.[1]

---

1 郭鍾錫, 『俛宇集』 권1, 「入德門賦」. 夫昔者斯文之未喪也, 有若陶山夫子天降於江之左, 南冥先生壁立乎嶺之右, 年同庚交同神, 道同盛德同厚, 洙泗乎海外, 閩洛乎山南者否.

곽종석의 논평을 요약하자면, 이황과 조식은 나이도 같고, 도와 덕도 같으며, 연원도 주자·정자를 거쳐 공자에 닿아있다는 것이다. 이러한 인식은 이익(李瀷)이 이황과 조식에 이르러 우리나라 유교의 교화와 기절을 숭상함이 절정에 달하였다고 말한 것[2]과 같은 맥락에서 이해할 수 있다.

조선시대 사상사에서 이익과 곽종석의 이러한 인식은 주목할 필요가 있다. 이황과 조식이 살던 시대는 사화로 얼룩진 시대이다. 그런 어려운 시대에 몇몇 지식인들은 벼슬길에 나아가지 않고 성명(性命)을 온전히 보전하는 삶을 지향하여 자신의 존재방식을 다시 생각하게 되었다. 그리하여 이들은 향촌에 은거하며 학문과 교육을 통해 도덕성을 제고하고 기강을 부지하여 학문의 지방화시대를 열었다. 이런 측면에서 보면, 16세기 학자들 가운데 특히 이황과 조식은 문화풍토를 바꾸는 데 크게 기여한 인물이라 해도 과언이 아닐 것이다.

이황과 조식은 성리학자이고 도학자이다. 조선중기 송시열(宋時烈)은 "우리나라 인재는 선조 조에 이르러 가장 성대했는데, 도학자는 퇴계·남명·한강·율곡·우계·중봉이다."라고 하여, 이황과 조식을 이 시대의 대표적인 도학자로 일컬었다.[3]

그런데 오늘날까지도 남명사상에 대해 원시유학에 가깝다, 양명학에 가깝다, 노장학이 섞여 있다는 등의 이론이 없지 않다. 이는 조식의 사상에 대해 그 실체를 제대로 꿰뚫어 보지 않고 부분적인 언설만을 보고 속단한 결과라고 생각된다.

2 李瀷, 『星湖僿說』 권1, 天地門, 「東方人文」. "退溪生於小白之下, 南冥生於頭流之東, 皆嶺南之地. 上道尙仁, 下道主義, 儒化氣節, 如海闊山高. 於是乎, 文明之極矣."

3 宋時烈, 『宋子大全』 부록 권14, 語錄, 崔愼錄下. "我國人才 至宣廟朝最盛 道學則退溪南冥寒岡栗谷牛溪重峯"

조식의 독서기인 『학기류편(學記類編)』을 보면, 전체 900여 항목 가운데 주자의 언설이 350항목, 정이천(程伊川)의 언설이 200항목, 정명도(程明道)의 언설이 100항목으로, 이 세 학자의 설이 전체의 3분의 2가 넘는다.[4] 『학기류편』은 조식의 독서기를 그의 문인 정인홍(鄭仁弘)이 유형별로 분류해 편집한 책인데, 정주(程朱)의 설이 3분의 2가 넘는 것만 보아도, 조식의 학문이 정주학에 근간을 두고 있음을 알 수 있다. 따라서 조식은 정주학을 위주로 한 도학자라는 사실을 의심할 필요는 전혀 없다.

이황과 조식의 학문과 사상에 대해서는 수백 편의 논문이 생산되었다. 그러나 경학에 대한 연구는 그리 많지 않다. 이황은 사서삼경(四書三經)에 대해 석의(釋義)를 남겼지만, 조식은 경학 관련 저술을 남긴 것이 없다. 그 때문에 이황의 경학에 대해서는 20여 편의 연구 성과가 있지만, 조식의 경학에 대해서는 전무하다.

그렇지만 조식의 경학에 대해 살펴볼 여지가 전혀 없는 것은 아니다. 주자가 『대학』·『중용』을 새롭게 해석하면서 자기 사상을 정립하였듯이, 조선시대 학자들도 자신의 학문을 정립하는 데 토대가 된 소의경서(所依經書)가 있었다. 특히 16세기 성리학이 정착하여 꽃을 피우던 시기에는 그의 사상이 어느 경서에 연원했는지를 살피는 것이 유효하다.

이런 점에서 16세기를 대표하는 이황과 조식의 경학에 대해 검토하는 것은 조선사상사를 이해하는 데 도움이 될 것이다. 또한 이황의 경학만 논하기보다는 조식의 경학과 비교해 고찰함으로써 이황의 경학을 보다 변별적으로 이해하는 데 도움을 줄 수 있을 것이다.

본고는 이런 점을 문제의식으로 하여 조선전기 경서해석과 경학연구의

4 許捲洙(2002), 13면 참조.

흐름을 개괄한 뒤, 그런 분위기 속에서 이황과 조식이 택했던 학문의 길, 경학적 지향, 경학의 특징 등을 종합적으로 고찰하는 것을 목적으로 한다.

Ⅱ. 조선전기 경서해석과 경학연구

1. 경서해석의 흐름

주자학의 특징은 사서(四書)에 있다. 왜냐하면 주자는 공자 이전의 사상을 집대성한 오경 체제에서 공자 이후 증자(曾子)-자사(子思)-맹자(孟子)로 이어진 도통(道統)을 중시한 사서(四書) 체제로 경학의 관점을 옮겼기 때문이다.

고려 말 신진사대부들은 주자가 새롭게 정립한 사서를 받아들여 주자의 새로운 주석에 따라 읽기 시작했는데, 정몽주(鄭夢周)는 그런 신학문에 해박했던 사람이다.[5] 조선중기 박세채(朴世采)가 '경서에 구결(口訣)을 붙여 해석하는 것은 설총(薛聰)에게서 시작되어 정포은(鄭圃隱: 鄭夢周)·권양촌(權陽村: 權近)에게서 완성되었다.'고 한 말[6]에 의거하면, 정몽주·권근이 주자의 사서에 처음으로 구결을 달았음을 알 수 있다. 그러나 그들이 사서에 구결을 단 것은 남아 있지 않아 그 실체를 알 수 없다.

또 『세종실록』에 "옛날 태종이 권근에게 명하여 오경에 구결을 달게 하였는데 권근이 사양하다가 부득이하여 『시경』·『서경』·『주역』에 토

5 朴世采, 『南溪集』 권54, 「隨筆錄」. "圃隱著書, 雖不可得見, 其講四書, 深得晦菴述作之旨."

6 朴世采, 『南溪集』 권54, 「隨筆錄」. "我國經書口訣釋義, 中朝所未有. 始發於薛聰, 成於鄭圃隱權陽村."

를 달았다. 『예기』와 사서에는 구결이 없다."[7]라고 하였으니, 당시까지 사서에 구결을 단 것이 공식적으로 유통되지는 않았음을 알 수 있다.

세종은 『예기』와 사서의 구결이 없는 점을 안타깝게 생각하여 변계량(卞季良)에게 구결을 달게 하였는데, 변계량이 사양하여 이루어지지 않았다.[8] 세종은 훈민정음을 창제하기 전부터 경서교육에 구결이 유익하다는 생각을 확고하게 가지고 있어[9], 훈민정음을 창제한 뒤 구결사업을 추진하였으나[10] 결실을 보지 못하고 세상을 떠났다.

경서의 구결사업은 세조에 의해 본격으로 추진되었다. 서거정(徐居正)은 이에 대해 다음과 같이 말하였다.

> 광릉(光陵:世祖)은 우리나라 학자들의 어음(語音)이 바르지 못하고 구두(句讀)가 분명하지 못한 점을 탄식하였다. 비록 권근·정몽주의 구결(口訣)이 있지만 잘못된 점이 아직 많고, 부유(腐儒)·속사(俗士)들이 잘못 전승하였다. 그래서 정인지(鄭麟趾)·신숙주(申叔舟)·구종직(丘從直)·김예몽(金禮蒙)·한계희(韓繼喜) 및 공(崔恒), 그리고 신 거정(居正) 등에게 명하여 사서오경을 나누어주고 옛 것에 고증하고 지금 것에 증명하여

---

7 『世宗實錄』 10년 윤4월 18일(기해). "昔太宗命權近, 著五經吐, 近讓之不得, 遂著詩書易吐, 唯禮記四書, 無之."

8 『世宗實錄』 세종 10년 윤4월 18일(기해). "上語卞季良曰, 昔太宗命權近, 著五經吐, 近讓之不得, 遂著詩書易吐. 唯禮記四書, 無之. 予慮後學或失本意, 以訓諸生. 若因此而敎, 豈不有益. 季良對曰, 近尙讓之, 況小臣乎. 四書, 臣於幼時學之, 禮記則本不學. 且禮記文多瑣屑, 而意亦旁通, 不可執一以定. 先儒亦言, 禮記漢儒掇拾煨燼之餘, 語多未詳, 似難考定."

9 『世宗實錄』 세종 10년 윤4월 18일(기해). "右議政孟思誠曰, 有吐則臣恐學者不着力研究. 上曰, 程朱亦慮學者未達經書奧旨, 故著註解, 令其易知. 外方敎導, 若因此誨人, 則豈無補乎."

10 徐居正, 『四佳集』 文集 補遺1, 「崔文靖公碑銘幷序」. "英陵命臣金汶金鉤及公等, 定小學四書五經口訣, 居正亦與其後."

구결을 정해 올리게 하였다.[11]

세조는 위와 같은 인식으로 집현전 학자들에게 구결을 달도록 하였는데, 담당한 사람은 세조·홍응(洪應)·이석형(李石亨)·성임(成任)·강희맹(姜希孟)·정인지(鄭麟趾)·정창손(鄭昌孫)·신숙주(申叔舟) 등이었다.[12]

1465년(세조 11) 11월 세조가 선유의 사서오경 구결 및 정몽주의 『시경』 구결을 널리 구하라고 명한 기록[13]을 보면, 1465년 이후에 구결사업이 추진된 듯하다. 또 정몽주·권근 등의 구결이 사적으로 전해지고 있었음을 알 수 있다. 세조는 경전별로 구결 작업을 시킨 뒤 유신(儒臣)에게 명하여 교정을 보게 하였는데[14], 여러 차례 교정을 거쳐 별세하기 직전인 1468년에 『소학』 및 사서오경의 구결이 완성되었다.[15]

이처럼 사서오경에 대한 구결이 세조 때 이루어졌지만, 언해사업은 바로 추진되지 못하였다. 15세기 말부터 일어난 사화는 언해사업을 추진할 수 있을 만큼 정신적 여유를 갖게 하지 못하였고, 또 언해를 할 만큼

11 徐居正, 『四佳集』 文集 補遺1, 「崔文靖公碑銘幷序」. "光陵嘗歎東方學者, 語音不正, 句讀不明, 雖有權近鄭夢周口訣, 紕繆尙多, 腐儒俗士, 傳訛承誤. 遂命臣鄭麟趾申叔舟丘從直金禮蒙韓繼喜及公與臣居正等, 分授五經四書, 考古證今, 定口訣以進."

12 崔恒, 『太虛亭集』 권2, 「經書小學口訣跋」 참조.

13 『世祖實錄』 세조 11년 11월 12일(병진)조에 "令禮曹, 廣求本國先儒所定四書五經口訣與鄭夢周詩口訣."

14 『世祖實錄』 세조 12년 2월 9일(신사). "又召諸書口訣校正郎官, 講論. 初定口訣者與校正者, 交相問難, 負者, 罰之以酒. 先是, 分命宰樞, 出四書五經及左傳口訣, 又使諸儒臣校正."

15 崔恒, 『太虛亭集』 文集 권2, 「經書小學口訣跋」. "旣訖, 又命中樞府知事臣丘從直, 同知事臣金禮蒙, 工曹參判臣鄭自英, 吏曹參議臣李永垠, 戶曹參議臣金壽寧, 前右承旨臣朴楗等, 論難校正. 每遇肯綮, 悉稟叡斷, 迺命典校署, 印而頒之. 唯易, 則正經之下, 幷附程朱之傳, 印之."

주자학을 충분히 학습한 상태도 아니었다. 그리하여 구결이 완성된 뒤 약 1백여 년이 지나 사림정치가 열리는 선조 대에 이르러서야 비로소 언해사업이 시작되었다.

이런 시대 상황 속에서 난해한 자구(字句)에 대해 우리말로 언해하거나 한문문장으로 해설하는 이른바 석의(釋義)가 생산되었다. 이는 구결(口訣)과 언해(諺解)의 중간 형태이다. 이 석의는 15세기 중반부터 16세기 중반까지 나타나는데, 개인적인 견해로 만든 것이어서 경서해석에 혼란을 초래하였다.

이황은 조정에서 벼슬하던 중년에 여러 종류의 석의를 구해 보았다. 당시에는 이들을 정리하여 바로잡을 틈이 없어 생각나는 대로 부기(附記)해 놓았다.[16] 그러면서 천착한 해석, 견강부회한 해석, 잘못된 해석이 있음을 발견하고 우려하였으며, 정확하고 올바른 해석을 위해 구결을 교정하고 언해를 정리해야겠다는 필요성을 절감하였다. 아래 자료는 이황의 이런 문제의식을 잘 보여주고 있다.

> 가) 선생께서 말씀하시기를 "여러 경서의 석의는 속유들이 천착하고 견강부회하여 경(經)의 뜻을 불통하게 하고, 전(傳)의 글을 불명하게 해서 잘못을 답습해 후학을 속이는 데에서 만들어진 것이다."라고 하셨다. 이에 여러 사람들의 설을 수집하여 버릴 것은 버리고, 취할 것은 취해서 하나로 귀결되게 하셨다.[17]

16 李滉, 『退溪集』 권24, 「答鄭子中 丁巳」. "滉在都日, 求得經書釋義各數件, 互相參酌而傳寫, 其有可疑處, 頗以憶見附說, 以備遺忘."

17 계명학문학회, 『退溪學文獻全集』 제18책, 李德弘 撰, 「記善總錄」. "夫謂諸經釋義, 出於俗儒穿鑿傳會, 使經義不通, 傳文不明, 承誤踵訛, 以欺後學. 於是, 蒐集諸人之說, 間有去取, 以一其歸."

> 나) 선생께서 말씀하시기를 "경서의 문구를 풀이한 것에 천착하거나 잘못된 곳이 많아서, 경전의 본지를 잃어 후학을 그르치는 것이 매우 많다."라고 하셨다. 이에 그 천착한 것을 바로잡고, 잘못된 것을 바로 정해 경전의 본지를 돌이키고, 성현의 본의를 회복하였다. 그래서 학자들도 속유들의 잘못된 설에 의혹하지 않게 되었다.[18]

이황은 이런 문제점을 인식하고 여러 설을 모아 정설(定說)을 확정하겠다는 의도로 사서삼경석의를 만들었다. 이황의 석의는 기본적으로 구결 및 언해에 대한 여러 사람들의 설을 모아 단점을 버리고 장점을 취하여 하나로 귀결되게 하는 데 그 목적이 있었다. 그는 고향으로 돌아간 55세 이후 경서석의 초고를 제자들에게 보여주며 잘못을 지적하게 하였고[19], 문인들과 의견을 교환하며 하나하나 완성해 나갔다.

이황의 석의는 구결→석의→언해라는 흐름 속에서 그 의미를 되새겨 볼 필요가 있다. 한문 문장을 우리말의 어순에 맞게 해석하기 위해 가장 먼저 제기된 것이 구결이다. 그 다음 이 구결을 바탕으로 문장을 해석하다가 난해한 구절을 만나면 우리말로 해석하거나 한문으로 해설을 붙여 보다 정밀하고 상세하게 해석한 것이 이른바 석의이다. 이런 석의를 거쳐 선조 대에 이르러 경문 전체를 우리말로 번역한 것이 언해이다.

16세기 성리학을 자기화하는 과정 속에서 경서에 대한 정밀한 이해가 요구되었고, 그런 분위기 속에서 학자들이 대전본을 텍스트로 하고 정자·

18 계명한문학회, 『退溪學文獻全集』 제18책, 鄭惟一 撰, 「言行通述」. "謂經書辭釋, 多穿鑿訛謬, 失經旨而誤後學, 甚多. 於是, 正其穿鑿, 定其訛謬, 有以還經傳之舊旨, 復聖賢之本意, 而學者亦不爲俗儒曲說所惑矣."

19 李滉, 『퇴계집』 권23, 「答趙士敬」에 "諸經釋義, 鄙見左僻, 不欲示人. 於公, 則欲資評駁改定之益, 故易釋先送去."라 하였고, 권24 「答鄭子中」에 "欲資朋友看過, 得以指摘其差謬而改之. 故於趙士敬等數人, 許其借看."이라 하였다.

주자의 설에 따라 사서삼경을 꼼꼼히 해석한 결과로 나타난 것이 석의이다. 그리고 그것들이 이황에 의해 집대성된 것이다.

2. 경학연구의 흐름

우리나라 경학연구는 여말선초의 권근(權近, 1352-1409)에 의해 본격적으로 이루어지기 시작하였다. 그 이전에는 대체로 경서를 학습하는 수준에 머물러 독자적인 설을 제기하는 수준에 이르지 못하였다. 그러다 성리학이 유입되면서 송학(宋學)의 의리주의에 눈을 뜨게 되었고, 그런 분위기가 차츰 무르익어 권근에 이르러 자체적으로 도표를 그려 요지를 파악하거나 자신의 견해로 해석하는 설이 등장하게 되었다.

권근으로부터 16세기 이황·조식에 이르기까지의 경학연구 자료를 정리하면 다음과 같다.

경서명	저자	자료명	출전
大學	權　近(1352-1409)	大學指掌之圖	『入學圖說』
	李石亨(1415-1477)	大學衍義輯略	『大學衍義輯略』
	柳崇祖(1452-1512)	大學三綱八目箴	『大學三綱八目箴』
	朴　英(1471-1540)	讀大學法	『松堂集』
大學	李彦迪(1491-1553)	大學章句補遺	『大學章句補遺』
		續大學或問	『續大學或問』
	李　滉(1501-1570)	大學圖	『退溪集』
		大學釋義	『四書釋義』
	曺　植(1501-1572)	易書學庸語孟一道圖	『學記類編』

中庸	權　近(1352-1409)	中庸首章分釋之圖	『入學圖說』
	李彦迪(1491-1553)	中庸九經衍義	『中庸九經衍義』
		中庸九經衍義別集	『中庸九經衍義別集』
	李　滉(1501-1570)	中庸釋義	『四書釋義』
	曺　植(1501-1572)	易書學庸語孟一道圖	『學記類編』
論語	李　滉(1501-1570)	論語釋義	『四書釋義』
	曺　植(1501-1572)	易書學庸語孟一道圖	『學記類編』
孟子	李　滉(1501-1570)	孟子釋義	『四書釋義』
	曺　植(1501-1572)	易書學庸語孟一道圖	『學記類編』
詩經	權　近(1352-1409)	詩淺見錄	『五經淺見錄』
	李　滉(1501-1570)	詩釋義	『三經釋義』
書經	權　近(1352-1409)	書淺見錄	『五經淺見錄』
	李　滉(1501-1570)	書釋義	『三經釋義』
	曺　植(1501-1572)	易書學庸語孟一道圖	『學記類編』
易經	權　近(1352-1409)	易淺見錄	『五經淺見錄』
	崔　恒(1409-1474) 韓繼禧(1423-1482)	易學啓蒙要解	『易學啓蒙要解』
	李世應(1473-1528)	安齋易說	『安齋易說』
	徐敬德(1489-1546)	六十四卦方圓之圖解	『花潭文集』
	徐敬德(1489-1546)	卦變解	『花潭文集』
	黃孝恭(1496-1553)	易範圖	『龜巖文集』
	李　滉(1501-1570)	易釋義	『三經釋義』
	曺　植(1501-1572)	易書學庸語孟一道圖	『學記類編』
禮記	權　近(1352-1409)	禮記淺見錄	『五經淺見錄』
春秋	權　近(1352-1409)	春秋淺見錄	『五經淺見錄
	成　俔(1439-1504)	擬東坡十論-春秋正天下邪正	『虛白堂集』
	宋　欽(1459-1547)	義-春秋義-春王正月	『知止堂遺稿』
	權　橃(1478-1548)	雜著-春秋胡傳箚疑	『沖齋文集』

이 도표를 통해 몇 가지 특징을 간추려 보면 다음과 같다.

첫째, 권근은 사서오경에 대해 전반적으로 연구하여 『논어』·『맹자』를 제외하고는 모두 저술을 남겼다. 그는 주자학의 핵심이 되는 『대학』·『중용』에 대해 자신의 독자적인 설을 제기했으며, 우리나라에서 최초로 자신의 독창적인 견해에 의해 『대학』·『중용』의 요지를 도표화하였다. 또한 그가 오경에 대해 방대한 양의 저술을 남긴 것을 보면, 사서에만 치중하지 않고 여전히 오경을 함께 중시한 것을 알 수 있다.

둘째, 권근 이후로 이언적(李彦迪)·이황(李滉)·조식(曺植) 등이 활동한 16세기 중반에 이르기까지는 경학연구가 매우 부진했다. 그 중간에 최항(崔恒)·이석형(李石亨)·성현(成俔)·서경덕(徐敬德) 등의 설이 간혹 개진되긴 하였으나, 일부 경서를 연구한 성과물이거나 연의(衍義)·잠명(箴銘) 등의 글이다. 따라서 본격적으로 경학 전반에 대한 연구가 진행되었다고 보기 어렵다.

셋째, 조선전기 경학연구는 16세기 이언적에 이르러 새로운 전기를 마련하였다. 이언적은 우리나라에서 최초로 주자의 『대학장구』를 개정한 인물이다. 그는 주자가 보망(補亡)한 격물치지장(格物致知章)을 인정하지 않고 편차를 일부 개정하여 격물치지장으로 삼았는데, 남송 말 동괴(董槐)·왕백(王柏) 등이 제기한 설과 유사하다. 또 그는 『중용』에 대해 『중용구경연의(中庸九經衍義)』를 저술하여 제왕의 경세학(經世學)을 밝혔다. 이언적의 『대학』·『중용』에 대한 연구는 주자학을 이 땅에 정착시켜 꽃피게 하는 데 큰 영향을 미쳤다.

넷째, 이황·조식에 의해 경학연구는 새로운 국면에 접어들었다. 이황은 사서삼경에 대해 석의(釋義)를 완성하여 경서해석의 혼란을 방지하였고, 주자의 주석에 의거해 해석하는 정안(正案)을 마련하였다. 그러나 전체를 언해하지는 못하고 일부 난해한 구절을 언해하고 해설하는 데서 그쳤다.

조식은 사서오경에 대한 설을 남기지 않았지만, 그가 그린 「성도(誠圖)」·「역서학용어맹일도도(易書學庸語孟一道圖)」·「기도(幾圖)」 등은 조선경학사에서 빼놓을 수 없는 중요한 자료이다. 그것은 사서(四書)와 이경(二經: 易經·書經)의 요지를 융합해 통합적 학문의 길을 제시했기 때문이다. 즉 대부분의 학자들은 각각의 경서별로 자기의 설을 개진하였는데, 조식은 주요 경서의 요지를 통합하여 융합의 길을 제시했다. 그 속에는 그가 지향한 학문정신이 고스란히 들어 있어 조선중기 경학연구의 특징적인 성향을 보여주고 있다.

다섯째, 이언적·이황·조식이 활동한 16세기에 이르면 경학연구의 텍스트 가운데 『예기』와 『춘추』가 빠지면서 사서삼경의 칠서(七書)로 변하였다. 오경 대전본 중 『춘추대전』은 왕극관(汪克寬, 1301-1369)의 『호전찬소(胡傳纂疏)』를 답습한 것이고, 『예기대전』은 진호(陳澔, 1261-1341)의 『예기집설(禮記集說)』을 주로 한 것이다. 『춘추호씨전』은 송대 호안국(胡安國)이 의리학적 관점에서 저술한 것인데, 『춘추좌씨전』에 비해 인기가 없었다. 또한 주자는 『의례』·『예기』를 통합하여 『의례경전통해(儀禮經傳通解)』를 저술하다 완성하지 못하고 말았기 때문에 『예기』는 예경의 해석서 정도로 받아들여졌다. 그러므로 오경대전본에 수록된 『춘추대전』과 『예기대전』은 사람들의 관심 밖으로 밀려날 수밖에 없었던 듯하다.

이런 몇 가지 특징적 현상이 조선전기 경학연구의 흐름을 대표하는 성향이다. 요컨대 16세기에 이르러 이언적은 독자적인 의리발명을 중시하여 『대학장구보유』와 같은 의미 있는 연구 성과를 냈고, 이황은 사서삼경의 석의를 집성하여 주자의 설에 준거하여 해석하는 정안(正案)을 만들었고, 조식은 사서(四書)와 이경(二經)을 융합하여 심성수양을 위주로 한 통합적인 해석을 제시하였다. 이것이 매우 역동적으로 움직이던 16세기 조선경학의 진면목이라 할 수 있다.

Ⅲ. 이황과 조식의 경학적 지향과 특징

1. 학문의 길

아래 도표는 이황과 조식의 생애를 간추려 제시한 것이다.

연도	나이	기사	
		이황	조식
1501년	01세	11월 25일 禮安縣 溫溪里에서 출생	6월 26일 三嘉縣 兎洞에서 출생
1502년	02세	부친 李埴 별세	
1504년	04세		부친 曺彦亨 문과급제. 한양으로 이주
1506세	07세		가정에서 수학하기 시작
1512년	12세	숙부 李堣에게 『논어』 배움	
1519년	19세	『성리대전』 읽음	
1520년	20세	『주역』 읽음	사마 초시, 문과 한성시에 합격
1521년	21세	許瓚의 딸과 혼인	문과 회시에 낙방
1522년	22세		曺琇의 딸과 혼인
1525년	25세		『성리대전』 읽다가 許衡의 글에 감복
1526년	26세		부친상, 삼년 시묘살이
1528년	28세	진사시에 합격	삼년상 마치고 자굴산에서 독서
1530년	30세	權碩의 딸과 혼인	김해로 이주, 山海亭에서 독서
1531년	31세		李浚慶이 『심경』을 보내줌

1532년	32세		宋麟壽가 『대학』을 보내줌
1533년	33세	성균관 유학	향시에 합격
1534년	34세	문과합격, 승문원 권지부정자에 임명	
1537년	37세	모친상을 당함	다시는 과거시험을 보지 않음
1539년	39세	출사하여 조정에 근무	
1543년	43세	『朱子全書』의 교정을 계청	
1545년	45세		모친상, 삼년 시묘살이
1546년	46세	병으로 상경하지 못해 해직	
1547년	47세	조정으로 돌아감	삼년상 마치고 삼가현에 정착
1548년	48세	단양군수가 되었다가 풍기군수가 됨	鷄伏堂과 雷龍舍를 지음
1550년	50세	사직하고 귀향, 형 李瀣 별세	
1555년	55세	사직하고 귀향	丹城縣監에 제수되었으나 사직
1556년	56세	『朱子書節要』 완성	
1558년	58세	대사성, 공조참판이 됨	벗들과 지리산 쌍계사 유람
1559년	59세	공조참판 체차	造紙署 司紙에 제수되었으나 사양
1560년	60세	四七論爭 시작, 陶山書堂 낙성	
1561년	61세	陶山에 거주	德山 山天齋로 이주
1566년	66세	공조판서에 제수되었으나 사직	思政殿에 入對한 뒤 사직하고 귀향
1567년	67세	예조판서에 제수되었으나 사직	선조가 즉위하여 불렀으나 사양
1568년	68세	대제학 사직, 「聖學十圖」를 올림	「戊辰封事」를 올리고 관직 사양
1569년	69세	우찬성이 되었으나 사직	宗親府 典籤이 되었으나 사양
1570년	70세	奇大升과 心統性情圖 논함 『易學啓蒙』과 『心經』 강의 12월 8일 별세	두 차례 소명을 받았으나 사양
1572년	72세		2월 8일 별세

이를 근거로 몇 가지 측면에서 두 인물을 비교해 보기로 한다.

첫째, 주거(住居)의 측면에서 살펴보기로 한다. 이황은 예안현에서 태어나 그곳에서 살다가 급제하여 벼슬길에 나아간 34세 이후 약 15년 동안 한양에서 생활하였으며, 50세 이후에는 대부분 고향에서 생활하였다. 반면 조식은 삼가현에서 태어나 어려서 한양으로 올라가 20여 년 동안 생활하다가 25세 때 안회(顏回)의 길을 걷기로 마음먹은 뒤 김해에서 15년, 삼가에서 12년, 진주 덕산에서 12년을 살았다. 이황은 초년에 시골, 중년에 한양, 만년에 시골에서 살았고, 조식은 초년에 한양, 중년에 김해와 삼가, 만년에 덕산에서 살았다. 이런 주거의 측면에서 볼 때, 이황은 향(鄉)-경(京)-향(鄉)의 삶을, 조식은 경(京)-향(鄉)-향(鄉)의 삶을 살았다.

이러한 주거는 이 두 사람의 시대인식과 밀접한 연관성이 있다. 이들이 살던 시대는 사화가 빈번하게 일어나던 사화기였다. 1519년 기묘사화가 일어나고, 1545년 을사사화가 일어나고, 1547년 양재역벽서 사건이 일어났다.

조식은 한양에서 기묘사화의 참상을 목격하였다. 그는 25세 때 『성리대전』에 실린 허형(許衡)의 글을 보고 이윤(伊尹)의 길이 아닌 안회(顏回)의 길을 택하기로 결심했다. 그는 처음에 이윤의 길을 꿈꾸다가 안회의 길로 바꾼 뒤 시종 그 길을 걸어갔다. 이는 자신의 처세방식을 일찍 결정한 것으로 현실인식이 남달랐던 데서 기인한다.

반면 이황은 시골에 살았기 때문에 현실인식이 다를 수밖에 없었다. 이황은 문과에 급제하여 벼슬하다가 을사사화를 목격하고, 또 1550년 형 이해(李瀣)가 이기(李芑)의 무함으로 유배 도중 별세하자 물러날 뜻을 굳혔다.

요컨대 조식은 사화를 목격하면서 20대 후반에 일찍 안회의 길로 들어섰고, 이황은 벼슬길에 나갔다가 50대에 퇴처(退處)를 택하였다. 조식은 출처(出處)의 대절(大節)을 보인 인물로 일컬어지며, 이황은 조식이

유일하게 출처의 지절(志節)을 인정한 인물이다.

둘째, 과거공부의 측면에서 살펴보기로 한다. 이황은 28세에 진사가 되고, 34세 때 문과에 급제하였다. 조식은 과거공부를 하다가 안회의 길을 걷기고 결심한 뒤 사실상 과거에 뜻을 두지 않았다. 그가 37세 때까지 과거시험에 응시를 하였지만, 모친의 뜻을 거역할 수 없어 시험에 응시한 것이었을 뿐, 과거를 통해 출사하겠다는 마음은 크게 가지지 않았던 듯하다.

셋째, 벼슬살이의 측면에서 보기로 한다. 이황은 문과에 급제하여 이조 판서에까지 제수되었다. 그러나 조식은 유일(遺逸)로 천거되어 여러 차례 관직에 제수되었지만 한 번도 출사를 하지 않았다.

넷째, 독서의 측면에서 살펴보기로 한다. 이황과 조식 모두 기본 경서와 성리서를 즐겨 읽었다. 그런데 이황은 43세 때 『주자전서』[20]를 보고 주자의 설에 경도되었다.[21] 그리하여 만년에 『주자서절요』를 편찬할 정도로 주자학에 전적으로 의거하였다. 반면 조식은 30세 이후 시골에 살았기 때문에 한양에서 일부 사람들만 열람할 수 있었던 『주자대전』을 접하지 못하여 『성리대전』을 통해 송대 성리학의 다양한 설을 폭넓게 받아들였다.

다섯째, 학술논변의 측면에서 살펴보기로 한다. 이황은 60세 때 문인 기대승(奇大升)과 사단칠정(四端七情)에 대해 여러 차례 편지를 왕복하며 논쟁을 하였다. 뿐만 아니라 54세 때에는 노수신(盧守愼)과 「숙흥야매잠

---

20 여기서 말하는 『朱子全書』는 『朱子大全』을 가리킨다. 동일한 책인데, 간혹 '주자전서'로도 일컬어졌다.

21 李滉, 『退溪集』 「年譜」 권3, 「言行總錄」. "嘗得朱子全書, 讀而喜之, 自是閉門靜居, 終日危坐, 專精致志, 俯讀仰思, 要以眞知實得爲務, 而其信之篤悅之深, 無異於耳承面受."

주해(夙興夜寐箴註解)」를 논변하였고, 70세에도 기대승과 「심통성정도(心統性情圖)」에 대해 논변하였다. 이를 보면 이황은 논변적 성향이 다분히 있다. 반면 조식은 성리설 또는 경설(經說)에 대해 논변한 것이 없으며, 문도들과 논변하는 것을 달갑게 여기지 않았다. 그것은 논변보다는 자득을 통한 실천을 중시했기 때문이다.

여섯째, 이황과 조식의 학문성향에 대해 살펴보기로 한다. 『조선왕조실록』에 실린 졸기(卒記)를 통해 특징적인 면을 확인할 수 있다.

> 가) 오로지 성리의 학문에 전념하다가 『주자전서』를 얻어 읽고서 기뻐하여 한결같이 그 가르침을 따랐다. 진지(眞知)·실천(實踐)을 위주로 하여 제가중설(諸家衆說)의 동이득실(同異得失)에 대해 모두 널리 통달하고 상세히 드러내 주자의 설에 따라 절충해 의리(義理)가 정미(精微)해져 도(道)의 대원(大源)을 통찰하였다. 도가 이루어지고 덕이 확립되어 더욱 겸허함을 지니자 종유하며 강학하는 자들이 사방에서 모여들었으며, 달관(達官)·귀인(貴人)들도 마음을 기울여 존모하였다. 대부분 강학과 몸단속으로 사업을 삼아 사풍(士風)이 그 때문에 크게 변하였다.[22]
>
> 나) 장성해서는 어떤 글이든 통달하지 않음이 없었다. 특히 『춘추좌씨전』과 유종원(柳宗元)의 글을 더욱 좋아하였으며, 글을 지을 적에는 기이하고 고상하게 쓰기를 좋아하며 형식에 구애되지 않았다. …… 하루는 글을 읽다가 허노재(許魯齋: 許衡)가 "이윤(伊尹)의 뜻에 뜻을 두거나, 안연(顔淵)의 학문을 배워[志伊尹之志 學顔淵之學]"라고 말한 문구를 보고서, 이제까지의 자신의 학문이 옳지 못하였다는 것을 비로소 깨달았

22 『선조수정실록』 선조 3년 12월 1일(갑오). "專精性理之學, 得朱子全書, 讀而喜之, 一遵其訓. 以眞知實踐爲務, 諸家衆說之同異得失, 皆旁通曲暢, 而折衷於朱子, 義理精微, 洞見大原. 道成德立, 愈執謙虛, 從遊講學者, 四方而至, 達官貴人, 亦傾心向慕. 多以講學飭躬爲事, 士風爲之丕變."

다. 그래서 성현의 학문에 마음을 두고 용맹하게 곧장 실천해 나가며 다시는 세속의 학문에 동요되지 않았다.[23]

다) 조식이 학문을 한 것은 마음으로 터득하는 것을 귀히 여기고, 치용(致用)과 실천(實踐)을 급무로 여겼다. 강론하거나 변석(辨釋)하는 말을 하기를 기뻐하지 않아 학도를 위해 경서를 담론하거나 해설한 적이 없었으며, 자신에게 돌이켜 구해 스스로 그 뜻을 터득하게 하였다. 그 정신과 기풍이 사람을 경동시키는 점이 있었다. 그러므로 따라 배우는 자들 가운데 계발된 경우가 많았다.[24]

가)는 이황의 졸기이고, 나)·다)는 조식의 졸기이다. 이를 통해 두 사람의 학문성향의 차이점을 극명히 확인할 수 있다. 이황은 『주자전서』를 보고 송대 성리학 중에서도 주자학으로 경도된 반면, 조식은 『주자전서』를 보지 못하여 『성리대전』을 통해 송대 성리학을 폭넓게 받아들였음을 알 수 있다. 글짓기에 있어서도 이황은 주자의 글을 전범으로 삼았지만, 조식은 『춘추좌씨전』과 유종원의 글을 모범으로 하였다.

이황과 조식 모두 성현의 학문에 뜻을 두었지만 그 방법은 달랐다. 이황은 진지(眞知)와 실천(實踐)을 위주로 하였고, 조식은 자득(自得)을 통한 치용(致用)과 실천(實踐)을 급무로 하였다. 요컨대 이황이 실천을 중시하지 않은 것은 아니지만, 선지후행(先知後行)의 주자학적 논리에 의해 앎[知]의 문제를 중시한 것이다. 반면 조식은 앎의 문제에 있어서

23 『선조실록』 선조 5년 2월 8일(을미). "及長, 於書無不通, 尤好左柳文字, 製作好奇高, 不拘程式. …… 一日讀書, 得許魯齋志伊尹之志學顔淵之學等語, 始悟舊學不是, 刻意聖賢之學, 勇猛直前, 不復爲俗學所撓."

24 『선조수정실록』 선조 5년 1월 1일(무오). "植之爲學, 以得之於心爲貴, 致用踐實爲急, 而不喜爲講論辨釋之言, 未嘗爲學徒談經說書, 只令反求而自得之. 其精神風力, 有竦動人處, 故從學者 多所啓發."

앎 자체를 밝히기 보다는 이미 밝혀놓은 앎의 의미를 깨달아 현실에 적용하고 실천하는 점에 무게중심을 둔 것이다.

그리하여 이황은 제가의 설을 분석해 의리를 정밀히 드러내는 방법을 택하였고, 조식은 강론과 변석을 하지 않고 실천해 나가는 방법을 택하였다. 교육방법도 이황은 강론과 변석을 위주로 하여 정밀한 이치를 탐구한 반면, 조식은 자신에게 돌이켜 자득하도록 하였다.

이상에서 생애를 간추려 주거, 시대인식 및 처세방식, 과거공부, 독서 및 학문성향 등을 개괄해 보았다. 이를 통해 볼 때, 이황과 조식은 서로 다른 환경 속에서 다른 눈으로 세상을 바라보며 살았지만, 『성리대전』·『심경』 등 성리서를 탐독한 성리학자라는 동질성을 확인할 수 있고, 성현의 도를 구하는 데 뜻을 둔 도학자였다는 점에서 공통점이 있다.

2. 경학적 지향

1) 이황의 지향

이황은 독서를 하여 도를 구하는 데에 뜻을 두고 사서삼경과 성리서를 읽었다. 그 가운데서도 특히 사서와 『심경』·『주자대전』을 좋아하여 항상 사서와 『심경』을 암송하였고, 『주자대전』을 구해서는 문을 닫고 들어앉아 하루 종일 읽었다고 한다.[25]

이를 통해 볼 때, 이황의 소의경서(所依經書)는 사서와 『주자대전』이며, 이황의 학문은 주자학에 근본을 둔 것이라 할 수 있다. 또한 조선시

25 李滉, 『退溪集』, 「年譜」 권3, 「言行總錄」. “旣又博觀經傳, 兼通性理諸書 …… 嘗得朱子全書, 讀而喜之, 自是閉門靜居, 終日危坐, 專精致志, 俯讀仰思 …… 終日所論, 不過乎孔孟曾思濂洛關閩之書 …… 中夜以起, 恒誦四子心經等書, 以自策勵”

대 학술사의 측면에서 보면, 이황은 가장 먼저 주자학에 전적으로 의거한 학자가 된다.

'사서'라는 명칭은 주자가 처음 명명한 것이다. 사서 가운데 특히 『대학』과 『중용』은 주자가 만년까지 수십 차례의 수정을 거쳐 완성한 책이며, 『대학』은 주자가 일생의 정력을 바쳐 만든 책이다. 그것은 주자가 『대학』과 『중용』에 대해 그 가치를 새롭게 인식하여 해석해 표장(表章)한 것을 의미한다.

주자가 "『대학』은 학문의 처음과 끝을 통틀어 말한 것이고, 『중용』은 본원의 극치를 곧바로 지적한 것이다. 거대하고 세세한 내용이 서로 들어있고, 정밀하고 거친 것이 서로 관통하니 모두 빠뜨릴 수 없으며, 피차의 상이가 있는 것이 아니다."[26]라고 한 것을 보면, 이런 인식을 분명히 확인할 수 있다.

주자가 『대학』과 『중용』을 이처럼 중시한 것은 사대부로서의 자기각성이 누구보다 선명했기 때문이다. 『대학』의 요지는 격물(格物)·치지(致知)의 지(知), 성의(誠意)·정심(正心)·수신(修身)의 행(行), 제가(齊家)·치국(治國)·평천하(平天下)의 추행(推行)으로 되어 있다. 이는 진리를 탐구하는 궁리(窮理), 진리를 자기의 몸으로 체득하는 실천(實踐), 그것을 남들에게 펴나가는 확산(擴散)으로, 지식인이 현실사회에서 추구해야 할 일들이다. 그래서 주자는 그 내용을 "밖으로는 그 규모의 큰 점을 극진히 한 점이 있고, 안으로는 그 절목의 상세함을 다한 점이 있다."[27]라고 하였다.

---

26 朱熹, 『朱子全書』 제12책, 권16, 「答黃商伯」. "大學, 是通言學之初終, 中庸, 是直指本原極致處, 巨細相涵, 精粗相貫, 皆不可闕, 非有彼此之異也"

27 胡廣 等 撰, 『大學章句大全』 「大學章句序」. "外有以極其規模之大, 而內有以盡其節目之詳者也."

이런 관점에서 주자는 "『대학』은 학문을 하는 강령(綱領)과 조목(條目)이니, 먼저 『대학』을 읽어서 강령을 세워 정해야 한다. 다른 서적은 모두 잡설이 그 속에 들어 있는 격이다."[28]라고 하였고, 또 "지금 우선 『대학』을 숙독하고 연구하여 간가(間架)를 만들고서, 또한 다른 서적을 가지고 그 칸을 채워나가야 한다."[29]라고 하였다.

주자는 이런 관점에서 사서를 읽을 적에도 『대학』을 제일 먼저 읽고, 그 다음에 『논어』를 읽고, 그 다음에 『맹자』를 읽고, 마지막으로 『중용』을 읽으라고 하였다.[30] 이러한 사서의 독서순서는 후대 사서 중에서도 『대학』과 『중용』의 위상을 높이는 데 결정적인 역할을 하였다.

이황 역시 주자의 이런 견해를 전적으로 수용하여 『대학』과 『중용』은 강령·조목·맥락이 정제되고 분명하지만, 『논어』와 『맹자』는 혼잡하고 산만한 면이 있다고 하였다.[31] 또한 이항(李恒)이 '성학(聖學)은 단지 사서에 있을 뿐인데, 더욱 『대학』을 주로 한다.'라고 한 말을 지론으로 인정하면서도, 『대학』만을 중시하는 것은 한쪽으로 치우친 병폐가 있다고 하였다.[32] 이는 당시 『소학』과 아울러 『대학』만을 중시하는 경향이 있었기 때문에 이렇게 논평한 것이다.

이황은 『대학』을 학자사(學者事)로, 『중용』을 교자사(敎者事)로 보면

---

28 黎靖德, 『朱子語類』 권14, 「大學一」. "大學, 是爲學綱目. 先讀大學, 立定綱領. 他書, 皆雜說, 在裏許."

29 上同. "今且須熟究大學, 作間架, 却以他書塡補去."

30 黎靖德, 『주자어류』 권62, 「中庸一-綱領」 참조.

31 李滉, 『退溪集』 권20, 「答黃仲擧問目 心經○癸亥」. "彼大學, 中庸等書, 固有綱條脈絡之齊整分明. 此自作一書, 其體當然也. 若論語, 雖間有類記處, 而率多雜糅. 孟子, 則尤多散漫, 隨手拈掇. 何嘗必以庸學爲法耶."

32 李滉, 『退溪集』 권16, 「答奇明彦 論四端七情第二書-別紙」. "其復書又云, 聖學只在四書, 而尤主於大學. 此固至言, 而其落在一邊之病, 仍見於此."

서 『대학』은 수신의 근본이 되고 덕으로 들어가는 문에 해당하며, 『중용』은 도를 밝힌 책으로 성인의 마음을 전한 법이라고 하였다. 즉 그는 『대학』을 수신입덕(修身入德)의 학문으로, 『중용』을 명도전심(明道傳心)의 교훈으로 본 것이다. 그러나 이 양자는 상호 보완적이기 때문에 표리관계가 된다고 하였다.[33] 이런 점을 보면, 이황은 사서를 중시하되 그 가운데서도 『대학』과 『중용』에 더욱 중점을 둔 것을 알 수 있다.

이황은 경서를 읽으면서 본지를 정밀하게 이해하는 것을 위주로 하였다.

> 여러 경서의 은미한 말과 오묘한 본지에 대해서는 깊은 연못을 더듬어 구슬을 찾는 듯, 바다에 들어가 용을 보는 듯이 하셨다. 자신이 이미 알고 있는 것을 인하여 그 정밀함을 더욱 극진히 하였으며, 자신의 미진한 점을 미루어 그 나머지를 통달하셨다. 그 핵심이 되는 중요한 부분에 대해서는 모두 하나하나 분석하고 가려내어 매우 깊이 그 기미를 연구하였다. 탐구하다가 터득하지 못하면 남들에게 자문하기도 하셨으며, 남들에게서 그 뜻을 얻어들으면 반드시 마음속으로 합치되기를 구하였다. 그래서 전에 이해하지 못하던 것을 지금에는 다 환히 풀이하시게 되었다.[34]

이 자료는 이황의 경학연구에 대해 문인이 기록해 놓은 것이다. 이러한 이황의 학문방법은 매우 변별적이고 분석적이다. 그래서 정밀하고

33 李滉, 『退溪集』 권40, 「答審姪問目 中庸」. "大學, 修身之本, 入德之門, 故曰學者事. 中庸, 明道之書, 傳心之法, 故曰教者事也. 然非修身入德之學, 無以施明道傳心之教, 非明道傳心之教, 無以究修身入德之學, 此庸學之相爲表裏也."

34 李滉, 『退溪集』 「退溪先生年譜」 권3, 附錄, 「言行總錄」. "於諸經微詞奧旨, 如探淵採珠, 入海觀龍. 因其所已知, 益致其精, 推其所未盡, 以達其餘. 盤錯肯綮之處, 悉皆爬梳剔抉, 極深研幾. 求之未得, 則或諮於人, 得之於人, 必求於心. 昔所未解者, 今悉融釋."

상세함을 극도로 추구한다. 이황은 문인 이덕홍(李德弘)에게 답한 편지에서, 『논어』의 대지를 '조존함양(操存涵養)'이라고 하거나 '인(仁)'이라고 하는 설에 대해, 이런 한두 글자로는 묘도(妙道)·정의(精義)를 다 드러낼 수 없다고 보아 부정적으로 인식했다.[35] 이런 점은 이황이 『대학』의 요지를 파악하면서 삼강령과 팔조목의 긴요처를 구체적으로 변별해 지적한 데서도 확인할 수 있다.[36]

이황은 이처럼 분석적이고 변별적인 방법으로 경서를 해석하였다. 이런 방법에 대해 선조가 승지를 보내 제사를 지내게 한 치제문(致祭文)에는 "정자·주자의 격언과 공자·맹자의 은미한 말씀에 대해 정밀한 뜻을 연구하고 생각을 깊이 하여 겉으로부터 이면까지 궁구하였네."[37]라고 하였다. 이를 보면 이황의 경학적 지향은 성현의 도를 밝히는 명도(明道)에 있었다고 하겠다.

이상에서 살펴보았듯이, 이황은 주자학에 전적으로 의거하여 경학은 사서를 위주로 하면서 특히 『대학』과 『중용』에 중점을 두었고, 해석은 정밀함을 추구하여 분석적이고 변별적인 방법을 택하였다. 곧 명도에 중점을 둔 길을 택한 것이다.

---

35 李滉, 『退溪集』 권35, 「答李宏仲 乙丑」. "論語大旨, 或以爲操存涵養, 北溪陽村, 則皆以仁爲言, 雖皆大槩近似, 然此書, 乃出於一時門人雜記聖門師弟子問答言行之類, 裒輯爲之. 其妙道精義, 頭緒多端, 何可以一二字判斷得下耶."

36 李滉, 『退溪集』 권37, 「答李平叔問目 大學」. "大學一書, 朱子以爲行程節次, 然論其用工處, 則各有緊要. 明明德, 在顧諟明命, 新民, 在日新又新, 止至善, 在切磋琢磨緝熙敬止, 此三綱領緊要處. 至於格物致知, 在因其所知益窮至極, 誠意, 在毋自欺愼其獨, 正心修身, 在察四有存三無, 修身齊家, 在察五辟去二偏, 齊家治國, 在孝悌慈與仁讓忠恕, 治國平天下, 在絜矩, 此八條目緊要處."

37 李滉, 『退溪集』 부록 권3, 祭文, 「遣承旨致祭文」. "程朱格言, 鄒魯微旨, 研精覃思, 自表究裏"

2) 조식의 지향

어려서부터 조식과 벗하여 평생 지기(知己)로 지낸 성운(成運)이 지은 「묘비문(墓碑文)」에는 다음과 같은 내용이 있다.

> 공은 어느 날 독서하다 허노재(許魯齋: 許衡)의 말에 "이윤의 지향에 뜻을 두거나, 안연의 학문을 배워야 한다."라고 한 것을 보고서 뭉클하게 깨닫고 발분하여 의지를 분발해 육경·사서 및 주자·정자·장자(張子: 張載)·주자의 글을 강론하고 송독하였는데, 온 종일 공부하고 또 밤늦도록 계속하였다. 정력을 다해 연구하고 탐색하여 학문은 지경(持敬)보다 더 긴요한 것이 없다고 생각했기 때문에 주일(主一)에 공력을 쏟았다. 또 마음을 항상 혼매하지 않고 깨어있게 하며 심신을 수렴하여 학문은 과욕(寡欲)보다 더 선한 것이 없다고 생각했기 때문에 극기(克己)에 힘을 기울였다.[38]

이를 통해 볼 때, 조식은 성현의 도를 구하겠다는 의지를 굳건히 하였는데, 특히 주일공부(主一工夫)를 통한 지경(持敬)과 극기공부(克己工夫)를 통한 과욕(寡欲)을 목표로 삼은 것을 알 수 있다. 이는 모두 심성수양에 관한 실천적 내용이다. 곧 조식은 성현의 도를 몸소 체득하고 구현하는 데 공부의 목표를 둔 것이다. 이런 점에서 조식은 도를 행하는 행도(行道)의 길을 걸었다고 하겠다.

도학을 거론할 적에 명도(明道)의 측면과 행도(行道)의 측면으로 나누

---

38 成運, 『大谷集』 권하, 「南溟先生墓碣」. "公一日讀書, 得魯齋許氏之言曰, 志伊尹之志, 學顔淵之學, 惕然覺悟, 發憤勵志, 講誦六經四書及周程張朱遺籍, 旣窮日力, 又繼以夜. 苦力弊精, 硏窮探索, 以爲學莫要於持敬, 故用工於主一. 惺惺不昧, 收斂身心, 以爲學莫善於寡欲, 故致力於克己."

어 본다. 이황과 조식의 도학을 논하면서 단정적으로 어느 영역에 나누어 소속시키는 어렵다. 그것은 모두 이 두 측면을 겸하고 있기 때문이다. 그러나 그들의 특장을 논하면 이황은 명도의 측면에, 조식은 행도의 측면에 중점을 둘 수 있다. 이와 같은 틀 속에서 조식의 경학적 지향을 구체적으로 살펴보기로 한다. 조식도 이황과 마찬가지로 오경보다는 사서를 중시하였다.

> 옛날이나 지금이나 학문하는 사람들이 『주역』을 궁구하기를 매우 어렵게 여기는데, 이는 사서(四書)에 익숙하지 못하기 때문입니다. 학문하는 사람들이 사서를 정독하고 숙독하여 진리가 쌓이고 힘이 오래되면, 도의 상달처(上達處)를 알 수 있어 『주역』을 궁구하는 것이 거의 어렵지 않을 것입니다. 대체로 정독하기만 하고 숙독하지 않으면 도를 알 수 없고, 숙독만 하고 정독하지 않으면 또한 도를 알 수 없습니다. 정독하고 숙독하는 것이 모두 지극해야 골자를 꿰뚫어 볼 수 있습니다. 다만 『대학』은 여러 경전의 강령(綱領)이니, 모름지기 『대학』을 읽어서 훤히 꿰뚫어 알게 되면 다른 글은 보기가 쉬워질 것입니다. …… 세상의 학자들은 사서가 평범한 데 싫증을 느껴 장구나 기억하고 암송하는 습관으로 구해 읽는 속유들과 다를 바 없이 그 책을 읽고 있습니다. 그들은 견문을 넓히는 글이나 좋아해 그런 데에만 공력을 기울이려고 합니다. 이것이 이른바 색은행괴이니 이런 사람들은 도체(道體)를 알지 못할 뿐만 아니라, 끝내 문호도 엿볼 수 없을 것입니다. 주자는 말씀하기를 "내가 평생 정력을 기울인 것이 모두 『대학』에 있다."라고 하였으며, 정자는 말씀하기를 "『논어』와 『맹자』를 온전히 공부하고 나면 육경은 배우지 않아도 밝아질 수 있다."라고 하였습니다. 학문하는 사람들이 글을 널리 보는 공부는 이와 같이 해야 합니다.[39]

이처럼 조식은 사서에 익숙해야 오경을 궁구할 수 있으며, 사서 가운데서도 모든 학문의 강령으로 인식된 『대학』을 환히 꿰뚫어보아야 한다고 하였다. 조식은 문인 김효원(金孝元)에게 보낸 편지에서도 "그대는 공부가 이미 육분(六分: 60%)의 길로 향하고 있으니 이제 『대학』을 가지고 공부하면서 틈틈이 『성리대전』을 한두 해 탐구하십시오. 항상 『대학』 한 집에만 출입하게 되면 연(燕)나라에 가고 초(楚)나라에 가더라도 본가(本家)로 돌아와 머물게 될 것입니다. 성인이 되고 현인이 되는 것도 모두 이 집안에서 벗어나지 않습니다. 회암(晦庵: 朱子)이 평생 힘을 얻은 것도 모두 이 책에 있었다고 하니, 어찌 후인을 속이는 말이겠습니까."[40]라고 하였다. 조식은 『대학』을 본가에 비유하여 모든 경서의 근본으로 강조하였다.

이처럼 조식도 오경보다는 사서, 사서 가운데서 특히 『대학』을 모든 경서의 강령으로 인식하고 있다. 이는 주자나 이황의 견해와 동일한 관점으로, 조식이 지향했던 경학에 대한 기본적인 인식이다.

다만 조식은 오경 가운데 특히 『주역』·『서경』을 중시하였는데, 그것은 심성수양과 관련된 유익한 내용이 많기 때문이다. 조식은 후한 때 위백양(魏伯陽)이 지은 『주역참동계(周易參同契)』를 매우 좋아하였으며[41], 조

---

39 曺植, 『南冥集』 권2, 「示松坡子」. "古今學者, 窮易甚難, 此不會熟四書故也. 學者, 須精熟四書, 眞積力久, 則可以知道之上達, 而窮易, 庶不難矣. 盖精而未熟, 則不可以知道, 熟而未精, 則亦不可以知道. 精與熟俱至, 然後可以透見骨子了. 但大學, 群經之綱統, 須讀大學, 融會貫通, 則看他書便易. …… 世之學者, 其於四書, 厭其尋常, 讀之無異俗儒記誦章句之習而求者, 喜於聞見之書, 好着枉功, 此所謂索隱行怪者, 不啻不知道體而已, 終不能覬覦其門戶矣. 朱子曰, 平生精力, 盡在大學. 程子曰, 語孟旣治, 則六經可不治而明矣. 學者博文之工夫, 當如是矣夫"

40 曺植, 『南冥集』 권2, 「答金仁伯」. "已向六分路頭, 於今直把大學看, 傍採性理大全一二年. 常常出入大學一家, 雖使之燕之楚, 畢竟歸宿本家. 作聖作賢, 都不出此家內矣. 晦菴平生得力, 盡在此書, 豈欺後人耶."

41 曺植, 『南冥集』 권4, 補遺, 金宇顒 撰 「行狀」. "頗喜看參同契, 以爲極有好處, 有補於

식이 그린 도설(圖說)[『학기류편』에 보임]을 보면 『주역』에서 취한 문자가 특별히 많으며, 남명학의 요체(要諦)라고 하는 경(敬)·의(義)도 『주역』에서 취한 것이다.

조식은 사서 다음으로 성리서를 중시하였다. 김해 산해정(山海亭)으로 거처를 옮긴 뒤 한양에 있던 송인수(宋麟壽)·이준경(李浚慶)·이림(李霖) 등이 『대학』·『심경』 등을 보내오자, 감사한 마음을 담아 후지(後識)를 썼는데, 그 글을 보면 조식이 당시 이런 책에 침잠하고 있었음을 알 수 있다. 그리고 문인 김효원에게는 『성리대전』을, 김우옹(金宇顒)에게는 『근사록』을 권한 것을 보면, 성리서를 매우 중시하고 있었음을 알 수 있다.

조식은 성리서 가운데 특히 『심경』을 좋아하였다. 당시 명유(明儒) 정민정(程敏政)이 편찬한 『심경부주(心經附註)』가 국내로 유입되어 한창 유행하고 있었는데, 조정에 있던 이준경(李浚慶)과 이림(李霖)이 이 책을 김해로 이주한 조식에게 보내주었다. 1531년 조식은 이준경이 보내준 『심경』을 받고 그 책에다 다음과 같이 썼다.

> 마음은 죽고 육체만 걸어 다닌다면 금수(禽獸)가 아니고 무엇이겠는가. 그렇다면 내가 이군(李君: 李浚慶)을 저버린 것이 아니라 바로 이 책을 저버린 것이며, 이 책을 저버린 것이 아니라 바로 내 마음을 저버린 것이다. 내 마음을 저버리면 마음이 죽은 것이니 슬프기로는 마음이 죽은 것보다 더 큰 것이 없다. 죽지 않는 약을 구했으면 먹는 것이 급한 일인데, 이 책이 아마 마음을 죽지 않게 하는 약이리라. 반드시 먹어서 그 맛을 알고 좋아해서 그 즐거움을 알아야 오래갈 수도 있고 편안할

爲學."

> 수도 있으며, 아침저녁으로 일상생활에서 쓰기를 스스로 마지않을 것이다. 노력하여 게을리 하지 않도록 하라. 안자(顔子: 顔回)와 같이 되는 길이 바로 여기에 있다.[42]

조식이 『심경』을 이처럼 중시하고 즐겨 읽은 것을 보면, 그의 학문에 있어 심성을 수양하는 문제가 그 무엇보다 중요하게 여겨지고 있었음을 알 수 있다.

조식의 독서법은 이황처럼 정밀하게 분석적으로 해석하는 방식이 아니었다. 앞에서 언급한 바와 같이 그가 비록 『대학』에 대해 정독(精讀)·숙독(熟讀)을 거론하였지만, 그것은 어디까지나 대지(大旨)를 꿰뚫어 보기 위한 방법이었다. 조식은 경서를 읽으면서 장구(章句)를 정밀하게 해석하는 데 연연하지 않고, 자신을 수양하는 데 절실히 필요한 대목만 이해하고 넘어갔다.[43]

김우옹에게 답한 편지에서도 어록(語錄)이나 『주역』 등의 난해처에 대해서는 억지로 해석하려 하지 말고 등한한 말로 보아 넘길 것을 권하고 있다.[44] 이는 그가 경서를 담론하지 않고 스스로 본지를 터득하게 한 교육 방법과 맥락을 같이한다. 김우옹은 「남명선생행장(南冥先生行狀)」에서 "번다한 것을 수렴해 간략한 데로 나아가고, 자기 몸에게 돌이켜 자신을 단속하는 데로 나아가 스스로 일가의 학문을 이루었다."[45]라고 하였으니,

---

42 曺植, 『南冥集』 권2, 「書李君原吉所贈心經後」. "心喪而肉行, 非禽獸而何. 然則非負李君, 卽負是書, 非負是書, 卽負吾心. 哀莫大於心死, 求不死之藥, 惟食爲急. 是書者, 其惟不死之藥乎. 必食而知其味, 好而知其樂, 可久可安, 朝夕日用而不自已也. 努力無怠, 希顔在是."

43 曺植, 『南冥集』 권4, 補遺, 金宇顒 撰 「行狀」. "其讀書, 不曾章解句釋, 或十行俱下, 至切己處, 便領略過."

44 曺植, 『南冥集』 권2, 「奉謝金進士肅夫」. "其中有語錄易經難解處, 吾亦不强求, 盡其閑語."

조식의 학문적 지향은 행도(行道)에 있었음을 알 수 있다.

3. 경학적 특징

1) 이황 경학의 특징

1567년 17세의 나이로 즉위한 선조는 원로들에게 나라를 다스릴 방도를 구언(求言)하였다. 당시 이황은 「성학십도(聖學十圖)」를 그려 올렸고, 조식은 「무진봉사(戊辰封事)」를 올렸다. 이황의 「성학십도」는 퇴계학의 정수에 해당하며, 조식의 「무진봉사」는 『학기류편』에 실린 「성도(誠圖)」·「역서학용어맹일도도(易書學庸語孟一道圖)」 및 문집에 실린 「신명사도(神明舍圖)」와 함께 남명학의 정수에 해당한다. 이 도표와 글에는 두 학자의 학문적 특징이 농축되어 있는데, 특히 경학과 성리학을 수용하는 특징이 잘 드러나 있다. 여기서는 이 자료를 중심으로 이황과 조식의 경학적 특징을 살펴보기로 한다.[46]

이황의 「성학십도」는 「제일태극도(第一太極圖)」·「제이서명도(第二西銘圖)」·「제삼소학도(第三小學圖)」·「제사대학도(第四大學圖)」·「제오백록동규도(第五白鹿洞規圖)」·「제육심통성정도(第六心統性情圖)」·「제칠인설도(第七仁說圖)」·「제팔심학도(第八心學圖)」·「제구경재잠도(第九敬齋箴圖)」·「제십숙흥야매잠도(第十夙興夜寐箴圖)」로 구성되어 있다.

이황은 이 10개의 도표에 대해 앞의 5도는 천도(天道)에 근본을 둔 것으

---

45 曺植, 『南冥集』 권4, 補遺, 金宇顒 撰 「行狀」. "斂繁就簡, 反躬造約, 而自成一家之學."

46 이황의 경학연구는 사서삼경의 석의가 대표적인 성과물이지만, 그것은 경서를 해석한 것이며, 또한 경서별로 난해한 부분을 언해하거나 해설한 것이기 때문에 이황의 경학적 특징을 전체적으로 보여주지 못한다. 이황의 경학을 단적으로 보여주는 것은 「성학십도」의 「소학도」와 「대학도」라고 판단된다.

로 공부가 인륜을 밝히고 덕업(德業)을 힘쓰는 데 있으며[47], 뒤의 5도는 심성(心性)에 근원한 것으로 요점이 일상에서 힘쓰며 경외(敬畏)를 숭상하는 데 있다고 하였다.[48] 즉 앞의 5도는 천도에 근본하고 뒤의 5도는 심성에 근원했다는 것이다.

그런데 이황은 이처럼 상5도와 하5도로 양분해서 천도와 심성의 측면에서 논하지 않았다. 그는 「소학도」와 「대학도」를 중심에 두고, 그 앞의 2도와 그 뒤의 6도를 나누어 셋으로 구분하였다. 제4도 뒤에 다음과 같은 기록이 있다.

> 대개 이 앞의 2도는 단서를 구하고 확충(擴充)을 하며 천도를 체득하고 도를 극진히 하는 것으로 극치처(極致處)이니 『소학』·『대학』의 표준(標準)·본원(本原)이 되며, 뒤의 6도는 선(善)을 밝히고 자신을 진실하게 하며, 덕을 숭상하고 덕업을 넓히는 것으로 용력처(用力處)이니 『소학』·『대학』의 전지(田地)·사공(事功)이 된다.[49]

이를 보면 이황은 『소학』과 『대학』을 학문의 중심으로 여긴 것을 알 수 있다. 제1도인 주돈이(周敦頤)의 「태극도」와 제2도인 장재(張載)의 「서명(西銘)」은 우주 만물의 생성원리를 설명한 것으로 형이상의 본원에 해당한다는 것이며, 제5도 이하는 모두 사람이 힘써 노력해야 할 형이하의 일에 해당한다는 것이다.

---

47 李滉, 『退溪集』 권7, 「聖學十圖」, 제5도 하단. "以上五圖, 本於天道, 而功在明人倫懋德業."

48 上同, 제10도 하단. "以上五圖, 原於心性, 而要在勉日用崇敬畏."

49 李滉, 『退溪集』 권7, 「聖學十圖」「第四大學圖」. "蓋上二圖, 是求端擴充體天盡道極致之處, 爲小學大學之標準本原, 下六圖, 是明善誠身崇德廣業用力之處, 爲小學大學之田地事功."

이황은 제3도 「소학도」 뒤에 "대개 『소학』과 『대학』은 서로 기다려 완성되니, 하나이면서 둘이고 둘이면서 하나인 것이다."[50]라고 하여, 『소학』과 『대학』을 불가분의 관계로 파악하였다. 그는 1568년 11월 3일 석강(夕講)에서 선조에게 『소학』 강의를 마친 뒤 다음과 같이 진언하였다.

> 그러나 그 공부는 마땅히 『소학』·『대학』을 통합해 하나로 해야 합니다. 그러므로 주자의 『대학혹문』에서는 처음에 『소학』으로 대학의 근본을 삼고, 그것을 통합해 하나로 하는 공부에 있어서는 또한 경(敬)으로 대본(大本)을 삼아야 한다고 한 것입니다. 『소학』을 소자(小子)의 학문으로 해석하지만, 『대학』에 들어간 뒤에 이를 버리고 오로지 『대학』만을 일삼아서는 안 됩니다. 그러므로 신이 "이 두 책은 성학(聖學)의 시종(始終)을 이루는 것이니, 『소학』은 시작을 이루는 것이고, 『대학』은 끝을 이루는 것이다."라고 하는 것입니다. 집을 짓는 것으로 비유하자면, 『소학』은 터를 반듯하게 만들고 재목을 준비해 놓는 것과 같으며, 『대학』은 그 터에 천만 칸의 큰집을 짓는 것과 같습니다. 터만 닦아놓고 집을 짓지 않으면 끝이 없는 것이고, 천만 칸의 큰집을 지으려고 하면서도 터를 닦지 않는다면 또한 집을 지을 수 없습니다. 그러므로 성학의 처음과 끝이 되는 것입니다. 주자의 「소학제사(小學題辭)」에도 "'오직 성인께서 이 점을 측은히 여겨 학교를 세우고 스승을 세워' 그 뿌리를 배양하여 그 가지에까지 이르게 하였다."라고 하였으니, 『소학』은 그 뿌리를 배양하는 것이고, 『대학』은 그 가지에까지 이르게 하는 것입니다. 그러므로 『소학』·『대학』으로 성학의 시종을 삼은 것입니다. 그런데 이는 규모가 지극히 크니, 이 외에는 다른 책을 강하더라도 그 공부는 모두 지금 비유한 천만 칸의 큰집을 수식하거나 장식하는 데 들어가는 것이 될 것입니

50 李滉, 『退溪集』 권7, 「聖學十圖」 제3도 「小學圖」. "蓋小學大學 相待而成 所以一而二 二而一者也"

> 다. …… 기타 『논어』·『맹자』·『중용』 및 『시경』·『서경』 등의 책은 모두 『대학』의 규모에 채워 그 수식이나 장식으로 삼아야 합니다.[51]

이처럼 이황은 공부에 있어 『소학』은 시작을 완성하는 성시(成始)로 『대학』은 끝맺음을 완성하는 성종(成終)으로 보았다. 그는 또 양자의 관계를 집을 짓는 데 비유하여, 『소학』은 터를 반듯하게 고르고 재목을 준비하는 것으로, 『대학』은 그 터에 천만 칸의 집을 짓는 것으로 비유하였다. 이황의 눈에 『대학』은 천만 칸의 큰 빌딩[大廈]이었다.

또한 이황은 나무에 비유하여, 『소학』은 나무의 뿌리를 배양하는 것으로, 『대학』은 그 뿌리로부터 가지에 도달하는 전 과정으로 보았다. 그래서 그는 『대학』의 규모는 매우 크다고 하고, 그 규모 속에는 모든 경서의 내용이 다 포함될 수 있다고 하였다. 곧 여타 경서의 내용을 모두 이 큰 빌딩을 장식하는 내용물로 본 것이다.

이는 주자가 "지금 또한 『대학』을 숙독하여 간가(間架: 공간, 방)를 만들고, 다른 책의 내용을 그 간가에다 채워나가야 한다."[52]라고 한 말에서 연유한 것인데, 이황이 비유한 말이 보다 명확하고 상세하다. 이황이 이처럼 중시한 제3도 「소학도」와 제4도 「대학도」를 함께 제시하면 아래

---

51 계명한문학회, 『退溪學文獻全集』 제17책, 「退陶先生言行通錄」 권2, 「學問 第一」. "然其工夫, 則當通小學大學而爲一, 故朱子大學或問, 初面以小學爲大學之根本, 而其通而爲一之工夫, 則又以敬爲大本. 小學, 雖釋之以小子之學, 入大學後, 亦不可舍此而專事大學也. 故曰, 聖學之所以成始成終. 小學所以成始, 大學所以成終也. 以作室譬之, 小學則如修正基址而備其材木也, 大學則如大廈千萬間結構於基址也. 修正基址, 而不構於其室, 則是無終也, 欲構大廈千萬, 而不修基址, 則亦不能構矣, 故爲聖學之始終矣. 小學題辭亦曰, 以培其根, 以達其支, 小學, 所以培其根也, 大學, 所以達其支也. 是以, 小學大學爲聖學之始終, 而規模極大. 此外雖講他書, 而其工夫, 皆爲今所譬大廈千萬間修粧所入矣. …… 其他如語孟中庸及詩書諸書, 皆當塡之於大學規模而爲之修粧."

52 胡廣 等 撰, 『大學章句大全』, 「讀大學法」. "今且熟讀大學, 作間架, 却以他書塡補去."

와 같다.

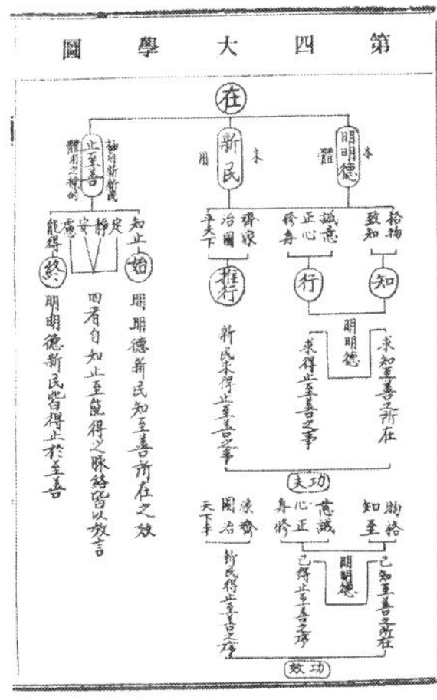

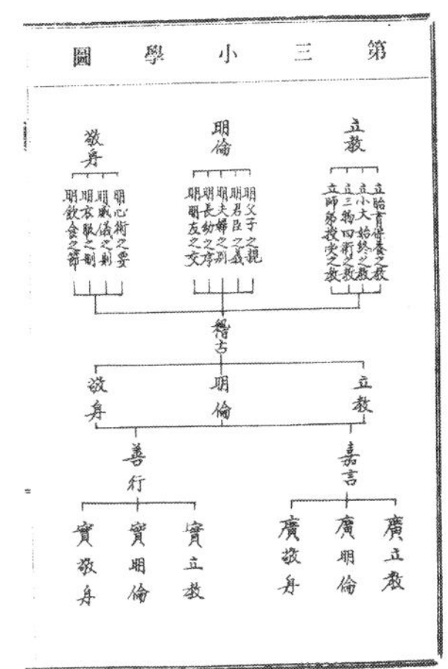

주자는 『대학』의 내용을 '궁리정심(窮理正心)하고 수기치인(修己治人)하는 도(道)'라고 하였는데[53], 이황은 조금 다르게 생각했다. 문인 황준량(黃俊良)이 "『대학』 삼강령의 '지어지선(止於至善)'을 『논어』의 '일이관지(一以貫之)'에 해당시키고, 『대학장구』 전 제10장의 혈구(絜矩)·재용(財用)·용인(用人)을 제도문장(制度文章)의 일로 보면 어떻겠습니까?"라고 질문하자, 이황은 "『대학』은 존심출치(存心出治)의 근본이 되는 책으로 제도문장에 대해서는 언급하지 않았다."라고 답하였다.[54]

황준량이 『대학장구』 전 제10장의 혈구·재용·용인 등을 제도문장의

53 朱熹, 『大學章句』, 「大學章句序」.

54 李滉, 『退溪集』 권19, 「重答黃仲擧」. "大學修己治人體用該載, 則固然矣. 然以止至善當一貫, 以絜矩財用用人, 爲制度文章之事, 則恐未然矣. …… 然則愚以大學一書, 爲存心出治之本, 而未及乎制度文章者, 豈爲無稽之言乎."

일로 보고자 한 것은 치인(治人)에 관한 구체적인 조목으로 생각했기 때문이다. 그러나 이황은 태학(太學)에서 수기치인(修己治人)의 학문을 가르칠 적에 존심출치(存心出治)의 근본을 버리고 갑자기 제도문장을 말하면 본말이 도치되어 수용하는 데 절실하지 않다고 보았다.[55]

이황이 『대학』을 '존심출치의 근본'으로 본 것은 주자가 '수기치인의 도'로 본 것보다 정밀한 인식이다. 곧 주자가 '자신을 수양하고 사람들을 다스리는 도'라고 한 것은 수신서(修身書)이면서 또 정치서(政治書)라는 말인 반면, 이황이 '마음을 보존하고 정치를 드러내는 근본'이라고 한 말은 정치서라는 개념이 축소되고 '마음을 보존'하는 수신서에 중점을 둔 것이다.

이황은 이러한 인식에 의해 『대학』을 수신(修身)의 근본이 되며 입덕(入德)의 문이 되는 학자의 일이라고 규정하였다.[56] 『대학』이 수신의 근본이 되고 덕으로 들어가는 문에 해당된다는 것은 배우는 사람의 입장에서 본 것이다. 이는 『대학』의 내용을 학자의 입장에서 보아 수신에 중점을 둔 인식이다. 『대학』을 학자의 입장에서 볼 것인가, 아니면 정치가의 입장에서 볼 것인가에 따라 수기(修己)에 중점을 두느냐, 치인(治人)에 중점을 두느냐 하는 문제가 달라질 수 있는데, 이황은 수기에 중점을 둔 것이다.

이황의 「대학도」는 권근(權近)의 「대학도」를 수용하여 거의 그대로 수용하면서 약간 수정한 것으로, 주자가 그린 「대학도」와는 상당한 차이가 있다. 이황의 「대학도」는 삼강령 가운데 지어지선(止於至善)을 명명덕(明

55 上同. "若大學方教人以修己治人之學, 舍存心出治之本, 而遽及於此, 則不幾於倒置而不切於受用乎."

56 李滉, 『退溪集』 권40, 「答審姪問目中庸」. "大學, 修身之本, 入德之門, 故學者事."

明德)과 신민(新民)의 표적으로 보고, 명명덕을 체(體)로 신민을 용(用)으로 보는 두 축의 공부와 공효로 해석한 것이 특징으로, 주자의 「대학도」와 다른 점이다.[57] 이황은 명명덕과 신민을 두 축으로 하여 이를 다시 팔조목에 연결시켜 격물·치지의 지(知), 성의·정심·수신의 행(行), 제가·치국·평천하의 추행(推行)으로 구별해 놓았다.

『대학』 해석은 지(知)·행(行)·추행(推行) 중에서 어디에 중점을 두느냐에 따라 그 성향이 달라진다. 추행에 중점을 두면 치인(治人)의 정치서로 보게 되고, 행(行)에 중점을 두면 수신(修身)을 중시하여 수신서로 보게 되고, 지(知)에 중점을 두면 주자학의 선지후행(先知後行)에 입각하여 진리탐구서로 보게 된다.

이황은 『대학』을 제도문장보다는 존심출치의 근본으로 보았으니, 이는 이 세 가지 가운데 지(知)·행(行)에 중점을 두어 해석한 것이다. 또한 「성학십도」 가운데 「제6심통성정도」의 중도(中圖)와 하도(下圖)는 이황의 심통성정설을 단적으로 보여주는 것으로, 지도(知道: 明道)의 측면에서 그 공이 인정되는 그림이다. 그렇다면 이황은 지도(知道)와 행도(行道)의 측면을 모두 중시했지만, 주자학의 선지후행의 논리로 보면 지도(知道)가 더 우선일 수밖에 없다.

57 이황의 「대학도」는 『주자어류』에 있는 주자의 「대학도」와 다르다. 주자의 「대학도」에는 명명덕과 신민이 지어지선으로 귀결되게 되어 있는데, 이황의 「대학도」는 명명덕, 신민, 지어지선 삼강령을 위에 나란히 열거 하고 있다. 이에 대해 중국학자 陳榮捷은 『朱子新探索』 「退溪不用朱子大學圖」에서 이황의 「대학도」는 군주의 수양을 위해 그렸기 때문에 다르게 그린 것이라고 하였는데, 필자는 그 설에 동의하지 않는다. 이황의 「대학도」는 『대학』의 요지를 삼강령과 팔조목으로 구분하고 팔조목의 구체적 의미를 드러내기 위한 것이다. 주자의 「대학도」는 팔조목의 공부와 공효가 드러나지 않고 지지(知止)에서 능득(能得)으로 이어지는 삼강령의 공효에 너무 치우쳐 있다.

2) 조식 경학의 특징

조식의 경학에 대한 인식도 이황과 유사하다. 그 역시 『소학』을 통해 인간자세를 확립하는 문제를 근본으로 인식하고 있다. 그는 특히 젊은 학자들이 수신을 도외시 한 채 성리설을 고담준론하는 풍조에 대해 기세도명(欺世盜名)하는 것으로 인식하였다. 그리하여 이황에게 편지를 보내 그런 풍조를 억지할 것을 권하기도 하였다.[58] 문인 배신(裵紳)이 기록한 「행록(行錄)」에는 다음과 같은 내용이 있다.

> 선생이 말씀하시기를 "오늘날의 학자들은 매양 육상산(陸象山: 陸九淵)의 학문이 박문(博文)을 하지 않고 곧장 약례(約禮)하는 것을 주로 한 것이라 비판하면서도 자신의 학문을 할 적에는 『소학』·『대학』·『근사록』을 먼저 읽으며 공부를 하지 않고 『주역』·『역학계몽』 등을 먼저 읽는다. 그래서 격물·치지·성의·정심의 차서에서 구하지 않고 반드시 먼저 성명(性命)의 이치를 말하려 하니, 그 유폐가 육상산에서 그칠 뿐만이 아니다."라고 하셨다.[59]

이처럼 조식은 『소학』·『대학』·『근사록』 등 기초적인 서적을 통해 인간자세를 확립하고 학문적 토대를 세우는 것을 중시하였다. 이는 『대학』 팔조목의 논리로 보면, 격물·치지의 지(知)와 성의·정심·수신의 행(行)을 중시한 것이다. 이런 점에서는 이황의 견해와 유사하다.

---

58 曺植, 『南冥集』 권2, 「與退溪瑞」. "近見學者, 手不知洒掃之節, 而口談天理, 計欲盜名, 而用以欺人, 反爲人所中傷, 害及他人, 豈先生長老無有以呵止之故耶."

59 曺植, 『南冥集』 권4, 보유, 裵紳 撰, 「行錄」. "今之學者, 每病陸象山之學以徑約爲主, 而其爲自己之學, 則不先讀小學大學近思而做功, 先讀周易啓蒙. 不求之格致誠正之次序, 而又必欲先言性命之理, 則其流弊不但象山而止也"

그런데 『대학』을 지·행·추행의 논리로 볼 때, 이황이나 조식 모두 추행보다는 지·행에 중점을 두고 있다. 다만 이황은 지·행을 아울러 중시하면서도 선지후행의 논리에 지(知)를 우선시한 반면, 조식은 지·행을 아울러 중시하면서 행에 중점을 두는 시각이다. 그래서 굳이 구별하자면 이황은 명도(明道)에 조식은 행도(行道)에 중점이 있다고 하겠다.

이처럼 조식은 행(行), 즉 자신의 심성을 수양하여 도덕적 주체를 세우는 데 학문의 목표를 두었기 때문에 이론보다는 실천을, 분석보다는 요약을 강조하였다. 그리하여 지(知)의 측면에서는 새로운 이치를 밝히는 궁리(窮理)보다 성현의 글을 통해 의리(義理)를 강명(講明)하는 것을 주로 하였고, 행(行)의 측면에서는 자신의 마음을 진실무망(眞實無妄)하게 하는 존심양성(存心養性)에 힘을 기울였다.

이런 학문정신이 바로 경의검(敬義劍)에 새긴 '안으로 마음을 밝히는 것은 경이고, 밖으로 일을 결단하는 것은 의이다.[內明者敬 外斷者義]'라는 경의사상(敬義思想)으로 결실을 맺은 것이다. 그리고 이를 도표로 그린 것이 「신명사도(神明舍圖)」이고, 명(銘)으로 지은 것이 「신명사명(神明舍銘)」이다.

조식의 경학적 특징은 「무진봉사(戊辰封事)」와 「성도(誠圖)」·「역서학용어맹일도도(易書學庸語孟一道圖)」를 통해 살필 수 있다.

「무진봉사」는 경(敬)을 통해 천덕(天德)을 이룩하고 왕도(王道)를 행할 것을 간곡히 올린 상소문인데, 그 논리적 근거를 『중용』의 명선(明善)과 성신(誠身)에 두고 있다. 그리고 구체적으로는 『중용』 구경(九經)의 수신(修身)·존현(尊賢) 등을 거론하면서 존심양성과 용인(用人) 등을 거론하고 있다. 이황이 「성학십도」에서 『소학』과 『대학』을 중심에 둔 성학(聖學)을 진달하였다면, 조식은 『중용』에 근거한 성학을 아뢴 것이다. 여기에서 이황과 조식의 경학적 논거의 차이를 발견할 수 있다.

「성도」·「역서학용어맹일도도」는 『학기류편』에 실린 24개의 도표 가운데 하나이다. 『학기류편』에 실린 24개 도표 가운데 5개 도표는 주자의 도표이거나 주자의 설에 의거한 것이고, 14개는 원유(元儒) 정복심(程復心)의 『사서장도은괄총요(四書章圖檃括總要)』의 그림이며[60], 1개는 출처 미상이고, 나머지 4개가 조식이 직접 그린 자작도이다. 4개의 자작도는 「성도」·「역서학용어맹일도도」·「심위엄사도(心爲嚴師圖)」·「기도(幾圖)」인데, 여기에 그의 경학적 특징이 다 들어 있다. 필자는 조식의 성리사상을 존양–성찰–극기의 삼 단계 심성수양론으로 정리한 바 있는데[61], 이 4개 도표는 모두 그와 밀접하게 연관되어 있다.

이 가운데 「심위엄사도」는 『성리대전』·『근사록』 등에 보이는 장재(張載)의 '마음을 바르게 하는 초기에는 마땅히 자기 마음을 엄한 스승으로 삼아야 한다.[正心之始 當以己心爲嚴師]'에서 취한 것으로, 미발시의 존양과 이발시의 성찰을 간결하게 그린 것인데, 『대학』 정심장(正心章)에서 연유한 것이다. 「기도」는 이발시의 성찰과 극기에 중점을 두어 그린 것으로, 『대학』 성의장(誠意章)의 '혼자만 알고 있는 마음속에 싹튼 생각을 신중히 한다.[愼其獨]'에서 연유한 것이다.

이렇게 보면, 이 「기도」와 「심위엄사도」는 『대학』 성의장·정심장에서 나온 것으로 행(行)에 중점을 둔 것이다. 그런데 이 행은 곧 심성을 수양하는 실천을 말한다.

「성도」는 『중용』의 대지(大旨)인 성(誠)을 중심으로 하여 『대학』·『중

60 이승환(2012), 참조.

61 최석기(1995a), 참조.

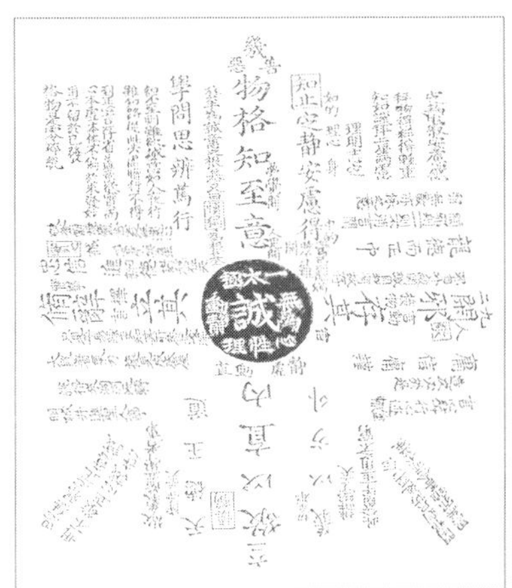

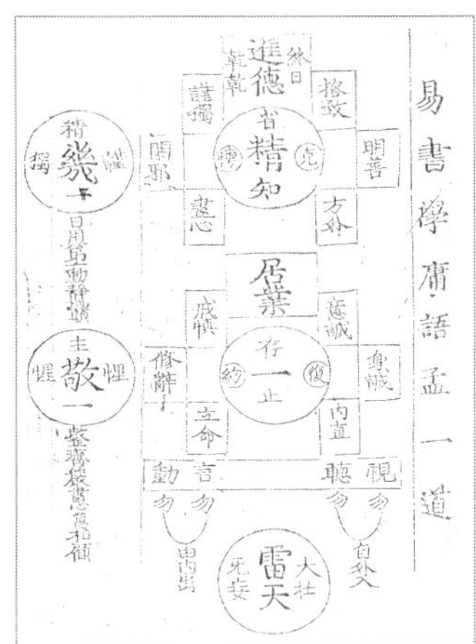

용』·『주역』의 문구를 뽑아 그린 것이며, 「역서학용어맹일도도」는 성(誠)을 얻기 위한 공부의 요지를 사서 및 『주역』·『서경』에서 뽑아 그린 것이다.

「성도」는 중앙의 원 속에 심성수양의 목표인 성(誠)을 써넣고, 위에 『대학』 팔조목의 공효에 해당하는 물격(物格)·지지(知至)·의성(意誠)을, 아래에 『주역』 「곤괘(坤卦)」의 '경이직내(敬以直內)'를, 좌에 『주역』 「건괘(乾卦)-문언(文言)」의 '수사입기성(修辭立其誠)'을, 우에 '한사존기성(閑邪存其誠)'을 크게 써 넣었다. 그리고 그 좌우에 그 문구와 관련된 내용을 작게 써 넣었다.

이 「성도」는 미발시에는 경(敬)을 통해 성(誠)을 유지하고, 이발시에는 성찰·극기를 통해 성(誠)을 회복하는 것을 요지로 하고 있다. 이 「성도」는 성(誠)을 늘 유지하고자 하는 심성수양의 핵심을 거론한 것으로 『중용』에서 연유한 것이다.

「성도」가 성(誠)에 중점을 두고 그린 것이라면, 「역서학용어맹일도도」

는 이 성(誠)을 얻기 위해 인식을 정밀하게 하는 정(精)과 마음을 전일하게 하는 일(一)로 공부의 두 축을 요약해 그린 것이다. 순(舜)이 우(禹)에게 선양하면서 전한 심법이 『서경』「대우모(大禹謨)」의 '인심은 오직 위태롭고 도심은 오직 미미하니, 인식을 오직 정밀하게 하고 마음을 오직 전일하게 해야 진실로 그 중도를 잡게 된다.[人心惟危 道心惟微 惟精惟一 允執厥中]'이다.

여기서 유정(惟精)과 유일(惟一)을 공부의 두 축으로 뽑아 제시하고, 그런 두 축의 공부를 『주역』 뇌천(雷天) 「대장괘(大壯卦)」의 정신으로 굳세게 하여 천뢰(天雷) 「무망괘(无妄卦)」의 진실무망(眞實無妄)한 성(誠)에 이르는 것이 이 도표 세로축의 세 개 원이다. 그리고 그 주변의 작은 네모 속에 써 넣은 것들은 그와 관련된 내용을 『주역』과 사서(四書)에서 뽑은 것이다.

상단 유정공부(惟精工夫)의 권역은 지(知)에 해당하고 이발시의 성찰(省察)에 해당한다. 중간 유일공부(惟一工夫)의 권역은 지어지선(止於至善)의 상태로 회복된 것을 표현한 것이기 때문에 미발시의 존양(存養)에 해당한다. 하단 뇌천(雷天)의 권역은 『주역』「대장괘」와 「무망괘」의 뜻을 함께 제시한 것으로, 「대장괘」의 비례물리(非禮弗履)를 통해 「무망괘」의 진실무망(眞實無妄)의 성(誠)에 이르는 것을 표현한 것이다.

이는 성(誠)에 이르는 방법을 『논어』에 나오는 사물(四勿)을 통해 극기복례(克己復禮)하는 것으로 본 것인데, 그 연원을 『주역』「대장괘」에서 찾은 것이다. 왼쪽의 두 개 동그라미는 유정공부의 핵심은 기(幾)에 있고, 유일공부의 핵심은 경(敬)에 있음을 구체적으로 표현한 것이다.

조식은 『주역』 뇌천(雷天) 「대장괘(大壯卦)」를 대단히 좋아하여 문인 김우옹(金宇顒)에게 '뇌천(雷天)' 2자를 써서 주었을[62] 뿐만 아니라, 「신명사도」에도 목관(目關)·이관(耳關)·구관(口關) 옆에 대장기(大壯旂)를 그려 넣었다. 그것은 「대장괘」 상사(象辭)에 '비례불리(非禮弗履)'라는 말이 있기 때문이다.

이는 곧 『논어』의 비례물시(非禮勿視) 등 사물(四勿)을 의미하며, 그것이 곧 극기복례(克己復禮)의 실천조목이다. 이는 마음이 움직였을 때 악으로 빠지지 않도록 살피다가 그 기미가 발견되면 즉시 물리치는 성찰·극기를 강조한 것이다.

이런 측면에서 보면, 조식의 경학적 특징은 성(誠)의 상태를 늘 유지하기 위해 극기복례를 핵심으로 삼은 데 있는데, 이는 곧 『중용』에 그 연원을 둔 것이다. 이러한 점은 그가 극기복례를 실천한 안회(顔回)의 길을 평생 걸은 학문적 역정, 그리고 존양·성찰·극기의 삼단계 수양론을 제시한 것과 일맥상통하는 논리구조 속에 있다.

특히 이발시의 성찰·극기를 통해 미발시의 성(誠)을 유지하는 존양을 택하고 있기 때문에 근본을 배양하는 존양을 우선시하기보다는 사욕을 극복해 본원의 상태로 부단히 되돌리는 실천적 방법을 선호하고 있다. 이는 그의 경학이 행도(行道)의 측면에 중점을 두었다는 반증이기도 하다.

이러한 조식의 학문에 대해 문인 정인홍(鄭仁弘)은 "'군자는 중용(中庸)에 의지하여 세상에 숨어 알려지지 않더라도 후회하지 않는다.'라고 하는 말은 오직 선생이 거기에 가까울 것이다."[63]라고 하였다.

62 金宇顒, 『東岡集』 권17, 「南冥先生言行錄」. "宇顒嘗請敎, 先生寫雷天二字與之, 蓋大壯之義"

63 鄭仁弘, 『來庵集』 권13, 「南冥曺先生神道碑銘并序」. "君子依乎中庸 遯世不見是而不悔 惟先生庶幾焉"

Ⅳ. 맺음말

이 글은 조선전기 경학사 속에서 이황과 조식의 경학적 지향과 특징을 비교해 고찰한 것으로, 위의 논의를 통해 결론을 도출하면 다음과 같다.

조선전기 경서해석은 사서오경대전본을 텍스트로 하였는데, 세종 때 구결(口訣) 사업을 추진했지만 완성을 보지 못했고, 세조 만년에 이르러서야 구결이 완성되었다. 그 뒤 구결을 바탕으로 난해한 구절을 언해(諺解)하거나 한문으로 해설(解說)하는 석의(釋義)가 이루어졌다. 이황은 여러 종류의 석의를 접하고서 혼란을 초래할 것을 염려하여 여러 설을 모아 정설(定說)을 확정하고자 사서삼경석의를 만들었다. 요컨대 구결-석의-언해로 진행된 조선전기 경서해석의 흐름 속에서 그의 사서삼경석의는 석의를 집대성했다는 점에서 그 의미가 크다.

조선전기 경학연구는 권근이 단초를 열었는데 사서·오경을 모두 중시하였다. 권근 이후 1백 년 동안 경학연구가 일어나지 않다가, 이언적·이황·조식에 이르러 새로운 전기를 마련하였다. 이언적은 독자적으로 의리를 발명하여 『대학장구』 개정설을 제기하였고, 이황은 사서삼경석의를 집성하여 주자의 설에 준거해 해석하는 정안(正案)을 만들었고, 조식은 사서(四書)와 이경(二經)을 융합하여 심성수양을 위주로 한 통합적 해석을 지향하였다.

이황과 조식은 성현의 도를 구하고자 한 측면에서, 또 사서와 성리서를 탐독한 성리학자라는 점에서 동질성이 확인된다. 그러나 성장배경, 시대인식, 처세방식, 과거 및 벼슬, 학문성향 등에서는 서로 다른 개성이 드러난다.

이황은 43세 때 『주자대전』을 접하고서 주자의 사서집주와 『주자대전』에 전적으로 의거한 반면, 조식은 『주자대전』을 보지 못하여 정주학에 의거하면서도 『성리대전』 등을 통해 성리학을 폭넓게 수용하였다.

학문적 지향과 방법으로는, 이황이 진지(眞知)·실천(實踐)을 위주로 한 반면 조식은 자득(自得)을 통한 치용(致用)·실천(實踐)을 급무로 하였다. 또한 이황은 제가(諸家)의 설을 분석해 의리를 정밀히 드러내는 방법을 택한 반면, 조식은 강론·변석을 지양하고 용맹하게 실천해 나가는 방법을 택하였다.

주자 경학의 특징은 사서집주에 있으며, 특히 『대학』·『중용』의 해석에 있다. 『대학』은 지식인이 추구해야 할 지(知)·행(行)·추행(推行)이 다 들어 있어서 주자가 강령으로 삼은 경서이다.

이황은 이러한 주자의 설을 수용하여 사서를 중시하였는데 그중에서도 특히 『대학』을 수신입덕(修身入德)의 학자사(學者事), 존심출치(存心出治)의 근본이 되는 책으로 보아 다른 경서보다 더 중시하였다. 또한 그는 경서를 해석하면서 본지를 정밀하게 이해하는 것을 위주로 하여 변별적이고 분석적인 해석을 추구하였다. 이는 명도(明道)에 중점을 둔 경학적 지향이다.

조식도 사서를 중시하고 사서 가운데서도 『대학』과 『중용』을 더 중시하였다. 다만 그는 오경 가운데 심성수양에 유익한 언급이 많은 『주역』과 『서경』을 아울러 중시하여 통합적 관점을 견지하였다. 조식은 경서를 해석하면서 이황처럼 장구를 정밀히 분석하는 방법을 택하지 않고 대지(大旨)를 꿰뚫어보는 자득에 초점을 두었고, 이를 통해 치용(致用)과 실천에 역점을 두었다. 이는 행도(行道)에 중점을 둔 경학적 지향이다.

이황의 경학적 특징은 「성학십도(聖學十圖)」에 잘 나타나는데, 「제3소학도」와 「제4대학도」를 중심에 두고 있다. 즉 『소학』과 『대학』을 불가분의 관계로 보아 성시성종(成始成終)으로 파악하였다. 또 그는 『소학』은 집터에, 『대학』은 그 위에 지은 큰 집에 비유하였고, 여타 경서는 그 집을 수식하고 장식하는 것으로 보았다. 주자는 『대학』을 수기치인(修己治人)의 도로 파악한 반면, 이황은 존심출치(存心出治)의 근본으로 파악하여 정치적 성격보다는 수신의 성격이 강한 책으로 보았다.

또 그는 『대학』을 해석하면서 추행(推行)에 해당하는 제도문장(制度文章)보다는 지(知)·행(行)에 해당하는 존심출치(存心出治)에 중점을 두었다. 그런데 그의 경학이 주자학에 근거하고 있기 때문에 주자의 선지후행설에 입각해 보면 행도(行道)보다 지도(知道)를 더 우선시한 것이라 할 수 있다.

조식의 경학은 『대학』의 지(知)·행(行)·추행(推行)의 논리로 볼 때, 행(行)에 중점을 둔 것이 특징이다. 조식은 행(行)에 중점을 두어 심성을 수양해 도덕적 주체를 확립하는 것을 목표로 하였기 때문에 이론보다는 실천을, 분석보다는 요약을 강조하였다. 그리하여 궁리도 격물치지(格物致知)보다 의리강명(義理講明)을 강조했고, 인도(人道)를 닦아 천도(天道)에 합하는 『중용』의 성(誠)을 추구하였다.

조식의 경학적 특징은 『학기류편』에 실린 「성도(誠圖)」·「역서학용어맹일도도(易書學庸語孟一道圖)」 및 문집의 「무진봉사(戊辰封事)」에 들어 있다. 「무진봉사」는 『중용』의 명선(明善)·성신(誠身)에 논리적 근거를 둔 글로, 이황의 「성학십도」와 경학적 논거의 차이가 발견되는 부분이다. 「성도」는 『중용』의 대지인 성(誠)에 초점을 맞추고 『대학』·『주역』 등의 관련 문구를 뽑아 그린 그림으로 진실무망(眞實無妄)의 성(誠)을 추구하는 심성수양을 말한 것이다. 「역서학용어맹일도도」는 이 성(誠)을 얻기 위해 『서경』·『주역』·사서에서 관련 문구를 뽑아 그린 그림이다. 이렇게 보면, 조식의 경학적 특징은 『중용』의 성(誠)을 추구하는 데 그 핵심이 있다고 하겠다.

이황의 경학은 「성학십도」에 보이듯 『소학』과 『대학』을 중심에 두고 있으며, 추행(推行)보다 지(知)·행(行)에 중점을 둔 것이 특징이다. 반면 조식의 경학은 「성도」·「역서학용어맹일도도」에 보이듯 인도(人道)를 닦아 천도(天道)인 성(誠)에 합하는 것을 근간으로 하고 있다. 이황의 경학은 지도(知道)·행도(行道)의 측면을 겸하고 있지만, 조식의 경학은 행도(行道)의 측면만을 중시하고 있다.

또한 이황의 경학은 『소학』과 『대학』을 소의경서(所依經書)로 하고 있는 반면, 조식의 경학은 『중용』을 소의경서로 하면서 사서·『주역』·『서경』을 통합하는 관점을 보이고 있다. 이런 점이 바로 두 학자의 경학적 차이점이라 하겠다.

이 글은 『국학연구』 제25집(한국국학진흥원, 2014)에 실린 「조선전기 경서해석과 이황의 경학 – 曺植의 경학과 비교를 통하여」를 수정 보완한 것이다.

제7장

조선후기 영남의 경학연구와 소통의 모색

Ⅰ. 문제의 제기

조선후기 실학자 이익(李瀷)은 다음과 같이 말하였다.

> 중세 이후에 퇴계가 소백산 밑에서 태어났고, 남명이 두류산 동쪽에서 태어났는데 모두 영남 지역이다. 북도는 인(仁)을 숭상하고 남도는 의(義)를 주로 하였다. 그리하여 유교의 교화와 기절을 숭상함이 바다처럼 넓고 산처럼 우뚝하게 되었다. 우리나라의 문명이 여기에서 절정에 달하였다.[1]

이익은 왜 이들에 의해 문명이 절정에 달했다고 했을까? 이들은 사화기에 출사(出仕)보다는 퇴처(退處)를 택해 학문에 전념함으로써 학술과

1 李瀷, 『星湖僿說』 권1, 天地門, 「東方人文」. "退溪生於小白之下 南冥生於頭流之東 皆嶺南之地 上道尙仁 下道主義 儒化氣節 如海闊山高 於是乎 文明之極矣"

도덕을 크게 성취하여 온 국민의 추중을 받았다. 그들의 문하에는 각기 3백 명 이상의 학자들이 급문(及門)하였고, 그 문하생들은 자기 고향에서 유학을 장려하며 가르침을 전파하였다. 이로 인해 영남은 일시에 문명화되었다.

이익의 말에서, 우리는 또 다른 사실을 발견할 수 있다. 이황과 조식은 소백산·지리산 밑에서 학문을 연마하고 강학함으로써 지방학을 크게 진작시켰다는 점이다. 이는 우리 역사상 특히 주목해 볼 만한 일이다. 이들에 의해 학문의 지방화 시대를 열었던 것이다.

이후 영남은 퇴계학파·남명학파의 양대 산맥이 형성되어 17세기 초까지 전국의 학문을 선도하였다. 그런데 인조반정 이후 남명학파는 급격히 몰락했고, 퇴계학파도 서인과의 당쟁에 휘말림으로써 전체적으로 학문이 침체되었다. 그 중에서도 남명학파의 근거지인 경상우도 지역이 극심하여 한 동안 학문이 적막하였다. 퇴계학파의 근거지인 좌도 지역은 명맥을 유지하였으나, 예전만 못하여 한 나라의 학문을 주도하지 못하였다.

반면 기호학파에서는 16세기 말 김장생(金長生, 1548-1631)으로부터 새로운 발전을 모색하였고[2], 17세기 후반에는 정치적 이념을 더욱 강화하는 차원에서 주자학 연구에 박차를 가하였다. 그리하여 송시열(宋時烈)을 거쳐 18세기 한원진(韓元震)에 이르면, 주자설의 동이득실을 검토한 『주자언론동이고(朱子言論同異攷)』와 주자의 중설(衆說)이나 대전본(大全本) 소주(小註)의 설을 분변(分辨)하고 장구(章句)와 집주(集註)를 근간으로 하여 해석한 『경의기문록(經義記聞錄)』이 편찬된다.

2 金長生은 李珥의 高弟로서 예학에만 치중한 것이 아니라, 경학에도 전념하였다. 그는 이이를 통해 大全本 小註의 同異에 대해 분변해야 할 필요성을 전해 들었고, 그런 실제적인 연구성과가 바로 『經書辨疑』이다.

이러한 기호학파의 변화된 인식에 비하면, 영남의 퇴계학파는 발전을 꾀하지 못하고 있었다. 이들은 이황의 설을 묵수(墨守)하기만 할 뿐 더 이상의 발전을 모색하지 못하여, 정체의 늪에 빠져들었다.

영남 학계가 이런 반면, 17세기 근기 남인계 학자들은 서인계의 주자학적 세계관의 강화에 맞서 육경(六經)의 고학(古學)을 통한 새로운 돌파구를 찾고 있었다. 그리하여 남인계 내부에서의 학문적 주도권도 영남 퇴계학파가 아니라, 근기 남인계 학자들에게 넘어가 있었다.

본고는 이러한 조선후기 영남의 학술동향 가운데 특히 경학에 초점을 맞추어 연구동향을 살펴보되, 소통적 시각을 모색하고 그런 담론을 전개한 변화양상을 고찰하는 데 목적을 둔다.

Ⅱ. 조선후기 영남의 경학연구 동향

16세기 조선의 학문은 영남학파가 주도했다. 그리고 그 중심에는 영남 학문의 양대 산맥으로 일컬어지는 이황과 조식이 있다. 이들에 의해 영남의 학술은 전국의 학문을 선도하는 지위에 있었다. 한양에 살던 최영경(崔永慶) 형제가 진주로 이주하여 조식의 문하에 급문한 것은 학문의 지방 중심화를 단적으로 말해준다. 또한 이이(李珥)·정유일(鄭惟一) 등이 이황을 찾아가 학문을 질정한 것도 그러한 점을 잘 보여준다.

이런 분위기는 이황·조식의 문인들대까지 그대로 이어졌으나, 광해군대에 이르러 퇴계학파가 정치적으로 밀리고, 또 인조반정으로 남명학파가 몰락한 이후로는 상황이 급변했다. 그 이유는 조식 이후 실천궁행의 수양론이 팽배했기 때문에 이론적 탐구가 소홀해질 수밖에 없었고, 17세기 퇴계학파 학자들이 경학연구에 별다른 관심을 기울이지 않았기 때문이다. 이황의 문인 이덕홍(李德弘)·조호익(曺好益) 등에게서 경설(經說)이 나타난 뒤로[3], 오랫동안 경학연구업적이 나타나지 않는다.

조선후기 퇴계학파에서 경학연구가 나타나는 것은 18세기 초에 활동한 권구(權榘, 1672-1749)에 이르러서이다. 그는 「대학취정록(大學就正錄)」·「중용취정록(中庸就正錄)」·「독역쇄의(讀易瑣義)」 등의 성과물을 생산하였다. 그는 퇴계학파의 이현일(李玄逸)에게 수학하였다.

17세기 후반 봉화(奉化)의 안동 권씨 문중은 근기 남인인 허목(許穆)의 영향을 일정하게 받아 이현일의 학풍과는 약간 다른 성향을 보인다. 예컨대 권만(權萬)이 이상정(李象靖)과의 논쟁에서 육경의 중시를 주장한 것이 그 좋은 증거이다.[4] 그런데 이러한 경향이 권구의 「대학취정록병도(大學就正錄幷圖)」에서도 나타난다. 그가 『대학』의 요지를 도표화한 것은 이황의 「대학도(大學圖)」와 상당히 다르다.[5] 이 한 가지 사실만으로도 권구의 경학은 퇴계의 설만을 따르지 않고 새로운 변화를 모색한 것을 알 수 있다.

그런데 18세기 초 권구에 의해 경학연구 성과물이 나오긴 하였으나, 이는 근기 남인계의 영향을 일정하게 받은 것으로 여겨진다. 따라서 퇴계학파 내부에서는 18세기 초까지 경학연구가 거의 없다고 해도 과언이 아니다.

---

3 李德弘은 「大學八條目辨」·「絜矩辨」·大學質疑」·「中庸質疑」·「論語質疑」·「孟子質疑」 등을 지었고, 曺好益은 『大學童子問答』·『易象說』·『周易釋解』·「中庸章圖」·「論語章圖」 등을 저술하였다.

4 金泳(1986), 참조.

5 姜志沃(2007), 21~28면 참조.

그러다 18세기 중반으로 접어들면, 권구·이상정의 문인들에게서 경학연구 성과물이 나온다. 권구의 문인으로 경학연구 성과를 남긴 사람은 권명우(權明佑, 1722-1795)와 권병(權炳, 1723-1772)이다.

권명우는 권구의 손자로 가학을 이어받았는데, 특히 『주역』에 조예가 깊었다. 그는 「독대학차기(讀大學箚記)」·「율곡서기의(栗谷書記疑)」 등을 남겼다. 권병은 권구에게 배우고 이상정을 종유하였는데, 「대학의의변(大學疑義辨)」·「격치전변(格致傳辨)」·「대학전십장호운봉분절변(大學傳十章胡雲峯分節辨)」 등 여러 편의 경설을 남겼다.

이들의 경학은 근본적으로 주자와 이황의 설을 추종하는 관점이지만, 권구의 경우처럼 근기 남인계의 영향을 일정하게 받았을 것으로 추정된다. 권구·권명우·권병의 경학도 조선후기 영남 경학연구의 한 축을 형성하는 나름의 성향과 의미가 있다. 또한 소통의 모색이라는 차원에서도 탐구해 볼 가치가 충분하다.

다만 이들의 경학연구가 영남에서 주류를 형성하지 못했기 때문에 본고에서는 논의의 번다함을 피하기 위해 이에 관한 논의는 별도로 하고, 이상정과 그 이후의 동향에 초점을 맞추어 논하기로 한다.

이상정의 문인으로 흔히 '호문삼로(湖門三老)'를 일컫는데, 이종수(李宗洙, 1722-1797), 유장원(柳長源, 1724-1796), 김종덕(金宗德, 1724-1797)을 가리킨다. 이 세 사람 중에 경학가로서는 유장원이 단연 특출하다. 유장원은 『사서찬주증보(四書纂註增補)』를 저술하였는데, 이는 대전본 사서집주를 보완하기 위해 주자의 저술에서 관련된 설을 뽑아 보충하고 후대 학자들의 설을 소주에 첨입한 것이다.

이상정 문하에서 경학가로 또 주목해 볼 만한 인물이 배상열(裵相說, 1759-1789)이다. 배상열은 『사서찬요(四書纂要)』를 저술하였는데, 이는 제가의 설을 인용하고 우리나라 선유의 설을 광범위하게 채집한 주석서이다.

이상에서 우리는 중요한 사실을 발견할 수 있다. 안동 권씨의 가학을 제외하면, 영남의 경학연구는 18세기 후반 이상정의 문하생들에게서 비로소 나오기 시작한다는 점이다. 왜 이상정의 문인 유장원·배상열 등에 이르러 성과물이 비로소 나오게 된 것일까? 필자는 이들의 스승 이상정이 있었기 때문이라 생각한다.

이상정은 퇴계학파를 중흥시킨 인물이다. 그는 퇴계학파의 성리설이 분개간(分開看)에 치우치고, 기호학파 성리설이 혼륜간(渾淪看)에 치우친 것을 직시하고서, 이를 통합적 관점으로 보는 통간(通看)의 방법을 제시하였는데 회통적(會通的) 성격을 갖는다.[6] 이는 당대 학문방법에 대한 반성에 의한 것으로, 영남의 학풍을 회통할 수 있도록 하는 데 결정적 계기를 마련해 주었다.

이런 통간의 시각은 이상정의 문인 정종로(鄭宗魯, 1738-1816)에 의해 더욱 확산되었다. 그의 문하에서 윤동야(尹東野)·박경가(朴慶家)·최상룡(崔象龍)·최효술(崔孝述) 등 19세기 전반 영남의 경학을 크게 일으킨 학자들이 나온 것을 주목해 볼 필요가 있다. 약 2백 동안 경학연구업적이 거의 나오지 않다가, 이들에 의해 성과물이 다량 생산되었다는 것은 무엇을 의미하겠는가? 바로 이상정의 통간적 방법론이 경학으로까지 확대된 것을 말한다.

그런데 여기서 한 가지 주목해 볼 만한 사안이 있다. 이상정의 문인 유장원의 『사서찬주증보(四書纂註增補)』와 배상열의 『사서찬요(四書纂

6 全丙哲(2007), 1~166면 참조.

要)』의 해석성향을 살펴보면 확연히 다른 점을 발견할 수 있다.

우선 유장원의 『사서찬주증보』를 살펴보기로 한다. 이 책은 사서찬주(四書纂註)[7]에 수록되지 않은 선유의 제설 가운데 정주(程朱)의 설을 위주로 하였는데, 특히 『논맹정의(論孟精義)』·『중용집략(中庸輯略)』·『주자대전(朱子大全)』·『사서혹문(四書或問)』·『주자어류(朱子語類)』 5종은 정항(正行)으로 쓰고 나머지는 쌍주(雙註)로 처리했으며, 사서찬주의 오류에 대해서는 1편의 고의(攷疑)를 만들어 뒤에 붙였다.[8] 그는 『사서찬주증보』를 만든 목적에 대해 다음과 같이 말하였다.

> 선유들이 경전을 해석한 문자가 산견되고 여기저기서 나와 두루 살펴보기가 쉽지 않다. 영락연간(永樂年間)의 제유(諸儒)들이 여러 설을 모아 찬주(纂註)-지금의 대전본 소주-를 만들었으나, 미언대론(微言大論)이 다 실리지 못한 점이 있다. 이제 제설을 모두 채록하여 참고하도록 하였다. 이는 찬주보다 많기를 구한 것이 아니라, 사적으로 살펴보는 데 편리하게 한 것이다.[9]

이를 보면, 유장원이 『사서찬주증보』를 편찬한 목적은 두 가지로 요약된다. 하나는 대전본에 수록되지 않은 주자의 여러 설 가운데서 더 취해 보충하려는 것이고, 하나는 대전본 소주에 실리지 못한 후대 학자

7 四書纂註는 책명이 아니라, 명초 영락연간에 胡廣 등이 편찬한 大全本을 말한다.

8 柳長源의 『四書纂註增補』 凡例. "一 先儒訓說 已見於纂註者 不收 一 收入諸說 並據所出本載記錄主名 其未知者 則闕之 一 是書以程朱說爲主 故惟精義輯略大全或問語類五書書之正行 餘皆雙註 …… 一 纂註譌謬 別有攷疑一篇 以附于後"

9 柳長源, 『四書纂註增補』 凡例. "先儒解經文字 散見雜出 未易遍觀 永樂諸儒 固已裒禾+卒爲纂註-則今小註- 然微言大論 猶有未盡載者 今悉採摭 以備參攷 非敢求多于纂註 聊以私便考閱云爾"

들의 설을 폭넓게 취하려 한 것이다.

이러한 해석태도는 그간의 대전본만을 텍스트로 하던 관점에서 시야를 넓힌 것이라 할 수 있다. 즉 『논맹정의』·『중용집략』·『주자대전』·『사서혹문』 등 주자의 저술을 통해 주자의 여러 설을 더 폭넓게 참고하고, 『주자어류』를 통해 주자 후대 제유들의 설을 폭넓게 수용하는 쪽으로 지향[10]한 것을 알 수 있다. 따라서 『사서찬주증보』의 편찬 의의는 대전본을 텍스트로 하는 고정된 관점에서 벗어나 시야를 넓혔다는 데에 있다.

그런데 배상열의 『사서찬요』는 이러한 유장원의 해석태도와는 방향을 달리 한다. 그는 『사서찬요』를 찬술하면서 인용한 서목(書目)을 적어 놓았는데, 이를 정리하면 다음과 같다.

> 朱子大全, 朱子語類, 朱子語錄, 四書或問, 論孟精義, 性理字義(北溪陳氏), 性理大全, 性理羣書, 大學衍義(西山眞氏), 庸學指南, 通考(附纂), 四書纂疏, 四書通(五峯胡氏), 四書輯釋, 傳習錄(王守仁), 困勉錄(陸隴其), 讀書錄(薛瑄), 退溪先生言行錄, 四書釋義, 四書蒙引(蔡淸), 四書存疑(林希元), 四書淺說, 四書達說, 四書紆說, 汪份輔註, 近比堂莊板(李楨), 三魚堂莊板(陸稼書), 入學圖說(權陽村), 大學補遺(李晦齋), 易學圖說(張旅軒), 退溪先生文集, 栗谷先生文集, 賁趾先生文集(南致利), 栢巖先生文集(金玏), 兩賢淵源錄(鄭新堂, 朴松堂), 敬堂先生文集(張興孝), 存齋先生文集(李徽逸), 湖上遺事, 小註考疑, 心經釋義(尤庵), 近思錄釋義(尤庵), 記夢錄(仙源), 廬江記聞錄.[11]

10 柳長源의 『四書纂註增補』에는 『주자어류』에 기록된 사람들의 성명이 기록되어 있는데, 무려 93명이나 발췌해 놓고 있다. 이를 보면 대전본 소주의 확장이라는 의미가 있다.

11 裵相說, 『四書纂要』(한국경학자료집성 5) 「引用先儒姓氏書目」.

배상열이 인용한 서목은 모두 43종이다. 이를 대별해 보면, 장구와 집주 외에 있는 주자의 설, 성리학 관련 서적, 송·원·명대 중국학자들의 설, 우리나라 선유의 설로 분류할 수 있다. 그 가운데는 『논맹정의』·『주자대전』·『사서혹문』·『주자어류』 등을 폭넓게 참고하면서도 더 나아가 『성리대전』·『성리자의』 등 성리학 서적은 물론 『사서찬소(四書纂疏)』·『사서통(四書通)』·『사서집석(四書輯釋)』 등 송·원대 학자들의 설 및 설선(薛瑄)·채청(蔡淸)·왕수인(王守仁)·임희원(林希元)·육롱기(陸隴其) 등 명·청대 학자들의 설까지도 포함되어 있다. 게다가 우리나라 선유들의 설도 다수 참조하고 있다.

이를 보면 배상열의 해석태도는 유장원보다 훨씬 더 외연을 넓힌 것을 알 수 있다. 특히 대전본 이후에 나온 명·청대 학자들의 설까지도 널리 채취하여 참조하였고, 나아가 우리나라 선유들의 설도 광범위하게 취한 것이 특징이다.

그런데 유장원의 문인 유건휴(柳健休, 1768-1834)에 이르면 또 다른 변화가 나타난다. 유건휴는 『동유사서해집평(東儒四書解集評)』를 편찬하였는데, 이 책은 제목에서 드러나듯 우리나라 선유들의 설을 광범위하게 채집해 놓은 것이다. 이 책의 인용서목을 정리하면 다음과 같다.

陽村集(權近), 晦齋集(李彦迪), 退溪集(李滉), 月川集(趙穆), 高峯集(奇大升), 牛溪集(成渾), 栗谷集(李珥), 鶴峯集(金誠一), 東岡集(金宇顒), 西厓集(柳成龍), 艮齋集(李德弘), 寒岡集(鄭逑), 愚伏集(鄭經世), 沙溪集(金長生), 敬堂集(張興孝), 靜觀齋集(李端相), 久庵集(韓百謙), 眉叟記言(許穆), 存齋集(李徽逸), 南溪集(朴世采), 尤庵集(宋時烈), 葛庵集(李玄逸), 明齋集(尹拯), 愚潭集(丁時翰), 密庵集(李栽), 農巖集(金昌協), 屛谷集(權榘), 淸臺集(權相一), 壎篪集(鄭萬陽,鄭葵陽), 霽山集(金聖鐸), 九思堂集(金樂行), 大山集(李象靖), 陶庵集(李縡), 櫟泉集(宋明欽), 南塘集(韓元震), 蘆厓集(柳道源), 蘭谷集(金江漢), 川沙集(金宗德), 后山集(李宗洙), 損齋集(南漢朝), 東巖集(柳長源), 晩谷集(趙述道), 壺谷集(柳範休), 約齋集(權炳), 槐潭集(裵相說), 桐湖集(李世弼), 竹陰集, 拙齋集, 寒坪集(柳晦文), 釋疑(溪門諸子所錄), 退溪先生言行錄, 朱書刊補(李栽), 朱子言論同異攷(韓元震), 四書發微, 辨疑, 纂註增補(柳長源), 心經釋疑, 道南講錄(柳健休), 廬江講錄(李㙉), 指南, 花林講錄(柳健休), 金楺, 朴琮, 朴泰初, 金叔涵, 金直卿, 沈明仲, 鄭景田, 李箕疇, 金日章, 柳洛文, 李秉夏, 柳致明[12].

이를 보면, 경설을 남긴 조선 초의 권근(權近)으로부터 당대 유치명(柳致明)에 이르기까지 73종의 저술 및 설을 인용하고 있다. 그것도 학파를 구분하지 않고 오직 시대의 순으로 배열하여 당대까지 망라하고 있다.

전체적으로 보면 영남 퇴계학파의 설이 다수를 차지하고 있다. 그러나 자료를 구할 수 있는 지역적 한계를 감안한다면, 기호학파의 설도 폭넓게 취한 것을 알 수 있다. 이는 배상열이 우리나라 선유의 설을 10여 종만 인용한 것에 비하면, 대단히 확장된 태도를 보여준다.

그런데 유건휴의 해석태도를 거론하면 문제점이 발견된다. 즉 다양한 설을 폭넓게 취해 자신의 관점으로 취사선택하는 방식의 기술을 하고 있을 뿐, 각각의 설에 대해 품평을 하지 않고 있다는 점이다. 여러 설의 장점을 두루 취하려는 개방적 태도로 시각이 넓어지긴 하였으나, 아직 중설에 대한 본격적 비판은 나타나지 않고 있다.

유장원·배상열·유건휴로 내려오는 이러한 해석태도의 변화는 기실

12 柳健休, 『東儒四書解集評』(여강출판사, 1987), 「引用書目」.

이상정의 통간의 학문방법에 영향을 받았기 때문이다. 대전본을 텍스트로 하되 오로지 주자와 이황의 설만을 위주로 해석하던 방식에서 탈피하여 시야를 넓혀 주자의 여러 설을 참조하고, 후대 제유의 설을 취하며, 우리나라 선유의 설까지도 광범위하게 받아들이려는 사고로 전환된 것을 말한다. 이 세 학자의 해석태도는 그 폭이 점점 더 넓어졌음에도 불구하고, 그 설을 논변하며 독자적인 설을 제기하는 단계로까지는 나아가지 못하였다.

그런데 다음 세대 활동한 정종로의 문인 최상룡(崔象龍, 1786-1849)은 위 세 사람과 다른 해석태도를 보이고 있어 주목해 볼 만하다. 그는 유건휴처럼 우리나라 선유들의 설을 광범위하게 채집하지 않았고, 배상열처럼 중국학자들의 설을 폭넓게 수집하지 않았으며, 유장원처럼 주자의 여러 설을 두루 참고하지도 않았다. 그는 여러 설을 폭넓게 취하는 방식보다는 주요한 설을 택하는 쪽으로 방향을 잡았고, 그 다음에는 자신의 관점으로 그 설을 비평하며 논변하는 쪽으로 해석 방향을 정하였다.

그는 송시열(宋時烈)·이재(李縡)·한원진(韓元震) 등 기호학파 주요 학자들의 설을 적극적으로 수용했을 뿐만 아니라, 그들의 설에 대해 일일이 논변하며 자기주장을 제기하였다. 또한 영남 퇴계학파의 설에 대해서도 마찬가지 방식을 취하였다. 그러니까 유건휴가 기호학파의 설까지도 광범위하게 채집하여 참고하는 수준이었다면, 최상룡은 그들의 설에 대해 논변을 가하여 본격적인 품평을 하면서 독자적인 시각을 마련했다고 하겠다.

이런 점에서 최상룡의 경학연구는 조선후기 영남 경학연구의 정점에 도달한 느낌을 준다. 마치 기호학파에서 이이(李珥)로부터 비롯된 문제의식이 한원진에 이르러 집대성된 것과 비슷한 느낌을 준다.

최상룡 이후 영남의 경학연구는 이진상(李震相, 1818-1886)에 이르러 또 다른 변화가 나타나는데, 그것은 그의 심즉리설(心卽理說)과 관련한 심성론 논쟁으로 집중되어 나타난다. 예를 들면, 『대학』의 '명덕(明德)'과 '심(心)'의 문제를 깊이 천착하여 분석하는 경우처럼, 주로 심성론에 관한 변화된 인식을 통해 다양한 논쟁이 일어난다.

Ⅲ. 경학연구의 소통적 시각과 담론

1. 소통적 시각

17세기에 활동한 이현일(李玄逸)은 율곡학파에 맞서 이황의 설을 적극 옹호함으로써 성리설에 있어서 불상리(不相離)보다는 불상잡(不相雜)의 측면에서 분개간(分開看)에 치우치는 경향을 보인다.

이러한 인식은 그의 후학들에게도 그대로 이어졌다. 예컨대 이재(李栽)·권상일(權相一) 등도 이이의 이기혼륜무간설(理氣渾淪無間說)을 배척하며 이기불상잡(理氣不相雜)의 입장에서 이기분개(理氣分開)를 주장하였다.[13]

그런데 이상정(李象靖)에 이르면 새로운 변화가 나타난다. 그는 혼륜간과 분개간에 치우친 사고를 극복하고 통간(通看)을 주장하였다. 여기서는 이상정이 제기한 통간의 학문방법을 통해 상대적 관점을 극복하고 소통을 모색한 구체적인 내용을 살펴보기로 한다.

이상정은 이색(李穡)의 후예로 안동 출신이다. 그는 이재(李栽)의 외손

13 최영성(1995), 281~287면 참조.

으로서, 14세 때부터 외조부에게 수학하였다. 25세 때인 1735년(영조 11) 문과에 급제하여 이듬해 승문원 가주서에 임명되었으나, 곧바로 사직하고 귀향하였다. 그 뒤 여러 차례 벼슬이 내렸으나, 대부분 나가지 않고 학문에 전념하였다. 43세 때 연일현감(延日縣監)으로 부임하여 백성을 구휼하는 데 잠시 힘을 기울였을 뿐, 그 뒤로도 벼슬을 거듭 사양하였다.

이상정은 『소학』을 통한 인간다운 자세의 확립을 무엇보다 중시하여 "대개 『대학』 공부는 『소학』 위에서 행실을 드러내고 익힌 것을 살피는 것일 뿐이다. 『소학』 외에 별도로 이른바 『대학』이 있는 것이 아니다."[14] 라고 하였다.

이런 인식은 이황이 선조에게 『소학』의 강을 마치고 아뢴 말과 유사하다.[15] 이황은 『소학』과 『대학』의 공부를 그 어떤 경서보다 중시했는데, 공부에 있어서 『소학』은 처음을 이루는 것[成始]으로, 『대학』은 끝을 이루는 것[成終]으로 보았다. 그는 이 양자의 관계를 집을 짓는 데 비유하여, 『소학』은 터를 반듯하게 고르고 재목을 준비하는 것으로, 『대학』은 그 터에 천만 칸의 집을 짓는 것으로 보았다. 그는 또 이를 나무에 비유하여, 『소학』은 나무의 뿌리를 배양하는 것으로, 『대학』은 그 뿌리

14 李象靖, 『大山全書』(여강출판사, 1990) 제3책 『大山先生實紀』 권7, 「記聞-經說」. "蓋大學工夫 特於小學上面 行著習察 非是於小學之外 別有所謂大學也"

15 陶山書院, 『退溪學文獻全集』(계명한문학연구회) 제17책, 「退陶先生言行通錄」 권2, 「學問 第一」(92쪽) "小學今已畢講 以次第言之 則當先講小學而次大學 今反先講大學而次小學矣 然其工夫 則當通小學大學而爲一 故朱子大學或問 初面以小學爲大學之根本 而其通而爲一之工夫 則又以敬爲大本 小學雖釋之以小子之學 入大學後 亦不可舍此而專事大學也 故曰 聖學之所以成始成終 小學所以成始 大學所以成終也 以作室譬之 小學則如修正基址而備其材木也 大學則如大廈千萬間結構於基址也 修正基址 而不構於其室 則是無終也 欲構大廈千萬 而不修基址 則亦不能構矣 故爲聖學之始終矣 小學題辭亦曰 以培其根以達其支 小學所以培其根也 大學所以達其支也 是以小學大學爲聖學之始終"

로부터 가지에 도달하는 전 과정으로 보았다.

이황이 『소학』을 뿌리로 인식한 것이, 이상정에게서는 '『소학』 외에 별도로 『대학』이 있는 것이 아니다'라는 인식으로 나타나고 있다. 게다가 이상정은 전시대에 비해 학자들의 실천정신이 해이해졌다고 생각해, "『소학』은 오늘날 제일공부가 된다."[16]라고 하였다.

이상정은 이와 같이 『소학』을 기반으로 한 위에 사서공부(四書工夫)를 제시하였는데, "『대학』은 기둥을 세우고 칸[間架]을 정하는 것이며, 『논어』와 『맹자』는 그 칸을 채워 구성하는 것이고, 『중용』은 대들보[樑]를 올리는 것이다."[17]라고 하였다. 이황은 『대학』을 대하(大廈)의 공간[間架]으로 보고, 나머지 경서를 모두 그 칸을 채우는 내용물로 보았는데[18], 이상정도 그와 유사한 인식을 하고 있다. 다만 『중용』을 '들보를 올려 집을 완성하는 것'으로 본 것이 독특할 뿐이다.

이와 같은 점에서 그의 학문관은 종래 학자들의 생각과 다르지 않다. 그렇다면 그의 학문적 특성을 어디서 찾을 것인가? 우선 그의 독서법을 통해 학문적 특징의 실마리를 찾아보도록 하겠다.

이상정은 사서 가운데 『논어』가 성인의 말씀이므로 가장 읽기 어렵다고 보았다. 그것은 말이 비록 평이하고 명백하지만 본말이 갖추어지고 체용이 구비되어 고심(高深)하고 원대한 뜻이 들어 있기 때문이라고 하

16 李象靖, 『大山全書』(여강출판사, 1990) 제3책 『大山先生實紀』 권7, 「記聞-經說」. "小學爲今日第一工夫"

17 上同. "大學是立柱定間架 語孟是塡構他 中庸是上樑"

18 이황은 "大學則如大廈千萬間結構於基址也 …… 其他如語孟中庸及詩書諸書 皆當塡之於大學規模而爲之修粧"(陶山書院, 『退溪學文獻全集』 제17책, 「退陶先生言行通錄」 권2, 「學問 第一」)라고 하여, 『대학』을 제외한 다른 경서는 모두 『대학』의 규모를 채우는 내용물로 보았다.

였다.[19]

이 말은 독서할 적에 본과 말, 체와 용을 모두 살펴보아야 한다는 의미로 이해할 수 있다. 이러한 인식은 어느 한 쪽으로 치우친 견해를 갖지 않고 전체를 통일적 시각에 의해 보아야 한다는 객관성을 의미한다. 다음 인용문은 이런 독서법의 구체적 실례에 해당한다.

> 지금 독서법은 자자구구(字字句句)를 이해해야 한다. 『논어』「학이(學而)」 제1장을 예로 들면, '학(學)' 자를 궁구하여 그 뜻을 안 뒤에 다시 '습(習)' 자를 궁구하고, 그 뜻에 도달한 뒤에 다시 '열(說)' 자를 궁구해야 한다. 그리고 '학이시습지(學而時習之)' 한 구를 궁구하여 터득한 뒤에 다시 '불역열호(不亦說乎)' 한 구를 궁구해야 한다. 그런 뒤에 또 두 구를 합해 보고 관점이 투철해진 뒤에, 다시 아래 두 절도 제1절과 같은 방법으로 궁구해야 한다. 그리고 한 장을 통간(通看)해 모두 꿰뚫어 알아야 하니, 이것이 독서법이다.[20]

한 글자에 대한 이해로부터 시작하여 한 장을 통간하는 데까지 미치는 것이 이상정 독서법의 핵심이다. 여기서 주목되는 점이 '통간(通看)'이다. 각각의 개별성을 충분히 파악하고 나서 전체를 바라보는 통합의 시각을 제시한 것이다. 이러한 통간의 시각은 개별적인 관점에 집착해 사물을 바라보는 편견을 극복하게 해 준다. 그래서 사물을 바라볼 적에 상대적

19 李象靖, 『大山全書』 제3책 『大山先生實紀』 권7, 「記聞-經說」. "論語甚難讀 論語是聖人之言 若是句下義理 則甚明白平易 似無不曉 然聖人之言 本末兼該 體用俱全 語上而不遺下 語大而不遺小 平易明白之中 有高深遠大者 存焉 此所以難讀"

20 上同. "今讀法 且須字字句句理會 將學字窮究 到後 又將習字窮究 到後 又將說字窮究 更將學而時習一句窮究 畢後 又將不亦說乎一句窮究 又合二句看 看透後 又將下二節窮究如上節 又將一章 通看令透盡 此是讀書法"

관점을 갖게 된다.

그럼 이런 통간의 시각에 의해 그가 주장한 주요 설의 특징을 살펴보기로 한다. 먼저 사칠이기설(四七理氣說)에 대해 살펴보자. 이황과 기대승(奇大升)이 사단칠정에 대해 8년 동안 왕복 논쟁한 뒤로, 퇴계학파와 기호학파는 학문적으로 의견일치를 보지 못했다.

이상정은 그 이유를 퇴계학파는 분개간에 치우치고 율곡학파는 혼륜간에 치우쳤다고 보았다. 그래서 그는 이런 편견을 극복하는 방법으로 통간을 주장하였다. 이상정 성리설의 통간적 시각은 이황의 「성학십도」 제6도 「심통성정도(心統性情圖)」의 중도(中圖)를 혼륜(渾淪)으로, 하도(下圖)를 분개(分開)로 해석하는 데에서 비롯되었다.[21] 이런 이상정의 통간적 시각에 대해 채제공(蔡濟恭)은 다음과 같이 평하였다.

> 사단칠정에 대한 리발(理發)·기발(氣發)의 설에 대해 주자·퇴계의 정론(定論)이 있는데, 후대 담론하는 자들은 문득 이를 가지고 패를 나누었다. 공은 이에 대해 "리와 기가 불상리(不相離)하는 곳에 저절로 불상잡(不相雜)하는 점이 있어서 둘로 나눌 수 없고, 또 나누지 않을 수도 없다. 성현의 말씀에는 혼륜으로 말할 때도 있고, 분개로 말할 경우도 있다. 따라서 혼륜으로 말한 경우에는 혼륜이 되고, 분개로 말한 경우는 분개가 된다."고 하였다.[22]

'불상리(不相離)하는 곳에 저절로 불상잡(不相雜)하는 점이 있다'는 관

---

21 全丙哲(2007), 55~65면 참조.

22 李象靖, 『大山全書』 제3책, 『大山先生實紀』 권2, 蔡濟恭 撰 墓碣銘. "至若四七理發氣發之說 有朱退定論 而後來談者 便以是分朋 公以爲理與氣不相離處 自有不相雜者 不可分中 亦不可不分者 聖賢之言 有渾淪言時 亦有分開說處 渾淪處 作渾淪看 分開處 作分開看"

점이 바로 혼륜이나 분개 어느 한쪽으로 치우쳐서 보아서는 안 된다는 것이다. 그래서 이상정은 '둘로 나눌 수도 없고, 나누지 않을 수도 없다'고 하였다. 이는 이이일(二而一)이고 일이이(一而二)의 대대적(對待的) 관점이다. 이런 두 가지 관점에 균형을 유지할 때, 비로소 같은 점과 다른 점을 모두 분변할 수 있는 통간의 시각이 마련된다. 그렇지 않고 어느 한쪽으로 치중하면 혼륜간이나 분개간이 될 수밖에 없다.

다음은 리기동정(理氣動靜)을 논한 점에 나아가 살펴보기로 한다. 다음 시대 이진상(李震相)은 리기동정을 논하면서 다음과 같이 평하였다.

> 우리 영남의 선비들도 대부분 분개론을 치우치게 주장해 도리어 혼융의 본체를 해쳤다. 그러나 호상선생(湖上先生: 李象靖)만이 말씀하시기를 "'리(理)'라는 것은 동정(動靜)의 묘(妙)로써 주재(主宰)하는 것이고, '기(氣)'라는 것은 동정의 재구(材具)로써 자뢰(資賴)하는 것이다." 라고 하셨으니, 이 일단은 참으로 그 요령을 얻었다.[23]

이진상은 영남 퇴계학파의 성리설이 분개간에 치우친 불상잡(不相雜)의 측면만을 강조하다가 오히려 불상리(不相離)의 측면을 간과했다고 반성하였다. 그리고 그런 문제점을 인식해 새로운 시각을 열어준 분이 바로 이상정인데, 그의 학설 중에서 리주기자(理主氣資)에 특히 주목하고 있다. 이상정의 리주기자설(理主氣資說)의 핵심은 아래와 같은 글에 잘 나타나 있다.

---

23 李震相, 『寒洲集』(한국문집총간 제318책) 「理氣動靜考證後說 癸丑」. "吾黨之士 亦多偏主分開之論 反傷渾融之體 惟湖上先生立言曰 理也者 所主以動靜之妙也 氣也者 所資以動靜之具也 此一端眞得其要領"

① 대개 리(理)와 기(氣)는 본래 상수(相須)하여 동(動)하고, 상대(相待)하여 정(靜)한다. 동정이 서로 자뢰(資賴)하고 체용이 서로 따른다. 그러나 리는 동정의 묘(妙)로써 주재하는 것이고, 기는 동정의 재구(材具)로써 자뢰하는 것이다. 그러므로 리에 근거해 통합해 말하면 동정은 참으로 이 리가 유행하는 것이다. 그리고 합한 측면에 나아가 분석해 말하면 동하기도 하고 정하기도 하는 것은 음양의 기기(氣機)가 왕래하는 것이며, 그 위에 타고서 주장하며 발휘하는 묘용(妙用)은 태극(太極)이 하는 것이다.[24]

② 삼가 생각건대, 천지간에는 리기의 동정이 있을 뿐이다. 리란 동정의 묘(妙)로써 주재하는 것이고, 기란 동정의 재구(材具)로써 자뢰(資賴)하는 것이다. 그러므로 그 주재하는 바의 묘함에 근거해 말하면 능히 동하고 능히 정하는 것과 동정이 차서(次序)를 잃지 않는 것은 모두 이 리의 본연의 묘함이다. 그런데 그것이 자뢰하는 바로써 말하면 그 동(動)은 곧 양이 열린 것이고, 정(靜)은 곧 음이 닫힌 것이다. 이 둘은 모두 형이하인데, 리는 단지 그 위에 타고서 발휘하고 운용하는 묘를 주재할 뿐이다. 대개 '동정(動靜)' 두 자는 단지 사용한 글자일 뿐이다. 그러므로 그것이 가리키는 바를 따르면 모두 통용할 수 있지만, 그 분수를 궁구하면 참으로 기(氣) 한쪽으로 속한다. 그러나 기가 동정하는 소이(所以)는 실로 이 리가 주재하는 것이니, 또한 리에 동정이 있다고 해도 해롭지 않다.[25]

24 李象靖, 『大山集』(한국문집총간 제226책) 권6, 「答權淸臺相一 甲子」. "蓋理之與氣 本相須以爲動 相待以爲靜 動靜交資 體用相循 然理者 所主以動靜之妙也 氣者 所資以動靜之具也 故據理而統言 則動靜者 固此理之流行也 就其合而析言之 則其或動或靜者 卽陰陽氣機之往來 而乘載其上 主張發揮之妙 則太極之爲也"

25 李象靖, 『大山集』(한국문집총간 제227책) 권39, 「理氣動靜說」. "竊意 天地之間 只有理氣之動靜 理也者 所主以動靜之妙也 氣也者 所資以動靜之具也 故據其所主之妙而言 則其所以能動而能靜 與動靜之不失序者 皆此理本然之妙也 以其所資之勢而言 則其動者 卽陽之闢 靜者 卽陰之闔 二者 皆形而下者 而理特乘載其上 以主其發揮運用之妙耳 蓋動靜二字 只是使用底字 故隨其所指 皆可通用 然究其分 則固屬乎氣之一邊 而氣之所以動靜

①은 이상정이 권상일에게 답한 편지에 보이는 내용이고, ②는 이상정의 「리기동정설(理氣動靜說)」의 일부이다. 「이기동정설」은 리유동정(理有動靜)과 리무동정(理無動靜)의 논거를 주자의 말에서 찾은 다음, 그것을 통해 두 가지 관점을 정리한 것이다.

이 두 편의 글을 보면, 모두 리주기자(理主氣資)의 입장에서 리유동정(理有動靜)과 기유동정(氣有動靜)을 말하고 있다. 요컨대 동정을 기(氣)의 작용(作用)으로 볼 수도 있고, 리(理)의 유행(流行)으로 볼 수도 있다는 견해이다. 이는 불상잡(不相雜)의 관점에서 리유동정(理有動靜)과 리선기후(理先氣後)에 치우친 나머지 리동생기설(理動生氣說)[26]을 주장하며 기동(氣動)의 일변(一邊)을 말하지 않은 권상일의 분개간(分開看)을 극복하고자 하는 논리이다.

이상정의 이기동정설은 리·기가 동·정에 동시 관계함을 강조하여 리나 기의 일변에 치우치지 않고 '리는 동정의 묘(妙)로써 주재하고, 기는 동정의 재구(材具)로써 자뢰하는' 양면성을 모두 파악하였다는 데 의미가 있다.

이러한 이상정의 통간적 시각에 대해, 금장태(琴章泰)는 "그의 성리학과 수양론을 관통하고 있는 기본논리는 이분법적 상대구조 속에서 한쪽에 떨어져 집착하는 것을 탈피하고 양자를 포괄하는 통합의 논리이다. 그는 이 통합의 논리를 통하여, 혼륜(渾淪)과 분개(分開), 동(動)과 정(靜), 체(體)와 용(用)의 사이에 통일성과 분별성이 긴장을 유지하는 통합된 세계관을 제시하였던 것이다."라고 평하였다.[27]

者 實此理之所宰 則亦不害爲理有動靜也"

26 權相一, 『淸臺集』 권8, 「答李仲久守恒 別紙」. "老先生所謂理動則氣隨而生 及濂溪之太極動而生陽 是言理動而氣生"

한편 이상하(李相夏)는 "한국 성리학 주리론 발전상에서 대산(大山: 李象靖)은 갈암(葛庵: 李玄逸) 이후 분개간에 치우친 영남학파 성리설의 치우친 점을 바로잡았다."라고 하였으며[28], 전병철(全丙哲)은 "대산(大山)의 성리설이 가지는 사상사적 의의는 혼륜간과 분개간의 통합적 관점에 의해, 퇴계학파와 율곡학파의 성리설이 회통될 수 있는 토대를 마련한 것이라고 할 수 있다."라고 하였다.[29]

이러한 선행연구의 논평을 통해 볼 때, 이상정은 혼륜간과 분개간의 편견에서 벗어나 통간을 제시함으로써 경전해석에 있어서도 통간의 터전을 마련해 놓았다. 그리하여 위에서 살펴보았듯이, 그의 문인들이 주자의 여러 설을 취하고, 대전본 소주 이외 후대 학자들의 설을 취하고, 우리나라 선유들의 설을 취하여 광범위하게 경전해석에 참조하는 시각의 변화를 가져왔다. 이 점이 이상정의 통간에 의한 소통적 시각으로, 우리나라 경학사에서 특별히 주목해 보아야 할 부분인 것이다.

2. 소통적 담론

이상정의 통간적 시각에 의해 영남의 학자들은 여러 설을 광범위하게 취하여 해석하는 쪽으로 시야가 확대되었다. 그러나 본격적으로 각각의 설에 대해 품평을 하며 독자적인 설을 제시하지 못하고 있다는 한계가 있다. 그런데 정종로(鄭宗魯)의 문인 최상룡(崔象龍)은 이런 한계를 극복한 인물로 특별히 주목된다. 여기서는 그의 경전해석을 통해 그 구체적

27 琴章泰(1997), 261면 참조.

28 李相夏(2006), 271면 참조.

29 全丙哲(2007), 166면 참조.

모습을 살펴보기로 하겠다.

최상룡은 아직까지 학계에 전혀 보고되지 않은 인물이다. 그의 자는 덕용(德容), 호는 봉촌(鳳村), 본관은 경주(慶州)이다. 그는 대구 팔공산 자락의 '옻골[漆溪] 최씨'로, 경주 최씨 광정공파(匡靖公派) 파조 최단(崔鄲)의 후손이다.

최상룡은 대구에서 출생하여 최화진(崔華鎭)·정종로 등에게 배우고, 기호학파 홍직필(洪直弼, 1776-1852)에게도 학문을 질정하였으며, 스승을 통해 이상정의 통간의 시각을 적극 수용하였다. 그는 사경사서론(四經四書論)을 전개해 독특한 경학관을 전개하였으며, 『사서변의(四書辨疑)』 등의 경학연구 업적을 남겼다.

최상룡의 경전해석 성향을 온전히 알기 위해서는, 그가 남긴 『사서변의』를 모두 분석해 특징을 도출하는 것이 마땅하지만, 본고에서는 그중에 대표적인 『대학』 해석만을 통해 그 성향을 살펴보려 한다. 그것은 『논어변의』·『맹자변의』·『중용변의』는 편지로 질의응답한 것인 반면, 『대학변의』는 스승과 직접 면대하여 질의한 것이기 때문에 본인의 견해가 많이 들어 있어[30], 그의 경전해석 태도를 살피는 데는 보다 유효하기 때문이다.

최상룡의 『대학변의(大學辨疑)』는 『대학장구대전』을 텍스트로 하여 재해석한 것으로, 『대학장구대전』의 차례를 그대로 따르고 있다. 그는 『대학』이 학문의 본원이므로 그 해석에 있어 의리가 무궁하기 때문에 선유가 발명한 설을 바탕으로 분변하고 논증하면서 자신의 견해를 드러내는 방식을 취하고 있다.[31] 따라서 그가 거론한 조항을 모두 정리해 분석

30 崔象龍, 『鳳村集』 권11, 雜著, 「大學辨疑」. "論孟庸三書 皆以書問目 而此篇面稟質于函席 故不佞箚錄之言多 先師答問之訓少"

31 上同. "且此篇爲學問之本原 而義理無窮 故雜引先儒之說以證之"

하면 그 해석성향이 드러날 것이다. 이런 관점으로 「대학변의」 말미에 붙어 있는 「부대학보유변의(附大學補遺辨疑)」를 제외하고[32], 나머지 『대학장구대전』을 텍스트로 것을 분석해 논의를 전개하고자 한다.

최상룡이 『대학장구대전』을 텍스트로 해석한 항목을 도표로 제시하면 다음과 같다.

편차		항목	논의 대상							품평한 설					자기설
			經文	傳文	序文	章句	或問	小註	先儒	或問	小註	或說	畿湖	嶺南	
필자서언		2													2
大學章句序		27			21			7			7		12	8	9
篇題		1				1								1	
經文		26	5			10	1	8	2		4		13	9	8
傳文	전1장	3		3							2	1	1	1	2
	전2장	5		3		2					1	1	3	1	4
	전3장	16		9		5		2		1	4	2	4	2	7
	전4장	2		2									2		2
	전5장	7		5		2					1		2	1	3
	전6장	11		9		2					5	1	5		8
	전7장	10		3		6			1		6	1	6	4	5
	전8장	6		5				1			2	2	4	2	1
	전9장	13		8		2		3	2	1	7	1	4	2	8
	전10장	27		19		7		1		1	4	4	2	3	23
계		156	5	66	21	37	1	22	5	3	40	13	58	34	78

32 「부대학보유변의(附大學補遺辨疑)」는 李彦迪의 『大學章句補遺』에 대해 辨疑한 것이므로 『대학장구대전』에 대한 해석성향을 살피는 데 불필요하여 제외한 것이다.

이를 대전본 편차대로 나누면, 필자 서언 2조, 「대학장구서(大學章句序)」 27조, 편제(篇題) 1조, 경일장(經一章) 26조, 전(傳) 제1장 3조, 전 제2장 5조, 전 제3장 16조, 전 제4장 2조, 전 제5장 7조, 전 제6장 11조, 전 제7장 10조, 전 제8장 6조, 전 제9장 13조, 전 제10장 27조로 총 156조이다.

다시 이를 논의대상에 따라 분류해 보면, 경문(經文)과 전문(傳文)을 논의대상으로 한 것은 71조, 주자의 서문(序文)과 주자의 주를 논의대상으로 한 것이 58조, 『대학혹문』의 설을 논의대상으로 한 것이 1조, 대전본 소주(小註)의 설을 논의대상으로 한 것이 22조, 우리나라 선유(先儒)의 설을 논의대상으로 한 것이 5조, 자기의 견해만을 피력한 것이 2조이다.

이러한 분류는 논의대상을 위주로 한 것이기 때문에 이를 통해 해석성향을 가늠할 수는 없다. 다만 소주를 논의대상으로 한 것이 22조나 되는데, 이는 최상룡의 해석에 있어 소주분변(小註分辨)이 한 항목을 차지하고 있음을 보여준다. 따라서 그의 경전해석태도의 하나로 소주분변에 대해 살펴볼 필요가 있다.

논의대상을 위주로 하지 않고, 실제비평 속에서 소주나 선유의 설에 대한 논변 및 자기의 설을 개진한 것 등에 초점을 맞춰 살펴보면, 저자의 해석성향이 선명히 드러난다. 예컨대 소주를 논의대상으로 한 것은 22조지만, 실제비평 속에서 소주의 설을 논변한 것은 40조나 된다. 또한 선유의 설에 대한 논변은 92조나 된다. 이를 분석해 보면, 소주분변과 우리나라 선유의 설에 대한 논변의 성향이 드러날 것이며, 결국 이를 통해 그의 경전해석의 특징이 드러날 것이다.

또한 156조 속에는 78조의 자기의 설을 개진한 것이 있다. 그 안에는 주자의 설에 대한 심층해석 및 보충설명, 정밀한 구조분석 및 자구(字句)

의 개념정의 등이 발견된다. 이는 여타 경학자들에게서도 나타날 수 있는 것이기는 하지만, 그의 경전해석 태도를 살피는 데는 빼놓을 수 없는 항목이다. 다만 여기서는 최상룡의 『대학』 해석 가운데 소통적 담론을 살피는 데 목적이 있기 때문에 소주를 분변한 것과 우리나라 선유의 설을 논변한 것만 대상으로 하여 논하기로 한다.

1) 소주분변(小註分辨)

최상룡이 『대학변의』에서 논의대상으로 한 소주는 22조이지만, 논변을 하면서 거론한 소주는 모두 40조나 된다. 이를 다시 인물별로 분류해 보면 다음과 같다.

▪ 雲峯胡氏 9조	▪ 玉溪盧氏 8조	▪ 雙峯饒氏 8조
▪ 新安陳氏 5조	▪ 東陽許氏 2조	▪ 西山眞氏 2조
▪ 番易沈氏 1조	▪ 番易齊氏 1조	▪ 節齋蔡氏 1조
▪ 仁山金氏 1조	▪ 三山陳氏 1조	▪ 蛟峰方氏 1조

대전본 소주의 설 가운데 '누구의 설을 더 많이 비판했느냐' 하는 것은 주자의 설과 다른 점을 분변할 적에는 매우 중요하다. 예컨대 기호학파에서 소주분변에 천착해 깊이 있는 논변이 이루어진 것이, 바로 주자의 설과 다른 소주의 설을 가려내기 위한 것이었기 때문이다. 소주의 설 가운데는 육구연(陸九淵)의 심학적(心學的) 관점에서 해석한 설도 있는데, 특히 원유(元儒) 가운데 호병문(胡炳文: 雲峯胡氏) 등이 그런 성향을 갖고 있다. 따라서 주자의 설과 조금이라도 다른 설은 구분하여 주자의 설을 명징(明澄)하게 드러내려 했던 정통 주자학적 관점을 지닌 학자들

에게는 이 점이 가장 중요한 문제로 부각될 수밖에 없다. 그 대표적 업적을 남긴 사람이 바로 한원진(韓元震)이다.

최상룡도 주자의 장구를 근본으로 하고 있기 때문에 그의 소주분변에 이런 점이 없는 것은 아니다. 그러나 그가 소주를 분변한 것은 한원진이 소주를 분변한 시각과 다르다. 대체로 한원진의 경우는 『경의기문록(經義記聞錄)-대학(大學)』에서 대전본 소주 41조와 『대학혹문』 소주 13조를 비판했는데, 모두 주자의 정설과 어긋난다고 판단한 것들이다.[33]

반면 최상룡이 분변한 40조에는 33조가 비판이고 7조가 지지이다. 그가 지지한 것은 다른 학자가 비판한 설을 논하면서 오히려 소주의 설이 틀리지 않다고 동의한 것이다. 또한 비판한 33조 가운데도 주자의 정설과 다른 점을 비판하는 데 주안점을 둔 것이 아니라, 자기의 견해와 맞지 않은 설에 대해 이견을 제시하거나 비판한 것이다. 이런 점에서 최상룡의 소주분변은 한원진과 그 시각을 달리 한다.

우선 최상룡이 소주의 설을 지지한 경우를 살펴보기로 한다. 전 제1장 '고시천지명명(顧諟天之明命)'에 대해, 주자의 주에는 '항상 눈이 그곳에 있으면 어느 때인들 밝지 않음이 없다.[常目在之 則無時不明矣]'라고 하였다. 그리고 대전본 소주의 옥계 노씨(玉溪盧氏)의 설에는 '일용동정어묵지간(日用動靜語默之間)'이라 하였고, 동양 허씨(東陽許氏)의 설에는 '고시(顧諟)는 동정(動靜)에 모두 일념(一念)을 돌아보는 경각[顧諟 動靜皆顧一念之頃]'이라 하였다.

최상룡은 전문(傳文)의 '고시(顧諟)'를 주자의 주에 '상목재지(常目在之)'라고 해석했는데, 이 '상(常)' 자는 『중용장구』 제1장 '계신공구(戒愼

33 崔錫起(2006a), 437~441면 참조.

恐懼)'의 주자의 주에 '상존경외(常存敬畏)'라고 한 '상(常)' 자와 같다고 보아, 동정을 겸한 것으로 해석하였다. 그리하여 옥계 노씨와 동양 허씨의 설을 지지하는 입장에서 주극리(朱克履)와 이황의 설에 대해 다음과 같이 비판하였다.

> 노옥계(盧玉溪: 옥계노씨)와 허동양(許東陽: 동양허씨)도 모두 동정을 겸해 말했는데, 주극리(朱克履)는 "전문의 말은 용심(用心)의 도이기 때문에 오로지 용(用)으로 말한 것이다."라고 하였다. 그런데 퇴계는 "그 뜻을 바르게 얻었다."라고 하였으며, 또 정심장(正心章) 주자의 주의 "용(用)이 행하는 바가 혹 그 바름을 잃어"라고 한 것과 『대학혹문』에 "이 마음의 용(用)이 그 바름을 얻지 못한 것이다."라고 한 말을 인용해, '정기심(正其心)'·'득기정(得其正)'의 '정(正)' 자는 모두 용(用)으로 말한 것이지 체(體)를 말한 것이 아니라고 하였다.[34]

역대로 정심장(正心章)을 해석하면서 용(用)만 말한 것인가, 체(體)와 용(用)을 겸하여 말한 것인가를 두고 논란이 많았는데, 이 해석도 그와 같은 맥락에서 제기된 것이다. 최상룡은, 『대학』은 학자의 일을 적어 놓은 것이므로 용(用)으로 말했지만, 명명덕(明明德)의 공부는 정(靜)에 근본하지 않음이 없기 때문에 '고시(顧諟)'는 동·정을 겸하는 뜻이 있다고 본 것이다. 마치 '정심(正心)'이 명명덕의 극공(極工)으로 정심장의 '심재(心在)'에 동·정의 뜻이 있는 것과 같다고 하였다.

참고로 기호학파 한원진의 해석을 살펴보면, 정심장을 해석하면서 주

34 崔象龍, 『鳳村集』 권11, 「大學辨疑」 전 제1장. "盧玉溪許東陽皆兼動靜說 而朱克履曰 傳言所以用心之道 專以用言 退溪曰 正得其意 又引正心章章句曰 用之所行或失其正 或問曰此心之用不得其正 乃以正其心得其正之正字 皆謂之以用言而不言體也"

정공부(主靜工夫)에 치우쳐 오히려 체(體)의 측면을 강조하였다.[35] 그러나 최상룡은 그렇게까지 극단적인 해석을 하지 않고, 동·정을 겸한 것으로 해석함으로써 용(用)을 말했지만 그 속에 체(體)가 들어 있는 것으로 본 것이다.

다음은 최상룡이 소주의 설을 비판한 것에 대해 살펴보기로 한다. 「대학장구서」에 '이단허무적멸지교(異端虛無寂滅之敎)'라는 문구가 있는데, 이에 대해 대전본 소주 신안 진씨(新安陳氏)의 설에는 "노씨는 허무이고, 불씨는 적멸이다.[老氏虛無 佛氏寂滅]"라고 하였다.

이에 대해 최상룡은 "허무(虛無)는 형상(形狀)으로 말한 것이고, 적멸(寂滅)은 일로써 말한 것이다. 그러나 허무는 곧 적멸이다. 그러므로 불경에 멸(滅)로 도를 말한 것이 많다. 신안 진씨가 허무·적멸을 노장과 불교에 분속한 것은 어디에 근거한 것인가?"[36]라고 비판하였다.

도교사상은 단적으로 말해 '무위(無爲)'라고 하지 '허무(虛無)'라고는 하지 않는다. 최상룡은 바로 이 점을 예리하게 지적한 것이다. 그래서 그는 허무도 적멸과 같은 의미로 파악하고, 이는 형상과 일의 두 관점에서 다르게 언급한 것이라고 하였다.

2) 우리나라 선유의 설 논변

최상룡의 「대학변의」 156조 가운데 우리나라 선유의 설을 논의대상으로 한 것은 5조에 불과하다. 그러나 논의대상은 아니지만 어떤 항목의

35 崔錫起(2006b), 283~287면 참조.

36 崔象龍, 『鳳村集』 권11, 「大學辨疑」「大學章句序」. "虛無以形狀言 寂滅以事言 然虛無卽寂滅也 故佛經以滅言道者 多 陳氏之以虛無寂滅 分屬於老佛者 何所據也"

논의 중에 우리나라 선유의 설을 인용해 동조하거나 비판한 것을 흔히 볼 수 있는데, 이에 관한 것을 모두 합하면 92조나 된다.

이를 보면, 최상룡은 『대학』을 해석하면서 대전본 소주에 실린 설은 물론이려니와, 우리나라 선유의 설에 대해 특별히 관심을 갖고 비평한 것을 알 수 있다. 이 점은 그의 『대학』 해석에 있어 중요한 하나의 특징이다.

최상룡이 우리나라 선유의 설을 인용하여 비평한 것을 정리하면 다음과 같다.

- 鄭宗魯 설 17조
- 韓元震 설 20조
- 李 縡 설 15조
- 宋時烈 설 14조
- 李 滉 설 8조
- 李 珥 설 5조
- 李象靖 설 4조
- 曺好益 설 2조
- 金長生 설 2조
- 成 渾 설 1조
- 金樂行 설 1조
- 權 榘 설 1조
- 李元龜 설 1조
- 玉上舍 설 1조
- 先 儒 설 4조
- 或 者 설 3조
- 경연강의답문 1조

이 가운데 혹자의 설과 선유의 설은 우리나라 선유의 설인지, 중국학자의 설인지 구분할 수 없는 경우가 있다. 이 7조를 빼고서도 모두 93조나 된다. 이 가운데 한원진의 설이 20여 조나 되는 것은 눈여겨볼 만하다. 또한 스승 정종로의 설이 상당히 많은 것은 그가 직접 스승에게 질의한 것이기 때문이다.

그런데 의외로 기호학파 이재(李縡)의 설이 15조나 된다. 또한 송시열·김장생·이이·성혼의 설도 22조나 되니, 한원진·이재의 설과 합하면 기호학파의 설은 모두 57나 된다. 그리고 이황·이상정·김락행·권구·조호익의 설을 합하면 16조가 되는데, 이를 정종로의 설과 합하면 영남 퇴계학파의 설은 33조가 된다.

외형상으로 보면, 기호학파의 설을 비평한 것이 퇴계학파의 설을 비평한 것보다 훨씬 많은 것을 알 수 있다. 그런데 다시 비판과 지지로 분류하면 다음과 같은 결과가 나타난다.

구분	퇴계학파							
	李滉	曺好益	李象靖	鄭宗魯	權榘	金樂行		
지지	4		2	17				
비판	4	2	2		1	1		
소개								
계	8	2	4	17	1	1		
구분	기호학파						기타	계
	李珥	成渾	金長生	宋時烈	李縡	韓元震		
지지	1			7	4	11	3	49
비판	3		2	6	11	9	2	43
소개	1	1		1				3
계	5	1	2	14	15	20	5	95

이 표를 보면, 최상룡이 거론한 선유의 설 총 95조 가운데, 지지한 것이 총 49조, 비판한 것이 총 43조, 소개만 한 것이 3조가 된다. 이를 보면, 지지할 것은 지지하고 비판한 것은 비판한 것을 알 수 있다.

더 구체적으로 살펴보면, 퇴계학파 학설 총 33조 가운데 지지한 것이 23조, 비판한 것이 10조이다. 그런데 이는 스승 정종로가 최상룡의 설을 인정하거나 스스로 개진한 설을 그가 기록해 놓은 것이 다수 들어 있기 때문에 비판한 것이 적게 나타난 것이다. 스승의 설을 제자가 대놓고 비판할 수는 없기 때문이다.

기호학파 학설을 보면, 총 57조 가운데 지지한 것이 23조, 비판한 것이 31조, 소개만 한 것이 3조이다. 다만 이익(李瀷) 등 근기 남인계 학자들의 설이 전혀 보이지 않는데, 이는 아마도 관련서적을 구득(求得)해 볼 수 없었기 때문일 듯하다.

이를 통해 볼 때, 최상룡은 학파에 치우친 견해를 거의 보이지 않았다고 해도 과언이 아니다. 그는 기호학파의 설이건 퇴계학파의 설이건, 의리에 준해 소신에 따라 지지하거나 비판하였다고 하겠다. 특히 기호학파의 설 가운데 무조건 비판한 것이 아니라, 인정할 것은 적극적으로 수용하고, 비판할 것은 소신껏 비판한 것을 위의 표를 통해 확인할 수 있다. 또한 퇴계학파의 설에 대해서도 비판을 한 것은 눈여겨볼 만하다.

여기서는 퇴계학파의 설은 비판한 것을 한두 조목 예로 들어 살펴보고, 기호학파의 설은 지지한 것과 비판한 것을 한두 조목 예로 들어 검증해 보기로 하겠다.

우선 최상룡이 퇴계학파의 설에 대해 비판한 것을 살펴본다. 최상룡은 이황의 설을 노골적으로 비판하지는 않았다. 그러나 이황의 설을 따르지 않은 것은 비판한 것이나 다름없다. 이에 관한 것이 위의 도표에 나타나듯 총 4조가 있는데, 그 가운데 하나를 거론해 본다.

전 제7장 운봉 호씨(雲峯胡氏)의 설에 '정기(正其)'의 '정(正)'은 용(用)이고 '기정(其正)'의 '정(正)'은 체(體)로 해석했다.[37] 그런데 이황은 이에 대해 주공천(朱公遷) 등의 말을 인용하면서 '오로지 용(用)으로써 말했다.'고 한 것이 그 뜻을 얻은 것이라고 하였다.[38]

37 胡廣 等 撰, 『大學章句大全』 전 제7장 소주. "雲峯胡氏曰 …… 曰正其 曰其正 自分體用"

이에 대해 최상룡은 정종로에게 다음과 같은 견해를 제시하였는데, 정종로는 그의 설을 지지하였다.

> 내가 일찍이 스승께 여쭈어보기를 "『대학』의 공부는 동(動)을 주로 하기 때문에 주자·퇴계의 말씀이 그와 같은 것입니다. 그러나 『대학혹문』에 감공형평(鑑空衡平)의 체(體)에 대해 먼저 말하고, 이어 거울과 저울의 용(用)에 대해 말했으니, 용(用)이 정(正)을 얻은 것을 말하였지만 체(體)가 정(正)을 얻는 것도 그 속에 들어 있습니다."라고 하였더니, 스승께서 "자네 말이 옳다."고 하셨다.[39]

정심장(正心章)의 체(體)와 용(用)에 관한 설은 앞에서도 언급했듯이, 용(用)의 측면만을 말한 것인가, 체와 용을 겸해 말한 것인가를 두고 역대로 논란이 많았다. 이황은 주로 주공천(朱公遷)의 동생 주극리(朱克履)의 설과 『대학혹문』의 설을 인용해 용(用)의 측면만을 말한 것으로 보았는데, 후대에는 체와 용을 겸한 설로 보는 견해가 더 우세하였다.

특히 한원진은 정심장에 주정공부(主靜工夫)를 강조하여 체(體)의 측면을 더 중시하였다. 최상룡은 한원진의 설을 지지하지는 않았지만, 정심장이 용(用)만을 말한 것이 아니라 체(體)도 겸하고 있다는 주장을 하였다.

이상정(李象靖)은 정종로의 스승인데, 최상룡은 이상정의 설에 대해서

38 崔象龍, 『鳳村集』 권11, 「大學辨疑」 전 제7장. "按 小註 胡氏 以'正其'之正爲用 '其正'之正爲體 而退溪曰 '朱公遷曰 伯兄克履云 大學經言正心 是兼體用言 傳言所以正心之道 是專以用言 程徽庵曰 章句曰 用之所行 或失其正 或問曰 此心之用 不得其正 未嘗言體之不正也 某謂朱克履所謂專以用言者 正得其意'"

39 上同. "愚嘗稟于先師曰 "大學工夫主動 故朱子退溪之訓 如此 然或問先言鑑空衡平之體 繼言鑑衡之用 則言用之得正 而體之得正 在其中" 先師曰是"

도 수용하지 않은 경우가 있다. 이에 관한 하나의 예를 들어 본다. 경일장 주자의 주에 "사물의 이치가 이르러 앎이 지극하면 그칠 바를 알게 된다. 의성(意誠) 이하는 모두 그칠 바를 얻는 차서이다.[物格知至 則知所止矣 意誠以下 則皆得所止之序也]"라는 구절이 있다. 이에 대해 최상룡은 영남의 선유 권구(權榘)·이상정의 설에 대해 의문을 표하면서 다음과 같이 말하였다.

> 살펴보건대 이 4구는 팔조목의 격물치지를 밝힌 것일 뿐이니 즉 위에서 이른바 '지소지(知所止)'이고, 팔조목의 성의·정심 이하는 즉 위에서 이른바 '득소지(得所止)'이다. 이와 같이 보면 지지(知至)와 지지(知止)는 한 가지 일일 뿐이다. 그런데 권병곡(權屛谷: 權榘)과 이대산(李大山: 李象靖)은 모두 '지소지(知所止)'를 물격지지(物格知至)의 공효(功效)로 보았으니, 의문이 없을 수 없다. 이미 지(知)가 지극하다고 하면, 그칠 바를 안 뒤에야 바야흐로 지(知)가 지극하다고 할 수 있다. 만약 지지(知止)를 지지(知至) 이후의 공효로 보면, 지(知)가 지지(知止)에 미치지 못한 것도 지(知)가 지극하다고 할 수 있겠는가?[40]

위에 인용한 장구의 4구는 경일장 제5절 "물격이후지지(物格而后知至)……"의 주자의 주에 보이는데, 이는 팔조목의 그칠 바를 아는 것[知所止]과 그칠 바를 얻은 것[得所止]을 말한 것이다.

최상룡이 권구·이상정의 설을 따르지 않은 것은 그들이 지지(知止)를

---

40 上同. 經一章. "按 此四句 只明八條之格致 卽上所謂知所止也 八條之誠正以下 卽上所謂得所止也 如是看 則知至知止 只是一事 而權屛谷李大山 皆以'知所止'爲物格知至之效 恐不能無疑 旣曰知之至 則知所止 然後方可謂知之至也 若以知止謂知至以後之效 則知之未及知止者 亦可謂知之至耶"

물격지지(物格知至)의 공효로 보았기 때문이다. 그의 견해로는 지소지(知所止)한 뒤에 지지(知至)라고 할 수 있기 때문에 지지(知止)를 지지(知至) 이후의 공효로 보는 것은 부당하다는 것이다. 그래서 그는 지지(知至)와 지지(知止)를 하나의 일로 보았다.

다음은 기호학파의 설에 대해 지지한 것과 비판한 것을 차례로 살펴보기로 한다. 우선 지지한 것을 한두 가지 들어보기로 한다. 송시열은 전 제9장·제10장이 동화(動化)와 추거(推去)가 서로 기다려 병행한다는 관점에서 전 제2장 "강고왈작신민(康誥曰作新民)"을 해석하였는데, 최상룡은 그의 설을 적극 수용하여 다음과 같이 그대로 인용하였다.

> 우암(尤庵: 宋時烈)이 말하기를 "『중용』·『대학』 두 책은 시종 조응하지 않음이 없다. 대개 전문 제가(齊家)·치국(治國) 이하는 동화(動化)와 추거(推去)가 반드시 서로 기다려 병행한다. 이 장(제2장)에서 인용한 탕지반명(湯之盤銘)은 동화(動化)의 근본이니, 이른바 '민자신(民自新)'은 동화의 효과이고, 이른바 '진기지(振起之)'는 추거(推去)의 일이다. 이것이 신민(新民)의 일대 장본이 된다. 전 제9장의 '솔천하이인(率天下以仁)'과 제10장의 '상노로장장(上老老長長)'은 모두 탕지반명의 뜻을 계승한 것이다. 전 제9장의 '민종지(民從之) '와 전 제10장의 '흥효흥제(興孝興悌)'는 민자신(民自新)의 뜻을 계승한 것이다. 전 제9장의 '구저기비저인(求諸己非諸人)'과 전 제10장의 '혈구지도(絜矩之道)'는 모두 진기(振起)의 뜻을 계승한 것이다."라고 하였다. 여기서 전후·시종의 혈맥이 관통하는 실상을 본다. 만약 이 대목이 임금의 자신(自新)만을 말하고 갑자기 그 백성들을 진작시켜 새롭게 하는 점을 말했다면, 바로 전 제9장·제10장의 민종지(民從之)·민흥효흥제(民興孝興悌)의 뜻은 없고, 구저기비저인(求諸己非諸人)·혈구(絜矩)의 일만 있게 될 것이다. 매양 『대학』을 읽다가 이 대목에 이르면 '양공심독고(良工心獨苦)'라는 두보의 시구

> 를 읊조린다.[41]

송시열의 설은 『송자대전』 권94 「당이동보(答李同甫)」에 보인다. 최상룡은 이러한 그의 설을 그대로 수용하면서 단지 '승(承)' 자를 '응(應)' 자로 바꾸어야 한다는 견해만 덧붙였을 뿐이다. 그것은 '승(承)'은 전문의 본의가 아니라는 이유에서이다. 송시열의 해석은 분명히 『대학』을 심층 해석하여 발명한 점이 있다. 최상룡은 이러한 설을 적극 수용하고 있다는 점에서 그의 시각이 당색이나 학파에 연연하지 않고 객관적으로 확대되었음을 알 수 있다.

다음은 한원진의 설을 지지한 것에 대해 살펴보기로 한다. 경일장 제1절 주자의 주에 '이 절은 명명덕과 신민이 모두 지선의 경지에 머물러 옮겨가지 않아야 함을 말한 것이다.[言明明德新民 皆當止於至善之地而不遷]'라는 구절이 있는데, 한원진은 이 구절의 '지(止)' 자를 '지(至)' 자의 오자로 보았다. 이에 대해 최상룡은 다음과 같이 비평하였다.

> 살펴보건대, 이 '지(止)' 자에 대해 남당(南塘: 韓元震)은 '지(至)' 자의 오자로 보았다. 대개 '지이불천(至而不遷)'의 뜻을 겸한 것이 지(止) 자의 뜻이 된다. 이 설은 매우 정밀하다.[42]

---

41 上同. 전 제2장. "尤庵曰 止 庸學二書 始終無不照應 止 蓋傳文自齊治以下 則動化與推去必相待而並行也 此章所引盤銘 是動化之本也 所謂民自新 是動化之效也 所謂振起之 推去之事也 此爲新民一大張本 而第九章率天下以仁 第十章上老老長長 皆承盤銘之意者也 九章民從之 十章興孝興悌 是承民自新之意也 九章求諸人非諸人 十章絜矩之道皆承–按承恐當作應 謂之承 則恐非傳之本意 應是自然照應上承字皆然– 振起意者也 此見前後始終血脈貫通之實 若於此 但言君之自新 而遽以作新其民爲言 則便無九章十章民從民興之意 而有求諸非諸絜矩之事矣 每讀至此必誦良工心獨苦之語矣"

42 上同. 經一章. "按此止字南塘以爲至字之誤 蓋以兼至與不遷 而爲止字義也 此言甚精"

지(止) 자는 지이불천(至而不遷)의 뜻이 되는데, 장구에 '지어지선지지이불천(止於至善之地而不遷)'이라 하여 '불천(不遷)'을 뒤에 언급했기 때문에 '지(止)' 자를 '지(至)' 자의 오자라고 본 것이다. 최상룡이 한원진의 설을 '매우 정밀하다'고 한 말을, 우리는 음미해 볼 필요가 있다.

다음은 최상룡이 기호학파의 설을 비판한 것에 대해 살펴보기로 한다. 경일장 제4절 주자의 주 '욕기극처무불도(欲其極處無不到)'에 대해, '극처(極處)' 다음에 토를 어떻게 붙일 것인가를 두고 이황(李滉)으로부터 논란이 있어 왔다. 이황은 '애'·'이'가 모두 가하다고 하였는데, 이이(李珥)도 모두 불가할 것이 없다고 하면서 그에 대한 장단점을 거론하였다.

이에 대해 최상룡은 '물리무불도극처(物理無不到極處)'로 해석한 기호학파 이재(李縡)의 설을 지지하면서, 다음과 같이 말하였다.

> 내 생각으로는 '애'로 읽는 것이 낫다. 그 이유는 '지(之)' 자는 허(虛)이고 '처(處)' 자는 실(實)이기 때문이다. 허자(虛字)를 주로 하여 '이'로 읽는 것보다는 실자(實字)를 주로 하여 '애'로 읽는 것이 낫다. 살펴보건대, 이 '도(到)' 자는 '용력행도(用力行到)'의 '도(到)' 자가 아니라, 자연궁도(自然窮到)를 말한다. 그러므로 공부를 말하지 않고 특별히 공효를 말한 것이니, '이'로 읽는 것이 '애'로 읽는 것보다 나은 듯하다.[43]

이 인용문은 최상룡이 경일장 제4절 주자의 주 '욕기극처무불도(欲其極處無不到)'의 극처(極處) 다음에 토를 '애'로 다는 것이 '이'로 다는 것보다 더 낫다는 견해를 피력하면서, 아울러 경일장 제5절 주자의 주 '물리지극

---

43 上同, 經一章. "鄙以厓讀爲勝者 蓋以之字虛 處字實 與其主虛字而爲是 無寧主實字而爲厓也 按 此到字 非用力行到之到 而乃是自然窮到之謂 故不言於工夫 特言於功效 則是讀似勝於厓讀矣"

처무불도(物理之極處無不到)'의 극처(極處) 다음에 토를 '이'로 다는 것이 '애'로 다는 것보다 더 낫다는 점을 거론한 것이다. 그래서 '지(之)' 자를 함께 논의한 것이다. 이러한 최상룡의 해석은 이황·이이의 해석을 보다 심도 있게 논하여 그 의미를 명확히 하였다는 데 의의가 있다.

다음은 송시열·한원진의 설을 비판한 것에 대해 살펴보기로 하겠다. 경일장 '명명덕(明明德)'에 대한 주자의 설에 "명덕은 사람이 하늘에서 얻어 허령불매하여 중리를 갖추고 만사에 응하는 것이다.[明德者 人之所得乎天而虛靈不昧 以具衆理而應萬事者也]"라는 문구가 있다.

이에 대해 조선 성리학자들은 치열한 논쟁을 하였다. 대체로 송시열·한원진 등 기호학파 학자들은 이이로부터 내려온 이기론에 입각해 허령불매(虛靈不昧)는 심(心)으로, 구중리(具衆理)는 성(性)으로, 응만사(應萬事)는 정(情)으로 보는 것일 통설이었다. 이에 대해 최상룡은 다음과 같이 비평하였다.

> 또 살펴보건대, 우암(尤庵: 宋時烈)·남당(南塘: 韓元震) 두 선생은 모두 "허령불매는 심(心)이고, 구중리는 성(性)이고, 응만사는 정(情)이다."라고 하였는데, 이 설은 대개 주자의 '허령불매는 바로 심(心)이다'라는 데에 근본을 한 것이다. 이는 명덕의 뜻을 설명함에 이미 충분한 말씀이다. 그러나 내 생각으로는 '허령불매'는 수기청명(秀氣淸明)의 정상(精爽)을 밝힌 것에 불과하니 구중리·응만사를 겸한 뒤에서 바야흐로 '심(心)'·'덕(德)'이라 할 수 있다. '불매(不昧)' 다음의 '이(以)' 자와 '만사(萬事)' 다음의 '자(者)' 자를 보면, 그렇게 함으로써 이와 같은 것이 바야흐로 덕(德)이고 심(心)이라는 것을 알 수 있다.[44]

---

44 上同, 經一章. "又按 尤庵南塘兩先生 皆曰 虛靈不昧 心也 具衆理 性也 應萬事 情也 此說蓋本於朱子所謂虛靈不昧 便是心止 說明德意 已足之訓 然竊惟虛靈不昧 只明秀氣淸明之

송시열·한원진은 '허령불매(虛靈不昧)'를 심(心)으로 여겨 합리기(合理氣)로 본 것인데, 최상룡은 심(心)으로 보지 않고 기(氣)로 본 것이다. 그가 '빼어난 기의 청명한 정상(精爽)'이라고 한 것이 바로 그것을 가리킨다. 최상룡은 구중리·응만사를 겸하지 않고서는 심(心)이나 덕(德)이라고 할 수 없다는 관점에서 그렇게 주장한 것이다. 이에 대해서는 더 심도 있는 논의가 필요한데, 여기서는 해석성향을 살피는 데 주안점을 두고 있기 때문에 더 이상의 논의를 생략하기로 한다.

Ⅳ. 맺음말

이 글은 조선후기 영남의 경학연구 동향을 개괄한 뒤, 소통의 모색에 초점을 맞추어 살펴본 것이다. 조선후기 영남의 경학연구는 남명학파의 몰락과 퇴계학파의 무관심으로 한 동안 침체되었다. 게다가 17세기 이현일(李玄逸) 등으로 이어지는 퇴계학파에서는 이황의 성리설을 옹호하고 이이의 설을 비판하는 데 주력함으로써 경학연구는 진전을 보지 못했다. 그러다 18세기 전반에 편향된 시각을 극복하기 위해 소통의 시각이 대두되었으며, 그 영향으로 경학연구에서도 변화가 나타나 소통적 해석과 담론이 있게 되었다.

이러한 변화의 시각을 제공한 장본인이 바로 이상정(李象靖)이다. 이상정의 소통적 시각은 한 마디로 통간(通看)이다. 그는 각각의 개별성을 충분히 파악하고 나서 전체를 바라보는 통합의 시각을 제시하였다. 그는

精爽 而兼具理應事 然後方曰心 方曰德也 觀'不昧'下一'以'字 '萬事'下一'者'字 則可知以之而如此者方是德方是心也"

이런 관점으로 불상리(不相離)·불상잡(不相雜) 어느 쪽에도 치중하지 않고 이이일(二而一) 또는 일이이(一而二)의 대대적(對待的) 관점(觀點)으로 사물을 바라보는 방법론을 제시하였다.

이에 힘입어 18세기 후반에 이르면 이상정의 문인들에 의해 경학연구 성과물이 나타나기 시작한다. 그 대표적인 인물이 유장원(柳長源)·배상열(裵相說)이고, 그 다음 대의 유건휴(柳健休)이다. 이들은 이상정의 통간의 방법론에 영향을 받아 대전본을 텍스트로 주자·이황의 설만 추종하던 해석방식에서 탈피하여 시야를 넓혀 주자의 여러 설을 참조하고, 후대 제유(諸儒)의 설을 취하며, 우리나라 선유(先儒)의 설까지도 광범위하게 수용하려 하였다.

이들의 성향이 각기 다르기는 하지만, 여러 설을 널리 취하려 했다는 측면에서는 통합적 시각을 드러낸다. 그러나 이들은 여러 설에 대해 일일이 비평을 하지 못한 한계가 있다. 이런 한계점을 극복하고 본격적인 비평을 한 인물이 다음 시대 최상룡(崔象龍)이다.

최상룡의 『대학변의(大學辨疑)』를 통해 볼 때, 소통적 담론을 잘 드러낸 부분은 소주분변(小註分辨)과 우리나라 선유의 설에 대한 논변이다. 소주분변에 있어서는, 한원진(韓元震)이 주자의 정설(定說)에 어긋난 소주를 비판하는 데 주력한 것과는 달리, 최상룡은 객관적인 입장에서 자신의 견해로 소주를 분변하는 데 치중하였다. 심지어 한원진이 비판한 쌍봉 요씨의 설을 지지하며 한원진의 설을 비판함으로써, 소주에 대한 일방적 비판의 시각에서 탈피하여 객관성을 유지하려 하고 있다. 이런 점에서 그의 경전해석은 우리나라 소주비판의 논의를 한 단계 진전시킨 것으로 평가된다.

최상룡의 우리나라 선유의 설에 대한 논변에 있어서도, 기호학파의 설을 일방적으로 비판하거나, 퇴계학파의 설을 일방적으로 추종하는 방식이 아니라, 퇴계학파의 설에 대해 비판하거나 지지하기도 하고, 기호학파의 설에 대해서도 수용할 것은 적극 수용하고 비판할 것은 정밀히 논변하였다.

최상룡의 경학연구의 성과는 통합적 시각으로 소통적 담론을 하였다는 데 큰 의의가 있다. 이러한 그의 해석성향은 이상정과 그의 스승 정종로를 통해 계발된 것으로, 19세기 영남의 경학연구에 새로운 시각을 제공했다.

기호학파 한원진은 이이로부터 제기된 대전본 소주에 대한 비판을 완성하여『경의기문록』을 편찬하고, 송시열로부터 제기된 주자설의 동이(同異)에 대해 정밀히 연구하여『주자언론동이고』를 저술함으로써, 주자의 초년설과 만년설을 구분하여 정설(定說)을 확정해 혼란을 방지하고, 주자의 정설에 의거 소주 및 후유(後儒)들의 설을 분변해 주자의 설을 명징(明澄)하게 하였다. 그럼으로써 율곡학파의 경학연구가 한원진에 이르러 한 단계 정리를 마치게 된다.

최상룡의 경학연구도 이와 유사한 성격이 있다. 그는 이상정의 통간의 방법에 의해 나타난 주자의 여러 설을 모두 취하려 한 유장원(柳長源)의 해석, 거기에다 주자서 및 대전본 이외의 서적이나 중국학자들의 설을 광범위하게 취하려 한 배상열(裵相說)의 해석, 우리나라 선유의 설을 폭넓게 취한 유건휴(柳健休)의 해석을 계승하여, 대전본 소주 및 주요한 우리나라 선유들의 설을 본격적으로 비평함으로써 독자적인 설을 생산하였다.

이런 점에서 그의 경학사적 위상은 충분한 빛을 발할 수 있다. 다만 배상열 등이 대전본 이후 명·청대 학자들의 설을 광범위하게 취해 참고

한 바 있는데, 이런 전통이 그에게서 별로 나타나지 않는 한계가 있다.

이 글은 『한국한문학연구』 제41집(한국한문학회, 2008)에 실린 「조선후기 영남의 경학연구과 소통의 모색」을 수정 보완한 것이다.

제8장

백호 윤휴의 경학관

Ⅰ. 머리말

백호(白湖) 윤휴(尹鑴, 1618-1680)는 주자의 설을 전적으로 따르지 않고 상당 부분 독자적인 설을 제기하여 사문난적으로 몰린 사람이다. 기호학파 일각에서 주자학을 절대적으로 존신하는 분위기가 고조되던 시기에, 윤휴는 학문과 사상의 자유를 추구하여 선인의 설에 구애되지 않고 자신의 견해를 당당하게 피력하였다. 따라서 윤휴가 그런 분위기 속에서 독자적인 설을 폈다는 사실은, 그 자체만으로도 주목받기에 충분하다고 하겠다.

지금까지 진행된 윤휴에 대한 연구는, 대체로 네 가지 측면에서 이루어졌다. 첫째는 생애 및 경세론에 관한 연구이고, 둘째는 사상에 관한 연구이며, 셋째는 예송(禮訟)과 관련한 예학(禮學)에 관한 연구이고, 넷째는 경학에 관한 연구이다.

첫째의 경우는 한우근에 의해 본격적으로 밝혀졌고[45], 둘째의 경우는 한우근·송긍섭·유명종·이을호·삼포국웅·김기현·금장태·유영희·고영진 등에 의해 이루어졌으며[46], 셋째의 경우는 유정동·지두환·정옥자·허권수 등에 의해 진행되었고[47], 넷째의 경우는 안병걸·유영희·김흥규·박무영 등에 의해 이루어졌다.[48]

우선 윤휴의 경학을 연구한 기왕의 성과에 대해 간략히 검토해 보기로 한다. 안병걸은 『대학』과 『중용』을 고본(古本) 및 주자의 장구(章句)와 비교하여 심도 있게 다루었는데, 윤휴의 사상에 대해 '반주자적'이라는

---

45 韓㳓劤, 「白湖 尹鑴 硏究」 1·2·3, 『歷史學報』 제15집(1962)·제16집(1963)·제19집(1966).

46 韓㳓劤(1963), 「白湖 尹鑴의 四端七情人心道心說」, 『李相伯博士回甲紀念論叢』.
宋兢燮(1970), 「白湖 尹鑴 理氣哲學硏究序說」, 『철학연구』 제11집.
______(1981), 「白湖 尹鑴傳」, 『實學論叢』, 전남대 출판부.
劉明鍾(1979), 「尹白湖와 丁茶山」, 『철학연구』 제27집.
李乙浩(1982), 「白湖의 人性論」, 『韓國改新儒學史試論』.
三浦國雄(1982), 「17세기 조선에 있어서의 正統과 異端」, 『민족문화』 8집.
金基鉉(1983), 「白湖 尹鑴의 理氣性情 및 人心道心論」, 『민족문화연구』 제17집.
琴章泰(1990), 「17世紀 宋時烈과 尹鑴의 思想」, 『한국학의 세계화』, 정신문화연구원.
劉英姬(1993), 「白湖 尹鑴 思想 硏究」, 고려대 박사학위 논문.
高英津(1994), 「17세기 후반 근기남인학자의 사상」, 『역사와 현실』 제13호.

47 柳正東(1978), 「禮論의 諸學派와 그 論爭」, 『韓國哲學硏究』 中.
池斗煥(1987), 「朝鮮後期 禮訟硏究」, 『釜大史學』 제11집.
鄭玉子(1989), 「17세기 思想界의 再編과 禮論」, 『한국문화』 제10집.
許捲洙(1993), 『朝鮮後期 南人과 西人의 學問的 對立』, 법인문화사.

48 安秉杰(1985), 「大學古本을 통해 본 윤휴의 經學思想硏究」, 『민족문화』 제11집.
______(1991), 「17세기 朝鮮朝 儒學의 經傳解釋에 관한 연구」, 성균관대 박사학위 논문.
______(1995), 「白湖 尹鑴의 經學과 社會政治觀」, 『제5회 동양학 국제학술회의 논문집』, 성균관대 대동문화연구원.
劉英姬(1985), 「尹白湖의 庸學觀 硏究」, 고려대 석사학위 논문.
金興圭(1982), 「反權威的 詩經論의 展開」, 『朝鮮後期의 詩經論과 詩意識』.
朴茂瑛(1985), 「白湖 尹鑴의 詩經論 硏究」, 『한국한문학연구』 제9·10합집.

평가를 내렸다.[49] 유영희는 철학사상과 관련하여 윤휴의 경학을 개괄적으로 다루었는데, 윤휴의 사상에 대해서 주자의 사상과 대립하고 있는 것이 아니며 주자에 대한 전면적인 일탈은 보이지 않는다고 하였다.[50]

김흥규와 박무영은 윤휴의 『시경』 해석을 '시경론'이라는 패러다임 속에서 다루어 본격적인 경학연구로 보기 어렵다. 왜냐하면 경전해석에 중점을 두어 그 성격을 구명하지 않고, '『시경』에 대한 논의'를 대상으로 하였기 때문이다.[51] 게다가 현존하는 자료를 모두 검토하지 않고, 편의적으로 일부분만을 취해 다루면서 윤휴 시경학의 성격을 '반권위적'·'탈주자적'이라고 성급히 규정하였다.[52] 따라서 이들의 연구는 윤휴 시경학의 특성을 구체적으로 밝혔다고 할 수 없다.

49 안병걸은 「17세기 朝鮮朝 儒學의 經傳解釋에 관한 연구」에서 "윤휴와 박세당의 사회, 정치적 견해들은 18세기의 실학자들이 수립한 것에 비하여 특별히 진보적이라 할 수는 없으나, 그들이 남긴 경전 주해, 특히 『중용』의 주해에는 당시 절대적인 권위를 가졌던 주희의 『중용장구』와 분장 체계를 달리할 뿐만 아니라, 이 책을 통하여 말하고자 하는 인간 존재의 규정과 그 존재의 현실적 구현 방법, 수양론에 있어서도 다른 체계를 갖고 있다. -중략- 이러한 점은 그들을 뒤이어 활동하는 실학자들의 현실인식과 같은 궤에 있다고 말할 수 있다. 따라서 그들의 사상에 대하여 '반주자적'이라는 평가를 주저할 필요는 없다고 본다."라고 하였다.

50 劉英姬(1993), 참조.

51 '詩經論'이라는 용어는 중국이나 일본 등 다른 나라에서 거의 쓰지 않는다. 대체로 경학을 경전별로 일컬을 때 '尙書學'·'詩經學' 등으로 칭한다. 또한 造語의 성격상 '詩經論'이라고 하면 '『시경』에 대한 論'이라는 의미로 받아들여지는 바, 이는 『시경』에 대한 해석을 대상으로 하는 詩經學과 엄밀히 말해 구분된다. '詩經論'이라고 할 때는 詩學의 源流인 『시경』에 대한 이해나 詩意識을 의미하는 말로 간주된다.

52 이들의 연구는 우선 현존하는 자료를 모두 검토하지 않았다는 한계가 명백히 드러나며, 윤휴의 경학관을 제대로 파악하지 못하고 '反朱子學' 또는 '脫朱子學'으로 규정하는 데 급급한 감이 없지 않다. 이런 연구 방법은 자료 전체를 충분히 소화하지 못함으로써 성급한 결론에 도달하는 경우가 많으며, 구체적으로 들어가면 적잖은 오류가 발견된다.

본고는 이런 선행 연구를 참고하되, 몇몇 경전 해석에 천착하지 않고 개괄적으로 윤휴 경학의 특징을 밝히는 데 목적을 둔다. 그리하여 기왕의 연구에서처럼 일부 경전해석만을 가지고 윤휴의 경학을 '반권위적' 또는 '탈주자적'이라고 단정적인 결론을 내리는 데 중점을 두지 않을 것이다.

이를 위해 우선 조선 중기에 해당하는 16-17세기 경학의 전개 양상을 학술사적 맥락에서 살펴볼 것이며, 이를 바탕으로 윤휴 경학의 특징을 몇 가지 요소로 나누어서 구명해 볼 것이다.

Ⅱ. 조선중기 경학의 전개양상

1. 16세기의 묵수주의(墨守主義)와 계승발전적 관점

고려 말 정주학(程朱學)이 이 땅에 들어온 뒤로, 조선초기에는 권근(權近, 1352-1409)처럼 주자의 설을 따르되 그대로 받아들이지 않고 주체적인 시각으로 수용한 경우가 있기는 하지만[53], 대체로 정주의 설을 그대로 받아들이는 수준이었다.[54]

세조대에 이르러 정주의 주석을 위주로 사서오경에 대한 구결(口訣)이 이루어지고, 16세기 이황의 시대에 이르러 전시대에 개별적으로 만들어

53 최석기(1995c), 참조.

54 李乙浩는 조선전기에는 주자학이 거의 존재하지 않았던 것으로 간주된다고 하면서, 李彦迪·李滉 등에 이르러 비로소 주자학이 정착되었다고 하였다. 그러나 필자의 견해로는, 조선전기에 程朱의 주석에 따른 구결 작업이 이루어졌고, 또 權近의 문인 鄭自英 등이 程朱의 설을 따르지 않는 丘從直 등과 심한 마찰을 보였던 점(崔錫起, 「朝鮮前期의 經書 解釋과 退溪의 『詩釋義』」, 『退溪學報』 제92집)으로 미루어 볼 때, 이 시기는 주자학의 수용기로 보인다.

진 석의(釋義)를 정리하여 확정하려는 노력이 있었지만[55], 사서삼경의 언해(諺解)가 완성된 것은 17세기 초에 이르러서였다.[56]

16세기는 정치적으로는 훈구와 사림이 충돌하여 사화가 일어나고, 권간과 외척이 정권을 독단하는 암울한 시기였지만, 학술적으로는 정주학이 뿌리를 내려 꽃을 피우는 시기였다. 그렇지만 정주학적 사고가 아직 완전하게 자리 잡지 못한 시기여서 성리학적 사유체계를 명확히 정립하기 위한 열띤 논쟁이 일어나기도 하였다.[57] 그러면서도 한편으로는 정주학을 무비판적으로 받아들이지 않고 주체적이며 자각적인 시각으로 비판적 수용을 한 경우가 있으니, 이언적(李彦迪, 1491-1553)이 바로 그런 인물이다.

이언적은 정주학에 기초한 성리학을 명확히 확립하려 하면서도 정주학을 맹목적으로 받아들이지 않고 주체적으로 수용하려 하였다. 이언적은 주자의 『대학장구』를 일부 개정하여 「대학장구보유(大學章句補遺)」를 저술하였다. 정주학이 정착하여 발아하는 시기에 이런 저작물이 나왔다는 것은 우리 학술사에서 매우 중요한 의미를 갖는다. 따라서 이에 대한 후대의 논변이 어떠했는지를 살펴보는 것은 후대의 학문경향을 이해하는

55 최석기(1996c), 참조.

56 李忠九의 「經書諺解 研究」(성균관대 박사학위 논문, 1990)에 의하면, 四書의 교정청본 언해는 1590년(선조 23)에 완성되었고, 三經의 교정청본 언해는 적어도 1613년(광해군 5) 이전에 완성된 것으로 되어 있다.

57 晦齋 李彦迪은 27세 때 외숙 孫叔暾이 忘機堂 曺漢輔와 벌인 無極太極에 관한 논변을 얻어 보고서 이에 대한 논평을 썼는데, 그것이 계기가 되어 조한보와 네 차례에 걸쳐 편지를 주고받으며 열띤 논쟁을 벌였다. 이 논쟁에서 회재는 불교나 노장적 견해로 성리학을 이해하려는 사고를 배척하고 주자학적 성리학의 체계를 분명히 하고자 하였다. 뒷시대 寒岡 鄭逑는 이 논쟁을 중국 송나라 때 朱子와 陸象山이 벌였던 鵝湖論爭과 쌍벽을 이루는 것으로 평가하였다.

데 중요한 단서를 제공해 준다. 여기서는 이를 통해 조선중기의 학문풍조를 살펴보기로 하겠다.

이언적은 자신의 학문관을 다음과 같이 명확하게 밝혔다.

> 천하의 이치는 무궁하기 때문에 비록 성인일지라도 다 궁구하지 못하는 점이 있다. 그러므로 전성(前聖)이 발명하지 못한 것을 후성(後聖)이 발명한 것이 있고, 전현(前賢)이 말하지 않은 점을 후현(後賢)이 말한 것이 있다. …… 이치가 만물에 흩어져 있어 어리석은 사람일지라도 혹 그것을 알고 말하는 경우가 있지만, 지극한 이치에 대해서는 성인도 능히 다 알지 못하는 바가 있다. 그러므로 성인과 현인이 저술하고 조술한 경(經)·전(傳)은 반드시 앞뒤로 여러 학자들이 서로 연역하기를 기다린 뒤에야 그 뜻이 갖추어지게 된다.[58]

이는 이언적의 학문관을 단적으로 보여주는 발언으로, 매우 중요한 의미를 갖는다. 천하의 이치는 무궁하기 때문에 한 사람의 성인이 다 밝혀 낼 수 없고, 그 말씀도 한 사람의 현인이 다 밝혀 낼 수 없기 때문에 후학이 부단히 연역하여 밝혀야 한다는 것이다. 곧 학문의 계승발전적인 차원을 중시하는 사고이다.

이언적은 성인을 신(神)이 아닌 인간으로 인식하였고, 앞 시대에 밝히지 못한 이치를 밝혀내는 것을 후학의 사명으로 인식하였다. 특히 16세기 성리학이 발아하는 시기에 이언적이 이처럼 뚜렷한 학문관을 내세운

58 李彦迪, 『晦齋全書』, 「續大學或問」. "天下之理 無窮 雖聖人 有不能盡者 故有前聖之所未發 而後聖發之者 有前賢之所未言 而後賢言之者 …… 理之散在萬物 雖愚夫 或有與知言 而及其至也 雖聖人 亦有所不能盡者 故聖賢述作 爲經爲傳者 必待前後諸儒 更相演繹而後其義 乃備"

것은 우리 학술사에서 매우 중요한 의미를 지닌다.

그러나 이황·이이 이후 정주학에 대한 이해가 심화되면서 학계는 정주학에 점점 경도 되어 주자만을 존신함으로써 여타의 이설(異說)을 용납하지 않는 분위기가 고조되어 갔다. 정주학에 깊이 침잠한 학자일수록 이런 경향은 더 고착화되었다. 따라서 정주학의 계승발전적 차원의 논의조차도 그들의 눈에는 매우 참람한 것으로 비추어졌다.

실제로 이황은 이언적이 주자의 『대학장구』를 개정하였다는 말을 듣고 못마땅하게 생각하였다. 그는 이언적을 지척(指斥)하지 않고 중국학자들의 설을 비판하는 형식을 취하였지만[59], 정침(正寢)에는 흠이 없고 낭무(廊廡) 한 곳에 결처(缺處)가 있어 대장(大匠)이 보수를 했는데 후세의 양공(良工)이 보수한 곳을 헐어 내고 정침의 재목을 빼어 보완하려다 집을 망가뜨린 격에 비유하였다.[60] 대장(大匠)은 주자를 비유한 말이다. 이러한 언설은 주자가 경전의 미비점을 보완해 놓았으니 그대로 따라야 한다는 것이다.

이황은 이언적의 「행장」을 지으면서, 그가 망기당(忘機堂) 조한보(曺漢輔)와 열띤 논쟁을 벌인 무극태극논쟁(無極太極論爭)에 대해서만 높이 평가하였을 뿐, 『대학장구』를 개정한 것에 대해서는 언급을 회피하였다.[61] 이황은 이언적을 선배 학자로서 존경했지만, 이 점에 대해서만은

---

59 퇴계는 회재의 설을 비판의 대상으로 삼은 것이 아니고 중국의 董槐·王柏·蔡淸 등의 설을 비판한 것이다. 퇴계는 李仲久로부터 중국학자들의 설을 얻어 보고 그 설에 대해 비판하였다. 그러나 회재의 설이 이들의 설과 다른 점이 있지만, 經文을 옮겨 격물치지의 傳文으로 본 것은 대체로 유사하다. 따라서 회재의 설도 당연히 이 비판의 범주에 드는 것은 부언할 필요가 없을 것이다.

60 李滉, 『退溪集』 권11, 「答李仲久 別紙」 참조.

61 李滉, 『退溪集』 권49, 「晦齋先生行狀」. "先生在謫所 作大學章句補遺·續或問·求仁錄

인정하고 싶지 않았던 것이다.

이런 인식은 이이·유성룡 등에 있어서도 마찬가지로 나타난다. 이이는 이언적의 설을 비판한 뒤, 이언적이 참화를 목격하였기 때문에 한 시대에 경종을 울려 만일의 경우를 구제하기 위해서 그런 설을 폈다고 추정하였다. 그리면서 그런 것이 아니라면, 쓸데없는 지리한 말을 지어 선사(先師)를 가벼이 여기는 것은 마땅치 않다고 하였다.[62] 선사는 주자를 지칭하는 말이니, 이언적이 이설을 편 것은 결국 선사를 깔보는 짓으로 규정한 것이다. 유성룡도 이언적의 설을 비판한 뒤, 학자들이 고인이 만든 길을 따라 힘써 실지 공부를 하는 데 달렸다고 하였다.[63]

이와 같이 주자학만을 존신하고 다른 설을 용납하지 않는 분위기가 고조되어 가는 가운데서도 사고의 다양성을 존중하며 비판적으로 수용하는 자세를 취한 사람들이 있다. 이언적의 제자인 노수신(盧守愼, 1515-1590)이 그런 인물 중의 하나이다. 노수신은, 경전연구는 한 사람이 다 할 수 있는 것이 아니며, 조금 다른 설을 제기하더라도 도에 해롭지 않다고 하였다.[64] 이언적의 「대학장구보유」에 발문을 쓴 조경(趙絅, 1586-1669)도 명유(明儒) 방효유(方孝儒)의 "경전은 일가(一家)의 책이 아니니, 그 설도 한 사람이 능히 다할 수 있는 바가 아니다. 말이 주자와 다르더라

又中庸九經衍義 未及成書 而用力尤深 此三書者 可以見先生之學 而其精詣之見 獨得之妙 最在於與曺忘機漢輔論無極太極書四五篇也 闡吾道之本原 闢異端之邪說 貫精微徹上下 粹然一出於正 深玩其義 莫非有宋諸儒之緖餘 而其得於考亭者 爲尤多也"

62 李珥, 『栗谷全書』 권14, 「晦齋大學補遺後議」. "鄙意 晦齋目覩慘禍 故作此論 以警一時 欲救萬一耳 不然則恐不當作支蔓之剩語 以輕先師也"

63 柳成龍, 『西厓集』 권15, 「大學章句補遺」. "惟在學者 潛心體驗 循古人已成之塗轍 着力加實地工夫而已"

64 盧守愼, 『蘇齋集』 권7, 「晦齋先生大學補遺後跋」. "發明經籍 非一家事 遷就少差 何損於道"

도 도에 어긋나지 않으면 참으로 주자가 취할 바이다."라는 말을 인용하면서 대중지공(大中至公)의 의논이라 평하여[65], 우회적으로 이언적의 설을 지지하였다.

여기서 이언적·노수신·조경과 이황·이이·유성룡의 인식을 다시 정리해 볼 필요가 있다. 이언적은 천하의 이치는 무궁하기 때문에 성인일지라도 다 밝히지 못하는 것이 있으므로 후학은 전인이 발명하지 못한 것을 밝혀야 한다는 관점이고, 노수신과 조경은 경전연구는 한 사람이 다 할 수 있는 것이 아니므로 이설을 펴더라도 도에 해롭지 않으면 괜찮다는 사고이다. 곧 도를 밝히는 것, 진리를 밝혀 문명을 더 발전시켜 나가는 것에 학문의 목표를 두고 있다. 그리고 그것은 어떤 절대적인 한 사람에 의해 완성되는 것이 아니라, 후학이 계승발전시켜 나가야 한다는 점을 분명히 인식하고 있다.

그러나 이황은 대장(大匠: 朱子)이 수리해 놓은 것을 멋대로 고치는 것은 옳지 않다는 관점이고, 이이는 이설을 함부로 제기하는 것은 선현을 깔보는 것으로 규정하였고, 유성룡은 고인이 만든 길을 따라가는 것이 바람직하다고 하였다. 이는 한 마디로 선현이 만든 길[道]을 따라가야 한다는 묵수적 관점이다.

전자는 도, 곧 진리의 탐구에 중점을 두어 선현을 상대적인 인간으로 인식한 반면, 후자는 선현의 말씀이 곧 도라는 관점에서 선현을 절대적인 신처럼 인식한 것이다. 요컨대 조선 중기 경학은 이 묵수적 관점과 계승발전적 관점 양자 간의 비판과 극복을 통해 발전되어 온 측면을 우리는 새롭게 인식할 필요가 있다.

---

65 趙絅, 『龍洲遺稿』 권12, 「書晦齋先生大學補遺後」 참조.

유교적 명분론 속에서 성인, 곧 공자는 절대적인 존재로, 유학자라면 그 누구도 감히 범접할 수 없는 대상이었다. 임금이 공자의 신위 앞에 나아가 참배를 한다는 것 자체가, 이미 그 시대를 지배하는 이념임을 말해 준다. 따라서 성인의 말씀에 대해서는 이의가 있을 수 없다.

그러나 그 경전을 풀이한 현인의 설에 대해서는 견해를 달리하면서 학문이 발전되어 내려왔다. 그런데 조선중기 주자학이 꽃을 피우면서부터 주자도 성인처럼 절대적인 존재로 여겨지기 시작했다. 이황·이이·유성룡의 말 속에 이런 의미가 다분히 들어 있다. 곧 주자를 통해서만 공자의 도에 이를 수 있다고 여긴 것이다.

2. 17세기의 절대존신주자주의와 상대존신주자주의

17세기로 접어들어 주자학에 대한 이해가 더욱 깊어지면서 주자를 절대시하는 풍조는 더 확고히 자리 잡게 되었다. 이 시기 활동했던 장유(張維, 1587-1638)는, 중국의 학술은 여러 갈래지만 우리나라는 유식·무식할 것 없이 책을 끼고 글을 읽는 자는 정주를 칭송한다고 하여, 당시의 경색된 학문풍조를 꼬집었다.[66]

특히 율곡학파의 송시열(宋時烈, 1607-1689)은 공자 → 주자 → 이이 → 김장생(金長生)으로 이어지는 도통론을 확립하면서, 『주자대전』과 『주자어류』를 통해 주자학에 대한 이해를 철저히 하였다.[67] 그렇게 함으로써 그는 주자의 저술을 사서·육경보다 더한 경전으로 간주하였고, 주

66 張維, 『谿谷漫筆』 제1권 「中國學術多岐……」 참조.

67 金駿錫은 「조선후기 畿湖士林의 朱子인식」에서, 주자의 저작에 대한 연구는 퇴계로부터 시작되었지만 그것을 본격적인 단계로 끌어올린 사람은 우암 송시열이었다고 하였다.

자의 설을 절대존신함은 물론 주자를 성인으로 간주하였다.[68]

또한 그는 주자학에 대한 절대적인 확신을 통해 자기 시대의 체제적인 위기를 극복하려고 하였다. 그래서 그는 모든 이치는 주자가 다 밝혀 놓았기 때문에 저작이 불필요하고 주자서를 통해 의리를 구하기만 하면 된다고 생각하였다. 결국 그는 주자저작의 훈고와 주석 작업을 통해 주자와의 일치를 꾀함으로써 개인의 비판적 사고와 자유로운 개성의 발휘를 용납하지 않았다.[69]

그가 정학(正學)으로 여기는 주자학과 다른 설을 편 윤휴에 대해 이단으로 몰아 사문난적으로 배척한 것도 이런 사상적 기저에서 기인한 것이다. 송시열의 이와 같은 절대존신주자주의는 앞 시대 이황의 경우보다 훨씬 심한 것이었다. 그러나 동시대 정치적으로 대립했던 근기 남인계의 허목(許穆, 1595-1682)과 윤휴의 경우는, 송시열의 학문관과는 상당한 차이를 보인다.

허목은 자신의 저술인 『기언(記言)』의 서문에서 "나는 옛 사람의 글을 즐겨 읽으며 옛 사람의 실마리를 마음으로 추모하여 날마다 부지런히 힘썼다. 『기언』은 육경으로 근본을 삼고, 예악을 가지고 참고한 것이다. 백가의 변론을 통달하고, 발분하여 힘쓴 것이 50년이나 되었다."[70]라고 한 것을 보면, 그의 학문관이 어디에 있는지를 알 수 있다.

그는 11편의 경설(經說)을 지었는데, 모두 육경에 관한 설이다. 또한

68 宋時烈은 "朱子 非後聖乎 吾以爲古禮之不載於家禮者 今不必行 而一從家禮 爲宜也"(『宋子大全』 부록 권18)라고 하여, 주자를 孔子 이후의 聖人으로 여겼다.

69 金駿錫(1987), 참조.

70 許穆, 『記言』, 序. "說讀古人之書 心追古人之緖 日亹亹焉 記言之書 本之以六經 參之以禮樂 通百家之辯 能發憤肆力 且五十年"

송시열의 예학이 『주자가례』에 근본을 한 반면, 허목의 예학은 『의례』·『예기』 등 고례(古禮)에 기초하고 있다. 따라서 그의 경학은 송시열이 주자의 설을 바탕으로 공자의 도를 구한 것과는 달리, 공자가 다시 조술하여 집대성한 육경을 통해 공자의 도를 구하였다고 하겠다.

기존의 연구는 허목의 학문에 대해, 육경을 중시하는 고학(古學)의 성격을 가지고 있는 것으로 보고 있다. 다만 그의 학문이 어디에서 연원을 했는가에 대해서는 시각을 달리하는 설이 있다.[71]

허목의 경학이 육경을 중시하여 송시열과 다른 성향을 보이고 있지만, 허목이 육경을 철저히 연구하여 깊이 있는 설을 전개한 것은 아니다. 그의 경설은 대부분 원론적인 내용으로 되어 있다. 다만 사서삼경을 위주로 하는 학문풍토 속에서 육경의 정신을 회복하자고 한 점이 의미 있는 것이고, 송대의 정주학에 머물지 않고 공자의 육경학을 학문의 본령으로 보아야 한다는 점을 일깨운 데 의의가 있다.

본고에서 다루고자 하는 윤휴의 경우는, 허목보다 20여 년 뒤에 출생하였지만 만년에는 거의 함께 활동하였다. 윤휴의 부친 윤효전(尹孝全, 1563-1619)은 서경덕의 문인인 민순(閔純, 1519-1591)의 제자로 정치적으로는 북인이었다.

윤휴는 젊어서 당색에 구애되지 않고 서인 및 남인계 인사들과 폭넓은 교유를 하였으며, 과거에 뜻을 두지 않고 학문에 전념하였다. 그러나 출사한 뒤에는 허목과 같이 남인 가운데서도 청남(淸南)에 속했다.

---

71 종래에는 허목의 학문적 연원을 寒岡 鄭逑를 통해 退溪로 이어지는 것으로 보았지만, 최근의 연구에서는 徐敬德 계통의 北人과 밀접한 연관이 있는 것으로 보는 설이 우세하다. 그러나 이 문제는 家系나 黨色 또는 도가적 취향이 있다거나 이기론이 이황의 설과 다르다는 점만을 가지고 성급히 논의할 성질은 아닌 듯하다. 인조반정 이후 정치적으로 재편이 이루어지듯이, 사상계에서도 새로운 개편이 이루어졌다고 볼 수 있다.

인조반정 이후 정국은 서인계와 남인계로 재편되었는데, 서인계에는 노론학자·노론훈척·전향노론학자 등 서로 다른 정치적 사상적 기반을 가지고 존재하였으며, 남인계는 영남 남인과 근기 남인이 서로 다른 기반 위에서 활동하였다.

근기 남인의 경우도 단일한 학문집단이 아니라, 북인 계통의 사상을 계승한 윤휴와 북인 계통의 사상을 계승하면서도 영남 남인과 연관을 맺은 허목, 그리고 서인 관료의 사상과 비슷하면서 관료적 성격이 강한 허적(許積) 등이 병존하고 있었다.[72]

허목과 윤휴는 모두 산림 출신으로서 근기 남인 안에서 산림적 성격이 강하다. 또한 이들은 모두 주자학만을 절대적으로 존신하지 않고 고학(古學)을 주창하였다. 그러나 이들이 정치적 사상적으로 입장을 같이 한 것만은 아니다. 1679년 허목과 허적이 대립하는 과정에서 윤휴는 같은 청남인 허목을 옹호하지 않고 탁남인 허적을 옹호함으로써 결별하기도 하였다.[73] 허목의 당여에도 북인 출신들이 있었지만, 윤휴의 당여에 소북 출신들이 많았다는 사실은 크게 주목해 볼 만한 사안이다.

기왕의 연구에서는 허목의 학문적 연원에 대해, 정구(鄭逑)를 거쳐 이황으로 이어진다고 보는 견해와, 도가적 취향을 가진 가학적 전통과 북인과의 연관성을 강조하는 견해로 나뉘어져 있다.[74] 그러나 최근의 연구성과에 의하면, 허목의 경우 서경덕의 이기론을 계승하여 발전시켰다고 보는 견해가 있다.

한편 윤휴의 이기론은 인격천(人格天)으로서의 상제(上帝)를 상정한

---

72 고영진(1994), 참조.

73 고영진(1994), 참조.

74 전자는 李樹健 등의 설이고, 후자는 韓永愚의 설이다.

점이 특징으로, 천(天)보다는 리(理)를 강조한 주자의 학문체계와는 달리 한대(漢代) 유학의 성격과 비슷하다는 견해가 있다.[75]

허목과 윤휴는 같은 근기 남인계였지만 학문관은 상당히 달랐다. 허목은 『춘추』와 『예기』를 특히 강조하여 학문의 근간으로 삼은 반면, 윤휴는 『효경』을 강조하여 『대학』·『중용』과 아울러 두 축을 세웠다. 또한 예학에 있어서도 허목은 『의례』를 강조한 반면, 윤휴는 『예기』와 『주례』를 강조하였다. 성향 면에서도 허목은 영남 남인계와 가깝게 지냈던 반면, 윤휴는 기호학파에 속한 윤선거(尹宣擧) 등과 가깝게 지냈다.

허목과 윤휴 모두 사서삼경의 체계에 머물지 않고 고학(古學)을 주창하여 육경의 정신을 일깨운 점에서는 당시의 존신주자주의 학자들과는 상당한 차이를 보인다. 그러나 허목은 선유의 설을 충실히 받아들여 그것을 통해 육경으로 나아가려 한 반면, 윤휴는 선유의 설을 참고하는 수준에서 육경을 스스로 터득하려는 자세를 갖고 있었다.

허목이 윤휴에게 답한 다음과 같은 편지를 보면, 윤휴의 성향을 짐작할 수 있다.

> 경문을 훼손하고 고치는 것은 또한 예전에도 들어보지 못한 일입니다. 성인의 말씀은 두려워할 만한 것으로 어지럽힐 수 없습니다. 천하 사람들은 속일 수 있으나, 성인의 말씀은 어지럽힐 수 없습니다. '그대가 고친 것이' 『서전집주(書傳集註)』에 실린 「고정무성(考定武成)」과는 그 일이 다르니, 이와 같이 고치기를 그치지 않는다면 육경은 완전한 경전이 없을 것이고, 고문은 완전한 문장이 없을 것입니다. 경문을 해치는 것은 불살라 없애는 것이 첫째요, 훼손하는 것이 둘째이니, 어찌 크게

75 고영진(1994), 참조.

두려워할 만한 일이 되지 않겠습니까.[76]

윤휴는 경문(經文)도 개정할 수 있다는 입장을 취한 반면, 허목은 경문은 고칠 수 없다는 입장을 견지하고 있다.

이처럼 17세기 후반의 사상계는 서인계 산림 출신들을 중심으로 주자학을 절대 존신하는 학자들과 근기 남인계 산림 출신인 허목·윤휴 등을 중심으로 고학을 주장하는 학자들로 크게 양분되었다. 비록 허목과 윤휴의 학문성향이 다르기는 하지만, 이들이 모두 주자학만을 절대 존신하지 않고 고경(古經)의 정신을 회복하려 한 것은 우리 사상사에 있어 중요한 의미를 갖는다.

주자학에 대한 이해가 심화되는 과정에서 '정자·주자 이후로는 저술이 필요하지 않다.[程朱後不必著述]'고 한 16세기 후반 조식(曺植, 1501-1572)이 있었지만, 그것은 당시 거경(居敬)보다는 궁리(窮理)에 치우쳐 실천을 경시하는 학문풍조를 우려한 데서 나온 말이다.

17세기 후반 송시열은 '주자 이후로 한 가지 이치도 드러나지 않은 것이 없고, 한 책도 밝혀지지 않은 것이 없다.[自朱子以後 無一理不顯 無一書不明]'라고 하면서, 주자의 설을 따르지 않는 자를 이단으로 배척한 것은 주자주의를 철저히 실천하려는 것이었지만, 학문과 사상의 자유를 억압하여 결국 맹목적 묵수주의(墨守主義)를 불러왔다.

이는 앞 시대 이언적에서 노수신·조경 등으로 이어지며 나타나는 학문의 계승발전적 인식과 대립적 관계에 놓일 수밖에 없다. 이런 측면에

76 許穆, 『記言』 권3, 上篇, 學, 「答堯典洪範中庸考定之失書」. "毁改經文 蓋亦前古之未聞 聖人之言 可畏 不可亂也 天下 可誣也 聖人之言 不可亂也 與考定武成 其事不同 如此不已 則六經無全經 古文無全文 經文之害 焚滅 一也 毁壞 二也 豈不爲大可懼也"

서 보면, 허목과 윤휴의 경우는 정도의 차이는 있지만 학문의 계승발전적 인식을 한 측면에 있어서 이언적·노수신·조경 등과 맥락을 같이 한다. 허목은 이런 점에 미온적이지만, 윤휴의 경우는 오히려 앞 시대 학자들보다 적극적이었다.

16, 17세기 학문의 계승발전적 인식을 한 일군의 학자들은 주자의 설만을 존신하지 않았다. 그들은 주자를 선현으로 존중하면서도 공자의 도를 궁구하는 데 더 큰 비중을 둠으로써 주자의 설과 다른 설을 펼 수 있다는 개방적인 자세를 취하였다. 그렇게 하지 않고 주자의 설만을 묵수하면 학문이 더 이상 발전하지 못한다고 인식하였다.

성현의 설에 대해 의심을 갖는 것은 경전의 본지를 터득하기 위한 것이다. 이처럼 성현의 설을 묵수하지 않고 회의정신(懷疑精神)과 본지탐구(本旨探究)를 역설한 경우는 동시대 조익(趙翼, 1579-1655)이나 권시(權諰, 1604-1672)의 경학관에서도 찾아볼 수 있다.[77]

반면 절대존신주자주의자들은 주자를 성인으로 절대화함으로써 이설을 철저히 봉쇄하고 주자의 설만을 보위(保衛)하려 하였다. 이념의 단일화를 추구한 것이다. 그런 인물이 바로 송시열이며, 그가 주장한 논리가 바로 숭정학(崇正學)·벽이단(闢異端)의 정신이다.

이들은 성현의 말씀에 대해 의심을 갖는 그 자체를 불경한 것으로 인식

77 浦渚 趙翼은 "先聖之立言垂訓 後賢之解釋經義 乃所以求此理也 如或有疑 當反復深思究極其所歸而已"(『浦渚年譜』 권2 「尹宣擧撰墓誌銘」)라 하였고, 또 "今人 於朱子之言固未有異議者 然亦未見有效而爲之者"(『浦渚集』 제21권 「大學困得後說 中」)라 하였다. 炭翁 權諰는 "聖賢言語 非有可疑 只是人力量未及耳 然心旣未知其必然 而苟不爲疑 則心已不誠而僞矣 終何能得聖賢旨意乎"라고 하였다. 이들은 모두 墨守가 아닌 懷疑를 강조하였고, 本旨를 터득하는 데 역점을 두고 있다. 이러한 면은 송시열의 학문관과 다른 것으로, 맹목적 묵수주의를 경계한 것이다.

하였다. 그래서 우리는 경학사에서 묵수주의(墨守主義)와 회의주의(懷疑主義)가 상호 대립하면서 발전해 온 측면을 중시할 필요가 있다. 묵수주의는 송시열과 같은 절대존신주자주의로 흘렀고, 회의주의는 윤휴·이익·정약용과 같이 상대존신주자주의로 흐르며 학문의 계승발전적인 측면에서 본지탐구에 치중하였다.

17세기 후반 주자를 절대 존신하는 세력이 강경할수록 이에 대립하는 학자들은 더욱 고도(古道)를 추구하는 방향으로 나아갔다. 요컨대 17세기 후반의 학계는 주자학만을 절대 존신하는 쪽과 학문의 계승발전적 차원에서 육경의 정신을 회복하려는 쪽으로 크게 양분되기 시작했다. 전자는 율곡학파의 송시열 계열에 있던 학자들이 주류를 형성했고, 후자는 근기 남인계의 산림 출신 학자들이 주류를 이루었다.

Ⅲ. 경학관(經學觀)의 특징

1. 실천·실용을 위한 경술(經術)

윤휴는 17세기 후반의 경직된 학문풍토에 새로운 파문을 일으킨 인물이다. 그는 삼대 이전에는 도가 실생활의 예악에 들어 있었는데, 삼대 이후에는 단지 책 속에 들어 있게 되었다[78]고 보아, 서적 속에 들어 있는 이치만을 탐구하는 지적추구에 골몰하는 것을 경계하였다. 이런 풍조를 윤휴는 다음과 같이 말하고 있다.

78 尹鑴, 『白湖全書』[1974년 경북대학교 출판부 간행] 「行狀」, 1889면). "嘗曰 三代以上 道在禮樂 三代以下 道在簡策 三代人材 皆從禮樂修行中來 後世人材 皆從簡編誦說中來 此世道汚隆人材盛衰之大幾也"

> 예전의 사제 간에는 답하고 묻는 도가 있었다. 그러나 예전의 물음은 행하려고 하는 것이었는데, 오늘날의 물음은 알려고 하는 것이다. 예컨대 공자 문하에서 인(仁)을 물은 경우, 그것을 알아 행하려고 한 것이었다. 그러나 후세에 인(仁)을 물은 것은, 단지 인(仁)이란 글자의 뜻을 알려고 하는 것일 뿐이다. 이 답하고 묻는 도가 옛날과 지금이 다르게 되었으니, 스승이나 제자가 된 사람들은 각자 경계할 줄 알아야 할 것이다.[79]

유가의 학문이 지행합일(知行合一)을 추구하는 것은 두 말할 나위가 없겠으나, 송학(宋學)의 주지주의적(主知主義的) 경향은 선지후행(先知後行)의 논리로 나아감으로써 결국 행(行)이 소홀해지게 되었다. 이 점은 현대의 학문이 더욱 뼈저리게 반성해야 할 문제이거니와, 조선 시대에도 양식 있는 지식인들에게 끊임없이 제기되어 온 사안이다.

특히 성리학이 이 땅에서 꽃피기 시작하면서 학자들이 행(行)의 문제는 소홀히 한 채 리기(理氣)·사단칠정(四端七情) 등의 이론적 탐구에만 몰두하는 경향이 심해졌다. 그래서 16세기 후반 조식(曺植)은 이황에게 보낸 편지에서 이런 풍조를 심각하게 경계하였다.[80]

이처럼 실천의 문제를 깊이 자각한 윤휴는, 세무(世務)가 경술(經術)에 근본을 하지 않으면 쓸모가 없다고 하여 경술을 강조하였다.[81] 경술은 경전을 공부하여 그것을 현실에 발휘할 수 있는 능력을 말하는 것으로,

---

79 尹鑴, 『白湖全書』, 「行狀」, 1890면. "古之師弟 有答問之道 然古之問也 爲欲行之 今之問也 爲欲知之 如孔門之問仁也 欲知以行之 後世之問仁也 只欲知仁字之義 此答問之道 所以有古今之異 而爲師弟子者 各宜知戒者也"

80 曺植, 『南冥集』 권2, 「與退溪書」. "近見學者 手不知灑掃之節 而口談天理 計欲盜名 而用以欺人 反爲人所中傷 害及他人 豈先生長老無有以呵止之故耶"

81 尹鑴, 『白湖全書』, 「辨戶賦箚」, 396면. "世務不本於經術 委之無用"

장구지학(章句之學)이나 기송지학(記誦之學)이 아니다. 윤휴는 이를 위해 독서할 때 '유용간(有用看)'을 역설하였다.[82] 곧 세상의 일을 잘 처리하기 위해서는 경술을 닦아야 하는데, 그러기 위해서는 유용하게 경전을 읽어야 한다는 것이다.[83]

이 유용하게 독서하기는 무엇을 의미하는 것일까? 바로 지적추구에만 몰두해 사변화 하는 것을 지양하고 현실에 쓸모 있는 학문을 해야 한다는 것이다. 세무를 거론한 것이 바로 현실에서의 실용을 목적으로 하지 않는 당시의 학풍을 지적한 것이다. 이는 18세기 이익(李瀷)이 '경전을 궁구하는 것은 장차 치용을 하려는 것이다.[窮經將以致用]'라고 역설한 것과 같은 맥락에 있다.[84]

2. 고본(古本)을 통한 본지탐구

그러면 어떻게 하는 것이 유용하게 독서하는 방법일까? 윤휴는 글은 말을 다 표현할 수 없고, 말은 뜻을 다 드러낼 수 없기 때문에 경전의 장구(章句)와 문자(文字) 사이에서 성인들이 서로 전해 주고받은 뜻을 터득할 수 있다고 보았다.[85] 또 『대학』에서 '격물치지(格物致知)'를 해석하

82 윤휴는 朱子와 동시대를 살았던 呂祖謙의 "今人讀書 全不作有用看 且如人二三十年讀聖人書 一朝遇事 便與閭巷人無異 或有一聽長老之言 便能終身受用者 豈長老之言過於六經哉 只緣讀書不作有用看故也"라는 말을 인용하면서 "此其大概 警人深切者 敢提出自省焉"이라고 하였다. 여조겸의 말은 장로의 말만 한결같이 따르는 것은 有用看이 될 수 없다는 내용으로, 六經의 本旨를 터득하는 것이 중요하다는 언급이다.

83 이런 사고는 뒷시대 星湖 李瀷이 '窮經將以致用'을 내세운 것과 일맥상통하는 논리이다.

84 李瀷은 『星湖僿說』「誦詩」에서 경서를 연구하는 것은 세상에 쓰이기 위해서라고 하면서, 당시의 학술을 經術과 事務가 갈라져 두 갈래의 길이 되었다고 개탄하였다.

85 尹鑴, 『白湖全書』, 「中庸章句補錄」, 1461~1362면. "書不盡言 言不盡意 卽其章句文字之間 猶可以得前聖授受之意者 而殆先儒未之究言也"

지 않고 궐문(闕文)으로 남겨둠으로써 말한 것보다 더 깊은 뜻을 그 속에 담아놓은 경우가 있으니, 학자들은 이런 점을 깊이 궁구해야 한다고 하였다.[86]

이는 곧 경전의 문구에는 드러나지 않지만 그 이면에 담긴 미언홍지(微言弘旨)를 터득하는 것이 그 무엇보다 중요하다고 보는 견해이다. 이는 다름 아닌 경전의 본지를 탐구하는 정신이다.

윤휴의 경학은 이 경전의 본지를 찾기 위한 끝없는 노력의 여정이었다. 그래서 그의 궁경자세(窮經姿勢)는 선유의 설에 따라 이해하는 공부를 초월하였다. 즉 선인이 밝혀 놓은 것을 그대로 따르는 것이 아니고, 그것을 통해 선인이 말하지 않은 것을 더 밝히는 것이 학자의 사명이고 도를 떨어뜨리지 않는 길이라고 여겼다. 윤휴는 다음과 같이 말한다.

> 대체로 천하의 의리(義理)는 무궁(無窮)하고, 성현의 말씀은 지의(旨意)가 매우 깊다. 앞사람이 대의(大義)를 밝혀 놓으면 뒷사람이 또 그것을 연역하여, 이미 말한 것을 통해 말하지 않은 것을 더욱 드러내었다. 이 점이 문왕·무왕의 도가 땅에 떨어지지 않고 사람에게 있게 된 이유이고, 도가 더욱 밝아지게 된 까닭이다. 따라서 이런 점을 말하는 것은 참으로 앞사람보다 훌륭함을 구해서가 아니고, 말하지 않는 것은 또한 앞사람이 뒷사람을 기다리는 뜻이 아니다.[87]

---

86 尹鑴, 『白湖全書』, 「行狀」, 1890면. “又嘗曰 春秋有不言而示義者 中庸之不說天下之大本 大學之不釋格物致知 堯曰篇之去重民五敎 洪範之不言彛倫者 其義更深於言之者 學者不可不深致意也”

87 尹鑴, 『白湖全書』, 「中庸章句補錄」, 1461~1462면. “蓋天下之義理無窮 而聖賢之言 旨意淵深 前人旣創通大義 後之人又演繹之 因其所已言 而益發其所未言 此文武之道 不墜在人 而道之所以益明也 言之 固非以求多于前人 不言 又非前人俟後人之意也”

윤휴는 '천하의 의리는 무궁하다'는 말을 자주 하였다.[88] 왜 그랬을까? 그 대답은 비교적 간단하다. 곧 한 사람의 지혜로는 아무리 총명해도 이 세상의 이치를 다 알 수 없다고 보기 때문이다.[89] 절대적인 것보다는 상대적인 가치를 인식한 것이다. 더구나 성인의 말씀은 그 뜻이 깊기 때문에 선현이 밝힌 것을 바탕으로 밝히지 못한 면을 발명하는 것이 후학의 임무라고 생각하였다. 그래서 그는 서양의 학문에 대해서도 전인이 발명하지 못한 점을 발명한 것을 높게 평가하였다.[90]

이는 앞에서 살펴보았듯이, 앞 시대 이언적·노수신·조경의 인식과 비슷한 것으로 학문의 계승 발전적인 측면을 중시하는 사고이다. 윤휴는 이런 인식을 확고하게 정립함으로써 경전의 뜻을 발명한 어떤 위대한 현인, 예컨대 주자와 같은 선현도 절대적인 존재로 여기지 않았다.

윤휴는 이와 같은 학문관을 견지함으로써 고인에 얽매이지 않고 예전의 주설(註說)에 구애되지 않았다.[91] 오로지 그에게 있어서는 마음속으로 터득하고 이치에 맞는지를 따지는 것이 더 중요하였다.[92] 그래서 그는 경전을 연구하는 데 있어 경전의 본지를 터득하는 데 주안점을 두었다.

그가 경연(經筵)에서 임금에게 '『논어』의 주석을 굳이 읽을 필요가 없다'[93]라고 말한 것이나, '언해의 구절(句絶)에 의지하지 말라'[94]고 한 것도

---

88 위 인용문 외에도 「讀書記序」·「讀尙書」 등에 그런 말이 보인다.

89 尹鑴, 『白湖全書』, 「讀書記序」, 997~998면. "天下之理 非一人之知 所能周也"

90 尹鑴, 『白湖全書』, 「辛巳孟冬書」, 1382~1383면. "近六十年又有末葉大第谷 創器測天 于後有加利勒阿 創有新圖 發千古星學之所未發 于是望遠鏡出 天象微妙盡著"

91 尹宣擧는 尹鑴에 대해 "希仲妙年自悟 有志於學 立心制行 不泥古人 讀書講義 不拘註說"이라고 하였는데, 宋時烈은 뒤에 이 말을 가지고 朱子를 배척하였다고 하였다. 『宋子大全』에서는 尹拯이 지은 윤선거의 연보에 실린 이 말을 인용하여 윤선거 부자를 비난하였다.(『宋子大全』 附錄 「年譜」, 한국문집총간 115책 331면)

92 尹鑴, 『白湖全書』, 「行狀」, 1890면. "雖前人之言 會諸心 質諸理 亦不苟從"

모두 주설(註說)의 번다함에 얽매어 경전의 본지를 파악하지 못하는 학문 폐단을 염두에 두고 한 말이다. 이는 『논어』의 주자의 주나 언해를 무시하여 보지 말라는 뜻이 아니고, 주설만을 따라 해석하지 말라는 것이다. 그러나 당시는 이런 말을 용납할 수 없을 정도로 주자설을 절대 존신하는 분위기가 고조되어 있었다.[95]

윤휴는 이런 적극적인 본지탐구의 자세로 정주의 주설에 따라 경전을 이해하는 당시의 일반적인 학문 방법을 따르지 않고, 고본(古本)을 텍스트로 택하여 의리발명을 추구하였다. 그의 주요 경학저술인 『대학』·『중용』·『시경』·『효경』 등에 관한 독서기(讀書記)를 보면, 주자가 편차를 정하여 만든 것을 대상으로 해서 자신의 견해를 편 것이 아니고, 고본을 텍스트로 하여 논의하고 있음을 알 수 있다.[96]

사서(四書)는 주자가 송학을 집대성한 산물이라고 해도 과언이 아니다. 주자는 사서를 주로 하면서 인식론·심성론·수양론 등 철학적인 사유의 폭을 넓혀 나갔다. 그래서 육경을 위주로 하는 종래의 학문과는 달리 사서와 『심경』·『근사록』 등 성리서를 중시하게 되었다.

---

93 『肅宗實錄』 원년 1월 18일 정축조. "御晝講 尹鑴亦入侍 鑴言 論語註不必讀"

94 『肅宗實錄』 원년 3월 17일 을해조. "御晝講 鑴請上勿依諺解句絶 侍讀官權愈 特進官 李弘淵曰 祖宗朝刊行之諺解 不可猝變 上依鑴言讀之"

95 윤휴가 경연에서 '論語註不必讀'을 말하자, 金錫胄는 "論語註는 버릴 수 없다."라고 하였고, 뒤에 김만중은 이에 대해 극력 반대하는 주장을 하다가 숙종의 노여움을 사서 파직되었다.(『숙종실록』 원년 윤5월 26일 계축조)

96 이 점은 앞 시대 晦齋가 주자의 『大學章句』를 텍스트로 하여 주자와 다른 설을 편 것과는 본질적으로 다르다. 학문의 계승발전적인 면을 인식한 것은 동일하지만, 이 점은 주자학과 사유체계를 달리하는 것으로, 우리 경학사에서 중요한 인식의 변화를 의미한다. 그러나 주자학 자체에 반대한 것은 아니기 때문에 '反朱子學'이라고 규정하는 것은 옳지 않다고 여겨진다.

16세기 주자학에 대한 이해가 깊어지면서 우리나라에서도 주자의 주를 바탕으로 하는 사서 위주의 학문이 확립되었고, 육경에 대한 학문은 상대적으로 경시되었다. 육경이 천시된 것은 그 서책이 완전하지 못하고, 그 글이 어렵고, 시간적 거리가 너무 멀기 때문에 하나하나 행할 수 없었다는 데에도 이유가 있었다.[97]

이런 분위기 속에서 허목은 삼대의 도가 담겨 있는 육경을 중시하여 새로운 학풍을 제창하였다.[98] 이후 근기 남인계에서는 사서 위주의 학문에서 육경을 중시하는 쪽으로 나아가게 되었는데, 18세기 이익(李瀷)에 이르러서 그런 면모가 뚜렷이 나타난다.[99]

윤휴도 삼대 이전의 학문을 높게 여겼다.[100] 그러나 그의 경전연구는 우선 공자의 말씀이 직접 담겨 있는 『대학』·『중용』·『효경』·「내칙」 등에 많은 공력을 기울였다. 이런 점에서 보면 윤휴는 주자의 사서체제를 전적으로 부정한 것이 아님을 알 수 있다.

이상에서 살펴본 것처럼, 윤휴는 당시 학문이 지적추구에만 골몰하고 실천이 뒤따르지 않는 점을 직시하여 세무(世務)에 도움이 되는 실천적이고 실용적인 경술을 주창하였다. 그리고 이를 위해 고본을 통한 본지

---

97 金邁淳, 『臺山集』 권17, 「闕餘散筆」. "易詩禮春秋 皆聖人之言也 講明討論 固當靡不用極 而其書斷缺而未完 其文簡奧而難通 又古今風氣邈然遼絶 其事其法 不可一一接跡而行之"

98 鄭玉子(1991), 참조.

99 이익은 六經을 正宗으로, 四書를 嫡傳으로, 송나라의 四儒(周敦頤·張載·程頤·朱熹)를 眞派로 보아, 학자는 진파를 통해 적전에 이르고 정종에 이르러야 한다는 점을 역설하였다. 곧 程朱의 說→四書→六經의 구도를 제시한 것이다.(최석기(1995), 「星湖 李瀷의 窮經姿勢」, 『제5회 동양학 국제학술회의 논문집』, 성균관대학교 대동문화연구원)

100 尹鑴, 『白湖全書』, 「行狀」, 1889~1890면. "三代以上 道在禮樂 三代以下 道在簡策 三代人材 皆從禮樂修行中來 後世人材 皆從簡編誦說中來 此世道汚隆人材盛衰之大幾也"

탐구에 역점을 두었다. 윤휴는 이런 학문정신을 견지하였기 때문에 주자를 존모하면서도 그의 설만을 따르지 않고 고금의 설을 두루 참고하였으며, 자신의 자득(自得)한 견해가 있으면 기탄없이 개진하였다.

3. 사친(事親)과 사천(事天)의 두 축

그렇다면 윤휴가 생각한 학문의 기본골격은 무엇이었을까? 윤휴는 성리학의 두 축이라 할 수 있는 거경(居敬)·궁리(窮理)를 학문의 골간(骨幹)으로 삼지 않았다. 이 두 축은 기실 주자가 주석하여 표장(表章)한 사서(四書), 그 가운데서도 『대학』과 『중용』을 중심으로 형성된 사유이다. 그런데 윤휴는 고경(古經)에 더 시선을 둠으로써 이런 구조에서 벗어나 독자적인 체계를 세웠다.

그는 요·순의 도를 효제(孝悌)로 파악하여 공자가 제자들에게 이를 즐겨 말했다고 보았다.[101] 그래서 그는 『효경』을 사친(事親)의 도를 말한 것으로 보고, 『예기』 「내칙(內則)」을 그 절문(節文)으로 보았다. 또한 『중용』을 사천(事天)의 도로 보고, 『대학』을 그 조목(條目)으로 보았다.[102] 요컨대, 윤휴는 사친지도(事親之道)와 사천지도(事天之道)를 공자가 확립한 학문의 두 축으로 인식한 것이다.

윤휴 경학의 가장 큰 특징은 이 사친지도와 사천지도를 두 축으로 하여, 『효경』·「내칙」을 『대학』·『중용』과 같은 수준으로 파악한 데 있다. 그는 『효경』을 육경에 배열하여 천하의 대훈(大訓)으로 삼을 만하다고

101 尹鑴, 『白湖全書』, 「孝經章句考異」, 1550~1551면. “堯舜之道 孝悌而已 吾夫子樂道堯舜之道 而曾氏之徒 述而傳之 如此”

102 尹鑴, 『白湖全書』, 「行狀」, 1893면. “公於孝經用功 與中庸無異 曰 孝經言事親之道 內則實其節文也 中庸事天之道 大學是其條目也”

하였고[103], 「내칙」도 같은 위치에 두어 "증씨(曾氏: 曾參)의 글에 있어서 『효경』은 강상(綱常)을 거론한 것이고, 『대학』은 마음에 근본을 한 것이고, 이 「내칙」은 또 그 일을 상세히 말한 것이다."[104]라고 하였다.

곧 윤휴는 공자의 도를 들은 증자(曾子)나 자사(子思)의 글을 통해 공자의 도를 밝히는 것을 사명으로 여긴 것이다. 이점에 있어서는 주자의 생각과 동일하다. 다만 주자는 증자가 찬술한 『대학』과 자사가 지은 『중용』을 중시한 반면, 윤휴는 증자의 「내칙」과 자사의 『중용』을 두 축의 경서로 보아 사친(事親)과 사천(事天)의 두 축으로 보았다. 또한 윤휴는 『대학』에서는 성의(誠意)를 삼강령을 실천하는 기본으로 보았고, 『중용』에서는 계구(戒懼)·신독(愼獨)을 중시하였다.[105] 윤휴가 『대학』을 중시하지 않은 것은 아니지만, 주자처럼 모든 학문의 규모로 보지 않고, 사천(事天)의 조목으로 삼았다는 점이 다르다.

윤휴는 이런 구도 속에서 자신의 독자적인 경학 체계를 수립하였는데, 앞에서 살펴보았듯이 본지를 터득하는 데 주안점을 둠으로써 전인의 설에 구애받지 않고 고본을 텍스트로 하여 자신의 설을 개진하였다. 그러나 궁경자세에 있어서는 주자의 태도를 매우 존모하여 자신도 그런 자세를 따르려 하였다.[106] 그리하여 그는 『효경』의 경우 고문(古文)·금문(今文)과 주자의 『효경간오(孝經刊誤)』를 모두 참고해 경문의 동이를 이정(釐正)하여 해석하였고[107], 「내칙」은 정현(鄭玄)과 주자(朱子)의 주를 모

103 尹鑴, 『白湖全書』, 「孝經章句考異」, 1551면. "信可列配六經 而爲天下之大訓"

104 尹鑴, 『白湖全書』, 讀書記, 「內則集釋序」, 1801면. "曾氏之書 孝經擧其綱 大學本諸心 而此篇則又特詳其事"

105 安秉杰(1991), 참조.

106 尹鑴, 『白湖全書』, 「行狀」, 1891면. "嘗讀朱子書 其於註解 書而復削 削而復書 或自會於意而改之 或因朋友門生之說而改之 至於易簀而後已"

두 참고하여 해석하였다.[108]

『대학』·『중용』은 본래 『예기』에 들어 있던 것으로 고문이 없기 때문에 금문의 고본만을 텍스트로 하였고, 또 주자가 편차를 개정하였기 때문에 주자의 장구의 설을 취하지 않았다. 논자에 따라 윤휴가 금문학(今文學)을 주창하였다고 보는 설이 있으나[109], 이는 윤휴가 『상서(尙書)』의 고문을 위서(僞書)로 보았기 때문에 금문만을 취한 것인데, 이를 지나치게 확대 해석한 소치로 보인다.

윤휴가 『효경』과 「내칙」을 『대학』·『중용』과 표리가 되는 것으로 파악한 데에는 일상에서의 실천적인 면이 경시되고 있는 것을 바로잡아 지행(知行)이 합일되게 하려는 의도가 있다. 이는 성리학이 심성론에 치중함으로써 공자가 강조한 효제(孝悌)의 도가 경시되는 풍조를 회복하려 한 것이다. 또한 『대학』에서 '격물치지'에 역점을 두지 않고 '성의'를 표장한 것이나, 『중용』에서 계구·신독을 중시하여 사천(事天)·외천(畏天)을 강조한 것도 이론적 탐구보다는 실천을 통한 인격완성에 중점을 둔 것이다.

사천지도(事天之道)를 중시한 것은 비단 윤휴뿐만이 아니다. 동시대 권시(權諰)도 조선중기 성리학이 리기·사칠 등의 이론적 탐구에 치중하자, 도덕적 실천을 강조하며 사천(事天)을 통한 인간성 회복을 외쳤다.[110] 또한 후대 정약용(丁若鏞)이 『대학』의 요지를 효제자(孝悌慈)로 보고, 『중

107 尹鑴, 『白湖全書』, 「進孝經註解無逸立政圖疏」, 224면. "竊取古今文朱子刊 釐正經文同異而詁釋之"

108 尹鑴, 『白湖全書』, 「內則集釋序」, 1801면. "又用鄭氏註解 及朱子補註 以通經義"

109 李丙燾(1987), 333면 참조.

110 崔英成, 『韓國儒學思想史』 제3책 제3장 「독자적인 경전주석」 참조.

용』을 해석하면서 인격천(人格天)인 상제(上帝)를 드러내 사천(事天)을 강조한 것 등은 윤휴의 경학관과 그 관점이 유사하다.

이런 새로운 성향은 조선중기 성리학이 지나치게 사변화 함으로써 실질적인 인격수양이 도외시되는 풍조를 바꿔 유학 본연의 이념을 추구하려 한 것이다. 이런 점에서 윤휴가 내세운 사친(事親)과 사천(事天)의 도는 현실적이고 실천적인 성격을 갖는다. 또한 이점은 조선경학의 독자적인 성격으로 드러낼 만한 특징이다.

Ⅳ. 주자학(朱子學)과의 상관관계

흔히 윤휴의 사상을 '반주자학' 또는 '탈주자학'이라고 규정하는데, 필자는 이에 동의하지 않는다. '반주자학'이라고 하면 이을호의 「반주자학적 사상의 대두」에 대한 김길환(金吉煥)의 논평[111]에서처럼, 주자학의 이론이나 그 체계에 대한 비판적 이론이나 체계가 있어야 한다. 그러나 윤휴에게는 주자의 설과 다른 점은 있지만 주자학에 전면 반하는 사상체계는 찾아볼 수 없다. 또한 윤휴는 청나라 초기의 모기령(毛奇齡)처럼 주자를 드러내 놓고 전면적으로 비판하지도 않았다.

'탈주자학'이라는 말도 애매모호하기가 이를 데 없다. 윤휴가 주자의 주석에서 벗어나 고본을 텍스트로 한 점이나 주자의 설만을 묵수(墨守)하지 않고 이설을 편 점에서는 '탈주자학'이라는 말이 근사할지 모르지만, 윤휴의 사상이 주자학에서 완전히 탈피한 것이라고 보는 데는 아무

111 韓國哲學會(1978), 『韓國哲學硏究』, 東明社, 472~476면 참조.

래도 동의하기 어렵다.

윤휴는 주자의 학문적인 공적을 높이 평가하였고, 그의 학문자세를 존모하며 따랐다. 예컨대 『중용』의 경우, 주자와 다른 설을 펴면서도 주자가 대체(大體)를 다 밝혀 놓았기 때문에 자신의 설은 유의(遺義)를 밝히는 정도라고 하였다.[112] 그는 주자의 설을 높이 인정하지만, 자신이 새로운 사실을 터득하였거나 다른 의견을 가지고 있기 때문에 그것을 학문의 계승 발전적 차원에서 개진한 것이다. 이런 시각에서 보면 '탈주자학'이라는 말은 꼭 적합한 말이라고 할 수가 없다.

'탈주자학'이라는 말의 뉘앙스를 여러 각도로 이해할 수 있기 때문에 논쟁의 소지가 있다. 그러나 '탈주자학'이라는 말이 조선중기 주자학에 경도 되어 있던 학술적 분위기에서 탈피한 것을 의미한다면 몰라도, 윤휴의 사상이 주자학에서 탈피한 것이라는 의미로서는 적절치 못하다. 엄밀히 말해 중세사회 속에서 그 시대의 지배 이념으로 확립된 사유체계에서 벗어난다는 것은 불교나 도교처럼 완전히 다른 사상을 갖지 않는 한 불가능한 것이다.

요컨대 윤휴는 주자의 설을 묵수하지 않고 비판적으로 수용하였으며, 그런 과정에서 자신이 새롭게 발명한 것을 기탄없이 밝힌 것이다. 그리고 그 밑바탕에는 주자의 설을 절대적으로 보지 않으며, 천하의 이치는 한 사람이 다 밝힐 수 없다는 기본적인 그의 학문관이 전제되어 있다. 이런 관점에서 보면 주자학과 윤휴의 학문은 상당 부분 공통분모가 있으며, 얼마쯤은 독자적인 면이 있다. 이 공통분모를 배제하고서 독자성만

112 尹鑴, 『白湖全書』, 「中庸章句補錄」, 1462면. "其朱子章句既有成書 不敢援引分裂 有所取舍於其間 且其宏綱大體 旣已擧之矣 今只略錄愚謏聞淺見 發其餘韻遺義 名之以朱子章句補錄"

을 가지고 '탈'이라고 하는 것이 과연 합당할까? 그러므로 필자는 탈주자학이라는 설에 동의하지 않는다.

윤휴는 공자 이후 정맥(正脈)을 주자로 보았으며[113], 주자의 설만을 묵수적으로 절대 존신하는 송시열을 '간정위주(奸程僞朱)의 무리'라고 하였다.[114] 또한 문인 권성중(權聖仲)은 윤휴의 학문이 정주(程朱)의 맥을 전한 것이라 하였다.[115] 이런 측면에서 보면 윤휴를 '반주자학' 또는 '탈주자학'이라고 보는 것은 무리가 뒤따를 수 있다.

윤휴의 사상은 송시열의 사고방식과 비교해 보면 선명히 드러난다. 송시열이 윤휴를 사문난적으로 지목한 데에는 당쟁의 요인이 상당 부분 개입되어 있지만, 학문성향에 있어서도 확연히 다른 면이 있다.

송시열은 주자를 존신한 이황의 설조차도 미진한 점을 지적하며 주자학을 철저히 존신하였다. 그래서 그는 하늘이 공자를 이어 주자를 낳아 만세의 도통(道統)이 되게 하였다고 하면서 주자를 공자에 버금가게끔 절대화시켰다. 그런 사고를 하였기에 그는 주자 이후에는 세상의 모든 이치가 드러나고 모든 책이 밝혀지게 되었다고 극존(極尊)하였다.

송시열은 이런 인식을 확고하게 가짐으로써 주자의 설과 다른 견해를 용납하지 않았다.[116] 또한 그는 주자가 일생의 공력을 기울인 사서를 매우 중시하여[117] 상대적으로 육경을 소홀히 한 면이 없지 않다.

---

113 尹鑴, 『白湖全書』 상권 75면 「寄意」 참조.

114 尹鑴, 『白湖全書』 상권 700면 「原書」 참조.

115 尹鑴, 『白湖全書』 하권 1852면 부록1, 「備忘記」 참조.

116 宋時烈, 『宋子大全』(한국문집총간 115책), 218면. "天之繼孔子而生朱子 實爲萬世之道統也 自朱子以後 無一理不顯 無一書不明 而鑴敢自立己見 肆其胸臆"

117 宋時烈, 『宋子大全』(한국문집총간 115책), 556면. "人有不習乎四書 而務博乎經書者 則先生戒之曰 朱子以爲 經書義理 不如四書之明白 而一生用工 多在四書 後學亦可熟讀四

송시열은 주자가 아니면 공자의 도가 밝게 드러나지 않았을 것이라는 주자를 절대 존신하는 사고를 하였고[118], 심지어 공자 뒤에는 주자가 있고 주자 뒤에는 율곡(栗谷: 李珥)이 있다는 도통론을 내세우며, 공자를 배우고자 하면 율곡으로부터 시작해야 한다는 편협한 사고를 하고 있었다.[119] 그는 이런 사고를 가지고 있었기에 자기의 당여나 학통이 아니면 인정을 하지 않았고, 이설을 용납하지 않았다.

그러므로 윤휴가 주자의 『중용장구』와 다른 견해를 펴자, 주자를 무함하고 주자에게 패역한 무리로 규정하여 사문난적으로 지목한 것이다. 그래서 그는 춘추대의를 내세워 윤휴를 지지한 윤선거(尹宣擧)를 먼저 쳐야 한다고 하였으며[120], 윤휴는 주자 문하의 반적(叛賊)이기 때문에 하나의 터럭까지지도 죄역(罪逆)이 아닌 것이 없다고 극언을 하기도 하였다.[121]

송시열은 주자의 설을 따르지 않으면 이적(夷狄)이나 금수(禽獸)로 보았으며[122], 이단(異端)으로 보았다. 정만창(鄭晩昌)이 '주자의 의논을 따르지 않는 자는 모두 이단이 되는 것을 면할 수 없는가?'라고 질문을 하자, 송시열은 '그렇다'고 하였다.[123] 여기서 우리는 송시열이 주자를

書 而後方可學經書也"

118 宋時烈, 『宋子大全』(한국문집총간 115책), 438면. "微朱子 則孔子之道 不明 不明則不傳矣"

119 宋時烈, 『宋子大全』(한국문집총간 115책), 442면. "朱子 後孔子也 栗谷 後朱子也 欲學孔子 當自栗谷始 遂使讀擊蒙要訣"

120 宋時烈, 『宋子大全』(한국문집총간 115책), 218면. "春秋之法 治亂賊 必先治其黨與 有王者作 公當先鑴而伏法矣"

121 宋時烈, 『宋子大全』(한국문집총간 115책), 283면. "鑴乃朱門叛賊 一毛一髮 無非罪逆"

122 尹鑴, 『白湖全書』, 「年譜」, 2143면. "時烈答書以爲 不從朱子之訓 是夷狄禽獸也"

123 宋時烈, 『宋子大全』(한국문집총간 115책), 513면. "丁酉冬 鄭晩昌問於先生曰 不從朱子之論者 皆不免爲異端乎 先生曰 然 晩昌曰 近來尹鑴 何如 先生曰 吾以爲異端也"

절대 존신하는 인식을 단적으로 읽을 수 있다. 윤선거는 송시열의 이런 독단적 견해에 반대하여 윤휴를 이단으로 볼 수 없다고 하면서 오히려 송시열이 쟁단(爭端)을 일으키는 것을 비난하였다.[124]

윤휴의 사상을 평가하는 데 있어 이 이단논쟁을 주목해 볼 필요가 있다. 윤선거처럼 윤휴를 이단으로 볼 수 없다면, 우리는 윤휴의 사상을 '반주자학'이나 '탈주자학'이라고 단언해서는 안 된다. 기왕의 연구에서 윤휴의 사상을 '반주자학'이나 '탈주자학'으로 보는 경향이 우세하지만, 그에 못지않게 신중하게 평가하는 설도 적지 않다.

이을호는 "주자학에 부분적 이의(異意)를 표방한 온건한 비판자이다."라고 하였으며, 유영희는 "윤휴의 사상이 철저하게 주희의 사상과 대립하고 있는 것은 아니어서 그의 저술 속에서 뚜렷하게 주희에 대한 전면적인 일탈은 보이지 않는다."라고 하였다.

또한 일본학자 삼포국웅(三浦國雄)은 "주자에게 전혀 반기를 드는 것은 전혀 아니다."라고 하였고, 또 "주자를 절대시하지 않았다고 하는 것은 반주자학자나 회의주의자가 아닌 이상, 주자보다 위의 권위에 대한 확신이 있었다고 하는 것 이외의 것이 아니다."라고 하면서, 송시열과 비교하여 정통과 이단의 대립이 아니라 주자절대주의와 주자상대주의의 차이에 의한 것이라고 평가하였다.

우리는 이런 연구 성과를 무시하고 이단으로 지목된 점이나 주자의 설과 다른 독자성에만 치중하여 그의 사상을 '반주자학'이나 '탈주자학'으로 결론짓는 것을 신중히 할 필요가 있다. 결국 송시열이 윤휴를 사문

124 尹光紹 撰, 『明齋先生年譜』, 附錄, 「前縣監羅良佐等疏」. "時烈盖嘗指鑴爲異端矣 宣擧則又謂 君畏鑴太過耳 其意以爲古之異端 若陸九淵輩 其才學 皆過人 鑴但坐僭越 不足以當異端 而遽立標榜以作爭端"

난적으로 지목하고 이단으로 배척한 것은, 정치적으로는 당쟁의 산물이지만, 학문적으로 보면 송시열의 지나친 주자를 존신하는 사고가 다양한 견해를 수용하지 못함으로써 빚어진 질곡이었다.

윤휴는 이단으로 몰리자 자신의 입장을 다음과 같이 밝혔는데, 그의 학문성향이 잘 드러나 있다.

> 나의 저술은 주자의 해석과 다른 설을 펴려고 하는 것이 아니고 의심을 기록하는 것일 뿐이다. 설사 내가 주자 시대에 태어나 제자의 예를 갖추었다고 하더라도 구차하게 뇌동하며 의심을 풀기를 구하지 않고 찬탄만 하고 있지는 않았을 것이다. …… 전혀 의심을 하지 않고 입을 다물고 부화뇌동한다면 존신하는 것이 허위로 돌아갈 것이니, 주자가 어찌 이와 같이 했겠는가? 또한 나는 벗들과 토론하여 훗날의 견해가 점점 진전되기를 바랐을 뿐이다. 그런데 근래 송영보(宋英甫: 宋時烈)가 이단으로 나를 배척하였다. 영보의 학문은 의심을 가진 적이 없고, 오직 주자의 훈해(訓解)만을 따르면서 이의(異議)를 용납해선 안 된다고 혼동을 일으키고 있다. 비록 존신한다고는 하겠지만 어찌 이것이 실제로 터득하는 길이겠는가.[125]

이런 그의 고백을 들어보면, 윤휴는 주자의 설에 반대하지도 않았고, 주자로부터 벗어나지도 않았다. 다만 경전의 본지를 터득하기 위하여, 실득(實得)이 있는 학문을 위하여 맹목적으로 주자의 설을 존신하지 않

125 『道學淵源續』[李丙燾 『韓國儒學史』 332면 재인용]. "吾之所著 非欲與朱訓立異 乃記疑耳 設使我生於朱子之時 執弟子之禮 亦不敢苟且雷同 都不及求 而只加贊歎而已 …… 若都不起疑含糊雷同 則其所尊信者 歸於虛僞 朱子豈如是也 且吾只欲與朋友講論 以俟他日見得之漸進 而近有宋英甫斥以異端 英甫之學 曾不設疑 而惟朱訓 則混稱不可容議 雖曰尊信 而豈是實見得也"

고 의문을 가지고 접하였으며, 경전을 연구하다가 자신의 견해가 생기면 구차하게 정설(定說)을 따르지 않고 기탄없이 개진하여 토론의 자료로 삼은 것이다.

그가 곳곳에서 자신이 이설을 제기하는 것은 취정지지(就正之地)나 토론지지(討論之地)를 삼고자 하는 것이라고 언급한 것을 보면, 그의 학문 정신을 알 수 있다. 다만 자신의 말대로 독서를 하면서 수득수필(隨得隨筆: 터득하는 대로 기록해 놓음)함으로써 신사지(愼思之)한 면이 부족하고, 또 박문(博文)에 의존하여 고증적인 면이 부족한 것이 흠이라 하겠다.

결론적으로 말하자면, 윤휴가 주자의 설에 반대한 것도 아니고, 주자학에서 탈피하여 새로운 유학의 체계를 세운 것도 아니다. 다만 주자학적 범주에 국한하여 경전을 해석하지 않고 본지를 탐구하려 하였고, 그러다 보니 주자의 설과 다른 이설을 편 것일 뿐이다.

또한 그런 가운데 당시 학풍의 문제점을 인식하고 이를 개선하기 위해 사친(事親)과 사천(事天)의 도를 새롭게 강조한 것이다. 이런 시간적 공간적 특수성이 있는 것을 무시하고 주자학과 다른 점만을 들어 논하는 것은 바람직하지 않다. 이런 점에서 일본학자 삼포국웅의 관점은 우리의 시각을 넓히는 데 많은 도움을 준다.

V. 맺음말

이상에서 윤휴의 경학관을 개괄해 보았다. 본고는 윤휴 경학의 독자성만을 부각시키는 데 역점을 두지 않았다. 그리하여 조선중기 학술사적 맥락에서 16세기의 주자의 설을 존신하는 쪽의 시각과 그렇지 않고 학문의 계승 발전적 시각을 가진 쪽의 논조를 대립적 관점에서 파악하였다.

전자는 이설을 펴는 것을 용납하지 않음으로써 주자를 절대시하는 풍조를 고조시켰다. 후자는 주자를 존모하지만 주자의 설만을 묵수하지 않고 후학이 그를 바탕으로 계속 연역해 나가야 한다는 생각을 하였으며, 주자보다는 도를 우위에 두었다. 따라서 이들은 도를 밝히는 데 있어서는 주자와 다른 설을 펼 수 있다고 보았으며, 그것이 진정 주자의 뜻이라고 하였다. 이를 필자는 묵수주의적 관점과 계승발전적 관점으로 파악하였다.

17세기로 접어들어 주자학에 대한 이해가 심화되면서 송시열은 공자 → 주자 → 율곡(李珥)으로 이어지는 도통론을 수립하면서 자기 학파의 정통성을 내세웠고, 주자를 성인으로 간주하여 절대존신주자주의를 확립하였다. 그리하여 주자와 다른 설을 펴는 사람은 이단으로 지척하였다.

반면 학문의 계승발전적 측면을 중시한 근기 남인계의 허목·윤휴 등은 주자를 존모하면서도 주자학의 범주에만 국한하지 않고 폭을 넓혀 고경(古經)을 통해 육경의 정신을 회복하려 하였다. 필자는 이를 절대존신주자주의와 상대존신주자주의로 보았다.

본고에서 논한 윤휴의 경우는, 학문이 이론적 탐구에 치중해 사변화하는 것을 반성하고 세무(世務)에 도움이 되는 유용한 학문을 역설하였다. 이를 위해 그는 선인의 설에 구속되지 않고 경전의 본지를 탐구하는 데 주안점을 두었으며, 고본을 텍스트로 하여 본지를 탐구하였다. 또한 그는 비현실적이고 비실천적인 학문을 바로잡기 위해 유학 본연의 정신을 되살려 효를 강조하고 계신공구(戒愼恐懼)·신독(愼獨)을 중시하였다. 그리하여 그는 학문의 두 축으로 사친지도(事親之道)와 사천지도(事天之道)를 표장하였다.

이러한 윤휴의 사상에 대해 필자는 '반주자학' 또는 '탈주자학'으로 보는 견해에 동의하지 않고, 학문의 계승발전적 차원에서 자신의 견해를 편 것으로 보았다. 송시열이 주자를 성인으로 절대시하여 절대존신주자주의를 확립시켰으나, 같은 율곡학파에도 회의정신(懷疑精神)과 본지탐구(本旨探究)를 중시한 조익(趙翼)이나 권시(權諰) 같은 인물이 있으며, 근기 남인 계열의 허목·윤휴 등은 주자를 선현의 한 분으로 존모함으로써 상대존신주자주의를 견지하였다.

이처럼 주자를 대하는 관점의 차이에서 송시열은 주자와 다른 설을 펴는 것을 이단으로 배척하였고, 윤휴는 주자의 설만 존신하는 것은 진정하게 학문을 계승발전시키는 것이 아니라고 보았다. 요컨대 윤휴의 사상은 이런 입장 차이에서 기인한 것이기 때문에 윤휴의 사상을 '반주자학' 또는 '탈주자학'으로 평가하는 것은 적절치 않다.

18세기 후반 권철신(權哲身, 1736-1801)은 근기 남인계의 학통을 이황 → 윤휴 → 이익으로 이어지는 것으로 보았으며[126], 채제공(蔡濟恭, 1720-1799)은 이황 → 정구(鄭逑) → 허목 → 이익으로 이어지는 것으로 보았다.[127]

채제공은 정조대 근기 남인계의 영수로서 자기 당파의 학통을 새롭게 확립할 필요가 있었을 것이다. 그러나 근기 남인이라는 당색만 가지고 허목에서 이익으로 이어지는 학통을 설정한 한 것은 설득력이 부족하다. 채제공은 이익이 허목을 사숙했다고 하였으나, 실제로 허목과의 연관성

126 丁若鏞, 『與猶堂全書』 제1집 시문집, 「鹿庵權哲身墓誌銘」 참조.

127 丁若鏞, 『與猶堂全書』 권51, 「星湖李先生墓碣銘」. "但念 吾道自有統緒 退溪我東夫子也 以其道而傳之寒岡 寒岡以其道而傳之眉叟 先生私淑於眉叟者 學眉叟而以接夫退溪之緒 後之學者 知斯文之嫡嫡相承 有不誣者 然後庶可以不迷趣向"

을 찾을 것이 별로 없다.[128] 반면 윤휴의 경우는, 학문성향이 이익을 사숙한 정약용과 유사한 점이 많으며[129], 이익의 부친 이하진(李夏鎭)은 소북(小北) 출신으로 윤휴와 정치적 입장을 같이한 인물이다.[130]

또한 윤휴의 학문성향과 이익의 학문성향은 유사점이 많은 것을 발견할 수 있다.[131] 이익이 비록 자신의 학문이 윤휴에게 영향을 받은 것이라고 언급하지는 않았지만, 윤휴의 학문정신을 통해 계발된 바가 없지 않았을 것으로 추정된다. 또 윤휴가 사친(事親)·사천(事天)의 도를 내세운 것은 정약용의 학문관과 유사하며, 실천적이며 실용적인 학문을 주창한 것은 이익이나 정약용의 학문정신과 같은 맥락에 있다.

필자는 이런 측면에서 윤휴→이익→정약용으로 이어지는 학문성향을 무시할 수 없다고 본다. 다만 윤휴가 사문난적으로 몰려 '적휴(賊鑴)'로 지목되었고, 또 당시로서는 쉽게 받아들이기 어려운 기벽(奇僻)한 설을 주장했기 때문에 후대 그의 설을 인용하기를 주저한 측면이 없지 않다고 생각한다.

이 글은 『남명학연구』 제8집(경상대 남명학연구소, 1999)에 실린 「백호 윤휴의 경학관」을 수정 보완한 것이다.

128 이익이 지은 「眉叟許先生神道碑銘幷序」에도 이익이 허목을 사숙했다고 할 수 있는 내용이 발견되지 않는다. 단지 이익의 부친 李夏鎭이 허목과 함께 淸南에 섰던 점을 거론하고 있을 뿐이다.

129 劉明鍾(1979), 참조.

130 고영진(1994), 참조.

131 윤휴가 선유의 설을 묵수하지 않고 懷疑를 강조한 점이나 本旨探究를 역설한 점, 또는 실천적이고 실용적인 經術을 주장한 점 등이 星湖의 학문관과 유사하다.

제9장

18세기의 학술동향과 이익의 경학

Ⅰ. 머리말

성호(星湖) 이익(李瀷, 1681-1763)은 18세기 전반기에 활동한 한국의 대표적 학자 중 한 사람이다. 그는 조선후기 실학을 본격적으로 전개한 실학자이며, 주요 경전에 대해 전면적인 재해석을 시도한 경학가이기도 하다.

그리하여 실학연구에서는 18세기 전반 경세치용학파(經世致用學派)의 종장(宗匠)으로 평가되었으며[1], 경학연구에서는 사서삼경 등을 전면적으로 해석한 실학파 경학의 선하(先河)로 평가되었다.[2] 이런 점만 두고 보더라도, 이익은 근대로 이행하는 18세기 전반기를 살면서 학문의 새로운 길을 모색한 학자임에 틀림없다.

1 李佑成(1973), 참조.

2 李佑成(1984), 참조.

기왕의 성호학(星湖學)에 대한 연구는, 철학방면에서는 주로 그의 『사칠신편(四七新編)』을 중심으로 한 성리설을 논구(論究)하였고, 사학방면에서는 주로 그의 경세치용적인 실학과 역사관에 관심을 집중하였으며, 문학방면에서는 실학적 사고와 연관된 문학적 성격을 논의하였고, 경학방면에서는 주로 사서(四書) 및 『시경』의 질서(疾書)를 분석하여 경전해석의 특징을 분석하였다.

이처럼 학제간의 공감대가 이루어지지 않은 상태에서 독자적인 연구가 진행되다 보니, 성호학의 성격을 규정하는 시각도 서로 차이를 보이게 되었다. 특히 경세치용의 실학적 사고가 리기(理氣)·사단칠정(四端七情) 등 철학적 사유와 어떻게 연관되는가, 또 경세치용의 현실 개혁적 사고와 경전해석과의 상호 연관성을 어떻게 파악할 것인가 하는 등등의 문제점들이 대두되었다.

성호학을 경학방면에서 보면, 그는 사서삼경 및 『근사록』·『심경』 등에 대한 재해석을 시도하여 무려 11종의 질서를 남겼다. 이는 당시 필독서였던 유교경전 및 성리서에 대해 전면적으로 기왕의 주석을 재검토하고 자신의 견해를 덧붙여 새로운 해석을 시도한 것이라 평할 수 있다.

따라서 이익의 질서류 경전해석은 종래의 학자들이 각 경전별로 자신의 견해를 주장하거나 어떤 경전의 특정 부분에 대해 소견을 피력한 것과는 차원을 달리 한다. 이익보다 앞 시대 사서삼경에 대해 전면적인 재해석을 한 경학가로 이황(李滉, 1501-1570)과 김장생(金長生, 1548-1631)이 있지만, 이들의 해석과는 근본적으로 그 시각을 달리 한다.[3] 이런 점에서

3 이익보다 앞 시대 경학가로 사서삼경에 대해 전면적으로 재해석을 시도한 인물로는 이황과 김장생을 들 수 있다. 이황은 사서삼경 전체에 대해 모두 釋義를 하였는데, 이는 주자의 주석을 보다 정밀히 이해하기 위한 차원이었다. 김장생은 사서오경 중

이익의 질서류 경전해석은 경세치용의 실학적 사유만큼이나 학술사적 의의가 크다.

그러나 이에 대한 연구는 의외로 미미하다.[4] 게다가 기왕의 연구는

『시경』·『춘추』를 제외하고 나머지 경전에 모두 전체적인 재해석을 가하였는데, 이 역시 주자의 주석을 정밀히 읽고 주자의 설과 다른 설을 분변하기 위한 것이었다. 이익의 사서삼경에 대한 재해석에도 주자의 설을 보다 정밀히 읽으려는 의도가 있다. 그러나 전적으로 이를 위한 것만은 아니며, 주자의 설에 미비한 점을 보완하거나 주자의 설에 의문을 제기하며 새로운 설을 제시하기 위한 측면도 있다. 즉 이황·김장생의 해석은 주자의 설을 보다 정확히 이해하기 위한 것이었고, 이익의 해석은 주자의 설을 더욱 발전시키기 위해 새로운 해석을 시도한 것이었다.

4 기왕의 이익의 질서류 경전해석에 대한 연구는 다음과 같다.
安在淳(1981), 「李星湖의 '大學疾書'에 대한 고찰」, 『동양철학연구』 제2집, 동양철학연구회.
李光虎(1986), 「星湖 李瀷의 사상-孟子疾書를 중심으로」, 『태동고전연구』 제2집, 지곡서당.
宋甲準(1988), 「성호 이익의 경학사상(1)-그의 學庸觀」, 『철학논집』 제4집, 경남대.
______(1989), 「성호 이익의 경학사상(2)-그의 語孟觀」 『철학논집』 제5집, 경남대.
李海英(1991), 「星湖 李瀷의 中庸理解에 관한 연구」, 『안동대논문집』 제13집, 안동대.
崔錫起(1993), 「星湖 李瀷의 詩經學」, 성균관대 박사학위 논문.
______(1995), 「星湖 李瀷의 窮經姿勢」, 『제5회 동양학국제학술회의논문집』, 성대 대동문화연구원.
______(1996), 「星湖 經學의 基底」, 『한국한문학연구』 특집호, 한국한문학회.
______(2002), 「星湖 李瀷의 『大學』 解釋과 그 意味」, 『한국실학연구』 제4집, 한국실학연구회.
權文奉(1994), 「星湖 李瀷의 經學과 四書疾書」, 성균관대 박사학위 논문.
______(1996), 「星湖의 考證的 經學觀」, 『한문교육연구』, 한문교육연구회.
金暎鎬(1999), 「星湖 李瀷의 經學思想-論語를 중심으로」, 『한국철학논집』 제7, 8합집, 철학사연구회.
李天承(1999), 「李瀷의 『中庸疾書』에 관한 연구」, 『한국철학논집』 제7, 8합집, 한국철학연구회.
______(2000), 「星湖 李瀷의 『中庸疾書』에 관한 연구」, 『유교사상연구』 제13집, 한국유교학회.
姜敬遠(2001), 「星湖 李瀷의 經學思想 연구」, 성균관대 박사학위 논문.

텍스트를 정밀하게 분석하여 전체적인 성격을 논하기보다는 대체적인 성향만을 적출하여 논의한 것이 대부분이어서 아직 깊이 있는 분석이 이루어졌다고 보기 어렵다. 또 기왕의 연구에서는 이익의 경학을 질서류의 경전해석과 『성호사설』의 경전해석이 성향을 달리하는 것처럼 주장하는 설[5]도 있어, 이에 대한 논의가 필요한 시점이기도 하다.

성호학의 진면목을 밝히기 위해서는, 이 질서류의 경전해석에 대해 각 경전별로 텍스트 전체에 대한 치밀한 분석이 필요하다. 그러나 이익의 경전해석을 이 자리에서 모두 거론하기는 불가능하기 때문에 본고에서는 주로 질서류 경전해석의 성격을 포괄적으로 개괄하는 수준에서 논의할 수밖에 없음을 미리 밝혀 둔다.

Ⅱ. 18세기의 학술동향과 이익의 인식

1. 18세기의 학술동향

16세기는 사화(士禍)로 인하여 정치적으로 매우 경색된 정국이었다. 기묘사화로 훈구세력에게 사기가 꺾인 사림파 학자들은 조정에 나아가기를 달갑게 여기지 않고 향리에서 학문에 전념하는 퇴처풍조(退處風潮)가 유행하기 시작하였다. 이들은 침잠하여 성리서를 정밀히 읽고 그것을 통해 자신의 도덕적 수양에 힘씀으로써 집권 훈구세력보다 학문적·도덕적으로 우위를 확보하려 하였다. 그리하여 정치적으로는 뜻을 펼 수 없었지만, 학문적 성취를 통하여 중망을 받는 학자들이 나타났다.

5 송갑준(1996), 참조.

이런 시대적 분위기에 힘입어 지방의 학문이 크게 일어나 곳곳에 이름난 학자들이 거주하게 되었다. 그리고 이들에 의해 성리학이 크게 발양되어 이 땅에 조선성리학이 꽃을 피우기 시작하였다. 이는 우리 학술사에서 실로 주목할 만한 일이다. 학문의 중앙 집중화가 아닌 지방화와 그를 통한 학문의 폭넓은 보급은, 민족사적으로 중차대한 의미를 가질 수 있기 때문이다. 이를 단적으로 가장 잘 간파한 이가 바로 이익이다. 그는 우리나라 문명에 대해 다음과 같이 말하였다.

> 중세 이후에 퇴계(退溪: 李滉)가 소백산 밑에서 태어났고, 남명(南冥: 曺植)이 두류산 동쪽에서 태어났는데 모두 영남 지역이다. 북도는 인(仁)을 숭상하고 남도는 의(義)를 주로 하였다. 그리하여 유교의 교화와 기절을 숭상함이 바다처럼 넓고 산처럼 우뚝하게 되었다. 우리나라의 문명이 여기서 절정에 달하였다.[6]

이 글의 요지는 조식(曺植, 1501-1572)과 이황에 의해 우리나라 문명이 절정에 달했다는 것이다. 그런데 시각을 달리 해 보면, 이들은 모두 한양이 아닌 소백산·지리산 자락에서 강학을 했다는 것과 이들이 이룩한 학문이 높고 깊은 경지에 이르렀다는 것이다. 재야 학자의 지방 거주와 그들의 높은 학문적 성취는 학문의 중앙 집중화가 아닌 지방 중심화를 열었고, 이황과 조식에게서 보듯이 각자 특색이 있는 학문성향을 드러내게 되었던 것이다.

이황과 조식이 살던 16세기는 학문의 기본 교과서가 사서오경 및 『근

6 李瀷, 『星湖僿說』 권1, 天地門, 「東方人文」. “退溪生於小白之下 南冥生於頭流之東 皆嶺南之地 上道尙仁 下道主義 儒化氣節 如海闊山高 於是乎 文明之極矣”

사록』·『심경』·『성리대전』 등이었다. 이 가운데 사서오경은 명나라 영락제 때 호광(胡廣) 등이 만든 대전본(大全本)이 세종 때 수입되어 교과서로 정착되었고, 『근사록』도 성리학의 요점을 잘 정리한 책이므로 고려 말부터 유입되어 널리 읽혀진 책이었다.

『심경』은 16세기 초의 학자들이 특별히 중시함으로써 널리 읽혀지기 시작한 책인데, 진덕수(眞德秀)가 만든 『심경』에 명나라 때 학자 정민정(程敏政)이 주석을 붙인 『심경부주(心經附註)』가 널리 유행하였다. 『성리대전』은 사서오경 대전본과 함께 세종 때 들어왔으나, 워낙 양이 방대한데다 어렵기 때문에 이 책에 통달한 학자는 드물었다.[7] 그리하여 16세기에 이르러 본격적으로 읽혀지게 되었다.

16세기 학자들은 이런 책들을 위주로 성리학에 침잠하였다. 대전본은 송·원대 여러 학자들의 설을 채록한 집성본이라 할 수 있다. 그렇다 보니 이 책을 통해 공부하는 사람들은 어느 일가(一家)의 설만을 고집하지 않고 여러 학자들의 설을 폭넓게 받아들여 자신의 개성 있는 학문을 추구할 수 있었다. 특히 중요한 사실은 16세기 중반까지는 『주자전서』·『주자어류』 등이 널리 유포되지 않아 학문이 주자학 위주로 일원화되지 않았고, 『성리대전』 등을 통해 여러 학자들의 설을 폭넓게 수용하고 있었다는 것이다. 이런 분위기는 학문의 개방성·박학성을 자연스럽게 조성하여 개성 있는 학문을 할 수 있게 하였다.

또한 사화를 겪으면서 높은 도덕성이 요구되어 학문이 수양론 위주로 전개되면서 진리탐구보다는 도덕적 인격을 완성하는 학성(學聖)에 더 관

7 『중종실록』을 보면, 경연에서 『성리대전』을 강하고 싶지만 이 책을 해석할 사람이 없다는 언급이 자주 보인다.

심을 갖게 되었다. 예컨대 15, 16세기의 학자들에게 흔히 붙여진 '소학군자(小學君子)'·'도학군자(道學君子)'라는 말을 보면, 그들의 정신지향이 진리탐구보다는 도덕적 인간을 구현하는 데 있었음을 보여준다. 그리고 조식은 만년에 이황에게 편지를 보내, 학문이 도덕적 인격을 추구하는 실천을 등한시한 채 고원한 이치나 탐구하는 쪽으로 나아가는 것을 극도로 경계하였다.[8]

이처럼 16세기의 학풍은 성리설의 이론적 전개보다는 심성을 수양하여 도덕성을 제고하는 쪽에 비중이 있었다. 이는 남명학파는 물론[9] 퇴계학파에서도 성리설을 전개한 것이 흔치 않은 데서 확인할 수 있다.[10]

16세기 중반까지의 비교적 자유롭게 사상을 섭취하던 분위기는 16세기 중반 이황이 『주자전서』를 보고 이를 학문적 준거로 삼아 신봉하면서 이외의 학문에 대해 배척하기 시작함으로써 경직되기 시작하였다. 이황은 「전습록논변(傳習錄論辨)」을 지어 당시 유행할 조짐을 보이던 양명학을 배척하였으며, 「비리기위일문변증(非理氣爲一物辨證)」·「심무체용변(心無體用辨)」을 지어 서경덕(徐敬德) 계열의 주기론(主氣論)과 나흠순(羅欽順) 계열의 리기합일론(理氣合一論)과 오증(吳澄)의 주자학과 육구연의

8 曺植, 『南冥集』, 書, 「與退溪書」. "近見學者手不知洒掃之節 而口談天理 計欲盜名 而用以欺人 反爲人所中傷 害及他人 豈先生長老無有以呵止之故耶"

9 이상필 교수는 『남명학파의 형성과 전개』(와우출판사, 2003)에서 조식의 문인들에게서 공통적으로 나타나는 특징적인 면모를 다음과 같이 정리하였다. 1) 경의사상을 남명사상의 핵심으로 이해하고 이를 받아들이려는 자세를 가짐. 2) 문집의 분량이 적으며 특히 시의 분량이 적다. 3) 성리학적 이론탐구와 유관한 글이 거의 없다. 4) 현실비판 정신이 강하다.

10 김기현 교수는 「퇴계학파 – 주리설의 확립과 도덕적 인간화」(『조선유학의 학파들』, 예문서원, 1996)에서 이황의 대표적 제자들에게서 나타나는 공통적인 학문경향으로 다음과 같은 점을 들었다. 1) 심학에 대한 관심과 그것의 실천의지, 2) 예학에 대한 관심의 고조, 3) 이기심성론에 대한 논의가 많지 않음.

심학을 절충하는 주륙절충론(朱陸折衷論)을 공박했다.

이는 본질적으로 학문의 순정성(醇正性)을 추구한 것이었지만, 결과적으로는 학문을 경직되게 하는 데 적지 않은 영향을 미쳤다.[11] 그리하여 이황의 문인 유성룡(柳成龍)은 명나라에 사신으로 가서 진헌장(陳獻章)과 왕수인(王守仁)의 학문을 배척하며 비판하였다.

이런 사실을 통해 볼 때, 16세기 후반 학문이 주자학 위주로 경도되기 시작한 것은 이황과 퇴계학파 학자들에 의해 비롯되었다고 해도 과언이 아니다. 이는 당시 주자학에 대한 기득권을 이황과 퇴계학파 쪽에서 쥐고 있었다는 의미이기도 하다. 이것이 조선학술사에 있어서 첫 번째로 존신주자주의 풍조가 성립된 기점이다.

17세기로 들어서면 성리학에 대한 이해가 심화되고 『주자전서』가 폭넓게 보급되면서[12] 학문이 전시대보다 더 주자학 위주로 경도되었다. 그리하여 주자학은 이미 거스를 수 없는 학문의 대종(大宗)으로 자리 잡았다. 그러나 광해군 때까지는 학문이 주자학 위주로 심하게 경도되지 않았다. 거기에는 여러 가지 이유가 있겠으나, 당시 집권층에 존신주자주의의 성향이 강하지 않았다는 측면을 무시할 수 없을 것이다.[13] 이는 달

11 崔英成, 『한국유학사상사』 제2책 277면 참조.

12 『주자전서』·『주자어류』는 성종 7년(1476년) 사은사 鄭孝常 등이 처음으로 들여왔으며, 1515년 간행을 논의하다가 기묘사화를 당하여 중단되고 말았다. 중종 18년(1523년) 처음으로 간행되었는데, 교정을 제대로 보지 않아 많은 문제점이 있었던 듯하다. 그런 이유로 널리 반포되지 못하여 궁실 및 조정에서나 구해 볼 수 있을 정도였던 것으로 보인다. 뒤에 이황이 교정을 하고 유희춘이 재교정을 하여 선조 6년(1573년) 교서관에서 다시 105질을 인출하여 보급하였다.(『성종실록』 7년 5월 13일조, 『중종실록』 6년 1월 12일조, 『선조실록』 6년 1월 29일조 참조)

13 광해군 대에 집권한 북인정권은 남명학파와 화담학파가 주류를 이루었다. 이들의 학문성향은 남명학파의 광박성과 화담학파의 개방성이 보여주듯이(申炳周(1999), 「조선중기 처사형 사림의 학풍 연구」, 서울대 박사논문) 주자학으로 경도되어 있지 않았

리 말해, 집권세력이 주자학을 집권당의 이념으로 삼지 않았다는 것이다. 광해군 대의 산림정승 정인홍(鄭仁弘, 1536-1623)의 학풍을 보더라도 스승 조식의 영향으로 성리설을 주장한 것이 없으며, 실천·실용을 자주 언급하며 심성의 배양과 도덕성을 강조하고 있다.[14] 이와 같은 이유로 광해군 대에는 사상적으로 비교적 자유로운 분위기가 조성되었다.

그러나 인조반정 이후 집권 서인층의 시각은 달랐다. 인조반정을 주도한 서인세력은 반정의 삼대명분으로 폐모론·중립외교·사회경제적 실책 등을 들었다. 그리하여 이들은 이를 극복하기 위한 의리명분론을 강화하였는데, 구체적으로 예학·예론과 대명의리론으로 나타났다.[15] 또한 이들은 이념을 강화하기 위해 학문의 정통성을 강조하며 주자학 위주로 획일화를 추구하였고, 주자학에 대한 연구를 심화하여 학문적 우위를 확보하려 하였다. 이식(李植, 1584-1647)의 다음과 같은 언급은 이러한 정서를 단적으로 보여준다.

> 학자는 경전에 잠심하여 오로지 정주학의 표적에 뜻을 두어야지, 널리 이단에까지 미쳐 아울러 채택해 함께 쓰려는 생각을 가져서는 안 된다. 정주학에만 뜻을 두지 않으면 평생 학문을 하더라도 학문의 죄인이 될 것이니, 배우지 않는 것만 못하다.[16]

다. 즉 이황 및 퇴계학파에 의해 주자학으로 경도되기 시작하던 학풍이 일시 주춤한 상태라고 할 수 있다. 반면 인조반정을 주동한 서인계는 율곡학파가 주류였고, 이들과 연합정권을 형성한 남인계는 퇴계학파계열의 인사들이었다. 이들에 의해 학문이 주자학으로 경도되기 시작했는데, 특히 율곡학파의 송시열이 주자의 저작에 대한 연구를 한 차원 끌어올림으로써 주자학에 대한 기득권을 확보하였고, 이들에 의해 주자학을 절대적으로 존신하는 풍토가 형성되었다.

14 申炳周(2001), 참조.

15 고영진(1992), 참조.

이런 인식이 인조반정 이후 서인계, 특히 후대 노론계로 이어지는 집권층의 이념노선이었다. 정주학이 아닌 여타 다른 사상을 아울러 채용하는 것은 용납할 수 없다는 것이다. 이런 인식이 바탕이 되어 이식 등은 학문의 순정성 문제를 가지고 조식 및 남명학파를 비판하였고[17], 같은 서인계 집권층의 일원으로서 그와 절친했던 장유(張維)에 대해서도 다음과 같이 날을 세우며 비판하였다.

> 장공은 타고난 자질이 아름다우며 일생 지조를 지키면서 살았다. 그의 학문은 박문(博文)·약례(約禮)에 모두 극진하였으니, 언뜻 보면 누가 그를 대유(大儒)라 하지 않겠는가? 그러나 그의 논의는 전적으로 육상산(陸象山: 陸九淵)과 왕양명(王陽明: 王守仁)을 위주로 하여, 선유들이 해석해 놓은 정론(定論)에 구절마다 이견을 달았다. 또 '불교의 학문은 이단이기는 하지만 그 학문이 몸과 마음에 보탬이 있다면 공격해 배척할 수만은 없다'고 하였다. 이는 곧 내가 이른바 배우지 않은 자만 못하다는 것이다.[18]

장유의 학문성향은 몸과 마음을 수양하는 데 필요하다면 불교나 노장의 설도 채용할 수 있다는 것인데, 이식은 순정성 문제를 염두에 두고 있기 때문에 '배우지 않은 자만 못하다'고 하여 사이비로 본 것이다.

이처럼 17세기 중반 이후 이념의 획일화를 꾀한 것은 서인계 인사들이

16 李植, 『澤堂集』 別集, 권15, 「追錄」. "學者 潛心經傳 專意程朱學的 不可旁及異端 有兼採幷用意也 不然則雖平生從學 乃爲學問中之罪人 不如不學"

17 張源哲(2001), 참조.

18 李植, 『澤堂集』 別集, 권15, 「追錄」. "張公天資粹美 一生操持 其學博約兩盡 若驟見之則孰不以爲大儒也 顧其論議 專主陸王 凡先儒訓說定論 逐節立異 又謂佛學 雖曰異端 其學有補於身心 未可攻斥也 此正吾所謂不如不學者"

주도하였는데, 이들은 주자학만을 정학으로 삼고 나머지는 이단으로 몰아 배척하였다. 송시열(宋時烈, 1607-1689)은 리기심성론에 있어서 이이(李珥)의 학설뿐만 아니라 퇴계학파의 학문적 성과도 적극 수용하면서 주자성리학을 절대화하였다.[19] 그는 성리학 체계에서 발견되는 학자들 사이의 견해 차이에 대해서는 항상 주자를 기준 삼을 것을 주장하는 한편, 『주자대전차의(朱子大全箚疑)』·『심경석의(心經釋疑)』 등을 편찬하는 과정 속에서 퇴계학파의 학문적 성과를 충실히 수용해 율곡학파의 성리학을 조선성리학의 주도적 위치에 서게 하였다.[20] 이는 주자학을 정통으로 내세우면서 학문적 우위를 점유하기 위한 의도였는데, 결국은 학문을 주자학 위주로 획일화시키고 말았다.

게다가 17세기 후반 서인계와 근기 남인계의 예송(禮訟)은 결국 학문의 순정성 문제로 비화되어 상대방을 사문난적으로 탄핵하는 정국으로 치달았다. 이런 예송을 거치면서 정치적으로 승리한 노론계 학자들, 특히 송시열의 문도들에 의해 학풍은 주자학을 절대존신하는 쪽으로 경도되었다. 이들은 주자를 성인처럼 절대적으로 존숭하며, 주자의 설과 조금이라도 다른 것은 이단으로 배척하였다. 이것이 조선학술사에서 있어서 제2차 존신주자주의 풍조가 성립된 기점이다.

이처럼 서인계 중 후대 노론으로 갈린 계열의 학자들이 주자학에 대해 절대존신을 보이자, 같은 서인계 집권 세력 내에서도 장유는 학문의 다양성을 주장하며 양명학을 수용하기도 하였다. 서인계 중 양명학을 수용하거나 학문의 다양성을 중시하거나 주자학 위주로 획일화되는 것에 반

19 이봉규(1993), 참조.

20 정재훈(1994), 참조.

대하는 성향을 가졌던 학자들은 후대 소론계로 갈라진 경우가 많았다.

경전해석에 있어 이런 성향을 갖고 있었던 학자로 최유해(崔有海, 1587-1638)와 최유지(崔攸之, 1603-1673)를 들 수 있다. 최유해는 주자의 『대학장구』를 취하지 않고 『예기』에 수록된 고본의 「대학(大學)」을 취해 나름대로 편차를 대폭 개편하고 새로운 해석을 덧붙였으며[21], 최유지는 주자의 『대학장구』를 일부 개정하고 중국의 동괴(董槐) 및 우리나라 권근(權近)의 설을 계승발전시켜 격물장(格物章)과 치지장(致知章)을 독립시키는 독특한 설을 제시하였다.[22]

한편 서인계와 치열한 예송논쟁을 치른 근기 남인계는 주자학만을 고집하지 않고 고례(古禮)나 고경(古經)의 설을 중시하는 성향을 보이며 주자학만을 절대존신하지 않았다. 조경(趙絅, 1586-1669)·허목(許穆, 1595-1682)·윤휴(尹鑴, 1617-1680) 등으로 내려오는 근기 남인계의 학문적 전통에는 천하의 의리는 무궁하기 때문에 후학들은 선현이 밝히지 못한 것을 부단히 밝혀 학문을 계승발전시켜야 한다는 학문관을 가지고 있었다.[23] 이런 학문성향의 차이는 17세기 후반 서인계와 근기 남인계의 예송, 그리고 노론과 소론의 당쟁에서 극명하게 나타났다.

이런 분위기는 18세기로 넘어와서도 크게 달라지지 않고 각자의 학문적 전통으로 계승되었으며, 노론과 소론의 당쟁에서 노론이 승리함으로써 주자학에 대한 절대존신 풍조는 더욱 공고해졌다. 반면 정치적으로 몰락한 근기남인계와 소론계의 학자들은, 후대 정약용(丁若鏞, 1762-1836)과 신작(申綽, 1760-1828)에게서 볼 수 있듯이, 학문적인 교유를 하

21 崔有海, 『嘿守堂集』(국립중앙도서관 소장), 「大學舊本考義」 참조.

22 최석기(2002d), 참조.

23 최석기(2000), 참조

며 각자의 방식으로 새로운 학문을 모색하였다.

한편 영남의 남인들 가운데 17세기의 대표적 학자는 이현일(李玄逸, 1627-1704)이다. 이현일은 주자학의 논리에서 벗어난 양명학 등을 일체 배격하는 한편, 이이를 비롯한 기호학파 학자들의 성리설에 대한 이론적 비판을 통하여 자파의 학설을 공고히 하며 주리론을 강화시켜 나가고, 이기심성론 중심의 학문경향이 갖는 한계를 극복하기 위해 경세론을 보강하고자 하였다. 그러나 당시 폭넓은 사회변동을 수렴하지 못하였기 때문에 결국 현실장악력에 문제가 있게 되고, 이러한 면들이 중앙정계에서 탈락 배제되는 원인이 되었다.[24]

18세기로 접어들어 우암학파에서는 사람과 동물의 성품이 같은가, 다른가를 두고 주장이 엇갈려 학술적 논쟁으로 전개되었다. 이를 인물성동이논쟁(人物性同異論爭)이라 하는데, 한원진(韓元震, 1682-1751)과 이간(李柬, 1677-1727) 사이에서 약 7년간 전개되었다. 이 논쟁은 두 사람 사이의 논쟁에서 그치지 않고 그들 주변으로 확대되어 지역적·학파적 논쟁으로 비화되었다. 그래서 이 논쟁을 흔히 호락논쟁(湖洛論爭)이라 부른다.

호론(湖論)은 호서지방(湖西地方: 충청남도)에 거주하던 권상하(權尙夏)·한원진·윤봉구(尹鳳九) 등 주로 재야학자들의 주장으로, 인성(人性)과 물성(物性)은 다르다는 인물성이론(人物性異論)을 주장하였으며, 낙론(洛論)은 주로 낙하(洛下: 서울·경기 지방)에 거주하던 김창흡(金昌翕)·이재(李縡)·어유봉(魚有鳳)·박필주(朴弼周) 등의 주장으로, 인성과 물성은 같다는 인물성동론(人物性同論)을 주장하였다.

---

24 정호훈(1994), 참조.

이상에서 살펴본 것처럼, 인조반정 이후 17세기 후반부터 18세기 전반까지의 학술적 동향은 크게 네 부류로 나누어 볼 수 있다.

첫째, 집권층으로서 주자학에 대한 학문적 우위를 점한 노론계 학자들의 주자학에 대해 절대적으로 존신하는 경향이다. 둘째, 노론계 학자들과 정치적·학문적으로 경쟁 관계에 있던 근기 남인계 학자들의 주자학을 배척하지 않으면서도 고경(古經)·고례(古禮)·고학(古學)의 정신을 회복하여 학문의 계승발전적 측면을 중시한 성향이다. 셋째, 노론계와 치열한 정쟁(政爭)을 벌인 소론계 학자들의 양명학으로 경도되거나 학문의 다양성을 주장한 성향이다. 넷째, 영남 남인계 퇴계학파 학자들의 주자학을 존신하는 기본 전제 위에 율곡학파의 설을 비판하며 이황의 설을 수호하려 한 성향이다.

2. 이익의 당대학풍에 대한 인식

17, 18세기의 정치적 소용돌이 속에서 이익의 삶은 출생부터 순탄하지 않았다. 그의 부친 이하진(李夏鎭, 1628-1682)은 도승지·대사헌 등을 지낸 현종·숙종 연간 근기 남인계의 핵심 인물로, 학문태도 및 시무(時務)에 대한 인식에 있어 윤휴(尹鑴)와 일맥상통하는 점이 많았다.[25] 특히 1680년 윤휴를 비호하다가 대사간에서 진주목사로 좌천된 것[26]을 두고 볼 때, 그의 사상적 성향을 짐작할 수 있다.

이하진은 1680년 경신환국 때 평안도 운산(雲山)으로 유배되었고, 1682

25 韓佑劤(1980), 6면 참조.

26 『숙종실록』 숙종 6년 2월 25일(을유)조 참조.

년 유배지에서 생을 마감하였다. 이익은 1681년 부친의 유배지인 운산에서 출생하였다. 어려서 부친의 훈육을 받지 못한 이익은 둘째형 이잠(李潛, 1660-1706)에게 수학하며 가학을 전수 받았다. 그러다 1706년 둘째형마저 상소 사건으로 장살(杖殺)을 당하는 화를 입자, 과거공부를 포기하고 학문에 전념하였다.

이런 일련의 정치적 외풍 속에서 가문의 비운을 경험한 이익은 초야에서 학문에 침잠하였다. 그는 특히 현실문제에 대해 냉철한 인식을 하였고, 그런 현실인식이 무르익어 각 방면의 문제점을 찾아 개선책을 제시함으로써 조선후기 경세치용의 실학을 낳았다. 평생 학문에 침잠하며 산 그에게 당시의 학풍에 대한 진단은 그 무엇보다도 근원적인 궁구 대상이었을 것이다. 그는 자기 시대 학풍에 대해 다각도로 그 문제점을 지적하고 개선책을 제시하였는데, 그것은 자기 시대의 풍상 전체에 대한 반성과 아울러 진정한 학문을 위한 새로운 자기 다짐이기도 하였던 것이다. 곧 이익의 당대학풍에 대한 인식은 그의 학문정신이 어디에 있는지를 단적으로 보여준다.

이익은 자기 시대의 학풍을 진단하면서, 가장 큰 문제점으로 과거공부의 폐해를 들었다.

> 『중용장구』에는 타고난 자질이 다른 점에 대해 논하였으니, 이는 혹 지나치게 뛰어난 자질을 가진 사람이 그에 해당될 것이고, 『대학장구』 첫머리에 기품(氣稟)의 구속과 물욕의 가림에 대해 언급했는데, 이는 덕이 밝지 못하여 인욕이 끼어 든 것을 가리킨 것이다. 이 외에도 몇 가지 단서가 더 있으니, 학술의 차이와 이단의 해로움 같은 것들이 그런 유형이다. 그러나 이런 것들은 오늘날 걱정할 것도 못된다. 가장 해로운 것은 습속이 과거의 학에 물든 것이다. 온 천하 사람들이 도도하

게 어려서부터 늙을 때까지 보고들은 것이 익숙해져서 벗어날 수가 없으니, 이는 물욕이 계기가 되어서 그런 것뿐만은 아니다. 나는 여기에 크게 개탄할 만한 점이 있다고 생각한다.[27]

이익은 당시의 학문이 황폐하게 된 가장 큰 원인을 모든 사람들이 과거공부에 매달리는 사회풍상에서 찾았다. '습속이 과거의 학에 물들었다'는 말 속에서 우리는 온 나라 식자들이 과거공부에만 몰두하던 당시의 사회분위기를 감지할 수 있다. 이 인용문에 보이듯이, 이익은 과거로 인한 학문폐단이 이단의 해보다 심하다고 할 정도로 심각하게 인식하고 있었다.

그는 이런 문제의식을 갖고 그 원인을 정밀히 궁구하였는데, 당시 과거제도의 문제점으로 크게 두 가지를 거론하였다. 하나는 강경(講經)에 있어 칠서(七書)를 겸송(兼誦)하면서 음이나 토만을 시험함으로써 경전의 본지에는 깜깜하게 된 점[28]이고, 하나는 문사(文詞)만을 가지고 사람을 선발함으로써 세상을 경륜할 재능 있는 인재를 선발하지 못한다는 점[29]이다. 즉 강경과(講經科)의 기송지학(記誦之學)과 제술과(製述科)의 사장지

27 李瀷, 『星湖僿說』 권26, 經史門, 「科學害道」. "中庸章句論生稟之異 此或過高者當之 大學序言氣稟之拘 物欲之蔽 此指德之不明 人欲間之也 外此 又有數端 學術之差異端之害之類 是也 此於今 非所可憂 最妨者 習俗之染科學 是也 天下滔滔 從幼至老 耳目旣慣 無能脫出 此不獨物欲之爲機括也 余謂有大可恨者在"

28 李瀷, 『星湖僿說』 권8, 人事門, 「學禮講」. "然今之講科 非不刻覈 而專意音吐 無所發揮 故決科登仕 而拙劣尤甚 反有愧於詞科浮華之徒 其故何也 講規輕則業之者多 業均無以揀別 於是思所以重其規 一節重一節 以至於兼誦七書 儒生於是思所以免乎黜落 只課程音釋之外 皆所未及 此非諸生之滅裂 卽法驅而使然也"

29 李瀷, 『星湖僿說』 권8, 人事門, 「律賦」. "我國之試 士有經義·疑問·詩賦·論策 四六則表·詔·制 四字則箴·銘·頌 凡十二科 將選爲公卿 而取以文詞 已是末計 又多判於半日之功 固不能盡其才"

학(詞章之學)의 폐해로 인해 학문 전체가 거칠어졌다고 본 것이다.

그리하여 이익은 시(詩)·부(賦)·표(表)·전(箋)은 문장의 마귀이고 심술의 모적(蟊賊)이라고 혹평하였으며[30], 나아가 사자(四字)·육자(六字)로 된 변려문(騈儷文)이나 오자(五字)·칠자(七字)로 된 시를 모두 폐지해야 한다[31]고까지 하였다. 이익은 과거를 위한 준비를 하다 보니 사장학이 만연되었고, 그로 인해 학문이 공소(空疏)하게 되었다고 보았다.

> 지금 과거공부를 하는 자들은 성현의 말을 이리저리 인용해 문식(文飾)을 해서 화려한 문장을 만들지만, 실제의 일에 임해서는 학문과 실무를 하나로 합하여 보질 못한다. 비유컨대, 지금 떡이 앞에 있는데, 보는 자들이 그 떡을 찧고 찌는 공력과 크고 작고 네모나고 둥근 모양은 형용할 수는 있지만, 당초 그 떡을 먹어 본 적이 없어서 그 맛을 알지 못하는 것과 같다.[32]

이익이 사육문(四六文: 騈儷文)이나 근체시(近體詩)를 금지시켜야 한다고 주장한 것은 형식적으로 부화함을 일삼는 풍조를 바꾸자는 것일 터이고, 그 이유는 공소한 학문을 지양하고 내실을 추구하자는 뜻일 것이다. 그러니 학자들이 경전의 본지를 터득하려 하지 않고 경전의 문구를 인용해 화려한 문식만 일삼는 세태를 바로잡자는 것이라 하겠다. 위 인용문의 '떡을 먹어 보고 직접 그 맛을 아는 것'이야말로 경전에 담긴 성현의

30 李瀷, 『星湖僿說』 권8, 人事門, 「科程」 참조.

31 李瀷, 『星湖僿說』 권23, 經史門, 「四六可禁」. 권17, 人事門, 「禁五七言」.

32 李瀷, 『星湖僿說』 권16, 人事門, 「六經時務」. "如今業擧者 雜引聖賢之言 文飾爲篇 其實不能合爲一物 今有餠餌在前 見者 能形容蒸擣之功 大小方圓之狀 而初未嘗食 而知其味也"

말씀을 깊이 터득해 자기화 하는 것을 말한다.

이익은 이와 같은 과거지학의 폐단 외에, 학문이 지적추구에만 몰두함으로써 실천이 경시된 점과 정주의 설만을 신봉하는 학문의 경직성에 대해서도 심각하게 느끼고 있었다. 그는 학문이 실천을 뒤로 한 채 지적탐구에만 치우친 점에 대해, 그 근원을 송학(宋學)의 사변성(思辨性)에서 찾았다.

> 송나라 이후부터 유자의 학문은 점점 깊어지고 은미해져서 한 글자 두 글자의 뜻을 깊이 궁구하고 끝까지 토론하여 변설이 상자에 가득하게 되었다. 사람들은 문득 이렇게 하는 데에 골몰하여 지적추구만을 급급히 하고 실천하는 데에는 소홀함을 면치 못하였다. 성인은 "실천을 하고 남은 힘이 있거든 글을 배워라." 하였는데, 그 기상이 같지 않은 것이 이와 같다.[33]

이는 송대의 학문이 선지후행(先知後行)의 지적추구를 앞세움으로써 유학 본연의 실천적이고 실용적인 측면이 경시되었음을 지적한 것이다. 이익은 『대학』을 예로 들면서 "『대학』과 같은 데에는 『대학장구(大學章句)』도 있고, 『대학혹문(大學或問)』도 있으며, 『대학장구』에 대한 어류(語類)도 있고, 『대학혹문』에 대한 어류도 있으며, 『대학장구대전』에 실린 여러 학자들의 설(小註)도 있다. 그래서 사람들이 물러나 그에 대한 동이와 득실을 끝까지 따지느라고 다른 데 미칠 겨를이 없으니, 세교(世教)가 매양 낮아지고 있는 까닭이다."[34]라고 하였다. 요컨대 본지를 찾지

33 李瀷, 『星湖僿說』 권19, 經史門, 「儒學」. "自宋以還 儒者之學 轉深轉隱 一字兩字之義 深究極討 辨說盈篋 人便汨汨沒沒 又不免急於知而緩於行 聖人曰行有餘力 則以學文 其氣像之不侔 如此矣"

않고 지엽적인 부분에 천착하고 있다는 것이다.

이익은 '경전을 궁구하는 것은 장치 실용에 이바지하려는 것이다.[窮經 將以致用]'[35]라는 말을 학문의 신조로 삼아, 경전연구는 궁극적으로 실용에 이바지할 수 있어야 함을 강조하였다. 현실에 쓸모 있는 학문을 하기 위해서는 경전의 본지를 터득하는 일이 중요하다고 보기 때문이다. 그런 관점에서 그는 송학(宋學)의 주지주의(主知主義)에 근원적인 문제가 있음을 지적하였다.

또한 이익은 당대학풍의 문제점 중 하나로 정주의 설만을 절대적으로 신봉하는 학문의 경직성을 들었는데, 이점에 대해 다음과 같이 말하고 있다.

> 일반적인 학자들은 지혜가 뛰어나지 못하기 때문에 주자의 집주의 설에 대해 흑백을 논할 겨를이 없으니, 이것이 바로 자신을 믿지 못해 믿을 만한 것을 믿는다는 것이다. 이것이 학자의 바른 법이다. 그러나 독실하게 믿는 가운데 혹 풀리지 않는 의문이 있을 경우, 글을 읽다가 그 뜻을 드러내기도 하고 사적인 기록에 남기기도 하여 깨닫게 되기를 구하는 일은 또한 그만둘 수 없는 것이다. 그런데 그런 것을 가지고 사람들은 문득 윗사람을 비방한다는 것으로 얽어매고, 처음부터 그렇게 할 의도가 있었던 듯이 옥죄어 법과 형을 각박하게 적용하니, 이 어찌 공자의 문하에서 있었던 일이겠는가? 나는 그러므로 오늘날의 학자들은 유가의 신불해(申不害)나 상앙(商鞅)이라고 말한다. 이에 맹목적으로 따르기나 하는 풍조만 커지고, 본뜻을 캐 들어가는 풍습은 사라지게

34 李瀷, 『星湖僿說』 권19, 經史門, 「儒學」. "又如大學 有章句 有或問 有章句語類 有或問語類 有大全諸子說 人却去窮詰於同異得失 而無暇乎及他 亦世教所以每下也"

35 李瀷, 『星湖僿說』 권21, 經史門, 「誦詩」 참조.

> 되었다. 그래서 깜깜하게 학문이 없는 지경에 이르고 말았으니, 이는 지금 학자들의 잘못이다.[36]

인조반정 이후 서인 집권층은 정주학의 정통성을 강조하며 이념을 강화하였고, 학문의 순정성 문제를 거론하여 상대를 사문난적으로 몰았다. 이런 시대적 사조는 전시대보다 한층 더 학문의 자유를 억압하여 매우 경색된 분위기를 조성하였다.[37] 이익은 이런 시대적 상황을 꿰뚫어 보고, 당시의 학자들을 유가의 신불해(申不害) 또는 상앙(商鞅)에 비유하여 혹평하였다. 신불해나 상앙은 춘추·전국 시대의 인물로, 형명학(刑名學)을 일삼아 각박하게 법을 적용한 사람들이다. 즉 당대학풍이 정주의 설에 대해 이견을 제시하면 마치 범법자를 처결하듯 형벌을 적용한다는 것이다. 이는 사상탄압이 심각한 수준에 이르렀음을 의미한다.

이익은 근기 남인계의 학문적 전통을 이어받아 학문은 후학들에 의해 부단히 계승발전 되어야 한다는 학문관을 가지고 있었다. 따라서 그는 선유의 설을 묵수(墨守)하고 맹종하는 것이 선유를 높이는 길이 아니며, 선유의 설을 더 보완하고 발전시켜 나가는 것이 후학의 임무라고 여겼다. 위 인용문의 '맹목적으로 따르기나 하는 풍조만 커지고, 본뜻을 캐 들어가는 풍습은 사라지게 되었다'는 언급 속에는 학문의 황폐화 현상을

---

36 李瀷, 『星湖先生文集』(1984년 여강출판사 영인본, 이하 같음) 권32, 序, 「孟子疾書序」. "士者 困在下列 故於集註 無事乎黑白 玆所謂不自信而信可信 此雖學者之正法 其或篤信之餘 疑有未釋 露於講貫之際 藏於畢箚之私 求有以至於發蒙 斯亦不得已也 人輒繩之以訕上 繩之固若有意 峻法刻刑 奚爲於孔子之門 余故曰 今之學者 儒家之申商也 於是 唯諾之風長 考究之習熄 騃騃然底于無學 則今之學者之過也"

37 이익은, 李彦迪은 「大學章句補遺」를 지었고, 李珥는 中庸章句에 대해 달리 해석을 해도 그 시대에는 용납이 되었는데, 후세에 내려와서 儒門의 禁網이 더욱 심해졌다고 보았다.(『星湖僿說』 권21, 經史門, 「儒門禁網」)

심각하게 우려하는 인식이 담겨 있다.

그리하여 그는 주자학에 대한 절대존신의 풍조와 그로 인한 학문의 황폐화 현상을 다음과 같이 지적하였다.

> 주자의 장구(章句)가 세상에 행해진 뒤로 사람들이 그것을 존중하기를 일월(日月)처럼 하고, 믿기를 사시(四時)처럼 하고, 사랑하기를 골육(骨肉)처럼 하고, 두려워하기를 부월(鈇鉞)처럼 한다. 다만 그 뜻을 궁구하여 터득하고, 터득해서 실천하기를 매일 밥을 먹고 물을 마시는 것처럼 하지 못하고 있다. 그 까닭은 무엇인가? 비유컨대, 집안의 장로가 모든 일을 잘 정돈하여 한결같이 흠이 없자, 자제들이 그를 믿고 존중하기만 할 뿐 사리를 전혀 이해하지 못하는 것과 같다. 그래서 그들에게 일이 있으면 문득 말하기를 "우리 부형께서 반드시 조처하실 것이다."라고 한다. 그들이 말하는 것을 보면 그 뜻을 발휘하는 바가 없으니, 이치는 어긋나는데 자구(字句)의 뜻만 맞추는 사람과 차등이 없다. 따라서 깜깜하게 아는 것이 없는 점에 있어서는 마찬가지이다.[38]

주자의 경전해석을 일월처럼 존숭을 하고, 사시(四時)처럼 믿고, 골육처럼 사랑하고, 부월(鈇鉞)처럼 두려워한다는 말 속에, 당시 학자들의 주자서(朱子書)에 대한 절대존신의 풍조가 여실히 드러나 있다. 그런데 이익이 보다 심각하게 걱정한 것은 장로와 자제의 비유에서 보여주는 학문의 황폐화 현상이었다. 경전의 본지를 탐구하지 않아 학문이 황폐화되었다는 것이다.

38 李瀷, 『中庸疾書』, 「後說」. "自章句之行於世 人尊之如日月 信之如四時 愛之如骨肉 畏之如鈇鉞 但不能究而得之 得而行之 如日用菽水也 其故 何也 比如家長老整頓叢務 一齊無缺 群子弟或恃而爲重 全不理會 凡厥有事 輒曰 吾父兄必有處也 語之則無所發 此與違悖訓合者 差等不同 其芒無所知則均也"

지금까지 이익이 당시의 학풍에 대해 어떻게 인식하고 있었는지를 살펴보았는데, 간추려 보면 다음과 같다.

첫째, 이익은 당대학풍의 폐단으로 과거지학의 폐해를 가장 심각하게 생각하였다. 구체적으로는 과거 강경과(講經科)의 맹목적 암송에서 오는 학문의 황폐화와 제술과(製述科)의 부화한 문식(文飾)에서 오는 학문의 공소함을 지적하였다.

둘째, 이익은 학문이 지적탐구 위주로 흐름으로써 사변화(思辨化)되어 실천이 경시되고 있는 점을 지적하였다.

셋째, 이익은 학문이 정주학(程朱學)만을 절대적으로 존신함으로써 사상의 자유를 억압함은 물론 학문이 황폐화 된 점을 지적하였다.

이런 그의 당대학풍에 대한 인식은 그의 학문관·경학관을 형성하는데 밑바탕이 되었을 것으로 보인다.

Ⅲ. 경전해석의 기저

1. 경전해석의 인식체계

이익은 자기 시대의 학풍에 대한 진지한 성찰을 통해, 진정한 학문의 길을 제시하였다. 그가 제시한 진정한 학문의 길은 크게 두 가지로 요약할 수 있다. 하나는 형식적인 학문이 아닌 실질적인 학문을 하자는 것이고, 하나는 공리공담이 아닌 현실에 쓸모 있는 학문을 하자는 것이다.

실질적인 학문은 기송지학(記誦之學)이 아닌 실득(實得)이 있는 학문을 말한다. 이런 학문을 하기 위해서는 경전의 본지를 터득하는 것이 가장 중요하다. 그 다음 학문의 궁극적인 목표는 현실에 쓸모 있는 것이어야 한다. 학문이 현실과 괴리되면 그 학문은 무용지물이 될 수밖에 없기 때문이다. 이익이 극구 강조한 '궁경치용(窮經致用)'이 바로 그런 정신을 드러낸 것이다. 여기서는 이런 그의 경전해석 인식체계를 구체적으로 살펴보고자 한다.

이익의 경전해석 인식체계에서 가장 먼저 등장하는 것이 회의정신(懷疑精神)이다. 회의(懷疑)는 경전을 읽을 적에 선유의 설에 따라 무비판적으로 해석하는 것이 아니라, '왜 그럴까?'를 생각하는 비판적 수용태도를 말한다. 이는 선인들의 설에 대해 맹목적 추종을 해서는 경전의 본지를 터득할 수 없기 때문에 이익이 특별히 강조한 것으로, 당시 주자의 설을 묵수하던 학풍과 무관하지 않다.

이익은 독서할 적에 의문을 품는 문제에 대해 다음과 같이 말한다.

> 주자는 말씀하기를 "공부하는 사람이 의문을 적게 하면 조금 진보하고, 의문을 크게 하면 크게 진보한다. 의문을 많이 하는 것은 해롭지 않다."고 하였다. 속으로 의문을 가지면서도 겉으로 순종한다면 그의 마음자세를 알 만하다. 의문이 있는 데서 의문이 없는 데에 이르는 것이 참으로 군자가 한 단계씩 밟아 올라가는 공부의 차례이다.[39]

이익이 생각하는 학문의 길은, 의문이 있는 데서 의문이 없는 데로 한 단계씩 밟아 올라가는 것이다. 이런 자세로 나아가 본지를 깨달아야 실용에 이바지할 수 있다는 것이다. 그는 다른 곳에서 "의문이란 신기(新奇)한 것을 좋아하는 데 관계된다. 그러나 처음 공부하는 사람은 깊숙한

39 李瀷, 『星湖先生文集』 권14, 書, 「答安百順」. "朱子謂 少疑則少進 大疑則大進 多著疑不妨 若內疑而外順 所存可知也 有疑而至於無疑 固君子之階級次第"

골짜기의 길로 찾아 들어 심오한 뜻을 부지런히 찾아서 성경(聖經)의 뜻에 합치되지 않을까를 두려워해야 한다. 그러니 어찌 경전을 범범하게 보아 넘기며 그칠 수 있겠는가?"[40] 라고 하여, 비록 신기한 것을 추구한다는 비난을 받더라도 본지를 탐구하기 위해서는 전대의 설에 대해 회의해야함을 역설하고 있다.

이런 회의정신은 그의 학문을 형성하는 데 초석이 되었다. 이익은 의문에 대해 보다 구체적으로 다음과 같이 말하였다.

> 그러므로 학문은 반드시 의문을 필요로 한다. 의문을 갖지 않으면 자득을 하더라도 견고하지 않다. 이른바 의문이란 여우처럼 의심하며 망설여 결정하지 못하는 것을 말하는 것이 아니다. 만약 옳은 듯하여 옳다는 것을 안다면 반드시 옳은 듯하지만 그르다는 점을 아울러 살펴야 바야흐로 제대로 터득한 것이 된다. 그렇지 않으면 다른 사람이 혹 그른 것을 옳다고 할 경우, 대응할 길이 없게 될 것이다. 비유컨대 과실을 먹는 것과 유사하다. 복숭아나 살구 등을 주면 살은 먹고 씨는 버리니, 이는 아름다움이 살에 있기 때문이다. 그러나 오히려 그 씨 속에 다시 맛난 것이 들어있는지 의문을 가져야 한다. 훗날 개암이나 밤 등을 주면 껍질을 벗기고 씨를 먹으니, 아름다움이 씨에 있기 때문이다. 그러나 또한 지난 날 복숭아와 살구의 씨의 아름다움이 개암이나 밤의 먹을 만한 것만 못하다는 것을 어찌 알겠는가? 만약 그 당시 모두 깨뜨려 먹어보아 분명히 안다면 어찌 다시 이런 근심이 있겠는가? 그러므로 의문을 갖는 것은 의문을 없게 하려는 것이다. 그런 과실을 먹으면서도 의문을 갖지 않는 자들은 밤 껍질을 먹을 수 있다고 하더라도 그대로 따를 것이다. 송나라 이후로 학자들의 폐단이 대체로 이와 같은

40 李瀷, 『星湖僿說』 권13, 人事門, 「尹彦明質魯」. "疑者 涉乎好新 然始學之士 探討谿徑 務在深奧 惟懼不合乎聖經之義 豈可泛看而遂止耶"

데, 우리나라가 더욱 심하다.[41]

이익은 이 글에서 '의문[疑]'이란 무엇인지, 왜 경전을 읽으면서 의문이 필요한 지를 절실하게 언급하고 있다. '의문'은 머뭇머뭇 망설이며 결정하지 못하는 것이 아니라, '왜?'라는 문제의식을 말한다. '왜 그렇게 말했을까?'·'그 의도는 무엇일까?' 등등의 질문을 끝없이 던지는 것이다. 선불교의 간화선(看話禪)에서 참선하는 승려들이 화두를 드는 것과 유사하다. 자득(自得)은 이처럼 끝없이 질문을 던지며 캐 들어가는 데서 문득 다가온다. 아무리 훌륭한 말씀이 담긴 경전일지라도 이런 문제의식 없이 읽으면 그것은 기송지학(記誦之學)이 될 수밖에 없다. 이익이 학문의 첫머리에서 의문을 자꾸 강조하는 이유가 바로 여기에 있다.

그 다음 이익이 의문을 강조한 또 하나의 이유는, 본지자득을 분명하게 하기 위함이다. 위 인용문에서 '옳은 듯하여 옳다는 것을 안다면 반드시 옳은 듯하지만 그르다는 점을 아울러 살펴야 바야흐로 제대로 터득한 것이 된다.'는 언급이 어떻게 의문을 가져야 하는지를 구체적으로 보여주고 있다.

그리고 그 아래의 비유는 그런 의문의 실제적인 예이다. 이를 통해 우리는 이익이 그토록 강조한 '의문'이 '끝없는 문제의식'임을 알 수 있다. 이런 문제의식을 통한 자득을, 이익은 '하나의 영롱한 빛을 보는 것

41 李瀷, 『中庸疾書』, 「後說」. "故學必要致疑 不致疑 得亦不固 所謂疑者 非謂狐疑猶豫也 無所決擇也 若知如是而是 則必兼審如是而非 方始是見得 不然則人或以非爲是 將無以應也 比如食果子 相似 與之以桃杏之屬 啖其肉而棄其仁 美在肉也 猶疑大核中 更有滋味在也 他日 與之以榛栗之屬 剝其皮而啖其仁 美在仁也 又安知向之仁之美 不如榛栗之可啖乎 若使當時都咬破 知得分明 豈復有此患 故有疑所以無疑也 彼食焉而不疑者 雖謂栗房可嚼 亦將從之矣 自宋以下學者之弊 大率類此 而惟我東爲尤甚"

[一班之窺]'으로 표현하였다.

이익은 이런 회의정신으로 경전을 읽으며 본지를 탐구하는 데 역점을 둘 것을 강조하였다. 경전의 본지탐구는 경전의 문구나 이해하는 차원이 아니라, 그 속에 담긴 성현의 말씀이 궁극적으로 어떤 의미를 갖는가를 탐구하는 것이다. 이는 경전의 문구를 전대의 주석에 의존해 '그런가 보다'라고 이해하는 것이 아니라, '아! 그 말씀은 이런 뜻이구나!'라고 깨달는 것으로, 곧 자득을 의미한다.

그래서 그는 전주(箋註)는 노맥(路脈)을 인도해 지시하는 것에 불과하고, 그 경지에 도달해 마음으로 통하는 것은 오로지 독자에게 달려 있다[42]고 하였다. 이익은 이처럼 주석을 따라 읽는 독서법이 아니라, 깨달음을 추구하는 독서법을 내세웠다. 이익은 자득에 대해 다음과 같은 유명한 비유를 들었다.

> 비유컨대, 사람이 1백 리의 길을 가는데, 한 사람은 수레를 타고 안내자의 인도를 받아 하루 만에 바로 목적지에 이르고, 한 사람은 모르는 길을 묻고 물어서 어렵사리 목적지에 도달하였다고 가정해 보자. 뒤에 그들로 하여금 다시 그 길을 가라고 할 경우, 물어 물어서 찾아간 사람은 그 길을 분명히 알고 있어서, 안내를 받으며 간 사람이 갈림길에서 혹 길을 잃기도 하는 것과는 비교할 수 없을 것이다. 이로써 훈고(訓詁)를 삼가 지키기만 하는 것은 마음으로 자득(自得)하는 것이 아님을 알겠다.[43]

42 李瀷, 『星湖僿說』 권27, 經史門, 「窮經」. "余晩曉讀書法 心中雖躍有見 玩味滋久 益覺意趣 …… 箋註者 不過導而指示其路脈 及足到心通 則在讀者矣"

43 李瀷, 『星湖先生文集』 권32, 序, 「論語疾書序」. "比如 人趨百里之程 其一人 則需以車騎導以傔騶 一日便到 其一人 探探旁蹊 艱難而始達 後使之更趨焉 則其探探者 認得分明 不比導行者之或迷於歧衢也 以此知謹守訓詁之非心得者也"

목적지는 경전의 본지이고, 길은 공부하는 자가 본지를 찾아가는 것이다. 그리고 안내자는 주석이다. 주석에만 의존해 따라 읽으면 '왜 그런 말을 한 것인지?'를 알려고 하지 않기 때문에 '그런가보다'에 도달하고 만다. 그러나 주석을 참고하기는 하되 본인이 묻고 물어 찾아가면 '아, 그렇구나!'에 도달하게 된다.

위 인용문의 '묻고 물어서'가 바로 회의(懷疑)를 말한 것이다. 이익은 경전해석의 목표가 훈고나 지키며 선현의 설을 추종하는 데 있는 것이 아니고, 자득에 있음을 강조하는 것으로 글을 맺었다. 경전의 본지는 훈고학적 해석만으로는 도달할 수 없고, 반드시 자득함이 있어야 함을 역설한 말이다. 이 말이 「논어질서서」에 있는 말임을 우리가 다시 한 번 생각한다면, 주자의 주석을 맹목적으로 따라 읽어서는 자득할 수 없다는 말이 된다. 이런 언급은 윤휴(尹鑴)가 숙종에게 '『논어』의 주는 반드시 읽을 필요가 없습니다.'[44]라고 말한 것과 서로 맥이 닿아 있다고 보인다.

이처럼 자득을 중시한 이익은 여기에 실천의 의미를 더하여 실득(實得)을 내세웠다. 그는 이지승(李祉承)에게 답한 편지에서, 『논어』 제1장에서 '학이시습(學而時習)'을 이어 '유붕자원방래(有朋自遠方來)'를 말한 것에 대해 다음과 같이 풀이하였다.

> 그 다음은 우도(友道)이다. 배우고 익히고 나서는 붕우에 의지해 인(仁)을 북돋아야 하는데, 마치 굶주리고 갈증이 날 때 음식을 기다리듯이 그렇게 간절히 하여, 몸소 실천하는 데 잘못이 있을까를 두려워해야 한다. 그러므로 벗과 더불어 서로 강명(講明)을 하니, 이는 배운 것이 나에게 있으면 그것을 실천해 나아가야 바야흐로 실득(實得)이 된다는

44 『肅宗實錄』 권2, 肅宗 元年 1월 정축조 참조.

> 것을 말한다. 실득의 학은 밖에서 기다리지 않는다. 그러므로 남들이 알아주어도 만족하고, 남들이 알아주지 않아도 만족한다.[45]

이익은 '유붕자원방래(有朋自遠方來)'의 의미를 앞 단락의 '학이시습(學而時習)'과 연결시켜 실천의 뜻을 내포하고 있는 것으로 풀이하였다. 그는 '학이시습지'의 '학(學)'을 '본받는다[效]'는 뜻으로 보고, 마음으로 본받는 것은 지(知), 몸으로 본받는 것은 행(行)으로 보아, 지식이든 행실이든 다른 사람의 좋은 점을 본받는 것으로 보았다. 그리고 그 의리에 대해 마음속으로 쉼 없이 생각해 연역하고 몸으로 끊임없이 체험하는 것을 '습(習)'으로 보았다.[46]

그래서 그는 '학(學)'을 벽두처(劈頭處)로, '습(習)'을 온역처(溫繹處)로 보고 있다.[47] 그런데 이 단계는 혼자 학습한 것이기 때문에 잘못이 있을 수 있다. 혼자 배우고 익힌 이치를 다른 사람과 강론하며 분명히 밝힐 때 완전히 자기 지식이 된다. 이익은 벗이 먼 곳에서 찾아와 기쁜 이유를 이런 데서 찾았다.

이는 지식의 객관성 내지 합리성을 확보하기 위한 검증을 의미한다. 벗과 강론을 통해 그 이치를 명확히 함으로써 혼자 학습한 내용의 실질적

---

45 李瀷, 『星湖先生文集』 권17, 書, 「答李景祖祉承」. "次之以友道 旣學而習 須資朋友以輔仁 如飢渴之待食飮 惟恐躬行之有愆 故相與講明 則是謂所學在我 踐以行之 方是實得 實得之學 無待於外 故人知之亦囂囂 不知亦囂囂"

46 禹徵泰에게 답한 편지에서 "竊謂學效也 彼旣有知 我從而效其知 以心言也 彼旣有得 我從而效其行 以身言也 方其效也 必賴心力 則此亦可以言行也 如讀書者 旣傳其義 思繹不休 心之習也 旣明之後 體驗不休 身之習也 學則包之 朱子所謂知底學習 行底學習 是也"라고 하였다.(『星湖先生文集』 권17, 書, 「答禹大來徵泰」)

47 尹東奎에게 답한 편지에 "學乃習之劈頭處 習是學之溫繹處"라 하였다.(『星湖先生文集』 권12, 書, 「答尹幼章問目」)

인 자기화를 추구한 것이다. 즉 자득한 뒤 실천이 수반되어 증득(證得)해야 실득이 된다. 이는 『중용』의 '박학지(博學之) · 심문지(審問之)' 다음에 있는 '신사지(愼思之) · 명변지(明辨之)'와 유사하다고 해도 무방하다.

이렇게 실득을 하면, 지식이든 행실이든 그것은 완전히 나의 것이 되기 때문에 언제든지 자유롭게 현실사회에 적용해 쓸 수 있다. 이것이 그가 추구하는 실용(實用)이다. 이익은 학문의 실용성을 담보하기 위해, 학문은 반드시 일상의 실지(實地)에 있어야 함을 강조하였다. 곧 현실세계에 유용한 것이 되어야 한다는 것이다.

> 옛날의 풍속은 본래 순박하여 말을 하지 않더라도 말을 한 것과 같았다. 그러므로 옛날에는 사람을 가르치는 것이 아무리 절실할지라도 효(孝) · 제(悌)를 위주로 하지 않음이 없었다. 그러므로 한(漢)나라 이전 사람들은 격물치지(格物致知)에 대해 들어보지 못했지만 풍속이 저절로 두터웠고, 가르침은 저절로 이루어졌다. 그런데 지금 세상은 사풍(士風)이 한결같이 변해, 오로지 본원(本源)에만 뜻을 둘 뿐 실지(實地)로 물러날 줄은 모르고 있다. 그들의 기상을 보면 단정하고 엄숙하여 모두 좋지만, 또한 하나하나 발휘하여 모두 쓸 수 있도록 하는 점에 대해서는 모르고 있다. 이것이 혹 한 생각의 차이일 수 있지만 표리에 차이가 없을 수 없으니, 도리어 예전만 못하다.[48]

이는 학문이 형이상학적 명제인 본원(本源)을 탐구하는 데만 치중해 현실[實地]과 괴리되었음을 지적한 말인데, '학자들의 기상은 단정하고

---

48 李瀷, 『星湖先生文集』 권12, 書, 「答尹幼章」. "古俗本淳 雖不言 猶言也 是以 古者 誨人雖切 而莫不以孝悌爲主 故自漢以前 不聞格致 而俗自厚敎自成 今世士風一變 專意於本源 不自覺緩却實地 觀其氣像 端肅儘好 而又未知箇箇是發揮皆可用也 是或一念之差 表裏不能無差 則反不如古者"

엄숙하지만 경전에 배운 내용을 하나하나 발휘하여 쓸 수 있도록 하는 점은 모른다.'는 언급 속에서, 쓸모 있는 학문을 추구하는 그의 학문정신이 살아 있음을 보게 된다.

그리하여 그는 "옛날 한 경전 이상에 밝은 사람을 취하였던 것은 그 한 경전에만 전력하여 이해가 깊어서 실용에 이바지할 수 있었기 때문이다."[49]라고 하였으며, 또 "경전의 내용을 말하면서도 이 세상의 모든 일을 조처하지 못하면 이는 단지 잘 읽기만 하는 것일 뿐이다."[50]라고 하였다. 이상에서 논의할 것을 도표로 그려보면 다음과 같다.

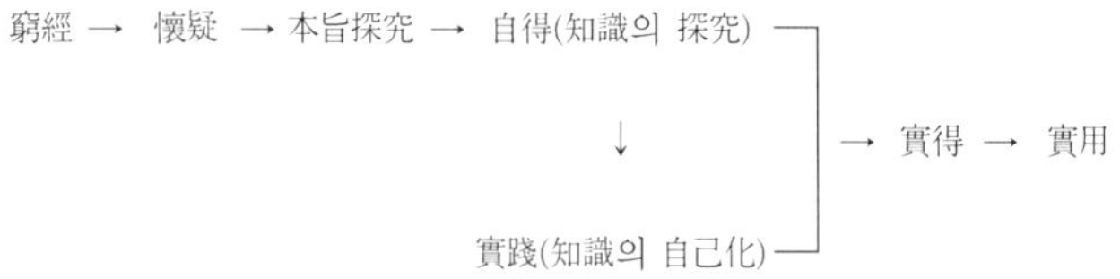

窮經 → 懷疑 → 本旨探究 → 自得(知識의 探究) ┐
↓ ├ → 實得 → 實用
實踐(知識의 自己化) ┘

이와 같은 그의 경전해석 인식체계를 다시 정리해 보면 다음과 같다.

첫째, 그의 경전해석은 기본적으로 실용성을 염두에 두고 있다. 둘째, 그의 경전해석은 실용성을 갖기 위해 철저히 실득을 추구한다. 셋째, 실득의 추구는 자득과 실천으로 나타난다. 넷째, 그의 경전해석은 이를 위해 본지탐구를 최우선 과제로 내세운다. 다섯째, 그리고 본지탐구를 위해 무엇보다도 회의(懷疑)를 강조한다.

49 李瀷, 『星湖僿說』 권27, 經史門, 「窮經」. "古者 取明一經以上 爲其力專而見深 資于實用也"

50 李瀷, 『星湖僿說』 권20, 經史門, 「誦詩」. "說經而不措於天下萬事 是徒能讀耳"

2. 경전해석의 태도

이익은 「논어질서서(論語疾書序)」에서 주자의 주석태도에 대해 다음과 같이 언급하였다.

> 이 『논어』를 보려면 먼저 이 책의 주석을 궁구해야 한다. 그리고 이 주석을 궁구하려면 먼저 그 마음을 얻어야 한다. 주자의 마음을 얻으면 공자의 마음도 거의 미루어 알 수가 있다. 무엇을 마음이라 하는가? 주자가 이 주석을 낼 적에, 구설에 대해 따를 수 있는 것은 그대로 따르고 구차하게 새로운 주석을 달지 않았으며, 혹 전후 이견이 있을 경우에는 그것을 바꾸고 구차하게 남겨 두지 않았으며, 문인이나 나이 어린 사람들이 마음 내키는 대로 문난(問難)을 할 때 하나의 조그만 장점이라도 있으면 모두 채록하고 구차하게 버리지 않았다. 이로써 주자의 마음이 천지와 같이 넓고 고금과 같이 공정하여 털끝만큼도 인색함이 없고 오직 의(義)를 따랐다는 것을 알겠다. 그렇다면 당시의 취하고 버리던 기상을 알 수 있다. 어리석은 아랫사람의 말일지라도 반드시 데려다 귀담아 들으며, 혹 이치에 맞는 것이 있기를 바랐다. 어긋나고 망령된 말이 있더라도 또한 가르쳐 주고 노하지 않았다. 이것이 바로 장점을 모아 이치에 맞는 데로 나아가서 주자가 되고 집주가 된 까닭이다.[51]

이익은 주자의 주석태도에 대해, 구설(舊說) 가운데 따를 것은 그대로 따랐다는 불구신(不苟新)의 태도, 구설과 다른 견해가 있을 경우 구설을

51 李瀷, 『星湖先生文集』 권32, 序, 「論語疾書序」. “欲看此書 須先究此註 欲究此註 須先得其心 得朱子之心 夫子之心 又庶幾可推也 何謂心 朱子之爲此註 其於舊說 苟可以因則因之 不苟新也 或前後異見 則易之 不苟留也 雖門人小子 隨意發難 一曲之長 咸在採收 不苟棄也 用此 知朱子之心 與天地同恢 與古今同公 無一毫繫吝 而惟義之從也 然則當時取舍氣像 可見 雖愚下之言 必將導以諦聽 祈或有中 使有乖妄 亦且詔而不怒 所以集長就中而爲朱子也 集註也”

고쳤다는 불구유(不苟留)의 태도, 동시대 사람들의 설 중에서 사소한 장점이라도 버리지 않고 취했다는 불구기(不苟棄)의 태도, 이렇게 세 가지를 들었다. 그리고 이렇게 함으로써 결국 '장점을 모아 이치에 맞는 데로 나아가는 되었다[集長就中]'고 결론지었다. 이것이 바로 주자가 경전을 재해석할 때의 마음이라는 것이다.[52]

그런데 이익은 「논어질서서」에서 왜 이런 언급을 하고 있는 것일까? 주자의 경전해석태도를 칭찬하려고만 하였다면, 이익은 굳이 『논어』를 재해석할 필요가 없었을 것이다. 이익의 이런 언급은 분명 다른 의도가 있다.

그는 위 인용문에 이어 '그 책을 존숭하면서도 그 마음을 잃었고, 그 문장을 암송하면서도 그 의리를 뒤로 한다.[尊其書而失其心 誦其文而後其義]'라고 하여, 당시의 학풍을 비판하였다. 그리고 수레를 타고 마부의 인도를 받아 하루 만에 1백 리의 길을 가는 경우와 혼자서 묻고 물어 어렵사리 목적지에 도달하는 경우를 비유로 들면서, 훈고만을 따라가는 것은 자득하는 것이 아니라고 하였다.[53] 이는 곧 전대의 주석만을 따라 읽어서는 자득할 수 없다는 논조이다.

이를 보면, 이익이 앞에서 주자의 해석태도를 극찬한 의도가 드러난다. 자신도 그런 해석태도를 수용하여 재해석하겠다는 것이다. 이를 더 적극적으로 해석하면, 주자의 주석을 따라가기만 해서는 본지를 터득할

52 최근 연구자의 설에 따르면 주자의 주석 태도를 아래와 같이 정리하고 있다. ① 주석문을 명백하고 이해하기 쉽게 하였다. ② 주석을 완성된 문장으로 하지 않았다. ③ 古籍의 訓釋을 따르고 자기의 견해를 함부로 내지 않았다. ④ 大義를 會通하여 확실한 뜻을 정하였다. ⑤ 글자를 첨부하여 해석하지 않았다. ⑥ 모르는 것은 억지로 해석하지 않고 놔두었다.(林葉連, 「中國歷代詩經學」, 中國文化大學 博士學位論文, 中華民國 79年)

53 앞의 주 44) 참조.

수 없기 때문에, 자신도 『논어』에 담긴 공자의 뜻을 찾기 위해서는 주자가 보여준 경전해석 태도를 따라 직접 본지를 찾아 나서겠다는 것이다.

이를 통해, 우리는 이익의 경전해석 태도를 불구신(不苟新)의 태도, 불구유(不苟留)의 태도, 불구기(不苟棄)의 태도로 간략히 정의할 수 있다. 불구신의 태도는 선유의 설을 따르는 것이고, 불구유의 태도는 선유의 설을 따르지 않고 새로운 해석을 가하는 것이고, 불구기의 태도는 사소한 설일지라도 장점이 있으면 모두 모으려는 태도이다.

이익은 경전을 해석하면서 이 세 가지 원칙을 정하여 선유의 주석에 대해 따를 것은 따르고, 의심스러우면 끝까지 궁구하여 새로운 뜻을 발명하고, 여러 사람들의 설을 널리 모아 장점을 취하였다.

이익의 이와 같은 해석태도는 질서류의 해석을 각 경전별로 하나하나 비교 분석함으로써 밝혀질 것이다. 즉 주자의 주석을 얼마나 따랐는지, 그 자신의 새로운 해석은 얼마나 되는지, 다른 사람들의 설을 얼마나 수용하고 있는지를 고찰해 보면, 밝혀질 것이다.

3. 경전해석의 방법

이익의 경전해석은 전대의 설을 맹목적으로 추종하지 않고 회의정신을 갖고 본지를 찾아가는 데에 그 요점이 있다. 앞에서 살펴보았듯이, 이익이 의문을 그렇게 강조한 것은 본지를 자득하기 위한 초석인 동시에, 본지를 분명히 알려고 하는 것이다.

> 공자께서 말씀하시기를 "확실히 아는 것을 안다고 하고, 확실히 모르는 것은 모른다고 한다."라고 하셨다. 여기서 이른바 '안다[知]'고 하는 것은, 자기가 아는 것을 분명히 아는 것뿐만이 아니라, 또한 자기가

> 알지 못하는 것도 분명히 아는 것을 말한다. 이는 양쪽이 모두 분명한 것이다. 모르는 것을 억지로 알려 하면 아는 것도 분명치 않게 된다.[54]

이익이 「중용질서후설(中庸疾書後說)」에서 "옳은 듯하여 옳다는 것을 안다면 반드시 옳은 듯하지만 그르다는 점을 아울러 살펴야 바야흐로 제대로 터득한 것이 된다."[55]라고 한 것도 이와 같은 맥락에서 한 말이다. 이는 그의 경전해석에서 자득(自得)의 의미를 얼마나 명료하게 생각하고 있는가를 여실히 보여준다. 바꾸어 말하면, 본지가 명료하게 보일 때까지 양단(兩端)에 대해 온갖 질문을 다 던져 캐물어야 한다는 것이다. 이것이 그의 경전해석에 있어서 회의(懷疑)를 하는 방법이다.

그 다음 이런 회의를 통해 본지를 궁구하는데, 이익은 본지탐구를 위해 다양한 방법을 내세웠다. 그 첫 번째가 훈고학적 해석이다. '훈고(訓詁)'라는 어휘에 대해 여러 가지 설이 있지만, 일반적으로 쓰이는 개념은 '고언(故言: 詁)을 당시의 언어로 해석하는 것'을 의미한다. 그리고 '훈고학(訓詁學)'이라고 하면 흔히 자의(字義)를 연구하는 학문으로 인식하였다.[56] 이익의 경전해석에는 자의파악을 대단히 중시하고 있는데, 이는 훈고학적 해석을 염두에 두고 있는 것이 분명하다.

그는 "자학(字學)이 없어져 글의 뜻이 파묻히게 되었다. 육서(六書)의 학문을 다 궁구할 수는 없지만, 그 가운데 해성(諧聲: 形聲字)은 대부분 그 뜻을 찾을 수 있다."[57]라고 하였으며, "『시경』을 읽는 자는 『이아(爾

---

54 李瀷, 「星湖先生文集」 권32, 序, 「書經疾書序」. "子曰 '知之爲知之 不知爲不知' 所謂知者 不獨明知其所知 亦且明知其所不知 只是兩樣分明也 强知於不知者 知亦未十分也"

55 李瀷, 『星湖先生文集』 권54, 題跋, 「中庸疾書後說」. "若知如是而是 則必兼審如是而非 方始是見得"

56 楊端志, 『訓詁學』 上, 中國 山東文藝出版社, 1985.

雅)』에 익숙하지 않아서는 안 된다."[58]라고 하여, 자학(字學)의 중요성을 강조하였다. 그리고 실제에 있어서도 자의파악을 통한 해석이 밑바탕이 되고 있다.[59]

이처럼 이익이 자학의 중요성을 강조하고 자의파악을 경전해석의 근간으로 삼은 것은 의리(義理) 위주의 해석만으로는 경전의 본지를 정확히 읽어낼 수 없다는 자각에서 나온 것이다. 이런 그의 해석방법은 한학(漢學)의 훈고학적 해석방법을 새롭게 환기시킨 것으로 평가된다. 이익은 「서경질서서(書經疾書序)」에서 다음과 말하였다.

> 비록 그렇지만 문자는 만대에 같은 것이다. 그 책을 만든 사람이 어찌 후인들이 이 문자에 의거해 뜻을 터득함이 있기를 생각지 않았겠는가? 오늘날 육예(六藝)[60]의 문자도 널리 보고 두루 증명함이 많으면 간혹 묵묵히 이해될 수도 있다. 만약 그 어맥(語脈)이나 필세(筆勢)를 살피지 않고 한결같이 의리로 판단하는 것은, 요컨대 책을 만든 사람의 뜻이 아니다. 내가 이 책을 해석하면서는 그 문자를 따라 그 뜻을 궁구했다. 그러다 그 본뜻을 얻지 못하면 바로 그만두었다.[61]

문자는 만대에 통용되는 것이기 때문에 그 문자에 나아가 해석을 하겠

57 李瀷, 『星湖僿說』 권28, 「諧聲」. "字學已廢 文義遂埋 六書之學 雖不可盡究 其諧聲一段多有可尋者"

58 李瀷, 『星湖僿說』 권20, 「爾雅」. "讀詩者 不可以不熟爾雅"

59 최석기(1994), 75~67면 참조 및 최석기(2002a), 참조

60 여기서는 六經을 가리킴.

61 李瀷, 『星湖先生文集』 권32, 序, 「書經疾書序」. "雖然文字者 萬代之所同 爲之書者 豈不以後人之據以有得哉 今六藝文字 亦多博觀旁證 往往可以默會 若不審其語脈筆勢 一以理義爲斷者 要非其人之志也 余之爲此書 沿其文而究其意 不得則便休"

다는 것이다. 그리고 그 구체적인 방안으로 글자의 용례를 널리 찾아보고 두루 증명해 보는 과정에서 저절로 그 용도를 이해할 수도 있다는 것이다. 또한 이익은 문자에 나아가지 않고 의리로만 판단하는 것은 본지에서 벗어난다는 점을 강조하였다. 이는 송학의 의리 위주 해석의 병폐를 지적한 것이다.

필자가 『대학질서』를 분석한 바에 의하면, 자의파악에는 조자원리(造字原理)를 통한 파악, 상호 반대개념(反對槪念)을 통한 파악, 상호 조응관계(照應關係)를 통한 파악 등 다양한 방법을 동원하고 있다. 또한 자의파악에서 더 나아가면 문구의 연관성을 따져 본지를 파악하고 있는데, 이를 달리 표현하면 어맥(語脈)이나 필세(筆勢), 또는 문맥(文脈)을 살피며 해석하는 방법이다.

이익은 주자의 해석 태도나 방법을 대단히 존중하며 따르려고 하였는데, 그 바탕에는 주자의 해석이 의리 위주로 흐르지 않았다는 인식이 전제되어 있다. 그가 "주자의 『주역본의(周易本義)』와 같은 책은 반드시 문자에 의거해 해석을 하였다. 그래서 그 언어를 따라 그 뜻을 드러내었다."[62]라고 한 것을 보면, 이런 점이 입증된다. 이런 시각으로 그는 억측으로 판단하는 것을 철저히 배제하였다.

두 번째로 경전의 본지탐구를 위해 이익이 내세운 방법이 송학의 의리학적 방법이다. 경전의 뜻을 문자에 나아가 탐구하지 않고, 그 문구 이면에 담긴 의리를 위주로 해석하는 방법이다. 이는 성현의 마음을 주관적으로 터득하는 것이기 때문에 객관성이 결여될 수 있다. 그러나 송대의 의리학은 한대의 훈고학을 극복하기 위한 방안으로 제기된 것인 만큼,

---

62 李瀷, 『星湖先生文集』 권32, 序, 「易經疾書序」. "如本義者 必依文立解 沿其言而發其義"

주된 의도는 성현의 본지를 탐구하는 데 목표가 있었다. 따라서 본지탐구를 중시한 이익에게 훈고학적 방법을 쓴다고 해서 의리학적 방법을 버린다는 것은 있을 수 없는 일이다. 의리학적 방법만으로는 문제가 있기 때문에 이를 보완하기 위해 다양한 방법을 동원하자는 것이 이익의 생각으로 보인다.

'의리(義理)'란 '마땅한 이치' 또는 '올바른 이치'를 의미하는 말이다. 훈고학적 해석만으로 경전의 본지를 알 수 없을 때, 이익은 상상력을 발휘해서라도 본지를 터득하는 것이 중요하다고 보았다. 그는 그만큼 본지탐구를 중시한 것이라 할 수 있는데, 이에 대해 다음과 같이 말하였다.

> 『논어』 20편은 모두 성인의 말씀과 행실을 기록한 것이니, 털끝만큼도 의심할 만한 것이 없어야 한다. 그러나 혹 한 때 어떤 이유가 있어 말씀하신 것도 있다. 그 뜻을 다 깨달을 수 없는 부분에 대해서는 '당시에 어떤 일의 단서 때문에 이런 말씀을 하시게 되었는가.'를 상상해서 반드시 그 일을 터득한 뒤에야 그렇게 말씀하신 뜻을 알게 된다.[63]

방채박구(旁采博求)의 자세로 여러 설을 널리 참고하여도 본지를 터득할 수 없을 때, 다시 처음으로 돌아가 왜 그런 말을 하게 되었는지를 궁구해 볼 필요가 있다. "경서를 보는 데는 정설(定說)을 굳게 지키는 것이 합당하나, 이리저리 생각하고 널리 구해 ……"[64]라고 한 데에서 '이리저리 생각하고 널리 구해'가 바로 상상력을 발휘하는 것이다.

---

63 李瀷, 『星湖僿說』 권20, 經史門, 「聖人之言」. "論語二十篇 皆聖人之言行 宜無一毫可疑 其或有一時有爲而發者 其於未盡處 亦宜像想當時緣何等事端而發此言句乎 必得其事 然後方得其言也"

64 李瀷, 『星湖僿說』 권21, 經史門, 「論語首章」. "看經雖合牢守定訓 亦須遞換旁求……"

이 상상력을 발휘하는 문제는 주자학을 절대적으로 존숭하는 분위기 속에서는 있을 수 없는 일이다. 그러나 본지탐구를 무엇보다 중시한 그에게 있어서, 훈고학적 방법으로 본지가 마음에 와 닿지 않을 때, 상상력을 발휘하지 않을 수 없다는 것이다. 상상력의 발휘는 바로 '새로운 의리 찾기'라고 해도 무방할 것이다.

이익은 「논어질서서(論語疾書序)」에서 "그 뜻에 대해 생각하면 망령되다 하고, 의문을 가지면 참람하다 하고, 어떤 의미를 드러내 밝히면 군더더기라 한다."[65]라고 하여, 당시의 경직된 분위기를 지적한 바 있다. 이런 분위기 속에서 선유의 설을 맹목적으로 존신하지 않고 경전의 본지탐구에 목표를 둘 때, 상상력을 자유롭게 발휘하는 문제는 획일화된 사고를 깨뜨릴 수 있는 중요한 돌파구가 될 수 있다.

이익이 이런 점을 염두에 둔 것인지는 알 수 없지만, 당시의 학풍 속에서 굳이 이런 주장을 한다는 것은 특별한 의미가 있을 수밖에 없다. 또한 '질서(疾書)'라고 책이름을 붙인 것이 '묘계질서(妙契疾書)'에서 나온 것임을 생각해 볼 필요가 있다. '묘하게 마음에 와 닿는다[妙契]'는 말은, 어떤 문제에 매달려 깊이 궁구하다가 어느 날 확연히 깨닫는 바가 있다는 뜻이니, 이는 곧 이리저리 상상력을 발휘하는 것과 긴밀하게 연관되어 있다.

다만 이익은 이렇게 상상력을 발휘하여 깨달은 것을 그대로 자기의 설로 주장하지 않았다. 그는 본지를 탐구한 뒤에 이를 널리 증명하여 객관적 합리성을 확보하려 하였다. 다음과 같은 언급에서 이런 점을 읽을 수 있다.

---

65 李瀷, 『星湖先生文集』 권32, 序, 「論語疾書序」. "思量則爲妄 致疑則爲僭 發揮則爲剩"

① 경서를 연구하는 자는 반드시 본지를 추구하고 그것을 널리 증명하는 데까지 이르러, 자신을 닦고 세상을 안정시키는 기본이 되게 해야 한다.[66]

② 만약 그대의 말처럼 법에 따라 집에서 예(例)를 정하여 먼저 공자·증자·자사·맹자의 글에 힘을 쓴 뒤에 사례를 널리 채집해 그 뜻을 널리 증명하여 의리의 지취(志趣)를 더한다면 누가 불가하다 하겠는가?[67]

'널리 증명하는 것[旁證]'은 철저한 고증을 의미하는 말이다. 그리고 그 속에는 객관적 합리주의를 지향하는 인식이 들어 있다. 기실 자득한 의리는 주관적 견해이다. 이는 사람에 따라 생각이 다른 만큼이나 달라질 수 있다. 송학(宋學)의 말폐가 학자들이 제멋대로 의리를 탐구한 데 있다는 사실을 이익은 익히 알고 있었을 것이다.

따라서 자신이 터득한 의리를 개인적 차원의 의리가 아닌 사회적 차원의 의리로 끌어 올려 객관성을 획득하는 문제는 그에게 중요할 수밖에 없다. 왜냐하면 궁극적으로 실용을 지향하고 있기 때문이다. 설령 이익의 해석에 자기 주관적인 이상을 담은 의리가 있다고 할지라도, 설득력을 갖추기 위해서는 합리성을 갖추기 위한 고증이 필수적이었을 것이다.

세 번째로 이익이 경전의 본지탐구를 위해 내세운 방법이 비슷한 사례를 널리 수집하고 다각도로 궁구하는 방채박구(旁採博求)의 방법이다. 이 방법은 명말청초의 고증학적 방법과 일맥상통하는 점이 있다.

66 李瀷, 『星湖僿說』 권27, 經史門, 「窮經」. "窮經者 必能推究本旨 到底旁證 爲己安人之基"

67 李瀷, 『星湖先生文集』 권17, 書, 「答李景祖」. "若如君言 依法 家定例 先用力於孔曾思孟之書 然後博采旁證 以益義理之趣 誰曰不可"

> ① 경서를 보는 데는 정설(定說)을 굳게 지키는 것이 합당하나, 이리저리 생각하고 널리 구해서 끝내 정도를 얻게 되어야 깊이 터득한 것이 된다.[68]
>
> ② 성인과의 거리가 멀어졌으니, 혹 그 뜻을 모두 짐작해 확정하지 못하는 부분이 있다. 그러므로 주선생(朱先生: 주자)이 경전을 주석할 적에 널리 관계 자료를 채집하고 그 뜻을 널리 구해 지극히 합당한 데로 귀결되도록 힘썼다.[69]

①에서는 정도(正道)에 귀결되게 하는 방법으로 '체환방구(遞換旁求)'를 거론하고, ②에서는 본뜻을 지극히 합당한 데에 귀결되게 하는 방법으로 '방채박구(旁采博求)'를 언급하였다. '체환방구'나 '방채박구'는 유사한 의미로, '의문이 풀릴 때까지 널리 그 사례를 찾아 본지를 탐구한다.'는 뜻이다. 즉 '성인이 무슨 뜻으로 그런 말씀을 하였을까?'를 세밀하게 다각도로 찾아본다는 말이다.

이런 구체적인 실례로, 그는 「답최도명(答崔道鳴)」에서 『역해(易解)』의 연구방법에 대해 "우리나라의 전적은 끝내 협소한 줄 알겠다. 대전본 이외에는 널리 살펴볼 것이 없다. 그런데 이 책은 한(漢)·당(唐)의 전석(箋釋)으로부터 명나라 유자의 한 가지 터득한 의논에 이르기까지 널리 채집하지 않음이 없다. 꼭 그것이 모두 본지에 맞지는 않더라도 사람들로 하여금 상상을 하고 널리 통하게 하여 때로 한 점 영롱한 빛을 볼 수 있게 한다."[70]라고 하여, 본지를 널리 구한 것에 대해 높이 평가하고 있다.

68 李瀷, 『星湖僿說』 권21, 經史門, 「論語首章」. "看經雖合牢守定訓 亦須遞換旁求 卒歸于正 方是深得"

69 李瀷, 『星湖先生文集』 권18, 書, 「答李景祖」. "聖人既遠 容或有未盡勘定 故朱先生註經時 旁采博求 務歸至當"

이 방채박구의 방법은 한두 가지 설만 보고 그 설만 따르는 해석태도를 지양하고, 여러 사례를 두루 참고하고 다양한 시각으로 궁구하여 본지를 이리저리 생각해 보는 방법이다. 따라서 이는 주관적인 해석을 배제하고 객관적인 해석을 추구하는 합리적 사유라 하겠다. 이익의 학문정신에는 합리적 사고가 특히 돋보이는데[71], 이런 합리적 사고를 떠받치고 있는 것이 방채박구의 해석이다.

이상에서 이익의 경전해석의 구체적인 방법, 즉 본지탐구를 하는 실제적인 방법에 대해 몇 가지로 나누어 살펴보았다.

첫 번째로 언급한 훈고학적 해석방법은 텍스트의 문자에 나아가서 본지를 파악하려고 하는 텍스트분석법이라고 할 수 있다. 여기에는 문자학·성운학 등의 소학(小學)이 밑바탕이 되어야 한다. 그래서 이익은 그런 점을 대단히 중요하게 언급하고 있다.

두 번째로 언급한 의리학적 해석방법은 본지탐구를 중시해 의리를 주로 해서 해석하는 송학의 방법을 따른 것인데, 다만 주관적인 의리 위주로 해석하는 폐단을 극복하고 객관적인 합리성을 확보하기 위해 널리 증명하는 철저한 고증을 덧붙였다.

세 번째로 언급한 방채박구의 해석방법은 합리적 사고를 위한 여러 사례를 두루 수집해 널리 본지를 찾는 방법으로 학문의 객관성을 확립하기 위한 합리적 사유의 발로라 하겠다.

이와 같은 세 가지 해석방법을 두고 볼 때, 이익의 해석은 한대의 훈고학적 해석과 송대의 의리학적 해석을 겸하고 있으며, 나아가 청대의 고

70 李瀷, 『星湖先生文集』 권9, 書, 「答崔道鳴」. "東方典籍 終覺狹小 大全之外 無緣博涉 此則其於漢唐箋釋 逮至明儒一得之論 無不廣採 雖未必其皆中 令人意想旁通 時見一斑"

71 최석기(1994), 참조.

증학적 방법까지 겸하고 있다. 다만 이익의 고증은 후대 정약용 등에게서 보이는 것처럼 치밀한 고증에는 미치지 못하는 것이 사실이다.

Ⅳ. 질서류(疾書類) 경전해석의 의미

1. 질서류의 경전해석을 한 이유

이익은 왜 경전을 재해석하였을까? 주자의 해석은 이미 세계적인 학문일 뿐만 아니라 정통의 설로 자리를 잡았고, 또 본인이 주자의 설에 대해 신뢰를 보이고 있는데 굳이 새로운 해석을 할 필요가 있었을까? 그의 학문성향이 전대의 설을 맹목적으로 묵수하지 않고 회의정신을 갖고 본지를 탐구하려 했다는 원론적인 수준에서 이해하고 넘어가야 할 것인가? 그렇다면 주자의 설이나 후대 학자들의 설 중에서 문제가 되는 부분만 언급하면 될 것인데, 왜 전면적으로 재해석을 시도한 것일까? 분명 그 나름의 이유가 있을 것이다.

우선 '질서(疾書)'라는 책이름이 범상치 않다. 흔히 '변의(辨疑)'·'차의(箚疑)'·'석의(釋義)' 등의 이름을 붙이는데, 왜 질서(疾書)라고 이름을 붙인 것일까? '질서'라는 말은 주자가 지은 「장횡거화상찬(張橫渠畵像贊)」의 '묘계질서(妙契疾書)'에서 따온 것이고, 그 뜻이 '떠오른 생각을 잊지 않기 위해 빨리 적어놓은 것'임은 널리 알려진 사실이다. 자신이 터득한 것을 기록해 놓은 글인데, 왜 이처럼 겸손하게 책이름을 붙인 것일까?[72]

72 '疾書'가 '妙契疾書'에서 나온 말이기 때문에 당시에 이를 비난하는 말이 있었던 듯한데, 이익은 '妙契'와는 아무 상관이 없는 뜻으로 붙인 것임을 스스로 해명하였다.(『星湖僿說』 권29, 詩文門, 「妙契疾書」)

이런 질문을 화두로 삼아 그 이유를 찾아보기로 한다.

이익은 「맹자질서서(孟子疾書序)」에서 그 이유를 다음과 같이 말하였다.

> 질서란 무슨 뜻인가? 생각이 일어나 바로 적은 것이니, 이는 바로 잊을까 걱정해서이다. 생각이 익숙하지 않으면 잊게 되고, 잊으면 다시는 그 생각이 나지 않는다. 그러므로 익숙하게 하는 것이 귀하고, 빨리 적어놓는 것은 그 다음이다. 이는 또한 익숙하기를 기다리려는 것이다.[73]

그가 떠오르는 생각을 적어놓은 것은 그 생각이 익숙하게 되기를 기다리기 위함이라고 하였다. 떠오르는 생각을 빨리 적어놓은 내용은 그가 스스로 터득한 것이다.[74] 그런데 이익은 그것을 설익은 것으로 보고, 완전히 익히기 위한 전 단계로 '질서'의 의미를 한정하였다. 역시 겸손한 표현이지만, 그 속에는 그의 학문관이 들어 있다. 곧 순간적인 깨달음이 아니라, 그 깨달음을 신사(愼思)하고 명변(明辨)하여 증득(證得)하고자 한 것이다.

그렇다면 그는 경전을 읽을 적에 질서로 기록할 만큼 머릿속에 떠오르는 생각[75]이 많았단 말인가? 일단 그렇다고 대답하지 않을 수 없다. 이익은 질서에 기록된 것만큼 문제의식을 가지고 있었다고 보면 될 것이다.

73 李瀷, 『星湖先生文集』 권32, 序, 「孟子疾書序」. "疾書者 何 思起便書 盖恐其旋忘也 不熟則忘 忘則思不復起 是以熟之爲貴 疾書其次也 亦所以待乎熟也"

74 이익은 「易經疾書序」에서 "或有一班之窺 亦不憚幷錄其意"라고 하여, 하나의 영롱한 것을 엿봄이 있을 경우, 그 뜻을 아울러 기록하기를 꺼리지 않았다고 하였다. 그렇다면 질서류에 기록된 것은 그 나름으로 경전의 본지를 터득한 것들이라 할 수 있다.

75 의문이나 순간적인 깨달음 같은 것들을 말함.

이 점이 아마도 이익이 경전을 재해석한 궁극적인 이유일 것이다. 그리고 이는 그의 회의정신과 본지탐구가 빚어낸 빛나는 성과라고 해도 과언이 아닐 것이다.

이익은 11종의 질서류 가운데 『맹자질서(孟子疾書)』를 제일 먼저 저술하였다. 그는 그 이유를 다음과 같이 설명하였다.

> 나의 해석이 7편의 『맹자』로부터 시작한 것은 어째서인가? 공자가 돌아가신 뒤에 『논어』가 완성되었고, 증자(曾子)가 기술하고서 『대학』이 밝아졌고, 자사(子思)가 전해 받아 『중용』이 전해졌고, 맹자가 변론하여 7편의 『맹자』가 지어졌다. 세대로 보면 후대지만 뜻으로 보면 상세하다. 후대에 나온 것은 후학들과 시간적으로 가깝고, 상세하면 그 뜻이 드러난다. 그러므로 '성인의 뜻을 구하려면 반드시 『맹자』로부터 시작해야 한다.'고 말하는 것이다."[76]

이를 보면, 이익이 경전을 재해석한 이유는 근본적으로 성인 공자의 뜻을 구하는 데 있었음을 알 수 있다. 그는 그러기 위해 시간적으로 가깝고 내용이 상세한 『맹자』로부터 재해석을 시작한 것이다.

그런데 그가 경전을 재해석한 이유는, 이런 원론적인 수준에서 머물지 않는다. 그는 보다 구체적으로 그 이유를 언급하고 있는데, 우선 『맹자』를 재해석하게 된 이유에 대해 다음과 같이 말하였다.

---

76 李瀷, 『星湖先生文集』 권32, 序, 「孟子疾書序」. "其必自七篇始者 何 孔子沒而論語成 曾子述而大學明 子思授而中庸傳 孟子辯而七篇作 以世則後 以義則詳 後則近 詳則著 故曰求聖人之旨 必自孟子始也"

> 주부자(朱夫子: 주자)의 『맹자집주』가 세상에 나오게 되자, 여러 사람들의 말이 드디어 안정이 되었고, 그 설은 해외에까지 전파되어 모두 수레의 궤도를 함께 하듯 하나로 통일되었으니, 성대한 일이다. 그렇지만 후대 『맹자』의 뜻을 발휘한 여러 학자들의 설이 무수히 나오게 되었고, 그것들은 반드시 모두 맞는 것이 아니었다. 영락 연간(永樂年間: 1403-1424) 사서오경 대전본을 만든 호광(胡廣) 등은 학문이 천박한 시대에 출생하여 여러 설을 취하고 버리는 데에 준거가 없었다. 그리하여 전석(箋釋)의 뜻으로 하여금 혹 매몰되거나 와전되게 함을 면치 못하였으니, 내가 질서(疾書)를 짓는 것을 어찌 그만둘 수 있겠는가?[77]

이익이 『맹자』를 재해석한 표면상의 이유는, 첫째 대전본에 수록된 소주의 설에 주자의 해석과 다른 버릴 만한 설이 많고, 둘째 주자의 해석과 다른 이설들 때문에 주자가 해석한 본의가 매몰되거나 와전되었기 때문에 이를 정리하겠다는 것이다. 요컨대 주자의 설과 다른 소주의 설을 비판하여 주자설의 정통성을 확립하고, 와전되거나 매몰된 주자의 진의를 밝히겠다는 것이다.

이익의 해석에는 분명히 이와 같은 점이 있다. 그러나 이익이 오로지 이런 것만을 위해 경전을 재해석한 것은 아니라는 데 또 문제가 있다. 따라서 이는 어디까지나 명분으로 표방한 것이 아닌가 싶다.

이익은 표면상으로 위와 같은 이유 때문에 『맹자』를 다시 해석하게 되었다고 밝히고 있는데, 「맹자질서서」에 실린 그 다음의 언급을 분석해 보면, 진짜 이유는 이런 데 있는 것이 아님을 알 수 있다. 이익은

77 上同. "至朱夫子集註出 而群言遂定 播之海外 擧同軌而一之 盛矣哉 雖然發揮諸子 林蓁海滾 未必皆中 而永樂胡廣輩 起身蔑學 去取無據 使箋釋之意 或未免湮埋轉譌 則疾書之作 胡可已也"

위의 말을 이어 다음과 말하고 있다.

> ① 아, 주자는 맹자를 존숭했고, 후인들은 주자를 존숭한다. 그런데 후인들이 주자를 존숭하는 것이 주자가 맹자를 존숭한 것보다 심함이 있는 듯하다. 현인이 성인을 희구하고 사(士)가 현인을 희구하는 것은 그 형세가 그렇다. 현자는 지혜가 성인에 능히 미칠 수 있기 때문에 맹자의 기상이 조화롭지 못한 점에 대해 일찍이 맹자를 존숭하는 것이 독실하다는 이유로 그 점에 대해 말하는 것을 꺼리지 않았다.[78]
>
> ② 사(士)는 곤궁하게 아래 대열에 있기 때문에 주자의 집주에 대해 흑백을 따질 일이 없다. 이것이 이른바 자신할 수 없을 적에는 믿을 만한 것을 믿는다는 것이다. 이것이 학자의 정법이기는 하지만, 혹 독실하게 믿는 가운데서도 풀리지 않는 의문이 있어 강습할 적에 드러내기도 하고, 사적인 생각을 적어놓는 글에 싣기도 하여 그 뜻을 발명하는 데 이르기를 구하니, 이 또한 그만둘 수 없는 일이다.[79]
>
> ③ 그런데 이렇게 자기의 생각을 드러내면 사람들은 문득 윗사람을 비방하는 것이라고 얽어매고, 다른 의도가 있는 듯하다고 얽어매어 법을 준엄하게 적용하고 형벌을 각박하게 한다. 이 어찌 공자의 문하에서 하던 일인가? 나는 그러므로 "오늘날의 학자들은 유가의 신불해(申不害)나 상앙(商鞅)이다."라고 한다. 이에 '예, 예'하며 따르기나 하는 풍습만 만연하고 고찰하고 탐구하는 풍습은 사라져버렸다. 그래서 깜깜하게 학문이 없는 경지에 이르고 말았으니, 이는 오늘날 학자들의 잘못이다.[80]
>
> ④ 전하는 말에 '스승을 섬길 적에는 숨기는 것이 없어야 한다,'고 하

78 上同. "嗚呼 朱子尊孟子也 後人尊朱子也 後人尊朱子 殆有甚於朱子之尊孟子 賢希聖 士希賢 其勢然也 賢者智有能及之 故於孟子氣像未化處 曾不以尊之之篤而諱焉"

79 上同. "士者困在下列 故於集註無事乎黑白 玆所謂不自信而信可信 此雖學者之正法 其或篤信之餘 疑有未釋 露於講貫之際 藏於筆箚之私 求有以至於發蒙 斯亦不得已也"

80 上同. "人輒繩之以訕上 繩之固若有意 峻法刻刑 奚爲於孔子之門 余故曰 '今之學者 儒家之申商也' 於是 唯諾之風 長 考究之習 熄 駸駸然底于無學 則今之學者之過也"

> 였는데, 이는 대체로 의문스럽거나 난해한 점이 있는 것을 숨기지 말아야 한다는 말이다. 아래 자리에 처해 진보하려고 하면서 바로 환히 안다고 스스로 생각한다면 이는 어리석은 사람이 아니면 아첨하는 사람이다. 나는 실로 이런 것을 부끄럽게 여긴다. 그러므로 정전(井田)을 구획하는 것, 정삭(正朔)을 세우는 것과 같은 문제들에 대해 망령되이 하나의 설을 지어 나머지의 뜻을 보충해 놓았다. 이는 모두 주자가 일찍이 의문을 가졌던 문제들이다. 주자가 의문을 가졌던 것은 언로를 열기 위한 것이니, 말이 맞지 않을 경우 죄는 말을 한 사람에게 있다. 그러니 주자의 집주에 또한 무슨 손상이 있겠는가? 구원(九原)에서 우리 주부자(朱夫子)를 모셔올 수 있다면, 주자께서는 반드시 진보하기를 구하는 것을 애처롭게 여기시고 그 말이 맞지 않는 것에 대해 벌하지는 않으실 것이다.[81]

이익은 ①에서 주자가 맹자를 존숭하면서도 맹자의 설에 대해 이설을 제기한 점을 거론하였다. 즉 그 사람을 존숭한다는 이유 때문에 그의 설을 맹종하지는 않았다는 것이다. 이는 인간과 도를 구별해 보는 의식이다. 도보다 인간을 절대시하는 쪽에 비중을 두면 절대존신의 묵수적(墨守的) 시각을 갖게 된다. 그러나 인간보다 도에 더 무게를 두게 되면 의리를 발명하는 쪽으로 나아가게 된다. 결국 이익은 도를 더 중시하는 입장이기 때문에 선현의 설에 대해서도 이의를 제기할 수 있다는 것이다.

②에서 이익은 학자의 정법(正法)을 내세워, 자신이 주자의 집주에 대해 흑백을 따질 수 없는 신분임을 밝힌다. 그러나 그는 주자의 설을 독실하게 믿지만 풀리지 않는 의문이 있어 자신의 사적인 견해를 적어둘 수밖

81 上同. "傳曰事師無隱 盖不禁其有疑難也 處下欲進 而便自謂渙然者 非愚則諛 余實恥之 是以 如畫井建正之類 妄爲一說 以補餘意 皆朱子所嘗置疑也 置疑所以開言路 言之不中 罪在言者 於集註 又何損 九原可作於吾夫子 必將哀其求進 而不誅其不中也"

에 없는데, 이는 어디까지나 몽매함을 발명하기 위한 것이라는 것이다. 극도로 겸손한 표현을 썼지만, 역시 도를 밝히는 데 중점을 둔 인식이다.

③에서 이익은 주자의 설에 대해 이의를 제기하면 형벌로 얽어매는 경직된 사회풍상을 비판하였고, ④에서는 그럼에도 불구하고 자신은 독자적인 설을 지어 주자가 다 밝히지 못한 나머지의 뜻을 보충했다고 하였다. 즉 학문의 계승발전을 중시하는 시각을 드러낸 것이다.

이를 요약하면, 이익은 선현이 못다 밝힌 도를 밝히는 것을 후학의 임무라고 생각하여, 주자의 설에 의문이 있는 경우 자신의 견해를 제시하거나 주자의 설에 미비한 점이 있는 경우 자신의 설로 보충했다는 것이 된다. 여기까지 이르고 보면, 이익이 『맹자』를 다시 해석한 이유가 앞에서 명분상 내건 것과 다르다는 것을 직감할 수 있다.

『맹자질서』 다음에 저술한 『대학질서』의 서문에도 그가 『대학』을 다시 해석하게 된 이유를 자세히 천명하고 있다. 이 「대학질서서」를 살펴보면, 이익은 『대학』을 이해하기 어려웠던 점 네 가지를 열거하고, 그것을 해결할 목적으로 『대학』에 대한 재해석을 더하게 되었음을 밝혔는데, 이를 간추려 요약하면 다음과 같다.

> ① 주해문자(註解文字)는 날로 많아지는데, 인간의 지혜는 고인만 못하다. 고인만 못한 지혜로 날로 더 많아지는 주해문자를 궁구하려고 하니, 반도 못 가서 힘이 다하고 마음이 나태하게 된다.[82]
>
> ② 『대학장구』는…… 진화(秦火) 같은 재액(災厄)을 당하지 않았음에도 그 사이에 착오가 있다. 그런데도 그것을 분변해 아는 사람이 없

82 李瀷, 『星湖先生文集』 권32, 序, 「大學疾書序」. "註解文字 日覺愈多 人之聰明 每不及古人 以不及之聰明 欲盡究乎愈多之文字 未及半塗 已力渴心怠矣".

다. 그런데 하물며 심(心)·성(性)을 설한 것에 대해 그 진상을 포착하는 자가 없는 데 있어 서랴.[83]

③『주자대전』·『주자어류』 등에 실린 내용은 강론할 적에 각기 한 가지 뜻을 밝히거나 남은 의미를 미루어 부연한 것도 있고, 전후로 이설을 윤색한 것도 있고, 기록한 것들이 반드시 모두 본지에서 나왔다고 할 수 없는 것들도 있다. 그런데도 오늘날 꽉 막힌 자들은 굳게 지키면서 비교 고찰해 취사(取捨)하려 하지 않으며, 통하는 것만 귀하게 여기는 자들은 견강부회하여 끝내 어지럽혀 통서(統緖)를 없애 버렸다.[84]

④『대학장구』 대전본 소주의 설은 후대 학자들의 터무니없는 말이나 잘못된 주석들이 뒤섞여 있는데도 아울러 채록해 놓은 것이 있다. 긴요하지 않을 뿐더러 의혹과 혼란만을 야기 시킨다.[85]

①은 『대학』에 대한 해석이 너무 많아 긴요한 설만 간추릴 필요가 있다는 말로, 번다한 설을 정리하겠다는 의도를 드러낸 것이다.

②는 『대학장구』에 착오가 있는데도 아무도 분변하여 바로잡는 사람이 없고, 또 주자가 심(心)·성(性)을 말한 것에 대해 그 진상을 포착하는 사람이 없기 때문에 잘못된 것을 바로잡고, 진상을 알 수 있도록 하겠다는 것이다. 전자는 착오를 바로잡겠다는 것이고, 후자는 긴요한 어구에 대해 명확한 해석을 가하겠다는 의도이다.

③은 『주자대전』·『주자어류』 등에 실린 설 가운데는 『대학장구』의 내용과 다른 것이 있는데, 이를 분변해 취사할 줄은 모르고 그 중에 어느

83 上同. "『章句』者 …… 非有秦火燬滅之厄 其間猶未免錯誤 而無人辯識 則況於說心說性沒有箇捉摸者乎"

84 上同. "『大全』·『語類』 或在講貫之際 各明一義 推演餘意 或前後修潤異說 或記者未必皆出於本旨也 今人 尙隘者 膠守偏曲 不能以考較去就 貴通者 傅會絮繁 卒靡靡而無統"

85 上同. "若夫章句大全 則後儒之謾辭訛箋 雜然而幷採 不見有緊要 徒惹惑亂"

한 가지 설을 끌어다 견강부회하고 있기 때문에 주자의 여러 설을 분변하여 정설(定說)을 확정하겠다는 의도이다.

④는 대전본 세주의 설 가운데는 주자의 설과 맞지 않는 해석들이 있는데 이를 분변하지 못하고 있기 때문에 이를 분변하겠다는 의도이다.

이 가운데 ③과 ④의 주장은 주자의 중설을 분변하여 정설을 확정하고 대전본 세주의 설을 비판적으로 검토하겠다는 것이다. 이 문제는 주자학에 대한 이해가 심화되어 17세기 초부터 나타나는 조선 경학의 특징적인 풍조이다.

이러한 현상은 김장생(金長生, 1548-1631)의 『경서변의(經書辨疑)』부터 나타나는데, 서인계 한원진(韓元震, 1682-1751)의 『주자언론동이고(朱子言論同異攷)』·『경의기문록(經義記聞錄)』 및 이현익(李顯益, 1678-1717)의 「논대학명덕정심이장변의(論大學明德正心二章辨說)」, 영남 남인계 권구(權榘, 1672-1749)의 「대학취정록병도(大學就正錄幷圖)」 등에서 확인할 수 있다.

이익이 『대학』을 해석하면서 주자의 여러 설을 분변하여 정설을 확정하고 대전본 소주의 설을 비판적으로 검토하려 한 것도 한원진·이현익·권구 등의 의도와 크게 다르지 않다.

그러나 이익은 이들처럼 오로지 주자학의 정통성을 확립하고 보위하려는 데에만 뜻을 둔 것은 아니었다. ①과 ②에서 보이는 것처럼, 이익은 『대학장구』의 착오를 바로잡고, 주자설의 진상을 포착하여 『대학장구』의 해석을 보완함으로써 후학들이 『대학』을 보다 명확히 이해할 수 있도록 하는 데 목표를 두었다. 그가 비록 주자의 설에 대해 드러내 놓고 비판을 가하지는 않았지만, 주자의 설에 의문을 제기하고 자신의 견해를 피력하거나 주자 설의 미비한 점을 보완하기 위해 정밀한 해석을 덧붙였다. 이런 측면에서 보면, 한원진·이현익·권구 등이 『대학장구』를 모범답안으로 삼고 여타의 이설을 배척하는 데 목표를 두었다면, 이익은 『대학장구』를 더 보완하여 모범답안을 다시 만들려고 한 것이라 하겠다.

이익은 『중용』과 『논어』를 재해석하면서 그 배경과 이유에 대해 다음과 같이 말하였다.

> ① 아, 고인이 저술한 것이 책이다. 이 책에 실린 내용이 상세하지 않은 것은 아니지만, 황혼녘 어두운 방안에 펴놓으면 식별하는 자가 없다. 오늘날 세상에서는 이 책을 손으로 더듬기는 하지만 실제로 읽어보고 내용을 꿰뚫어보지는 못한다. 그래서 문고리를 해[日]라고 생각하지 않을 사람이 드물다. 내가 이 책을 해석한 것은 감히 그 뜻을 밝게 드러내는 데 의도를 둔 것이 아니다. 단지 이 깜깜하고 긴 밤중에 나의 정신을 가다듬어 때로 하나의 영롱한 빛을 엿보고자 할 뿐이다.[86]
>
> ② 오늘날에는 그 책만 존숭하고 그 책을 만든 사람의 마음은 잃었으며, 그 문구만 암송하고 그 문구 이면에 담긴 본지는 뒤로 한다. 또한 본지를 헤아리면 망령되다 하고, 의문을 가지면 참람하다 하고, 본지를 드러내 밝히면 쓸 데 없는 일이라 한다. 한 자 한 치의 일체 비근한 것일지라도 통제해 금망(禁網)으로 삼아 어리석은 사람이나 지혜로운 사람이나 구별이 없게 되었다. 이것이 어찌 고인이 후인들에게 바라던 바이겠는가? …… 나는 이 책을 해석하면서 감히 전석(箋釋)의 바깥에서 새로운 뜻을 구하지 않았다. 마치 주자 제자들의 문목(問目)처럼 단지 내 견해를 우선 기록해 두었다가 밝은 스승을 만나 질정하고자 함이다.[87]

---

86 李瀷, 『星湖先生文集』 권32, 序, 「中庸疾書序」. "嗚呼 古人所著者 書 書非不詳 展于幽室黃昏之地 人未有識而別者 今之世 殆於手撈摸 而實未曾看透 其不至於以籥爲日者 鮮矣 余之爲此書者 非敢有意於昭揭 只欲趁此黑暗長夜之前 抖擻我精神 庶幾時窺一斑焉"

87 李瀷, 『星湖先生文集』 권32, 序, 「論語疾書序」. "其在于今 尊其書而失其心 誦其文而後其義 思量則爲妄 致疑則爲僭 發揮則爲剩 尺尺寸寸 一切卑近 勒爲禁網 而愚與智 無別

이익은 자신이 『중용』을 재해석한 이유는 자기 시대의 학문과 밀접한 연관이 있다. ①에서 깜깜한 방안에 놓인 책을 손으로 더듬기만 할 뿐 그 내용은 까마득히 모른다고 한 것과 ②에서 그 책만 존숭하고 그 문구나 암송할 뿐 그 책을 지은 사람의 마음이나 그 책에 담긴 정신은 뒷전으로 하고 있다는 것이, 이익이 『중용』과 『논어』를 다시 해석하지 않을 수 없는 이유인 것이다.

요컨대 경전의 본지를 깜깜하게 모르기 때문에 이를 찾아 나설 수밖에 없고, 그래서 칠흑 속에서 하나의 영롱한 빛이라도 찾자는 심정으로 재해석을 한다는 것이다. '영롱한 빛을 엿보는 것[窺一班]'은 경전의 본지를 깨닫는 것이다.

『맹자』와 『대학』을 재해석하게 된 변(辨)을 밝힌 데에서 보이듯이, 이익은 자기 시대를 번다한 여러 설들만 난무하고 경전의 본지는 파묻힌 시대로 본다. 그래서 그는 본지를 찾자는 절박한 심경으로 경전을 다시 해석할 수밖에 없었다는 것이다. 그리고 위 인용문 ②에서 언급한 것처럼 본지를 찾기 위해서는 이런저런 의문을 갖지 않을 수 없고, 그러다 보니 마치 주자 제자들의 문목처럼 자신의 의문점을 기록해 두게 되었다는 것이다.

이익은 자신의 설이 주자의 전석(箋釋)을 벗어나 새로운 설을 추구한 것이 아니라고 애써 변론하고 있다. 그러나 거꾸로 생각해 보면, 본지를 찾다 보니 주자의 주석만으로는 이해가 되지 않아 의문을 기록해 두었다는 것이고, 이는 결국 주자의 주석에 대해서도 의문을 가졌다는 말이다.

此豈古昔人所望於後來哉 余之爲此書 非敢求志於箋釋之外也 只是姑錄己見 如朱門諸子之問目一般 擬待明師而就正"

그런데 그 의문이 한두 가지 문목이 아니고, 『논어』 전체라는 데에 문제가 있다. 그렇다고 이익이 주자의 설에 모두 의문을 가졌다거나 반대했다고 오해해서는 곤란하다.

요컨대, 이익이 사서를 재해석하게 된 이유는 이 정도만으로도 충분히 드러난다. 간단히 요약하자면, 그가 경전을 재해석한 이유는 경전의 본지탐구에 있다. 주자의 주석처럼 아무리 훌륭한 전대의 설일지라도 그것만으로는 경전의 본지를 온전히 찾을 수 없기 때문에, 본지를 찾다 보니 의문점이나 순간적 깨달음을 적어 놓을 수밖에 없었다는 것이다.

이런 인식은 삼경을 재해석하게 된 이유에서도 그대로 나타나는데, 결국은 본지를 찾아 나선다는 것이 그 이유이다. 그는 「역경질서서(易經疾書序)」에서 다음과 같은 재미난 비유를 들었다.

> 이는 또한 아홉 갈래의 길이 앞에 있는데, 사람들은 어디로 가야할지를 모르는 경우와 같다. 올바른 길을 알면 목적지에 도달할 수 있지만, 길을 잘못 들면 바로 진흙구덩이로 들어가게 될 것이니, 사람들을 위해 이로움과 해로움을 끝까지 따져봐야 한다. 그렇다면 반드시 사람들의 꾀를 더욱 모아 갑론을박하며 서로 분변하여, 작은 지혜를 가진 천한 사람일지라도 그에게 나아가 다 들어본 뒤에 그만두어야 할 것이다. 그런데 그렇게 하지 않고 "이는 나에게 달렸으니, 이러쿵저러쿵 말하지 말라." 하고서 사거리에서 자문을 구하지 않는 자는 천리 길을 잘못 들어가는 것에 대해 걱정하지 않는 자이다. 통달한 식견을 가진 사람들은 과연 어떻게 생각하는지 모르겠다.[88]

88 李瀷, 『星湖先生文集』 권32, 序, 「易經疾書序」. "此又如九逵在前 人迷所向 得則達 失便入阬 而爲人利害之極 則必將益聚人謀 甲乙互辨 雖挈瓶灑削之賤 進而該聽 然後方已也 不應斷之 謂吾在爾且休矣 彼歧衢而不詢者 不憂千里之謬者也 未知達識果以爲如何也"

경전의 본지는 목적지이고, 주석은 그 목적지로 안내하는 일종의 길이다. 그런데 사통팔달의 갈림길에서 길을 잃었다. 어떻게 목적지로 가는 길을 찾을 것인가? 기왕의 안내 표지판이 모두 목적지로 인도하는 길이라고 무턱대고 믿을 수는 없다. 어떻게 할 것인가? 남들의 견해를 들어보지 않고 자신의 독단으로 결정하면 바른 길을 찾을 확률은 낮다. 갈림길이 많다는 것은 전대의 주석이 많다는 것을 의미한다. 이익은 이 갈림길에서 바른 길을 찾기 위해 하찮은 설이라도 이리저리 찾아보며 자문을 구하였다. 그리고 자신이 찾은 길이나 잘못된 안내 표지판에 대해 나름의 견해를 기록해 놓았다. 그것이 질서(疾書)이다.

이익이 사서삼경을 재해석한 이유가 경전의 본지탐구에 있었다는 것은 이상의 논의에서 충분히 드러났으리라 본다. 그렇다면 이익은 왜 그토록 본지탐구에 열정을 쏟은 것일까? 그의 경전해석 체계에서 보면, 본지를 자득해야 실용할 수 있기 때문이다. 앞에서 언급한 자득·실천→실득→실용을 다시 생각해 본다면, 이익이 경전을 재해석하면서 본지탐구에 역점을 두었던 것은 자기 시대 현실에 맞는, 곧 실지(實地)에 맞는 실질적인 재해석을 필요로 했던 것이다. 이를 경학적으로 말하면, 자기 시대의 언어로 자기 사회에 맞는 의리를 찾으려 한 것이라 하겠다.

2. 『소학』·『근사록』 등도 해석한 이유

이익이 사서삼경을 재해석한 이유는 위의 논의에서 충분히 드러났으리라 본다. 그런데 『소학(小學)』·『주자가례(朱子家禮)』·『근사록(近思錄)』·『심경부주(心經附註)』에 대해 왜 질서류의 해석을 한 것일까? 이익은 33세 때 『맹자질서』부터 저술하기 시작하였다. 그리하여 ① 『맹자질서』

② 『대학질서』 ③ 『소학질서』 ④ 『논어질서』 ⑤ 『중용질서』 ⑥ 『근사록질서』 ⑦ 『심경부주질서』 ⑧ 『역경질서』 ⑨ 『서경질서』 ⑩ 『시경질서』의 순으로 해석하였고, 『가례질서』는 수시로 해석을 가하였다.[89]

우선 그는 『소학』에 대해 왜 질서류의 해석을 한 것일까? 그것은 일차적으로 아들 맹휴(孟休)를 위해 지은 것으로 보인다. 이익은 33세 『맹자질서』의 저술에 들어갔는데, 마침 기다리던 아들을 얻었다. 그래서 '맹자가 아름다운 재산을 내려주었다[孟錫嘉用]'는 뜻으로, 이름을 '맹휴(孟休)'라고 지었다.[90] 그리고 5년이 지난 뒤에 『맹자질서』를 완성하였다. 그 뒤 『대학질서』를 찬술했는데, 『대학질서』는 오래 걸리지 않은 듯하다.

그 뒤에 이익은 『소학질서』를 저술하였다. 「소학질서서(小學疾書序)」에 "그러나 책을 펴보는 여가에 변석(辨釋)과 평론(評論)을 덧붙여 아들에게 유익하게 하려 하였으니, 또한 몸으로 친히 하는 것의 다음 일이다."[91]라고 한 것을 보면, 아들 맹휴에게 『소학』을 가르치던 시기에 『소학질서』를 저술한 것을 알 수 있다. 그런데 단순히 아들 맹휴를 위해 지었다고만 볼 수 없다. 이 책은 조선시대 학자들이 어려서 몸가짐을 바르게 하는 필독서였던 만큼, 미비한 해석을 보완하여 보다 정밀하고 상세한 해석을 꾀한 것으로 보인다.

---

89 李秉休, 『星湖先生文集』, 附錄 권1, 「家狀」. "其於經學 則志學之初 先讀孟子 是歲子正郎生 命名曰孟休 以志喜 因撰孟子疾書 次讀大學 次讀小學 次讀論語 次讀中庸 次讀近思錄及心經 次讀易 次讀書 次讀詩 次讀大學 各撰疾書 而易與詩 晩年棄其前本而改撰 家禮疾書 隨閱輒錄 積十數年而成"

90 이 말은 『星湖先生文集』의 「孟子疾書序」에는 빠져 있고, 『孟子疾書』 앞에 붙은 「星湖疾書孟子序」에만 보인다.

91 李瀷, 『星湖先生文集』 권32, 序, 「小學疾書序」. "然繙閱之餘 時加辨評 將以益於子 則抑身親之次也"

이런 관점에서 보면, 『주자가례』에 대해 질서류의 해석을 한 이유도 이해할 수 있다. 『소학』과 『가례』는 모두 주자가 지은 사회 실천적 윤리규범을 담은 책이다. 그런데 500년이라는 시간이 지나고, 중국이 아닌 조선이라는 사회에서 그 윤리규범을 그대로 이해하고 적용하기란 어려운 일이다. 따라서 이 윤리규범을 존중한다고 하더라도 그 정신을 자기 시대에 맞게 되살리고자 하는 의도가 개입되어 이 책들에 대해 질서류의 해석을 덧붙인 것으로 보인다.

이는 그의 시의론(時宜論)과 변법사상(變法思想)에서 기인한 것으로 보면 될 것이다. 그는 "시무(時務)를 아는 것은 우리나라 사람의 단점이다. 고금의 의논이 비록 갖추어졌으나 중국과 우리나라는 풍속이 크게 다르고 시의도 같지 않으니, 만약 일에 나아가 실정을 살피지 않는다면 어떻게 그 하자에 곡진히 적중할 수 있겠는가?"[92]라고 하였으며, 그런 예로 『주자가례』를 들어 이를 그대로 우리나라 사인들에게 시행할 수 없으므로 '서인가례(庶人家禮)'를 만들어 벼슬아치가 아닌 자들에게 널리 준행하게 해야 할 것이라고 하였다.[93] 아마 이런 시각에서 소년시절의 윤리규범인 『소학』과 사대부 예의 전범인 『주자가례』를 자기 시대 현실에 맞게 재해석할 필요성이 있었던 것으로 보인다.

그렇다면 『근사록』과 『심경』에 대해서는 왜 질서류의 해석을 한 것일까? 『근사록』은 송대 성리학을 항목별로 일목요연하게 간추려 놓은 책이므로 성리학의 요점을 파악하는 데 매우 유용한 책이다. 이익은 「근사록질서서(近思錄疾書序)」에서 "옛날 공자께서 명(命)과 인(仁)을 드물게 말

92 李瀷, 『星湖僿說』 권8, 人事門, 「東人奏議」. "識時務 我東之所短也 今古議論雖備 土風絶異 時宜不同 若非卽事審情 如何曲中其疵"

93 李瀷, 『星湖僿說』 권10, 人事門, 「庶人家禮」 참조.

씀하셨는데, 이 드물게 말씀하셨다는 것은 다만 초학자들에게 드물게 말씀하셨다는 뜻이다. 전심전도(傳心傳道)하는 데 입을 다물려 해도 그렇게 할 수 있겠는가? 그러므로 예전과는 다르게 『주역』의 「계사전(繫辭傳)」을 지어 천인(天人)·성명(性命)의 근원에 대해 자세히 말씀하셨다."[94]라고 하였다.

이를 보면 이익은 형이상의 도를 논하는 것을 부정적으로 보지 않았다. 그런 시각으로 그는 주자가 이 책을 만든 공로는 사서(四書)를 만든 것보다 아래에 있지 않다고 극찬하였다.[95] 이처럼 이익은 성리학 자체를 부정적으로 인식하지 않았고, 또 그 내용이 절실히 필요하고 경전에 버금가는 것이기 때문에 질서류에 넣은 것이다.

이익은 이 책을 해석하게 된 구체적인 이유에 대해, 자신이 처음 공부할 때 고생했던 것처럼 집안의 자제들이 손을 놓고 그 의취(意趣)를 보지 못할까 염려하기 때문에 전석(箋釋)을 가하여 그들로 하여금 쉽게 들어갈 수 있도록 하기 위함이라고 하였다. 문제는 이 성리서를 사서만큼이나 중시하는 그의 학문관을 우리가 어떻게 평가해야 하는가 하는 점이다.

이용후생학파에서는 정덕(正德)·이용(利用)·후생(厚生)의 삼사(三事)를 두고 볼 때, 학문이 너무 정덕에 치우쳐 있으므로 이용·후생이 먼저 이루어져야 정덕도 할 수 있다는 입장을 취한다. 이런 관점에서 보면, 실학자들이라고 하여 정덕의 문제를 치지도외한 것은 아니다. 이익도 마찬가지이다. 그가 경세치용의 현실문제에 학문정신을 두고 있더라도 결코 정덕을 무시하지는 않았다.

94 李瀷, 『星湖先生文集』 권32, 序, 「近思錄疾書序」. "昔者 夫子罕言命與仁 罕言者 特罕與初學言 至傳心傳道 雖欲嘿其口 得乎 故撰易繫辭 津津乎天人性命之源"

95 上同, "要其專意近思 不得不措 非此書不可 信乎朱子纂輯之功 又不在四子下也"

실학을 성리학과 상대적인 것으로 보는 시각을 극복하면, 실학이 성리학의 문제점을 보완하여 현실에 맞는 새로운 학문을 추구한 것이라고 정의할 수 있다. 그런 시각에서 보면, 조선시대 주요 교과서였던 사서삼경과 『근사록』·『심경』을 이익이 재해석한 것은 마치 성리학적 사유체계의 문제점을 보완하여 실학을 전개한 것과 별반 다르지 않다고 하겠다.

다만 이익이 『심경』을 해석한 것은 조금 다른 차원에서 이루어졌다. 그는 『심경』 자체에 대해 전혀 부정적 견해를 가지고 있지 않았다. 문제는 우리나라에서 이황 때부터 유행한 『심경』은 진덕수(眞德秀)가 처음 만든 『심경』이 아니고, 명나라 때 정민정(程敏政)의 편찬한 『심경부주(心經附註)』이었다는 데 있다.

이익은 『심경부주』를 읽지 않아도 괜찮은 책으로 간주한다.[96] 따라서 이 책을 질서류에 넣어 재해석한 것은 정민정의 잘못된 견해를 분변하려는 데 주된 목표가 있었던 것임을 알 수 있다. 『심경부주』는 이황의 문인대부터 문제점이 다각도로 지적되어 정구(鄭逑)는 이에 대해 편차를 개정하고 내용을 산삭하거나 증보하기도 하여 『심경발휘(心經發揮)』를 편찬하였다.

3. 질서류 경전해석과 『성호사설』 경전해석의 차이

질서류의 경전해석은 『성호사설』의 경사문(經史門)에 수록된 경전해석과는 어떻게 다를까? 이에 대해, 송갑준 교수는 이익의 경학관을 질서류의 성리학적 경학관과 『성호사설』의 치용적 경학관으로 나누어 고찰한

96 李瀷, 『星湖先生文集』 권32, 序, 「心經附註疾書序」. “然彼程氏者 以其人則鬻題而黷利也 以其學則外朱而內陸也 以其書則去取無章也 雖不讀 可也”

뒤, "이익의 경학관은 이중구조를 가지는 것으로 이해할 수 있다. 즉 질서류를 토대로 한 성리학적 경학관과 『성호사설』을 바탕으로 한 치용적 경학관의 양면성이 그것이다."라고 하고, 또 "이러한 입론이 가능하다면 이익은 성리학적 이념을 토대로 한 질서적 경학관으로부터 경세치용을 중시하는 실학적 경학관으로 그의 경학 세계를 발전시킨 유학자라고 할 수 있다."라고 하였다.[97]

이러한 송교수의 주장에 대해, 필자는 견해를 달리 한다. 그런데 이 문제는 두 종류의 책이 어떻게 만들어진 것인지를 조그만 들여다보면, 그렇게 심각한 논의가 필요치 않다. 이익이 『맹자질서』를 저술하기 시작한 것이 그의 나이 33세 때로, 이후 약 20년 동안 질서류의 경전해석에 전념한 것으로 보인다. 한편 『성호사설』은 이익이 직접 쓴 「사설서(僿說序)」에서 다음과 같이 말하였다.

> 나는 한가한 사람이다. 사설은 독서하는 틈과 세상사에 응하는 가운데 혹 전기(傳記)에서 얻기도 하고, 자(子)·집(集)에서 얻기도 하고, 시가(詩家)에서 얻기도 하고, 전해들은 말에서 얻기도 하고, 해학에서 얻기도 한 것으로 보면 웃을 만하고 기뻐할 만하여 보존해 두고 열람할 수 있는 것들을 손 가는 대로 적어 놓은 것이다. …… 내가 경전을 궁구한 지 20년에 성현의 유의(遺意)에 대한 견해들을 각각 설로 완성하게 되었다. 또 저술을 좋아하여 사물에 뜻을 붙이거나 남에게 수창한 것, 그리고 서(序)·기(記)·논(論)·설(說) 등은 별도로 채록하여 편집해 두었다. 사설(僿說)과 같은 글은 이런 몇 가지 글에 넣을 수도 없는 것들이니, 쓸모없는 용잡한 말이 되는 것이 틀림없다.[98]

---

97 宋甲準(1996a), 참조.

98 李瀷, 『星湖先生文集』 권32, 序, 「僿說序」. "翁乃優閒者也 讀書之暇 應世循俗 或得之傳

여기서 알 수 있듯이, 『성호사설』은 독서하거나 세상사에 응하면서 얻은 단편적인 내용들을 기록해 둔 것이다. 따라서 『성호사설』은 체계적으로 기획해 쓴 책이 아니다. 또한 이 책에 실린 글 중에는 질서류를 저술하는 20여 년 동안 얻은 것이 상당수 있다.

요컨대, 『성호사설』은 이익이 평생 독서하거나 살아가면서 얻은 단편적인 내용들 가운데, 질서류의 해석에 넣기도 적절치 않고, 그렇다고 문집의 서(序)·기(記)·논(論)·설(說) 등의 문체에 넣기도 곤란한 잡다한 내용들을 한데 모아 유별로 나누어 엮어놓은 책이다.

사정이 이러한데, 이를 별개의 것으로 보아 질서류의 해석은 성리학적 경학관으로, 『성호사설』의 경학관은 경세치용적 경학관으로 보는 것은 아무런 근거가 없는 설이다. '성리학적 경학관'과 '경세치용적 경학관'을 상대적으로 보는 시각에서 이런 결론이 도출된 것으로 보이는데, 우선 이 두 경학관의 성격을 명확히 구분하는 것부터 논의가 전개되어야 할 것이다. 그러나 이 자리에서 '성리학적 경학관이 무엇인가?' 하는 문제를 두고 논쟁을 전개하는 것은 적절치 않기 때문에 더 이상의 언급은 하지 않을 것이다.

다만 필자가 『대학질서』와 『시경질서』를 분석한 바에 의하면, 질서류의 경학관은 종래 존신주자주의 학자들의 경학관과 본질적으로 다르다. 그리고 이 글에서도 언급했듯이, 여러 방면에서 종래 학자들의 경학관과 차이가 있다. 따라서 이를 '성리학적 경학관'으로 보는 설은 질서류의 경전해석을 정밀하게 분석하지 않은 소치라고 여겨진다.

記 得之子集 得之詩家 得之傳聞 得之詼諧 或可笑可喜 可以存閱 隨手亂錄……翁窮經二十年 凡見解聖賢遺意 各有成說 又喜著書 其寓物酬人 序記論說 別有采輯 如僿說者 不堪載之向之數者 則其爲無用之冗言 定矣"

질서류의 저작과 『성호사설』의 저작에 대해, 논자에 따라서는 『성호사설』이 질서류보다 비중이 높고, 체계를 갖춘 저작이라고 평하기도 한다. 예컨대, 다음 인용문이 이런 시각을 단적으로 보여주고 있다.

> 따라서, 『사설』은 적어도 『질서』보다는 의도적·직접적으로 나름의 체계를 갖춘 저작이라 할 수 있다. 이런 점들과 함께 분량으로 보더라도 『사설』은 『질서』보다 훨씬 많다는 데에서 차이가 있다. 전반적으로 보아 『성호질서』는 『성호사설』에 대비할 때 저작물로서의 비중이 떨어지는 것이 사실이다.[99]

여기서 '체계를 갖춘 저작'이라는 말이 과연 타당할까? 『성호사설』이 유별로 분류 편집된 책이기 때문에 질서류보다 체계를 갖춘 저작이 될까? 질서류는 체계가 없는 저작인가? 이런 질문을 던지고 나면, 답은 결코 그렇지 않다는 것으로 귀결된다.

질서류의 저술이 비록 『맹자』→『대학』→『소학』→『논어』→『중용』→『근사록』 등의 순으로 이루어져 체계가 없는 듯하지만, 이를 두고 체계가 없다고 말할 수는 없다. 자세히 들여다보면, 여기에는 사서(四書)를 먼저 해석하고, 그 다음 기초적인 성리서를 해석하고, 삼경(三經)은 맨 뒤에 해석한 나름의 체계가 있다.

반면 『성호사설』은 수십 년 동안 독서하거나 세상사에 응하면서 터득한 것들을 체계 없이 적어 놓았다가 나중에 분류 편집해 놓은 것이다. 『성호사설』 경사문(經史門)에 수록된 경설(經說)의 제목을 보면, 어떤 체계를 가지고 경전을 해석한 것이 아님을 금방 알 수 있다. 따라서 의도적

---

99 유초하(1998), 참조.

으로 체계를 갖춘 저작의 측면에서 『성호사설』이 질서류보다 낫다고 할 수 없다. 오히려 그 반대라고 보는 것이 사실에 가까울 것이다.

다음, 분량면에서 『성호전서』(여강출판사 영인분, 1984)에 수록된 질서류와 『성호사설』을 비교해 보면, 『성호사설』은 영인본으로 총 1146쪽이고, 질서류는 총 883쪽이다. 『성호사설』이 질서류보다 363쪽 더 많기는 하지만, 이 정도의 분량 차이를 두고, 『성호사설』 저작의 비중이 더 높다고 할 수 있을까? 그렇지 않다.

조카 이병휴(李秉休)가 지은 이익의 「가장(家狀)」을 보면, 질서류의 저술에 대해 무려 한적 8쪽 분량으로 그 안에 담긴 학설의 학술적인 의의를 논평하고 있는 반면, 『성호사설』에 대해서는 한적 1쪽 분량도 채 언급하지 않고 있다. 이를 보면, 이병휴는 『성호사설』보다 질서류에 더 의미를 두고 있음을 알 수 있다. 따라서 『성호사설』과 질서류의 저술에 대해 위의 인용문처럼 질적 우열을 논하는 것은 적절치 않다.

물론 『성호사설』 속에는 만년의 설이 들어 있어 질서류의 내용에 비해 보다 정제되거나 깊이를 더한 것이 있을 수 있다. 그러나 이익은 33세부터 20년 동안 질서류의 저술에 온 공력을 쏟았다. 그 뒤에도 『역경질서』와 『시경질서』는 만년에 다시 개작을 했으니, 전체적으로 보면 그가 30대에서 50대까지 가장 활발히 연구하던 시기에 저술한 야심작이 질서류라고 할 수 있다. 따라서 필자는 질서류의 저술이 이익의 경학적 성과물이며, 『성호사설』은 평생 학문을 하고 사색을 하면서 터득한 단편적인 사유의 산물이라고 생각한다.

V. 맺음말

본고는 17-18세기의 대표적인 학자인 성호 이익의 경학에 초점을 맞추어, 질서류 경전해석을 중심으로 그 개략적인 성향을 살펴본 것이다. 이 글에서 질서류 경전해석의 총론에 해당하는 일반적인 내용만 언급하고, 개별 경전의 해석에 대한 구체적 특징은 언급을 하지 못하였다. 그것은 사서삼경 등의 질서류 경전해석을 한 자리에서 모두 다루는 것은 무리라고 생각했기 때문이다. 또한 총론에 해당하는 사안을 제외하고는 각 경전별로 정밀한 분석이 이루어져야 하기 때문에 섣불리 전체적인 특징을 논하는 것은 바람직하지 않다는 생각에서였다. 이상에서 논의한 것을 간추려 결론적으로 정리하면 다음과 같다.

이익의 경전해석 체계는 궁극적으로 실용성을 염두에 두고 있기 때문에 이 실용성을 갖기 위해 철저히 실득(實得)을 추구하며, 실득의 추구는 자득(自得)과 실천(實踐)으로 나타나고, 이를 위해 본지탐구를 최우선 과제로 내세우며, 본지탐구를 위해 무엇보다도 회의(懷疑)를 강조한다.

이익의 경전해석 태도는 주자의 경전해석 태도인 불구신(不苟新)의 태도, 불구유(不苟留)의 태도, 불구기(不苟棄)의 태도를 그대로 수용하고 있는데, 불구신의 태도는 선유의 설을 그대로 따르는 것이고, 불구유의 태도는 선유의 설을 따르지 않고 새로운 해석을 가하는 것이고, 불구기의 태도는 사소한 설일지라도 장점이 있으면 모두 취하는 태도이다.

이익의 경전해석 방법은 본지탐구 위한 실제적인 방법으로, 텍스트의 문자에 나아가서 본지를 파악하는 훈고학적 방법, 본지탐구를 중시해 의리를 주로 해서 해석하는 송학의 의리학적 방법, 합리적 사고를 위해 여러 사례를 두루 수집해 널리 본지를 찾는 방채박구의 방법으로 정리할 수 있다.

이익이 11종의 질서류 경전해석을 한 가장 큰 이유는, 사서삼경을 전면적으로 재해석한 데에서 알 수 있듯이, 경전의 본지를 새롭게 터득하려 한 것이다. 그리고 당시의 윤리규범에 해당하는 『소학』과 『주자가례』를 해석한 데에서 현실에 적의(適宜)한 윤리적 해석이 필요했음을 짐작할 수 있다. 또한 『근사록』·『심경』을 해석한 데서 성리학에 대해서도 본지를 꿰뚫어 볼 수 있는 해석, 또는 자신의 사유체계에 맞는 실천적·실용적 해석이 필요했던 것으로 볼 수 있다.

요컨대, 이익의 질서류 경전해석은 종래의 관념론적 해석에서 진일보하여 현실사회의 실지(實地)에 입각한 실용적 해석으로 나아갔다는 점이 가장 큰 의의라고 하겠다. 특히 그가 중시한 치용(致用)은 세상을 경영하는 경세적인 측면뿐만이 아니라, 자신을 수양하고 심성을 도야하는 면까지 들어 있음을 간과해서는 안 될 것이다. 따라서 개인의 도덕적 실천과 현실사회의 실용적 측면이 모두 고려된 해석이라고 평가할 수 있다.

이 글은 『남명학연구』 제16집(경상대 남명학연구소, 2003)에 실린 「17-8세기 학술동향과 성호 이익의 경학」을 수정 보완한 것이다.

제10장

성호 이익의 『대학』·『중용』 해석

Ⅰ. 머리말

성호(星湖) 이익(李瀷, 1681-1763)은 33세 때부터 50대까지 20여 년 동안 모두 11종의 질서(疾書)를 저술하였다. 연구능력이 가장 왕성한 시기에 주요 경서와 성리서를 재해석한 것이다. 혹자는 『성호사설』이 질서보다 체계를 갖춘 저작으로 분량도 많고 비중도 높다고 평가하였으며[1], 또 혹자는 『성호사설』의 경학관을 경세치용적 경학관으로 질서의 경학관을 성리학적 경학관으로 보았다.[2] 그러나 필자는 이런 설에 대해 모두 동의하지 않는다.

『성호사설』은 이익이 독서하는 여가에 얻은 단편적인 것들로 질서나 문집에 넣을 수 없는 소소한 설을 모아 놓은 책인 반면, 질서는 의도적으

---

1 유초하(1998), 24면 참조.

2 송갑준(1996a), 177~192면 참조.

로 20여 년 동안 집중 연구하여 얻은 경학의 대표적 저술이다.[3] 따라서 질서가 사설보다 훨씬 체계적이고 비중 있는 저작이라 하는 것이 사실에 가깝다.

또 이익의 경학에 대해, 연구자의 시각에 따라 그 성격을 성리학적인 것, 또는 경세치용적인 것으로 볼 수는 있다. 그러나 '사설은 경세치용적 경학관을 대변하고, 질서는 성리학적 경학관을 보여준다.'고 재단을 하는 것은, 자료를 정밀하게 분석하지 않고 내린 섣부른 결론이다.

이런 점에서 필자는 기왕의 연구자들이 질서보다 사설에 더 비중을 두어 해석하는 시각을 따르지 않고, 경학연구의 집성이 질서류의 저작이라는 관점을 바탕으로 한다. 물론 질서의 해석보다 더 진전된 인식이 사설에 수록되어 있기도 하다. 그것은 질서를 저술한 뒤 만년에 터득한 것을 사설에 기록해 놓은 진일보한 견해일 것이다. 그러나 단편적인 견해를 피력한 사설의 설만 가지고서, 질서의 경학과 사설의 경학을 양분해 보는 것은 실정에 맞지 않는다.

이익의 경학을 온전히 이해하기 위해서는 질서류의 해석을 근간으로 하면서 문집 및 사설 등의 설을 함께 고찰하는 것이 바람직할 것이다. 이것이 필자가 이익의 경학을 접하는 기본적인 시각이다.

이익은 11종의 질서를 저술하였는데 조카 이병휴(李秉休)가 쓴 「家狀」에 의하면, ①『맹자질서』, ②『대학질서』, ③『소학질서』, ④『논어질서』, ⑤『중용질서』, ⑥『근사록질서』, ⑦『심경부주질서』, ⑧『역경질서』, ⑨『서

3 李瀷, 『星湖先生文集』 권32, 序, 「僿說序」. "翁乃優閒者也 讀書之暇 應世循俗 或得之傳記 得之子集 得之詩家 得之傳聞 得之詼諧 或可笑可喜 可以存閱 隨手亂錄 …… 翁窮經二十年 凡見解聖賢遺意 各有成說 又喜著書 其寓物酬人 序記論說 別有采輯 如僿說者 不堪載之向之數者 則其爲無用之冗言 定矣"

경질서』, ⑩『시경질서』, ⑪『가례질서』의 순으로 저술하였으며, 『역경질서』·『시경질서』는 만년에 다시 개작하고 『가례질서』는 수시로 해석한 것을 알 수 있다.[4]

『맹자질서』는 아들 맹휴(孟休)가 태어난 1713년부터 시작해 1718년에 완성했고,[5] 『대학질서』는 1718년부터 시작해 1731년 이전에 완성했다.[6] 『소학질서』는 1720년 전후에 저술하였고, 『논어질서』는 1735년 이전에 저술하였으며, 『중용질서』는 1731년에 저술하였다.[7] 그런데 이병휴가 「가장」에서 언급한 위의 순서로 지어졌다면, 『논어질서』는 『중용질서』보다 먼저 완성했을 것이므로 1731년 이전에 저술한 것이 된다.

『근사록질서』·『심경부주질서』는 『논어질서』와 비슷한 시기에 지어진 것으로 추정되는데, 정확한 연도는 확인할 수 없다.[8] 그러나 『논어질서』 중 '상심경질서(詳心經疾書)'·'상근사록(詳近思錄)' 등의 언급이 있는 점으로 보아, 초고는 『논어질서』보다 앞에 만들어졌음을 알 수 있다.

---

4 李瀷, 『星湖先生文集』, 附錄 권1, 李秉休 撰, 「家狀」. "其於經學 則志學之初 先讀孟子 是歲子正郎生 命名曰孟休 以志喜 因撰孟子疾書 次讀大學 次讀小學 次讀論語 次讀中庸 次讀近思錄及心經 次讀易 次讀書 次讀詩 各撰疾書 而易與詩 晚年棄其前本而改撰 家禮疾書 隨閱輒錄 積十數年而成"

5 「星湖疾書孟子序」에 "適當執手咳名之慶 以孟錫嘉 用爲志喜 今歲五周矣"라고 하였으며, 서울대 규장각 소장본(古1334-3) 및 한국학중앙연구원 장서각 소장본(k1-172)에는 '戊戌星湖撰'이라는 기록이 있다.

6 이익은 『맹자질서』를 저술한 다음 『대학질서』의 저술에 들어갔으니, 1718년에 시작한 것으로 추정된다. 또 안산시 성호기념관에 소장되어 있는 이익이 「大學圖」를 그려 李萬敷에게 보낸 편지에 '辛亥三月二十七日'로 기록되어 있는 것으로 보아, 1731년 이전에 『대학질서』의 저술을 마친 것으로 추정된다.

7 金正敏(2007), 17~20면 참조.

8 김정민(2007)은 『성호선생문집』 권21 「答尹源明問目 庚戌」에 『근사록질서』에 대해 질문한 내용이 있는 것에 근거하여 『근사록질서』는 1730년 이전에 지어진 것으로 보았고, 『심경부주질서』는 1731년 이전에 지어진 것으로 추정했다.

또 『가례질서』는 규장각 소장본(古1325-19)에 1731년에 지은 서문이 있으므로, 이해 초고가 완성된 뒤 「가장」에서 언급한 것처럼 수시로 개정한 듯하다. 이 책을 삼경질서보다 먼저 해석하였다는 점에서, 이익은 조선시대 기본적인 성리서도 사서와 마찬가지로 중시하였음을 알 수 있다. 삼경질서인 『역경질서』·『서경질서』·『시경질서』는 1731년 이후 저술한 것으로 추정된다.

이 11종의 서적은 크게 사서삼경과 성리서로 나눌 수 있다. 사서삼경은 조선시대 기본 경서였으니, 이를 모두 재해석하였다는 것은 기왕의 사서삼경 해석과 다른 새로운 해석의 필요성을 절실히 느꼈음을 의미한다. 그리고 『소학』·『근사록』·『심경』·『주자가례』 등을 질서류의 해석에 넣은 것을 보면, 조선시대 유행한 성리학 관련 서적에 대해서도 재해석의 필요성을 절감하고 있었음을 말해준다.

이 4종의 성리학 관련 서적은 조선시대 학문체계에서 사서에 버금가는 필독서였다. 『소학』은 주자가 편찬한 책으로 일상에서 실천해야 할 기본적인 윤리를 제시한 책이고, 『근사록』은 성리학을 집약적으로 이해할 수 있는 기초적인 서적이며, 『심경』은 역대 성현들이 마음을 다스린 심성 수양에 관한 책이며, 『주자가례』는 사대부 시대의 예의규범인 관혼상제(冠婚喪祭) 사례(四禮)의 기초가 되는 책이다. 이 4종의 서적은 사(士)의 도덕성 함양과 인간자세 확립을 위한 지침서로서의 의미를 갖는다.

따라서 공소화(空疎化)한 학문을 비판하고 현실에 유용한 학문을 지향한 이익에게 있어서, 이 4종의 서적도 외면한 수 없는 재해석의 대상이 될 수밖에 없었을 것으로 여겨진다. 특히 학술의 사변화(思辨化)에 문제의식을 가졌던 이익에게 실지(實地)에서 실용(實用)을 추구하는 이 책들은, 윤리의 실천을 강조하는 측면에서 각별한 의미를 가질 수 있다.

주자가 평생의 정력을 바쳐 해석한 책이 『대학』이며, 『대학』과 표리 관계로 보아 중시한 책이 『중용』이다. 기실 주자학의 근원은 이 두 책의 해석에서 출발한다고 해도 과언이 아니다. 또 주자는 『대학』·『중용』과 『논어』·『맹자』를 합해 사서(四書)라 명명하여 오경(五經)보다 앞에 사서를 두는 사서오경 체제를 확립하였다.

요컨대 주자학에서는 오경보다 사서가 더 근본적인 서적으로 등장하며, 그 중에서도 『대학』·『중용』이 더 중심에 있다. 16세기 이황이 『대학』을 학문의 규모가 다 들어 있는 책으로 보아 대하(大廈)에 비유하고 나머지 경서는 그 칸을 채우는 내용으로 본[9] 것이 바로 주자학의 근본정신이 『대학』·『중용』에 있음을 단적으로 보여주는 인식이다.

이런 관점에서 보면, 이익의 질서류도 오경보다는 사서에 근본을 두고 해석한 것임을 알 수 있다. 또 사서를 해석하면서 『소학』·『근사록』·『심경』·『주자가례』 등 주자학 관련 서적을 함께 해석한 데에서, 그가 사서와 주자학 관련 서적 위주로 형성된 당시의 학문체계를 부정하지 않고 있음을 알 수 있다.

이익의 질서류 가운데 삼경질서에도 독자적으로 발명한 설이 적지 않을 것이다. 그러나 조선시대 학문의 중심이 오경보다는 사서에 있었던 점을 염두에 두면, 주자의 해석과 변별되는 이익의 해석을 살피기 위해서는, 삼경보다 사서의 해석을 검토하는 것이 보다 유효할 것이다. 그러므로 본고에서는 이익의 경서해석 가운데 사서해석을 연구하기로 범위

9 陶山書院, 『退溪學文獻全集』 제17책, 「退陶先生言行通錄」 권2, 「學問 第一」. "小學雖釋之以小子之學 入大學後 亦不可舍此而專事大學也 故曰 聖學之所以成始成終 小學所以成始 大學所以成終也 以作室譬之 小學則如修正基址而備其材木也 大學則如大廈千萬間結構於基址也 修正基址而不構於其室 則是無終也 欲構大廈千萬而不修基址 則亦不能構矣 故爲聖學之始終矣"

를 정하되, 사서해석을 한 자리에 다 다루기에는 분량이 너무 많기 때문에 사서 가운데서도 주자가 가장 중시한 『대학』·『중용』의 해석만을 연구범위로 한정하고자 한다.

주자가 경서를 해석하면서 『대학』·『중용』에 일생의 정력을 바쳤듯이, 이익도 "사람이 학문을 할 것으로는 이 『대학』·『중용』 두 책에 불과하다. 그러므로 조금 학문을 좋아하는 자들은 모두 이 책에 골몰하는데 끝내 자득한 바가 없으니, 안타까워할 만하다."[10]라고 하여, 『대학』·『중용』을 경학의 핵심으로 파악하고 있다. 따라서 이 두 책에 대한 해석의 특징과 의미를 밝히는 것만으로도 이익의 경학의 실체를 구명하는 데는 큰 문제가 없을 것이다.

이 글은 이익의 『대학질서』·『중용질서』를 기본 자료로 하고, 문집 및 『성호사설』에서 관련 자료를 추출하여[11] 주자의 주석과 비교 검토해 해석의 양상과 특징을 적출한 뒤, 조선경학사의 흐름 속에서 그런 해석이 나오게 된 배경, 다른 학자들의 반응과 이익 자신의 논변 등을 통해 이익의 『대학』·『중용』 해석의 성격을 살펴보는 데 목적으로 둔다. 아울러 동시대 주자학만을 절대 존신한 학자의 해석과 비교하여 이익의 해석이 어떤 의미를 갖고 있는지도 함께 구명하도록 할 것이다.

이익의 사서해석 가운데 『대학』·『중용』에 관한 기왕의 연구 성과를

10 安鼎福, 『順菴集』 권16, 雜著, 「函丈錄」. "又曰 讀庸學 節節有疑 今人讀書無疑 故學不進 人之爲學 不過此二書 故稍自好者 皆汨沒於此 而竟無所得 可哀也已"

11 『성호사설』에도 『대학』에 관한 설이 30여 항목, 『중용』에 관한 설이 20여 항목이나 된다. 그중에는 『대학질서』와 『중용질서』에서 찾아볼 수 없는 참신한 내용도 있다. 그러나 그런 설은 대부분 부분적인 문제를 논한 것들이기 때문에 전체적인 해석 양상과 특징을 고찰하는 데 모두 수용할 수 없었다. 다만 논지 전개상 꼭 필요한 경우만 인용하였다.

검토해 본 결과, 종합적으로 다음과 같은 문제점을 발견하였다.[12]

첫째, 텍스트를 전체적으로 분석해 그 성향 및 특징을 도출하지 않고, 논자의 편의에 따라 단편적인 자료만을 추출해서 전체의 성격을 성급히 논의하고 있다. 이는 학문분야별로 관점이 다른 데서 기인하기도 하지만, 오늘날의 학풍이 관련 자료를 총체적으로 분석해 귀납적으로 결론을 도출하지 않고, 논자의 관점에 따라 필요한 자료만 선별해 성급히 판단하는 풍조를 여실히 드러낸 것이기도 하다. 이런 점은 학계 전반에 반성이 요구된다.

둘째, 한국경학사의 흐름 속에서 이익의 경학의 특징을 도출하지 못하고 있다. 이는 아직까지 한국경학에 대한 연구가 폭넓게 진행되지 않아 참조할 만한 선행연구가 없기 때문이며, 또한 한국경학사의 흐름에 대한 논자의 이해가 부족하기 때문이기도 하다.

한국경학에 대한 연구는 특정한 인물, 예컨대 정약용(丁若鏞)과 같은 특정한 학자에 집중되어 있고 그 나머지 경학가들에 대해서는 연구가 미비하다. 그러므로 경학사의 전개과정 속에서 개별 경학가의 설이 갖는 의미를 심도 있게 논의하지 못하고 있다. 그러다 보니, 한 경학가의 사상사적 위상을 제대로 드러내지 못하고 있다. 이러한 현상은 외국학자들이 정약용과 같은 학자들에 대해 논의한 것이 국내 학자들의 설과 사뭇 다른 데에서 여실히 드러난다.

셋째, 실학의 연장선상에서 연구하여 경학연구의 독자적 시각을 확보하지 못하고 있다. 그래서 이익의 경학의 성격을 경세치용적인 것으로

12 연구사 검토는 지면의 한계로 인해 일일이 논평하지 못하고 종합적으로 문제점만 적출하였다. 그러나 이는 참고문헌에 실린 이익의 『대학』과 『중용』에 대한 해석 및 사서를 종합적으로 해석한 기왕의 연구 성과를 비판적으로 검토하여 도출한 결론이다.

단정하는 데서 머물고 있다. 이익의 경학에는 분명히 경세치용의 실학적 사유가 내재되어 있다. 그러나 그것이 전부가 아니다.

이익은 경전해석을 하면서 자의파악(字義把握)의 훈고학적 방법, 방채박구(旁採博求)의 고증학적 방법, 본지자득(本旨自得)의 의리학적 방법을 동원하여, 경문의 본지를 탐구하여 수기(修己)와 안인(安人)의 기초로 삼고자 했다. 안인이 경세치용적 실학과 연관된다면, 수기는 거경궁리(居敬窮理)를 위주로 하는 성리학적 사유를 대변한다. 즉 이익의 경학에는 수기와 안인의 요소가 모두 있기에 이 양자를 아울러 파악하는 연구 시각이 필요하다.

넷째, 주자의 해석과 다른 점만을 부각시켜 탈주자학 또는 반성리학인 것으로 성급히 그 성격을 규정하거나 의미를 부여하고 있다. 이익은 주자학을 노골적으로 비판하지 않으면서도 주자의 설과 다른 독자적인 의리를 발명하였다. 그의 해석은 주자설을 상당 부분 수용하면서도 그 설만을 존신하는 데서 머물지 않고 본지를 탐구하려고 하였다. 따라서 그의 해석에는 주자학적 패러다임에 속하는 것도 있고, 그것을 벗어난 것도 있다.

그런데 주자학적 패러다임 내의 문제라고 하더라도 종래의 주석에서 찾아볼 수 없는 새로운 의리를 발명한 것이 있다는 점이다. 그러므로 이익의 경학을 온전히 이해하기 위해서는 주자학적 해석에서 벗어난 것에 대한 의미를 부여함은 물론, 주자학적 내에서의 동이득실을 검토하여 그 의미와 성과를 아울러 고찰하는 시각을 겸비해야 할 것이다.

필자는 이와 같은 문제점을 인식하고 있지만, 본고에서 이를 다 극복할 수는 없을 것이다. 다만 텍스트를 전체적으로 검토하고 분석한 바탕 위에서 이익의 해석 양상과 특징을 도출하는 방법을 택할 것이며, 한국경학사의 흐름 속에서 이익의 경학의 특징과 위상을 논의하고자 할 것이다. 또한 이익의 경서해석이 이루어진 배경과 당시 학자들에게 어떤 영향을 미치고 있는지, 동시대 주자학자의 해석과 비교해 어떤 변별성을 갖는지 하는 점 등을 아울러 살펴보면서 그의『대학』·『중용』 해석의 의미를 논하고자 한다.

Ⅱ. 경서 해석의 이유와 관점

1. 학용(學庸) 해석의 이유

이익은 왜 굳이 사서삼경 및 성리서에 대해 재해석을 한 것일까? 이러한 질문은 이익의 사서해석의 본질에 접근하는 데 유효하다. 다행히도 11종의 질서에 대한 저자의 서문이 모두 남아 있어, 이를 면밀히 검토하면 저자가 왜 재해석을 하게 되었는지를 엿볼 수 있다. 본고는 사서해석 중『대학』·『중용』만 집중 분석하기로 한정했기 때문에,『대학질서』·『중용질서』의 서문 및 발문을 통해 저자의 저술의도를 고찰해 보기로 한다.

먼저『대학질서』를 저술한 이유에 대해 살펴보기로 한다.『대학질서서(大學疾書序)』를 분석해 보면, 이익이『대학』을 재해석한 이유를 다음과 같이 정리할 수 있다.

첫째, 학자들이 허다한 주해문자(註解文字)에 얽매여 본지를 탐구하지 못하기 때문에 긴요한 주석만을 간추려 요령을 얻게 할 필요가 있다.

둘째,『대학』에 착오가 있는데도 분변하는 사람이 없다.

셋째,『주자대전』·『주자어류』 등에 수록된 설은 단편적인 견해를 드러내 밝힌 것인데, 이에 천착해 해석하는 자들이 있다.

넷째, 『대학장구대전』은 후학들의 그릇된 설을 무분별하게 채집해 놓은 것으로 초학자들은 알 수가 없다.

이런 언설은 주자의 『대학장구』·『대학혹문』의 설을 근거로 하면서 착오를 바로잡아 주자의 명훈적결(明訓的訣)을 드러내며, 『주자대전』·『주자어류』 등 단편적인 설에 천착하지 않고, 대전본 소주의 설에 대해서는 타당치 않은 점을 분변하며, 허다한 주해문자의 늪에 빠지지 않고 본지를 찾는 데 주력하겠다는 것으로 해석방향을 제시한 것이다.

다음 「중용질서서(中庸疾書序)」를 통해 『중용』을 재해석한 이유를 살펴보기로 한다. 이익이 『중용』을 재해석한 이유는, 자기 시대에 『중용』의 본지를 꿰뚫어 아는 자가 없기 때문에 암흑세상이 오기 전에 하나의 의리라도 발명해 보고자 한 것으로 요약된다.

이익은 『중용질서』 뒤에 「중용후설(中庸後說)」을 붙여놓았는데, 그 내용을 정리하면 다음과 같다.

첫째, 주자의 『중용장구』가 세상에 널리 유통된 뒤로 이 책만을 절대적으로 존신하는 풍조가 생긴 것을 심각하게 우려한다.

둘째, 주자의 주석을 묵수(墨守)하여 아무 것도 터득함이 없는 사람을 양성하는 것보다는 차라리 본지를 탐구하여 독자적인 설을 펴다가 탄핵을 받는 편이 더 낫다.

셋째, 『중용질서』에는 주자가 언급하지 않은 점을 드러내 밝힌 점이 있다.

이익이 '주자의 『중용장구』를 굳게 지켰다.'고 말한 것은 주자의 해석을 비판하는 관점에서 해석한 것이 아님을 천명한 것이며, '주자가 언급하지 않은 것을 말했다.'고 한 것은 자신이 독자적으로 본지를 탐구해 새롭게 의리를 발명한 것이 있다는 말이다.

이상에서 이익이 『대학』·『중용』을 해석한 이유를 서문·발문을 통해 살펴보았다. 이익은 정주학을 진파(眞派)로 보고, 사서를 적전(嫡傳), 육경을 정종(正宗)으로 보아, 진파를 통해 적전과 정종에 이르는 것을 경학의 목표로 삼았다.[13] 이는 학문이 정주학에 매몰되어 적전으로 올라가지 못하고 진파에 머물러 있다고 진단했기 때문이다. 그는 그 목표에 도달하기 위해 시간적으로 가깝고 의리가 상세한 『맹자』로부터 거슬러 올라가며 성인의 본지를 파악하려 한 것이다.

이상에서 살펴보았듯이, 이익이 『대학』·『중용』을 해석한 주요 이유를 정리해 보면 다음과 같다.

첫째, 당대 학풍이 주자의 설만을 고수하고 본지를 탐구하려 하지 않기 때문에 본지를 탐구하여 의리를 발명할 필요가 있다.

둘째, 주자의 설에 문제가 있거나 의문이 있는 점에 대해 분변할 필요가 있다.

셋째, 주자가 언급하지 않은 의리를 발명할 필요가 있다.

넷째, 주자 이후의 설이 너무 많아 요령을 얻기 어렵기 때문에 제유(諸儒)의 중설(衆說)을 정리할 필요가 있다.

다섯째, 대전본 소주의 설을 분변할 필요가 있다.

---

13 李瀷, 『星湖僿說』 권10, 「眞派嫡傳」.

2. 경서 해석의 관점

여기서는 『대학』·『중용』의 해석에 국한하지 않고 이익이 경서 및 성리서를 재해석한 관점이 어디에 있는지를 포괄적으로 살펴보고자 한다. 이익은 당대 학풍을 다각도로 진단하였는데, 그 가운데 가장 심각하게 여겼던 점을 간추려 정리하면 다음과 같다.

첫째, 습속이 과거지학에 오염되어 장구지학(章句之學)·사장지학(詞章之學)이 만연됨으로써 경서의 본지를 탐구하는 분위기가 사라졌다는 점이다.

이익은 "오늘날 가장 해로운 것은 습속이 과거의 학문에 오염된 것이다."[14]라고 하였다. 그는 과거공부의 폐단을 두 가지로 지적하였는데, 하나는 강경(講經)에서 암송 위주로 시험하기 때문에 문장을 외우기만 하고 의리를 발휘하는 점이 없다는 것이고,[15] 하나는 사장(詞章) 위주로 시험하기 때문에 경륜을 갖춘 인재를 선발할 수 없다는 것이다.[16] 이는 장구와 사장 위주의 학문을 비판하면서 경서의 본지를 발명하는 것이 학문 본연의 목적임을 환기시킨 것이다.

또 이익은 경전의 본지를 떡에 비유하여, 과거공부만 하는 자들은 떡을 만들기 위해 방아를 찧고 시루에 찌는 공력과 크고 작고 네모나고

---

14 李瀷, 『星湖僿說』 권26, 經史門, 「科學害道」. "最妨者 習俗之染科學 是也"

15 李瀷, 『星湖僿說』 권8, 人事門, 「學禮講」. "然今之講科 非不刻厳 而專意音吐 無所發揮 故決科登仕 而拙劣尤甚 反有愧於詞科浮華之徒 其故何也 講規輕則業之者多 業均無以揀別 於是 思所以重其規 一節重一節 以至於兼誦七書 儒生於是思所以免乎黜落 只課程音釋之外 皆所未及 此非諸生之滅裂 卽法驅而使然也"

16 李瀷, 『星湖僿說』 권8, 人事門, 「律賦」. "我國之試 士有經義疑問詩賦論策 四六則表詔制 四字則箴銘頌 凡十二科 將選爲公卿 而取以文詞已 是末計 又多判於半日之功 固不能盡其才"

둥근 형상을 잘 형용할 수 있지만, 그 떡을 먹어보고 그 맛을 아는 자가 아니라고 하였다.[17] 이는 경서의 의리를 발휘해 시무(時務)에 응용하는 것이 학자 본연의 임무임을 환기시킨 것이다.

둘째, 위기지학을 하는 재야 학자들도 지적탐구에 천착하여 실천이 수반되지 않고 있다는 점이다.

이익은 송대 이후 학자들이 의리발명에 치중하여 지적탐구에만 급급하고 실천에는 해이하여 기상이 고인만 못하다고 하였으며,[18] 구체적으로 『대학』을 예로 들어 제가(諸家)의 설이 너무 많기 때문에 그 설의 동이득실에 연연하여 다른 데 미칠 겨를이 없으므로 세교가 매양 낮아진다고 하였다.[19] 이는 이론적 탐구로 경도된 학문을 지양하고, 실천을 통해 도덕적 주체를 확립하는 것이 학자 본연의 공부임을 환기시킨 것이다.

셋째, 당대 학문이 정주학으로 경도되었을 뿐만 아니라, 유문(儒門)에 금망(禁網)이 생겨 창의적으로 진리를 탐구하는 풍조가 사라졌다는 점이다.

이익이 사서를 재해석한 이유로 자주 언급하는 것이 정주학 자체에 대한 비판보다는 정주학에 경도되어 있는 당대의 학풍과 유문금망이다. 그는 "후인들이 주자를 존숭하는 것이 주자가 맹자를 존숭한 것보다 심한 듯하다."[20]라고 하여, 주자를 절대적으로 존숭하는 분위기를 지적하였다.

17 李瀷, 『星湖僿說』 권16, 人事門, 「六經時務」. "如今業學者 雜引聖賢之言 文飾爲篇 其實不能合爲一物 今有餠餌在前 見者 能形容蒸擣之功 大小方圓之狀 而初未嘗食而知其味也"

18 李瀷, 『星湖僿說』 권19, 經史門, 「儒學」. "自宋以還 儒者之學 轉深轉隱 一字兩字之義 深究極討 辨說盈篋 人便汨汨沒沒 又不免急於知而緩於行 聖人曰 行有餘力 則以學文 其氣像之不侔 如此矣"

19 李瀷, 『星湖僿說』 권19, 經史門, 「儒學」. "又如大學 有章句 有或問 有章句語類 有或問語類 有大全諸子說 人却去窮詰於同異得失 而無暇乎及他 亦世教所以每下也"

또 "오늘날에는 주자의 책을 존숭하되 그 마음을 잃어버렸고, 주자의 문장을 암송하되 그 의리를 뒷전으로 한다. 생각을 하면 망령되다 하며, 의심을 하면 참람하다고 하며, 의리를 발휘하면 군더더기라 한다. 사소한 일체의 비근한 설일지라도 굴레를 씌워 금망을 삼는다."[21] 라고 하여, 정주학을 절대적으로 존신함으로써 파생된 학술폐단을 심각하게 우려하였다. 학문이 획일화되고 권위화 됨으로써 본지를 탐구하지 않고 의리를 발명하지 않아 발생하는 폐단을 지적한 것이다.

이익은 이런 분위기가 후대에 더욱 심해졌다고 하면서, 이런 학풍을 극복하지 못하면 학문발전이 없을 것이라 하였다.[22] 주자학으로 경직된 학풍을 비유한 말 가운데 가장 강도 높은 것이 「중용질서후설(中庸疾書後說)」의 언급인데, 이를 정리하면 다음과 같다.

① 주자의 『중용장구』를 절대적으로 존신하기만 한다.
② 마치 장로(長老)만 믿고 따르며 자득하려 하지 않는 것과 같다.
③ 주자의 주석만을 따라 읽다 보니 본지를 자득하여 발휘함이 전혀 없다.
④ 의문을 갖고 접근하여 의문이 없도록 하는 방법을 과일을 먹는 것에 비유하였다.
⑤ 의문을 갖고 본지를 탐구해 자득하는 풍토를 조성해야 학술이 발전할 수 있다.

---

20 李瀷, 『星湖先生文集』 권32, 序. 「孟子疾書序」. "後人之尊朱子 殆有甚於朱子之尊孟子"

21 李瀷, 『星湖先生文集』 권32, 序. 「中庸疾書序」. "其在于今 尊其書而失其心 誦其文而後其義 思量則爲妄 致疑則爲僭 發揮則爲剩 尺尺寸寸 一切卑近 勒爲禁網"

22 李瀷, 『星湖僿說』 권21, 「儒門禁網」. "東人之學 難免魯莽矣 中世 李晦齋改換大學章句有補遺書 李栗谷謂中庸章句氣已成形而理亦賦有病 有聖學輯要 皆已刊行 或爲進講 然則儒門禁網 後來轉急矣"

우리는 ②를 통해 이익의 문제의식과 추구하는 목표가 어디에 있었는지를 알 수 있으며, ④를 통해 그가 추구한 본지탐구의 방법을 확인할 수 있다. 복숭아·살구를 먹으면서 그 씨가 먹을 수 있는 것인지 그렇지 않은 것인지에 대한 의문을 품고, 그것을 깨뜨려 먹어봄으로써 분명히 알고 넘어가야 한다는 것은, 그의 학문에 기저(基底)가 되는 회의정신(懷疑精神)과 본지탐구(本旨探求)를 특징적으로 말해 준다.

요컨대 주자의 설이 아무리 훌륭해도 무비판적으로 수용할 것이 아니라, 본인이 직접 그 경지에 들어가 확인을 하는 것이 중요하다는 것이다. 즉 주자의 주석이 아무리 훌륭해도 본인이 직접 본지를 터득하지 않으면 그것은 맹종(盲從)하는 것밖에 되지 않음으로 실용(實用)에 아무런 도움이 되지 않는다는 것이다.

이상에서 살펴본 것처럼, 이익은 당대의 학풍에 대해 세 가지 문제점을 심각하게 우려하였다. 그리하여 자신이 추구하는 학문방향도 이런 문제점을 극복하는 차원에서 개진되었다. 이익은 과거지학·장구지학·사장지학을 부정적으로 인식했기 때문에 이와는 상대적인 위기지학(爲己之學)을 지향했다고 할 수 있다.

그러면 그가 추구한 위기지학의 실체는 무엇일까? 이익은 "경서를 궁구하는 자는 반드시 본지(本旨)를 추구(推究)하고 널리 고증하는 데까지 이르러 수기(修己)와 안인(安人)의 기초를 삼아야 한다."[23]라고 하였다. 이를 보면, 그가 추구하는 궁경(窮經)의 목표는 수기와 안인에 있음을 알 수 있다. 이는 유학의 기본이념인 수기·치인에 해당한다.

그런데 이익은 왜 새삼 수기의 도덕적 완성과 안인의 경세적 이념을

23 李瀷, 『星湖僿說』 권27, 「窮經」. "窮經者 必能推究本旨 到底旁證 爲修己安人之基"

학문의 두 축으로 환기시킨 것일까? 이는 당시 학문이 위인지학으로 흘러 실질에서 벗어나고, 성리설의 동이득실을 따지는 데에 천착하여 사변화(思辨化)함으로써 유학 본연의 현실주의적 성격이 희박해졌다고 진단했기 때문이다.

이익은 이 위기지학을 추구하는 과정에서 특별히 실득(實得)을 강조하였다. 이 점이 『논어』「학이」 제1장 해석에 잘 나타나 있다. 이익은 '학이시습지(學而時習之)' 제1절은 남에게 가르침을 받는 '수교(受教)'로, '유붕이자원방래(有朋自遠方來)'의 제2절은 '실득(實得)'으로, '인부지이불온(人不知而不慍)' 제3절은 '성덕(成德)'으로 요지를 파악하였다.

그리고 그는 다시 제2절을 '배운 지식을 벗과 강론해 밝히며 실질적으로 터득하는 자득(自得)의 과정'으로 보아 실득지학(實得之學)으로 해석했다.[24] 그리고 이러한 경우를 "이와 같은 자는 학문(學問)이 절실하고 사변(思辨)이 명확하니, 내적 행실의 독실함도 알 수 있다."[25]라고 하였다.

이는 제1절을 박학(博學)·심문(審問), 제2절을 신사(愼思)·명변(明辨), 제3절은 독행(篤行)으로 해석한 것이다. 이를 통해 보면, 이익의 학문방법은 박학·심문을 통해 본지를 탐구하고, 신사·명변을 통해 앎을 자기화하고, 독행을 통해 그것을 실천하는 구조를 갖고 있다. 이는 치지(致知)–실득(實得)–실천(實踐)으로 이어지는 학문관을 말한 것이다.

이익은 문인 윤동규(尹東奎)에게 보낸 편지에서 "요즘 세상의 사풍(士風)이 한 차례 변해 본원(本源)에만 전적으로 마음을 두고 실지(實地)에

24 李瀷, 『星湖先生文集』 권17, 書, 「答李景祖祉承」. "次之以友道 旣學而習 須資朋友以輔仁 如飢渴之待食飮 惟恐躬行之有愆 故相與講明 則是謂所學在我 踐以行之 方是實得 實得之學 無待於外 故人知之亦囂囂 不知亦囂囂"

25 上同. "如此者 學問之切 思辨之明 而內行之篤 可見也"

소홀한 줄을 자각하지 못한다. 학자들의 기상을 보면 단정하고 엄숙함은 매우 좋으나, 또한 하나하나 발휘한 것이 모두 쓸 만한 것인지는 모르겠다."[26]라고 하였다. 여기서 눈에 띄는 것이 '본원'과 상대적인 '실지'라는 말이다. 실지는 우리가 살고 있는 현실의 세계를 가리키니, 현실에서 동떨어진 형이상학적인 본원에 대한 탐구에 경도된 당시의 지적탐구를 반성한 것이다.

이익은 경서의 본지를 발휘하여 현실에 적용하는 것을 학자 본연의 임무로 생각했다. 그래서 "성현의 말씀은 하나하나 모두 발휘하여 실용에 이바지할 수 있다. …… 옛날 한 경전 이상에 밝은 자를 취한 것은 그 힘이 그 경전에만 전력하여 견해가 깊어 실용에 이바지할 수 있기 때문이었다."[27]라고 하여, 학문의 실용성을 극구 강조하면서 궁경의 목적이 치용에 있음을 역설하였다.[28]

이익은 실득을 해야 실지에서 실천하고 실용할 수 있기 때문에 자득(自得)을 특별히 강조하였다. 이익이 문인 안정복(安鼎福)에게 "학문은 자득을 귀하게 여긴다. 반드시 이 일이 귀하다는 점을 진지하게 알아서 마음에 자득한 뒤에야 억지로 힘쓰거나 거짓으로 하는 누습이 없어 날마다 진실 되고 정직한 데로 나아가게 될 것이다. 호문정(胡安定: 胡瑗)의 '두용직(頭容直)' 3자는 고훈에 의거하여 훈계한 것에 불과한데, 서중거(徐仲車: 徐積)는 능히 미루어 마음도 곧게 하려 하였다. 이로부터 그는

26 李瀷, 『星湖先生文集』 권12, 書, 「答尹幼章」. "今世士風一變 專意於本源 不自覺緩却實地 觀其氣像 端肅儘好 而又未知箇箇是發揮皆可用也"

27 李瀷, 『星湖僿說』 권27, 「窮經」. "聖賢之言 一一皆可以發揮致用 …… 古者 取明一經以上 爲其力專而見深 資于實用也"

28 李瀷, 『星湖僿說』 권20, 「誦詩」. "窮經 將以致用也"

감히 사심(邪心)을 갖지 않게 되었다. 이것이 자득의 실제가 아니겠는가?"[29]라고 하였다. 이를 보면, 그의 학문정신이 자득을 해서 실지에서 실천하고 실용하는 데 있었음을 확인할 수 있다.

그러면 이익은 자득을 위해 어떤 방법을 지향했을까? 그가 심각하게 우려한 것은 묵수주의(墨守主義)로 흘러 주자의 주석만을 믿고 따를 뿐, 본지를 발휘하지 못하는 것이었다. 그는 이를 극복하기 위해 주자의 설이라도 그냥 수용하지 말고 의문을 갖고 접근할 것을 주문하였다.[30] 이것이 이익의 경학의 기저에 해당하는 회의정신(懷疑精神)이다.

이익은 "의심을 많이 하는 것은 해롭지 않다. 속으로 의심하면서 겉으로 순종한다면 그의 마음이 보존한 바를 알 만하다. 의심이 있는 데에서 의심이 없는 데로 나아가는 것이 군자가 추구하는 공부의 차례이다."[31]라고 하였다. '의심이 없는 데'는 바로 본지를 자득한 것이고, '의심이 있는 데'는 본지를 탐구하는 문제의식이다. 이는 주자의 주석에 따라 그냥 이해하는 방식이 아니라, 일단 의문을 갖고 본지를 생각해 보는 것이다.

그리고 이런 문제의식을 해결하기 위한 방법으로, 그는 어느 하나의 설만을 절대적으로 존신하는 방법을 지양하고, 상대적으로 인식하는 방법을 내세웠다. 그는 「중용질서후설」에서 "만약 옳은 듯하여 옳다는 것을 알았다면, 반드시 옳은 듯하지만 그르다는 점을 아울러 살펴야 바야

29 安鼎福, 『順菴集』 권16, 雜著, 「函丈錄」. "學貴自得 必也眞知此事之貴 而自得于心 然後無勉强矯僞之習 而日趨眞正之域 胡安定頭容直三字 不過據古訓而戒之 而徐仲車能推而至于心亦要直 自此不敢有邪心 此非自得之實乎"

30 李瀷, 『星湖僿說』 권13, 人事門, 「尹彦明質魯」. "疑者 涉乎好新 然始學之士 探討谿徑 務在深奧 惟懼不合乎聖經之義 豈可泛看而遂止耶"

31 李瀷, 『星湖先生文集』 권14, 書, 「答安百順」. "朱子謂 少疑則少進 大疑則大進 多著疑不妨 若內疑而外順 所存可知也 有疑而至於無疑 固君子之階級次第"

흐로 터득하게 된다."[32]라고 하여, '옳다'는 인식은 '그르다'는 상대적인 인식을 통해서 명확하게 할 수 있다고 하였다.

또 그는 "이른바 앎이란 자기가 아는 것을 분명히 알 뿐만 아니라, 또한 자기가 모르는 것에 대해서도 분명히 아는 것이니, 둘 다 분명히 할 따름이다."[33]라고 하여, 사물의 이치를 파악할 적에 이것과 저것의 상대적 인식을 통해 앎을 명료하게 해야 한다고 하였다. 이것이 그의 경서해석에 나타나는 상대적 인식론이다.

이익은 '격물(格物)'을 해석하면서, 주자가 '효(孝)를 말할 경우에는 그 효도하는 방법이 어떠한가를 구해야 한다.'[34]라고 한 것처럼, 효에 나아가 그 이치를 구하는 것으로 보지 않았다. 그는 효에 대한 격물의 의미를, '아버지는 자식을 길러주고 은혜로 보살펴주는 존재이고, 자식은 어머니 뱃속에서 태어나 자란 존재임을 변별해 아는 것이다.'[35]라고 하여, 자식의 입장에서 말하는 것이지만 부모와 자식 사이의 본질적 관계에 대한 의미를 변별해 아는 것으로 보았다.

즉 주자처럼 효의 방법이나 이유를 찾는 근원적 이치에 대한 탐구로 본 것이 아니라, 아비와 자식의 현실적 관계 속에서 효의 의미를 변별해 아는 것으로 파악한 것이다. 이것이 바로 이익이 주장하는 물(物)과 물(物)의 상대적 이치를 변별해 아는 상대적 인식론으로, 지적탐구 과정에

32 李瀷, 『星湖全書』 제4책, 『中庸疾書』, 「中庸後說」. "若知如是而是 則必兼審如是而非方始見得"

33 李瀷, 「星湖先生文集」 권32, 序, 「書經疾書序」. "所謂知者 不獨明知其所知 亦且明知其所不知 只是兩樣分明也"

34 朱熹, 『大學或問』. "至於言孝 則當求其所以爲孝者如何"

35 李瀷, 『星湖僿說』 권22, 經史門, 「格致誠正」. "至如父慈子孝 辨別得父是育養恩勤底 子是胞胎生長底 此是格物也"

서 의심을 없애주는 자득의 길이다.

이와 같은 상대적 인식론은 사물의 원리를 변별해 아는 변별지(辨別知)로 요약되는데, 그것은 본원의 리일(理一)을 지향하는 관점이 아니라, 분수(分殊)의 다양성을 인식하는 관점이다. 즉 실제의 현상에 대한 인식을 상대적 관계 속에서 파악해 변별해 아는 것이다.

이러한 이익의 상대적 인식론은 주자의 설을 절대 존신하여 분수보다는 리일을 지향하는 절대적 인식론에 대해 회의하게 하였다. 그리하여 그는 "주석은 노맥(路脈)을 인도해 지시하는 것에 불과할 뿐, 직접 찾아가 마음으로 통하는 데 이르는 것은 독자에게 달려있다."[36]라고 하여, 주자의 주석도 절대적 진리가 아니라 진리로 가는 길을 알려주는 이정표에 불과한 것으로 보았다. 곧 독자가 주석에 의지하지 말고 직접 본지를 찾아야 한다는 것이다.

이익은 주자설만을 묵수(墨守)하는 풍토 속에서는 본지를 파악할 수 없으므로, 의문을 통해 본지를 탐구하여 의리를 발명하는 것이 중요하다는 점을 강조하였다. 이런 그의 경서해석의 관점은 회의-본지탐구-의리발명-실득-실천·실용으로 이어지는 구조를 갖고 있다.

이익은 이와 같은 경서해석의 관점을 견지하면서 다양한 방법을 동원하여 본지를 탐구하고자 하였다. 중국의 경학은 한대(漢代)에는 훈고(訓詁), 송대(宋代)에는 의리(義理), 청대(淸代)에는 고증(考證)의 방법이 대두되어 시대에 따라 해석성향이 달라졌는데, 이익은 이 세 가지 방법을 모두 적용하여 본지를 탐구하였다.

그의 경서해석에는 자의(字義)를 정밀히 파악하고, 자구(字句)나 구절

---

36 李瀷, 『星湖僿說』 권27, 「窮經」. "箋註者 不過導而指示其路脉 及足到心通 則在讀者矣"

(句節)의 연관성을 통해 논리를 파악하며, 폭넓은 고증을 통해 객관적 의미를 파악하고, 때로는 상상력을 동원해 의리를 파악하는 등 다양한 방법이 나타나는데, 이것이 그의 다양한 경서해석의 방법이다.

그리고 이익은 주자의 불구기(不苟棄)·불구유(不苟留)·불구신(不苟新)의 해석태도를 수용하여 전대의 여러 설을 모아 분간하고 변별하였다.[37] 이런 그의 해석태도에 의해, 그의 설에는 전대의 설을 없애지 않고 수용한 것도 있고, 전대의 설을 따르지 않고 새로운 설을 제기한 것도 있다. 이익은 이런 태도로 주자의 설을 근저로 하여 수용할 것은 수용하고, 미비한 점은 보완하고, 잘못된 점은 지적하면서 독자적인 해석을 한 것이다.

Ⅲ. 학용(學庸) 해석의 양상과 특징

1. 『대학』 해석의 양상과 특징

이익이 『대학』을 해석한 기본관점은 앞에서 살펴본 「대학질서서」에 잘 나타나 있는데, 이를 정리하면 다음과 같다.

> ① 주자의 『대학장구』는 모든 것을 해석해 놓지 않아 독자들로 하여금 본지를 찾게 하였다.
>
> ② 『주자대전』·『주자어류』·『대학장구대전』 등의 설이 너무 많아 학자들이 주해문자(註解文字)에 매몰되어 있기 때문에 긴요한 주석만 간추려 요령을 얻게 할 필요가 있다.
>
> ③ 『대학장구』에 오류가 있는데 분변하는 사람이 아무도 없다.

37 최석기(2003a), 128~137면 참조.

④『주자대전』·『주자어류』 등의 단편적인 설에 천착해 해석하는 폐단을 바로잡아야 한다.

⑤『대학장구대전』 소주(小註)의 설을 분변할 필요가 있다.

이 가운데 ②·④·⑤는, 주자학에 대한 이해가 심화되면서 17세기 후반부터 대두된 보편적 풍조였다.[38] 즉 주자의 여러 설을 분변해 정설(定說)을 확정하고, 대전본 소주 가운데 주자의 설과 다른 것을 분변해 배척하자는 것이다.

그런데 ①·③은 주자학자들의 시각과는 다르다. ①은 주자의『대학장구』에 본지를 다 말한 것이 아니므로 독자적으로 본지를 밝혀야 한다는 것이며, ③은『대학장구』의 오류를 바로잡아야 한다는 것이다.

이를 통해 볼 때, 이익의『대학』 해석은 주자의 주석을 비판하는 데 주안점을 둔 것이 아니라, 주자설의 오류를 바로잡거나 보완하고, 주자의 여러 설을 정리하여 정설을 확정하며, 선유의 설을 분변하여 비판적으로 검토하며, 독자가 스스로 본지를 발명해야 한다는 것으로 요약된다. 이를 확인하기 위해 우선 이익의『대학』 해석의 양상을 간추려 정리하면 다음과 같다.[39]

첫째, 자의파악을 중시하여 경문(經文)·전문(傳文)의 자의(字義)를 정밀하게 해석하였다. 둘째, 주자의 주에 언급하지 않은 의리를 발휘하거나 보완하였다. 셋째, 주자의 주에 동의하지 않고 논변하며 독자적인 해석을 하였다. 넷째, 주자의 여러 설을 분변하고 정설을 확정하려 하였

38 최석기(2005a), 47~49면 참조.

39 이하『대학』 해석의 양상과 특징에 대해서는 최석기(2002a)와 최석기(2010)를 참조하였다.

는데, 그 대표적인 예가 전 제10장 '혈구(絜矩)'에 대한 해석이다.[40] 다섯째, 대전본 소주에 대해 분변하려 하였다.[41] 여섯째, 언해의 오류를 지적하고 정정하려 하였다. 일곱째, 독자적으로 대학도(大學圖)를 작성하여 해석하였다.

다음은 이익의 『대학』 해석 가운데 특징적인 면모와 그 의미를 살펴보도록 하겠다.

첫째, 『대학』·『중용』의 작자를 모두 자사(子思)로 본 점이다. 주자는, 『중용』을 자사의 저술로 보았지만, 『대학』의 전문은 증자(曾子)의 뜻을 문인이 기록한 것이라 하였을 뿐, 그 '문인'을 자사라고 단정하지 못하였다.

그러나 이익은 이 '문인'을 자사라고 확신하면서, 『대학』에 증자의 말을 인용한 것이 『중용』·『맹자』의 말과 대부분 합치하니, 자사가 그런 내용을 맹자에게 전수한 것이 틀림없다고 하였다.[42] 『대학』의 작자문제는 근거자료를 찾기가 어려워 추정할 뿐이므로, 그의 설의 타당성 여부

40 주자의 주에는 '絜 度也 矩 所以爲方也'라고만 하였는데, 이익은 '矩로써 絜한다'는 해석은 문법적으로 맞지 않으며, 그런 뜻이 되려면 '矩絜'이라 써야 한다고 보았다. 그는 '絜矩'에 대해 주자가 해석한 ①"絜矩者 度物而得其方也 以下文求之 可見 今曰度物以矩 則當爲矩絜 乃得其義矣"(四部叢刊 初編 集部, 『晦菴先生朱文公文集』 권44, 「答江德功」)라는 설과 ②"前書絜矩之說 大概得之 二字文義 蓋謂度之以矩而取其方耳"(上同, 권50, 「答周舜弼」)라는 설을 찾았다. ①은 '絜'을 '度物'로, '矩'를 '方'으로 보아 해석한 것이고, ②는 '絜矩'를 '度之以矩'로 해석한 것이다. 이익은 두 가지 설이 서로 다르다는 것을 발견하였고, 이 둘을 비교하여 ①을 지지하게 되었다. 즉 '度物以矩'이라는 뜻이 되려면 주자도 '矩絜'로 써야 옳다는 ①의 내용을 통해 '度物以矩'는 잘못된 해석으로 판정한 것이다. 그래서 이익은 ①에 따라 '度物而得其方也'로 해석하는 것이 옳다는 확신을 하게 되었다.

41 이에 관한 설이 『대학질서』에만 10곳 이상 나타난다.

42 李瀷, 『大學疾書』, 經一章. "門人謂子思也 朱子曰 或引曾子之言 而多與中庸孟子合 子思以授孟子無疑 當以此爲定論也"

는 검증하기 어렵다.

둘째, 독자적으로 새롭게 대학도(大學圖)를 그린 점이다. 조선시대 최초로 대학도를 작성한 사람은 권근(權近)이다. 16세기 이황이 「성학십도(聖學十圖)」에 권근의 대학도를 일부 수정하여 수록함으로써, 17세기까지는 대체로 권근·이황의 대학도가 학자들에게 수용되었다. 이들의 대학도는 삼강령을 상단에 횡으로 배치하고, 명명덕(明明德)·신민(新民) 밑에 팔조목의 공부·공효를 배열하고, 지어지선(止於至善) 밑에 지지(知止)로부터 능득(能得)에 이르는 육사(六事)를 배열한 것이 특징이다.

그런데 후대로 내려오면서 지어지선이 명명덕·신민과 연관성을 갖지 못함으로써 문제점이 있는 것으로 인식하여, 명명덕·신민이 모두 지어지선에 귀결되도록 명명덕·신민의 하단 중앙에 지어지선을 그려 넣는 도표가 등장하였다.

이익의 대학도는 이런 관점에서 그려진 것인데, 두 가지 특징이 있다. 하나는 지어지선을 명명덕·신민의 목표로 보아 명명덕·신민의 하단 중앙에 배치한 뒤 선으로 연결시킨 점이고, 하나는 지지(知止)로부터 능득(能得)에 이르는 육사(六事)를 팔조목의 공효와 연관해 지지(知止)는 격물(物格)·지지(知至)에, 능득(能得)은 의성(意誠) …… 천하평(天下平)에 연결시키고, 정(定)·정(靜)·안(安)·려(慮)는 지지(知止)에서 능득(能得)에 이르는 과정으로 본 것이다.

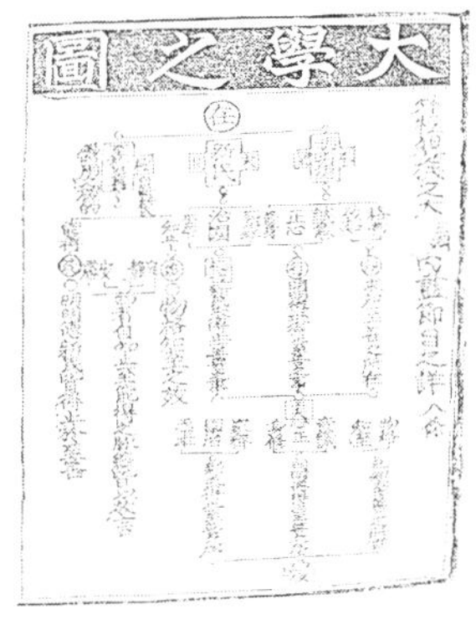
〈그림 1〉 권근의 대학도

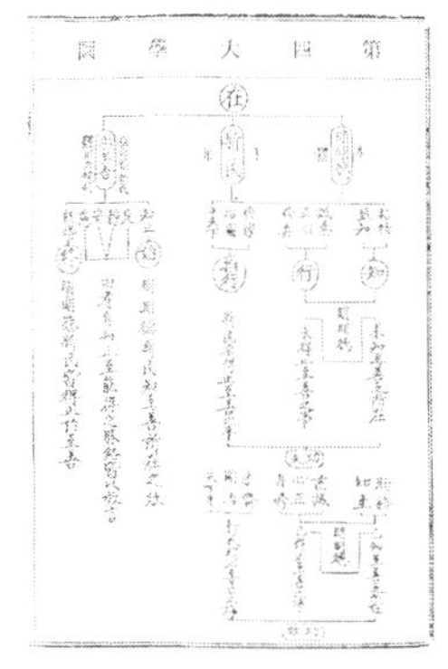
〈그림 2〉 이황의 대학도

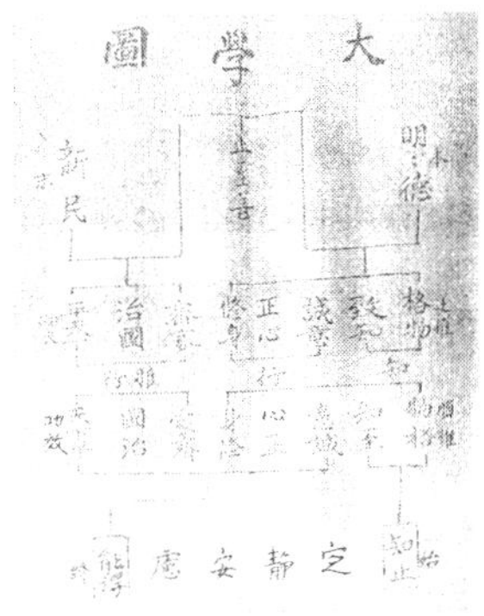
〈그림 3〉 이익의 대학도

셋째, '격물(格物)'을 독자적으로 해석한 점이다. 주자는 '격물'을 '궁지사물지리(窮至事物之理)'라고 해석했는데, 이익은 '궁지(窮至)' 대신 '변별(辨別)'이라는 말을 썼다. 주자는 하나의 사물에는 하나의 이치가 있기 때문에 이를 궁구하는 것을 격물이라 하였다.[43] 따라서 한 사물의 이치를 궁구해 알고, 또 다른 사물의 이치를 궁구해 알아, 누적된 것이 많아지면 활연관통하게 된다는 것이다.[44]

주자의 격물설은 개개 사물의 이치[分殊]를 궁구해 근원적인 하나의 이치[理一]를 통달하는 데 있다. 그러나 이익의 격물설은 물(物)과 물(物)의 각기 다른 이치를 변별해 아는 변별지(辨別知)를 의미한다. 이는 존재의 궁극적 이치를 궁구하는 것이 아니라, 존재와 존재의 상대적 관계 속에서 각각의 이치를 파악하는 것이다. 이는 리일(理一)의 근원을 지향하는 관점이 아니라, 분수(分殊)의 다양성을 파악하는 시각이다.

43 朱熹, 『大學或問』. "凡有一物 必有一理 窮而至之 所謂格物者也"

44 上同. "窮理者 非謂必盡窮天下之理 又非謂止窮得一理便到 但積累多後 自當脫然有悟處"

넷째, 주자의 설을 따르지 않은 점이다. 『대학장구』 전 제7장의 '신유소분치(身有所忿懥)'의 '신(身)'을 정자·주자처럼 '심(心)'으로 고치지 않고 그대로 '신(身)'으로 해석한 것이다. 이익은 명나라의 이지(李贄)의 설을 인용해 '신'을 '심'으로 고치는 것에 반대하였다. 그는 주자의 설에 반대하는 견해를 노골적으로 드러내지 않았지만, 면밀히 살펴보면 주자의 설을 따르지 않고 있음을 알 수 있다.[45]

다섯째, 주자의 주석과 다르게 해석한 점이다. 예컨대 『대학장구』 전 제10장의 '상휼고이민불배(上恤孤而民不倍)'의 '불배(不倍)'에 대해, 이익은 독자적으로 해석하였다. 주자의 주에는 이 구절에 대해 '상행하효(上行下效)'라고만 하였다. 문제는 '불배' 뒤의 목적어를 무엇으로 볼 것인가 하는 점인데, 상행하효의 관점으로 보면 '임금의 교화를 저버리지 않는 것'으로 보아야 타당하다.

그런데 이익은 이를 『맹자』의 '유오유(幼吾幼)'를 미루어 해석한 것으로 보아, '옛 친구가 죽더라도 그를 등지지 않고 그의 고아를 구휼해주는 것'으로 해석하였다.[46] 그는 『논어』·『예기』를 인용해[47] '임금을 등지지

45 李瀷, 『大學疾書』 傳七章. "李贄曰 離身 別無正心之術 此語可商量也 喜怒憂懼 卽所謂人心之所生也 人字屬身 心字主喜怒憂懼 順於身則喜 逆於身則怒 有所者 卽順逆之事也 目視耳聽 亦身上事 心不在焉 卽不在身上 此又以身言矣 身有所云云者 卽人心惟危之機也 蓋彼忿懥等何從而生乎 由有身故也"

46 李瀷, 『大學疾書』 傳十章. "老老長長恤孤 卽孝弟慈也 以上句例之 則當曰上幼幼而民興慈矣 然孝悌必須感發而後興起 惟慈者 不待教而能也 豈可道上行而下效乎 恤孤是幼吾幼之推也 幼幼而及人之幼 雖有本末之殊等 是慈上事 而幼人之幼 則人所難也 故又必待上行而後興也 孤者 人之最可憐恤 發政施仁 使得有養 民亦起而幼人之幼矣 不倍謂不以人之死而遽倍之也 人之患 多在於死則倍之 故死而不倍 可以托孤矣 此恤孤之化 行於民也 蓋恤孤 非民庶之所可行也 凡天下可恤之孤 何限 勢有不及 力有未贍 雖欲人人而恤之 其可能耶 民庶之所可行者 惟不倍於故舊死生之間 而有以恤其孤矣 故只曰不倍"

47 『논어』「태백」에 '故舊不遺 則民不偸'라 하였고, 『예기』「坊記」에 '利祿 先死者而後生

않는다.'로 해석하면 임금의 은혜에 감동되어 힘껏 보답하는 것밖에 되지 않기 때문에 '상행하효'의 의미와 맞지 않는다고 논증했다.[48] 이익의 이런 해석은 기왕의 설에서 찾아볼 수 없는 독창적인 것으로, 주자의 주석보다 더 심층적으로 해석한 것이다.

또 이익은 전 제10장 제15절 '단단혜무타기(斷斷兮無他技)'의 '단단(斷斷)'에 대해, 주자의 주석과는 달리 '다른 기예가 없는 모양[無他技之貌]'으로 해석하였다. 정현(鄭玄)이 '단단'을 '성일지모(誠一之貌)'라고 해석한 것을 주자가 그대로 수용하였다. 그런데 이익은 "'성일(誠一)'은 심(心)에서 논한 것인데, 아래 '휴휴(休休)' 위에 별도로 '기심(其心)'이라고 하여 '심(心)'자를 썼으니, 이 점이 의심스럽다."라고 한 뒤, 진헌장(陳獻章)·위장거(魏莊渠)의 말을 인용해 증명하며 '단단'을 '별다른 기예가 없는 모양'으로 주해하였다.[49] 이는 신·구의 설을 모두 따르지 않고 독자적으로 의리를 발명한 것에 해당한다.

여섯째, 교정청본 언해의 오류를 지적하고 새롭게 해석한 점이다. 이익은 『대학장구』 전 제9장 제9절의 '기위부자형제족법이후(其爲父子兄弟

者 則民不倍'라 하였다.

48 李瀷, 『大學疾書』 傳十章. "或曰 不倍是不倍於上 此說甚錯 論語曰 君子篤於親 則民興於孝 故舊不遺 則民不偸 上句是上老老而民興孝也 下句是上恤孤而民不倍也 坊記曰 利祿先死者而後生者 則民不偝 先亡者而後存者 則民可以托 以此坊民 民猶偝死 而號無告 此說亦與之符合 不偝實指不惜死亡者 而無告卽窮民無父之稱 民可以托 則必將不偝而免無告之號矣 若如或說 是特感惠而力報之 何以云上行下效 朱子曰 敎他各得老其老 各得長其長 各得幼其幼 是卽所謂四面均平底道理 而爲絜矩者也 彼不倍上者 與幼幼 何干 而謂各得幼其幼也"

49 上同. "斷斷恐是無他技之貌 休休亦恐是心有容之貌 章句云 斷斷 誠一之貌 誠一 從心上論也 然而下文休休上 別下心字 可疑 陳獻章曰 大臣而以技見 則天下之技 拚矣 魏莊渠曰 斷斷無技 正是他不可小知 而可大受處 其如有容 言其大心不知其容有多少 愚謂無技而有容 則技無不容 若己有之 則物我無間 然其所心好 則不在於技也"

足法而后)'의 언해에 '그 부자와 형제 되온 이 족히 법혼 후에'라고 한 것이 잘못임을 지적하고, '아비가 된 경우, 자식이 된 경우, 형이 된 경우, 동생이 된 경우에 각각 족히 본보기가 된 뒤에'라는 뜻으로 해석하였다. 그는 언해의 오류가 대전본 소주[50]에서 연유한 것을 발견하고, '부자·형제가 족히 본받다'고 하는 말이 타당치 못함을 거론하였다. 이와 함께 위의 '의기가인이후(宜其家人而后)'와 '의형의제이후(宜兄宜弟而后)'도 같은 맥락에서 종전의 주석과 다르게 해석해야 한다고 하였다.[51]

일곱째, 『대학장구』 전 제10장은 공자가 지은 『주역』「계사전」에서 나왔다고 주장한 점이다. 이익은 『대학』 전문을 말한 증자가 『주역』「계사전 하」의 '천지지대덕왈생(天地之大德曰生)' 이하 1절을 터득하여 전 제10장을 언급한 것이라 하였다.[52] 전 제10장은 혈구(絜矩)·호오(好惡)·용인(用人)·재용(財用) 등이 주제어로 등장하는데, 이런 논조의 연원을 공자의 말에서 찾은 것이다.

이 설 역시 이익의 독창적인 해석인데, 통치자의 마음가짐인 혈구·호오에만 치중한 성리학적 해석에서 한 걸음 더 나아가, 사람을 쓰고 재물을 생산하는 현실적인 문제에 대한 인식이 『주역』으로부터 『대학』으로 전해진 성현의 본지라는 점을 부각시킨 데 의미가 있다.

여덟째, 『대학장구』 전 제4장(聽訟章)을 독립시키지 않고 삼강령전의 결어로 본 점이다. 이에 대해 직접적인 언급은 없지만, 다음 자료에서 그 실마리를 찾을 수 있다.

50 胡廣 等 撰, 『대학장구대전』 전 제9장 제9절 小註. "問 父子兄弟足法而後民法之 然堯舜不能化其子"

51 최석기(2002a), 204면 참조.

52 李瀷, 『星湖僿說』 권26, 經史門, 「大學出於易」.

『대학』의 요점은 삼강령·팔조목에 있고, 그것을 행하는 요점은 또 본말(本末)에 있다. 첫머리에 삼강령을 말하고 그것을 결론지으며 '물유본말(物有本末)'이라 하였고, 다음으로 팔조목을 말하고 결론지으며 '수신위본(修身爲本)'·'기본란이말치자부의(其本亂而末治者否矣)'라고 하였다. 또 삼강령의 전을 해석하면서는 '차위지본(此謂知本)' 1절로 결론을 지었다. 이는 대체로 명덕이 밝아진 뒤에는 민지(民志)를 외복(畏服)해야 한다는 말이니, 곧 본말(本末)·선후(先後)의 뜻이다. 그리고 팔조목의 전을 해석하면서는 평천하(平天下)에 이르러 '덕자본야 재자말야(德者本也 財者末也)'로 결론지었다. 명덕·신민으로 인하여 미루어 나아가 재용(財用)에 이르렀으니, 또한 본말·선후의 뜻이다.[53]

이 설에 따르면 삼강령·팔조목을 행하는 요점이 모두 본말에 있다. 이에 따라 경문과 전문의 구조를 다음과 같이 파악한 것으로 정리할 수 있다.

〈표 1〉 이익 『대학』 해석의 논리구조

경문의 논리구조		전문의 논리구조	
明明德·新民·止於至善	三綱領	釋明明德 釋新民 釋止於至善	三綱領 傳文
本末·始終·先後	三綱領의 結語	聽訟節(此謂知本)	삼강령 전문의 결어
格物·致知·誠意·正心·修身·齊家·治國·平天下	八條目	釋格物致知 釋誠意 釋正心修身 釋修身齊家	八條目 傳文

53 李瀷, 『大學疾書』 經一章. "大學之要 在三綱八條 而行之之要 又在本末 首言三綱而結之 曰物有本末 次言八條而結之 曰修身爲本 曰其本亂而末治者否矣 及釋三綱之傳 而以此謂知本一節結之 蓋謂明德旣明 畏服民志也 卽本末先後之義也 及釋八條之傳 至平天下而結之 曰德者本也 財者末也 因明德新民 推以至於財用 卽亦本末先後之義也"

		釋齊家治國 釋治國平天下	
本末·治亂	八條目의 結語	德者本也 財者末也	팔조목 전문의 결어

이런 구조 속에서 위 인용문을 해석하면, 청송절은『대학장구』처럼 전 제4장으로 독립시킬 것이 아니고, 삼강령 전문의 결어로서 전 제3장 뒤에 붙이는 것이 옳다. 즉 경문에서 삼강령의 결어로 '물유본말(物有本末)' 1절을 말한 것과 같은 형식에 해당한다.

다시 이런 논리구조로 보면, 팔조목의 평천하전에 별도로 본말을 해석한 전을 두지 않았듯이, 삼강령을 해석한 데에도 별도로 본말을 해석한 전을 둘 필요가 없다는 의도를 읽을 수 있다. 따라서 이익은『대학장구』를 일부 개정하여 청송장을 전 제3장에 합한 것이라 할 수 있다.[54] 이러한 설은 식산(息山) 이만부(李萬敷)가『대학장구』를 일부 개정한 설과 유사하다.[55]

이익은 주자가 궐실(闕失)되었다고 여겨 보망(補亡)한 격물치지장(格物致知章)에 대해, 역대의 여러 개정설을 알고 있었지만, 자신의 견해를 드러내지 않았다. 그러나 그의 언설을 통해 보면, 그런 설에 대해 적극 찬성하지 않고 있음을 짐작할 수 있다.[56]

---

54 이익은 1746년 안정복이 찾아와서 문답할 적에 격물치지장의 존재 여부에 대해서는 판단을 유보하였으나, 주자의『대학장구』처럼 本末章(聽訟章)을 별도로 두는 문제에 대해서는 알 수 없는 점이 있다고 하여 부정적인 생각을 드러내고 있다.

55 李萬敷,『息山集』권16,「大學論」·「擬定大學傳三章」.

56 安鼎福,『順菴集』권16, 雜著,「函丈錄」. "余仍問 先儒多以大學格致章本存而朱子補亡未必其然 是否 曰余不知其然也 第本末別爲一章之義 有未可知 …… 盖格致章之有無 姑不卞 而但因今文讀之 亦自有餘 何必別爲之說乎"

2. 『중용』 해석의 양상과 특징

이익의 『중용』 해석방법도 정밀한 자의파악, 자구와 구절의 연관성 검토, 폭넓은 고증을 통한 객관적 의미파악 등으로 나타나며, 고경(古經)에는 운(韻)이 달린 경우가 많다는 관점에서 압운(押韻)의 유무를 파악해 해석하기도 하였다.[57] 또한 해석태도 역시 「논어질서서」에 말한 불구기·불구유·불구신의 자세를 그대로 견지하고 있다.

이익은 『중용』을 재해석한 이유를 「중용질서서」에서는 『중용』의 내용을 꿰뚫어보는 사람이 없기 때문에 깜깜한 암흑세상이 오기 전에 하나의 영롱한 빛이라도 엿보기 위함이라 하였으며, 「중용질서후설」에서는 『중용장구』에서 말하지 않은 것을 거리낌 없이 말하였다고 하였다. 이를 보면, 이익의 『중용』 해석은 주자의 해석과 상당히 다르리라는 것을 직감할 수 있다. 여기서는 이런 해석양상을 간추려 살펴보고, 해석의 특징을 정리해 논의하기로 하겠다. 먼저 해석양상을 간추려 보면 다음과 같다.

첫째, 본문의 의미를 명확히 밝히는 해석을 한 점이다. 둘째, 주자의 장구를 심층 해석하거나 명확하게 설명한 점이다. 셋째, 주자의 설에 대해 때론 회의하고 논변한 점이다. 넷째, 주자의 여러 설을 논변하고 정설을 확정하려 한 점이다. 다섯째, 대전본 소주의 설에 대해 비판한 점이다. 여섯째, 선유의 설에 의문을 제기하고 자기 견해를 제시한 점이다.

다음은 이익의 『중용』 해석에 나타난 주요 특징과 그 의미를 살펴보기로 하겠다.

첫째, 주자의 『중용장구』 33장 체제를 따르되 새롭게 단락을 나누어 독자적으로 논리구조를 파악하였다. 『중용』에 대한 분절(分節)·분장(分

57 최석기(2003b), 92~103면 참조.

章)은 내용을 어떻게 파악하느냐에 따라 상당한 시각 차이를 보인다. 『대학장구』가 만들어진 뒤 이에 대한 개정이 분분하게 일어났던 것처럼, 『중용』에 대한 분절도 남송 말부터 다양한 설이 제기되었다.

다만 『대학』은 고본의 「대학」(十三經注疏本 『禮記』에 수록된 「大學」)에 착간(錯簡)이 있다는 관점에서 편차를 개정하거나, 일실(逸失)이 있다는 관점에서 보망(補亡)한 반면, 『중용』은 착간이나 일실이 없다는 관점에서 고본의 편차를 그대로 따르면서 어떻게 단락을 나누어 논리구조를 파악할 것인가에 해석의 초점이 맞추어져 있다.

주자는 『중용』을 33장 체제로 장을 나누어 『중용장구』를 만들었다. 그 뒤 이 체제를 따르지 않고 독자적으로 분장하여 해석한 경우가 있지만, 대다수는 『중용장구』를 텍스트로 하였다. 그리고 주자가 「중용장구서」에서 '지분절해 맥락관통(支分節解 脈絡貫通)'이라고 한 것에 근거하여, 분절에 따른 해석과 논리구조 분석이 핵심으로 등장하였다.

주자는 『중용장구』 각 장 뒤에 장하주(章下註)를 붙여놓았는데, 분절에 대해 언급한 제1장·제2장·제11장·제12장·제20장·제21장·제32장·제33장의 설[58]을 종합해 보면, 4대절로 분절한 것을 확인할 수 있다.

---

58 제1장 주에 "其下十章 蓋子思引夫子之言 以終此章之義"라 하고, 제2장 주에 "此下十章 皆論中庸 以釋首章之義"라 하고, 제11장 주에 "子思所引夫子之言 以明首章之義者 止此"라 하고, 제12장 주에 "其下八章 雜引孔子之言 以明之"라 하고, 제20장 주에 "蓋包費隱 兼小大 以終十二章之意"라 하고, 제21장 주에 "自此以下十二章 皆子思之言 以反覆推明此章之意"라 하고, 제32장 주에 "此篇言聖人天道之極致 至此而無以加矣"라 하고, 제33장 주에 "蓋擧一篇之要而約言之"라 하였다.

〈표 2〉 주자의 『중용』 분절 및 요지

차례	단락 구분	장수	요지
제1대절	제01장 – 제11장	11	中庸
제2대절	제12장 – 제20장	9	包費隱兼小大
제3대절	제21장 – 제32장	12	天道·人道
제4대절	제33장	1	總論一篇之要

그런데 주자의 이러한 분절에 대해 가장 먼저 문제를 제기한 인물이 재전문인 요로(饒魯)[59]이다. 요로는 『중용장구대전』 소주에 보이는 쌍봉 요씨(雙峯饒氏)이다. 『중용장구대전』 소주에 실린 쌍봉 요씨의 설[60]을 보면, 요로는 『중용장구』를 6대절로 분절한 것을 알 수 있다. 이를 통해 요로의 분절과 각 절의 요지를 도표화하면 다음과 같다.

〈표 3〉 쌍봉 요씨의 『중용』 분절 및 요지

차례	단락 구분	장수	요지	비고
제1대절	제01장	1	中和	
제2대절	제02장 – 제11장	10	中庸	
제3대절	제12장 – 제19장	8	費隱	

59 饒魯의 생몰년도는 자세치 않다. 그는 黃幹(1152-1221)과 李燔에게 배웠는데, 이번의 생몰년은 알 수 없지만, 황간의 생몰년은 알려져 있다. 황간이 1221년에 졸했으니, 요로는 1221년 이전에 출생한 것을 알 수 있으며, 대략 1210년 이전에 출생한 것으로 추정할 수 있다.

60 『중용장구대전』 제1장·제11장·제19장·제26장·제32장·제33장 소주에 실린 雙峯饒氏의 설은 불분명한 점이 있다. 胡炳文의 『四書通』 「中庸通」 제1장 소주에 실린 아래와 같은 쌍봉 요씨의 설은 비교적 간결하면서도 명확하다. "中庸當作六大節看 首章 是一節 自君子中庸以下十章 是一節 君子之道費而隱以下八章 是一節 哀公問政以下七章 是一節 大哉聖人之道以下六章 是一節 末章 是一節 第一節說中和 第二節說中庸 第三節說費隱 第四節說誠 第五節說大德小德 第六節復申首章之意"

제4대절	제20장 – 제26장	8	誠	제20장을 2장으로 나눔
제5대절	제27장 – 제32장	6	大德·小德	
제6대절	제33장	1	復釋首章之義	

요로는『중용장구』제20장 제7절 '천하지달도오(天下之達道五)' 이하를 분장하여 34장으로 개편하였고, 6대절로 나누어 요지를 파악하였다. 분절에 대해, 요로는 각 대절이 개방(開放)과 수렴(收斂)의 연관구조를 가지고 있다고 하였으며,[61] 호병문(胡炳文)은 체용론의 관점에서 일리(一理)가 흩어졌다 다시 합하는 연관된 구조로 되어 있다고 보았으며,[62] 경성(景星)은 요로의 6대절설 중 제21장부터 32장까지를 1대절로 묶어 5대절로 분절하였고,[63] 사백선(史伯璿)도 이와 유사한 5대절로 분절하였다.[64]

이런 영향으로 명초에 만들어진『중용장구대전』을 보면,「독중용법(讀中庸法)」이 맨 앞에 실려 있다. 이「독중용법」은 '주자왈(朱子曰)'로 시작하고 있어, 주자의 설임을 분명히 하고 있다. 이「독중용법」에는『중용장구』장하주의 설과는 달리 6대절로 분절하고 있다.[65]

---

61 胡炳文,『四書通』(文淵閣四庫全書 제201책)「中庸通」권1, 小註. "要之中間却是兩次開闔 自中和而中庸 以至費隱 是放開說 自費隱而誠 是收斂說 自誠而推至道至德 又是放之以至於極 自至道至德而歸之無聲無臭 又是斂之 以至於極"

62 上同. "中庸全體大用之書 首言一理 中散爲萬事 是由體之一而達於用之殊 末復合爲一理 是由用之殊而歸之體之一 放之則彌六合感而遂通天下之故 心之用也 卷之則退藏於密 寂然不動 心之體也"

63 景星,『四書集說啓蒙』(문연각사고전서 제201책) 卷上 참조.

64 史伯璿,『四書管窺』(문연각사고전서 제201책) 권6, 中庸. "中庸一書 章句以首章爲一節 次十章說中庸 次九章說費隱 又次十二章說天道人道 末章明首章之意"

65 胡廣 等 編,『中庸章句大全』(1760년 內閣藏板本, 2000년 학민문화사 영인), 4~5면. "中庸當作六大節看 首章是一節 說中和 自'君子中庸'以下十章 是一節 說中庸 '君子之道費而隱'以下八章 是一節 說費隱 '哀公問政'以下七章 是一節 說誠 '大哉聖人之道'以下六

〈표 4〉「독중용법」의 분절 및 요지

차례	단락 구분	장수	요지
제1대절	제01장	1	說中和
제2대절	제02장 – 제11장	10	說中庸
제3대절	제12장 – 제19장	8	說費隱
제4대절	제20장 – 제26장	7	說誠
제5대절	제27장 – 제32장	6	說大德·小德
제6대절	제33장	1	復申首章之義

이 설은 주자의 4대절설과 다르고, 요로의 6대절설과 유사하다. 요로의 설은 제20장을 2장으로 분장한 것이 다를 뿐, 분절은 「독중용법」과 동일하며 요지도 대체로 같다.

우리나라에서는 권근이 최초로 『중용장구』의 분절에 관한 설을 제기하였다. 권근은 주자의 4대절설을 줄여 대지(大旨)는 3절로 나누고, 「독중용법」의 6대절설을 줄여 세부적으로는 5대절로 분절하여 요지를 파악하였다.[66]

그 뒤 17세기 후반 김만영(金萬英)이 새롭게 5대절설을 주장하였으며,[67] 한여유(韓汝愈)도 요로의 6대절설을 개편하여 독자적으로 6대절설을 주장하였다.[68] 그리고 18세기 한원진(韓元震)은 주자의 『중용장구』·『중용혹

章是一節 說大德小德 末章是一節 復申首章之義"

66 최석기(2004a), 192~207면 참조.

67 金萬英, 『南圃集』 권11, 「中庸分節辨疑」. "子思子 性道教三字 爲一篇之綱領者 若明明德三字 爲大學之綱領 一篇中萬言萬事 不出於三者之中 而更端作節 意甚分明 脉絡條理 自有段緖 蓋朱夫子四節之分 饒氏子六節之辨 雖有異同 而意脉皆通 後生末學 何所容喙 但於愚意 妄以性道教三字推之 以爲一篇之綱領 而求之於三十一章之中 則其綱領旨趣 各有分派 似有分段立節之可考"

68 崔錫起(2009), 337~348면 참조.

문』의 설을 만년의 정설(定說)로 보았기 때문에 분절문제도 『중용장구』 장하주의 4대절설을 정설로 보고, 「독중용법」의 6대절설은 초년설로 보아 폐기해야 한다고 주장하였다.[69]

그런데 이익은 『중용장구』의 4대절설, 「독중용법」 및 요로의 6대절설과는 전혀 다른 시각으로 분절하였다. 이익은 『중용장구』 33장 체제를 그대로 수용하되, 종래와 전혀 다른 시각으로 분절하여 논리구조를 파악하였다. 이를 정리해 도표화하면 다음과 같다.

〈표 5〉 이익의 분절 및 요지

차례	단락 구분	구조	요지
제1대절	제01장	起語	中庸·總論·中和
제2대절	제02장 – 제11장	經	孔子中庸(中庸의 用, 時中)
제3대절	제12장 – 제32장	傳	子思傳
제4대절	제33장	結語	終首章之義

이러한 분절을 보면, 이익이 『중용』의 체계를 어떻게 파악하고 있는지 한 눈에 알 수 있다. 또한 주자의 4대절설 및 「독중용법」의 6대절설과 요지파악과 매우 다르다는 것을 알 수 있다.

이익은 제2장부터 제11장까지의 '자왈(子曰)'로 시작되는 '공자의 말씀'을 모두 '공자중용(孔子中庸)'으로 보고, 공자가 평소 '중용'에 대해 말씀한 것을 자사가 모아 편집한 것이라 하였다. 그리고 이를 '공자중용' 또는 '공자전서(孔子全書)'라 하여 경(經)으로 보았다.

그런데 '공자중용'은 용(用)에 해당하는 '시중(時中)'에 대해서만 언급

69 崔錫起(2007a), 228~233면 참조.

하였기 때문에 자사가 그 원두처(源頭處)를 미루어 헤아려 체용(體用)에 관한 총론을 만들어서 '공자중용' 위에다 올려놓은 것이 바로 제1장이라고 하였다.[70] 그리고 제1장은 기어(起語), 제12장부터 제32장까지는 '공자중용'에 대해 자사가 풀이한 전문(傳文), 제33장은 전체의 결어(結語)로 보았다.[71] 그러니까 기어(起語)-공자중용(孔子中庸)-자사전(子思傳)-결어(結語) 이런 논리구조로 구성되어 있다는 것이다.

이 해석은 전무후무한 이익의 독창적인 설이다. 주자는 제11장에서 "자사가 공자의 말씀을 인용해 제1장의 뜻을 말한 것이 이 장에서 그쳤다.[子思所引夫子之言 以明首章之義者 止此]"라고 하였는데, 이는 제1장에 중점을 둔 해석이다. 즉 자사가 제1장에서 '중용'에 대한 요지를 기술해 놓고, 이와 관련된 공자의 말씀을 인용해 증명한 것이라 본 것이다.

이에 비해 이익은 성경현전(聖經賢傳)의 관점에서 공자의 말과 자사의 말을 변별하여 공자중용(孔子中庸)과 자사전(子思傳)을 구별하고, 편찬자인 자사의 입장에서 서술체계를 해석한 것이다.

둘째, 위의 4대절설에 따라 새로운 중용도(中庸圖)를 작성하였다. 이익은 위와 같이 논리구조를 파악하고서 독자적으로 중용도를 작성하였는데, 상도·하도로 나누어져 있지만 실제로는 하나의 그림이다. 이익의 중용도는 자신이 4대절로 나누어 요지를 파악하는 구조분석에 따라 그린 것이다.

---

70 李瀷, 『中庸疾書』, 「篇題」. "自第二章以下十章 無一句非孔子語 無一章非中庸說 與上下文勢不同 中庸之名 本爲此而命也 盖子思合聚夫子所常言中庸處 作爲此書 因以中庸爲目 只言時中之義 故子思又推本其原頭處 以升之 而自費隱以下 不過反覆夫子之意也"

71 李瀷, 『中庸疾書』, 第三十三章. "子思之釋孔子之言者 卒於上章 而此章 則又收拾向裏以終首章之義 蓋自第二章以下十章 爲經 自第十二章以下二十一章 爲傳 首章爲起語 末章爲結語"

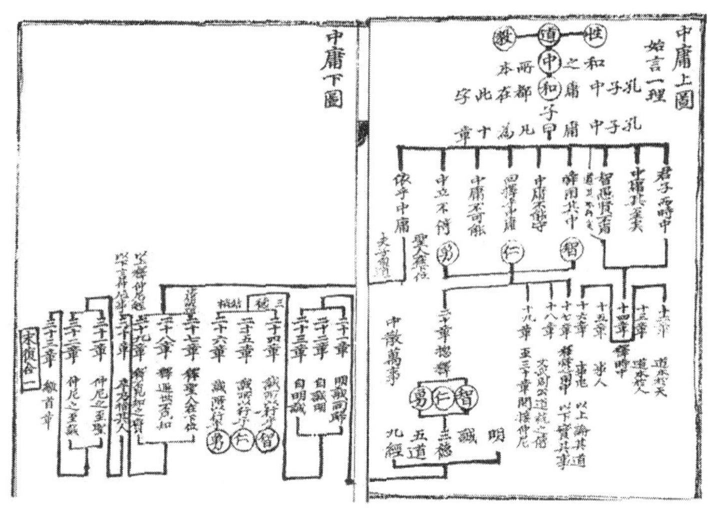

〈그림 4〉 이익의 중용도

이익의 중용도를 전체적으로 설명하면 다음과 같다.

총론에 해당하는 제1장을 상단에 배열하고, 그 밑에 '중화(中和)'를 상하로 표기하였는데, '공자중용'이 모두 '화(和)' 자에서 나온 것임을 드러냈다. 그리고 제2장부터 제11장까지 '자왈(子曰)'로 시작하는 '공자중용'을 그 아래에 배열하였다.

다음 그 밑에 자사가 '공자중용'을 해석한 제12장~제32장까지를 우측부터 좌측으로 차례로 배열하였다. 각 장의 요지를 간략히 표기한 뒤, 전체적으로 논리구조를 해석해 놓기도 하였다. 즉 제12장~제16장은 그 도를 논한 것으로, 제17장~제20장은 그 일을 논한 것으로 해석하였으며, 제21장~제29장은 공자의 경을 해석한 것으로, 제30장~제32장은 공자의 일을 해석한 것으로 보았다.

또 정자(程子)가 편제(篇題)에서 말한 바에 따라 제1장을 '시언일리(始

言一理)'로, 제12장부터 제32장까지를 '중산위만사(中散爲萬事)'로, 제33장을 '말부합위일리(末復合爲一理)'로 나누어 해석하였다.

그리고 전(傳)은 경(經)을 해석한 것이라는 관점에서, '공자중용' 제2장~제5장을 해석한 것이 '자사전' 제12장~제16장이고, '공자중용' 제6장~제10장을 해석한 것이 '자사전' 제17장~제20장이며, '공자중용' 제11장을 해석한 것이 '자사전' 제21장~제32장이라는 것을 구분해 선으로 연결하였다.

이익은 기본적으로 주자의 33장 체제를 따랐지만, 제5장에 대해서는 주자의 분장과는 달리 제4장 마지막 구절과 한 문장이 되는 것으로 파악하여 합해 보았다.[72] 이런 관점에서 이익의 중용도에도 제4장 뒤에다 '도기불행의(道其不行矣)'를 작은 글씨로 표기해 놓았다.

셋째, 『중용』의 저자를 자사로 보고, 성경현전의 관점에서 체계를 분석하였다. 앞에서 살펴보았듯이, 이익의 『중용』 해석의 가장 큰 특징은 제2장부터 제11장까지 10장을 '공자중용'으로 보아 경으로 파악한 것이다. 그리고 그 나머지는 자사가 이 '공자중용'을 중심으로 『중용』의 체계를 갖추어 놓은 것으로 보았다.[73]

이익의 주장은, 첫째 제2장부터 제11장까지 모두 공자의 말씀이고, 둘째 모두 중용에 관한 내용이기 때문에 이는 자사가 공자의 말을 수집

72 李瀷, 『星湖僿說』 권21, 經史門, 「道不行章」. "中庸'道其不行'一節 不言所以不行之由 疑與'人莫不飮食'一節 合爲一章"

73 李瀷, 『中庸疾書』, 第二章. "自第二以下十章 皆孔子之言 而反覆丁寧 惟'中庸'是道 盖夫子平日教導門人 重言複言 尤所致意者 在此 故合以爲書 卽孔子之中庸也 不然 十章內何無一句是他人言 又何句句是中庸之義 而與上下文不同例也 此則分明是完成孔子之中庸 而爲此篇之綱領者也 上焉而源其理 則有首章 而子思也 下焉而演其義 則有費隱以下而子思也 皆從此十章推起 故子思遂擧以名篇 而'中和'不與焉 其義當然也"

해 만든 이 책의 강령이라는 것이다. 이는 제1장의 뜻을 밝히기 위해 공자의 말씀을 인용했다고 보는 주자의 시각과 완전히 다르다. 이익은 '공자중용'을 중심에 두고, 자사가 원두처에 해당하는 제1장을 앞에 붙여 체용을 아우르는 총론을 제시하고, 그 다음에 '공자중용'을 두고, 그 다음 '공자중용'을 해석한 자신의 전을 두었다고 본 것이다.

제1장에는 중화(中和)만 말하고 제2장에서 비로소 중용(中庸)을 말한 것에 대해 역대로 다양한 해석이 제기되었다. 이익은 이에 대해, 자사가 '공자중용'을 해석하면서 시중(時中)을 요점으로 삼아 용(用)의 측면에서만 말한 것을 보완하기 위해 제1장에 체용(體用)을 갖춘 총론을 언급한 것으로 보았다. 그는 그 점을 제1장 중화를 말한 것에서 찾아 다음과 같이 해석하였다.

> 지금 '공자중용'을 보면 단지 '시중'으로 요점을 삼았는데, 중용을 능히 택하고 지키는 것은 행사의 실제에 나타나지 않는 것이 없다. 그러나 이 시중에는 또한 반드시 소이연(所以然)이 있으니, 만약 미발지중(未發之中)으로 그 근본을 삼음이 없다면 어떻게 능히 이 시중(時中)을 이룰 수 있겠는가? 이는 공자께서 비록 미발(未發)에 대해 말씀하지 않았지만, 그 미발의 뜻이 저절로 그 속에 포함되어 있는 것이다. 그러므로 자사가 공자의 뜻을 미루어 헤아려 제1장을 만들고 특별히 '중화(中和)'를 게시하여 그것을 밝힌 것이니, 행사(行事)는 반드시 성정(性情)에 근본하기 때문이다.[74]

74 上同. "今觀孔子中庸 則只以'時中'爲要 而能擇能守 莫非見諸行事之實 然彼時中 亦必有所以然 若無未發之中爲之本 則如何能成此時中 是則夫子雖不言未發而其未發者 自包在其中 故子思推夫子之意 作爲首章 特揭'中和'以明之 所以行事之必本於性情也"

이익은 '공자중용'의 내용이 시중에 초점이 두어져 있는데 이는 행사의 실제에 해당하는 용(用)임을 간파하고, 그 소이연에 해당하는 체(體)를 '공자중용'에 언급하지 않았지만 그런 의미가 그 속에 포함되어 있다고 보아, 제1장의 총론에서 중화를 언급하여 체용을 갖추어 놓은 것으로 파악한 것이다.

이 점은 그의 중용도에 잘 드러나 있다. 이익은 성·도·교 밑에 중(中)·화(和)를 표기하고, '중' 옆에는 '화지소본(和之所本)'이라 써넣고, '화' 옆에는 '공자중용 도재차자(孔子中庸 都在此字)'라고 써넣었다. 이는 곧 중(中)을 체(體)로 화(和)를 용(用)으로 파악한 것이다. 위 인용문에서는 시중을 '행사의 실제'로 보았기 때문에 그것이 근본 하는 미발지중의 체를 천명지위성(天命之謂性)의 원두처로 본 것이다.

넷째, 행사지실(行事之實)의 관점에서 해석하였다. 주자학을 객관적 관념론이라고 한다. 종래 주자학에 근거해 『중용』을 해석하는 논리를 보면, 대체로 천인론(天人論)·중용론(中庸論)·천도론(天道論)·성론(誠論)·성론(聖論) 등으로 분류해 논한다. 이러한 논리는 인간이 생활 속에서 접하며 느낄 수 있는 실제가 아니다. 예컨대 제1장 계신공구(戒愼恐懼)·신독(愼獨)에 대해, 종래의 성리학자들은 정시(靜時)의 존양(存養)과 동시(動時)의 성찰(省察)로 보거나, 미발(未發)·이발(已發)의 논리로 보아 관념적 해석을 하였다. 또 제16장 귀신장(鬼神章)의 경우는 리기(理氣)와 결부시킴으로써 형이상학적 해석을 더하였다.

그런데 이익은 계구·신독과 귀신에 대해 관념적 해석을 지양하고 행사지실이라는 관점에서 해석하였다. 주자의 『중용장구』에서 계구·신독에 대해 해석한 것을 보면, 존양과 성찰의 요지를 말한 것임을 알 수 있다. 이에 대해 후대 학자들은 미발시의 존양공부와 이발시의 성찰공부를 말한 것으로 파악하였다.

그런데 이익은 본문의 '부도(不睹)'·'불문(不聞)'에 주목하여 '계신공구'와 '신독'을 마음이 눈과 귀를 통해 사물을 접하여 보고 듣는 실제의 일로 해석하였다. 그는 계신·공구를 아직 보고 듣지 않았을 때는 물론, 보고 들었을 때의 일까지를 모두 포함하는 것으로 보았다.[75]

이익은 행사지실의 관점에서 '막현호은 막현호미(莫見乎隱 莫顯乎微)'의 '막현(莫見)'·'막현(莫顯)'에 대해서도 '막현(莫見)'은 시각적인 측면으로 보아 '남들이 보지 않음이 없는 것'으로, '막현(莫顯)'은 청각적인 측면으로 보아 '남들이 듣지 않음이 없는 것'으로 해석하였다.[76]

이 설은 주자가 '현(見)'을 저현(著見)으로 '현(顯)'을 명현(明顯)으로 해석하여, '혼자만 알고 있는 것은 아무리 은미하고 미세한 것일지라도 그보다 더 잘 드러나는 것은 없다'고 한 해석과 매우 다르다. 주자의 설은 이치가 드러나는 측면에 비중을 두어 해석한 반면, 이익의 설은 사람이 눈으로 보고 귀로 듣는 측면에 나아가 해석한 것이다. 즉 행사지실의 관점에서 해석한 것이 여실히 드러난다.

제16장 귀신장에 대한 해석도 그런 점을 발견할 수 있다. 『중용장구』에서는 이 장을 '겸비은 포대소(兼費隱包大小)'로 해석하였다. 비(費)는 용(用)이고 은(隱)은 체(體)이므로 주자의 해석은 리기(理氣)로 설명하고

---

75 李瀷, 『中庸疾書』, 第一章. "人欲之萌 非無端而有此也 物交乎耳目 而心便爲所動 其隱暗之中 細微之事 旣交乎耳目 欲便萌芽 而他人之所未見聞 是謂己所獨知也 上文'不睹不聞' 雖指未接物時 而畢境緣有睹有聞處推言之 章句所謂'外誘之私' 卽睹聞之所接也 戒懼者 特擧不睹不聞 以包所睹所聞 未有睹聞 旣嘗如此 況至睹聞 尤不可不戒懼 故朱子曰 '從見聞處戒懼 到那不睹不聞處' 其見聞時戒懼 不過去其耳目之所誘也 凡所見聞 皆可戒懼 而推己獨見聞處 尤所緊要 其愼獨之一愼字 包戒愼恐懼之義"

76 上同. "'莫見'則人無不睹矣 '莫顯'則人無不聞矣"

있다. 귀신을 음양으로 보기 때문에 이는 '귀신'에 초점을 맞춘 해석이다. 그런데 이익은 이 장을 '귀신'이 아니라 '사귀(事鬼)'로 보아 현실세계에서의 제사에 중심을 두어 해석하였다.[77]

다섯째, 『중용장구』 제20장을 '공자중용'의 제6장~제10장을 부연 해석한 것으로 보아 지(智)·인(仁)·용(勇)을 중심으로 해석하였다. 이익은 '자사전'을 해석하면서 제12장~제16장은 논기도(論其道)로 보았고, 제17장~제20장은 실기사(實其事)로 보았다. 이런 관점에서 앞의 제18장·제19장에서는 문왕과 무왕의 효를 말하고, 제20장에서는 그것을 이어 문왕과 무왕의 정사를 말한 것으로 보았다.

또 '공자중용' 제6장 이하에서 지·인·용으로 입도(入道)의 요점을 삼았듯이, 이 제20장에서도 지·인·용이 핵심이 된다고 하였다. 그리하여 그는 이 장 제10절의 지·인·용을 중심에 놓고, 앞뒤 단락의 요지를 "이 삼덕을 말미암아 오륜에 들어가고, 오륜을 말미암아 구경을 베푸니, 이것이 후면의 일이다. 이 삼덕을 미루어 성(誠)에 근본하며, 성(誠)을 미루어 명선(明善)에 근본하니, 이는 전면의 일이다."라고 하였다.[78] 이익이 제20장을 해석하면서 지·인·용을 중심에 둔 것이, 행사지실에 주안점을 두는 해석의 관점을 잘 보여준다.

여섯째, 제27장 제6절 '고군자 존덕성이도문학(故君子 尊德性而道問學)' 1절을 '도중용(道中庸)'에 요점이 있는 것으로 파악해 해석하였다. 이 구절의 원문은 다음과 같다.

---

77 李瀷, 『中庸疾書』, 第十六章. "此章言事鬼 …… 此章專爲祭祀之道而言 第三節卽其要也 推而本之 有上二節 引而證之 有下二節 …… 祭祀 所以事鬼神也"

78 李瀷, 『中庸疾書』, 第二十章. "由此三德 入於五倫 由五倫施於九經 此後面事也 推此三德 本於誠 推誠而本於明善 此前面事也"

> 故君子 尊德性而道問學 致廣大而盡精微 極高明而道中庸 溫故而知新 敦厚以崇禮

주자는 이 문장의 '존덕성이도문학(尊德性而道問學)'을 표제어로 보고, 나머지 4구는 이를 부연한 것으로 보았다. 그래서 우리나라 언해본에는 '도문학' 뒤의 토가 '하고'가 아니라, '이니'로 되어 있다. 주자는 이 절을 존덕성·도문학으로 분리하여 전자는 존심(存心)으로, 후자는 치지(致知)로 파악하였다. 그리고 치광대·극고명·온고·돈후는 존덕성의 존심에, 진정미·도중용·지신·숭례는 도문학의 치지에 속하는 것으로 분류하였다.[79] 이는 존덕성·도문학을 거경·궁리로 보는 시각에서 기인한 것이다.

그런데 이익은 주자의 이런 해석에 대해 '끝내 이해할 수 없다'고 회의하면서 전혀 다른 관점에서 접근하였다. 그는 우선 '치광대'부터 '지신'까지는 도문학의 일이고, '돈후' 이하는 이를 실천하는 일로 보았다. 곧 '치광대' 이하를 지·행으로 파악한 것이다. 그리고 그 논리구조를 다음과 같이 설명하였다.

> 대체로 존덕성은 다시 공부의 차례를 말할 필요가 없다. 오직 도문학에 허다한 조리가 있을 뿐이다. 치광대는 박학(博學)을 말한다. 박학하면 범람하여 정밀히 살필 수 없을까 염려스럽고, 고명(高明)을 지극히 하면 고명한 데 지나쳐 중도를 잃을까 염려스럽다. 얻었다 곧 잃어버리거나 조금 얻고 만족하는 것은 모두 경계할 만하다.[80]

---

79 朱熹, 『中庸章句』, 제27장. "尊德性 所以存心而極乎道體之大也 道問學 所以致知而盡乎道體之細也 二者 修德凝道之大端也 不以一毫私意自蔽 不以一毫私欲自累 涵泳乎其所已知 敦篤乎其所已能 此皆存心之屬也 析理則不使有毫釐之差 處事則不使有過不及之謬 理義則日知其所未知 節文則日謹其所未謹 此皆致知之屬也"

이익은 이 절을 존덕성·도문학[知]·실천[行]의 세 부분으로 나누어 논리구조를 파악하였다. 그가 이렇게 파악한 데에는 '치광대'를 존덕성의 영역으로 보지 않고 도문학의 영역으로 보는 데서부터 출발한다. 주자는 앞부분은 존덕성의 영역, 뒷부분은 도문학의 영역으로 보기 때문에 해석도 '광대를 지극히 하고 정미함을 극진히 하며, 고명을 극진히 하고 중용을 말미암으며'의 병렬구조를 갖는데, 이익의 해석은 '광대를 지극히 하되 정미함을 극진히 하며, 고명을 극진히 하되 중용을 말미암으며'의 역접구조를 갖는다.

또 이익은 보다 적극적인 해석을 가하여 이 절의 요지가 '도중용(道中庸)'에 있는 것으로 보았다.[81] 이익은 『중용』을 해석하면서 늘 '공자중용'을 중심에 두어 '중용'을 주제어로 보았다. 그리하여 그 어떤 전제나 장치도 이를 드러내기 위한 것으로 파악하였다. 그런데다가 제12장 이하 '자사전'에는 '중용'이란 말이 보이지 않다가 제27장에 이르러 비로소 나타난다. 그 때문에 이익의 눈에는 이 '도중용'이라는 말이 특별하게 보였고, 그것이 이 절의 추뉴(樞紐)에 해당하는 것으로 파악한 것이다. 그리하여 그는 "제12장 이하 정미하고 화려한 의맥(意脈)이 모두 이 1구에 합쳐져서 표제어가 되었다."라고 하였다.[82]

80 李瀷, 『星湖僿說』, 권23, 經史門, 「道問學」. "盖尊德性 更不須言功夫次第 惟道問學有許多條理也 致廣大 博學也 博則恐泛濫而不能精察 極高則恐過高而失中 其旋得旋失 或得少爲足 皆可戒也"

81 李瀷, 『中庸疾書』, 第二十七章. "自'極高明'以上 反覆言所以至於中庸之由 自'溫故'以下 言旣至中庸之後 其持守推廣 尤不可不愼 蓋不溫故 則無以守此中庸 不知新 則所守者 或狹隘固陋 無以盡天下之理矣 敦厚 則所以爲溫故者 愈固 崇禮 則所以爲知新者 愈深"

82 上同. "又十句之中 惟'道中庸'爲樞紐 故自十二章以下 其精彩意脉 都合殺發得此一句爲著題語"

이상에서 이익의 『중용』 해석의 특징적인 면모 중 중요한 몇 가지만을 간추려 보았다. 이러한 이익의 해석은 주자학적 사고에 젖어 있던 학자들에게는 받아들이기 어려운 설이었다. 식산 이만부가 이익의 중용도를 보고 11가지 의문을 제기하면서 부정적으로 본 것이 그런 실정을 대변해 준다.

Ⅳ. 경서 해석의 배경과 영향

1. 경서 해석의 배경

앞에서 살펴보았듯이, 이익의 『대학』·『중용』에 대한 해석은 주자의 주석만을 존신한 학자들의 해석성향과는 상당히 다르다. 그렇다면 이런 해석은 어디에서 연유한 것일까? 이에 대해 여러 요인을 생각해 볼 수 있지만, 여기서는 경서해석에 지대한 영향을 미친 당시의 학술적 배경과 가학적 배경을 중심으로 살펴보고자 한다.

우선 당시의 학술적 배경에 대해 개괄해 보기로 한다. 국제적으로 명나라 초의 학술은 주자학이 주도하였는데, 대표적인 학자가 송렴(宋濂)·방효유(方孝孺)·채청(蔡淸) 등이다. 이들은 주자의 설을 종주(宗主)로 하면서도, 『대학장구』 보망장(補亡章)을 인정하지 않고 착간(錯簡)이라는 관점에서 개정설을 제기하였다. 이들은, 의리는 무궁하기 때문에 후학이 계속 밝혀나가야 한다는 경학관을 근간으로 하여, 미비점을 보완해 완성도를 높이는 데 주안점을 두었다. 특히 방효유는 "성현의 경전은 일가(一家)의 책이 아니니, 그 설도 한 사람이 다 밝힐 수 있는 것이 아니다."[83]라는 관점에서 의리발명을 중시하였다.

이처럼 명나라 전반기는 주자학의 미비점을 개정해 정제된 설을 만드는 것이 주된 관심사였다. 그러나 명나라 중엽 왕수인(王守仁)이 나타나 주자의 『대학장구』를 텍스트로 하지 않고 고본의 「대학」을 취해 새로운 해석을 제기함으로써 분위기는 급변하였다. 그런데다 풍방(豊坊)의 『위석경대학(僞石經大學)』이 나와 혼란을 가중시켰다. 그리하여 의리주의의 폐해가 극에 달하자, 객관적인 사유를 일깨워 고증의 필요성이 대두되었다.

다음은 국내의 학술적 배경에 대해 살펴보기로 한다. 인조반정으로 명분 없는 집권을 한 서인계는 통치이념을 강화하기 위해 주자로부터 내려오는 도통이 자신들에게 있도록 확립해야 했다. 그래서 이들은 적극적으로 주자학에 대한 학문적 우위를 확보하려 했고, 주자학을 더 명징(明澄)하게 확립하여 정통의 지위를 공고히 하려 했다.

예컨대 송시열은 주자를 성인으로 치켜세우며 숭정학(崇正學)·벽이단(闢異端)의 기치를 높이 들었고, 그의 재전문인 한원진(韓元震)은 주자의 설과 다른 설을 분변하여 『주자언론동이고』를 만듦으로써 주자의 정설을 확정하는 데 혼신의 힘을 기울였다.

반면 영남의 퇴계학파는 기호학파와 성리설 논쟁을 벌이면서 퇴계의 설만을 논거로 하여 학술의 진전을 이룩하지 못하였다. 그리하여 17세기 후반에 이르면 기호학파가 주자학에 대한 우위를 점하게 된다. 17세기 후반의 학계 분위기는 『주자대전』·『주자어류』는 물론 대전본 소주까지도 정독하는 쪽으로 흘러가 있었다.

83 方孝孺, 『遜志齋集』(문연각사고전서 제1235책) 권18, 「題大學篆書正文後」. "蓋聖賢之經傳 非一家之書 則其說亦非一人之所能盡也"

소주에 대한 분변은 특히 이이(李珥)－김장생(金長生)－이유태(李惟泰)·송시열－한원진 등으로 이어지면서 중요한 학술논변으로 자리 잡았다. 그래서 이익의 지적처럼 학자들은 주해문자 속에서 평생을 보내야 했다. 안정복(安鼎福)도 기호학파의 학문이 이에 치중해 있음을 심각하게 인식하고 있었다.[84]

이런 문제점을 먼저 인식한 이들은 근기 남인계의 학자들이었다. 이들은 서경덕(徐敬德)·조식(曺植)의 영향을 받은 가문의 후예들로서 개방적이며 박학적인 학문성향을 견지했다. 그리하여 서인계 학자들이 주자학을 절대 존신하여 사상이 경직되는 조짐을 보이자, 의리는 후학들이 계속해서 밝혀나가야 한다는 경학관을 주장하였고, 경서해석에 있어서 본지탐구에 주안점을 두었다.

그래서 윤휴(尹鑴)는 숙종에게 "사서의 주석은 볼 필요가 없습니다."라고까지 하였고, 허목(許穆)은 주자학에 연연하기보다는 그 근원에 해당하는 육경고문의 정신을 회복해야 한다고 주장하기에 이르렀다.[85] 이런 관점에서 보면, 이익이 살던 시대는 새로운 해석을 태동하는 분위기가 무르익은 시기라 하겠다.

다음은 이익의 가학적 배경에 대해 살펴보기로 한다. 이익의 선대는 서경덕·조식과 직접적인 사승관계를 맺지는 않았지만 혼맥이나 교유관계를 바탕으로 영향을 크게 받았다.[86] 서경덕과 조식의 문인들은 대체로 광해조 때 북인계열에 속한 사람이 많아 정치적으로 동지적 관계를 갖고

84 安鼎福, 『順菴集』 권16, 雜著, 「函丈錄」. "其學惟繳繞於訓詁小註之間 其所誦習 不過庸學心近而已 而多爲利祿所誘"

85 崔錫起(2000), 192~203면 참조.

86 김학수(2005), 59~66면 참조.

있었다. 인조반정으로 북인정권이 몰락하자, 이들은 남인계로 편입된 경우가 많았는데, 이들에게는 조식의 심성수양과 도덕적 실천을 중시하는 학풍 및 서경덕의 박학적·개방적 성향의 학풍이 전승되고 있었다.[87]

이익의 가문에 전승된 학풍도 이런 성격을 가지고 있었다는 점에서, 가학적 전통이 도덕적 실천을 중시하며[88] 개방적이고 박학적인 학문을 추구하는 성향을 겸하고 있었다고 보인다.

또한 이익의 가문은 여러 차례의 사행(使行)을 통해 외국문물을 접하면서 개방적인 성향을 확대해 나갔다. 『조선왕조실록』과 『여강세승(驪江世乘)』에 의거 이익의 가문의 사행경력을 정리한 최근의 보고를 정리하면 다음과 같다.[89]

〈표 6〉 이익 가문의 사행 경력

使行年度	使行人 姓名(관계)	使行 職責	비고
1475년(성종 6)	李繼孫(梅山 7대조)	誥命奏請使 副使	
1483년(성종 14)	李繼孫(梅山 7대조)	正朝進賀使	
1548년(명종 3)	李士弼(梅山 高祖父)	千秋使 書狀官	
1585년(선조 18)	李友直(梅山 從曾祖父)	謝恩使	
1603년(선조 36)	李志完(梅山 伯父)	書狀官	
1605년(선조 38)	李尙信(梅山 從祖父)	冬至使	
1611년(광해 3)	李尙毅(梅山 祖父)	冬至使 兼 奏請使	
1613년(광해 5)	李志完(梅山 伯父)	恭聖王后策封奏請使	
1640년(인조 18)	李元鎭(梅山 從兄)	審陽에 가서 昭顯世子 모심	
1678년(숙종 4)	李夏鎭(星湖 父親)	陳慰 兼 進香使	고서 수천 권 구입

87 신병주(2000), 274~283면 참조.

88 이익의 부친 李夏鎭은 「省躬篇」에서 심성수양을 위한 敬工夫를 강조하면서 『心經』을 중시하였고, 이익도 『심경』을 心學에 공이 있는 책으로 평하였다.

89 윤재환(2005), 65면 참조.

이익의 선대는 부친에 이르기까지 연이어 연경에 다녀왔는데, 이런 사행경험은 후손들로 하여금 중국문물에 대한 폭넓은 이해를 하게 하였을 것이다. 특히 이익의 부친 매산(梅山) 이하진(李夏鎭)은 궤사은단(饋賜銀段)으로 고서 수천 권을 사가지고 귀국하였다.[90]

『성호사설』에 보이는 『천문략』·『시헌력』·『방성도』·『곤여전도』·『만국전도』·『주제군징(主制群徵)』 등 천문·지리·역산·과학 서적은 이익의 안목을 넓히는 데 큰 영향을 끼쳤을 것이다. 이익이 어려서 제대로 배우지 못해 집에 있던 수천 권의 장서를 수시로 열람하였다고 한 것[91]을 보면, 가문에 전해 오는 수많은 책을 보면서 틀에 얽매이지 않는 사상을 형성한 것으로 보인다.

사행을 통한 중국문물에 대한 정보와 이해가 이익의 가문의 학문적 전통으로 자리 잡으면서 학문정신의 변화도 가져왔다. 1675년(숙종 1) 1월 18일 주강에서 윤휴가 입시하여 "『논어』의 주는 읽을 필요가 없습니다."라고 아뢰자, 정적 김석주(金錫胄)가 반박하여 "『논어』의 주는 버릴 수 없습니다."라고 하였다. 그러자 윤휴는 다시 아뢰기를 "'성학은' 과거를 준비하는 유생의 공부와는 다르니, 주석을 읽을 필요가 없습니다."라고 하였다. 이에 검토관으로 입시한 이하진은 "윤휴의 말이 매우 옳습니다."라고 하였다.[92]

90 李瀷, 『星湖先生文集』 권67, 「先考司憲府大司憲府君行狀」. "及將還 例有饋賜銀段 乃舉以買古書數千卷以歸"

91 李瀷, 『星湖先生文集』 권17 「答趙進士正叔」에 "瀷 少偸於駁雜 旣棄學業 時復偸眼藏書 未嘗有師承 只索性妄行"이라 하였고, 권9의 「答息山李先生 甲辰」에서도 "瀷念 昔年迫有立 未嘗知有此邊一事 只奔走於應俗求名 中罹禍難 隕穫失圖 便無意於學業文字 則其勢將杜門跧伏 日與世齟齬 家有藏書數千 以時繙閱 爲消遣之資"라 하였다.

92 『숙종실록』 권2, 숙종 1년(1675) 1월 18일(정축)조. "御晝講 尹鑴亦入侍 鑴言 論語註

『논어』의 주를 읽을 필요가 없다는 인식은 주석에 얽매여 자득이 없는 것을 경계한 말로, 당시 학풍에 대한 반성적 자각이 담겨 있다. 윤휴의 말에 이하진이 적극 지지한 것을 보면, 그 역시 윤휴와 같은 문제의식을 가지고 있었다 하겠다.

또 이하진은 27세 때인 1654년 현 수원시 권선구 매산동(梅山洞)에 별서를 짓고 심성수양의 공부에 매진하기로 다짐하는 「성궁편(省躬篇)」을 지었다. 이 글을 보면, 그는 고서를 두루 박람해 도덕적으로 안회(顔回) 같은 인간형을 추구하는 한편, 경세적으로는 주공(周公) 같은 재능을 겸비하는 데 뜻을 두었다. 그런데 그는 자신에게 부족한 점을 다시 반성하여 여러 서적을 물리치고 진덕수(眞德秀)의 『심경』에 침잠하여 주일무적(主一無敵)·기심수렴(其心收斂)·상성성(常惺惺)의 경(敬)공부에 전념하다가 끝내 '경(敬)' 한 자로 성성법을 삼아 자신을 경책하고 성찰하였다.[93]

이는 심성수양을 통한 도덕성 확립을 중요한 공부로 환기시킨 것이니, 이익의 가문의 학문성향에 있어서 눈여겨 볼 만한 대목이다. 이익이 『해동악부』를 지으면서 남명 조식의 학문적 상징인 성성자(惺惺子)를 하나의 소재로 택해 노래한 것을 보면, 조식의 심성수양을 통한 도덕성 제고를 매우 높게 평하고 있음을 알 수 있다.[94]

不必讀 同知事金錫冑曰 論語註 不可舍 鑴曰 異於科儒用工 不必讀 檢討官 李夏鎭曰 鑴言甚是"

93 李夏鎭, 『六寓堂遺稿』(『근기실학연원제현집1』) 권4, 「省躬篇」. "盡取古人所著編簡 矻矻靜坐而讀之 得以大肆 力于博文窮格之事 恥一書不通 而一藝之或不能 遍誦顔氏舜何人余何人之訓 而其所以自期于身者 亦不淺 解服周公多才多藝之辭 而汎濫于醫藥卜筮星曆種樹之術 …… 余志非不及古人 余才非不如今人 人皆有所立 而我獨無 豈吾所操者 有不約耶 乃悉屛百家語 獨對眞氏所錄一部書 俯首而加硏窮焉 其於主一無適 收斂惺惺之說尤以着之於胸 而卒乃以敬之一字爲常惺惺之法"

94 李瀷, 『星湖先生文集』 권8, 『海東樂府』 「惺惺子」.

실제로 이익도 『심경』을 경시하지 않아 『심경부주질서』를 저술하였거니와, 안정복과의 대화에서 "진서산(眞西山: 眞德秀)의 『심경』은 심학(心學)에 공이 있다고 할 수 있다."[95]라고 한 것을 보면, 이하진의 「성궁편」에서 심성수양을 중시한 사고와 맥이 닿아 있다.

이렇게 보면, 이익의 가문의 가학적 전통은 두 가지로 정리할 수 있다. 하나는 주공처럼 다재다능한 경세적 안목을 갖춘 지식인이 되는 것이고, 하나는 안회처럼 심성수양을 통한 도덕성을 확립하는 것이다. 전자는 경세적 실용주의 노선을 지향하는 것이고, 후자는 도덕적 실천주의를 지향하는 것이다.

이런 가학의 학문적 성향은 그가 크게 영향을 받은 집안의 형들에게서도 나타난다. 1690년 이익의 나이 19세 때 중형 이잠(李潛, 1660-1706), 삼형 이서(李漵, 1662-1723), 자형 조하주(曺夏疇)가 충주 탄금대로 이만부(李萬敷, 1664-1732)를 방문하여 대화를 나눈 「중원강의(中原講義)」를 보면, 이들 형제의 학문성향이 뚜렷이 드러난다.

이만부가 주자와 퇴계의 설을 바탕으로 한 자신의 학문관을 정립하고 있었던 데 비해, 이잠·이서·조하주는 주자학에 대해 상당히 비판적인 성향을 드러내고 있다. 『대학』의 '격물'에 대해, 조하주는 "주자의 『대학장구』에 '궁지사물지리(窮至事物之理)'라고 말한 것은 경문이 아니다. 경문에는 궁리를 말하지 않았고, 단지 격물의 본의를 말했을 뿐이다. 격물과 궁리가 어찌 같은가?"라고 하였고, 이만부는 "격물이 궁리하는 것이다."라고 하였다. 그러자 이잠은 "격(格)은 사물을 조처하는 것이니, 궁리라 말하면 리(理)가 사물에서 벗어난다."라고 반박하였다.[96]

95 安鼎福, 『順菴集』 권16, 雜著, 「函丈錄」. "眞西山之心經 可謂有功於心學"

또 조하주가 “경전의 집주는 너무 잡란하고 번쇄하니 일체 없애는 것이 옳지 않겠는가.”라고 하자, 이만부는 어병(語病)이 있기는 하지만 버릴 수 없다고 하였고, 이잠은 “경문만 읽어도 의리가 이미 족하다. 어지러운 설을 어찌 두루 보겠는가.”라고 반박하였다.

그러자 이서는 “두 형(조하주·이잠)의 말씀이 너무 고원한 듯하다. 그러나 독서하면서 고인의 설만 믿고 자득의 맛이 없으면 또한 실득이 아니다.”라고 하였다. 그러자 이만부는 그의 설을 옳다고 인정하면서, 불신이나 사의로 천착하면 본원의 병이 된다고 경계하였다.

다시 조하주는 그에 반대하여 “주자 이전에는 주석이 없었으나 실득한 자가 많았는데, 주자 이후 주석이 있게 되어 주석을 모아 말단으로 치달리기 때문에 실득자가 적게 되었으니, 주석이 경전공부에 무익한 줄 알겠다.”라고 하자, 이만부는 “주자가 주석을 창안한 것이 아니라 한나라 이후 십삼경에 주소가 허다하게 있었는데, 주자가 잡된 것을 산삭하고 잘못된 것을 바로잡아 성현의 본지를 찬란히 다시 밝혔다.”라고 반박하였다.[97]

96 李萬敷『息山集』권12, 雜著, 「中原講義」. “曹君叙(曺夏疇)曰 大學章句曰窮至事物之理 非經文 不言窮理 只言格物之本意也 格物窮理 豈其同乎 〈息山〉曰 經言格物 爲學者用功而言 其實格物 所以窮理也 仲淵(李潛)曰 物者 事之質也 事者 物之務也 格者 所以措置事物也 若言窮理 則理超於事物者也”

97 上同. “君叙曰 經傳輯註 太雜亂煩瑣 一切去之 不亦可乎 〈息山〉曰 固或有語病 然亦發明緊要 不可廢處 何可盡去以爲高耶 仲淵(李潛)曰 只讀經文 義理已足 紛紜之說 何以遍看 〈息山〉曰 雖有緩急之分 主客之別 亦當反覆參證 學者之病 最在厭煩不耐久 是可懼也 澄叔(李漵)曰 二兄之言 似過高 然讀書若徒信古人之說 無自得之味 則亦非實得也 〈息山〉曰 此說固是 但讀書時 先以不信之心作私主 正義未及見 而以私意穿鑿 遽以爲自得 如此者 大爲本原之病 見義當否 不暇論也 君叙曰 朱子之前 無註釋 然專門實得者多 朱子之後 始有註釋 掇拾趨末 少實得之人 儘知註釋之無益於經也 〈息山〉曰 註釋非刱於朱子 漢唐以來 家異學 人異師 十三經皆有註疏箋 故曰關雎三百 謂釋關雎一語 至於三百也 朱子刪

이런 대화를 정리하면, 조하주·이잠은 주자의 주석에서 벗어나 경문을 통해 자득하는 것을 중히 여기고 있고, 이만부는 주자가 주석을 정리하여 본지를 드러냈기 때문에 주자의 주를 통해 읽어야 도에 접근할 수 있다는 관점이고, 이서는 조금 신중한 태도를 보여 주석을 전적으로 무시할 수는 없지만, 주자의 주석만을 따라 읽으면 실득이 없기 때문에 처음에는 주석을 따라 읽더라도 나중에는 독자적으로 자득함이 있어야 한다는 생각을 하고 있었다.

이만부는 주자의 주석에 기초한 해석을 한 반면, 이잠 형제들은 주자의 주석에 연연하지 않고 경문을 자득하는 데 중점을 두고 있다. 이는 이익이 살던 시대 그의 가문의 경학적 성향을 여실히 보여주는 대목이다.

이 가운데 이익에게 가장 큰 영향을 끼친 사람은 누구일까? 조카 이병휴(李秉休)는 이익의 「가장(家狀)」에서 다음과 같이 말하였다.

> 조금 성장한 뒤 중형 섬계공(剡溪公: 李潛)에게 배웠는데 발분하고 의지를 굳건히 하여 독서하셨다. 여럿이 학업을 강론했는데, 다른 아이들이 웃고 장난을 쳐도 선생은 혼자 묵묵히 앉아 종일 독서하였다. …… 을유년(1705) 조정에서 증광시를 개설하였는데, 선생이 대책으로 합격했다. 그러나 시권에 이름을 기록한 것이 격식에 맞지 않아 회시에 나아가지 못하였다. 다음해 병술년(1706) 중형이 화(禍)에 걸렸다. 이로부터 선생은 세상사에 마음이 없어져 드디어 과거공부를 포기하였고, 다시 삼형 옥동(玉洞) 선생과 종형 소은(素隱) 선생에게 배우며 개연히 구도의 뜻을 품게 되었다."[98]

其雜 正其訛 使聖賢本旨 燦然復明 今之學者 終身誦之 而猶患不得 豈可遽生厭之之心 趨徑約之路乎"

98 李瀷, 『星湖先生文集』 附錄 권1, 「家狀」. "稍長 從仲兄剡溪公學 則自奮刻意讀書 羣居講

이를 보면, 이익은 가학을 계승하면서 특히 삼형 이서(李溆)와 종형 이진(李溍)의 영향이 컸음을 알 수 있다. 「중원강의」에서 보이듯이, 이서는 조하주·이잠처럼 주자의 주석을 볼 필요가 없다고 극단적인 주장을 펴지 않고 신중한 태도를 취하였다.

그러면 이서와 이진의 학문성향에 대해 이익은 어떻게 평하고 있는지 살펴보기로 한다. 이익은 이서에 대해, 성현의 학문에 뜻을 두고 부지런히 공부하였으며, 학문은 충신을 주로 하여 주공·공자·정자·주자의 학문을 추향하였고, 육경·사서에 귀숙하는 것으로 안택(安宅)과 정로(正路)를 삼았다고 하였다.[99] 여기서 눈에 띄는 점이 정주학보다 육경·사서로 학문의 본령을 삼았다는 점이다. 이는 이익이 정주학을 진파(眞派)로, 사서를 적전(嫡傳)으로, 육경을 정종(正宗)으로 보는 시각과 유사하다.

또 이서의 현손 이시기(李是錤)가 지은 이서의 「행장초(行狀草)」에 의하면, 최석정(崔錫鼎)·박세채(朴世采) 등 소론계 재상들이 이서의 경학이 고명하다고 조정에 천거하였으며, 학생들을 가르칠 적에는 반드시 『소학』을 먼저 1천 번 읽고, 다음 사서를 읽게 하여 천인성명의 이치와 효제충신의 도리를 알게 한 뒤에 다른 책을 읽도록 하였다고 하였다.[100]

業 衆皆喧笑嬉戱 而獨默坐手卷 終日不輟 …… 乙酉 朝家設增廣科 先生以策發解 因試所錄名違式 不赴會試 明年丙戌 仲兄遭禍 自是無意於世 遂棄擧子業 復從第三兄玉洞先生及從兄素隱先生遊 慨然有求道之志"

99 李瀷, 『星湖先生文集』 권68, 「三兄玉洞先生家傳」. "先生獨不屑博士業 志于聖賢之學 手經勤劬 或至於遺食 …… 其學忠信爲主 步步趨趨 維周孔程朱 寧守師說而未達 不顧小道之可觀 業著書卷袠溢匧 自心身以外 至治家治民 汎及於律歷之書 甘石岐黃之術 大小相銜 本末兼該 無不參互著明 歸宿於六經四子 爲安宅正路"

100 李溆, 『弘道先生遺稿』 附錄, 李是錤 撰 「行狀草」. "必使先讀小學千遍 次庸學論孟 先知天人性命之理 孝悌忠信之道 然後及於他書 …… 先生年踰三十 時望益重 相臣崔錫鼎儒臣朴世采交章薦其經學高明"

또 "우리 가문의 성리학은 실로 선생이 창시하셨는데, 성호 선생이 친히 그 문하에서 가르침을 받아 사문에 크게 천양하였다."[101]라고 하였다.

이를 보면, 이서의 학문은 정주학을 기초로 하였음을 알 수 있고, 또 이 가문의 학풍이 성리학을 기반으로 하는 데 초석을 놓았음을 알 수 있다. 그리고 이익이 그런 학문을 계승한 것을 알 수 있다.

이익은 이진의 학문성향에 대해, 과거공부를 일삼지 않고 시골에서 학문에 전념하였는데, 독서할 적에는 전대의 설에 구애되지 않아 왕왕 신의를 발명하였으며, 육경·사서 및 정자(程子)의 학문에 통달하고 의약·산수·성명(星命)의 학술에도 널리 통달하였다고 하였다.[102] 여기서도 눈에 띄는 점이 육경·사서를 먼저 일컬은 뒤 정자의 학문을 겸하여 말하고 있는 것과 전대의 설에 구애되지 않았다는 것이다.

이러한 이서와 이진의 학문성향을 종합해 보면, 이익의 학문성향과 대단히 유사한 점을 발견할 수 있다. 경서를 정주학보다 더 우위에 두고 학문의 근본으로 삼았다는 점과 전대의 설에 구애되지 않았다는 점이다. 이는 이익이 정주의 설에 얽매이지 않고 경문의 본지를 탐구하여 실득을 추구한 것과 같은 맥락에 있다.

그렇다면 이익은 가학적 전통을 이어 개방적이고 박학적인 성향을 전해 받은 데다, 이서와 이진 등을 통해 정주학–사서–육경으로 올라가는 학문의 길을 확립하였다고 하겠다.

이익은 이런 가학적 배경 외에도 세교가 있던 가문 출신의 이식(李栻,

101 上同. "夫嗚呼吾家性理之學 實自先生創始之 星湖先生親炙其門而大闡斯文"

102 李瀷, 『星湖先生文集』 권68, 「從兄素隱先生家傳」. "早失怙恃 旣就學 不肯擧子業 樂居鄕舍 恭過乎屈 儉過乎陋 讀書不拘前說 往往發新義 夙夜覃思 著書滿壁 淹貫六經四子伊洛文字 旁通于仰觀俯察醫藥籌數星命之術 用力尤專於易"

1659-1729)·이만부에게도 학문을 질정하였는데, 이만부의 영향을 크게 받은 것으로 알려져 있다.[103] 이만부의 『식산집』에 실린 「학성문답(鶴城問答)」·「답이자신(答李子新)」 및 『성호전집』에 실린 「답식산이선생 갑진」·「상식산」·「식산이선생행장」 등을 통해 볼 때, 이익이 이만부로부터 경학과 성리학에 대해 영향을 받았음을 짐작할 수 있다.

『식산집』의 「중원강의」·「학성문답」 등을 통해 확인할 수 있듯이, 이만부는 정주학적 범주 속에서 이황의 설을 근거로 하는 성리설을 견지하고 있던 인물이다. 다만 그는 이언적의 『대학장구』 개정설을 지지하는 입장에서 자신의 견해로 주자의 『대학장구』 전 제4장(聽訟章)을 전 제3장과 합해 개정하는 설을 제기하였다.[104] 이를 보면, 그는 주자의 설만을 존신한 당시 퇴계학파와는 다른 성향을 가지고 있었음을 알 수 있다.

요컨대 이익은 가학을 통해 이서·이진의 영향을 받아 주자학을 기초로 하면서도 정주의 설에 얽매이지 않고 경서의 본지를 탐구하는 학문정신을 견지하였으며, 이만부 등을 통해 주자학적 사유를 더 수용하였다. 다만 그는 이만부보다는 더 진취적으로 경서의 의리를 발명하는 자세를 취하고 있다.

2. 학용 해석에 대한 학계의 반응

여기서는 이익의 『대학』·『중용』 해석에 대해 남들이 어떻게 반응하고 있는지를 살펴보도록 하겠다. 이익은 이만부에게 자신이 그린 소학도·대학도·중용도·경재잠도·심통성정도·숙흥야매잠도 등을 보여 질정을

103 김학수(2005), 103~105면 참조.

104 李萬敷, 『息山集』 권16, 「大學論」·「擬定大學傳三章」.

구하였다.

이만부는 그 가운데 소학도는 좋다고 칭찬하였고, 대학도에 대해서도 온당하다고 평하였다. 그는 그 이유로 권근의 대학도에 삼강령을 횡으로 배열하여 지어지선(止於至善)이 명명덕(明明德)·신민(新民)과 유기적으로 연결되지 못한 점, 지지(知止)로부터 능득(能得)에 이르는 육사(六事)가 지어지선 밑에 배열되어 팔조목과 조응이 되지 않는다는 점 등을 거론하였다.[105]

권근의 대학도는 이황이 약간의 문자만 수정하여 그대로 수용함으로써 학계에 널리 유통되던 설이었다. 그런데 경서에 대한 이해가 깊어지면서 17세기 후반에 이르면 명명덕·신민의 밑에 지어지선을 배열하여 명명덕과 신민이 모두 지어지선에 귀결되도록 하는 도표가 나타난다. 이런 그림은 박인로(朴仁老, 1561–1642)의 「대학경도(大學敬圖)」에 처음 보이지만, 이후에도 여전히 권근·이황의 대학도가 받아들여졌다. 그러다 이익이 살던 시대에 이르러 지어지선을 명명덕·신민 밑에 배치하는 대학도가 본격적으로 나타난다.

이익의 대학도는 그만의 독창적인 설이라 할 수 없다. 그러나 이익이 이에 대해 분명한 견해를 밝힘으로써 종래의 권근·이황 등의 설이 이후로는 널리 받아들여지지 않았다. 이런 점에서 이익의 대학도는 『대학』 해석에 끼친 영향이 적지 않다. 이만부가 이익의 대학도를 보고 특별히 칭찬한 것도 이런 맥락에서 논평한 것이다.

또 지지(知止)로부터 능득(能得)에 이르는 육사는 『대학장구대전』 경일

105 李萬敷, 『息山集–續集』 권1, 「答李子新–別紙」. "小學圖 儘好 兼排列其目 附綱下 尤似詳盡耳 大學圖 極穩 每看陽村圖 不能無糊塗之歎 今此圖分明新兩綱 止至善當中 又以知止能得 列於下面 以相照應 此意最當 實章句本意也 甚善甚善"

장 제2절 소주 주자의 설에 "정(定)·정(靜)·안(安)·려(慮)·득(得) 5자는 공효의 차례이지, 공부의 절목이 아니다."[106]라고 한 것에 근거하여, 삼강령의 공효로 보는 설이 지배적이었다. 그래서 이황은 팔조목의 성의(誠意)를 예로 들면서, 성의가 그칠 바를 알아 의성(意誠)을 얻게 되는데 정·정·안은 그 중간에 있는 것이라고 해석하였다.[107]

그러나 이황의 대학도에는 팔조목의 공효 중 의성(意誠) 이하를 이 육사와 연결시키지 못하였다. 그런데 이익은 팔조목 가운데 물격(物格)·지지(知至)는 지지(知止)로 보고, 의성(意誠) 이하 6조목은 지지(知止)한 뒤 능득(能得)에 이르는 차례로 보아, 명명덕·신민의 공효 밑에 배치하였다. 이는 앞에서 살펴본 이익의 『대학』 해석의 주요 특징 중 하나인데, 이만부는 이익의 대학도만 보고서 이 두 가지 점을 이익의 설의 특징으로 논평한 것이다.

이익의 『대학』 해석 가운데 한 가지 특징인 주자 주석의 오류를 지적한 것도 후대 성호학파 학자들에게 전수되었다. 예컨대 이익은 주자의 주석에 오류가 있는 것을 적극 논변하였는데, 그중 하나가 『대학장구』 경일장 제1절 주석의 '언명명덕신민개당지어지선지지이불천(言明明德新民皆當止於至善之地而不遷)'의 '지(止)' 자는 '지(至)' 자의 오류라는 것이다.[108] 후대 황덕길(黃德吉, 1750-1827)은 이 '지(止)' 자가 '지(至)' 자의 오류임을

106 胡廣 等 撰, 『大學章句大全』 經一章 제2절 小註. "定靜安慮得五字 是功效次第 不是工夫節目"

107 崔錫起(2005b), 145면 참조.

108 李瀷, 『大學疾書』 經一章. "今本云 皆當止於至善之地而不遷 此止字 乃至之誤也 上云至於是而不遷 故於此 以至善之地四字 換一是字 而云至於至善之地而不遷 兼至至善與不遷兩句 方爲止字之義 今若旣云止 又云不遷 則便覺剩語 而不成文勢 盖因經文本有止至善三字 而不察於此也"

재천명하면서, 이익의 『대학질서』에서 상세히 고증하였다고 하였다.[109]

이익의 『대학』 해석에 대해 이만부·황덕길처럼 지지한 경우도 있지만, 성호학파 내부에서 이익의 설을 모두 따른 것은 아니다. 예컨대 이익의 조카이자 문인인 이병휴는 이익의 설을 익히 알고 있었음에도 불구하고 이익의 해석과는 달리 고본의 「대학」을 저본으로 하여 경일장·전5장으로 새롭게 분장하였고, 명덕을 효·제·자로 보았으며, 육사를 팔조목에 분배하는 독특한 설을 제기하였다.[110]

또한 문인 신후담(愼後聃)도 고본의 「대학」을 저본으로 독자적인 설을 제시하여 이익이 주자의 『대학장구』를 저본으로 해석한 것과는 시각을 달리하고 있다.[111] 또 이익의 영향을 받은 후대 정약용(丁若鏞)도 고본의 「대학」을 저본으로 새로운 해석을 하였다.

이처럼 이익이 살던 시대에 이미 주자의 해석에 대해 일부 학자들은 심각한 회의를 하여 새롭게 해석하는 분위기가 무르익어 있었다. 그런데 이익은 대단히 신중한 태도를 취하여 일단 주자의 『대학장구』를 저본으로 하여 수용하되 주자의 설에 머물지 않고 독자적인 시각으로 본지를 탐구하려고 하였다. 이를 통해 보면 이익의 『대학』 해석은, 한원진처럼 주자의 『대학장구』를 절대 존신하여 해석한 것과 신후담·이병휴·정약용 등처럼 주자의 주석에서 벗어나 새롭게 해석한 것의 중간쯤에 위치한다.

---

109 黃德吉, 『下廬集』 권7, 「講義-朱書-經筵講義大學首章止於至善」.

110 崔錫起(2002c), 382~394면 참조.

111 愼後聃의 『대학』 해석에 대해서는 아직 연구가 전혀 없다. 『河濱集』 권5에 수록된 『大學後說』에 의하면, 신후담은 『고본대학』을 저본으로 『고본대학』 제1절부터 제5절까지를 제1장으로, 『고본대학』 제5절부터 제8절까지를 제2장으로 보아 格物致知를 해석한 말로, 『고본대학』 제2단락을 誠意를 해석한 것으로, 『고본대학』 제3단락을 正心修身을 해석한 것으로 보았다.

다음은 이익의 『중용』 해석에 대한 반응을 살펴보기로 한다. 이만부는 이익의 중용도를 보고 매우 부정적으로 논평하였다. 그는 다음과 같이 11가지 의문점을 제시하며 동의하지 않았다. 이만부는 자신의 의문점이 모두 주자의 정설에 기초한 것임을 밝혔으며, 평상을 싫어하고 기이한 것을 좋아하며 전인보다 앞서려는 의도가 있는 듯하니 맹렬히 반성하라고 타일렀다.[112] 이만부가 제시한 의문점을 정리하면 다음과 같다.

① 요·순으로부터 전해진 인심도심설(人心道心說)을 그려 넣어야 하는데, 이 그림에는 그런 내용이 없다.
② 이 그림에는 천명(天命)에 근본을 한 점과 존양(存養)·성찰(省察)에 관한 내용이 빠져 있다.
③ '화(和)' 자 옆에 '공자중용도재차자(孔子中庸都在此字)'라고만 표기하여 상세함이 부족하다.
④ 제12장 해석이 주자의 설을 따르지 않은 근거가 무엇이며, 고원과 비근으로 나눈 이유가 무엇인가?
⑤ 제3장~제5장은 능히 중용을 하지 못하는 점을 말한 것인데, 이를 모두 제14장에 귀숙하는 것은 격이 맞지 않는다.
⑥ 제16장 귀신장은 겸비은(兼費隱)·포대소(包大小)로 실상 성(誠)을 말한 것인데, 이를 아래 문장에서 성을 논하는 장본이 되는 것으로만 해석하였다.
⑦ 제17장~제19장은 순(舜)·문무(文武)·주공(周公)의 일로 말한 것이지, 제17장이 제6장의 '순용기중(舜用其中)'을 해석한 것은 아니다.

112 李萬敷, 『息山集-續集』 권1, 「答李子新-別紙」, "凡此十一疑者 只膠守章句定說 不敢以一毫私意 參錯其中 想於超常獨造之下 必不滿一笑而投之 然竊覵模劃大體 過於裁節 或近新巧造作之病 又敢以此妄測本原所存 似有厭常好異 壓過前人之意 根底隱微之中 而不覺形之於外者 此不可不猛省 一就平實處作田地 未知以爲如何"

⑧ 제21장 이하에 대해 주자가 천도·인도로 나누어 요지를 파악한 설을 바꿀 수 없는데, 그대의 설은 제21장~제23장을 입성차제(入誠次第)로 보았다.

⑨ 제24장은 지(智)의 극치를 말한 것이고, 제25장은 인(仁)의 공이다. 제26장은 용(勇)에 근사한 점이 전혀 보이지 않는다. 그런데 그대의 중용도에는 '성소이행어용(誠所以行於勇)'이라 하였다.

⑩ 그대는 제27장을 '석성인재하위(釋聖人在下位)'로, 제28장을 '석둔세불견지(釋遯世不見知)'로, 제29장을 '석불견지지실(釋不見知之實)'로 보았는데, 이 3장에는 그런 의리가 없다.

⑪ 제31장·제32장은 위의 대덕·소덕을 이어 말한 것이므로 그 의미를 드러내야 하며, 제33장은 '부합일리(復合一理)'의 묘리를 밝혀야 하는데 도리어 소략하다.[113]

---

113 上同. "大抵中庸之作 實本於三聖授受之言 故序文亦云 推本堯舜以來相傳之序 是則圖宜先列危微精一執中之說 以著子思作傳明道統之意 而今不然 其疑一也 首章性道敎爲綱領而本於天命 致中和爲極功而由於養察 圖有所漏 其疑二也 合而言之 中庸之中 實兼中和之義 然首章下十章 雜論中與不中 而和圈旁注 只云孔子中庸 都在此字 似少曲折 其疑三也 第十二章 費隱之說 朱子以爲申明首章道不可離之意 其下八章 雜引孔子之言 以明之以此逐章按過 井井不亂 有不可易者 上節遵章句而 而此節變其例者 不知何所據也 以諸章所言觀之 聖人所不知不能 似高遠 而夫婦之可知可能 則卑邇矣 十三十五六章之說 推究則皆然 而必以卑邇高遠分之者 何也 其疑四也 十四章 素位而行 固爲時中 然反覆論列其義自與二章相發 恐不必爲釋二章 而爲此言 如大學經傳之例 況三四五章 則皆言未能中者 而摠引歸宿于素位之說 恐似不倫 其疑五也 十六章鬼神之說 非但兼說費隱 包上下之大小 實始言誠 作以下論誠之張本 是不可不表揭 而只用高遠字蔽之 以與他章比 其疑六也 凡一章 必有其立言主意 六章八章十章 以舜顔淵子路事言之者 所以明智仁勇之爲中也十七章十八章十九章 以舜文武周公事言之者 所以序道統之傳 行於天下也 今圖於十七章云 釋舜之用中 苟謂至此而申釋上章 則十八章 宜釋顔淵事 十九章 宜釋子路事 而不然者何也 舜文武周公 行於天下 故此三章 序列其制作 夫子誦而傳之 故二十章 以夫子論政之說 備載結之 其義不啻丁寧 而圖於此反似胡塗 其疑七也 二十一章以下章句 以天道人道分之 有不可易者 而圖變其例 以二十一二三章 作入誠次第 入誠云者 誠之者之事也 自明誠與致曲 則當矣 而自誠明與盡性 不可言入 況三章所言淺深顚倒 尤不可言次第 其疑八也 二十四章 至誠前知 固是智之極 二十五章自成自道 雖兼仁知言 其體則亦仁之功 而二十六章至誠無息以下 以天地之道 推及於聖人之德 出沒反覆 宏博浩蕩 未見一句語近於勇

이만부가 이처럼 조목조목 문제제기를 한 것은, 이익의 해석이 주자의 해석과 현저하게 다르기 때문이다. 주자는 제12장 이하의 비은(費隱)·귀신(鬼神)을 말한 제2대절은 도의 본원에 대한 언급으로, 제21장 이하 제3대절은 천도(天道)·인도(人道)를 번갈아 말한 것으로 해석하였다.

그런데 이익의 해석은 이와 같은 형이상적인 면을 축소하고, 대신 중용의 도를 현실세계에서 실용하는 데 필요한 지(智)·인(仁)·용(勇)의 삼달덕을 강조하여 해석하였다. 즉 주자학자들은 인도와 천도, 성자(誠者)와 성지자(誠之者), 지인(知人)과 지천(知天)의 의미를 포괄하여 해석했는데, 이익은 행사지실(行事之實)의 관점에 치중하여 해석한 것이다.

이러한 이익의 해석도 '공자중용(孔子中庸)'과 '자사전(子思傳)'으로 크게 구별한 데서 연유한 것이다. 왜냐하면 '공자중용'은 용(用)의 측면에서 시중(時中)을 말한 것이기 때문에 자사가 『중용』을 지으면서 원두처를 헤아려 체용을 갖추어 제1장에 말해 놓았다고 한 데에 근본을 두고 있다. 따라서 제20장의 요지를 지·인·용을 해석한 것으로 본 것이나, 제24장~제26장을 성(誠)이 지·인·용을 행하는 소이(所以)로 본 것도 모두 이런 구조파악에서 기인한 것이다.

이만부는 『대학장구』의 편차를 일부 개정하여 전 제4장을 전 제3장에 붙여 전문을 10장에서 9장으로 축소한 학자이다.[114] 이런 점에서 보면,

者 而圖謂誠所以行於勇 其疑九也 二十七章二十八章二十九章 所謂三釋者 亦恐無義 尊德性道問學 不全謂在下者言 議禮制度考文 又未見有遯世之意 三重之說 尤無可疑於不見知處 其疑十也 三十一章三十二章至聖至誠 雖不獨指夫子言者 而分承上章大德小德之言 則圖所表識亦備一說 而末章與首章 所以相發者 爲一篇之關鍵 尤宜致詳 以明復合一理之妙 而反似忽略 其疑十一也"

114 이에 대한 설은 李萬敷의 『息山集』 권16의 「大學論」과 「擬定大學傳三章」에 잘 나타나 있다.

이만부는 주자학만을 절대적으로 존신하는 경직된 사고를 한 학자는 아니다. 그런데 그는 이익의 『중용』 해석에 대해 부정적인 평을 하였다. 그것은 이익의 해석이 주자의 해석을 부분적으로 수정하여 보완하려는 차원이 아니라, 전면적으로 다르게 파악하는 논리를 갖고 있기 때문이다. 그래서 그는 평상을 싫어하고 기이함을 좋아한 것이라 혹평한 것이다.

이만부는 이처럼 이익의 『중용』 해석을 비판하였지만, 문인 신후담은 "이성호가 '제2장 이하 10장은 모두 공자가 중용을 논한 설로, 상하 제장과 문세가 같지 않다. 대개 이 중용이 『중용』의 본서가 되고, 상하 여러 장은 추후 덧붙인 것이다. 상하 여러 장이 지어지기 전에는 중용이라는 글자가 본디 편수에 있었다. 그러므로 이로써 책명을 삼은 것이다.'라고 하였으니, 그의 설이 옳은 듯하다."[115]라고 하였으며, 또 "삼가 살펴보건대 성호가 이 조목에 대해 중용의 대의를 논한 것은 탁월하여 평범한 사람의 사려로는 미칠 수 있는 바가 아니다."[116]라고 하였다. 이처럼 신후담은 스승 이익의 설을 매우 높게 평하였다.

이런 점을 통해 볼 때, 주자의 설을 존신하는 사고를 가진 사람들은 이익의 해석을 비판적으로 보았지만, 본지탐구와 의리발명을 중시하여 새로운 해석을 시도한 일부 젊은 학자들은 이익의 설에 큰 영향을 받아 보다 적극적으로 의리를 발명하려는 의욕을 고취시켰다.

---

115 愼後聃, 『河濱集』 권7, 『中庸後說』 「中庸名篇之義」. "李星湖曰 自第二章以下十章 皆孔子論中庸之說 與上下文勢不同 盖此中庸者 爲中庸本書 而上下諸章 則追後所加 上下諸章之未作也 中庸字 固在篇首 故以此名篇 其說恐是"

116 愼後聃, 『河濱集』 권7, 『中庸後說』 「第二章」. "愚按 星湖此條論中庸大意 卓然非常慮所及"

3. 학용 해석에 대한 이익의 변론

여기서는 이익의 나이 66세 때, 문인 안정복(安鼎福)이 이익을 찾아가 문답한 것을 기록해 놓은 「함장록(函丈錄)」을 중심으로, 이익이 만년에 자신의 『대학』·『중용』 해석에 대해 어떻게 스스로 변론하고 있는지를 살펴보기로 한다.

안정복은 1746년 10월 17일 이익을 찾아가 하룻밤을 묵으면서 학문을 토론하고 돌아갔다. 그의 나이 35세 때의 일이다. 안정복은 당시 학술이 지리멸렬하다고 판단하고, 그 이유로 학자들이 훈고와 소주에 얽매여 있으며 『대학』·『중용』·『심경』·『근사록』만을 익히고 있는데 그것도 출사를 하기 위한 수단으로 공부한다는 점을 지적하면서 학문의 요점을 질문하였다.[117]

그러자 이익은 훈고(訓詁)에 얽매이는 것이 그릇된 일이지만, 근원으로 거슬러 올라가려면 선유들의 설을 보지 않고서는 그 시비를 가릴 수 없다고 하면서, 선유의 설을 먼저 참고하되 학문은 훈고에 있는 것이 아니라 자득(自得)이 중요하다고 역설하였다.[118] 그리고 세도를 주장하여 의리를 내세워 세상을 통제하는 수단으로 삼는 학풍에 대해 우려를 표명하였다.[119] 안정복은 이익에게 평소 궁금한 점을 질의하였고, 이익은 안정복의 질문에 답하는 한편, 자신이 자득한 설을 안정복에게 역설하였다.

117 安鼎福, 『順菴集』 권16, 雜著, 「函丈錄」. "余因鞠躬請敎曰 今世學術蔑裂 黨議橫流 一邊雖謂淵源有自 而其學惟繳繞於訓詁小註之間 其所誦習 不過庸學心近而已 而多爲利祿所誘 一邊窮弊不暇 無意於此事 學之所以不講 道之所以不明 實由於此 願聞爲學之要"

118 上同. "其要 都在于自己身上 不關他人 雖以繳繞訓詁爲非 若欲泝流求源 無諸儒見成說話 何以求得其是非乎 然學實不在于此耳 …… 然學貴自得 必也眞知此事之貴 而自得于心 然後無勉强矯僞之習 而日趨眞正之域"

119 上同. "一邊之主張世道 自成義理 以爲鉗勒之手段 誠可畏也"

우선 『대학』에 대해 토론한 내용을 간추려 언급하기로 한다. 안정복은 격물치지장(格物致知章)의 착간(錯簡) 또는 궐실(闕失) 여부에 대해 질문하였는데, 이익은 확신하는 주장을 펴지 않고 유보하였다. 그러면서 이 점이 후대 『대학장구』를 개정한 근본적인 문제임을 감안하여 다음과 같이 자신의 의견을 개진하였다.

> 다만 『대학장구』에서 본말(本末)을 별도로 한 장의 의리로 삼은 것은 알 수 없는 점이 있네. 회재(晦齋: 李彦迪)가 개정한 의논도 매우 온당한지 모르겠네. 근래 한 사인(士人)-진사 신후담(愼後聃)을 가리킴-이 또 그와 유사한 설을 주장하였지만 그 설이 과연 타당한지 모르겠네. 대체로 격물치지장의 유무는 짐짓 논변하지 않겠네. 다만 지금 전해지는 문장을 읽더라도 저절로 남음이 있으니, 어찌 굳이 별도로 설을 펴겠는가.[120]

이익은 주자의 『대학장구』에 팔조목에 없는 '본말'을 전 제4장으로 삼은 것에 대해 회의하면서도, 격물치지장에 대해서는 입장을 표명하지 않았다. 그것은 기왕의 의논에 신빙성이 부족하고 뚜렷한 증거가 없기 때문일 것이다. 대신 이익은 전문에 본말장을 별도로 둔 주자의 설에 대해 부정적인 의견을 드러내면서, 본말장을 전 제3장에 포함하여 논하고 있다.

이런 언설을 통해 볼 때, 이익은 팔조목 가운데 격물치지를 해석한 전문은 본래 없었다는 생각을 갖고 있었던 듯하며, 본말장을 삼강령전의

---

120 上同. "第本末別爲一章之義 有未可知也 晦齋論亦不知十分穩當 而近有一士人-指愼進士後聃-又爲之說 而未知其果得當否也 盖格致章之有無 姑不卞 而但因今文讀之 亦自有餘 何必別爲之說乎"

결어로 본 자신의 견해를 간접적으로 역설한 것임을 알 수 있다.

이익은 이때 안정복에게 자신의 독창적인 설인 혈구(絜矩)에 대해 두 차례나 완곡하게 설명하였다. 그 내용은 '혈구지도(絜矩之道)'를 '혈(絜)하여 구(矩)하는 도'라고 해석해야 맞지, 언해본처럼 '구(矩)로써 혈(絜)하는 도'라고 하면 문법에 맞지 않는다는 것이다. 언해본처럼 해석하려면, '칼로 물건을 자르는 것'을 '할도(割刀)'라 하지 않고 '도할(刀割)'이라 하고, 지팡이로 사물을 치는 것을 '격장(擊杖)'이라 하지 않고 '장격(杖擊)'이라고 하는 것처럼, '구(矩)로써 혈(絜)하는 도'라는 뜻이라면 '구혈(矩絜)'이라고 해야 하는데, 지금은 '혈구(絜矩)'라고 하였으니 그런 뜻이 아니라는 논증이다.[121]

이익은 다시 안정복에게 주자 주석의 오류를 지적해 다음과 같이 말하였다.

> 『대학장구』 경일장 주자의 주에 '지어시이불천(止於是而不遷)'은 지선(至善)을 가리키네. '불천(不遷)'은 '지(止)' 자의 의미일세. 그렇다면 '지(止)' 자는 '불천(不遷)'의 의미를 또 내포하고 있으니, 어의가 중첩되네. 『주자대전』을 따라[122] '지(至)'로 보아야 하니, 지금 판본(대전본)에 '지(止)'로 된 것은 '지(至)' 자의 오자일세.[123]

121 上同. "先生復論昨日絜矩之義曰 矩 乂 絜 丷⺄尸 意 終不成說 今以刀割物 當曰刀割 不當曰割刀 以杖擊物 當曰杖擊 不當曰擊杖 今若釋以矩 乂 絜 丷⺄尸 則當曰矩絜 不當曰絜矩 是以 知其爲絜 丷ㄱ 矩 丷⺄尸 也"

122 『주자대전』에 따라 : 『晦庵集』 권15에 실린 「經筵講義-大學」에 '至於至善'이라는 문구가 보인다.

123 安鼎福, 『順菴集』 권16, 雜著, 「函丈錄」. "先生又曰 大學首章章句 止於是而不遷 是指至善也 不遷 卽止字意 然則止字 又帶不遷意 語意重疊 當從大全 作至 今本作止 至字之誤也"

이 해석은 앞에서 살펴보았듯이, 황덕길이 그대로 수용한 설이다. 이익의 이 해석은 논리적으로 타당성이 있으며, 또한 논거도 분명하다. 주자의 주석에 대해 오류를 지적하는 것은 불경스러운 일인데, 이를 지적해 밝혔다는 것은 주자의 설이라 하더라도 맹목적으로 존숭하지 않은 그의 해석태도를 여실히 보여준다.

다음 주자주에 대한 심층해석을 살펴보기로 한다. 이익은 『대학장구』 경일장 제1절 주자의 주에 "이는 대체로 반드시 그에게 천리의 지극함을 극진히 함이 있어서 털끝만큼의 인욕의 사사로움도 없기 때문이다."[124] 라고 한 것을, "지선의 경지에 이르러 마음이 다른 데로 옮겨가지 않는 사람은 반드시 그의 마음에 능히 천리를 극진히 하여 인욕의 사심이 없게 된다."라고 해석하면서, 전 제6장(성의장) 소주 주자의 설에 "학문에 있어서 비록 사람들로 하여금 자기(自欺)를 경계하게 하지만, 그 근본을 미루어보면 반드시 그에게 격물치지의 경지에 힘을 기울임이 있은 뒤에야 이치가 밝아지고 마음이 전일해져서 발하는 바가 자연히 진실이 아닌 것이 없게 될 것이다."[125]라는 구절을 인용하여 증명하였다.

또 경일장 제1절 주자주의 '진부천리(盡夫天理)'는 '지선에 이른 것'을, '무일호인욕(無一毫人欲)'은 '불천(不遷)'을 가리킨다고 하여, 주자 주석의 의미를 심층적으로 해석하였다.[126]

이익은 안정복에게 자신이 새롭게 그린 대학도를 보여주면서 권근의

---

124 朱熹, 『大學章句』 경일장 제1절 주. "蓋必其有以盡夫天理之極 而無一毫人欲之私也"

125 朱熹, 『大學章句』 전 제6장 소주, 주자의 설. "學雖使人戒夫自欺 而推其本 則必其有以用力於格物致知之地 然後理明心一 而所發自然莫非眞實"

126 安鼎福, 『順菴集』 권16, 雜著, 「函丈錄」. "又其下 蓋必有盡夫天理云云 君知之乎 此言至於至善而不遷之人 則必其心能盡天理而無人欲之私也 遂引誠意章下小註朱子說必有云云 以證之 且曰 盡天理 指至於是也 無人欲 指不遷也 蓋人雖有善 而有欲則遷 不能持久也"

대학도에 대해 발명한 것이 없다고 혹평하였다. 또 이황의 「성학십도」 가운데 경재잠도·숙흥야매잠도·소학도는 모두 미안하다고 하였다. 다만 심학도에 대해서는 매우 좋다고 평하였다.[127] 이는 선유의 설에 대해서도 의리에 맞지 않는 것은 구차하게 따르지 않는다는 자신의 해석태도를 잘 보여주는 대목이다. 권근의 대학도를 거론하였지만, 그 속에는 이황의 대학도에 대해서도 동의하지 않는다는 뜻이 내포되어 있다.

다음은 이익이 『중용』에 대해 자신이 자득한 것을 안정복에게 말해준 점에 대해 살펴보기로 한다. 이익은 자신이 발명한 '공자중용'을 거론하면서 다음과 같이 말하였다.

> 『중용장구』 제1장은 『중용』의 편제라네. 그리고 '중니왈공자중용(仲尼曰君子中庸)' 이하부터 색은장(索隱章: 제11장)까지는 공자의 말씀인데 장마다 중용에 관한 뜻이 있네. 이는 공자중용이 되어야 하네. 비은장(제12장) 이하는 극고명(極高明)·도중용(道中庸)에 이르는 것을 펼쳐 말한 것인데 또한 중용을 말하였으니, 이는 회제(回題)가 되네. 또 '중니상률천시(仲尼上律天時)'(제30장) 이하는 공자의 행적이고, 그 위는 모두 공자의 말씀이네.[128]

앞에서 살펴보았듯이, 이익은 『중용장구』 제1장은 기어(起語)로, 제33장은 결어(結語)로 보고, 제2장부터 제11장까지를 '공자중용'의 경(經)으로, 제12장부터 제32장까지는 자사(子思)의 전(傳)으로 보는 독특한 설

---

127 上同. "又曰 權陽村 是讀書之人 而作大學圖 無所發明 因曰 我亦有圖 君試觀之 遂出大學疾書 示其圖 又曰 聖學十圖 若敬齋夙夜小學圖 皆未安 獨心學圖 頗好"

128 上同. "首章卽中庸篇題 自仲尼曰君子中庸 止索隱章 皆孔子言 而章章有中庸意 是當作孔子中庸 費隱以下 是布叙至極高明而道中庸 又言中庸字 是爲回題 仲尼上律天時以下 是孔子之行 其上皆孔子之言也"

을 주장하였다. 이익은 이를 자신의 새로운 발명으로 자부하고 있었기에 안정복에게 특별히 언급한 것으로 보인다.

이익은 안정복에게 『대학』·『중용』에 관해 자신이 자득한 것을 위와 같이 간추려 언급하면서, 당대 학자로서의 자세를 다음과 같이 말하였다.

> 세상 사람들은 모두 정주 이후로 경서의 문의가 크게 밝혀져서 더 밝힐 의미가 없으니 그 설만을 준수해야 한다고 생각하네. 이 말이 대개는 맞지만 오히려 미안한 점이 있네. 성현이 후인에게 요구한 것은 경서의 의리를 강명하길 원하는 것이네. 그 의도가 어찌 더 밝힐 의미가 없다고 여겨 후인들로 하여금 의리를 말하지 못하게 하는 것이겠는가. 이는 정주의 본래 의도가 아닐세.[129]

정자·주자가 의리를 밝혀 놓았으니 그것을 준수해야 한다는 생각은 묵수적 사고(墨守的思考)이다. 이와는 달리 성현이 의리를 밝혀놓았지만 그것을 계승해 의리를 더 밝히는 것이 후학의 사명이라는 인식은 진취적 사고(進取的思考)이다.

묵수적 사고는 학술이 더 이상 발전하지 못하고 정체하여 결국 침체될 수밖에 없다. 이익은 "서인의 학문은 오로지 '근수규구(謹守規矩)' 4자를 세상을 경영하는 데 병폐가 없는 단안(斷案)이라 생각한다. 그러므로 지식이 끝내 매우 노망하니 한탄할 만한 일이 된다."[130]라고 하여, 묵수적 사고를 심각하게 우려했다.

129 上同. "世人皆謂程朱以後 經書文義大明 無復餘蘊 只當遵之而已 此說大槩然矣 猶有未安 聖賢之所求於後人者 欲以講明此義理 其意豈謂之無復餘蘊而不使後人言之耶 此非程朱之本意也"

130 上同. "西人學問 專以謹守規矩四字 爲涉世無病敗之斷案 故知識終甚鹵莽 爲可恨也"

이익은 사(士)의 본연의 임무를 치지(致知)와 실행(實行)으로 보았다.[131] 즉 치지를 통해 실행하는 지식인상을 이상적인 형태로 본 것이다. 그가 말하는 치지는 정주의 설을 준수하는 것이 아니라 의리를 발명하는 것이고, 실행은 그 앎을 실천하고 실용하는 것이다.

그러나 그는 실행의 의미가 선현의 설만을 따르는 실천이 되는 것을 경계하여 "그러나 순수하고 근신하는 사람들은 실천을 힘쓰며 선현의 전철을 따를 뿐이다. 그러므로 자신의 견해가 끝내 선명하지 않다. 그러니 사(士)는 지식을 주로 삼아야 한다."[132]라고 하였다.

이 점도 이익의 학문정신을 잘 보여준다. 실천을 중시하지만, 앎에 대한 분명한 인식을 전제로 해야 한다는 것이다. 즉 실득을 통한 실천을 말한다.

이익은 안정복과의 문답을 통해 자신이 자득한 의리를 거론하였을 뿐만 아니라, 자신이 생각하는 현실의 문제점과 그것을 극복할 수 있는 방안까지도 심도 있게 논의하였다. 또한 그는 안정복에게 학자들이 공부해야 할 분야가 예학에 있음을 천명하면서 삼례(三禮)를 읽어 그 본원을 강구하길 권하였다.

Ⅴ. 맺음말 – 학용(學庸) 해석의 의미를 겸하여

이제까지 살펴본 바에 의하면, 이익의 『대학』과 『중용』 해석은 당시 절대적 권위를 누리고 있던 주자의 『대학장구』·『중용장구』 해석과 상

---

131 上同. "士當致知爲學 歸重于實行"

132 上同. "然而淳謹之人 止務踐履 循塗守轍而已 故見處終不灑然 士當以知識爲主"

당히 다른 양상이 나타난다. 해석의 특징을 간추려 보면 다음과 같다. 『대학』 해석의 특징은 주자의 『대학장구』를 저본으로 하되, 주자의 설을 심층적으로 해석하거나 『대학장구』의 오류를 바로잡거나 대전본 소주 또는 제유들의 설을 분변하면서 본지를 자득하는 데 주안점을 두고 있다. 『중용』 해석의 특징은 주자의 『중용장구』를 저본으로 하여 33장 체제를 그대로 따르되, 분절 및 논리구조 파악은 주자의 설을 전혀 따르지 않고 독자적 의리발명에 의거하고 있다.

이런 점에서 그의 학용 해석은 주자의 주석만을 절대적으로 존신하던 당시 주자학자들의 해석과는 현격하게 구별되는 성향을 갖는다. 그는 주자의 주석을 절대존신하지 않고 어디까지나 상대적으로 수용하였다.

이런 이익의 『대학』·『중용』 해석은 한국경학사에서 어떤 의미를 갖는 것일까? 우선 이익의 경서해석 태도에 대해 그 의미부여를 해 보기로 한다. 그의 해석은 주자의 설을 따르지 않고 독자적으로 새롭게 해석한 것도 있고, 주자가 해석하지 않은 것을 해석한 것도 있고, 주자의 설을 더 심층적으로 해석한 것도 있다. 그런데 그 기본적인 관점은 기왕의 권위 있는 주석을 절대 존신하는 시각이 아니라, 경문의 본지를 탐구하여 의리를 발명하는 데 있다.

이익은 이런 관점을 전제로 하였지만, 주자의 설을 비판하거나 폄하하지 않았다. 이는 선현이 밝힌 것을 바탕으로 취사선택하면서 더욱 의리를 발명해 나가는 것을 중시하는 경학관을 바탕으로 하고 있기 때문이다. 즉 전대의 설을 비판적으로 극복하는 데 주안점을 둔 시각이 아니라, 선현의 설을 취사선택하면서 보다 합리적이고 객관적인 의리를 밝히는 데 치중한 것이다.

이것이 이익이 주자의 불구기(不苟棄)·불구유(不苟留)·불구신(不苟新)

의 해석태도를 자신의 경서해석의 논거로 삼은 이유이다. 그가 견지한 해석태도의 불구기는 선현의 설 가운데 타당한 설은 수용하는 태도이며, 불구유는 전대의 설 가운데 합당하지 않은 것을 따르지 않는 태도이며, 불구신은 억지로 구차하게 새로운 설을 제기하지 않는 태도이다.

이러한 태도는 기본적으로 정주의 설을 진파(眞派)로 인식하여 그 실체를 인정하면서, 거기에 안주하지 않고 적전(嫡傳)인 사서와 정종(正宗)인 육경의 본지를 밝히는 데 목적을 두었기 때문이다. 이런 해석 태도에는 주자의 설일지라도 구차하게 따르지 않겠다는 의도, 보잘것없는 설이라도 취하겠다는 의도, 억지로 새로운 설을 주장하지 않겠다는 의도가 들어 있다.

이익의 해석태도는 조선경학사에서 시사하는 바가 매우 크다. 이익에게는 주자의 주석도 취사의 대상이 될 수 있다는 점에서, 주자의 주는 참조해야 할 주요한 주석으로 그 의미가 한정된다. 그러니까 주자의 주석은 절대적으로 존신할 논거가 아니라, 상대적으로 수용할 가장 좋은 설이라는 점이다. 이는 분명 동시대 주자의 설만을 절대적으로 믿고 따라야 한다는 대다수 학자들의 해석태도와는 다른 시각이다.

또한 양명학자들이 주자의 설을 의도적으로 비판하면서 독자적으로 새로운 해석을 한 것이나, 청초의 모기령(毛奇齡) 같은 학자들이 주자의 설을 무조건 비판하면서 새로운 해석을 시도한 것과도 분명히 구별되는 시각이다. 요컨대 하나의 논거나 이념에 근거하기보다는 객관적 합리성을 바탕으로 의리를 발명하고자 했다는 점에서 그 의미가 크다.

다음으로 이익의『대학』·『중용』에 대한 해석의 양상과 특징이 갖는 학술사적 의미를 살펴보기로 한다. 앞에서 살펴보았듯이, 이익이『대학』·『중용』을 재해석한 것은, 주해문자의 늪에서 허덕이는 모순을 극복하고 경전의 본지를 탐구해 의리를 발명하고자 했기 때문이다. 그의 『대학』 해석의 특징은 본지를 독자적으로 탐구하는 것, 주자주의 오류를 바로잡고 주자의 단편적인 설에 천착해 해석하는 폐단을 바로잡는 것, 대전본 소주에 실린 제유의 설을 분변하는 것으로 요약된다. 이는 주자의 주석을 수용하면서 문제가 되는 점을 수정하고 나아가 새로운 의리를 발명하고자 하는 관점이다.

그런데 그의 『중용』 해석의 특징은 주자의 『중용장구』와는 근본적으로 다른 관점에서 출발하여 의리발명에 초점을 맞추고 있다. 이는 『중용』의 본지가 밝혀지지 않아 그 의리를 아는 사람이 없다는 시각을 전제로 하기 때문이다.

이런 이익의 학용 해석은 동시대 학자들의 일반적인 해석과 어떤 차별성을 갖고 있는 것일까? 이를 선명히 드러내기 위해, 이익의 해석과 대척점에 있는 노론계 율곡학파 한원진의 『대학』·『중용』 해석과 비교해 살펴보기로 한다. 한원진은 주자의 설을 절대적으로 존신했던 학자로, 이익과 동시대를 살았지만 경서해석의 관점이 정반대의 입장에 있었던 인물이다.

한원진은, 공자가 강령(綱領)을 말씀하고, 주자는 조리(條理)를 분석하고, 이이(李珥)는 이를 다시 합해 하나로 하였는데 이이 이후로 분석하는 폐단이 그치지 않고 있다고 인식해 자신이 다시 정통의 설을 만들고자 하였다.[133] 그는 후학들의 분석하는 폐단이 주자설의 초년설과 만년설이 다르기 때문이라 판단해, 이를 분변하여 정론을 확정하는 것을 자신

133 韓元震, 『南塘集』 권35, 「雜誌 內篇上」. “孔子說其綱領 朱子析其條理 栗谷復合而一之 而道之體用本末幽明巨細 旣粲然明辨 而又渾然一致矣 …… 然栗谷之後 分析之弊 猶至今未已 此則前人之所以遺其憂而有竢於百世者歟”

의 사명으로 인식하였다.

그리하여 천하 사람들이 다 동의하여 정론이라고 하는 것을 『논어집주』·『맹자집주』·『대학장구』·『중용장구』 및 『대학혹문』·『중용혹문』으로 보았다. 그는 이를 주자가 만년에 정한 정설로 보아, 이에 준거해 제설의 동이득실을 논변하려 하였다.[134]

그는 후학들이 주자의 초년설과 만년설을 분변하지 못해 자기 취향대로 취사선택함으로써 경전의 본지를 잃게 되었다고 판단하고[135], 자신의 해석방향을 의리강명을 통한 주자설의 변정(辨正), 본지천발(本旨闡發)을 통한 주자설의 소석회통(疏釋會通)과 보완으로 잡았다.[136] 『중용』 해석도 이와 같은 관점에서 대전본에 실린 「독중용법」을 초년설로 보아 폐기하고 장하주에서 언급한 것을 근거로 주자의 「중용장구서」에서 '지분절해 혈맥관통'이라고 한 말에 의거하여 4대절설이 주자의 만년 정설임을 강조하고, 그에 따라 논리구조를 파악하는 해석을 하였다.[137]

이를 통해 볼 때, 이익과 한원진의 관점 차이가 극명하게 드러난다. 한원진은 후학들의 분석하는 폐단이 주자설의 동이(同異)에 있다고 판단해 이를 변정(辨正)하는 데 역점을 두었다. 그래서 그의 해석방향은 주자의 초년설과 만년설을 변정해 정설을 확정하고, 후대 제유의 설 가운데 주자의 정설에 배치되는 설을 변별하여 정통의 설을 정립하는 데 있었

134 韓元震, 「南塘集」 권19, 「答宋士能 庚申七月」. "惟天下人同然一辭而謂之定論者 論孟輯註庸學章句或問 是也 旣知其定論之所在 則凡有異同之說 皆可折之於此 合者存之 不合者黜之 至於大全語類所載 亦當一準之於此 別其同異而定其取舍"

135 韓元震, 『남당집』 권31, 「朱書同異攷序」. "朱子 學而知者也 故其言不能無初晩之異同 而學者 各以其意之所向 爲之取舍 往往有以初爲晩 以晩爲初 而失其本指者 多矣"

136 崔錫起(2006b), 428~437면 참조.

137 崔錫起(2007b), 222~242면 참조.

다. 즉 한원진은 주자설의 정론을 확정하여 하나의 이념체계, 하나의 해석체계를 정립하고자 한 것이다.

반면 이익은 주해문자가 너무 많아 학자들이 경전의 본지에 깜깜하게 되었다는 인식하에 주석에 얽매이지 않고 본지를 탐구하는 데 목표를 두었다. 그래서 그는 주자의 설에 전적으로 의지하지 않고 자득의 논리를 내세워 본지탐구에 초점을 맞추었다. 즉 주자설에만 전적으로 의지하여 본지를 잃어버렸기 때문에 경문의 의리를 다시 발명해 본지를 천명하고자 한 것이다.

이런 해석의 관점 차이에 의해, 이익은 주자의 설을 절대적으로 인식하지 않고 여러 주석 가운데 가장 의거할 만한 것으로 보아 선택적으로 수용한 반면, 한원진은 주자의 설 내에서 옥석을 가리는 작업에 매진하여 해석의 논거로 삼을 정통의 설을 확립하는 데 힘을 기울였다. 이런 점에서 한원진의 해석은 정통의 주자설을 확립해 절대적으로 존신할 논거를 마련하는 데 있었다면, 이익의 해석은 주자의 설을 상대적으로 인식하여 선택적으로 수용하면서 경전의 본지탐구를 통해 성현의 도를 찾는 데 있었다.

이익이 주자설을 절대적으로 인식하지 않고 독자적으로 경문의 의리를 발명한 것 가운데 『중용』 해석이 단연 돋보인다. 그런 해석은 주자의 설을 존신한 한원진과 같은 학자들에게서는 절대로 나올 수 없는 설이다. 이처럼 이익의 해석은 주자의 설에 준거를 두지 않고 경문의 본지탐구에 주안점을 두었다는 점에서, 주자의 주석에 안주하지 않고 그 범주에서 벗어났다고 하겠다. 이런 점에서는 주자학에만 안주하지 않고 일정 부분 벗어난 점이 있다. 그러나 그는 주자를 노골적으로 비판하지 않았고, 또 상당 부분 주자의 설을 수용하고 있기 때문에 탈주자학 또는 반주자학이라고 하는 것은 재고할 필요가 있다.

이황 이후 존신주자주의로 경도된 조선의 학풍은 이익이 살던 시대에 이르러 더 경색된 이념을 창출하였다. 이익은 그런 시대에 태어나 집권 세력이 교조적 이념으로 내세우는 존신주자주의를 "서인의 학문은 오로지 '근수규구(謹守規矩)' 네 자를 세상을 경영하는 데 병폐가 없는 단안으로 생각한다."라고 하면서, 이는 주자의 본래 의도가 아니라고 비판하였다.[138] 즉 그는 교조적 존신주자주의에 의해 학자들이 주해문자의 늪에서 평생을 허우적대며 아무것도 자득하지 못함으로써 자기 시대에 성현의 도가 무너졌다고 진단한 것이다.

그리하여 이익은 회의정신으로 경서의 본지를 다시 탐구하여 성현의 도를 자득해야 한다는 실득지학을 강조하였다. 그는 실득지학을 강조하면서 경학연구의 궁극적 목표를 수기(修己)와 안인(安人)에 두었다.[139] 곧 성현의 도를 수기와 안인으로 본 것이다. 그가 말하는 수기는 자신의 도덕적 주체를 확립하는 것으로, 자득을 통해 실천을 하여 자신의 인격을 완성하는 것이다. 그리고 안인은 성현의 본지를 자득해 현실사회에 적용하는 것이다. 이것이 "경전을 궁구하는 것은 장차 실용에 이바지하기 위해서이다."[140]라고 말한 이유이다. 요컨대 경서를 연구하여 수기와 안인에 관한 성현의 도를 자득해 현실세계에서 실용하는 것이 학자의 일이라는 것이다.

---

138 安鼎福, 『順菴集』 권16, 雜著, 「函丈錄」. "西人學問 專以謹守規矩四字 爲涉世無病敗之斷案 故知識終甚鹵莽 爲可恨也 …… 世人皆謂程朱以後 經書文義大明 無復餘蘊 只當遵之而已 此說大槩然矣 猶有未安 聖賢之所求於後人者 欲以講明此義理 其意豈謂之無復餘蘊而不使後人言之耶 此非程朱之本意也"

139 李瀷, 『星湖僿說』 권27, 「窮經」. "窮經者 必能推究本旨 到底旁證 爲修己安人之基"

140 李瀷, 『星湖僿說』 권20, 「誦詩」. "窮經 將以致用也"

수기를 위해 이익은 조선성리학의 강점인 심성수양을 수용하였는데, 안정복과의 대화에서 드러나듯이 진리탐구가 없는 도덕적 실천만을 주장하지 않고, 치지(致知)를 통한 역행(力行)을 강조하였다. 시비를 분명히 변별해 알고 나서야 올바른 실천이 가능하다는 이론이다. 이런 점에서 사화기 이후 도학자들이 도덕적 실천만을 강조한 것과는 그 성향을 달리 한다.

안인은 자득을 통한 현실적용으로 민생을 살리는 방안을 마련하는 것이니, 그 속에는 안민(安民)·부민(富民)의 개념이 모두 포함될 수 있다. 곧 세상에 쓸모 있는 학문을 해서 민생을 넉넉하게 하는 것이 학자 본연의 임무라는 것이다. 이에 의해 그는 현실사회의 폐단을 궁구하여 구제책을 제시한 것이다.[141] 이런 점에서 그의 경전해석은 경세치용의 실학정신을 담보하고 있다.

이익의 경세치용학이 안인에 대한 심화라면, 그의 경학은 수기와 안인을 위한 보다 근원적 탐구에 해당한다. 이병휴가 「가장」에서 이익의 경학에 대해 "주자의 집주를 말미암아 육경의 본지로 거슬러 올라갔는데, 선유들이 발명하지 못한 것이 간간이 많았으니, 모두 깊이 생각하여 자득한 데서 나온 것이다."라고 하고, 경세제민에 대해 "평소 막연히 아무 생각이 없으면 정사를 맡게 되었을 때 어떻게 조처할 수 있겠는가?"라고 한 말[142]을 보면, 이익이 심사자득(深思自得)한 경전의 본지는 현실에 실천하고 실용하기 위한 것임을 알 수 있다.

---

141 이 점에 대해 「가장」을 지은 이병휴는 "大要在於端本澄源 節用裕民"이라 하였고, 「행장」을 지은 尹東奎는 "默究弊源 咸思救策"이라 하였다.

142 李瀷, 『星湖先生文集』 附錄 권1, 李秉休 撰, 「家狀」. "由集註 以溯六經之旨 而間多先儒之所未發皆出於深思自得也 …… 若平日邈然不思 則授之以政 將何以處之"

이익은 "성왕의 유의(遺意)를 따르되, 줄일 것은 줄이고 더할 것은 더해서 시의(時宜)에 맞게 퇴폐한 것을 바꾸고 도탄에 빠진 것을 구제하는 것이, 어찌 군자가 하고자 하는 것이 아니겠는가?"[143]라고 하였다.

여기서 말하는 '시의(時宜)'가 이익의 학문정신이다. 그래서 윤동규는 「행장」을 지으면서, 이익이 "예는 시의이다. 시의로써 대체를 삼는다. [禮者 時也 以時爲大]"라고 한 말을 인용하여, 학문의 정신이 시의에 있었음을 드러냈다. 그렇다면 이익이 경서해석을 하면서 탐구하고자 한 경서의 본지는 '시의지도(時宜之道)'라 할 수 있다. 곧 자기 시대의 경직된 이념을 뚫고 나가 시의의 도를 찾고자 한 것이다.

이처럼 이익의 경서해석은 수기와 안인의 두 축을 궁극적 목표로 삼고 시의지도를 탐구하는 데 있었다. 전자는 도덕주의를 지향하고, 후자는 현실주의를 지향했다. 그런데 도덕주의는 치지를 통한 역행이라는 점에서 사화기에 도덕적 실천만을 중시한 것과 변별성을 갖는다. 또 현실주의는 시의에 맞는 제도를 마련하는 데 있었는데, 이는 도덕만으로는 현실을 경영할 수 없기 때문에 법제를 완비해 나가는 것을 겸해야 한다는 정신이다.

이런 관점에서 보면, 이익의 학문정신은 형식논리의 도덕주의에 매몰되어 있던 당시의 학풍을 배척하고, 덕성의 회복을 통해 도덕적 인간사회를 구현하며, 아울러 도학 위주의 학문체계에 의해 묻혀버렸던 유학의 현실주의정신을 다시 환기시킨 것이다.

이익보다 반세기 뒤의 연암 박지원(朴趾源, 1737-1805)은 "이용(利用)

143 李瀷, 『星湖僿說』 권5, 人事門, 「遵先王」. "若率循聖王之遺意 損之益之 與時宜之換凋易廢 拯塗救炭 豈非君子之所欲耶"

한 뒤에 후생(厚生)할 수 있고, 후생한 뒤에 정덕(正德)할 수 있다."[144]라고 하여, 정덕에만 치우쳐 있던 이념을 뚫고 나갈 새로운 발상을 하였다. 정덕·이용·후생의 삼사(三事)는 사(士)가 추구해야 할 세 가지 목표로, 어느 하나도 빠뜨릴 수 없는 것이다. 다만 정책을 결정할 적에는 선후와 경중을 달리할 수 있다. 물질보다 도덕을 중시한 성리학적 사유 속에서는 당연히 정덕이 중시되었고, 주자학적 이념이 강화된 조선후기에는 정덕에 치중함으로써 이용·후생은 경시되었다.

이용과 후생은 오늘날의 언어로 말하면 과학기술의 발전과 복지사회의 구현이라 할 수 있다. 조선후기 인륜의 도리만을 강조하는 시대 분위기 속에서 박지원이 이용을 우선시하는 정책을 제안한 것은 분명 시대적 의의가 있다. 그런데 박지원의 사유는 후생보다는 이용에 치중한 것이다. 즉 정덕에 치중된 것을 극복하기 위해 이용을 강조한 것이니, 삼사 가운데 이용에 역점을 두는 관점이다.

그렇다면 이익의 사유는 어떤 것일까? 위에서 살펴보았듯이, 이익의 경학연구는 수기와 안인의 두 목표를 갖고 있다. 수기는 정덕과 관련이 있고, 안인은 이용·후생을 모두 포함한다. 그런데 이익이 영업전(永業田)을 두자고 제안한 것은 이용보다는 후생에 더 비중을 두는 사고이며, 검소·절약을 강조한 것은 기술발달을 통한 경제성장에 최우선의 목표를 두는 사고는 아니다. 그렇지만 그는 서양의 과학기술을 적극 수용하려는 태도를 보이고 있으니, 그런 점에서는 이용에도 관심이 있었다고 하겠다.

그렇다면 이익의 학문정신은 수기에 해당하는 정덕과 안인에 해당하는 이용·후생의 두 축을 다 가지고 있다. 그런데 박지원처럼 정덕을 맨

144 朴趾源, 『熱河日記』「渡江錄」. "利用然後 可以厚生 厚生然後 正其德矣"

뒤로 돌리지 않고 그대로 둔 점은 그 시대에도 도덕적 실천이 여전히 중요하다고 인식했기 때문이다. 또 정덕과 아울러 이용·후생을 중시한 점은 도덕주의와 현실주의를 균형 있게 추구하고자 한 것이다. 그리고 이용·후생 중에서 이용보다는 후생에 더 중점을 두는 개혁안을 다수 제시한 것은 경제발전보다는 민생안정을 더 우선시하는 사상이다. 이런 점이 박지원의 실학사상과 구별되는 이익의 학문정신이다.

이 글은 『성호 이익 연구』(실시학사연구총서01, 사람의무늬, 2012)에 실린 「성호의 대학·중용 해석과 의미」를 수정 보완한 것이다.

참고문헌

1. 원전자료

景　星, 『四書集說啓蒙』(문연각사고전서 제201책).

계명한문학회, 『퇴계학문헌전집』, 계명한문학회, 1991.

郭鍾錫, 『俛宇集』(한국문집총간 제340~343책), 한국고전번역원.

歐陽脩, 『歐陽文粹』(문연각사고전서 제1352책).

權　榘, 『屛谷集』(한국문집총간 제188책), 한국고전번역원.

權得己, 『晩悔集』(한국문집총간 제76책), 한국고전번역원.

權　橃, 『沖齋集』(한국문집총간 제19책), 한국고전번역원.

權秉天, 『幽窩遺稿』, 국립중앙도서관 소장본.

權相一, 『淸臺集』, 국립중앙도서관 소장본.

金萬英, 『南圃集』(한국역대문집총서 제468책), 경인문화사.

金萬烋, 『魯魯齋集』(한국역대문집총서 제531책), 경인문화사.

金邁淳, 『臺山集』(한국문집총간 제294책), 한국고전번역원.

金宇顒, 『東岡集』(한국문집총간 제50책), 한국고전번역원.

金　榥, 『重齋先生文集』, 중재선생문집간행회, 1988.

南夏正, 『桐巢漫錄』(『조선당쟁관계자료집』 제15책), 오성사, 1981.

盧守愼, 『蘇齋集』(한국문집총간 제35책), 한국고전번역원.

陶山書院, 『退陶先生言行通錄』(『퇴계학문헌전집』 제17책), 계명한문학연구회.

朴世堂, 『西溪集』(한국문집총간 제134책), 한국고전번역원.

朴世采, 『南溪集』(한국문집총간 제138~142책), 한국고전번역원.

朴趾源, 『燕巖集』(한국문집총간 제252책), 한국고전번역원.

方孝孺, 『遜志齋集』(문연각사고전서 제1235책).
裵相說, 『四書纂要』(한국경학자료집성 제5책), 성균관대 대동문화연구원.
史伯璿, 『四書管窺』(문연각사고전서 제201책).
徐居正, 『四佳集』(한국문집총간 제10~11책), 한국고전번역원.
成　運, 『大谷集』(한국문집총간 제28책), 한국고전번역원.
成海應, 『研經齋集』(한국문집총간 제273~279책), 한국고전번역원.
孫起陽, 『聱漢集』(한국문집총간 속편 제11책), 한국고전번역원.
宋時烈, 『宋子大全』(한국문집총간 제108~116책), 한국고전번역원.
愼後聃, 『河濱集』, 아세아문화사 영인본, 2006.
실록청, 『광해군일기』, 국사편찬위원회 영인본.
실록청, 『선조수정실록』, 국사편찬위원회 영인본.
실록청, 『선조실록』, 국사편찬위원회 영인본.
실록청, 『성종실록』, 국사편찬위원회 영인본.
실록청, 『세조실록』, 국사편찬위원회 영인본.
실록청, 『세종실록』, 국사편찬위원회 영인본.
실록청, 『숙종실록』, 국사편찬위원회 영인본.
沈大允, 『大學考正』, 성균관대학교 존경각, 한국경학자료시스템.
安鼎福, 『順菴集』(한국문집총간 제229~230책), 한국고전번역원.
黎靖德, 『朱子語類』(『朱子全書』 제14책), 上海古籍出版社, 2002.
孔穎達 等, 『禮記注疏』, 十三經注疏本, 藝文印書館.
王　柏, 『魯齋集』(문연각사고전서 제1186책).
柳健休, 『東儒四書解集評』, 여강출판사, 1987.
柳成龍, 『西厓集』(한국문집총간 제52책), 한국고전번역원.
柳長源, 『四書纂註增補』(전주유씨수곡파지문헌총간), 안동수류문헌간행회.
尹　鑴, 『白湖全書』, 경북대학교 출판부, 1974.
李德弘, 『艮齋集』(한국문집총간, 제51책), 한국고전번역원.
李萬敷, 『息山集』(한국문집총간 제178~179책), 한국고전번역원.
李秉休, 『貞山雜著』(『근기실학연원제현집3』), 성균관대학교 대동문화연구원.
李象靖, 『大山全書』, 여강출판사, 1990.
李　瀷, 『弘道先生遺稿』(『근기실학연원제현집1』), 대동문화연구원.

李　植, 『澤堂集』(한국문집총간 제88책), 한국고전번역원.
李彦迪, 『晦齋先生全集』, 계명한문학회 영인본.
李彦迪, 『晦齋全書』(한국문집총간 제24책), 한국고전번역원.
李　珥, 『四書釋義』, 경상대학교 도서관 문천각 소장.
李　珥, 『栗谷全書』(한국문집총간 제44책), 한국고전번역원.
李　瀷, 『국역 성호사설』, 한국고전번역원.
李　瀷, 『星湖僿說』(『星湖全書』 제5-6책), 여강출판사, 1984.
李　瀷, 『星湖疾書』(『星湖全書』 제3-4책) 여강출판사, 1984.
李　瀷, 『星湖先生文集』(『星湖全書』 제1~2책), 여강출판사, 1984.
李　瀷, 『星湖集』(한국문집총간 제198~200책), 한국고전번역원.
李　瀷 著, 崔錫起 譯, 『星湖僿說』, 한길사, 1999.
李震相, 『寒洲集』(한국문집총간 제317책), 한국고전번역원.
李夏鎭, 『六寓堂遺稿』(『근기실학연원제현집1』), 성균관대 대동문화연구원.
李　恒, 『一齋集』(한국문집총간 제28책), 한국고전번역원.
李　滉, 『退溪集』(한국문집총간 제29~31책), 한국고전번역원.
張履祥, 『初學備忘錄』(臺灣 李紀祥의 『兩宋以來大學改本之硏究』).
張　維, 『谿谷漫筆』, 을유문화사, 1982.
莊　周, 『莊子』, 四部叢刊本.
張顯光, 『旅軒先生全集』, 仁同張氏南山派宗親會, 1983.
丁時翰, 『愚潭集』(한국문집총간 제126책), 한국고전번역원.
丁若鏞, 『與猶堂全書』(한국문집총간 제281~286책), 한국고전번역원.
鄭齊斗, 『霞谷集』(한국문집총간 제160책), 한국고전번역원.
正　祖, 『弘齋全書』(한국문집총간 제262~267책), 한국고전번역원.
趙　絅, 『龍洲遺稿』(한국문집총간 제90책), 한국고전번역원.
曺　植, 『南冥集』(한국문집총간 제31책), 한국고전번역원.
趙　翼, 『浦渚集』(한국문집총간 제85책), 한국고전번역원.
朱彝尊, 『經義考』(문연각사고전서 제679책).
朱　熹, 『大學或問』(『朱子全書』 수록), 上海古籍出版社, 2002.
朱　熹, 『朱子全書』, 上海古籍出版社, 2002.
朱　熹, 『晦庵集』(『朱子全書』 제12책), 上海古籍出版社, 2002.

蔡　淸, 『四書蒙引』(문연각사고전서 제206책).
崔象龍, 『鳳村集』, 국립중앙도서관 소장본.
崔攸之, 『艮湖集』, 국립중앙도서관 소장본.
崔有海, 『嘿守堂集』, 국립중앙도서관 소장본.
崔　恒, 『太虛亭集』(한국문집총간 제9책), 한국고전번역원.
韓元震, 『經義記聞錄-大學』, 한국경학자료집성, 성균관대 존경각.
韓元震, 『南塘集』(한국문집총간 제201책~202책), 한국고전번역원.
韓元震, 『朱子言論同異攷-大學』, 국립중앙도서관.
許　穆, 『記言』(한국문집총간 제98~99책), 한국고전번역원.
胡　廣 等 撰, 『大學章句大全』, 학민문화사 영인본.
胡　廣 等 撰, 『中庸章句大全』, 학민문화사 영인본.
胡炳文, 『四書通』(문연각사고전서 제201책).
洪奭周, 『鶴岡散筆』, 국립중앙도서관 소장본.
洪奭周, 『洪氏讀易錄』, 성균관대 존경각.
黃德吉, 『下廬集』(한국문집총간 제260책), 한국고전번역원.

2. 연구논저

姜敬遠(2001), 「星湖 李瀷의 經學思想 硏究」, 성균관대 박사학위 논문.
姜敬遠(2002), 『이익-인간소외극복의 실학자』, 성균관대 출판부.
姜志沃(2007), 「屛谷 權榘의 대학해석 연구」, 경상대 석사학위 논문.
高英津(1992), 「17세기 전반 의리명분론의 강화와 사회경제정책의 대립」, 『역사와 현실』 제8호, 역사와비평사.
高英津(1994), 「17세기 후반 근기남인학자의 사상」, 『역사와 현실』 제13호, 역사와비평사.
權文奉(1989a), 「星湖의 經學思想 硏究(1)」, 『원광대논문집』 23-1, 원광대.
______(1989b), 「星湖의 經學思想 硏究(2) - 事物認識論과 格致論을 중심으로」, 『원광대논문집』 23-2호, 원광대.
______(1992), 「星湖의 經學思想 硏究(3) - 星湖學의 硏究成果와 中庸疾書를

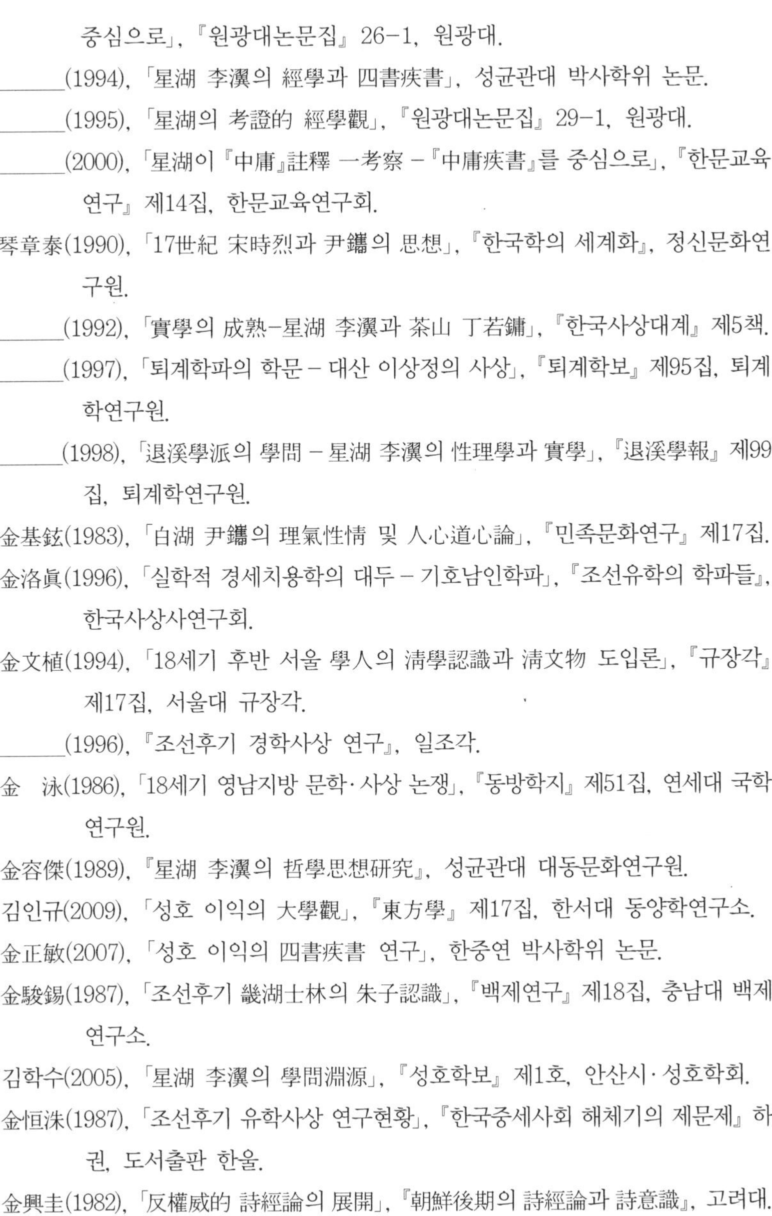

중심으로」, 『원광대논문집』 26-1, 원광대.

______(1994), 「星湖 李瀷의 經學과 四書疾書」, 성균관대 박사학위 논문.

______(1995), 「星湖의 考證的 經學觀」, 『원광대논문집』 29-1, 원광대.

______(2000), 「星湖이 『中庸』註釋 一考察 - 『中庸疾書』를 중심으로」, 『한문교육연구』 제14집, 한문교육연구회.

琴章泰(1990), 「17世紀 宋時烈과 尹鑴의 思想」, 『한국학의 세계화』, 정신문화연구원.

______(1992), 「實學의 成熟-星湖 李瀷과 茶山 丁若鏞」, 『한국사상대계』 제5책.

______(1997), 「퇴계학파의 학문 - 대산 이상정의 사상」, 『퇴계학보』 제95집, 퇴계학연구원.

______(1998), 「退溪學派의 學問 - 星湖 李瀷의 性理學과 實學」, 『退溪學報』 제99집, 퇴계학연구원.

金基鉉(1983), 「白湖 尹鑴의 理氣性情 및 人心道心論」, 『민족문화연구』 제17집.

金洛眞(1996), 「실학적 경세치용학의 대두 - 기호남인학파」, 『조선유학의 학파들』, 한국사상사연구회.

金文植(1994), 「18세기 후반 서울 學人의 淸學認識과 淸文物 도입론」, 『규장각』 제17집, 서울대 규장각.

______(1996), 『조선후기 경학사상 연구』, 일조각.

金 泳(1986), 「18세기 영남지방 문학·사상 논쟁」, 『동방학지』 제51집, 연세대 국학연구원.

金容傑(1989), 『星湖 李瀷의 哲學思想研究』, 성균관대 대동문화연구원.

김인규(2009), 「성호 이익의 大學觀」, 『東方學』 제17집, 한서대 동양학연구소.

金正敏(2007), 「성호 이익의 四書疾書 연구」, 한중연 박사학위 논문.

金駿錫(1987), 「조선후기 畿湖士林의 朱子認識」, 『백제연구』 제18집, 충남대 백제연구소.

김학수(2005), 「星湖 李瀷의 學問淵源」, 『성호학보』 제1호, 안산시·성호학회.

金恒洙(1987), 「조선후기 유학사상 연구현황」, 『한국중세사회 해체기의 제문제』 하권, 도서출판 한울.

金興圭(1982), 「反權威的 詩經論의 展開」, 『朝鮮後期의 詩經論과 詩意識』, 고려대.

도널드 베이커(1997), 『조선후기 유교와 천주교의 대립』, 일조각.

柳仁熙(1985), 「星湖僿說의 哲學思想-程朱理學과의 比較研究」, 『진단학보』 제59집.

柳正東(1978), 「禮論의 諸學派와 그 論爭」, 『韓國哲學研究』 中.

柳鐸一(1996), 「星湖系 實學思想의 理念的 投影 摸索」, 『석당논총』 제24집, 동아대.

朴茂瑛(1985), 「白湖 尹鑴의 詩經論 研究」, 『한국한문학연구』 제9·10합집, 한국한문학회.

三浦國雄(1982), 「17세기 조선에 있어서의 正統과 異端」, 『민족문화』 제8집, 민족문화추진회.

宋甲準(1983), 「성호 이익의 경학관에 관한 연구」, 고려대 석사학위 논문.

______(1988), 「星湖 李瀷의 經學思想(1) - 그의 學庸觀」, 『철학논집』 제4집, 경남대.

______(1989), 「星湖 李瀷의 經學思想(2) - 그의 語孟觀」, 『철학논집』 제5집, 경남대.

______(1991), 「星湖 李瀷의 易學思想」, 『철학논집』 제6집, 경남대.

______(1992), 「星湖 李瀷의 哲學 研究」, 고려대 박사학위 논문.

______(1996a), 「李瀷의 經學觀」, 『실학의 철학』, 예문서원.

______(1996b), 「전승과 계승의 이중주 - 성호학파」, 『조선유학의 학파들』, 한국사상사연구회.

宋兢燮(1970), 「白湖 尹鑴 理氣哲學研究序說」, 『철학연구』 제11집, 고려대.

______(1981), 「白湖 尹鑴傳」, 『實學論叢』, 전남대학교 출판부.

申炳周(2000), 『남명학파와 화담학파 연구』, 일지사.

申炳周(2001), 「선조 후반에서 광해군대의 정국과 정인홍의 역할」, 『남명학연구』 제11집, 경상대 남명학연구소.

신항수(2007), 「성호 이익 가문의 학문」, 『성호학보』 제4호, 성호학회.

安秉杰(1985), 「大學古本을 통해 본 윤휴의 經學思想研究」, 『민족문화』 제11집, 민족문화추진회.

______(1991), 「17世紀 朝鮮朝 儒學의 經傳 解釋에 관한 研究」, 성균관대 박사학위 논문.

______(1995), 「白湖 尹鑴의 經學과 社會政治觀」, 『제5회 동양학 국제학술회의 논

문집』, 성균관대 대동문화연구원.

安炳周(1984), 「孟子疾書 解題」, 『성호전서』, 국학자료원.

安炳鶴 외(1998), 『국역 星湖疾書 - 論語·大學·中庸』, 한림대 태동고전연구소.

安永翔(1996), 「星湖學派의 『大學』說」, 『실학의 철학』, 예문서원.

______(1997), 「星湖學派의 學問的 性格」, 『경남대 철학논집』 제9집.

安在淳(1981), 「李星湖의 『大學疾書』에 관한 考察」, 『동양철학연구』 제2집, 동양철학학회.

元在麟(2002a), 「朝鮮後期 星湖學派의 知行觀과 經傳認識 態度」, 『한국사상사학』, 제19집, 한국사상사학회.

______(2002b), 「조선후기 성호학파의 형성과 학풍」, 연세대 박사학위 논문.

劉明鍾(1979), 「尹白湖와 丁茶山」, 『철학연구』 제27집,

劉英姬(1985), 「尹白湖의 庸學觀 研究」, 고려대 석사학위 논문.

______(1993), 「白湖 尹鑴 思想 研究」, 고려대 박사학위 논문.

유초하(1998), 「성호질서 해제」, 『국역 성호질서』, 한림대 태동고전연구소.

尹載煥(2005), 「梅山 李夏鎭의 生涯와 文學 世界」, 『한국실학연구』 제9호, 한국실학학회.

李光虎(1986), 「星湖 李瀷의 思想 - 『孟子疾書』를 중심으로」, 『태동고전연구』 제2집, 한림대 태동고전연구소.

______(2004), 「성호 이익의 서학수용의 경학적 기초」, 『한국실학연구』, 제7집, 한국실학회.

李楠永(1982), 「星湖 李瀷의 退溪觀과 그의 實學論」, 『퇴계학보』 제36집, 퇴계학연구원.

李丙燾(1987), 『韓國儒學史』, 아세아문화사.

이봉규(1993), 「조선성리학의 전통에서 본 송시열의 성리학 사상」, 『한국문화』 제13집, 서울대 규장각한국학문화원,

이봉규(2002), 「유교적 질서의 재생산으로서 實學 - 磻溪와 星湖의 경우」, 『서울대 철학사상』 제12집, 서울대.

李成茂(1997), 「星湖 李瀷의 生涯와 思想」, 『조선시대사학보』 제3집.

李相夏(2006), 「한국 성리학 주리론의 발전상에서의 대산 이상정」, 『대동한문학』 제25집, 대동한문학회.

이승환(2012), 「南冥 '學記圖' 自圖說 批正」, 『철학연구』, 고려대 철학연구소.
李佑成(1973), 「실학연구서설」, 『실학연구입문』, 일조각.
李佑成(1984), 「星湖全書 解題」, 『星湖全書』, 여강출판사.
李佑成(1990), 「星湖之春秋書法論批判及其聖人觀」, 『북경학술대회 발표요지』.
李乙浩(1982), 「白湖의 人性論」, 『韓國改新儒學史試論』.
李篪衡(1972), 「星湖 經學의 實學的 展開」, 『성균관대논문집』 제17집, 성균관대.
李篪衡 외(1998), 『조선후기 경학의 전개와 그 성격』, 성균관대 대동문화연구원.
李天承(1999), 「李瀷의 中庸疾書에 관한 연구」, 『한국철학논집』 제7·8합집, 한국철학연구회.
______(2000), 「星湖 李瀷의 「中庸疾書」에 관한 연구－'道中庸'을 중심으로」, 『유교사상연구』 제13집, 유교사상연구회.
李海英(1991), 「星湖 李瀷의 中庸 理解에 관한 研究」, 『안동대논문집』 제13집, 안동대.
李忠九(1990), 「經書諺解 研究」, 성균관대 박사학위 논문.
林葉連(1990), 「中國歷代詩經學」, 中國文化大學 박사학위 논문.
蔣伯潛 저, 최석기·강정화 역(2002), 『유교경전과 경학』, 보고사.
張源哲(2001), 「남명학의 역사적 평가의 한 국면」, 『남명학연구』 제11집, 경상대 남명학연구소.
全丙哲(2007), 「大山 李象靖 性理說의 會通的 性格」, 경상대 박사학위 논문.
정성철(1989), 『실학파의 철학사상과 사회정치적 견해』, 한마당.
鄭玉子(1989), 「17세기 思想界의 再編과 禮論」, 『한국문화』 제10집, 서울대 규장각 한국학문화원.
______(1991), 「眉叟 許穆의 學風」, 『朝鮮後期 知性史』, 一志社.
정인선(2005), 「澤堂 李植의 학문성향과 남명학 비판」, 경상대 석사학위 논문.
정재훈(1994), 「17세기 후반 노론학자의 사상」, 『역사와 현실』 제13호, 역사와비평사.
정호훈(1994), 「17세기 후반 영남남인학자의 사상」, 『역사와 현실』 제13호, 역사와비평사.
池斗煥(1987), 「朝鮮後期 禮訟研究」, 『釜大史學』 제11집, 부산대.
崔鳳永(1987), 「星湖學派의 朱子大學章句 批判論－格物致知를 중심으로」, 『동양

학』 제17집.

최영성(1995), 『한국유학사상사』, 아세아문화사.

______(1997), 『韓國儒學思想史』 제3책, 아세아문화사.

崔錫起(1987), 「谿谷 張維의 學問精神과 文論」, 『한국한문학연구』 제9·10합집, 한국한문학연구회.

______(1990), 「星湖 李瀷의 詩經解釋에 나타난 經世觀」, 『경상대논문집』 29-2, 경상대.

______(1993), 「星湖 李瀷의 詩經學」, 성균관대 박사학위 논문.

______(1994), 『星湖 李瀷의 學問精神과 詩經學』, 중문.

______(1995a), 「南冥의 '신명사도'·'신명사명'에 대하여」, 『남명학연구』 제4집, 경상대 남명학연구소.

______(1995b), 「星湖 李瀷의 窮經姿勢」, 『제5회 동양학학술회의논문집-한·중·일 삼국의 경학발전의 의미와 성격』, 성균관대 대동문화연구원.

______(1995c), 「陽村 權近의 詩經 解說」, 『한문학연구』 제10집, 계명한문학회.

______(1996a), 「星湖 經學의 基底-懷疑精神과 本旨探究」, 『한국한문학연구』 특집호, 한국한문학회.

______(1996b), 『국역 詩經疾書』, 와우.

______(1996c), 「朝鮮 前期의 經書 解釋과 退溪의 『詩釋義』」, 『퇴계학보』 제92집, 사단법인 퇴계학연구원.

______(1999), 『국역 성호사설』, 한길사, 1999.

______(2000), 「近畿 실학자들의 경세적 경학과 그 의미(1)」, 『대동문화연구』 제37집, 성균관대 대동문화연구원.

______(2002a), 「星湖 李瀷의 『大學』解釋과 그 意味」, 『한국실학연구』 제4호, 한국실학연구회.

______·강정화 역(2002b), 『유교경전과 경학』, 경인문화사.

______(2002c), 「眞山 李秉休의 『大學』解釋과 그 意味」, 『남명학연구』 제14집, 경상대 남명학연구소.

______(2002d), 「艮齋 崔攸之의 『대학장구』 개정과 그 의미」, 『남명학연구』 제12집, 경상대 남명학연구소.

______(2003a), 「17-18세기 學術動向과 星湖 李瀷의 經學」, 『남명학연구』 제16집,

경상대 남명학연구소.
______(2003b), 『星湖 李瀷의 『中庸』解釋과 그 意味」, 『성호학연구』 창간호, 성호기념관.
______(2003c), 「陽村 權近의 『大學』 解釋과 그 의미」, 『한문학보』 제8집, 우리한문학회.
______(2003d), 「韓國經學 硏究의 回顧와 展望」, 『대동한문학』 제19집, 대동한문학회.
______(2004a), 「陽村 權近의 『中庸』 해석과 그 意味」, 『남명학연구』 제17집, 경상대 남명학연구소.
______(2004b), 「嘿守堂 崔有海의 『대학』 해석과 그 의미」, 『남명학연구』 제18집, 경상대 남명학연구소.
______(2005a), 「『한국경학자료집성』 소재 『대학』 해석의 특징과 그 연구방향」, 『대동문화연구』 제49집, 성균관대 대동문화연구원.
______(2005b), 「退溪의 『대학』 해석과 그 의미」, 『퇴계학과 한국문화』 제36호, 경북대 퇴계연구소.
______(2006a), 「南塘 韓元震의 『대학』 해석에 나타난 特徵」, 『한문학보』 제14집, 우리한문학회.
______(2006b), 「南塘 韓元震의 『대학』 해석의 요지와 그 의미」, 『남명학연구』 제21집, 경상대 남명학연구소.
______(2007a), 「南塘 韓元震의 『중용』 해석의 특징과 그 의미」, 『동방한문학』 제32집, 동방한문학회.
______(2007b), 「南塘 韓元震의 『중용』 해석의 방법과 그 성과」, 『한문학보』 제16집, 우리한문학회.
______(2007c), 「鳳村 崔象龍의 學問性向과 經學論」, 『한문학보』 제17집, 우리한문학회.
______(2008), 「『中庸』의 分節問題와 崔象龍의 解釋」, 『한문학보』 제19집, 우리한문학회.
______(2009), 「遁翁 韓汝愈의 『중용』 해석과 그 의미」, 『대동한문학』 제30집, 대동한문학회.
______(2010), 「성호학파의 『대학』 해석」, 『한국실학연구』 제19호, 한국실학학회.

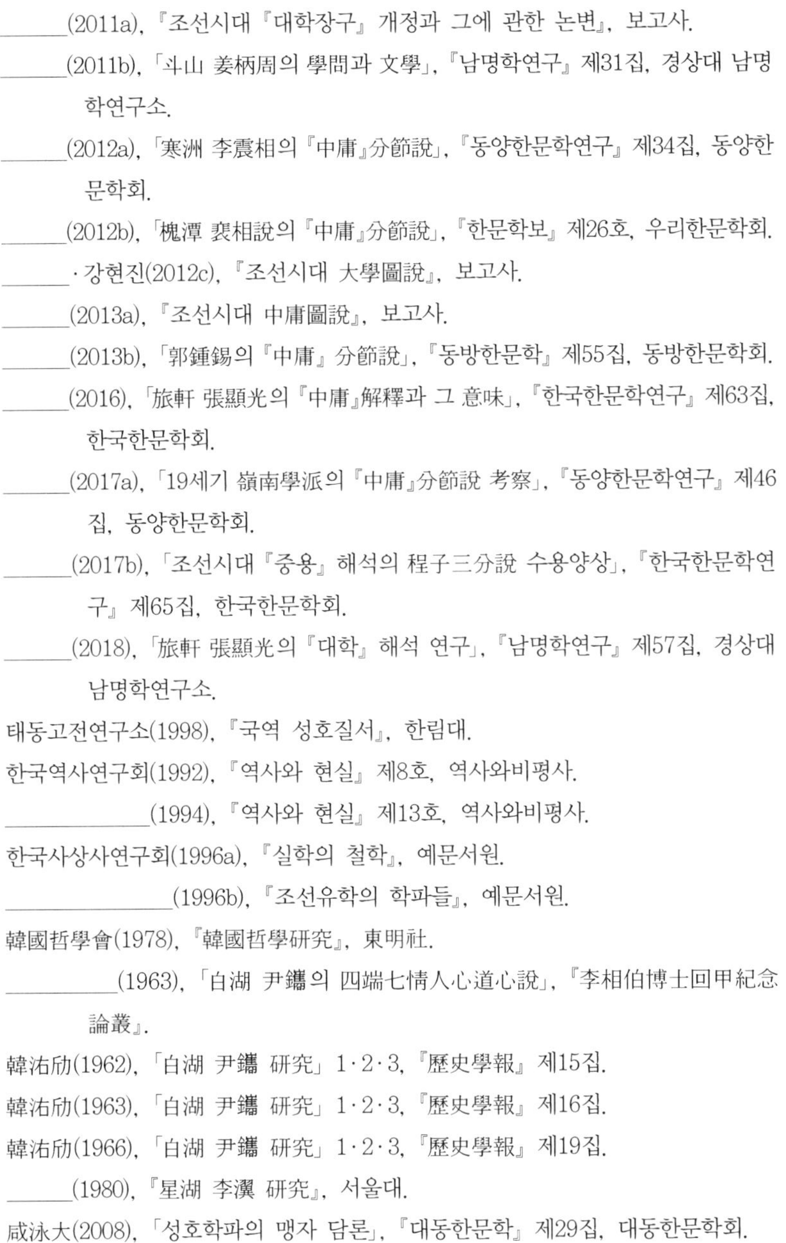

______(2011a), 『조선시대 『대학장구』 개정과 그에 관한 논변』, 보고사.

______(2011b), 「斗山 姜柄周의 學問과 文學」, 『남명학연구』 제31집, 경상대 남명학연구소.

______(2012a), 「寒洲 李震相의 『中庸』分節說」, 『동양한문학연구』 제34집, 동양한문학회.

______(2012b), 「槐潭 裵相說의 『中庸』分節說」, 『한문학보』 제26호, 우리한문학회.

______·강현진(2012c), 『조선시대 大學圖說』, 보고사.

______(2013a), 『조선시대 中庸圖說』, 보고사.

______(2013b), 「郭鍾錫의 『中庸』 分節說」, 『동방한문학』 제55집, 동방한문학회.

______(2016), 「旅軒 張顯光의 『中庸』解釋과 그 意味」, 『한국한문학연구』 제63집, 한국한문학회.

______(2017a), 「19세기 嶺南學派의 『中庸』分節說 考察」, 『동양한문학연구』 제46집, 동양한문학회.

______(2017b), 「조선시대 『중용』 해석의 程子三分說 수용양상」, 『한국한문학연구』 제65집, 한국한문학회.

______(2018), 「旅軒 張顯光의 『대학』 해석 연구」, 『남명학연구』 제57집, 경상대 남명학연구소.

태동고전연구소(1998), 『국역 성호질서』, 한림대.

한국역사연구회(1992), 『역사와 현실』 제8호, 역사와비평사.

____________(1994), 『역사와 현실』 제13호, 역사와비평사.

한국사상사연구회(1996a), 『실학의 철학』, 예문서원.

______________(1996b), 『조선유학의 학파들』, 예문서원.

韓國哲學會(1978), 『韓國哲學研究』, 東明社.

_________(1963), 「白湖 尹鑴의 四端七情人心道心說」, 『李相伯博士回甲紀念論叢』.

韓㳓劤(1962), 「白湖 尹鑴 研究」 1·2·3, 『歷史學報』 제15집.

韓㳓劤(1963), 「白湖 尹鑴 研究」 1·2·3, 『歷史學報』 제16집.

韓㳓劤(1966), 「白湖 尹鑴 研究」 1·2·3, 『歷史學報』 제19집.

______(1980), 『星湖 李瀷 研究』, 서울대.

咸泳大(2008), 「성호학파의 맹자 담론」, 『대동한문학』 제29집, 대동한문학회.

______(2009), 「성호학파의 『맹자』 해석에 대한 연구」, 성균관대 박사학위 논문.
許捲洙(1993), 『朝鮮後期 南人과 西人의 學問的 對立』, 법인문화사.
______(2002), 「이론의 탐구보다는 실천을 걱정해야 한다」, 『사람의 길 배움의 길』, 한길사.

찾아보기

【ㄱ】

가법(家法) 82
강경(講經) 432
강경과(講經科) 378
강론(講論) 253
강병주(姜柄周) 218
강수(强首) 132
강영지(姜永墀) 220
강희맹(姜希孟) 240
개신유학(改新儒學) 70, 83
거칠부(居柒夫) 132
격물설(格物說) 445
격물장(格物章) 368
격물치지설(格物致知說) 184, 185, 190
격물치지장(格物致知章) 18, 45, 154, 450, 486
격물치지전(格物致知傳) 147
경(敬) 273
경(敬)공부 471
경기학인 151
경성(景星) 454
경세적 실용주의 472
경세치용(經世致用) 498
경세치용학파 357
경술(經術) 338, 339, 343
경의검(敬義劍) 271
『경의기문록(經義記聞錄)』 173, 282, 319
경전 124
경학 59, 61, 62, 64, 66, 68, 69, 123-126, 156, 160
경학가 70, 71, 73, 78, 80-82, 87, 89-92, 94, 96, 98, 184
경학가별 분류 183
경학가별 연구 176
경학관 81, 82
경학사 99
경학사상 70, 72, 73, 79, 81, 82, 84-86, 91, 94, 176
경학십도(經學十圖) 67, 196
경학연구 63, 67, 68, 70, 71, 74, 75, 77-80, 84, 85, 87, 90, 91, 96, 98, 124, 130, 159, 175, 189
경학연구자 83, 88

계구(戒懼) 345, 346
계본(季本) 21
계신공구(戒愼恐懼) 354
고거지학(考據之學) 151
고경(古經) 42, 45, 48, 131, 138, 150, 154, 335, 344, 354, 368, 370
고구려 131
고려시대 133
고례(古禮) 332, 368, 370
고본(古本) 149, 339, 342, 343, 354, 368, 480
고본대학(古本大學) 149, 154, 189
고염무(顧炎武) 156
고영진 322
고응척(高應陟) 29, 76, 86, 147, 154, 185
고전 124
고증(考證) 65, 440, 441, 451, 467
고증학(考證學) 48, 50, 52, 65, 126, 127, 131, 138, 151, 156, 157, 174, 214
고증학적 방법 395, 428
고증학적 해석 156, 190
고학(古學) 283, 332-335, 370
고흥(高興) 132
『곤여전도(坤輿全圖)』 470
『곤지기(困知記)』 230
공자(孔子) 125
공자전서(孔子全書) 456
공자중용(孔子中庸) 155, 213, 232, 456-461, 463, 465, 483, 489
과거제도 133
과거지학(科擧之學) 378, 432, 435
곽종석(郭鍾錫) 73, 79, 220, 221, 233, 235, 236
관지도(管志道) 21
교자사(教者事) 255
교정청(校正廳) 144
구결(口訣) 131, 133, 136, 142-146, 152, 157, 189, 238-242
구결사업 239, 240, 276
구경(九經) 128, 129, 132, 198, 202, 228, 230, 231, 233, 271
「구경도(九經圖)」 229, 230
구경주소(九經注疏) 128
구설(舊說) 15
구양수(歐陽脩) 16, 17
구조분석 199, 200, 202, 231
국사학 63
국자감(國子監) 133, 135
국자학(國子學) 134
국학(國學) 134, 135
군자소인론(君子小人論) 81
궁경치용(窮經致用) 379
궁리(窮理) 254
권구(權榘) 40, 284, 285, 308, 312, 406, 407
권근(權近) 22, 71, 72, 75-78, 84, 86, 89, 136, 139, 140, 142, 143, 146, 185, 195, 208, 225, 227, 228, 238, 240, 243, 245, 268, 276, 290, 324, 368, 444, 455,

478, 488, 489
권득기(權得已) 71, 79, 185
권만(權萬) 284
권명우(權明佑) 285
권문봉 73, 85, 86, 184, 185
권병(權炳) 285
권병천(權秉天) 42
권부(權溥) 135
권상일(權相一) 292, 299
권상하(權尙夏) 146, 211, 369
권성중(權聖仲) 349
권시(權諰) 336, 346, 355
권정안 84
권철신(權哲身) 71, 79, 355
귀신장(鬼神章) 462
극기(克已) 273, 275
극기공부 258
극기복례(克已復禮) 274, 275
『근사록(近思錄)』 270, 272, 410, 412, 414, 420, 424, 425
「근사록질서서(近思錄疾書序)」 412, 413
근수규구(謹守規矩) 490, 497
근체시(近體詩) 373
글짓기 252
금문학(今文學) 346
금장태 73, 86, 184, 185, 299, 322
기대승(奇大升) 250, 251, 296
「기도(幾圖)」 246, 272
기묘사화 249
기송지학(記誦之學) 372, 381
기타도(其他圖) 202, 203, 228
기호학파 283, 290, 291, 296, 308–310, 313, 318, 319, 369, 467, 468
길재(吉再) 136
김가기(金可紀) 133
김구(金九) 124
김구용(金九容) 136
김근행(金謹行) 230, 231
김기현 322
김길환(金吉煥) 70, 71, 347
김락행(金樂行) 308
김만영(金萬英) 208, 229, 455
김만휴(金萬烋) 230
김매순(金邁淳) 32, 42, 47
김문식 73, 86
김병종(金秉宗) 223–225
김부륜(金富倫) 78
김석주(金錫胄) 470
김언종 85
김영삼(金永三) 226, 227
김영호 73, 86
김우옹(金宇顒) 76, 261, 262, 274
김운경(金雲卿) 133
김장생(金長生) 71, 73, 79, 146, 153, 173, 185, 211, 282, 308, 330, 358, 406, 468
김재로(金載璐) 217
김재해(金載海) 209–211, 232
김정희(金正喜) 71, 79, 84, 151, 155,

156
김종덕(金宗德) 285
김창흡(金昌翕) 79, 369
김택영(金澤榮) 42, 48, 150, 154, 173, 185
김황(金榥) 67, 196, 222
김효원(金孝元) 260, 261
김휴(金烋) 227
김홍규 70, 72, 84, 322, 323

【ㄴ】

나흠순(羅欽順) 230, 363
낙론(洛論) 369
남공철(南公轍) 79
남명학(南冥學) 263
남명학파 282, 317, 366
남하정(南夏正) 37
「내칙(內則)」 343-346
노수신(盧守愼) 26, 27, 29, 35, 250, 328, 329, 335, 336, 341
「녹의사질(錄疑竢質)」 196
논리접속 200, 202, 231
『논맹정의(論孟精義)』 287-289
논변 251
논숭학(論崇學) 136
『논어』 80, 89, 128, 163, 255, 257
논어도(論語圖) 195, 196, 198
『논어석소(論語釋疏)』 145
「논어질서서(論語疾書序)」 387, 394

【ㄷ】

다산경학 83
대명의리론 365
대성전(大成殿) 135
대의명분론(大義名分論) 81
「대장괘(大壯卦)」 274
대장기(大壯旂) 275
대전본 50, 51, 136, 287, 288, 291
대전본 소주비판 153
대절도(大節圖) 208, 218, 232
대지삼절(大旨三節) 141
『대학(大學)』 67, 80, 82, 83, 86, 89, 128, 129, 134, 161-166, 171, 254-257, 260, 261, 264-268, 270-273, 277-279, 293, 294, 308, 334, 342-346, 374, 404-406, 425, 426, 429, 431, 441, 443
「대학개정지도(大學改正之圖)」 196
「대학경도(大學敬圖)」 478
『대학공의(大學公義)』 70
「대학도(大學圖)」 22, 140, 173, 189, 195, 196, 198, 264, 266, 268, 284, 443, 444, 477-479, 488, 489
「대학동자문답(大學童子問答)」 78
『대학변의(大學辨疑)』 301, 318
『대학석소(大學釋疏)』 145
「대학석의(大學釋義)」 78
『대학연의(大學衍義)』 161
『대학연의집략(大學衍義輯略)』 78
「대학연혁론(大學沿革論)」 18
「대학연혁후론(大學沿革後論)」 18

『대학』의 논리체계 164
「대학잠(大學箴)」 78
『대학장구(大學章句)』 14, 17, 18, 25, 39, 42, 82, 83, 140, 147-150, 154, 155, 163, 406
『대학장구』 개정 28, 137, 153, 173, 245
『대학장구』 개정설 22, 26, 38, 41, 55, 189, 276
「대학장구보유(大學章句補遺)」 147, 246, 325
「대학장구서」 분절문제 191
「대학지장지도(大學指掌之圖)」 22, 140, 195
『대학질서』 392, 404, 411, 416, 426, 429
「대학질서서(大學疾書序)」 441
「대학취정록(大學就正錄)」 284
「대학팔조목변(大學八條目辨)」 78
『대학』 해석 160, 166, 172, 174, 175, 177, 183-186, 189, 269
도덕성 확립 471
도덕적 실천주의 472
도문학(道問學) 464, 465
도설(圖說) 84, 157, 193, 261
도심(道心) 216
도중용(道中庸) 463-465
도통(道統) 29, 194, 238
도통론 330, 350, 354
도학(道學) 258
도학자 236, 237, 253
「독대학법(讀大學法)」 78
독서기(讀書記) 342
독서법 295
독서삼품과 133
독서순서 255
「독중용법(讀中庸法)」 200, 454-456
동괴(董槐) 18, 22, 27, 39, 140, 147, 368
동서학당 134
동양 허씨(東陽許氏) 305, 306
『동유사서해집평(東儒四書解集評)』 289

【ㄹ】

리기동정(理氣動靜) 297
리기동정설(理氣動靜說)」 299
리동생기설(理動生氣說) 299
리주기자(理主氣資) 299
리주기자설(理主氣資說) 297

【ㅁ】

『만국전도(萬國全圖)』 470
만년설(晩年說) 153, 494
만년정설(晩年定說) 206, 456, 495
만년정론(晩年定論) 153
말장도(末章圖) 227
맹자도(孟子圖) 195, 196, 198
『맹자질서(孟子疾書)』 400
「맹자질서서(孟子疾書序)」 399
『맹자』 81, 89, 128, 163, 255
명경과(明經科) 133
명덕(明德) 480

명덕설(明德說) 190
명도(明道) 257, 258, 271, 277
명도전심(明道傳心) 256
명물(名物) 151
명물훈고(名物訓詁) 52
명선(明善) 271, 278
모기령(毛奇齡) 93, 156, 347, 493
묘계질서(妙契疾書) 394, 398
무극태극논쟁(無極太極論爭) 327
「무망괘(无妄卦)」 274
「무진봉사(戊辰封事)」 263, 271, 278
묵수적 사고(墨守的思考) 490
묵수주의(墨守主義) 30, 31, 33, 56, 57, 138, 324, 335, 337, 354, 438
문묘종사(文廟從祀) 134
문자(文字) 392
문자학(文字學) 99
문제의식 381
물리(物理) 45
민족사관 69

【ㅂ】

박경가(朴慶家) 286
박기녕(朴箕寧) 223, 224
박무영 322, 323
박문호(朴文鎬) 73, 79, 84
박상충(朴尚衷) 136
박세당(朴世堂) 38, 39, 69-72, 79, 84, 85, 147, 154, 184-186, 188
박세채(朴世采) 79, 142, 185, 204-206, 211, 232, 238, 475
박영(朴英) 78, 164
박의중(朴宜中) 136
박인로(朴仁老) 478
박지원(朴趾源) 151, 155, 499-501
박필주(朴弼周) 369
반성리학 428
반주자학 69, 83, 91-93, 96, 175, 347, 349, 351, 355, 496
반주자학자 351
『방성도(方星圖)』 470
방언(方言) 133
방증(旁證) 395
방채박구(旁采博求) 395-397, 428
방채박구의 방법 419
방채박구의 해석 397
방형(方形) 217
방효유(方孝孺) 19, 20, 25, 27, 35, 43, 466
배상열(裵相說) 85, 223-225, 285, 286, 288-291, 318, 319
배신(裵紳) 270
백이정(白頤正) 135
백제 132
벽이단(闢異端) 30, 55, 138, 336, 467
벽이단론(闢異端論) 32
변계량(卞季良) 143, 239
변법사상(變法思想) 412
변별(辨別) 257
변별지(辨別知) 440, 445

변석(辨釋) 253
보광(輔廣) 18
보유(補遺) 147
본말장(本末章) 486
본지(本旨) 65, 126, 389, 390, 392, 408, 409, 438
본지자득(本旨自得) 428
본지탐구 44, 137, 336, 339, 340, 342, 343, 354, 355, 382, 386, 390, 393, 394, 397, 400, 409, 410, 419, 435, 440, 468, 492, 496
본지파악 53, 55
부견(苻堅) 131
북학(北學) 150
북학론 50
분서갱유(焚書坑儒) 126
분석(分析) 257, 277
분절문제(分節問題) 208
불구기(不苟棄) 15, 388, 389, 419, 441, 451, 492
불구석(不苟釋) 15
불구신(不苟新) 15, 387, 389, 419, 441, 451, 492
불구유(不苟留) 15, 388, 389, 419, 441, 451, 492
비례물리(非禮弗履) 274, 275

【ㅅ】

사각형 216
사경사서론(四經四書論) 301
사계학파(沙溪學派) 72
사귀(事鬼) 463
사단칠정(四端七情) 250
4대절설(大節說) 206, 211, 226, 455-457, 495
4대지설(大支說) 199-201, 204, 206, 211, 215-220, 222, 223, 225-227, 231- 233
사례(四禮) 130
사문난적(斯文亂賊) 37, 43, 331
사문학(四門學) 134
사물(四勿) 274
사백선(史伯璿) 454
사법(師法) 82
사변성(思辨性) 374
사변화(思辨化) 378, 424, 436
사서(四書) 66, 80, 128, 143, 160, 162, 238, 246, 247, 253-255, 257, 259, 260, 274, 276, 278, 342, 343, 417, 425, 431, 475, 476
사서공부(四書工夫) 294
사서대전본(四書大全本) 53
사서도설(四書圖說) 194
『사서변의(四書辨疑)』 301
사서사경(四書四經) 196
사서삼경 152, 161, 246, 420, 424
사서삼경석의 242, 246, 276
사서석의(四書釋義) 145
사서소주권평(四書小註圈評) 146
사서언해 145
사서오경 66, 128, 152, 161

사서오경대전본(四書五經大全本) 67, 129
『사서장도(四書章圖)』 142, 194, 198
『사서장도은괄총요(四書章圖檃括總要)』 272
『사서주자이동조변(四書朱子異同條辨)』 46, 190
『사서집석(四書輯釋)』 50, 289
사서집주(四書集註) 82
『사서찬소(四書纂疏)』 289
『사서찬요(四書纂要)』 285, 286, 288
사서찬주(四書纂註) 287
『사서찬주증보(四書纂註增補)』 285-288
『사서통(四書通)』 289
사서학(四書學) 198
『사서혹문(四書或問)』 287-289
「사설서(傞說序)」 415
사육문(四六文) 373
사장(詞章) 135, 432
사장지학(詞章之學) 372, 432, 435
사장학(詞章學) 373
사지육절설(四支六節說) 215
사천(事天) 344~7, 353, 356
사천지도(事天之道) 344, 346, 354
사친(事親) 344, 345, 347, 353, 356
사친지도(事親之道) 344, 354
사칠이기설(四七理氣說) 296
사학(私學) 134
사행(使行) 469
사행경험 470
사화(士禍) 249
사회학 63
산시(刪詩) 82
산학(算學) 134
삼강령(三綱領) 194
삼경(三經) 417
삼경석의(三經釋義) 77, 145
삼경언해 145
삼국시대 131
삼달덕(三達德) 483
삼례(三禮) 81, 95, 491
3분설 199, 213, 215, 216, 222, 223, 225, 233
삼사(三事) 500
삼포국웅(三浦國雄) 322, 351, 353
상대적 인식론 439, 440
상대존신주자주의 30, 33, 56, 138, 337, 354, 355
상상력 393, 394, 441
상서론(尙書論) 85
『상소고훈(尙書古訓)』 85
상제(上帝) 347
서거정(徐居正) 239
『서경』 81, 89, 260, 273, 274, 277-279
서경덕(徐敬德) 31, 245, 333, 363, 468, 469
서경요 70, 84
「서경질서서(書經疾書序)」 391
『서경천견록(書經淺見錄)』 76

「서명(西銘)」 264
서명응(徐命膺) 71, 72, 79
「서분절도(序分節圖)」 229, 230, 233
서인가례(庶人家禮) 412
서학(書學) 134
석의(釋義) 78, 136, 144-146, 152, 157, 189, 241-243, 245, 276
선지후행(先知後行) 148, 269, 374
설선(薛瑄) 289
설총(薛聰) 132, 134, 143, 238
설태희(薛泰熙) 150, 154
섬학전(贍學錢) 135
성(誠) 212, 272-274, 278, 279
「성궁편(省躬篇)」 471, 472
성균관 191
「성도(誠圖)」 246, 263, 271-273, 278
『성리대전』 250, 252, 260, 261, 272, 277, 289
성리서(性理書) 261, 413, 417, 424
성리설 68, 130
『성리자의(性理字義)』 289
성리학 92, 96, 124, 136, 159, 252, 414, 420
성리학자 253, 276
성리학적 경학관 414
성리학적 해석 152, 190
성성법(惺惺法) 471
성성자(惺惺子) 471
성신(誠身) 271, 278
성운(成運) 258
성운학(聲韻學) 99
성의(誠意) 345, 346
성의설(誠意說) 190
성의장(誠意章) 46, 272
성임(成任) 240
성찰(省察) 273, 275
성학(聖學) 271
「성학십도(聖學十圖)」 161, 195, 263, 269, 271, 277, 278, 444, 489
성해응(成海應) 50, 53, 55, 71-73, 79, 84, 86, 151, 156, 174
성현(成俔) 245
『성호사설』 360, 414-418, 421, 422, 426
성호학(星湖學) 358, 360
성호학파 72, 479, 480
성혼(成渾) 308
세무(世務) 338, 339, 343, 354
세분오절(細分五節) 141
세조 143, 239, 240
세종 239
소의경서(所依經書) 237, 253, 279
소주분변(小註分辨) 146, 303-305, 318, 443, 468
소주비판(小註批判) 153, 174
소통(疏通) 317, 319
『소학(小學)』 67, 80, 99, 129, 152, 161, 162, 164, 165, 196, 240, 255, 264-266, 270, 271, 277-279, 293, 294, 410, 412, 420, 424, 425, 475
소학대학도(小學大學圖) 197

「소학도」 264-266, 477, 478
소학류(小學類) 130, 131
『소학언해』 145
「소학질서서(小學疾書序)」 411
「속대학혹문(續大學或問)」 147
손기양(孫起陽) 26, 27, 29
송갑준 72, 84, 85, 414
송긍섭 322
송렴(宋濂) 466
송명흠(宋明欽) 42
송병선(宋秉璿) 145
송석준 70, 71, 84, 184, 185
송시열(宋時烈) 32, 36, 146, 153, 211, 236, 282, 291, 308, 313, 314, 316, 317, 319, 330-332, 335-337, 349-352, 354, 355, 367-368
송인수(宋麟壽) 261
송학(宋學) 14, 16, 17, 37, 48, 50-57, 65, 126, 137-139, 151, 156, 243, 374, 375
송학지말학(宋學之末學) 52
수기(修己) 428, 435, 497, 499, 500
수기치인(修己治人) 268, 278
수사학(洙泗學) 69, 83
수서원(修書院) 133
수신(修身) 269
수신서(修身書) 268
수신입덕(修身入德) 256, 277
수장도(首章圖) 202, 227
숭정학(崇正學) 30, 55, 138, 336, 467
시경론 70, 72, 84, 85, 323
『시경』 81, 82, 84, 86, 89, 342
『시경언해』 145
『시경천견록(詩經淺見錄)』 76, 140
시경학(詩經學) 77
시교(詩敎) 82
시무(時務) 412, 433
시석의(詩釋義)』 77
「시언중산말합지도(始言中散末合之圖)」 226
시의(時宜) 499
시의론(時宜論) 412
시의지도(時宜之道) 499
『시헌력(時憲曆)』 470
식민지사관 69
신(神) 212
신독(愼獨) 345, 346, 354
신라 132, 133
「신명사도(神明舍圖)」 271, 274
「신명사명(神明舍銘)」 271
신숙주(申叔舟) 240
신안 진씨(新安陳氏) 231, 307
신유학(新儒學) 66, 126
신작(申綽) 79, 156, 174, 368
신후담(愼後聃) 42, 45, 173, 213, 232, 480, 484, 485
실득(實得) 383, 385, 386, 410, 419, 436, 437, 440, 491
실득지학(實得之學) 436, 497
실용(實用) 339, 343, 356, 375, 385, 410,

424, 435, 437, 438, 440, 497, 498
실용성 386, 419, 437
실용적 해석 420
실지(實地) 385, 410, 438, 420, 424, 436, 437
실천(實踐) 251-254, 258, 271, 277, 343, 346, 356, 374, 386, 410, 419, 433, 436-438, 440, 464, 465, 491, 498
실학(實學) 71, 159, 160, 414, 427
실학사상 69, 176
실학연구 70, 71, 75, 79, 91, 159, 175
실학적 경학 84, 160, 188
실학적 사고 157, 188
실학적 해석 155, 190
실행(實行) 491
『심경』 253, 261, 262, 412, 414, 420, 424, 425, 471
『심경발휘(心經發揮)』 414
『심경부주(心經附註)』 261, 410, 414
『심경부주질서(心經附註疾書)』 472
심경호 73, 85
심대윤(沈大允) 42, 48, 73, 79, 87, 149, 154, 173
심법(心法) 230
심성(心性) 264
심성수양 258, 260, 273, 276, 277, 471, 472, 498
심성수양론 272
「심위엄사도(心爲嚴師圖)」 272
「심통성정도(心統性情圖)」 296
심학(心學) 124
심학도(心學圖) 489
십삼경(十三經) 66, 67, 128
십삼경주소(十三經注疏) 128
십오경(十五經) 67, 128
쌍기(雙冀) 133
쌍봉 요씨(雙峯饒氏) 43, 318

【ㅇ】

악경(樂經) 66, 128
안방준(安邦俊) 29, 31, 147
안병걸 72-74, 85, 322
안인(安人) 428, 435, 497, 499, 500
안재순(安在淳) 184
안정복(安鼎福) 49, 71, 79, 437, 468, 472, 485-491, 498
안진오 72, 83, 84
안태국(安泰國) 41, 148, 154
안향(安珦) 75, 135
안회(顔回) 249, 275, 471, 472
양명학(陽明學) 31, 71, 363, 367, 370
양명학설 150
양명학자 44, 71, 493
양명학적 해석 155, 190
양명학파 84
양응수(楊應秀) 42
어유봉(魚有鳳) 369
어제조문(御製條問) 156, 191
억이단(抑異端) 136
언석(諺釋) 144

언해(諺解) 51, 131, 136, 144-146, 152, 157, 189, 193, 241, 242, 246, 276
언해 오류 443, 447, 448
언해본 487
언해사업 240, 241
「역경질서서(易經疾書序)」 409
『역상도설(易象圖說)』 198
「역서학용어맹일도도(易書學庸語孟一道圖)」 246, 263, 271-273, 278
역학(易學) 124
역행(力行) 498
연관성 441
연관성 검토 451
염약거(閻若璩) 156
영남학계 214
영남학파 283
영업전(永業田) 500
『예기』 28, 68, 82, 89, 95, 125, 130, 143, 152, 239, 332, 334, 346, 368
『예기대전(禮記大全)』 161, 246
『예기집설(禮記集說)』 77, 246
『예기천견록(禮記淺見錄)』 76, 84, 140
예설(禮說) 68, 130
예송(禮訟) 36
예학(禮學) 68, 124, 130, 491
오건(吳健) 176
오경(五經) 66, 128, 129, 131, 143, 162, 425
오경천견록(五經淺見錄) 76, 140
5대절설 204, 215, 225, 232, 233, 455
오숙(吳翻) 29
오재순(吳載純) 73, 79, 86
오증(吳澄) 363
옥계 노씨(玉溪盧氏) 305, 306
왕극관(汪克寬) 246
왕백(王柏) 18, 19, 22, 25, 27, 147
왕수인(王守仁) 289, 364, 467
외천(畏天) 346
요로(饒魯) 35, 39, 206, 208, 232, 453, 454, 455
용인(用人) 448
『우득록(愚得錄)』 78
우리말 해석 152
우탁(禹倬) 135
운봉 호씨(雲峯胡氏) 43, 310
원형(圓形) 216, 217
위기지학(爲己之學) 435
위백규(魏伯珪) 42, 73, 79
『위석경대학(僞石經大學)』 21, 467
위인지학(爲人之學) 436
위장거(魏莊渠) 447
유가경전 64, 65, 66, 68, 127
유건휴(柳健休) 289-291, 318, 319
유교경전 123, 126
유교경전해석학 136
유명종 322
유문금망(儒門禁網) 433
유성룡(柳成龍) 24, 328-330, 364
유숭조(柳崇祖) 75, 78, 164
유신환(兪莘煥) 73, 79

유영희 322, 351
유용간(有用看) 339
유일공부(惟一工夫) 274
유장원(柳長源) 71, 72, 79, 85, 285-291, 318, 319
유정공부(惟精工夫) 274
유정동 70, 184, 185, 322
유치명(柳致明) 290
유치엄(柳致儼) 217, 218
유칠로 70
유형원(柳馨遠) 79
유희춘(柳希春) 144, 145
육경(六經) 66, 125, 128, 150, 160, 284, 331, 332, 334, 337, 343, 354, 431, 475, 476
육경사서(六經四書) 160
육구연(陸九淵) 304
6단락설 231
6대절설 199-201, 204, 206, 209, 215, 218, 219, 222, 223, 226, 227, 231-233, 455, 456
육롱기(陸隴其) 289
육사(六事) 444, 478-480
육의(六義) 82
육학(六學) 134
윤동규(尹東奎) 436, 499
윤동야(尹東野) 286
윤봉구(尹鳳九) 369
윤사순 70
윤선거(尹宣擧) 334, 350, 351
윤선도(尹善道) 71, 79
윤정기(尹廷琦) 73, 79, 87
윤증(尹拯) 73, 79, 85
윤형로(尹衡老) 212
윤휴(尹鑴) 36, 37, 43, 44, 47, 48, 71-73, 79, 84-86, 89, 97, 149, 154, 173, 184-186, 188, 321-324, 331-342, 344-356, 368, 370, 383, 468, 470, 471
율곡학파 153, 154, 292, 296, 300, 319, 330, 337, 355, 367, 370
율학(律學) 134
융합 247, 276
을사사화 249
음석(音釋) 51
『의례(儀禮)』 332, 334
『의례경전통해(儀禮經傳通解)』 246
의리(義理) 52, 53, 65, 126, 156, 253, 392, 440
의리강명(義理講明) 271, 278
의리명분론 365
의리발명 14, 16, 18-24, 26-30, 33-35, 37, 41, 42, 56, 57, 137, 138, 151, 157, 342, 440, 466, 492, 494
의리발휘 442
의리주의 14, 16, 17, 25, 55, 57, 65, 126, 137, 151, 243, 467
의리지학(義理之學) 151
의리학(義理學) 50, 127, 392
의리학적 방법 393, 419, 428
의리학적 해석 397

의문(疑問) 381
의소학(義疏學) 65, 126, 129
이간(李柬) 369
이경(二經) 246, 247, 276
이곡(李穀) 135
이금(李嶔) 226
이기분개(理氣分開) 292
이기혼륜무간설(理氣渾淪無間說) 292
이단(異端) 31, 36, 350-352, 355, 367
이단논쟁 351
이단시(異端視) 138
이덕홍(李德弘) 78, 257, 284
이동환 86
이림(李霖) 261
이만부(李萬敷) 29, 73, 79, 148, 450, 154, 466, 472-474, 477-481, 483, 484
이명익(李明翊) 226, 227
이문진(李文眞) 131
이병도 69
이병휴(李秉休) 42, 46-48, 79, 86, 149, 154, 173, 185, 418, 422, 423, 474, 480, 498
이상정(李象靖) 214, 284-286, 291-297, 299, 300, 308, 311, 312, 317-319
이상하(李相夏) 300
이색(李穡) 135
이서(李漵) 472-477
이서구(李書九) 73, 79
이석형(李石亨) 78, 240, 245
이숭인(李崇仁) 136
이시기(李是錤) 475
이식(李栻) 139, 366, 476
이식(李植) 31, 139, 365
『이아(爾雅)』 81, 128
이언적(李彦迪) 22, 24, 25, 27, 29, 30, 35, 41-43, 55, 71, 73, 75, 86, 97, 137, 147, 154, 164, 173, 185, 245, 246, 276, 325-329, 335, 336, 341, 477
이영호(李昤昊) 86-89, 184-186
이용후생학파 92, 413
이유진 85
이유태(李惟泰) 146, 153, 173, 468
이윤(伊尹) 249
이을호(李乙浩) 69, 70, 83, 322, 347, 351
이이(李珥) 13, 24, 28, 76, 78, 137, 144, 145, 173, 185, 211, 283, 291, 292, 308, 315, 316, 327, 328-330, 367, 468, 494
이익(李瀷) 14, 40, 42, 49, 56, 70-73, 79, 84-87, 97, 139, 150, 155, 174, 184-186, 188, 213, 232, 236, 281, 282, 310, 337, 339, 343, 355-360, 370, 372-384, 387-395, 397-401, 403, 404, 407-411, 414-416, 418-421, 424-427, 429, 431, 433-437, 444, 446-448, 450, 451, 456-466, 468-470, 472, 474-477, 479-481, 483, 484, 486-501
이잠(李潛) 371, 472-475
이재(李栽) 292
이재(李縡) 291, 308, 315, 369

이제마(李濟馬) 71, 79
이제현(李齊賢) 135
이종수(李宗洙) 285
이준경(李浚慶) 261
이지(李贄) 446
이지형 70, 73, 84
이진(李溍) 475, 476, 477
이진상(李震相) 215, 219-221, 233, 292, 297
이태수(李泰壽) 208, 209, 211, 232
이태진 184-186
이패림(李霈霖) 46, 190
이하진(李夏鎭) 356, 370, 470-472
이항(李恒) 165, 255
이해(李瀣) 249
이해영 73, 86
이헌경(李獻慶) 29, 41
이현익(李顯益) 210, 211, 232, 406, 407
이현일(李玄逸) 284, 292, 317, 369
이형상(李衡祥) 79
이황(李滉) 13, 22-24, 28, 31, 36, 52, 71, 74, 76-78, 86-89, 136, 137, 140, 144, 145, 152, 161, 165, 173, 185, 195, 235-238, 241-243, 245-257, 259, 260, 262-264, 266-271, 276-279, 282-285, 291-294, 296, 308, 310, 315-318, 327, 329-331, 333, 338, 349, 355, 358, 361, 363, 364, 370, 414, 425, 444, 478, 479, 489, 497
이회경(李晦慶) 219
이희재(李曦載) 184, 185
인격천(人格天) 347
인도(人道) 166, 206, 216
인문학 124
인물성동론(人物性同論) 369
인물성동이논쟁(人物性同異論爭) 369
인물성이론(人物性異論) 369
「인설도(仁說圖)」 198
인심도심(人心道心) 62, 152, 198, 199
인심도심도(人心道心圖) 202, 229, 233
인용서목 288, 289
임엽연(林葉連) 15
임은장도(林隱章圖) 194
임희원(林希元) 289
『입학도설(入學圖說)』 77, 140

【ㅈ】

자득(自得) 252, 253, 277, 381-383, 386, 388, 410, 436-438, 440, 485
자사(子思) 345, 443, 459
자사전(子思傳) 155, 213, 232, 457, 459, 463, 465, 483
자의(字義) 53, 440
자의파악(字義把握) 390-392, 428, 442, 451
자작도(自作圖) 272
자학(字學) 390, 391
장구지학(章句之學) 432, 435
장도(章圖) 202, 203, 227, 231-233
장리(張理) 198

장백잠(蔣伯潛) 17
장백행(張伯行) 20
장병한 73, 86, 87
장복추(張福樞) 185
장유(張維) 28, 31, 330, 366
『장자』 125
장재(張載) 272
장하주(章下註) 200, 206, 495
장현광(張顯光) 29, 147, 154, 195, 196, 203, 225, 231
재용(財用) 448
적전(嫡傳) 40, 431, 475, 493
전도(全圖) 202, 231
전문연구자 184, 187
전병철 300
전우(田愚) 79, 84
전주(箋註) 382
절대존신주자주의 30, 38, 42, 53, 55, 138, 176, 331, 336, 337, 354, 355
정개청(鄭介清) 78
정경(鄭炅) 222
정구(鄭逑) 333, 355, 414
정덕(正德) 413
정도전(鄭道傳) 136
정론(定論) 495
정론 확정 496
정만창(鄭晚昌) 350
정명도(程明道) 19, 237
정몽주(鄭夢周) 136, 143 238, 240
정민정(程敏政) 414
정변(正變) 82
정병련 72, 73, 83, 84, 184, 185
정복심(程復心) 142, 194, 198, 228, 272
정설(定說) 495
정설 확정 174, 442, 495
정시한(丁時翰) 37
정신문화 124
정심장(正心章) 272, 311
정심장체용설(正心章體用說) 190
정약용(丁若鏞) 42, 47, 48, 50, 53, 55, 69-71, 73, 79, 83-87, 89, 90, 92, 95, 148, 149, 151, 154-156, 160, 173-175, 183-188, 337, 346, 356, 368, 398, 427, 480
정옥자 322
정유일(鄭惟一) 283
정이천(程伊川) 19, 237
정인지(鄭麟趾) 240
정인홍(鄭仁弘) 237, 275, 365
정일균(鄭一均) 73, 86, 87, 184, 185
정자(程子) 203, 458, 476
정재규(鄭載圭) 33, 185
정제두(鄭齊斗) 38, 44, 79, 149, 154, 173, 184
정조(正祖) 41, 50, 51, 55, 79, 85, 86, 151, 156, 174, 185, 186, 191
정종(正宗) 40, 431, 475, 493
정종로(鄭宗魯) 286, 301, 308, 309, 311, 319
정주학(程朱學) 31, 135, 237, 324, 325,

327, 378, 431, 433, 434, 475, 476
정중부(鄭仲夫) 134
정창손(鄭昌孫) 240
정치사상 186
정치서(政治書) 163, 268
정학(正學) 29, 50, 55, 138, 151, 367
정호용(鄭灝鎔) 215
제10장 분절문제 191
「제6심통성정도」 269
제도문장(制度文章) 267, 269, 278
제술과(製述科) 133, 378
조경(趙絅) 29, 35, 97, 328, 329, 335, 336, 341, 368
조대(條對) 156, 191
조문(條問) 156
조선경학 136, 153
조선성리학 367
조선시대 136
조성을 85
조식(曺植) 76, 148, 165, 235-238, 243, 245-247, 249-253, 258-263, 270, 271, 274-278, 282, 283, 335, 338, 361, 363, 365, 468, 469, 471
조익(趙翼) 29, 34, 35, 71-73, 79, 84, 97, 185, 336, 355
조하주(曺夏疇) 472-475
조한보(曺漢輔) 327
조호익(曺好益) 78, 284, 308
존덕성(尊德性) 464, 465
「존덕성도문학도(尊德性道問學圖)」 229-231
존신주자(尊信朱子) 24, 27-29
존신주자주의 33, 334, 364, 367, 416, 497
존심양성(存心養性) 271
존심출치(存心出治) 268, 269, 277, 278
존양(存養) 275
졸기(卒記) 251, 252
주공(周公) 471, 472
주공천(朱公遷) 310, 311
주극리(朱克履) 311
주돈이(周敦頤) 198
『주례(周禮)』 85, 89, 334
주륙절충론(朱陸折衷論) 364
주리론(主理論) 369
『주역참동계(周易參同契)』 260
『주역천견록(周易淺見錄)』 76, 140
『주역』 81, 89, 260, 273, 274, 277-279
주일공부(主一工夫) 258
주자(朱子) 16, 17, 19, 32, 33, 42, 47, 77, 194, 237, 246, 255, 291, 318, 345, 455
『주자가례(朱子家禮)』 130, 332, 410, 412, 420, 424, 425
『주자대전(朱子大全)』 253, 276, 287, 288, 289, 405
주자상대주의 351
주자서(朱子書) 32, 135, 331
『주자서절요』 250
주자설 136

주자설의 정론화(定論化) 153
주자성리학 367
『주자어류(朱子語類)』 287-289
『주자언론동이고(朱子言論同異攷)』 173, 282, 319, 467
『주자전서』 250, 252, 362-364
주자절대주의 351
주자주의 335
주자학 51, 52, 54, 55, 92-94, 129, 131, 136-138, 151, 157, 162, 176, 238, 252-254, 257, 330, 331, 335, 364-367, 370
주자학적 『대학』 해석 190
주자학적 해석 428
주정공부(主靜工夫) 306, 311
『주제군징(主制群徵)』 470
주주(朱註) 37, 40
주지주의(主知主義) 338, 375
주해문자(註解文字) 468
주희(朱熹) 66, 198, 208
중국경학 65, 99, 157
『중용(中庸)』 67, 80, 83, 89, 128, 163, 166, 193, 199, 254-256, 271-273, 275, 277-279, 294, 334, 342-346, 348, 385, 407, 408, 425, 426, 429, 431, 443
『중용구경연의(中庸九經衍義)』 245
중용도(中庸圖) 195-198, 210, 215, 217, 219-227, 232, 233, 457-459, 461, 481
「중용도설(中庸圖說)」 202, 209, 210
「중용맥락도(中庸脈絡圖)」 206
「중용사대지분속육대절설(中庸四大支分屬六大節說)」 220
「중용삼십삼장전편지도(中庸三十三章全編之圖)」 224
「중용수장분석지도(中庸首章分釋之圖)」 22, 142, 195, 225, 227
「중용육대절도(中庸六大節圖)」 218
「중용장구서(中庸章句序)」 198, 199, 229-231
『중용장구』 82, 141, 142, 150
『중용장도(中庸章圖)』 228
중용전도(中庸全圖) 203, 204
「중용지도(中庸之圖)」 203, 232
「중용지절도(中庸支節圖)」 220
「중용지절도설(中庸支節圖說)」 220
「중용지절별도(中庸支節別圖)」 220, 221
「중용질서서(中庸疾書序)」 430, 451
「중용질서후설(中庸疾書後說)」 390, 434, 438, 451
『중용질서』 426
『중용집략(中庸輯略)』 287, 288
「중용총도(中庸總圖)」 204-206, 232
「중용총의도(中庸摠義圖)」 213
「중용취정록(中庸就正錄)」 284
「중용칠도(中庸七圖)」 208
「중용해통도(中庸解通圖)」 227
「중용후설(中庸後說)」 430
「중원강의(中原講義)」 472, 475, 477
증자(曾子) 345
지(知) 148, 164, 269-271, 278

지도(知道) 164, 269, 279
지두환 322
지방학 282
지분절해(支分節解) 201, 205
지(智)·인(仁)·용(勇) 463
지적탐구 374, 433
진력(陳櫟) 35
진재교 86, 87
진지(眞知) 252, 277
진취적 사고(進取的思考) 490
진취주의(進取主義) 30, 31, 56, 57, 138
진파(眞派) 41, 431, 475, 493
진헌장(陳獻章) 364, 447
진호(陳澔) 77, 246
질서(疾書) 150, 398, 421
질서류(疾書類) 155, 358-360, 398, 400, 412, 414-418, 422, 424, 425
질서류 경전해석 419, 420

【ㅊ】

차약수(車若水) 18
착간(錯簡) 147, 154
채제공(蔡濟恭) 296, 355
채청(蔡清) 20, 25, 27, 43, 46, 289, 466
채침(蔡沈) 77
천관우 69
천도(天道) 166, 216, 264, 278
천명도(天命圖) 229
『천문략(天問略)』 470
철학 62
청송장(聽訟章) 18, 448, 450, 477
청송절(聽訟節) 450
체환방구(遞換旁求) 396
초계문신 156
초년설 153, 456, 494
최대우(崔大羽) 73, 83, 85, 184-186
최명길(崔鳴吉) 31
최상룡(崔象龍) 29, 41, 185, 196, 217, 286, 291, 292, 300-319
최석기 73, 85, 86, 89, 184-186
최석정(崔錫鼎) 475
최승로(崔承老) 133
최영경(崔永慶) 283
최유윤(崔惟允) 42
최유지(崔攸之) 29, 31, 38, 79, 86, 97, 147, 154, 185, 368
최유해(崔有海) 28, 29, 31, 38, 42, 43, 97, 149, 154, 173, 185, 368
최충(崔沖) 134
최치원(崔致遠) 133, 134
최항(崔恒) 245
최현(崔晛) 29
최화진(崔華鎭) 301
최효술(崔孝述) 286
추행(推行) 148, 164, 269, 278
『춘추』 81, 334
춘추대의(春秋大義) 81
『춘추대전』 246
춘추삼전(春秋三傳) 95
『춘추좌씨전』 246, 252

『춘추천견록(春秋淺見錄)』 76
『춘추호씨전(春秋胡氏傳)』 161, 246
출처관(出處觀) 81
치용(致用) 252, 277
치용적 경학관 414
치인(治人) 269
치지(致知) 254, 436, 464, 491, 498
치지장(致知章) 368
칠서(七書) 246
칠재(七齋) 134

【ㅌ】

탈성리학 91, 93, 175, 176
탈주자학 71, 72, 91-93, 96, 175, 176, 347-349, 351, 355, 428, 496
탈주자학적 성향 188
「태극도설(太極圖說)」 198
「태극도」 264
태학(太學) 133
통간(通看) 214, 286, 291, 292, 295-297, 299, 300, 317-319
퇴계학 263
퇴계학파 282-284, 286, 290, 291, 296, 297, 309, 310, 317, 364, 367, 370, 467, 477
특정 경학가 188

【ㅍ】

팔조목(八條目) 194
편차 개정 206
풍방(豊坊) 21, 467

【ㅎ】

하기(何基) 18
하륜(河崙) 136
『학기류편(學記類編)』 237, 272, 278
「학성문답(鶴城問答)」 477
학자사(學者事) 163, 255, 277
한국경학 60, 61, 63, 64, 124, 127, 131, 152, 156, 157, 160
한국경학자료집성 73
한국철학 62, 63
한문학 63
『한비자』 125
한석지(韓錫地) 79
한송겸취(漢宋兼取) 150, 151
한송논쟁(漢宋論爭) 151
한송불분론(漢宋不分論) 151
한송절충론(漢宋折衷論) 50-52
한여유(韓汝愈) 29, 86, 206-208, 211, 232, 455
한우근 321, 322
한원진(韓元震) 32, 71, 72, 79, 146, 153, 173, 185, 206, 211, 212, 215, 216, 219, 229, 230, 232, 282, 291, 305, 306, 308, 311, 314-319, 369, 406, 407, 455, 467, 468, 480, 494-496
한학(漢學) 16, 48, 50-57, 126, 138,

139, 151, 156
「함장록(函丈錄)」 485
『해동악부』 471
행(行) 148, 164, 269, 270, 272, 278
행도(行道) 164, 258, 263, 269, 271, 275, 277, 279
행사지실(行事之實) 461-463, 483
향학(鄕學) 134
허권수 322
허목(許穆) 73, 79, 284, 331-336, 354, 355, 368, 468
허유(許愈) 220, 221, 233
허적(許積) 333
허전(許傳) 42, 79
허형(許衡) 249
현실인식 249
현토(懸吐) 133, 193
혈구(絜矩) 194, 448, 487
혈구설 190
호광(胡廣) 193, 200
호락논쟁(湖洛論爭) 369
호론(湖論) 369
호병문(胡炳文) 304, 454
호안국(胡安國) 246
호오(好惡) 448
『호전찬소(胡傳纂疏)』 246
홍대용(洪大容) 70, 71, 79, 84, 86, 151
홍석주(洪奭周) 50-52, 55, 73, 79, 86, 151, 156, 185
홍응(洪應) 240
홍직필(洪直弼) 301
확산(擴散) 254
황간(黃榦) 18
황덕길(黃德吉) 42, 49, 479, 480, 488
황의동 184, 185
황준량(黃俊良) 267
회의(懷疑) 386, 390, 419, 440
회의정신(懷疑精神) 17, 30, 33, 46, 56, 57, 138, 139, 336, 355, 379, 380, 382, 400, 435, 438, 497
회의주의(懷疑主義) 337
회의주의자 351
「회재대학보유후의(晦齋大學補遺後議)」 24
효(孝) 354
『효경』 81, 128, 334, 342-346
『효경언해』 145
효제자설(孝弟慈說) 190
훈고(訓詁) 52, 53, 64, 65, 126, 151, 156, 388, 440, 485
훈고주의(訓詁主義) 16, 55
훈고학 127, 129, 392
훈고학적 방법 393, 394, 419, 428
훈고학적 해석 390, 391, 397
훈민정음 144
훈의(訓義) 51

최석기(崔錫起)

1954년 강원도 원주에서 출생.
성균관대학교 한문교육과 졸업. 동 대학교 대학원 문학박사.
한국고전번역원 연수부 및 상임연구원 졸업.
한국고전번역원 국역실 전문위원.
경상대학교 한문학과 교수(1989~현재).
한국경학학회 회장 역임.
주요 저역서로 『성호 이익의 시경학』, 『한국경학가사전』, 『조선시대 대학도설』, 『조선시대 중용도설』, 『조선시대 대학장구 개정과 그에 관한 논변』, 『조선선비의 마음공부, 정좌』, 『유교경전과 경학』, 『남명학의 본질과 특색』, 『조선후기 경상우도의 학술동향』, 『선인들의 지리산 유람록』(1~6), 『선인들의 지리산 기행시』(1~3) 등이 있다.

한국경학의 연구 시각

2020년 5월 27일 초판 1쇄 펴냄

지은이 최석기
펴낸이 김흥국
펴낸곳 도서출판 보고사

책임편집 이순민
표지디자인 손정자

등록 1990년 12월 13일 제6-0429호
주소 경기도 파주시 회동길 337-15 보고사 2층
전화 031-955-9797(대표), 02-922-5120~1(편집), 02-922-2246(영업)
팩스 02-922-6990
메일 kanapub3@naver.com / bogosabooks@naver.com
http://www.bogosabooks.co.kr

ISBN 979-11-5516-173-9 93140

정가 36,000원